정신분석학 입문

S. 프로이트 / 서석연 옮김

정신분석학 입문 * 차 례 ────────────────

■이 책을 읽는 분에게 · 11

▓ 이 책을 읽는 분에게

이 책은 지그문트 프로이트(Sigmund Freud)의 독일어 원본 *Vorlesungen zur Einführung in die Psychoanalyse*(1917년)를 한국에서 처음으로 완역한 것이다.

역자는 21세기를 향해 꾸준히 출판보국(出版報國)의 길을 착실히 걷고 있는 존경하는 범우사의 윤형두(尹炯斗) 사장님의 간곡하고 고마운 청을 받아들여 이 책의 번역을 맡았다.

그 이유는 현재 한국에는 프로이트의 《정신분석학 입문》이 3권 정도 번역되어 나와 있으나, 그것은 모두 영어판인 *A General Introduction to Psychonalysis*를 우리말로 옮긴 것이다. 그래서 역자는 서점에서 이들 역서를 구해서 샅샅이 살펴보고서 그 예나 표현에서 적지않은 부족감을 느꼈다. 그리하여 곧 독일 쾰른 대학 의과대학에 재직중인 딸 앵(鶯 : 독일 의학박사·문학석사)에게 연락하여 독일어 원서를 구해 보내달라고 하여 이를 지성을 다해서 우리말로 옮겨보았다.

역자는 이 책을 옮기면서 참으로 감탄을 금할 수 없었고, 이제야 이 책을 대하게 된 것을 무척 부끄럽게 여겼다. 이 책이야말로 의과대학생이나 심리학과 학생들뿐만 아니라 문자 그대로 만인(萬人)이 반드시 읽어야 할 책임을 뼈저리게 느끼고 번역에 있어서 무거운 책임감마저 느꼈다.

이 책은 프로이트가 빈 대학에서 의학부 학생과 그 밖의 청강자를 의식하고 1915년부터 1916년에 걸친 겨울 학기에 제1부와 제2부를 이루는 15장에 해당하는 부분을, 다시 1916년부터 1917년에 걸친 겨울 학기에 제3부의 13장을, 이렇게 해서 도합 28장의 강의를 정리한 것이다.

12

이 책은 미국의 저명한 도서관학 교수이며 미국서적협회 회장이며 법학박사인 로버트 B. 다운스가 1956년에 선정한 '세계를 개혁한 16권의 서적(Books that changed the world)' 중에서도 첫손꼽는 저명한 고전이기도 하다. 참으로 인간 이성의 만능(萬能)을 부정하고 성(性)의 마력을 주장하는 프로이트의 정신분석학 은 다윈의 진화론, 카를 마르크스의 자본론과 더불어 근대의 인간관(人間觀)에 큰 변혁을 가져왔다.

이 (정신분석학 입문)은 프로이트 자신이 정신분석학의 전체계와 그 진수(眞髓)를 알기 쉽게 상세히 설명한 대표적인 저작이다. 본문 중 각주는 역자 주, 할 주는 편집자 주임을 밝힌다.

끝으로 이 책이 햇빛을 보게 해주신 윤형두 사장님의 높은 뜻과 편집부의 모든 숨은 일꾼들의 정성어린 협력에 충심으로 감사의 인사를 드린다.

1990 년   1 월

譯 者

머리말

　내가 여기에 《정신분석학 입문》이란 이름으로 출간하는 것은, 이 학문의 영역에 대해 씌어진 기간(既刊)의 개설서〔히치만의 저서 《프로이트의 노이로제론》(제2판, 1913년), 휘스터의 저서 《정신분석학 방법론》(1913년), 레오 카프란의 저서 《정신분석학 강요(綱要)》(1914년), 레지와 에스날의 공저 《노이로제와 정신병의 정신분석》(파리, 1914년) 및 아돌프 F. 메이엘의 저서 《정신분석에 의한 노이로제의 치료》(암스테르담, 1915년)〕 그 어느 것과도 다른 독특한 책이다. 이 책은 내가 1915년부터 1916년에 걸쳐, 그리고 1916년부터 1917년에 걸친 두 번의 겨울 학기$\left(\begin{smallmatrix}10월부터\\3월까지\end{smallmatrix}\right)$에 의사와 비전문가, 남성과 여성 모두 참가한 청중들에게 강의한 것을 재현한 것이다.

　독자의 눈에 띄리라고 여겨지는 이 저작의 특이한 점은 모두 이러한 성립조건에 의해서 좌우되고 있다. 설명하는 데 있어서도 나는 학술논문으로서의 냉정함을 유지하지 못했다. 오히려 강연자로서의 나는 대략 2시간에 걸친 강연 동안에 청중의 주의력이 마비되지 않도록 고심해야만 했다. 그때그때마다의 효과를 고려한 까닭에 같은 대상을 어떤 때에는 꿈의 해석과 관련시켜 언급하고 또다시 나중에 노이로제 문제와 관련시켜 다루는 식으로, 부득이 여러 번에 걸쳐 언급하는 경우도 있었다. 또한 자료를 열거하는 데 있어서도, 예를 들면 '무의식'과 같은 중요한 테마라도 한 곳에서만 다 논할 수 없어서 약간 열거하다 그치고 다시 다음 기회에 이것에 보고 아는 내용을 덧붙이는 방법을 되풀이하지 않으면 안 되었다.

정신분석에 관한 문헌에 정통하고 있는 사람이라면, 이 책보다 더 상세한 기간서(旣刊書)에도 씌어져 있지 않은 사항은 이 《입문》에도 조금밖에 기재되어 있지 않다는 점을 깨닫게 될 것이다. 그러나 자료를 정리하고 총괄하기 위해 저자는 몇 가지의 항목에서는 (예를 들면 불안의 병인(病因), 히스테리적 공상에 대한 항목 등이 그것이다) 이제까지 출판을 보류하고 있었던 자료도 끄집어내지 않으면 안 되었다.

1917년 봄   빈에서

프로이트

제 1 부   실수 행위

제1강 서 문

여러분! 나는 여러분 한 사람 한 사람이 이 책을 읽거나 남의 이야기를 듣고서 정신분석에 대해 어느 정도 알고 있는지는 모르겠습니다만, 그러나 이 강의의 주제를 〈정신분석학 입문〉이라고 내세운 만큼 나로서는 여러분을 정신분석에 대해 아무런 지식이 없고 초보적인 것부터 인도가 필요한 사람들로서 대하고자 합니다.

그렇긴 해도 정신분석이란 노이로제[1] 환자를 의학적으로 치료하는 조작(操作)이라는 것 정도는 물론 여러분이 알고 있다고 생각하고 시작해도 좋을 것입니다. 그래서 바로 즉시 이 정신분석의 영역에는 의학의 다른 영역과는 다른 것이 있다

---

1) 노이로제는 영어계(系)의 뉴로시스(neurosis)와 같다. '신경증'에 해당한다. 오늘날의 정신의학에서는 의식적 또는 무의식적인 심리적 갈등(心因)을 계기로 해서 신체적·심적인 기능이 침해되는 것을 뜻한다. 물론 신체에는 해부해 보아도 병적인 변화(기질적(器質的) 장해)가 나타나지 않는다는 것이 전제되어 있다. 강박(强迫) 노이로제, 불안 노이로제, 히스테리 등이 그 대표적인 것이다. 프로이트의 시대에는 마음과 신체와의 관계는 아직도 상당히 이원론적(二元論的)으로 생각되고 있었기 때문에 심인도 쉽게 분명히 파악될 수 있다고 여겨지고 있었다. 그러나 오늘날에 있어서는 심인과 신체적 인자(因子)가 복잡하게 얽혀 노이로제 증상을 만들어낸다고 여겨지고 있는 까닭에 그 결과로 노이로제의 진단은 어렵게 되어 있다.

는 것, 아니 전혀 반대되는 경우도 종종 있다는 것을 나타내는 예를 들어도 좋으
리라고 생각합니다. 일반적으로 환자에게 새로운 치료를 할 때에는 그에 따르는
고통을 되도록 환자가 느끼지 않도록 하고, 그 효과에 대해 확약을 한다는 것이
이제까지의 의학의 상식이었습니다. 이것은 좋은 결과를 가져올 확률을 높이므로
그 나름대로 옳다고 생각합니다. 그러나 우리가 노이로제 환자를 정신분석에 의
해 치료할 때에는 방법이 다릅니다. 우리는 환자에게 이 치료에 뒤따르는 어려움
을 알리고, 또 오랜 시간을 노력하고 희생을 치러야 한다는 점을 주지시킵니다.
그 성과도 환자의 태도나 이해의 정도, 순종성, 의지력에 좌우되므로 확실한 약
속은 할 수 없다고 알립니다. 물론 언뜻 보기에 지극히 무례하게 보이는 이런 행
동으로 나가는 데는 그 나름대로 충분한 동기가 있습니다. 이 점에 대해서는 뒤
에 다시 이야기할 기회가 있을 것입니다.

한데 처음에 여러분을 노이로제 환자처럼 취급했다 해도 기분나쁘게 생각하지
말아 주십시오. 사실 나는 여러분에게 두 번 다시 내 이야기를 들으러 오지 말라
고 충고하고 싶을 정도이기 때문입니다……. 그래서 우선 나는 정신분석의 교육
에는 어떤 불완전성이 필연적으로 뒤따르는가, 또한 자기 스스로 판단할 수 있게
될 때까지 어떠한 어려움이 있는가를 보여주고자 합니다. 나아가 여러분이 이제
까지 받아온 교육의 모든 방침이나 습관적인 사고방식이 어떻게 여러분을 정신분
석의 반대자로 만들어버리는가, 또한 이러한 본능적인 적대심을 극복하기 위해서
는 어느만큼 많은 것을 정복해야만 하는가를 보여주고 싶습니다. 나의 보고를 듣
고 여러분이 정신분석에 대해 어떤 이해를 하게 될지 나는 알 수 없습니다. 그러
나 나의 보고를 들어도 거기에서 정신분석의 연구나 치료 방법을 터득할 수 없다
는 것만큼은 분명히 말할 수 있습니다. 만약 혹시라도 여러분 가운데 정신분석의
대체적인 지식을 얻는 것만으로는 만족할 수 없고 정신분석과 인연을 끊고 싶지
않은 사람이 있다면, 나는 그것을 중지하는 것이 좋다고 충고할 것이며, 직접 경
고하고도 싶습니다. 오늘날의 상황에서 정신분석을 직업으로 택한다면 대학교수
로서 성공할 가능성을 스스로 포기하는 것이 될 뿐입니다. 또한 숙달된 의사로서
개업을 해보아도 사회는 그의 노력을 이해하지 않고, 의혹에 찬 눈길로 바라보
고, 기회만 있으면 하고 노리고 있는 악의에 찬 무리가 한꺼번에 덤벼들 것입니
다. 오늘날 유럽에서 광분하고 있는 전쟁(제1차 세계대전. 1914~18)에 수반하는 여러 현상(잔학행위와 파렴치한 행위 등)을 보면 이와 같은 무리들이 얼마나 많은가를 짐작할 수 있을 것입니

다.

그러나 어느 시대에나 이러한 불쾌한 일에 꺾이지 않고 하나의 새로운 인식이 될 수 있는 것에 마음을 쏟는 사람이 없지는 않습니다. 여러분 가운데에도 이런 사람이 얼마간 있어 나의 간언(諫言)에도 불구하고 다음에도 이곳에 오겠다고 한 다면 그런 사람은 대환영입니다. 그런데 조금 전에 잠깐 말한 정신분석을 배우는 데 있어서의 어려움이란 무엇인가 가르쳐달라고 요구할 권리가 여러분에겐 있습니다.

그것은 우선 첫째로 정신분석의 지도와 교육에 관련된 어려움입니다. 의학교육에 있어 여러분은 눈으로 보는 데 익숙해져 있습니다. 예컨대 해부학의 표본이나 화학반응시의 침전물, 신경 자극의 결과로서의 근육수축의 관찰 등이 그것입니다. 수업이 진행됨에 따라 환자도, 병의 증상도, 병적 과정의 산물도, 아니 그 뿐만 아니라 많은 증례(症例)에 있어서는 분리된 병원체마저도 눈앞에 보여집니다. 외과학에서는 환자를 돕는 수술을 직접 볼 수 있고 자기 자신이 수술할 수도 있습니다. 정신의학(다음에 설명하는 정 /신분석과는 다름)에서조차 시설(示說) 교육(실물을 가리키면서 설명 /을 보태면서 강의하는 교육방법)이 행해지고, 환자의 표현의 변화, 이야기하는 방법 및 거동 등을 관찰할 기회가 많고, 여러분은 이러한 관찰에서 깊은 인상을 받습니다. 그러므로 여러분을 대할 때의 의학교수는 박물관 안을 함께 걸어가 주는 안내자와 해설자 역할을 해주는 셈입니다. 그리고 여러분은 대상(對象)을 직접 볼 수 있어 자기 눈으로 새로운 사실의 실재(實在)를 확인했다고 비로소 믿게 되는 셈입니다.

그런데 유감스럽게도 정신분석에 있어서는 모든 사정이 다릅니다. 분석치료에 있어서는 분석을 받는 자와 의사 사이에 말의 교환이 행해질 뿐입니다. 환자는 말을 합니다. 과거의 체험과 현재의 인상에 대해 이야기하고 한탄하고 그 소망과 감정의 움직임을 털어놓습니다. 의사는 이것을 경청하고 환자의 사고(思考)의 흐름을 이끌고 어떤 것을 환기시키고 주의를 특정한 방향으로 돌이킵니다. 그리고 환자에게 해명해 주고, 그때 환자가 이를 이해하는지 또는 거부하는지 그 반응을 관찰합니다. 우리가 다루는 환자 가족 중에서도 교양이 없는 사람들은 눈에 보이는 것, 손에 닿는 것만을, 그중에서도 영화에서 보는 것 같은 행동만을 아주 중요시하려고 하는데, 그런 사람들은 "단지 이야기하는 것만으로 어떻게 병에 대해 효과있는 치료를 할 수 있을까" 하는 의문을 나타냅니다. 이러한 의문은 근시안적일 뿐더러 앞뒤가 맞지 않습니다. 왜냐하면 이런 사람들이야말로 환자는 자기 자신에게 이러이러한 증상이 '있다고 믿어버리고 있는' 데 지나지 않다는 것을 잘 알고 있기 때문입니다.

말이란 본래 마술(魔術)이었습니다. 말은 오늘날에 있어서도 여전히 옛날의 마력(魔力)을 지니고 있습니다. 우리는 말의 힘을 통해 타인을 기쁘게 할 수도 있고, 또 절망으로 몰아넣을 수도 있습니다. 말을 통해 교사는 학생들에게 자신이 지니고 있는 지식을 전달할 수 있고, 강연자는 가득 찬 청중을 감동시키고 그 판단이나 결의를 좌우할 수도 있습니다. 말은 감동을 불러일으키고 인간이 서로 영향을 주고받는 보편적인 수단이 되고 있습니다. 그러므로 심리요법에서 말을 수단으로 쓰는 것을 경시해서는 안 됩니다. 만약 분석자와 환자 사이에 교환되는 말을 방청할 수 있다면 그것은 지극히 바람직한 일이라고 해야 할 것입니다.

그렇지만 방청도 허용되지 않습니다. 정신분석 요법은 대화에 의해서 성립되지만 방청자의 개입은 허용되지 않기 때문입니다. 시설 교육을 할 수 없습니다. 물론 정신의학 강의 때 신경쇠약[2]이나 히스테리[3] 환자를 학생들 앞에 내세우는 경우는 있습니다. 그 경우 환자는 자신의 고뇌를 호소하거나 증상에 대해 이야기하겠지만 그 이상의 것은 그 무엇도 이야기하지 않을 것입니다. 분석에 필요한 보고가 얻어지는 것은 환자와 의사 사이에 특별한 감정의 결합이 이루어졌을 때뿐입니다. 만약 자신과 관계없는 사람이 듣고 있는 것을 안다면 그가 누구든 환자는 입을 다물어버릴 것입니다. 환자가 말하는 것은 심정(心情)생활[4]의 가장 안쪽에 있는 것, 자신이 하나의 독립되어 있는 인물로서 남에게 비밀로 해둘 필요가 있는 것, 나아가 통일성 있는 인격으로서 자기 자신에게조차 고백하고 싶지 않은 그러한 것과 관련되어 있기 때문입니다.

따라서 여러분은 정신분석 요법을 방청할 수는 없습니다. 치료한 이야기를 남

---

2) 피로해지기 쉬운 것과 초조함을 주된 증상으로 하는 증상군(群). 처음에 미국의 C. M. 비어드(1939~83)에 의해 제창되고, 과로로 인해 발병하는 것으로 간주되었다. 오늘날에는 하나의 병이 아니라 증상의 집합이며, 여러 가지 경우에 나타난다고 여겨지고 있다.

3) 신체의 이른바 동물성 기능(운동과 지각[知覺] 등)의 증상이 심리적인 고뇌의 결과로서 나타나는 노이로제의 일종(전환[轉換] 히스테리라고도 한다). 몽롱한 상태와 같은 의식 장해를 나타내기도 한다. 정신분석학은 브로이어와 프로이트에 의한 히스테리 연구에서 비롯되었다.

4) 정신활동이라고 해도 좋으나, 지적(知的)인 것을 제외하고 의지적·정동적(情動的)인 면에 주안점(主眼點)이 두어지는 경우가 많다.

제 1 강 서 문 21

에게 들을 수 있을 뿐입니다. 극히 엄밀한 의미에서 정신분석이란 오로지 남에게 듣고 배울 수밖에 없습니다. 이러한, 이른바 두 번 달인 교육을 통해 판단을 구성하게 되므로 여러분은 이상한 조건 아래 놓이게 될 것입니다. 그렇게 되면 요는 여러분이 이야기를 해주는 당사자를 얼마나 신뢰하느냐에 달린 셈입니다.

한 가지 다음과 같은 가정(假定)을 해보기로 합시다. 여러분이 정신의학 강의가 아니라 역사 강의를 들으려 와 있으며, 강연자는 알렉산더 대왕(B.C. 356~23, 마케도니아의 왕. 그리스·시리아·이집트를 정복)의 생애와 전공(戰功)에 대해서 이야기하고 있다고 합시다. 여러분은 어떤 이유에서 강연자의 이야기를 믿으려 합니까? 이것은 정신분석의 경우보다 더 형편이 나쁘지 않을까요? 왜냐하면 역사학 교수는 알렉산더 대왕의 원정에 참가한 적이 없다는 점에서 여러분의 경우와 같기 때문입니다. 그런데 정신분석자는 적어도 자신이 한 역할을 담당했던 사실에 대해 여러분에게 보고하고 있는 것입니다. 그러나 그렇다면 역사학자를 믿어도 좋다는 근거는 무엇인가 하는 문제가 다음에 생기게 됩니다.

역사학자는 여러분에게 알렉산더 대왕과 같은 시대, 또는 적어도 문제의 사건에서 그다지 멀지 않은 시대의 저작자들의 보고, 이를테면 테오도로스(B.C. 1세기말 시칠리아 태생의 역사가), 플루타르코스(1세기경의 그리스의 철학자·역사가), 아를리안(2세기경 그리스의 역사가, 서로는 〈알렉산더의 출정기〉 저) 등의 서적을 보도록 권할 수 있으며, 또한 보존되어 있는 대왕의 화폐나 초상의 복제(複製)를 보이거나 폼페이(이탈리아의 고대 도시, 1세기 베수비어스 화산의 대분화로 매몰)에서 출토된, 이소스 전쟁(B.C. 333년, 알렉산더 대왕이 페르시아 제국의 왕 다리우스 3세군을 대파한 전쟁)을 묘사한 모자이크 사진을 돌려가면서 보여줄 수도 있을 것입니다. 그러나 엄밀히 말해서 이들 기록은 모두 옛날 사람들이 알렉산더 대왕을 실재의 인물로, 그 전공을 사실로 믿어왔다는 것을 증명해 줄 뿐입니다. 그러나 여러분은 여기서 새로이 비판을 가해도 좋을 것입니다. 그 결과 알렉산더 대왕에 대한 보고는 모두 다 믿을 만한 것은 아니며 상세한 점은 확인해 봐야 한다는 것도 알게 될 것입니다.

그러나 나는 여러분이 알렉산더 대왕의 실재에 관해서 의문을 품으면서 이 강당을 떠나리라고는 생각할 수 없습니다. 여러분은 주로 다음의 두 가지 점을 고려함으로써 대왕의 실재에 대해 결정을 내리리라 생각합니다. 첫째는 강연자가 스스로 현실적으로 있었다고 생각지 않은 사항을 현실적으로 있었다고 여러분을 설득해야만 할 이유가 없다는 것, 둘째는 입수(入手) 가능한 역사서적이 모두 그 사건을 거의 같게 기술(記述)하고 있다는 것입니다. 만약 여러분이 더욱 파고들어 옛 사료(史料)를 음미하게 되면 동일한 사항에 관해 사료의 제공자들이 무엇을 어떻게 생각했는지, 또한 그 증언이 상호간에 일치하고 있는지 어떤지 살펴보게 되리라 생각합니다.

아마 알렉산더 대왕의 경우에는 음미의 결과 확실히 안심할 수 있을 테지만, 모세 (구약성서에 나오 는 유대의 예언자) 나 니므롯 (구약성서에 기재되어 있는 최초의 권력자) 같은 인물인 경우에는 그 결과는 달라질지도 모릅니다. 그런데 정신분석상의 보고자의 신빙성에 대해서는 어떤 의문을 품을 수 있는지 나중에 자세히 인식할 기회가 있을 것입니다.

그런데 여러분에게는 다음과 같은 질문을 할 권리가 있습니다. 정신분석에 객관적인 확증이 없고 시설(示說) 교육을 할 가능성도 없다고 한다면 어떻게 정신분석을 습득하며, 또한 그 주장이 진실이라고 확신할 수 있는가 하고. 정신분석을 습득하는 것은 사실상 쉬운 일은 아닙니다. 또한 정신분석을 정규적인 길을 밟아 배운 사람도 많지 않습니다. 그러나 그렇다고 해서 그 길이 없는 것은 아닙니다. 정신분석은 먼저 자기 자신의 신체에 대해, 자신이라는 인간을 연구함으로써 습득됩니다. 자기관찰이라 불리고 있는 것이 전부라는 것은 아니지만 우선은 자기관찰이란 말로 일괄(一括)해 두어도 좋을 것입니다. 아주 빈번히 일어나는 주지(周知)의 심적(心的) 현상⁵⁾으로 기법에 관해 기초적인 것을 약간 배우면 자기 자신을 분석의 대상으로 삼을 수 있는 것이 많이 있습니다. 그렇게 하면 정신분석에서 기술하고 있는 과정이 실재하고 정신분석의 견해가 정당하다는 확신을 바라는 대로 가질 수 있으리라 생각합니다. 물론 이 방법으로 도달할 수 있는 진보에는 한계가 있습니다. 만약 숙달된 분석자를 통해 분석을 의뢰하고, 분석의 결과를 자신이 몸소 체험하고 미세한 기법에 관해서는 타인에게 베풀어지고 있는 것을 몰래 들을 수 있다면 진보는 훨씬 두드러질 것입니다. 그러나 이 방법은 훌륭한 것이기는 하지만 개개인에게만 행해질 수 있으며 강의를 듣고 있는 사람 전체에게 한꺼번에 행해질 수는 없습니다.

정신분석에 대해서 여러분이 느끼는 두번째의 어려움에 대해서는 정신분석에만 책임을 지울 수 없습니다. 적어도 여러분이 의학을 배워온 한에 있어서는 여러분에게도 그 책임이 있다고 말하지 않을 수 없기 때문입니다. 여러분이 이제까지 습득한 교양은 여러분의 사고활동에 어떤 특정한 방향을 주고 있는데, 그 방향은

---

5) 심리적 현상 또는 정신현상이라고 해도 좋다. 정신적 활동의 표현이란 정도의 뜻일 것이다.

정신분석에서 아주 먼 거리에 있습니다. 분명히 여러분은 생체의 제기능과 그 장해를 해부학적으로 근거짓고 화학적·물리학적으로 해명하고 생물학적으로 파악하는 교육을 받아왔습니다. 그러나 놀랄 정도로 복잡한, 생체의 정점이라고도 할 수 있는 심적 활동에 여러분의 관심은 돌려지지 않았습니다. 그런 까닭에 여러분은 심리학적인 사고방식에는 익숙하지 못하며, 그런 종류의 사고방식을 불신의 눈으로 보고, 그 과학성을 인정하지 않고, 그것을 비(非)전문가, 시인, 자연철학자 및 신비주의자에게 맡기는 것이 습관이 되어버렸습니다.

이러한 편견은 의사로서 활동하는 경우 분명히 유감스러운 일입니다. 왜냐하면 모든 인간관계에 있어서도 그렇듯이 앓고 있는 사람은 우선 마음의 표면만을 보여주기 때문입니다. 나는 여러분이 이러한 편견의 벌로서 기대하고 있는 치료효과의 일부분을 여러분의 경멸의 대상인 돌팔이 의사나 자연요법가나 신비주의자에게 넘겨주지 않으면 안 될 처지에 빠져 있지는 않은지 두렵습니다.

여러분이 이제까지 습득해 온 교양의 이러한 결함에 대해 어떤 변명을 할지 나는 잘 알고 있습니다. 여러분에게는 의사로서의 의도에 도움이 되는 철학적인 보조학문이 결여되어 있습니다. 그렇다고 해서 사변(思辨)철학도, 학교에서 가르치는 기술(記述)심리학[6]도, 혹은 감각생리학[7]으로 연결되는 이른바 실험(實驗)심리학[8]도 여러분에게는 신체적인 것과 심정적(心情的)인 것과의 관계에 대해 유용한 것은 무엇 하나 가르쳐주지 않습니다. 일어날 수 있는 심적인 기능장해에 대해서도 해결의 열쇠를 주지 않습니다. 의학의 테두리 안에서 정신의학이 관찰한 정신장해(精神障害)[9]를 기술하고 이것을 임상적인 질병상(疾病像)[10]으로 정리하

---

6) 정신분석학 등과는 다르며 행동의 저변 또는 배후에 어떤 종류의 심리적인 구조, 인격 또는 서로 작용하는 심적인 힘을 가정(假定)하지 않고 오로지 심적 현상 그것으로서 파악하고 기술해 가는 심리학의 유파. 이에 대해 정신분석학 등은 역동(力動)심리학이라고 불리고 있다.

7) 주로 감각의 성립과 현상형태 등을 연구대상으로 삼는 생리학.

8) 단지 자연 그대로의 상태에서의 관찰에서 연역(演繹)하고 귀납(歸納)하는 심리학에 만족하지 않고 의식적으로, 고의적으로 특정한 상황을 설정하고 거기서 볼 수 있는 심적 현상을 파악하고 법칙성(法則性)을 탐구하는 심리학.

9) 정신병(정신분열증, 조울증 등)이나 노이로제와 같이 정신적인 기능이 침해받고 있는 상태. 정신이란 말은 개인의 테두리를 벗어난 것만을 뜻한다고 생각하는 학자는 정신장해 대신 심정(心情)장해라는 말을 쓰기도 한다.

10) 병 때문에 증상의 전체가 나타내는 상태상(像)을 말한다.

기는 합니다. 그러나 시간을 두고 생각해 보면 정신의학자 자신 오로지 기술적(記述的)으로 자신들이 쌓아올린 것을 학문이라고 해도 좋을지 어떨지 망설이게 됩니다. 이들 질병상을 구성한 증상도 그 발생의 유래나 매커니즘이나 상호간의 결합에 대해서는 미지의 상태입니다. 증상에 대응해서 마음의 해부학적 기관인 뇌(腦)의 변화를 증명할 수도 없으며, 또한 그와 같은 변화에서 역으로 증상을 설명할 수도 없습니다. 정신장해에 대해 치료가 효과를 보일 수 있는 것은 그 정신장해가 무엇인가 다른 기질성(器質性) 질환의 부작용으로 인정될 경우뿐입니다.

여기에 정신분석이 메우려고 해온 틈이 있습니다. 정신분석은 정신의학에 대해서 이제까지 결여되어 있던 심리학적 기초를 부여하려 하고, 신체적 장해와 심적 장해의 부합(符合)을 이해하는 기초가 되는 공통의 기반을 발견하려 하고 있습니다. 정신분석은 이 목적을 위해서 해부학, 화학 또는 생리학 같은 정신분석과는 무관한 전제에서 떠나 오로지 순(純)심리학적인 보조개념을 이용해 일하지 않으면 안 됩니다. 그래서 정신분석이 혹시 처음에는 여러분에게 이상한 것으로 보이지는 않을지 나는 두려워하고 있습니다.

다음에 오는 어려움에 관해서는 여러분을 책망하는 일, 즉 여러분이 이제까지 습득한 교양, 또는 여러분의 마음가짐을 책망하는 일은 그만두기로 하겠습니다. 정신분석은 그 주장 중 두 가지 점에서 세간(世間)의 감정을 해치고 세상 사람이 싫어하는 것이 되고 있습니다. 그 하나는 세간의 지적인 선입관에 반(反)하는 점이며 또 하나는 심미적(審美的)·도덕적 선입관에 반하고 있다는 점입니다. 이러한 편견에 대해 너무 가볍게 생각해서는 안 됩니다. 그것은 강대하며, 유용한, 오히려 필수적인 인류 발전과정의 잔재입니다. 또한 그것은 감정의 힘에 의해 고지(固持)되어 있으며, 이에 대한 싸움은 꽤 어렵기 때문입니다.

세간에서 좋아하지 않는 정신분석의 첫번째 주장은, 심적 과정은 그 자체로서는 무의식적이며 의식적 과정은 심적 활동의 한 작용면(作用面)이며 부분에 지나지 않는다는 것입니다. 그런데 우리는 이 주장과는 오히려 반대로 심적인 것과 의식적인 것을 동일시하는 데 익숙해져 있다는 것을 상기해 주십시오. 의식이란 바로 심적인 것을 정의(定義)짓는 특질이며, 심리학은 의식 내용의 학문으로 간주되고 있습니다. 우리는 심적인 것과 의식적인 것이 동일하다는 것을 자명한 것으로 생각하고 있기 때문에 그것에 반대하는 것은 몹시 비상식적인 것으로 느끼고 있는 듯합니다. 그러나 정신분석은 감히 이것에 대해 반대론을 제기하지 않을 수가 없습니다. 정신분석학은 의식적인 것과 심적인 것은 동일하다는 가정을 인정할 수 없습니다. 여러분의 정의에 따르면 심적인 것이란 감정·사고(思考)·의욕으로 불리는 그러한 것들의 과정이라는 것이 됩니다. 그러나 정신분석은 무의식의 사고나 무의식의 의욕이 있다고 주장하지 않을 수 없습니다. 그 때문에 정신분석은 처음부터 내정한 학문적 성격을 좋아하는 모든 사람의 동정을 잃고, 어둠 속에서 구축하고, 탁한 물에서 물고기를 잡으려고 하는 엉터리 비교(祕敎)라는 혐의까지 받게 된 것입니다. 그러나 청중인 여러분은 나에게 어떠한 권리가 있어서 '심적인 것이란 의식적인 것이다'라는 추상적인 성질을 가진 명제를 편견이라고 말할 수 있는지 아직도 알지 못할 것입니다. 또한 무의식적인 것이 존재한다면 어떤 경로를 거쳐서 그것이 부정되게 되었는지, 그리고 이것을 부정함으로써 어떤 이익이 생겼는지 여러분은 헤아리지 못하리라 생각합니다. 심적인 것은 의식적인 것과 일치한다고 해야 할 것인가, 아니면 심적인 것은 의식적인 것을 넘어 확대되어 있다고 해야 할 것인가는 이익이 없는 말꼬리 싸움같이 들리지만, 나는 무의식적인 심적 과정이 존재한다는 가정을 세움으로써 세계의 학문에 있어 전혀 새로운 방향이 설정되게 되었다고 단언하고 싶습니다.

이와 마찬가지로 여러분은 정신분석의 이 대담한 첫번째 주장과 이제부터 설명할 두번째 주장 사이에 어떤 밀접한 관계가 맺어지고 있는지 예상도 못하리라 생각합니다. 정신분석의 성과의 하나인 두번째 명제는 넓은 의미이건 좁은 의미이건간에 성적(性的)인 것이라 부를 수밖에 없는 욕동(欲動)의 흥분이 신경과 정신병의 원인으로서 이제까지 제대로 평가받지 못한 커다란 역할을 하고 있다는 주장을 포함하고 있습니다. 아니, 오히려 이 욕동의 흥분이 인간 정신의 최고의 문화적·예술적 및 사회적 창조에 경시할 수 없는 커다란 공헌을 해왔다고 주장하고 있는 것입니다.

나의 경험에 따르면 이 정신분석의 연구성과에 대한 혐오의 정(情)이야말로 정신분석이 부딪힌 저항의 가장 중대한 근원입니다. 여러분은 우리가 그것에 대해 어떠한 설명을 부여하는가를 알고 싶을 것입니다. 문화는 생활의 필요에 쫓겨 욕동의 만족을 희생함으로써 만들어진 것이라고 우리는 믿고 있습니다. 문화의 대부분은 인간 공동체 안으로 새롭게 들어오는 개인이 전체를 위해 그 욕망 충족을 반복해서 희생함으로써 끊임없이 새로 만들어지는 것입니다. 이렇게 다르게 전용(轉

用)된 욕동력(欲動力) 가운데서 성적인 욕망은 큰 역할을 하고 있습니다. 그것은 승화(昇華)[11]되어, 다시 말해 본래의 성적 목표에서 전도(轉導)되어 사회적으로 보다 높은, 더 이상 성적인 색채를 띠지 않는 목표로 방향이 바뀌어집니다. 그러나 이 구조는 불안정하고 성(性)의 욕동은 억누르기 어렵기 때문에 문화적 활동을 따라야 할 개인에 대해 성의 욕동이 이처럼 승화되기를 거부할 위험도 없지는 않습니다.

성의 욕동이 해방되고 그 본래의 목표로 되돌아갈 때 야기되는 문화의 위협만큼 위험한 것은 없다고 사회는 생각하고 있습니다. 사회는 사회의 근저를 이루는 이 외설스런 부분을 언급하는 것을 좋아하지 않고, 성의 욕동이 강한 것이 공인되고 개인에 대해서도 성생활의 의미가 해명되면 좋겠다는 관심을 전혀 가지고 있지 않습니다. 오히려 교육상의 의도에 의해 이 영역 전체에서 주의를 돌려버리는 길을 택한 것입니다. 말하자면 사회는 앞에서 말한 정신분석의 연구성과를 이해하지 않고 심미적(審美的)으로는 꺼림칙한 것, 도덕적으로는 비난할 만한 것, 혹은 위험한 것이라는 낙인을 가능한 한 정신분석에 찍으려 하고 있습니다.

그러나 그러한 이의(異議)를 제기한다 해도 학문적 업적의 객관적인 성과는 어떻게 되지 않습니다. 반대론을 주장하고자 한다면 지적(知的)인 영역의 문제로서 처음부터 다시 주장해야만 합니다. 그러나 좋아하지 않는 것을 올바르지 않은 것으로 생각하려는 것이 인지상정이며, 그것에 반대하는 논거(論據)는 쉽게 찾아낼 수 있습니다. 따라서 사회는 그 좋아하지 않는 것을 올바르지 않다고 하고, 정신분석의 진리에 대해 논리적 및 사실상의 논거를 들고 나와 대항하지만, 본래 그것은 감정적인 반발이며 아무리 반박을 가해도 편견에 지나지 않는 이의를 고집하고 있는 것입니다.

그러나 여러분, 우리는 항의의 표적이 된 이와 같은 명제를 제기함에 있어서 어떠한 세간의 풍조에도 추종하지 않았다고 단언할 수 있습니다. 우리는 자신들이 애써 인식할 수 있었다고 믿는 사실을 발표하려고 한 데 지나지 않습니다. 우리는 학문적인 작업에 실제상의 고려가 개입해 오는 것에 대해서는 지금 당장 거

---

11) 사회적으로도 개인적으로도 용납되지 않고 또한 비난을 받는 행동의 동기가 되는 욕동을 사회적으로 허용될 뿐 아니라 때로는 칭찬도 기대할 수 있는 것으로 변용(變容)해 가는 작용. 심적 매커니즘(제2강 주 9) 참조) 또는 방위(防衛) 매커니즘 중에서 질병의 원인이 되는 일이 거의 없는 유일한 것.

부할 권리를 요구합니다. 그 고려를 명령하는 기분이 정당한지 그렇지 않은지 조사할 것도 없이.

　이상은 여러분이 정신분석 작업을 할 때 부딪히는 어려움 중의 두세 가지 것에 불과합니다. 그러나 처음에는 이것만으로도 충분할 정도일 것입니다. 만약 여러분이 이것을 번잡하고 성가신 일이라는 인상을 극복할 수 있다면 다시 한걸음 더 나아가보고자 합니다.

제2강 실수 행위

여러분! 전제(前提)를 생략하고 한 가지 연구에서 이야기를 시작하기로 하겠습니다. 연구대상으로는 다음과 같은 현상(現象)을 택했습니다. 그것은 종종 볼 수 있는 현상이며 누구에게나 잘 알려져 있음에도 불구하고 그다지 중시되고 있지 않는 현상입니다. 게다가 그것은 어떠한 건강한 사람에게서도 찾아볼 수 있으며, 그 범위에서는 병과는 직접적인 관계가 없습니다. 그 현상이란 인간의 이른바 '실수 행위'입니다. 예를 들면 누군가가 무엇을 이야기하려고 하다가 생각한 것과는 다른 말을 입 밖에 낸 경우의 '잘못 말하는 것'이 바로 그것입니다. 무엇을 쓸 경우의 '잘못 쓰는 것'도 역시 그것입니다. 이것들은 자기 자신이 알아차리기도 하고 알아차리지 못하는 경우도 있습니다. 또한 인쇄물이나 문서류를 읽을 때 씌어져 있는 것과 다르게 읽는 '잘못 읽는 것', 자신에게 말하는 것을 잘못 듣는 '잘못 듣는 것' 등도 마찬가지입니다. 물론 이 경우에도 청력(聽力)에 기질적인 장해가 보이지 않는다는 전제하에서입니다.

그런데 이와 같은 현상의 제2의 계열로서 '망각(忘却)'이 근저를 이루고 있지만 영구히 잊어버리는 것이 아니라 아주 잠시 동안만 잊고 있는 것입니다. 예컨대 항시 잘 기억하고 있던 '인명(人名)'이 생각나지 않고, 나중에 곧 떠오르는데도 어떤 '계획'을 실행하는 것을 잊는, 이를테면 어떤 순간만의 망각현상입니다.

제3의 계열에 들어가는 것은 어느 순간이라는 이 조건이 결여되어 있는 것입니다. 예를 들면 어떤 물건을 챙기는 것을 잊은 채 생각하지 못하는 '유실(遺失)'이나 이와 비슷한 '분실' 등의 경우가 그것입니다. 아아, 그랬구나 하고 납득하는 대신 우습다고 생각하거나 화를 내거나 다른 것을 잊었을 때와는 다른 마음의 움직임이 수반되는 망각도 이 범주에 들어갑니다. 이 망각에는 '과실(過失)'이 수반되고 있지만, 여기에서도 일시적이라는 성격을 엿볼 수 있습니다. 그것은 잠시 동안만 어떤 일을 다른 일처럼 생각하는 것입니다. 게다가 그 전후에는 그렇지 않다는 것을 알고 있는데도 그때만은 그렇게 생각하는 것입니다. 이와 유사한 현상은 많이 있으며 여러 가지 이름으로 불리고 있습니다.

지금 말한 현상에는 모두 내면적인 유사성(類似性)이 있고, 독일어에서는 ver라는 반대 또는 틀림을 나타내는 전철(前綴)이 붙은 말[1]로 표현되고 있습니다. 이러한 종류의 현상은 어느 것이나 중대한 성질을 띤 것이 아니고 일시적인 것, 인간의 생활에는 그다지 의미가 없는 것으로 여겨지고 있습니다. 다만 극히 드물게 물건의 분실 등이 실생활에서 중요성을 갖는 정도입니다. 그러므로 이러한 현상은 약간의 감정의 움직임을 일으키기는 하지만 그다지 주의를 끌지는 않습니다.

그래서 여러분에게 이와 같은 현상에 주의를 돌려달라는 것입니다. 그러나 여러분은 불쾌하게 여기고 이렇게 말할지도 모릅니다. "이 넓은 세계는 커다란 수수께끼로 가득 차 있다. 마음의 생활이라는 좁은 세계에도 수수께끼가 가득 차 있다. 정신장해의 영역에도 불가해한 일이 많이 있어 해명이 요구되고 있고, 또한 해명할 만한 가치도 있다. 그러므로 망각과 같은 하찮은 것에 노력을 기울이고 관심을 갖는다는 것은 지나친 장난이다. 건전한 눈과 귀를 가진 인간이 이 밝은 태양 아래 존재하지도 않는 것을 보고 듣는 현상은 왜 일어나는가. 이제까지 아주 사랑하던 사람들을 왜 갑자기 박해자로 생각하게 되는가. 또한 아이들마저도 불합리한 것으로 보이는 망상(妄想)을 그럴 듯한 이유를 들어가면서 왜 변호를 하는가. 만약 당신이 이러한 현상의 이유를 분명히 가르쳐준다면 우리도 정신분석을 존중할 것이지만, 축사(祝辭)를 하는 사람이 잘못 말하는 것은 무엇 때

---

1) versprechen(잘못 말하다), verschreiben(잘못 쓰다), verlesen(잘못 읽다), verhören(잘못 듣다), vergessen(잊다, 망각하다), verlegen(유실하다), verlieren(잃다, 분실하다) 등.

문인가, 주부가 왜 열쇠를 유실하는가 하는 따위의 하찮은 것만 연구하는 것이 정신분석이라면 우리는 우리의 시간과 관심을 다른 일로 돌릴 것입니다.”

그러나 나는 “잠깐만 기다리십시오. 여러분의 비평은 틀렸습니다”하고 대답하고 싶습니다. 물론 정신분석이 하찮은 일에 구애받지 않았다고 큰소리칠 수는 없습니다. 그러기는커녕 정신분석의 관찰자료는 다른 학문에서는 하찮게 여기고 버리거나 돌아보지 않는 것, 이를테면 현상계의 쓰레기 같은 것을 언제나 집어올리고 있습니다. 그러나 여러분은 비판을 할 경우 문제가 크다는 것과 그 특색이 사람의 눈을 끈다는 것을 혼동하고 있지는 않은가요. 대단히 의미깊은 것인데도 어떤 시기, 어떤 조건 밑에서는 아주 희미한 징후(徵候)를 통해서만 그 모습을 나타내는 것이 있지 않습니까. 나는 얼마든지 그 증거를 들 수 있습니다.

여기에 있는 분들 가운데 특히 젊은 남성들에게 묻고 싶습니다. 여러분은 자신이 여성으로부터 호감을 받고 있음을 아주 희미한 징후로 읽을 수 있을 것입니다. 설마 적나라한 사랑의 고백을 받거나 정열적인 포옹을 받고 나서야 비로소 알아차리지는 않을 것입니다. 남에게 눈치채이지 않을 정도의 눈길이나 대수롭지 않은 몸짓, 기껏 1초 정도의 긴 악수로써도 충분하지 않습니까. 또한 만약 여러분이 형사로서 살인사건을 조사한다면 범인이 자기 사진에 현주소를 적어서 현장에 놓아두길 기대하겠습니까. 그렇지는 않을 것입니다. 여러분은 범인이 남기고 간 빈약하고 분명치 않은 범죄의 흔적만으로도 만족할 것입니다. 그러므로 아주 작은 징후를 경시해서는 안 됩니다. 십중팔구 이 사소한 증거에서 중대한 단서를 얻을 수 있기 때문입니다. 그러나 나 역시 여러분과 마찬가지로 세계와 학문상의 큰 문제가 우리의 관심을 첫째로 끄는 권리가 있다고 생각하고는 있습니다. 다만 이러이러한 큰 문제를 지금부터 연구하겠다 하고 요란하게 떠벌리고 계획을 세워 보아도 그다지 효과는 없을 것 같습니다. 그렇게 결심해 보아도 무엇부터 시작해야 좋을지 모를 것입니다. 학문상의 일은 가까이 있는 것, 이미 연구의 길이 갖추어져 있는 것부터 손을 대는 편이 기대를 품을 수 있습니다. 작은 문제도 큰 문제도 모두 연결되어 있으므로 아무런 예상이나 기대도 갖지 않고 백지의 태도로 연구를 근본부터 시작해도 행운을 만나게 되면 아주 순수한 연구에서도 큰 문제의 연구로의 실마리가 열리게 됩니다.

이런 이야기를 하는 것은 여러분의 관심을 건강한 사람이 저지르는 언뜻 보아 아주 하찮은 실수 행위의 문제에 붙들어매 두기 위해서입니다. 그런데 나는 누구

라도 좋지만 정신분석에 관해서는 아무것도 모르는 사람에게 실수 행위가 일어나
는 것을 어떻게 설명할 생각이냐고 질문해 보고 싶습니다.

그 사람은 먼저 이렇게 대답할 것입니다. "아아, 그건 사소한 우연입니다. 설
명할 필요도 없어요." 이 사람은 어떻게 말하려는 것일까요. 세계의 사상(事象)
의 연속성에서 벗어난, 있으나 없으나 마찬가지인 대수롭잖은 사상이 있다고 주
장하려는 것일까요. 만약 이와 같이 자연계의 결정론(決定論)을 어딘가 단 한 점
에서라도 깨는 일을 저지른다면 학문적인 세계관을 포기해 버리는 것이 됩니다.
여러분은 신(神)의 의지가 작용하지 않으면 한 마리의 참새도 지붕에서 굴러떨어
지지 않는다고 단정한 종교적 세계관이 얼마나 일관된 태도를 취하고 있는지 그
에게 지적해도 좋습니다. 그는 아마도 자신의 최초의 답에서 일관된 결론을 내리
려고는 하지 않을 것입니다. 그는 다시 생각하고 이러한 것도 스스로 연구하면
반드시 설명할 수 있게 되고, 그것은 가벼운 기능상의 일탈(逸脫)이나 심적(心
的) 작업의 부정확이며, 그 조건 등을 열거할 수 있다고 대답할 것입니다. 확실
히 어느 때는 바른말을 하는 사람일지라도 (1) 그에게 조금 불쾌감이 있고 지쳐
있을 때, (2) 화가 나 있을 때, (3) 주의가 다른 사물에 아주 강하게 쏠려 있을
때에는 말을 잘못하게 됩니다. 그리고 이 지적을 아주 쉽게 확증할 수 있습니다.

실제로 잘못 말하는 것은 지쳐 있을 때나 머리가 아플 때, 편두통이 있을 때에
흔히 일어납니다. 같은 사정은 고유명사를 잊을 때에도 흔히 볼 수 있습니다. 고
유명사를 깜박 잊기 시작하면 편두통이 일어날 것을 미리 아는 사람도 상당수 있
습니다. 화가 나 있으면 말뿐만 아니라 물건도 '잘못 집어드는' 일이 있습니다.
마음이 흩어져 있을 때, 즉 다른 것에 정신을 빼앗기고 있을 때에는 계획을 잊거
나 멍청한 짓을 저지릅니다. 이러한 방심(放心)상태의 좋은 예는 (프리겐더 블레
터)(1844년에 창간된 삽화가 있는 유머 주간지)에 나오는 저 교수입니다. 교수는 자기 박쥐우산을 어딘가
에서 유실하고 남의 모자를 바꾸어 쓰고 등장합니다. 자신의 다음 저서 속에서
다루어야 할 문제로 머리가 꽉차 있기 때문입니다. 자신이 세운 계획이나 남과의
약속을 실행에 옮기기 전에 몹시 성가신 일이 있어 망각해 버리는 것도 같은 예
이며, 여러분도 이런 경험이 있으리라 생각합니다.

이것은 잘 알려진 이야기로서 반대론의 여지가 없는 것같이 보입니다. 우리가
기대했던 만큼 흥미있는 일도 아닌 것 같습니다. 그러나 이 실수 행위에 대한 설
명을 좀더 상세히 해보기로 하겠습니다.

이와 같은 현상이 성립하는 데 필요한 조건으로서 열거할 수 있는 것들은 모두 서로 동질(同質)의 것이 아닙니다. 불쾌감이나 순환(循環)장해[2]는 정상적인 기능이 침해될 때의 생리적 근거입니다. 흥분, 피로, 주의의 이탈 등도 다른 요인으로 정신생리학적인 것이라 불러도 좋을 것입니다. 이러한 요인은 쉽게 이론 속에 받아들여질 수 있습니다. 피로에 의해서도, 곁눈질에 의해서도, 어쩌면 일반적인 흥분에 의해서도 주의력의 분산이 생겨 중요한 행위에 주의를 돌리는 일이 적어집니다. 그러므로 그 행위는 장해를 받기 쉽고 그 수행도 불확실한 것이 되기 쉽습니다. 가벼운 병이나 중추신경에 혈액순환의 변화가 일어나도 이러한 작용을 합니다. 주의력의 배분에 같은 영향을 미치기 때문입니다. 즉 어떤 경우에도 기질적 원인에 의한 것이건 심적(心的) 원인에 의한 것이건 주의력의 장해가 그 결과로서 야기되기 때문입니다.

이것은 정신분석적 관심에 있어서는 대단한 것같이 보이지는 않습니다. 이러한 테마는 다시 버리고 싶은 생각마저 듭니다. 그러나 좀더 자세히 관찰하면 실수 행위의 전부를 주의설(注意說)로 돌릴 수는 없으며, 이 이론에서 순순히 결론을 끌어낼 수도 없습니다. 이러한 실수 행위와 망각을 피로하거나 방심하고 있거나 흥분하고 있지 않은 사람, 그러기는커녕 어느 모로 보나 정상적인 상태에 있는 사람에게서도 볼 수 있다는 것을 우리는 경험을 통해서 알고 있습니다. 어떤 사람이 실수 행위를 저질렀다고 해서 본인이 그렇다고 고백하고 있지도 않은데 뒤에 이유를 붙여 그 사람은 아주 흥분하고 있었다고 주장하는 따위는 논외(論外)의 일입니다. 인간의 행위란 그것을 위해 돌려지는 주의력이 증가하면 확실해지고 주의력이 저하될 때에는 위태로워진다는 그런 간단한 것은 아닙니다. 아주 약간의 주의력만으로도 완전히 자동적으로, 극히 확실하게 이루어지는 일이 적지않습니다. 산책하고 있는 사람은 자신이 어디를 향해 걷고 있는지 거의 주의하고 있지 않지만 바른길을 걸어서 목표에 이르고 '잘못 걷는' 일이 없습니다. 적어도 일반적으로는 그렇습니다. 숙련된 피아니스트는 하나하나 생각지 않고 바르게 건반을 두드립니다. 물론 잘못 치는 경우도 때로 있지만, 생각하지 않고 칠 수 있는 것이 실수의 위험을 높인다면 평소에 잘 연습해서 완전히 자동적으로 칠 수

---

2) 혈액순환이 정상적으로 이루어지지 않는 병적인 상태를 말한다. 여기서는 뇌에 일시적으로 혈액순환의 장해가 일어나고, 이 때문에 뇌의 그 부분의 움직임이 나빠지기 때문에 정상적인 활동을 할 수 없게 되는 것을 가리키고 있다.

있게 되어 있는 명연주가야말로 실수할 위험이 가장 많다는 이야기가 될 것입니다. 그런데 사실은 그 반대입니다. 일이란 큰 주의를 기울이고 있지 않을 때에 특히 정확히 이루어집니다. 실수 행위라는 불운(不運)의 대부분은 실수를 하지 않으려고 주의를 기울일 때에 일어납니다. 즉 필요한 주의력을 절대로 딴 곳에 돌리지 않고 있을 때에 일어나는 것입니다. 혹은 이것이야말로 '흥분'해 버린 결과라고 말할 수 있을지도 모릅니다. 그렇다면 왜 이 흥분이 지금 큰 관심을 갖고 행하려 하고 있는 것에 대해서 특히 큰 주의력을 돌리게 하지 않는 것일까요. 이해할 수 없는 일 아닙니까. 누군가가 어떤 중대한 강연이나 담화를 하고 있을 때 말을 잘못해서 자기가 생각하고 있었던 것과는 반대되는 말을 했을 경우 정신생리학적 이론이나 주의이론(注意理論)으로서는 이것을 도저히 설명할 수 없다고 생각합니다.

실수 행위에서는 또한 이제까지의 설명으로는 설명할 수 없고 이해할 수도 없는 사소한 부차적인 현상이 아주 많이 일어납니다. 예를 들면 인명(人名)을 잠시 잊었을 때, 그 때문에 화를 내고 열심히 생각해 봐도 도저히 그 이름이 떠오르지 않는 경우가 있습니다. 또한 '입 안에서 뱅뱅 돌고' 누군가가 조금만 거들어주면 곧 알 수 있는 이름인데도 아무리 그것에 주의력을 돌려 떠올리려 해도 떠오르지 않는 경우가 자주 있는 것은 무슨 까닭일까요.

이런 예도 있습니다. 실수 행위가 반복되어 서로 겹치고 계속되는 경우입니다. 처음에는 데이트 약속을 잊고, 다시는 잊지 않으려고 결심한 두번째 약속에서는 시간을 착각한 것을 깨닫는 그런 예입니다. 또한 잊어버린 이름을 여러 우회로를 더듬으면서 생각해 내려고 애쓰고 있을 때 그것을 생각해 내는 데 도움이 되는 두번째의 이름을 잊어버리고, 이 두번째의 이름을 쫓고 있으면 세번째 것이 떠오르지 않는 경우도 있습니다.

마찬가지로 이러한 것은 식자공(植字工)의 실수 행위로 해석해야 할 오식(誤植)의 경우에도 흔히 볼 수 있습니다. 다음과 같은 집요한 오식을 사회민주당의 신문에서 볼 수 있었다는 이야기입니다. 어느 식전(式典) 기사 중에 "참석자 중에는 Kornprinz[3]의 모습도 보였다"고 씌어 있었습니다. 다음날 정정 기사가 실렸지만, 신문은 "어제의 Kornprinz는 Knorprinz의 오식이었습니다. 이를

---

3) Kronprinz(황태자)로 해야 할 것을 r와 o의 활자를 바꾸어버린 것이다. 또한 Kornprinz 는 보리 왕자, Knorprinz는 혹달린 왕자란 뜻으로 해석된다.

사과하며 정정합니다"로 써버린 것입니다. 이런 종류의 오식의 경우 우리는 흔히 오식의 악마라든가, 활자상자의 도깨비라고 말하고 있습니다. 그 어느 쪽 말도 이러한 오식을 정신생리학적 학설로는 해결할 수 없다는 것을 표현하고 있습니다.

여러분이 알고 있을지 어떨지 모르지만, 말의 실수는 유발할 수 있습니다. 즉 암시를 걸어 잘못 말하도록 유도할 수 있습니다. 다음과 같은 일화가 있습니다. 전에 신출내기 배우가 중요한 배역을 맡은 적이 있었습니다. 〈오를레앙의 소녀〉 (실러의 낭만적 비극. 1801년작) 속에서 "Connétable[元帥]께서 검(劍)을 돌려보내셨습니다" 하고 왕에게 보고하는 역이었습니다. 그런데 주연 배우가 연습할 때 이 겁에 질린 신출내기 선생을 놀리려고 대본과는 다르게 "Komfortabel(한 마리의 말이 끄는 마차)께서 말을 돌려보내셨습니다" 하고 되풀이했습니다. 그의 계획은 적중했습니다. 불운한 신출내기 선생은 첫 무대에서 이 틀린 대사를 말해 버린 것입니다. 물론 그는 충분히 주의하고 있었습니다. 아니, 주의하고 있었기 때문에 그렇게 말해 버린 것입니다.

실수 행위에서 볼 수 있는 이러한 사소한 특징을 부주의라는 이론만으로는 다 설명할 수 없습니다. 하지만 그렇다고 해서 이 이론이 틀렸다는 것은 아닙니다. 아마도 이 이론에는 무엇인가가 결여되어 있을 것입니다. 이 이론을 완전한 것으로 하기 위해서는 무엇인가를 보충해야만 합니다. 한편 실수 행위 자체에도 또한 다른 측면에서 볼 수 있는 것이 많이 있습니다.

실수 행위 중에서 우리의 의도에 맞는 것으로서 여기서는 '잘못 말하는 것'을 들어보기로 합시다. 틀리게 쓰거나 틀리게 읽는 경우를 고르더라도 마찬가지입니다. 거기에서 먼저 우리는 결국 이제까지는 잘못 말하는 것이 언제 어떠한 조건 밑에서 일어나는가 하는 것을 문제삼아왔을 뿐이며 이 문제에 대한 대답만을 얻은 것에 불과하다고 말하지 않으면 안 되게 됩니다. 그런데 우리의 관심을 다른 방향으로 돌려서 왜 우리는 이런 잘못된 말을 하고 다른 잘못된 말은 입 밖에 내지 않는가 하는 것을 문제삼을 수 있을 것입니다. 잘못 말한 것의 결과가 어찌 되는지 볼 수 있다는 것입니다. 이 문제에 답하지 못하고 잘못 말한 것의 효과가 해명되지 않는 한, 설사 생리학적인 해석은 가능해도 이 현상은 심리학적으로는 우발적인 것으로 남게 됩니다. 내가 틀리게 말했다고 합시다. 이때 틀리게 말하는 방법은 무한히 있을 것입니다. 하나의 바른말 대신 수천 가지의 다른 말 중

하나를 골라서 말할 수 있습니다. 즉 하나의 바른말 대신 무수히 틀린 말을 할 수 있습니다. 모든 가능성 속에서 일부러 이 틀린 말을 택하게 하는 무엇인가가 있는 것일까요. 그렇지 않으면 그것은 단순한 우연이며 자기 멋대로의 생각일까요. 그리고 이 물음에는 결국 합리적인 답은 주어지지 않는 것일까요.

메링거 $\left(\begin{smallmatrix}1859\sim1931, \ 독\\ 일의 \ 언어학자\end{smallmatrix}\right)$ 와 마이어 $\left(\begin{smallmatrix}1866\sim1950, \ 스위스\\ 태생의 \ 정신의학자\end{smallmatrix}\right)$ 두 사람은 1895년에 말의 실수 문제를 이 측면에서 다루려고 시도했습니다. 그들은 많은 실례를 수집하고 처음에는 순전히 기술적(技術的)인 관점에서 이것을 기재(記載)했습니다. 물론 달리 설명을 덧붙이진 않았지만 그래도 해명의 단서를 제공하고 있습니다. 그들은 잘못 말한 것을 통해서 왜곡되는 방법을 구별하고 대치(代置), 선행(先行)발음, 후퇴(後退)발음, 혼성(混成) 및 대용(대리형성)으로 분류했습니다. 이 두 저자가 분류한 주요한 그룹에서 몇 가지 실례를 들어보겠습니다. 대치란 '밀로의 비너스'를 '비너스의 밀로'라고 말하는 경우입니다(말의 순서의 대치). 선행발음이란 Es war mir auf der Brust so schwer(나는 걱정으로 마음이 무겁다)를 줄여서 Es war mir auf der Schwest라고 말하는 것입니다. 후퇴발음이란 Ich fordere Sie auf, auf das Wohl unseres Chefs aufzustossen(우리의 보스의 건강을 기원하며 '트림을 합시다[4])과 같이 잘 아는 건배의 축사의 실패가 그 예입니다. 이 세 종류의 말의 실수의 양식은 반드시 자주 일어나는 것은 아닙니다. 이러한 것들보다 더욱 여러분이 관찰할 기회가 많은 것은 생략이나 혼성에 의한 실언(失言)이라고 생각합니다.

예컨대 길에서 부인에게 한 신사가 "아가씨, 좋으시다면 begleitdigen하게 해 주십시오"하고 말을 거는 식의 예입니다. 이 혼성어에는 begleiten(동행하다) 이외에 beleidigen(능욕하다)이라는 낱말이 혼합되어 있습니다(덧붙여 말하면 이 청년은 말을 건 상대방 부인과 친해지지 못했을 것입니다). 대용의 예로서 메링거와 마이어가 인용하고 있는 것은 "표본을 Brütkasten(부란기[孵卵器])에 넣습니다"하고 말하는 대신 "표본을 Briefkasten(우체통)에 넣습니다"하고 말해 버리는 예 등입니다.

이 두 저자가 수집한 실례에 근거하여 시도하려 하고 있는 설명은 아주 불충분한 것입니다. 그들의 설명에 따르면 한 낱말의 음(音)과 철자 사이에는 중요도의

---

4) anzustossen(건배합시다)이라고 말해야 할 것을 앞에 auf란 낱말이 두 번이나 나오기 때문에 aufzustossen(트림을 합시다)이라 말해 버린 것이다.

차이가 있고, 가치가 높은 요소$\left(\begin{smallmatrix}\text{을을}\\\text{뜻함}\end{smallmatrix}\right)$의 신경지배는 가치가 낮은 요소$\left(\begin{smallmatrix}\text{철자를}\\\text{뜻함}\end{smallmatrix}\right)$의 신경지배를 혼란시키는 작용을 한다는 것입니다. 이 경우 그들은 명백히 그리 자주 일어나지 않는 선행발음과 후퇴발음을 발판으로 삼아 말하고 있습니다. 그러나 그 밖의 형식으로 일어나는 실언이라는 결과에 대해서는 음의 우위성이라는 것이 설사 있다 해도 문제가 되지 않습니다. 어쨌든 가장 빈번히 일어나는 실언은 하나의 말 대신 그것과 아주 닮은 다른 말을 하는 것입니다. 이 유사성만으로도 많은 사람들에게 있어 실언을 설명하는 데 충분합니다. 예컨대 어느 교수가 취임 연설에서 "누구보다 존경하는 전임자의 업적을 높이 평가함에 있어 나는 geneigt('마음이 내키지' : geeignet〔어울리지〕 대신에) 않습니다"하고 말하거나, 다른 교수의 예이지만 "여성의 성기에는 무수한 Versuchungen('유혹')에도 불구하고…… 아니 실례했습니다…… 무수한 Versuch(연구)에도 불구하고……"하고 말하는 것과 같이 말입니다.

가장 흔하고, 또 가장 눈에 잘 띄는 종류의 실언은 자신이 말하려고 생각하고 있었던 것과 정반대되는 것을 말하는 경우입니다. 그 경우에는 당연히 음향상의 관계나 유사성이란 작용 따위와는 전혀 관계가 없어지지만, 그 대신 대립하고 있는 것 상호간에 의미상으로 강한 친근성이 있어서 심리적 연상(連想)으로서는 아주 가까운 관계가 있다고 말할 수 있습니다. 이런 종류의 실언에는 역사상의 실례가 있습니다. 어느 하원의장이 개회식 때 "여러분, 나는 의원 여러분의 출석을 확인했으므로 이제 '폐회'를 선언합니다"하고 말해 버렸다는 것입니다.

이러한 대립관계와 마찬가지로 흔히 실언을 초래하는 것은 어떤 잘 알고 있는 연상의 경우인데, 때로 뜻하지 않은 때에 그러한 연상이 떠오르는 일이 있습니다. 이러한 예가 있습니다. H. 헬름홀츠$\left(\begin{smallmatrix}\text{1821~94. 독일의}\\\text{생리학자·물리학자}\end{smallmatrix}\right)$의 자녀와 저명한 발명가이며 대공업가인 W. 지멘스$\left(\begin{smallmatrix}\text{1816}\\\text{~92}\end{smallmatrix}\right)$ 자녀의 결혼 피로연에서 유명한 생리학자인 뒤 부아 레이몽$\left(\begin{smallmatrix}\text{1819}\\\text{~96}\end{smallmatrix}\right)$이 축사를 할 때였습니다. 틀림없이 멋진 축사였다고 생각합니다만, 그 축사를 마칠 때 그는 "그럼 새로운 회사 지멘스 할스케 만세"하고 말했다는 것입니다. 물론 이것은 옛날부터 있는 회사의 이름$\left(\begin{smallmatrix}\text{1847년에 창설}\\\text{된 전신회사}\end{smallmatrix}\right)$입니다. 이 두 이름을 나란히 늘어놓는 것이 베를린 사람에게는 마치 우리 빈 사람이 리델 보이텔$\left(\begin{smallmatrix}\text{오스트리아의}\\\text{강철 관계 재벌}\end{smallmatrix}\right)$이라고 말할 정도로 입버릇이 되어 있었던 것입니다.

그러므로 음의 관계와 낱말의 유사성 외에 낱말의 연상의 영향도 덧붙여야 할 것입니다. 그러나 그것만으로는 부족합니다. 실언을 고찰해 잘 해명하기 위해서는 그전에 어떠한 문장을 말했는지, 혹은 적어도 어떤 문장을 생각하고 있었는가 하는 것도 고려하지 않으면 안 되는 경우가 있습니다. 따라서 메링거가 강조한 후퇴발음의 예도 아주 먼 곳에서 관찰한 것에 지나지 않는다고 말할 수 있습니다. ── 그런데 아무래도 전체로서는 실언이라는 실수 행위의 이해로부터는 도리어 후퇴해 버린 듯한 인상을 받는다고 고백해야 할 것 같습니다.

그러나 내가 지금까지 검토해 온 실언의 예에 관해 새로운 인상을 받았다고 해서 오해하지 말기 바랍니다. 이와 같은 예들은 좀더 들어볼 가치가 있기 때문입니다. 우리는 실언이 생기는 조건을 검토하고 다음에 실언의 결과로서 생기는 왜곡의 종류를 규정하는 영향력을 조사했습니다. 그러나 실언의 효과를 그 성립과정에 대한 고려를 제쳐놓고 그것 자체로서는 전혀 검토하고 있지 않습니다. 거기에서 우리가 이 문제를 검토할 결심을 굳힌다고 합시다. 그리되면 실언의 실례 중 어떤 것에는 실언이 표명하고 있는 내용 그 자체에 의미가 있다고 단언할 용기가 필요하게 됩니다. 그러면 실언에 의미가 있다는 것은 어떠한 것일까요. 그렇습니다. 그것은 이러한 것입니다. 즉 실언의 결과 일어난 것은 그 자체의 목적을 추구하고 있는 하나의 독자적인 심리적 행위이며, 또한 어떤 내용과 의미를 표현하는 것으로서 이해되어야 마땅하다는 것입니다. 우리는 이제까지 줄곧 실수 행위라고 말해 온 터이지만, 지금은 실수 행위 그 자체도 완전히 정통적인 행위이며 다만 예기되고 의도되고 있던 다른 행위와 바뀐 것에 지나지 않는 것처럼 여겨집니다.

실수 행위의 이러한 독자적인 의미는 하나하나의 예에서도 손에 잡힐 듯이 명백하고 뚜렷하게 보입니다. 하원의장이 첫 발언으로 개회를 선언하는 대신에 폐회를 선언했다면 그동안의 사정을 알고 있는 우리로서는 이 실수 행위는 깊은 뜻이 있다고 생각지 않을 수 없습니다. 즉 의장은 의회의 형세(形勢)가 마음에 들지 않아 가능하면 곧 폐회해 버리고 싶었던 것입니다. 이 의미를 지적하는 데 있어서, 즉 이 실언을 해석하는 데 있어서 우리는 아무런 곤란도 느끼지 않습니다. 또한 어떤 부인이 다른 한 부인에게 자기로서는 칭찬할 생각이었겠지만 "이 멋진 새 모자는 당신이 손수 aufgepatzt(조잡하게 만든)[5] 것입니까" 하고 물었다면, 어떠한 과학주의자일지라도 이 실언에서 "당신 모자는 '조잡하군요'" 하는 표현을

---

5) aufgeputzt(장식한)라고 말해야 할 것을 aufgepatzt(조잡하게 만든)라고 잘못 말한 것이다.

간파해 내지 않을 수 없을 것입니다. 또한 내주장(內主張)으로 알려진 어떤 부인이 "남편에게 어떤 음식을 들게 하는 것이 좋겠습니까 하고 의사에게 물었습니다. 의사의 대답은 음식에 주의할 것은 없습니다, '내(이야기하고 있는 부인)가' 좋아하는 것[6]은 무엇이든지 먹고 마셔도 좋다는 것이었습니다" 하고 말했다면, 이 실언 역시 어느 의미에서는 명백하게 시종 일관된 자기중심주의를 표현하고 있습니다.

여러분, 가령 실언이나 또한 일반적인 실수 행위에 대해서 그중의 극히 일부분만이 아니라 대부분의 것이 어떤 '의미'를 지니고 있다는 점을 알게 되었다고 합시다. 그리되면 이러한 실수 행위의 의미라는, 이제까지 그다지 화젯거리가 되지 않았던 문제가 우리에게 극히 흥미깊은 것이 되고 다른 모든 관점은 당연히 그림자가 희미해져 버립니다. 또한 그리되면 우리는 실수 행위의 모든 생리학적 내지 정신생리학적 요소는 버리고 그 의미에 대해, 즉 실수 행위의 의의와 의도에 대해 순심리학적인 연구를 해도 무방하게 됩니다. 거기에서 다음에는 이러한 기대에 답하여 많은 관찰자료를 조사해 보는 일을 게을리하지 않도록 해보고 싶습니다.

그러나 이 계획을 실행에 옮기기 전에 나는 여러분과 더불어 다른 실마리를 찾아보고 싶습니다. 시인은 실언이나 그 밖의 실수 행위를 서술(敍述)의 수단으로 자주 이용하고 있습니다. 이 사실만 보아도 시인이 예컨대 실언과 같은 실수 행위를 의미깊은 것으로 보고 있다는 것을 알 수 있습니다. 왜냐하면 시인은 이 실수 행위를 고의적으로 창작하고 있기 때문입니다. 물론 시인은 자신이 이따끔 잘못 쓴 것을 그대로 등장인물이 잘못 말한 것으로 남겨두는 따위의 일을 할 리가 없습니다. 그는 이 실언을 통해서 무엇인가를 독자에게 이해시키려 하고 있는 것입니다. 우리는 그 잘못 말한 것이 무엇인가, 혹시나 작중인물이 방심하고 있다든가, 지쳐 있다든가, 혹은 편두통이 일어난 것 같다고 생각하고 있다든가 하는 것을 시인이 암시하려 하고 있는 것은 아닐까 등등을 조사해 볼 수 있습니다. 물론 우리는 실언이 시인에 의해 의미깊은 것으로서 이용되었다 해서 이것을 과대평가하고자 하지 않습니다. 그것은 현실적으로는 무의미하며, 심리적으로는 우발사건인지도 모르고, 의미깊은 것은 극히 드문 일인지도 모르기 때문입니다. 시인은 자신의 목적을 위해 실언에 의미를 부여하고 정신적인 것으로 삼을 권리를 가

---

6) '남편이 좋아하는 것'이라고 말해야 할 것을 '내가 좋아하는 것'이라고 잘못 말한 것이다.

지고 있다고 말할 수 있을지도 모릅니다. 그러나 반면 이 실언에 관해서는 언어학자와 정신의학자보다는 오히려 시인에게서 배울 점이 많다고 해도 놀랄 것까지는 없습니다.

실언의 이와 같은 예는 실러의 〈발렌슈타인〉($^{3부작의}_{극. 1799년작}$^{비})에서 찾아볼 수 있습니다(제2부 〈피코로미니〉 제1막 제5장). 막스 피코로미니는 제4장에서 열정적으로 발렌슈타인 후작의 편을 듭니다. 그리고 후작의 딸을 수행하여 진영으로 가는 도중 평화의 행복을 깨닫고 이것에 열중하게 됩니다. 그는 어리둥절해 하는 아버지 옥타비오와 궁정에서 온 사자(使者) 퀘스텐베르크를 남기고 그 자리를 떠납니다. 그리고 제5장이 계속됩니다.

퀘스텐베르크 : 딱하게 되었군! 이럴 수가 있나! 저, 저런 미친 생각을 갖고 가도록 그대로 둘 겁니까? 즉시 불러들여 이 자리에서 정신을 차리게 해주는 것이 어떻겠습니까?

옥타비오 : (깊은 생각에 잠겼다가 제정신으로 돌아와서) 내 쪽에서야말로 정신을 차리게 되었어요. 정신을 차리고 보니 기뻐할 게 아니군.

퀘스텐베르크 : 무슨 말입니까, 그게?

옥타비오 : 지긋지긋한 건 이번 여행이군!

퀘스텐베르크 : 뭐요? 무슨 말입니까, 그게?

옥타비오 : 갑시다! 나는 당장이라도 이 경사스럽지 않은 사건을 살펴봐야 합니다. 내 눈으로 봐야만 ——. 자, 갑시다. (퀘스텐베르크를 데리고 가려 한다)

퀘스텐베르크 : 대체 무슨 말입니까? 어디로 가자는 겁니까?

옥타비오 : (성급하게) 저 딸에게로!

퀘스텐베르크 : 저 딸 ——

옥타비오 : (말을 고쳐서) 아니, 후작에게로 말입니다! 자, 갑시다. ……

옥타비오는 '후작에게로'라고 말할 것을 잘못 말한 것인데, 그 '저 딸에게로'라는 말을 통해 그가 젊은 용사로 하여금 평화에 열중케 하고 있는 것이 무엇인가를 아주 잘 간파하고 있었다는 것을 나타내고 있습니다. 적어도 우리는 이 점을 아는 것입니다.

나아가 보다 인상적인 예를 셰익스피어의 작품 속에서 오토 랑크[7]가 발견했습

니다. 그것은 〈베니스의 상인〉에 나오는 유명한 장면으로, 세 사람의 행운의 구
혼자들이 세 개의 상자 가운데 하나를 고르는 장면에 나옵니다. 랑크 자신의 짧
은 서술을 여기서 읽어보는 것이 제일 좋을 것입니다.

"문학적으로는 아주 미묘한 모티브로 쓰여지고, 또 기교적으로도 지극히 교묘
하게 사용되고 있는 '실언'이 있다. 마치 프로이트가 〈발렌슈타인〉 속에서 지적한
바와 같이(《일상생활의 병태〔病態〕심리》 참조) 시인은 실수 행위의 매커니즘과
그 의미를 잘 알고 있으며 또한 관객도 그것을 알고 있으리라 예상하고 있다. 이
러한 실언의 한 예를 셰익스피어의 〈베니스의 상인〉 가운데(제3막 제2장)서 찾아
볼 수 있다. 아버지의 뜻대로 제비뽑기로 남편을 고르도록 결정된 포셔는 그때까
지는 마음에 들지 않는 구혼자들을 다행히도 피할 수 있었다. 마지막으로 자신이
마음속 깊이 사모하는 사람 밧사니오가 구혼자가 되었을 때 그녀는 밧사니오도
역시 제비를 잘못 뽑지나 않을까 애태우게 되었다. 포셔는 실상은 당신이 제비를
잘못 뽑아도 내 사랑은 변함이 없을 거예요 하고 말하고 싶었지만, 서약에 위배
되기 때문에 그렇게 하지 못했던 것이다. 이 내심의 갈등으로 괴로워하고 있는
그녀의 입을 통해서 시인은 사랑하는 구혼자에게 이렇게 말하게 한 것이다.

결코 서두르지 마세요. 하루 이틀 쉬었다가 뽑으세요. 만약 잘못 뽑으면 두
번 다시 뵙지 못하게 되니까요. 그러니 조금이라도 나중에 하세요. 전 어쩐지
'아니오, 사랑이라곤 말하지 않겠어요', 다만 헤어지고 싶지 않다는 것일 뿐
……. 물론 제가 가르쳐드릴 수 있어요, 어떤 것을 뽑으면 되는지를. 하지만
그래서는 서약을 깨게 됩니다. 그것만은 허용될 수 없어요. 그렇긴 하지만 잘
못 뽑으실지도 몰라요. 그 정도 일이라면 설사 죄를 범할지라도 서약을 깨뜨리
는 게 좋았을걸 하는 생각이 들 거예요……. 미운 것은 그 눈, 그것에 나는 현
혹되어 두 갈래로 조각이 나버렸죠. '하나는 당신 것, 나머지 하나는, 그것도
당신 것 —— 아니, 내것이라고 말하겠어요.' 그렇긴 하지만 나의 것이라면 당
신의 것, 그렇다면 모두 당신의 것…….

(' '는 프로이트)

---

7) 1884~1939. 프로이트의 초기부터의 제자. 모친으로부터의 분리로서의 출산을 불안의 원
형(原型)으로 주장했다. 의지(意志)요법의 제창자이다.

밧사니오에게 말해서는 안 되게 되어 있는 것을 조금이라도 암시하고자 하는 포셔의 기분, 즉 상자를 고를 것도 없이 자기는 이미 밧사니오의 것이며 그를 사랑하고 있다고 말하는 마음을 시인은 놀랄 만큼 심리학적인 민감성으로 파악하고 실언을 통해서 명백히 부각시키고 있는 것이다. 시인은 이 기교에 의해서 사랑을 하고 있는 사나이의 견딜 수 없는 불안한 기분과 상자 고르기의 결과를 초조하게 지켜보고 있는 관객의 긴장된 마음에 편안한 마음을 주고 있는 것이다."

또한 여러분은 포셔가 실언 속에 포함되어 있는 두 가지 진술을 마지막으로 어떻게 교묘하게 결합시키고 있는가, 그리고 그녀가 이 양자 사이에 있는 모순을 풀고 결국 실언을 어떻게 정당화하고 있는가에 주의해 주기 바랍니다.

"그렇긴 하지만 나의 것이라면 당신의 것, 그렇다면 모두 당신의 것."

때마침 의학과는 관계가 별로 없는 사상가가 실수 행위의 의미를 풀어보이고 실수 행위를 해명하고자 하는 우리의 노력에 선수를 쳤습니다. 여러분은 저 재능이 풍부한 풍자작가 리히텐베르크($\binom{1744\sim99, 독일의}{작가 \cdot 물리학자}$)가 괴테에 대해서 "괴테가 농담을 할 때에는 반드시 거기에 문제가 감추어져 있다"고 말하고 있는 것을 알고 있으리라고 생각합니다. 이와 같이 때로는 문제의 해결이 농담을 통해서 제시되기도 합니다. 리히텐베르크는 기지(機智)와 풍자가 풍부한 그의 수필 속에서 "나는 언제나 angenommen(……이라고 가정하면)으로 읽어야 할 것을 Agamemnon ($\binom{그리스 신화 속의 인물, 트로야 전쟁}{에 있어서의 그리스군의 총수}$)으로 읽었다. 그만큼 나는 호메로스($\binom{B.C. 9세기경의 그리스의 시인, (일리아스), (오딧세이아)}{의 작가}$)를 읽고 있었던 것이다" 하고 쓰고 있습니다. 이것이야말로 참된 오독(誤讀)의 이론입니다.

다음 강의에서는 실수 행위의 해석에 대해 시인들과 행동을 같이할 수 있느냐 없느냐를 검토해 보고자 합니다.

제3강 실수 행위(계속)

여러분! 우리는 지난번에 실수 행위를 고찰하는 데 있어서 실수 행위에 의해 교란되기 이전의 본래 의도했던 행위와는 관계없이 실수 행위만을 관찰해야만 한다는 생각에 도달했습니다. 또한 실수 행위는 경우에 따라서는 그것 자체의 독자적인 뜻을 누설하는 경우도 있다는 인상을 받았습니다. 그리고 넓은 범위에 걸쳐 실수 행위에 의미가 있다는 점이 확인된다면 그 의미 쪽이 실수 행위가 발생하는 사정을 연구하는 것보다도 흥미깊은 일이 되리라 말했습니다.

다시 한 번 심적인 과정의 '의미'로서 무엇을 생각하는가에 대해 우리의 의견을 일치시켜 두고 싶습니다. 그것은 심적 과정을 일으키게 하는 의도와 일련의 심적 계열(심리적인 직임을 뜻함) 중의, 그 심적 과정의 위치 바로 그것입니다. 그러므로 검토를 해나가는 데 있어 많은 경우 '의미'란 말을 '의도'나 '경향'이란 말로 대치해도 무방합니다. 그러면 실수 행위 속에 의도가 있다고 확신한 것은 실수 행위가 그렇게 보였기 때문일까요. 그렇지 않으면 시적(詩的)으로 높여서 생각했기 때문일까요.

실언의 예를 있는 그대로 바라보고 이와 같은 관찰을 더욱 많이 해보기로 합시다. 그리하면 실언 의도, 즉 의미가 명백히 나타나 있는 여러 가지 예가 어떠한 범주에 속하고 있는가 하는 것이 선명해질 것입니다.

우선 첫째로 의도란 반대의 것이 입을 통해서 나오는 예입니다. 의장이 개회 인사에서 "의회의 '폐회'를 선언합니다" 하고 말한 예가[1] 그것이며, 이것 등은 아주 명백합니다. 의회를 빨리 폐회해 버리고 싶었다는 것이 그 잘못 말한 것의 의도이며 의미입니다. 이에 대하여 "그 스스로 그렇게 말하고 있지 않은가" 하고 말하는 사람이 있을지도 모릅니다. 그러나 우리는 다만 그 말 그대로 받아들이면 된다고 생각합니다. "그럴 리가 없다. 그가 바라고 있었던 것은 폐회가 아니라 개회라는 것은 뻔한 일이다. 생각해 보라, 최종결정권을 가지고 있는 그 자신이 본심으로는 개회하려고 생각하고 있었다는 것을 인정하고 있지 않은가" 하고 말하며 방해하지 말기를 바랍니다. 그리하면 조금 전에 실수 행위만을 들어 고찰 (考察)한다는 데 의견이 일치된 것을 망각한 것이 됩니다. 실수 행위와 그 때문에 방해받는 의향과의 관계에 대해서는 뒤에 언급하겠습니다. 그렇지 않으면 여러분은 논리적인 오류를 범하게 됩니다. 이 오류를 영어로는 begging the question (문제점을 증명하지 않은 채 참이라 가정하고 논하는 것)이라고 부르고 있는바 바로 그것 그대로이며, 이런 오류를 범하면 지금 취급하고 있는 문제를 요술처럼 사라지게 하고 속이는 것이 됩니다.

다른 예에서 잘못 말한 것이 정반대의 말이 되지 않은 경우에도 그 잘못 말한 것 때문에 의향과는 대립되는 의미가 표현되는 일이 있습니다. "전임자의 업적을 높이 평가함에 있어 나는 '마음이 내키지' 않습니다(ich bin nieht geneigt)"라고 말했을 때[2]의 geneigt(마음이 내키다)는 geeignet(어울리는)의 정반대의 뜻은 아니지만, 이 연설자가 자기 입장에서 말해야 하는 것과는 완전히 대립되는 표현을 공공연히 고백하고 있습니다.

나아가 다른 예에서 잘못 말한 것이 말하려고 생각하고 있었던 의미에 제2의 의미를 덧붙일 뿐인 경우도 있습니다. 이런 경우에 잘못 말한 문장은 몇 가지 문장의 단축, 생략 및 응축(凝縮)처럼 들립니다. 내주장의 부인이 말한, "남편은 '내가' 좋아하는 것은 무엇이든 먹고 마셔도 좋다"[3]는 것은 마치 "남편은 마시고 먹어도 좋다. 그러나 남편이 좋아하는 것을 결정하는 것은 바로 나다" 하고 말하는 것과 같습니다. 실언은 흔히 이와 같은 생략의 인상을 줍니다. 예를 들면 어

---

1) 36쪽 참조.
2) 36쪽 참조.
3) 38쪽 참조.

느 해부학 교수가 비강(鼻腔)에 대한 강의를 끝내고 나서 학생들에게 잘 이해했
는지 어땠는지 물었는데, 모두 잘 이해했다고 대답하자 이어서 다음과 같이 말했
다고 합니다. "나로선 믿을 수 없군요. 비강에 대해 잘 아는 사람은 백 명 시민
이 사는 이 대도시에서도 단 '한 손가락'…… 아니, 실례했습니다, 다섯 손가락으
로 꼽을 정도밖에 안 되는데 말입니다."이와 같이 생략된 이야기가 뜻하는 바는
비강에 대해 잘 알고 있는 것은 '이 나 한 사람뿐이다'라는 것입니다.

실수 행위 자체의 의미를 확실히 알 수 있는 이러한 예와 좋은 대조를 이루고
있는 것은, 잘못 말한 것이 그것 자체로서는 의미를 가지고 있지 않는 경우, 즉
우리의 기대에 완전히 어긋나는 경우입니다. 예를 들어 누군가가 명사를 잘못 말
해 이것을 왜곡하거나 이상한 철자의 단어를 만들어냈다고 합시다. 이것은 흔히
있는 일이므로 그 때문에 실수 행위는 모두 어떤 깊은 뜻을 지니고 있는가 하는
물음은 부정되고 만 듯이 보입니다. 그러나 이와 같은 실례도 잘 보면 그 왜곡을
이해하는 것이 어렵지 않다는 것을 알 수 있습니다. 나아가 이러한 불명료한 예
와 앞의 예와 같은 명백한 예와의 차이도 그다지 크지 않다는 것도 알 수 있습니
다.

자신이 기르고 있는 말의 건강상태에 대해 질문을 받은 남자가 "Ja, das draut
……Das dauert vielleicht noch einen Monat(글쎄, 앞으로 1개월 동안 draut할까
……아니, 지탱할까)"하고 대답했습니다. "드라우트? 그게 뭔 말이지"하고 묻
자, 그 남자는 "Das sei eine traurige Geschichte('아주 슬픈 일')이라고 생각하
고 있었기 때문에 dauert(지탱하다)와 traurig(슬픈)가 하나가 되어 draut란 어
처구니없는 말이 되었다"라고 대답했다고 합니다(메링거와 마이어에 의함).

다른 한 사나이는 자신이 이의(異議)를 제기한 사건에 대해 이야기하고, "사실
은 거기서 Vorschwein해졌다"[4]고 말했습니다. 무슨 뜻이냐고 묻자 그 사나이는
그 사건은 Schweinereien('추잡한 것, 외설스런 것')이라고 말하려 했다는 것이
확인되었습니다. Schweinerei와 Vorschein(명백)이 합쳐서 Vorschwein이란 이
상한 말이 나온 것입니다(메링거와 마이어에 의함).

낯선 부인에게 begleitdigen합시다 하고 말한 젊은 남성의 이야기[5]를 상기해

---

4) Dann aber sind Tatsachen zum Vorschein gekommen……(그 후에 그 사실은 명백해졌
다)이라고 말하려 하다가 zum Vorschwein gekommen이라고 잘못 말한 것이다.
5) 35쪽 참조.

주기 바랍니다. 이 말의 구성을 우리는 전에 begleiten(동행하다)과 beleidigen (능욕하다, 모욕하다)으로 분해했는데, 이 해석은 설명이 필요없을 정도로 분명하다고 생각했기 때문입니다. 이러한 실례에서 의미가 그다지 명료하지 않은 실언의 경우에도 다른 두 가지 의도가 충돌하고 서로 '간섭'하는 것으로 설명할 수 있다는 것을 알 수 있을 것입니다.

앞에서 든 실언의 경우에는 갑(甲)의 의도가 을(乙)의 의도를 완전히 대신하여 반대말이 나오는 것이지만, 뒤의 예에서는 갑의 의도가 을의 의도를 왜곡시키거나 변용(變容)시킬 뿐이어서 두 개의 말이 혼합되어 많든 적든 의미가 있는 형태의 말이 형성되는 것입니다.

이제 우리는 꽤 많은 실언의 비밀을 파악한 것 같습니다. 이 통찰만 지니고 있으면 이제까지 알 수 없을 것같이 생각되던 다른 그룹의 실언도 이해할 수 있을 것입니다. 예를 들면 인명의 왜곡이 그것입니다. 이것을 닮기는 했지만 다른 두 개의 이름의 경합이라고 가정할 수는 없습니다. 그러나 제2의 의도는 쉽사리 알아차릴 수 있을 것입니다. 어떤 이름을 비비 꼬아 말하는 것은 실언의 경우 이외에도 흔히 있는 일이기 때문입니다. 그 사람의 이름을 고의로 귀에 거슬리게 발음하거나 야비한 것을 연상시키도록 하는 것입니다. 이런 방식은 욕에서 흔히 찾아볼 수 있는 형식입니다. 무례하다고 해도 좋을 것입니다. 교양이 있는 사람은 그러한 일을 삼가게 되지만 실은 억지로 삼가는 것이며, 종종 '익살'로서 입에 올립니다. 그러나 결코 품위있는 '익살'은 아닙니다. 그 한 예로서 천하고 야비한 것을 들어보면 프랑스 공화국의 대통령 Poincaré($\frac{1860\sim1934.\ 제3공화}{국의\ 제9대\ 대통령}$)의 이름을 비꼬아서 Schweinskarré(돼지 허리살)로 익살을 부린 것이 있었습니다. 이것을 봐도 실언에는 상대방을 모욕하려는 의도가 포함되어 있다고 여겨집니다.

우리의 이러한 견해를 우스꽝스럽고, 생각도 할 수 없는 효과를 수반한 실언에까지 밀고 나가면 그것에도 이것과 비슷한 설명을 하지 않을 수 없게 될 것입니다. "여러분, 우리의 보스의 건강을 기원하며 '트림을 합시다'[6]" 하고 말했다고 합시다. 그 장소의 축하 분위기는 식욕을 잃게 하는 말이 튀어나왔기 때문에 깨지고 맙니다. 이 비난과 조소의 말은 문자 그대로밖에 해석할 수 없습니다. 거기에는 표면뿐인 존경과는 정반대의 의향이, 즉 이러한 표면뿐인 존경의 말은 신용하지 말라, 내 본심은 아니다, 그리고 이런 바보는 문제삼지 말라는 등의 의향이

45쪽 참조.

있는 것입니다. 이와 똑같은 것이 Apropos(때마침)를 Apopos[7]라 하고, Ei-
weissscheibchen(계란 흰자위 한 조각)을 Eischeissweibchen[8]이라 하듯이(메링
거와 마이어에 의함), 아무것도 아닌 말에서 야비하고 음란한 말을 만들어내는
실언에도 적용됩니다.

어떤 종류의 쾌감을 구하기 위해 아무것도 아닌 말을 비비 꼬아 음란한 말로
바꾸는 사람도 흔히 눈에 띄는데, 그것이 위트가 풍부한 것으로 간주되고 있습니
다. 우리는 실제로 그것을 말한 사람이 익살로서 일부러 입 밖에 낸 것인지, 그
렇지 않으면 잘못 말해 실언한 것인지를 먼저 조사해 봐야 합니다.

이제 우리는 비교적 고생하지 않고 실수 행위의 수수께끼를 해명할 수 있었던
것 같습니다. 실수 행위는 결코 우연한 일이 아니며 본심에서 나온 심적(心的)
행위로서 특유한 뜻을 지니며 두 가지의 다른 의도의 협력, 아니 보다 적절히 말
하면 상호간의 영향의 결과로서 생긴 것입니다. 그런데 여기까지 와서도 여러분
은 나에게 의문과 질문을 퍼부으려 하고 있습니다. 그렇다면 여러분이 품고 있는
의문과 질문에 답변하고 그것을 해결하기까지는 우리의 이 연구성과를 기뻐할 수
없을 것입니다. 그렇다고 해서 나는 여러분에게 성급한 결정을 강요할 생각은 없
습니다. 하나하나 순서를 좇아 냉정히 고찰해 나가기로 합시다.

여러분은 무엇을 말하고자 할까요. "지금의 당신의 설명은 실언의 모든 예에
적용되는지, 그렇지 않으면 어느 특정한 예에만 적용되는지 어떻게 생각하고 있
는가. 또한 그 견해는 그 밖의 많은 실수 행위, 예를 들어 잘못 읽는 것, 잘못
쓰는 것, 망각, 잘못해서 딴 것과 바꾸는 것, 유실 등에도 적용되는가. 피로나
흥분, 혹은 방심, 주의력의 장해와 같은 요인들은 실수 행위의 심적인 본태(本
態)가 명백해져도 역시 의미가 있는가. 실수 행위 속에서 서로 경합하는 두 가지
경향 중 한쪽은 항시 표면에 나타나지만 다른 한쪽은 언제나 나타나지 않는다는
것이 아주 분명한데, 이 숨어 있는 의향을 끄집어내기 위해서는 어떻게 하면 되
는가. 또한 자신으로서는 이 숨겨진 의향을 밝혔다고 생각해도 그것이 다만 그런
것 같다는 정도의 애매모호한 것이 아니라 절대로 바른 것이라고 증거를 내세우
기 위해서는 어떻게 하면 좋은가" 등등입니까. 이 밖에 아직도 여러분은 의문을

---

7) Apopos의 popo는 엉덩이. a는 oh!(오)의 뜻이 있다. '오, 엉덩이'란 뜻.
8) Eischeissweibchen은 Ei(달걀, 아아!), Scheisse(똥), Weibchen(소녀, 여성의 비칭)으
   로 이루어진 합성어로 '똥싸개 같은 년'이란 뜻.

갖고 있습니까. 이 이상 문제삼을 점이 없다면 내 이야기를 계속하게 해주기 바랍니다. 잊어서는 곤란합니다만, 나는 별로 실수 행위를 중요한 문제로 생각하고 연구를 시작한 것은 아닙니다. 다만 실수 행위의 연구에서 정신분석에 이용할 가치가 있는 것만을 배우려고 한 것입니다. 이 점은 여러분도 알고 있을 것입니다. 거기에서 다음 문제를 들어보겠습니다. 그것은 다른 의도와 의향을 이와 같이 방해하는 것은 어떠한 것인가, 또한 방해당하는 의향과 방해하는 의향 사이에는 어떠한 관계가 있는가 하는 문제입니다. 우리의 연구는 먼저 이 문제를 해결한 뒤에야 비로소 시작됩니다.

여러분이 의문을 품고 있는 문제는 나의 이 설명이 실언의 모든 예에 적용되느냐 하는 것입니다. 나는 분명히 적용된다고 믿습니다. 실언의 실례를 검토해 보면 언제나 이와 같이 해명될 수 있음을 알기 때문입니다. 그러나 실언의 예가 이러한 매커니즘이 아니고서는 일어나지 않는다고 증명할 수는 없습니다. 그러나 그래도 상관없습니다. 우리에게는 그와 같은 것은 이론적으로 아무래도 좋기 때문입니다. 실언의 소수의 예만이라도 우리의 방법으로 설명할 수 있으면 정신분석학 입문에 필요한 결론은 성립되기 때문입니다. 물론 실제로는 소수의 예에만 국한된 것은 아닙니다.

다음 문제는 실언에 대해 분명해진 설명을 다른 실수 행위에 적용해도 좋은가 하는 것입니다. 나는 먼저 명백히 적용해도 좋다고 말해 두겠습니다. 이것은 잘못 쓰는 것, 잘못해서 딴 것과 바꾸는 것 등을 검토할 때에 납득되리라고 생각합니다만, 여기서는 기술적인 이유에서 일단 뒤로 미루고 우선 실언을 보다 근본적으로 논하는 것이 좋으리라고 생각합니다.

이제까지 이야기해 온 실언의 심적 매커니즘[9]을 인정하는 경우에도 혈액순환의 장해, 피로, 흥분, 방심 등 여러 대가(大家)들이 전경(前景)으로 밀어내고 있는 제요인, 혹은 주의력 장해의 학설이 아직도 의의를 지니고 있는가 하는 문제에는

---

9) 여기서는 꽤 넓게 마음의 움직임이란 뜻으로 쓰여지고 있으나, 정신분석학적으로 말하면 Defense mechanism(방위 매커니즘)을 포함하는 것이다. 이른바 본능적인 욕동이나 감정의 움직임이 자아를 위기로 몰아넣어 불안감이 생길 때 이것을 피하려고 자아가 자기방위적인 활동을 할 때의 방위수단이라고 생각되고 있다. 이 매커니즘의 제창은 프로이트 자신이 했으나 특히 그의 딸 안나에 의해 발전되었다. 오늘날에 여러 가지 방위 매커니즘이 열거되고 있으나, 이 책에서 들고 있는 것은 승화, 치환, 전환, 억압, 감정전이, 반동형성, 대리형성, 상징화, 퇴행, 동일시(동일화), 도피 등이다.

좀더 깊이 파고든 회답을 줄 필요가 있다고 생각합니다. 주의해 주기 바랍니다만, 우리는 이들 제요인을 부정하는 것은 아닙니다. 정신분석이 다른 학파가 주장하는 학설을 부정하는 일은 일반적으로 극히 적습니다. 정신분석은 이제까지의 학설에 새로운 것을 덧붙이는 것이 예사였습니다. 이제까지 간과되었던 것이 새로 덧붙여지는 것입니다. 실은 그것이야말로 본질적인 것이었던 경우도 가끔 있다는 것은 말할 필요도 없습니다. 불쾌감, 순환장해, 피로상태 등에서 오는 생리적인 조건의 영향은 무조건 실언의 원인이 된다는 것은 인정되고 있습니다. 이것은 여러분도 일상적인 자신의 경험을 통해 충분히 납득하고 있을 것입니다. 그러나 그것만으로 모든 것을 설명할 수 있는 경우는 대단히 적지않습니까.

첫째로 이것들은 실수 행위의 불가결한 조건이 아닙니다. 실언은 아주 건강하고 정상적인 상태일 때도 마찬가지로 일어납니다. 지금 든 신체적인 조건은 실언 특유의 심적 매커니즘이 활동하기 쉽도록 보조역할을 하는 데 지나지 않습니다. 전에 이 점과 관련해서 나는 한 가지 비유(比喩)를 사용한 적이 있는데, 이것을 대신할 만한 비유가 눈에 띄지 않으므로 또다시 그 비유를 써보기로 하겠습니다. 이렇게 생각해 보십시오. 어딘가 어두운 밤길을 걷고 있다고 합시다. 그 밤길에서 부랑자를 만나 시계와 돈지갑을 빼앗깁니다. 그렇지만 이 범인의 얼굴은 확실히 보지 못해 가까운 파출소로 가서 "혼자였고 어두워서 방금 귀중품을 빼앗겼습니다" 하고 신고합니다. 그것을 들은 경찰관은 틀림없이 이렇게 말할 것입니다. "어쩐지 당신은 극단적으로 기계론적인 견해를 중시하는군요. 그래서는 안 됩니다. 나라면 그 사태를 어둠과 혼자 걷고 있는 것을 노려 강도가 귀중품을 강탈했다고 말할 것입니다. 당신의 경우 가장 중요한 것은 범인을 찾아 붙잡는 일이 아닐까요? 아마도 빼앗긴 물건은 도로 찾을 수 있으리라 생각합니다만……."

흥분, 방심, 주의력의 장해와 같은 정신생리학적 요인은 설명이란 목적의 견지에서 보면 분명히 극히 적은 것밖에 해명해 주지 않습니다. 이를테면 임시변통과 같은 것으로, 그러한 눈을 가리는 병풍 같은 것 때문에 우리가 안 들여다보는 것을 방해받아서는 안 됩니다. 오히려 이런 경우에 문제가 되는 것은 분노나 주의력의 전도(轉導)를 야기시킨 것이 무엇인가 하는 것입니다. 음(音)의 영향, 말의 유사(類似) 및 그 말에 수반되어 흔히 생기는 연상은 중요한 것으로 볼 수 있습니다. 그것들은 실언이 그 방향을 따라 유발될 수 있는 길을 가리킴으로써 실언이 유발되기 쉽도록 합니다. 그러나 길이 눈앞에 있다고 해서 내가 그 길을 간다는 것이 과연 자명한 일일까요. 무엇인가 그렇게 결심하게 하는 다른 동기가 필요하고 그 길을 가게 하는 힘이 필요합니다.

그러므로 앞의 음의 관계, 말의 관계는 신체의 조건과 같이 기껏해야 실언이 쉽게 유발되도록 했을 뿐이며, 실언을 진실로 해명할 수는 없습니다. 깊이 생각해 주기 바랍니다만, 내가 쓰고 있는 말이 음이 비슷하여 다른 말을 생각게 한다든가, 그 말이 반대말과 밀접하게 관련되어 있다든가 또는 그 말에서 흔히 어떤 연상이 떠오른다든가 하는 사정이 있어도 대개의 경우 나의 이야기에 고장이 생기는 일은 없습니다. 신체가 피로한 결과 연상 경향이 이야기의 본래의 의향을 이겨낼 때 실언이 나온다는 철학자 분트($^{1832\sim1920,\ 독일의}_{철학자\cdot심리학자}$)의 의견에 오늘날에도 찬성하는 사람이 있을는지도 모릅니다. 만약 경험이 그것과 모순되지 않으면 들을 가치가 충분히 있다고 생각합니다만, 경험이 가리키는 바로는 일련의 실언에 대해서는 신체적 조건이 적용되지 않고 또한 다른 일련의 실언에서는 실언에 적합한 연상을 찾아볼 수가 없습니다.

그러나 나의 관심을 특히 끄는 것은 서로 간섭하는 두 가지 의향을 어떤 방법으로 파악하느냐 하는 그다음의 여러분의 의문입니다. 아마도 여러분은 이 문제가 어떠한 중대한 결과를 가져오는가에 대해 알고 있지 못할 것입니다. 두 가지 의향 중 방해를 받은 쪽의 의향은 의문의 여지가 없습니다. 실수 행위를 한 사람이 그것을 의식하고 고백합니다. 의문을 품게 하고 생각하게 하는 것은 다른 의향, 즉 방해하는 쪽의 의향입니다. 그런데 이미 우리가 이야기한 바 있듯이, 그리고 여러분도 잊지 않았으리라 생각합니다만, 어떤 종류의 예에서는 이 방해하는 쪽의 의향도 똑같이 명백합니다. 그것은 실언이 어떤 효과를 야기시키는가에 의해서 명백해집니다. 물론 우리에게 이 효과를 그것 자체로서 의미있는 것으로 인정하는 용기가 있다면 말입니다만. 실언을 해 반대말을 한 의장[10]은 개회를 선언하려고 했던 것은 사실이지만 동시에 폐회되었으면 좋겠다고 바라고 있었던 것도 명백합니다. 이 예는 아주 명백하여 특별히 설명해야 할 것이 없습니다. 그러나 다른 예에서는 방해하는 쪽의 의향은 다만 본래의 의향을 왜곡시킬 뿐이며 자기 자신의 모습을 겉으로 드러내지 않습니다. 그러한 경우 그 왜곡에서 어떻게 이 방해하는 쪽의 의향을 간파해야 될까요.

첫째 계열의 경우에는 방해받은 의향을 밝히는 것과 같은 방법, 즉 아주 단순

---

10) 36쪽 참조.

하고 확실한 방법을 통해서 방해하는 쪽의 의향을 밝혀낼 수 있습니다. 그것은
이야기하는 당사자로부터 직접 보고를 듣는 방법입니다. 실언 직후에 화자(話者)
가 본래 말하려 했던 문구로 바로 고쳐 말하기 때문입니다. 예를 들면 Das
draut, nein, das dauert vielleicht noch einen Monat의 예[11]입니다. 이 경우에는
왜곡을 한쪽의 의향에 대해서도 본인으로 하여금 말하게 할 수 있습니다. "왜 처
음에는 draue라고 말했습니까?" 하고 물으면 "그것은 Das ist eine 'traurige'
Geschchite라고 말할 생각이었기 때문입니다" 하고 대답합니다. 또 하나,
Vorschwein의 예[12]에서도 당사자는 처음에는 "그것은 'Schweinerei'이 아닌가"
하고 말하려 했는데 적당히 바꾸어 말하려고 하자 다른 말이 돼버렸다고 말할 것
입니다. 왜곡시킨 쪽의 의향을 확인할 수 있는 것과 마찬가지로 왜곡된 쪽의 의
향도 확실히 확인할 수 있습니다.

나나 우리 학파 사람이 보고하고 해석하지 않은 실례를 인용한 데에는 실상 의
도가 있습니다. 아무튼 이 양쪽의 예를 함께 해석하려면 모종의 손을 쓸 필요가
있었습니다. 화자에게 왜 그런 실언을 했는지, 어떻게 말하려고 했는지를 물어야
합니다. 그렇지 않으면 화자는 잘못 말한 것을 설명하지 않고 그대로 넘어가버릴
것입니다. 그러나 질문을 받으면 머리에 떠오르는 생각을 이야기하고 설명합니
다. 그런데 이 사소한 조작(操作)과 그 결과는 그것 자체가 이미 정신분석의 하
나라고 말할 수 있으며, 나아가 이제부터 계속해 갈 정신분석 연구의 본보기임을
알게 되리라고 생각합니다.

그러나 정신분석이 여러분 앞에 모습을 보일 때 정신분석에 대해 반대하는 생
각도 또한 여러분의 마음속에 머리를 쳐들고 있다고 생각한다면 지나치게 의심이
많은 것일까요. 또한 여러분에게는 실언을 한 본인이 말한 것은 웬지 그다지 믿
어지지 않는다고 이론(異論)을 제기하고 싶은 마음이 있지는 않을까요. 틀림없이
여러분은 이렇게 말하고 싶지 않을까요. "그는 물론 실언을 설명해 달라는 말을
듣고 만족스런 답변을 하려고 노력하고 설명에 도움이 될 만한 착상을 되는대로
말할 것이다. 그러나 실언이 과연 그의 말대로 유발되었는지 여부에 대한 증명은
주어지고 있지 않다……. 그럴는지도 모르고 그렇지 않을는지도 모른다……. 어
쩌면 똑같이 잘 들어맞는, 아니 보다 더 잘 들어맞는 다른 착상을 하는지도 모르

11) 44쪽 참조.
12) 44쪽 참조.

지 않는가. "

여러분이 심적 사실이란 것에 대해 근본적으로 얼마나 존중하고 있지 않는가는 참으로 주목해야 할 일입니다. 누군가가 어떤 물질의 화학적 분석을 시도하여 그 어떤 성분을 몇 밀리그램 얻었다고 합시다. 이 중량에서 일정한 추론(推論)이 나옵니다. 그런데 여러분은 이 추출된 물질의 중량이 그것과는 달랐을지도 모른다는 것 등을 이유로 이의를 제기하는 화학자가 있으리라고 생각합니까. 누구나 중량이란 점에 있어서는 바로 틀림이 없는 사실임을 충분히 인식한 뒤에 이 사실에 근거해서 안심하고 추론을 시도해 가는 것입니다. 그런데 실언의 이유를 반문받은 사람에게 어떤 특정한 심적 사실이 떠올랐을 경우에 한해서 여러분은 이것을 인정하지 않고 그것과는 다른 것을 착상했을지도 모른다고 주장하고 있는 것입니다. 여러분은 바로 마음의 자유라는 환상을 마음속에 간직하고 있으면서 그것을 포기하고 싶지 않다고 생각하고 있는 것입니다. 이 점에 있어서 여러분과 나의 생각이 완전히 상반되고 있는 것은 유감스러운 일입니다.

그런데 여러분은 여기선 이야기를 끝내버리겠지만, 또다시 다른 점에서 반대운동을 시작할 것입니다. 즉 이렇게 말하고 싶지 않을까요. "문제의 해결이 분석을 받는 사람 자신에 의해서 이야기되고 있다는 점이 정신분석의 특수한 기법임을 잘 알았다. 그러나 다른 예를 보기로 하자. 축사를 하려 했던 사람이 참석자를 향해 보스의 건강을 기원하며 '트림을 합시다' 하고 말했다는 저 예(例)[13]다. 당신 생각으로는 방해하는 쪽의 의향은 이 예에 있어서 웃사람을 비방하려고 하는 것이다. 그것이 존경하는 마음을 표현하는 데 저항하고 있다고 한다. 그러나 그것은 당신의 해석에 지나지 않으며 실언을 '외부에서 본' 해석에 불과하다. 이 경우 만약 실언을 한 당사자에게 물으면 결코 비방할 의도가 있었다고 확언하지 않을 것이다. 오히려 강하게 부정하리라 생각한다. 왜 당신은 당사자가 분명히 부정하고 있는데도 증명할 수 없는 해석을 버리려 하지 않는가. "

정말, 여러분, 이번에는 약간 만만찮은 질문을 발견해 냈습니다. 나는 축사를 하는 그 미지(未知)의 사람이 어떠한 사람인가를 머리에 떠올려봅니다. 그는 아마 축하를 받는 주임교수(보스)의 조수이거나 혹은 이미 강사가 된 사람일지도 모릅니다. 장래가 촉망되는 젊은 사람일 것입니다. 내가 이 청년에게 "당신은 보스에 대해 축의(祝意)를 표하도록 참석자를 촉구하는 데 적어도 어떤 저항을 느

---

13) 35쪽 참조.

끼지 않았습니까” 하고 캐물었다고 합시다. 그러면 나는 곤경에 빠질 것입니다. 그는 화가 나 안색을 바꾼 채 나에게 덤벼들려고 합니다. “그런 트집은 그만두시오. 정말 불쾌하군. 뿐만 아니라 당신의 중상 덕분에 나의 출셋길은 막혀버려요. 나는 anstossen(건배하다)이라고 말할 것을 깜박 aufstossen(트림하다)으로 잘못 말했을 뿐이오. 같은 문장 속에서 앞에 두 번이나 auf란 낱말을 썼기 때문이오. 메링거가 말한 후퇴발음이란 거요. 더 이상 당치 않은 이유를 내세우는 것은 싫소. 됐소. 이젠 그만두시오.” 과연 그렇습니다. 이것은 뜻밖의 반응입니다. 참으로 힘겨운 거절입니다. 이 젊은이에게 물어봐도 헛된 일인 줄 알고 있지만, 그러나 이 청년은 자신이 저지른 실수 행위에 아무 뜻도 없다고 주장하는 데 개인적인 강한 관심이 있다는 것을 나타내고 있다고 생각합니다. 아마 여러분도 순수하게 이론적인 연구를 하고 있을 뿐인데도 이 청년이 이렇게 거친 답변을 하는 것은 좋지 않게 느낄 것입니다. 그리고 결국 이 청년은 역시 사실은 자신이 무엇을 말하려고 했고, 무엇을 말하지 않으려고 했는지 알고 있음에 틀림없다고 생각하게 되리라 봅니다.

과연 이 청년은 그것을 알아차리고 있었을까요. 그것은 아마도 아직 의문의 여지가 있으리라고 생각합니다.

이제야말로 여러분은 나를 손아귀에 넣었다고 생각할 것입니다. “그것이 즉 당신의 방식이다. 당신은 실언을 한 당사자가 당신에게 유리한 것을 주장할 때에만 그 당사자를 권위있는 궁극적인 판정자로 삼고 있다. ‘자기 스스로 그렇다고 말했기 때문에’라는 것이다. 그러나 당사자가 말하는 것이 당신에게 불리하면 갑자기 당사자의 말 따위는 신용할 수 있는가, 믿을 수 있는가 하고 말한다” 하고 말하는 여러분의 소리가 들리는 것 같습니다.

그것은 그 말 그대로입니다. 그러나 이와 유사한 기괴천만한 일이 일어나는 예를 들어보겠습니다. 어느 피고인이 재판관 앞에서 범행을 자백했다고 합시다. 재판관은 이 자백을 믿습니다. 그러나 피고인이 범행을 부정했을 때에는 그 부정을 믿지 않습니다. 그렇지 않으면 재판은 성립되지 않기 때문입니다. 드물게 오심(誤審)도 있을 것입니다만, 이 제도는 일단 옳은 것으로 보지 않을 수 없습니다.

“좋다. 그렇다면 당신은 재판관이고 실언한 사람은 피고인가, 실언이 범죄인가” —— 하고 말할 것입니다.

그러나 우리가 이런 종류의 비교를 거부할 까닭은 없다고 생각합니다. 보십시오. 언뜻 보아 아무런 해도 없는 것 같은 실수 행위 문제를 약간 파고들어가 본 것뿐인데도 얼마나 근본적인 차이를 서로 나타내게 되었습니까. 이와 같은 차이는 현재에 있어서는 제거할 수 없습니다. 나는 여러분에게 이 재판관과 피고의 비유를 제시하는 데 그치고, 잠정적인 타협을 제의해 두는 바입니다. 여러분 쪽에서는 실수 행위의 의미는 피분석자가 그것을 인정한 경우에만 그것은 그것대로 문제가 없는 것으로 승인해 주기 바랍니다. 그 대신 내 쪽에서는 피분석자가 보고를 거부한다든가 아무것도 할말이 없다고 할 때에는 우리가 추측한 의미를 직접 증명할 수 없는 것으로 해둡시다. 그 경우에는 재판 때와 같이 간접증거에 의거할 수밖에 없습니다. 이 간접증거란 판결의 신빙성을 어느때는 높이고 어느때는 떨어뜨립니다.

그러나 재판에서는 실제적인 이유에서 간접증거에 의거하여 유죄로 판결을 내리지 않으면 안 됩니다. 우리에게는 그런 필요성은 없지만 꼭 이 간접증거를 무시할 필요도 없습니다.

학문은 엄밀한 증명이 끝난 학설만으로 성립된다고 믿는 것은 잘못입니다. 그와 같은 요청은 부당합니다. 이 요청은 단지 권위를 좋아하는 기분을 강화하기 위해 자신의 종교적인 교리문답을, 설사 학문적인 그것일지라도 다른 교리문답으로 대치하려고 할 뿐인 것입니다. 이 학문이라고 해도 그 교리문답 속에는 필연적인 명제는 극히 조금밖에 없습니다. 그 이외의 것은 어느 정도 개연성을 지닌 주장에 지나지 않습니다. 우리가 이와 같이 확실성에 접근하는 것으로 만족하고, 궁극적인 보증은 없다 해도 구성적인 일을 계속할 수 있다는 것이야말로 과학적 사고법(思考法)을 나타내는 것입니다.

그러나 피분석자가 말하는 것이 실수 행위의 의미를 밝히지 않을 때에는 해석상의 근거, 이를테면 증명에 대한 간접증거를 우리는 어디에서 구해야 할까요. 그것은 여러 방면에서 얻을 수 있습니다. 우선 첫째로 실수 행위 이외의 현상에서의 유추입니다. 예컨대 우리가 잘못 말해서 이름을 왜곡하는 것은 고의로 이름을 비꼬는 것과 같이 모멸적인 의미를 갖는다고 주장하는 것과 같은 것입니다. 이어서 간접증거는 실수 행위가 나타날 때의 심적(心的) 상황에서, 또한 실수 행위를 하는 인물의 성격에 대한 지식에서 얻어집니다. 이 인물이 실수 행위를 하기 전에 이러이러한 인상을 가진 적이 있어서 그것에 대해 실수 행위를 통해 반응한 것 같다는 지식에서 얻어집니다.

우리는 어떤 일반적인 원칙에 따라 실수 행위를 해석하지만, 그것은 우선 하나의 추측이며 해석상의 하나의 제창(提唱)에 지나지 않습니다. 다음에 심적 상황을 검토하고 간접증거로서 실증해 줄 만한 것을 찾습니다. 때로는 우리의 추측이 들어맞는 것을 확인하기 위해 실수 행위를 통해 예고되어 있던 사건이 실제로 일어날 때까지 기다려야 하는 경우도 있습니다.

이것에 대한 예증을 제시하는 것은 실언의 분야에만 국한해 버리면 쉽지 않습니다. 물론 이 분야에서도 이것이면 어떠냐 하는 두서너 개의 좋은 예가 없는 것은 아닙니다. 부인을 begleitdigen하고 싶다고 말한 저 청년[14]은 틀림없이 부끄럼을 잘 탈 것입니다. 남편은 '내'가 좋아하는 것은 무엇이건 먹고 마셔도 좋다고 말한 부인[15]은 틀림없이 가정에서 지배권을 휘두르는 내주장(內主張)의 부인일 것으로 여겨집니다.

또는 다음과 같은 예를 들어봐 주십시오. 콩코르디어사 $\left(\substack{\text{오버하우젠의}\\\text{광산 이름}}\right)$ 의 총회에서 젊은 사원이 격렬한 반대연설을 하는 가운데 회사의 간부를 Vorschussmitglieder (가불 동지 제군)라고 불렀습니다. 이것은 Vorstand('중역')와 Ausschuß('위원')로 구성된 말인 듯합니다. 우리는 그의 마음속에는 자신의 반대연설을 억누르려는 의지가 생긴 것으로 생각하지만, 그 반대는 뭔가 Vorschuß(가불, 입체금)와 관련된 일이었을지도 모른다고 추측됩니다. 사실 우리는 어떤 확실한 관계자로부터 이 화자(話者)가 금전적으로 항상 곤란을 겪었고, 그때도 마침 가불을 신청할 참이라고 들었습니다. 즉 반대연설을 방해하려는 의향으로 들어온 것은 '반대는 적당히 해두자. 상대는 가불을 승낙받아야 할 사람들이다' 하는 생각이었을지도 모르기 때문입니다.

만약 실수 행위 이외의 넓은 분야에까지 손을 뻗어도 좋다면 나는 이런 종류의 간접증거를 얼마든지 보여줄 수 있습니다.

언제나 잘 알고 있는 고유명사를 잊거나 아무리 애써봐도 그 이름을 떠올릴 수 없는 사람이 있다면, 그 사람은 그 이름을 가진 사람에 대해 뭔가 마음에 들지 않는 일이 있어 그 사람을 생각하고 싶지 않은 것이라고 가정하는 것은 사리에 맞는 일입니다. 이에 대해서는 이 실수 행위가 생긴 심적 상황을 공공연히 나타내는 다음 예를 생각해 주십시오.

---

14) 35쪽 참조.
15) 38쪽 참조.

"Y씨는 어떤 부인을 사랑했는데 여의치 못하여 그 부인은 곧 X씨와 결혼해 버렸다. Y씨는 오래전부터 X씨와 알고 지냈으며 거래 관계도 있었는데 자주 X씨의 이름을 잊어버려 X씨에게 서신을 보내려 할 때에는 언제나 곁에 있는 사람에게 물어야만 했다."(C. G. Jung에 의함)

Y씨는 분명히 이 행복한 연적(戀敵)을 잊고 싶은 것입니다. "그를 왜 생각한단 말인가" 하는 것입니다.

또 다른 예도 있습니다. 어느 부인이 의사에게 서로 함께 알고 있는 여성에 대해 물었는데, 그 여성의 처녀시절의 성(姓)은 알고 있었으나 결혼 후의 성은 잊고 있었습니다. 나중에 고백한 바에 따르면 "나는 그 친구의 결혼이 몹시 못마땅하고 그 친구의 남편을 받아들일 수 없다"는 것이었습니다(A. A. Brill에 의함).

이렇게 이름을 망각해 버리는 것에 대해서는 이 밖에도 여러 가지 관점에서 말해야 할 것이 적지않다고 생각하지만, 지금 우리의 흥미를 주로 끄는 것은 이 망각이 일어나는 심적 상황입니다.

어떤 계획을 망각하는 것은 일반적으로 그 계획을 실행에 옮기지 못하게 하려고 이에 대항하는 마음의 움직임에 원인이 있다고 할 수 있습니다. 그러나 이와 같은 사고방식은 정신분석의 입장일 뿐만 아니라 오히려 세상의 일반적인 견해입니다. 사람들은 일상생활 속에서는 이 견해에 찬성하면서도 이론적으로는 그것을 인정하지 않습니다. 보호자가 피보호자를 향해 너의 부탁을 잊고 있었다고 변명해도 피보호자에게는 통하지 않습니다. 피보호자는 당장 '이 사람은 내 부탁을 대수롭지 않게 생각하고 있는 것이다. 약속은 했으나 그것을 실행할 생각은 없는 것이다' 하고 생각합니다. 그러므로 일상생활에서도 망각은 금물입니다. 이 실수 행위에 관해서는 정신분석의 견해와 세간(世間)의 견해 사이에 차이가 없는 것같이 보입니다.

"어머, 어떻게 오늘 오셨죠. 아아, 그렇군요. 오늘 초대를 했었죠. 깜박 잊고 있었어요" 하고 말하면서 손님을 맞는 주부를 생각해 봅시다. 또한 불과 얼마 전에 약속했던 데이트를 잊어버렸다고 연인에게 고백해야만 하는 청년을 상상해 봅시다. 그 청년은 물론 사실대로 말하지 않고 그 자리를 모면하기 위해 있을 법하지 않은 사정을 꾸며대고 그 때문에 데이트를 하지 못하게 되고, 게다가 지금까지 그 사정을 알릴 수도 없었다고 변명할 것입니다. 군대에서는 망각했다는 것은 변명이 되지 않고 죄를 면치 못한다는 것을 우리 모두 잘 알고 있으며, 그것은 당연한 일이라 생각하지 않을 수 없습니다. 이런 경우에는 어떤 종류의 실수 행위에는 의미가 있다는 것에 대해서도, 또한 그것이 어떠한 의미를 지니고 있는가에 대해서도 사람들의 의견은 곧 일치합니다. 그렇다면 왜 그들은 그 의견을 관철시켜서 다른 실수 행위에까지 범위를 넓히고 그것을 인정하지 않는 것일까요. 당연히 여기에도 한 가지 답은 있습니다.

이와 같이 계획을 망각하는 것의 의미는 보통 사람에게도 의심할 여지가 없기 때문에 시인이 실수 행위에 이것과 같은 의미를 부여하여 넓게 이용하고 있는 것에는 여러분도 별로 놀라지 않을 것입니다. 버나드 쇼의 〈시저와 클레오파트라〉 연극을 보았거나 읽은 사람은 마지막 장면에서 이별하는 시저가 아직도 무엇인가 하지 못하고 남겨둔 일이 있는데 전혀 생각나지 않는다며 생각에 잠기는 대목을 기억할 것입니다. 결국 그것이 무엇인가는 명백해집니다. 클레오파트라에게 작별 인사를 하는 것이었습니다. 영웅 시저에게는 자신이 갖고 있다고 생각지 않고 또 가지려고 하지 않았던 우월감이 처음부터 있었다는 것을 작자의 아주 하찮은 작의(作意)가 가르쳐주고 있습니다. 사료(史料)에 따르면 시저는 나중에 클레오파트라를 로마로 불러들였고, 시저가 살해될 때에는 그녀는 어린 시저리온과 함께 로마에 머물러 있었으며, 그가 죽은 후 이 도시에서 도망쳐 나갔다고 되어 있습니다.

계획을 망각하는 경우는 일반적으로 그 의미가 너무 명백하기 때문에 실수 행위의 의미에 대한 간접증거를 그 심적 상황으로부터 이끌어내려는 의도에서 보아서는 그다지 도움이 되지 않습니다. 그 의미가 특히 애매하여 예측하기 어려운 실수 행위, 즉 분실과 유실에 눈을 돌려보기로 합시다. 물건을 분실한다는 것은 우발적인 사건으로서 몹시 성가십니다. 이런 경우에도 어떤 의도가 관여되어 있다고 말해도 여러분은 그와 같은 일은 절대로 믿을 수 없다고 생각할 것입니다. 그러나 이러한 관찰례가 많이 있습니다. 어느 청년이 소중하게 간직했던 크레용을 분실했습니다. 그는 그 전날 매형으로부터 편지를 받았는데, 너의 경박함과 나태를 생각하면 당분간 돕고 싶은 생각도 없고 그런 여가도 없다는 것이 그 편지의 결론 부분이었습니다(다트너에 의함). 그런데 크레용은 바로 그 매형이 준 선물이었습니다. 바로 이러한 사실의 일치가 있었기 때문에 그 분실에는 이런 크레용 따위는 버리겠다는 의도가 작용하고 있었다고 단언할 수 있습니다. 이와 유사한 예는 아주 많이 있습니다.

물건을 분실하는 일은 그 선물을 준 사람과 사이가 벌어져 그 사람을 생각하고 싶지 않을 때나 혹은 그 물건 자체가 이젠 마음에 들지 않아 보다 좋은 다른 것으로 바꿀 구실을 찾고 있을 때 일어납니다. 물건에 대해 분실한 경우와 같은 기분을 느끼고 있으면 물론 또한 떨어뜨리거나 부수거나 흠집을 내는 일도 일어납니다. 국민학교에 다니는 아이가 생일 전날에 자신의 소지품, 예를 들어 가방이나 시계를 잃어버리거나 망가뜨리거나 흠집을 내는 일을 우연이라고 할 수 있을까요.

또한 자신이 치운 물건을 찾지 못하여 여러 번 불쾌한 생각을 한 사람의 경우에도 유실에 의도가 있다는 것을 믿으려 하지 않을 것입니다. 그러나 그 물건을 일시적이건 영구적이건 버리려는 의향이 있는 것을 유실할 때의 사정이 보여주는 예는 적지않습니다. 아마도 다음 예는 가장 훌륭한 예라고 생각됩니다.

한 젊은이가 내게 이런 이야기를 해준 적이 있습니다. "2, 3년 전에 저희 부부 사이에 의견이 맞지 않는 일이 있었습니다. 저는 아내가 너무 냉정하다고 느꼈습니다. 물론 아내의 뛰어난 특성은 기꺼이 인정하고 있었지만, 서로 다정한 기분을 느끼지 못한 채 생활하고 있었습니다. 그런데 어느 날 아내가 산책에서 돌아오는 길에 책 한 권을 사가지고 왔습니다. 틀림없이 제가 읽고 싶어하리라고 생각했을 것입니다. 저는 이 '배려'의 표시에 감사하고 읽어보겠다고 약속을 하고 적당한 장소에 치워두었는데, 아무리 애써도 찾을 수가 없었습니다. 몇 개월이 지났습니다. 저도 이따금 이 행방불명된 책을 상기하고 그것을 찾아내려고 했으나 허사였습니다.

반년이 지난 어느 날의 일입니다. 따로 살고 있던 제 어머님이 병환이 들어 아내가 집을 떠나 시어머니를 간호하러 갔습니다. 환자는 중태였는데 그것이 아내의 훌륭한 면을 보여주는 좋은 기회가 되었습니다. 어느 날 밤 저는 아내의 일하는 모습에 감동되어 아내에 대한 감사의 기분이 가득찬 상태로 귀가했습니다. 저는 책상으로 다가가 무심코, 그러나 몽유병(夢遊病) 때와 같이 정확하게 책상 서랍 하나를 열었습니다. 그러자 그 맨 위에 그토록 오랫동안 눈에 띄지 않았던 책이 유실되어 있는 것을 발견했습니다."

동기가 사라짐에 따라서 그 물건의 유실도 결말이 난 것입니다.

여러분! 나는 이런 종류의 실례는 무한히 모을 수 있다고 생각합니다. 그러나 여기에서는 그 일을 하려는 의도는 없습니다. 그와 같은 일을 하지 않아도 나의

저서인 《일상생활의 병태(病態) 심리》[16] (초판, 1901년)에 실수 행위를 연구하기 위
한 증례(症例) 보고가 남아돌 정도로 나와 있습니다(A. Maeder[프랑스], A. A.
Brill[영국], E. Jones[영국]와 J. Stärcke[네덜란드] 등이 수집한 사례 속에서도
풍부하게 발견된다). 이러한 예에서는 언제나 같은 결론이 나옵니다. 그 실례는
여러분에게 실수 행위에도 의미가 있는 것 같다고 깨닫게 하며, 이 의미는 부수
되는 사정에서 인지하거나 확증할 수 있다는 것을 보여주고 있습니다. 그러나 오
늘은 간단히 해두기로 합시다. 왜냐하면 우리가 이 현상을 검토하는 것은 정신분
석의 준비에 도움이 되는 것을 손에 넣는 것만이 목적이기 때문입니다. 다만 나
는 두 종류 그룹의 관찰만은 여기서 해두어야 합니다. 즉 하나는 서로 겹치고 짝
지어진 실수 행위이며, 또 하나는 우리의 해석이 나중에 일어나는 사건에 의해서
확인되는 종류의 것입니다.

잇따라 서로 겹치고 짝지어진 실수 행위는 이를테면 실수 행위의 정수(精粹)라
고 할 만합니다. 만약 실수 행위가 의미를 가질 수 있다는 것을 증명하는 것만이
우리의 문제라면 처음부터 실수 행위만을 검토하기로 했으리라 생각합니다. 실수
행위의 경우에는 통찰력이 날카롭지 않은 사람에게도 그 의미는 명백하며 엄격한
비판적인 판단을 하게 하기 때문입니다. 그러한 실수 행위의 퇴적(堆積)을 보면
전혀 우연이라고는 할 수 없는, 참으로 그 기도(企圖)에 알맞은 집요함을 느끼게
됩니다. 끝으로 여러 종류의 실수 행위가 잇따라 계속되면 그 실수 행위에 있어
서 가장 중요하며 본질적인 것이 무엇인가 하는 것이 명백해집니다. 즉 실수 행
위의 형식이나 실수 행위가 이용하는 수단 등이 아니라 실수 행위 그 자체를 이
용하고 어떤 길을 통해서든 목적지에 도달하려는 의도가 실수 행위의 중요한 본
질인 것입니다.

---

16) 프로이트의 주요 저서의 하나. 여러 가지 실수 행위를 중심으로 이 책의 제1부에서 논해
   지고 있는 테마에 대해 많은 실례를 들어 넓게 고찰하고 있다. 이 책의 제2부에 해당하는
   꿈에 대한 고찰을 공간(公刊)한 대저 《꿈의 해석》(1900년 간행)에 이어 이 책을 쓰게 된
   동기를 프로이트 자신은 '그 자전(自傳)이나 정신분석 운동사 속에서 정신분석은 노이로
   제라는 병적인 현상의 연구에서 태어났기 때문에 거기서 얻어진 결론을 정상적인 인간에
   적용하는 데에는 주저되는 바가 있었다. 그러나 이 정상적인 인간에 있어서의 병태적(病
   態的)인 현상이라고 말할 수 있는 꿈의 해석이 정신분석에서 비로소 가능해졌다는 데서
   정상적인 인간의 심리의 움직임에 대한 해명을 위해서도 정신분석이 큰 역할을 할 수 있
   으리라 생각하고 이 종류의 연구에 착수했다'는 뜻의 말로 이야기하고 있다.

여기에서 망각이 되풀이되는 예를 하나 들기로 합시다. E. 존스[17]가 이런 말을 했습니다.

"언젠가 어떤 동기에서인지는 나도 모르지만 편지를 우체통에 넣지 않고 며칠 동안 책상 위에 놓아둔 적이 있었다. 겨우 결심을 하고 편지를 우체통에 넣었으나 수신인 불명(不明)으로 반송되어 왔다. 수신인의 주소와 이름을 쓰는 것을 망각한 것이다. 수신인의 주소와 이름을 쓰고 우체국에 가져갔는데 이번에는 우표 붙이는 것을 망각하고 있었다. 거기에서 원래 나 자신은 이 편지를 보내고 싶지 않았던 것이라는 사실을 인정하지 않을 수 없었다."

다른 예에서는 잘못해서 딴 것과 바꾸는 것과 망각이 함께 일어나는 경우가 있습니다. 어떤 부인이 저명한 예술가인 형부와 로마로 여행을 떠났습니다. 이 여행에서 형부는 로마에 살고 있는 독일인들의 열렬한 환영을 받고 예로부터 전해지는 금메달을 다른 선물과 함께 선사받았습니다. 그 부인은 형부가 이 훌륭한 선물을 별로 중요시하지 않아 마음이 아팠습니다. 언니와 교대하여 그녀는 귀국했는데, 트렁크를 열어보고 어찌 된 셈인지 그 금메달을 가져온 것을 깨달았습니다. 형부에게 그 사연을 곧 편지로 알리고 메달은 내일 로마로 돌려보내겠다고 했습니다. 그런데 다음날이 되자 메달이 어디에 두었는지 눈에 띄지 않아 결국 돌려보낼 수 없었습니다. 거기에서 겨우 그 부인은 막연하지만 자신의 이 '무심코 저지른 짓'이 뜻하는 것, 즉 메달을 자기 곁에 두고 싶다는 자신의 기분을 알게 되었던 것입니다(R. Reiter에 의함).

나는 이미 앞에서 망각과 실수가 짝을 이루는 예를 보고한 적이 있습니다. 예를 들어 처음에는 데이트를 망각하고, 다음에는 결코 잊지 않으리라고 명심하고 있었는데도 약속 시간을 어기는 예입니다. 이것과 아주 비슷한 경우를 경험한 일이 있다고 친구가 이야기한 적이 있습니다. 과학뿐만 아니라 문예에도 정통한 친구였습니다. 그는 이렇게 말했습니다. "나는 2, 3년 전에 선출되어 어느 문학단체의 위원이 될 것을 승낙한 적이 있었다. 그것은 이 단체가 나의 희곡 상연을

---

17) 1879~1958. 영국의 정신분석학자. 프로이트의 첫 제자 중 한 사람이며 영국과 미국의 정신분석학회의 창시자. 1938년 나치스의 박해를 피해 영국으로 망명한 프로이트를 맞아 거의 혼자 힘으로 도왔다고 할 수 있다. 프로이트의 사후(死後)에는 국제정신분석학회 회장으로서 중심인물이 되어 있었다. 3권의 《프로이트전(傳)》은 가장 상세하고 정확한 자료에 의거한 전기(傳記)로 평가받고 있다.

원조해 주리라 생각했기 때문이다. 그리고 금요일마다 있는 회의에 별로 관심이 없으면서도 언제나 빠짐없이 출석하고 있었다. 그런데 수개월 전에 F시(市)의 극장에서 나의 희곡을 상연하겠다는 약속을 받자 그 후부터는 그 모임을 '망각하게 되었다.' 자네 저서에서 이런 종류의 망각에 관해서 읽었을 때 나 자신이 부끄러워졌다. 그 사람들이 쓸모가 없어졌다고 해서 회의에 참석하지 않는다는 것은 참으로 야비한 행동이라고 양심의 가책을 받았다. 그래서 이번 금요일에는 반드시 잊지 않고 출석하리라 결심했다. 이것을 여러 차례 상기하여 잊지 않도록 하고 실제로 출석하려고 나갔다. 그런데 회의실 문 앞에 선 나는 깜짝 놀랐다. 문은 굳게 잠겨 있고 회의는 이미 끝나 있었던 것이다. 나는 요일을 잘못 알고 있었다. 그날은 토요일이었던 것이다."

이와 비슷한 예를 수집하면 아주 흥미로울 것입니다. 그러나 이야기를 앞으로 전진시키고 싶습니다. 그런데 다음에 잠깐 이야기하는 예서는 우리의 해석의 정확성은 장차 확인될 때까지 기다려야 합니다.

이런 종류의 예의 주된 제약은 두말 할 나위 없이 현재의 심리상황을 우리가 잘 알지 못하거나, 혹은 확인할 길이 없다는 점입니다. 이런 경우에는 우리가 내리는 해석은 추측 이상의 것이 아니라 우리 자신마저도 그다지 중요시할 수가 없습니다. 그러나 뒤에 우리의 그때의 해석이 옳았다는 것을 알려주는 일이 일어납니다. 나는 어느 젊은 부인 집에 초대받은 적이 있었습니다. 그때 젊은 부인이 웃으면서 최근의 경험이라면서 이런 이야기를 해주었습니다. 그녀는 여행에서 돌아온 다음날 남편이 출근한 뒤에 아직 미혼인 여동생을 찾아가 옛날에 자주 그랬듯이 함께 쇼핑을 하러 나갔던 같습니다. 그때 갑자기 거리 맞은편에 있는 신사를 알아보고는 곁에 있는 여동생에게 "얘, 저기 L씨가 가고 있어"하고 외쳤습니다. 젊은 부인은 그 신사가 2, 3주일 전부터 자기 남편이 되었음을 망각하고 있었던 것입니다. 나는 이 이야기를 듣고서 오싹했는데 그것이 어떠한 귀결을 가져올 것인가에 대해서 추측할 용기가 없었습니다. 몇 해가 지난 뒤 이 결혼이 불행한 결말을 맞았다고 들었을 때 나는 이 작은 에피소드를 회상했습니다.

A. 메더[18]는 어느 부인이 자신의 결혼식 전날에 웨딩 드레스를 입어보는 것을 망각해 버리고 밤늦게야 생각이 나서 양장점 주인을 당황하게 했다는 이야기를

---

18) 정신분석학의 초기의 인물. 조발성 치매(早發性痴呆 : 오늘날의 정신분열증), 우울증 (melancholy), 간질 등에 대해 1910년 전후에 행한 정신분석적 연구가 두세 개 있다.

말하고 있습니다. 메더는 이 망각과, 그녀가 결혼 후 얼마 안 되어 이혼한 것과 관련이 있다고 말하고 있습니다. —— 현재는 남편과 헤어진 어느 부인이 이혼하기 오래전부터 자신의 자산(資産) 관리상의 서류에 미혼시절의 성(姓)으로 서명하고 있었던 예를 나는 알고 있습니다. —— 또한 밀월여행중에 결혼 반지를 잃어버린 부인들을 알고 있는데, 결혼 후의 경과가 우연으로 보이는 이 사건에도 의미가 있었던 점을 가르쳐주었습니다.

좀더 극단적인 예가 있지만 그 결말은 좀더 낫습니다. 어느 저명한 독일의 화학자가 결혼식 시간을 망각하여 교회로 가지 않고 그 대신 연구실로 가버려 결혼을 망쳐버렸다는 이야기입니다. 그는 현명했으므로 결혼하려는 시도는 버린 채 독신으로 지내다가 장수 끝에 세상을 떴습니다.

아마 여러분도 이러한 예에서는 실수 행위가 옛사람들이 말하는 전조(前兆)나 예고를 대신하고 있다는 것을 알아차리라고 생각합니다. 실제로 옛사람들이 말하는 전조란 예를 들면 발이 무엇에 걸려 비틀거리거나 넘어지는 실수 행위의 경우가 그것입니다. 전조의 다른 일부분은 확실히 주관적 행동이라는 성격을 갖지 않고 객관적 사건이라는 성격을 나타내고 있었습니다. 그러나 어느 특정한 사건을 보고 그것이 주관적인 행동인지, 객관적인 사건인지를 결정하는 일이 얼마나 어려운지는 믿기지 않을 정도입니다. 행동이라는 것은 실로 빈번히 수동적인 체험이라는 가면을 쓰는 방법을 잘 알고 있기 때문입니다.

우리 가운데서 긴 인생 체험을 회고할 수 있는 사람이라면 아마도 이렇게 말할 것입니다. 만약 사람과 사람의 교제에 있어서 하찮은 실수 행위를 전조로 포착하고 아직 겉으로는 나타나지 않은 의도의 조짐으로 이용할 용기와 결단을 가진다면 아마도 많은 환멸(幻滅)과 쓰라린 타격을 면할 수 있을 것이라고. 그러나 사람들은 대개의 경우 그리하지 않습니다. 그리하는 것은 학문이라는 우회로를 거쳐 다시 미신으로 되돌아가는 것같이 생각됩니다. 실제로 모든 전조가 반드시 실현되는 것은 아니며, 또한 여러분도 우리의 이론에서 보아 전조가 모두 실현될 필요가 없다는 것을 이해할 것입니다.

제4강 실수 행위(결론)

여러분! 어쨌든 우리가 지금까지 노력해 온 성과로서 실수 행위에 의미가 있음을 인정하고 앞으로의 연구 기반으로 삼는 것은 허용된다고 생각합니다. 다시한 번 강조해 두고 싶은데, 우리는 하나하나의 실수 행위 전부에 의미가 있다고주장하는 것도 아니며, 또한 우리의 목적상 그렇게 주장할 필요도 없다는 것입니다. 물론 나의 주장은 명확한 것이라고 생각하고 있습니다만, 우리에게는 여러가지 형식의 실수 행위에는 의미가 있는 경우가 비교적 많다는 점을 증명할 수있으면 그것으로 족합니다. 실수 행위의 다양한 형식은 의미를 갖는다는 점에 관해서는 여러 가지로 다릅니다. 잘못 말하는 것, 잘못 쓰는 것 등은 완전히 생리적으로 근거지을 수 있을지 모르지만, 망각에 의한 실수 행위(이름이나 계획의망각, 유실 등)의 종류에서는 그러한 생리적인 근거를 제시할 수 없습니다. 특별한 이유가 있다고는 여겨지지 않는 분실도 반드시 있을 것입니다. 일상생활 속에서 일어나는 실수는 어느 정도까지밖에 우리의 견해와 합치하지 않습니다.

앞으로 우리가 실수 행위는 두 가지 의도의 간섭에 의해 생기는 심적 행위라는것을 출발점으로 삼고 이야기를 펴나간다 해도 이 제한에 대해서는 잊지 말기 바랍니다.

이것이 정신분석의 최초의 성과입니다. 이와 같이 두 가지 의도 사이에 간섭이 일어나는 것, 그리고 이러한 간섭의 결과 실수 행위라는 현상이 생긴다는 이러한 가능성에 대해서 심리학은 이제까지 조금도 알아차리지 못했습니다. 우리는 심적 현상의 영역을 크게 확장하고 이전에는 심리학에 속한 것으로 인정되지 않았던 현상을 공략하여 심리학 속에 끌어들인 것입니다.

좀더 시간을 할애해서 실수 행위는 '심적 행위'라는 주장을 생각해 보기로 합시다. 이 주장은 실수 행위에는 의미가 있다는 이제까지의 우리의 증언 이상의 것을 포함하고 있을까요. 그렇게는 생각하지 않습니다. 오히려 이 주장은 도리어 애매하여 오해를 불러일으키기 쉽습니다. 심정활동에 있어서 관찰되는 모든 것은 때로는 심적 현상이라 불립니다. 그러나 하나하나의 심적인 표출에 대해서는, 그것이 직접 신체적·기질적·물질적인 영향에 의해 야기된 것이므로 그 연구가 심리학에 적합하지 않은 것인가, 그렇지 않으면 배후의 어딘가에서 어떤 일련의 기질적인 작용이 시작되고 있는 것 같은, 다른 심적 과정에서 도출되어 나온 것인가 하는 것이 문제가 될 것입니다. 우리가 어떤 현상을 심적 과정이라고 말할 때에는 후자(後者)를 가리키는 것입니다. 따라서 우리의 표현으로서는 "그 현상은 의미가 깊다", "그 현상에는 의미가 있다"는 형식으로 표현하는 쪽이 목적에 어울립니다.

의미라는 말로 생각되고 있는 것은 의의, 의도, 의향 및 심적 연관의 계열 속에 위치지우는 것 등입니다.

실수 행위에 아주 가깝지만 실수 행위라고 하기에는 적합하지 않은 현상이 그밖에도 많이 있습니다. 우리는 그것을 '우발 행위'[1] 또는 '증상(症狀) 행위'라고 부르고 있습니다. 이러한 행위는 동기가 없다든가, 눈에 띄지 않는다든가, 중요하지 않다든가 하는 성격을 실수 행위와 마찬가지로 지니고 있으며, 나아가 여분

---

1) 실수 행위와 본질적인 차이는 찾아볼 수 없으나, 실수 행위가 무의식적인 의도에 의해서 의식적인 의도가 방해를 받기 때문에 일어나는 행위인 데 대해서 우발 행위는 의식적인 의도도 확실하지 않고서 우연히 아무런 생각 없이 행해지는 행위이다. 그러나 무의식의 심리의 움직임을 표현하는 점은 동일하다. 당사자가 그 행위를 통해서 이야기하는 것은 "타인에게는 알리지 않고 오히려 자신의 가슴속에만 감추어두고자 하는 것"(프로이트)이다. 증상 행위를 가장 잘 볼 수 있는 것은 노이로제 환자를 치료할 때라고 프로이트는 말하고 있다. 프로이트의 《일상생활의 병태심리》에는 '증상 행위와 우발 행위'의 1장(제9장)이 있으며 많은 예가 열거되어 있다. 물건을 유실하는 것 등도 증상 행위인 경우가 종종 있다. 프로이트는 치료비를 지불하지 않은 환자의 집 방향으로 가는 전차를 자기가 '무심코' 여러 차례 잘못 탔던 이야기를 쓰고 있다.

의 것이라는 성격을 명백히 나타내고 있습니다. 실수 행위와 다른 점은 이러한 행동과 충돌하고 그 때문에 방해를 받는 다른 한쪽의 의향이 결여되어 있다는 점입니다. 또한 다른 면에서는 이러한 행위는 우리가 정서(情緖)의 움직임의 표현이라고 보고 있는 몸짓이나 그 밖의 동작과의 차이가 명백하지 않은 점에 있어서도 실수 행위와는 다릅니다. 이 우발 행위에 속하는 것으로는 언뜻 보기에 아무런 목적도 없이 입고 있다거나 신체의 어느 부분에 손을 대거나 가까이 있는 물건을 만지는 것입니다. 또한 이러한 동작을 중지하는 것, 혼자서 흥얼거리는 멜로디 등도 이 우발 행위에 들어갑니다. 나는 이러한 현상에는 모두 의미가 있고, 실수 행위를 해석할 때와 같은 방법으로 해석할 수 있다고 생각하고, 이 현상이야말로 다른 가장 중요한 심적 과정의 표지이며, 완전한 의미에서 심적 행위라고 할 만하다고 여러분에게 주장하고 싶습니다. 그러나 나는 심적 현상의 영역을 더욱 확장하는 문제에 관여하는 것을 중지하고 실수 행위로 돌아가고 싶습니다. 실수 행위 쪽이 정신분석에 있어서 중대한 문제 설정을 훨씬 명백히 끌어낼 수 있기 때문입니다.

우리가 실수 행위에 관해 제시하면서 아직도 해답을 얻지 못하고 있는 흥미있는 문제는, 한쪽은 방해하는 의향, 다른 한쪽은 방해를 받는 의향이라고 부를 수 있는 두 가지의 다른 의향이 서로 간섭한 결과 실수 행위가 일어난다는 것입니다. 방해를 받는 의향에는 특별히 더 이상 문제삼을 것이 없습니다. 그러나 또 하나의 방해하는 의향에 대해서는 우선 첫번째로 다른 의향의 방해자로서 나타나는 의향이란 어떠한 것일까 하는 점, 그리고 두번째로는 방해하는 것과 방해받는 것은 어떠한 관련을 갖는가 하는 두 가지 점이 문제가 됩니다.

우리가 다시 한 번 실언을 실수 행위의 대표로서 취급하는 것과, 첫번째 문제보다도 먼저 두번째 문제에 답하는 것을 허락해 주기 바랍니다.

실언했을 때에는 방해하는 의향과 방해받는 의향이 내용적으로 관계를 갖는 경우가 있습니다. 전자는 후자에 대한 모순을 안고 있고, 그 수정(修正) 또는 보충의 의미를 안에 지니고 있습니다. 또한 때로는 방해하는 의향은 방해받는 의향과 내용적으로 아무 관계가 없다고 하는, 지극히 흥미롭고 불가해한 경우도 있습니다.

이 두 관계 중에서 전자에 대한 예증(例證)은 이미 든 실례 및 이와 유사한 실례 속에서 쉽게 발견할 수 있습니다. 실언하여 반대의 것을 말할 때에는 거의 모든 예에서 방해하는 의향이 방해받는 의향의 반대를 나타내고 있으며, 이 실수 행위는 합치하기 어려운 두 의향 사이의 갈등의 표현입니다. "나는 의회의 개회를 선언하지만 차라리 폐회해 버리고 싶다"는 것이 의장의 실언[2]의 의미입니다. 어떤 정치신문이 매수되었다는 비난을 받고 해명기사를 게재했습니다. 편집자는 그 기사를 "독자 여러분은 우리가 언제나 in uneigennützlichster Weise('사리〔私利〕를 꾀하지 않고') 공공의 복리를 대표해 왔다는 것을 입증할 것입니다" 하는 부분을 강조해 쓸 생각이었습니다. 그런데 이 변명의 문장을 위임받은 편집자는 in eigennützlichster Weise(사리를 꾀하고)라고 써버렸습니다. 아마도 이것은 편집자가 '사리를 꾀하지 않고라고 써야 하지만 내가 알고 있는 바로는 사실과 다르지 않은가' 하고 생각하고 있었기 때문일 것입니다. 황제에게 rückhaltlos(숨김없이 털어놓고) 진실을 말씀해 주십시오 하고 말할 생각이었던 하원의원은 너무 대담하지 않을까 두려워하고 있는 자기 자신의 내심의 소리에 따르지 않을 수 없어 rückhaltlos를 rückgratlos(척추 없이, 기골 없이)라고 잘못 말했다고 합니다 (1908년 11월의 독일 국회에서 있었던 일).

생략과 단축의 인상을 주는, 잘 알고 있는 예에서는 수정, 추가 또는 계속이 문제가 되고 있으며, 이것에 의해서 두번째 의향이 첫번째 의향과 나란히 기세를 얻게 됩니다. "사실은 거기서 Vorschein(명백)해졌다"고 말하려던 것이, 기탄없이 말하면 그것은 Schweinerei(추잡한 것, 외설적인 것)이었다는 생각이 작용하여 "사실은 거기서 Vorschwein해졌다"로 되어버렸던 것입니다.[3] 이것을 아는 사람은 '다섯 손가락'으로 꼽을 정도밖에 없다, 아니 사실은 '나 혼자뿐'이라는 생각이 "'한 손가락'으로 셀 정도"라고 말하게 한 것입니다.[4] —— 또한 내 남편은 '내가' 좋아하는 것은 무엇이든 마시거나 먹어도 좋다고 말한 경우도 마찬가집니다. 아는 바와 같이 이 부인은 남편이 자기 멋대로 했으면 하고 바라는 것은 참을 수 없다고 생각했기 때문에, 남편은 '내가' 좋아하는 것은 무엇이든 마시고 먹어도 좋다고 말한 것입니다.[5] 이를테면 이와 같은 예에서는 모든 실언은 방해하는 의향 자체에서 나오든가, 혹은 그 의향의 내용과 결부되어 있습니다.

---

2) 36쪽 참조.

3) 44쪽 참조.

4) 44쪽 참조.

5) 38쪽 참조.

서로 간섭하고 있는 두 의향의 관계가 이상과 같지 않을 때에는 기이한 느낌을 줍니다. 방해하는 의향이 방해받는 의향의 내용과 아무런 관계가 없는 경우 방해하는 의향은 도대체 어디서 나타날까요. 또한 어째서 마침 그때에 방해자의 역할을 맡고 나서는 것일까요. 이 경우 대답할 수 있는 것은 관찰뿐인데, 그것에 의하면 방해는 실은 그보다 조금 전에 그 당사자를 사로잡고 있었던 사고과정에서 나오는 것임을 알 수 있습니다. 그 사고과정은 말로 표현되었든 그렇지 않든 관계없이 실언으로 화해 그 흔적을 남깁니다.

그러므로 이 방해는 실제로는 후퇴발음이라고 불러야 마땅하지만 반드시 입 밖에 나온 말의 후퇴발음은 아닙니다. 이때에도 방해하는 것과 방해받는 것 사이에는 연상상(聯想上)의 관련이 없는 것은 아닙니다. 다만 그것이 내용적인 것으로서 주어지는 것이 아니라 인위적으로, 때로는 몹시 강제적인 연락로를 통해서 결합되어 있습니다.

나 자신이 관찰한 간단한 예를 들어주십시오. 언젠가 나는 경치가 좋은 드로미텐 (알프스의 한 지방)에서 빈에서 온 여성 두 명을 만났습니다. 그녀들은 여행 차림이었습니다. 나는 잠시 동행자가 되어 여행의 즐거움과 괴로움 등을 이야기했습니다. 그러다가 그중 한 여성이 낮은 이렇게 보내다 보면 여러 가지 불쾌한 일이 있다고 말을 꺼냈습니다. "정말이지 조금도 유쾌하지 않아요. 하루종일 이렇게 햇볕 속을 걷기 때문에 블라우스도 내의도 땀에 흠뻑 젖어버립니다." 그런데 이런 불평을 하는 도중에 잠시 우물거리더니 "하지만 Hose(팬티)에 도착해서 갈아입으면……"하고 말했습니다.

우리는 이 실언을 분석하지 않았습니다. 그러나 여러분은 곧 알게 되리라 생각합니다. 이 여성은 블라우스도 내의도 팬티도 하고 모두 열거하며 이야기하려고 했던 것입니다. 그러나 점잖지 못한 것 같아 팬티를 언급하는 것을 그만둔 것입니다. 그래서 내용적으로 아무런 관계가 없는 문구 속에 말하려 하다가 말하지 않은 Hose가 Hause(집)를 대신하여 유사음을 지닌 말의 왜곡이 되어 나타난 것입니다.

그런데 우리는 어떠한 의향이 궤도를 벗어나 다른 의향의 방해자가 되는가 하는 문제에 대해 오랫동안 언급하지 않았습니다. 그래서 이 주제로 돌아가고 싶습니다. 한데 이와 같은 의향은 아주 종류가 다양하지만 우리로서는 그것들 사이의 공통점을 발견하고자 합니다.

이런 목표를 세우고 각각의 실례를 검토하면 세 집단으로 나누어지는 것을 알 수 있습니다.

제1군(群)은 방해하는 의향을 화자(話者) 자신이 알고 있을 뿐만 아니라 실언하기 직전에 자신도 그것을 느끼는 예입니다. 예를 들어 Vorschwein이라는 실언의 경우[6], 화자는 그 사건에 관해서 Schweinereien(추잡스런 일)이란 판단을 내렸을 뿐만 아니라 일단은 그것을 입 밖에 내려고 했다가 그만두어 버렸다는 것을 인정하고 있습니다.

제2군은 이것과는 달리, 화자가 방해하는 의향이 자신의 의향이었다는 것을 인정하지만 실언하기 직전에 그 의향이 자기 마음속에서 활동하고 있었다는 것을 전혀 알지 못하는 경우입니다.

그러므로 화자는 그 실언에 대한 우리의 해석을 받아들이긴 해도 어느 정도는 놀랍니다. 이러한 태도의 좋은 예는 실언의 경우보다 다른 실수 행위에서 보다 쉽게 볼 수 있습니다.

제3군은 방해하는 의향의 해석이 화자에 의해서 격렬히 거부되는 경우입니다. 화자는 실언하기 전에 방해하는 의향이 자기 마음속에 작용하고 있었다는 것을 부정할 뿐만 아니라 그와 같은 의향은 본래 자기와는 전혀 관계가 없는 것이라고 주장합니다. 건배를 하면서 "트림을 합시다" 하고 말한 예[7]와, 내가 그 화자에게 방해하는 의향을 지적했을 때 그로부터 무례할 정도로 심하게 거부당한 예[8]를 상기해 주십시오.

아는 바와 같이 우리는 이 예의 해석에 있어서는 화자와 일치하는 데까지 이르지 못하고 있습니다. 나는 건배를 할 때 실언을 한 사람의 반대에는 일고의 여지도 없다고 보고 나의 해석을 분명히 고집합니다.

그런데 여러분은 그 화자가 그러한 일은 없다고 말하는 것을 듣고 그 실수 행위를 나처럼 해석하기를 단념하고 정신분석 이전의 의미에서의 순생리적인 행위로 받아들이면 안 될까 하고 망설이고 있을 것입니다. 여러분이 망설이는 이유를 나는 잘 알고 있습니다. 나의 해석에는 다음과 같은 가정이 있습니다. 즉 화자의 마음속에는 자기 스스로 알아차리지 못하고 있는 의향이 여러 가지로 나타나지

---

6) 44쪽 참조.
7) 35쪽 참조.
8) 52쪽 참조.

만, 나는 간접증거에 의해서 그 의향을 추측할 수 있다는 가정입니다. 극히 신기하기도 하고 중대한 결과를 가져올지도 모르는 가정을 앞에 두고 여러분은 주저하고 있습니다. 그러나 나로서는 그 기분을 알고 있으므로 그런 한도내에서는 그것도 무리는 아니라고 생각합니다. 그러나 내가 분명히해 두고 싶은 것은, 만약 여러분이 이렇게 수많은 예에서 얻어진 실수 행위의 해석을 논리적으로 관철시키려 한다면 이제 말한 바와 같은 언뜻 보기에 기묘하게 보이는 가정을 인정할 결심을 해야 한다는 것입니다. 만약 그것을 하지 못한다면 간신히 손에 넣은 실수 행위에 대한 이해도 다시 단념할 수밖에 없습니다.

　이와 같은 세 집단을 일괄하는 것, 즉 실언에 공통된 것을 잠시 더 고찰해 보기로 합시다. 다행히도 이것은 아주 명백합니다. 제1군, 제2군에서는 방해하는 의향이 화자에 의해 인정되고 있습니다. 제1군에서는 더욱이 방해하는 의향이 실언하기 직전에 모습을 보이고 있습니다. 그러나 두 가지 예의 어느 경우에도 그것이 '억압되어' 있습니다. '화자가 그 방해하는 의향을 입 밖에 내지 않으려고 결심한 직후에 실언이 튀어나옵니다. 바꾸어 말하면 억압된 의향이 화자의 의지에 반해 말이 되어 입 밖으로 튀어나오는 것입니다. 화자가 좋다고 생각한 의향의 표현을 변경시키거나, 혹은 그 표현과 뒤섞이거나, 혹은 이것과 전혀 뒤바뀌어' 말로 나오는 것입니다. 이것이 실언의 매커니즘입니다.

　제3군에 대해서도 우리의 입장을 지키면서 이제 설명한 매커니즘과 완전히 일치시킬 수 있습니다. 이들 세 집단의 것은 각각 어떤 의향의 억압의 정도가 다를 뿐이라는 것을 가정하면 됩니다. 제1군에서는 의향은 현재 거기에 있고 화자가 입 밖에 내기 전에 알아차리고 제거하지만 실언이 그 대로 튀어나옵니다. 제2군에서는 억압 작용은 훨씬 이전에 행해지고 방해하는 의향은 화자가 말하기 전에 이미 의식하지 못하게 되어 있습니다. 그러나 그 의향은 결코 그 때문에 저지되지 않고 실언을 야기시키는 원인의 하나로서 작용하고 있습니다! 그러나 이 사정에 의해 제3군의 과정은 설명이 쉬워집니다. 대담하지만 다음과 같이 가정해 봅시다. 즉 실수 행위 중에는 꽤 이전부터, 아마도 훨씬 이전부터 억압되어 있었기 때문에 알아차리지 못하고, 따라서 화자가 직접 부정해 버리는 그러한 의향이 나타나기도 한다는 것입니다. 그러나 여러분 자신은 제3군의 문제에는 손을 대지 않는다 해도 다른 여러 가지 예를 관찰하면 '무엇인가를 말하려는 의도가 현존하는 것을 억압하는 것이 실언을 유발하는 불가결한 조건이다'라는 결론을 내리지 않을 수 없을 것입니다.

  우리는 이제 실수 행위를 이해하는 데 있어 큰 진보를 이루었다고 주장해도 좋을 것입니다. 우리는 실수 행위가 그 의미와 의도를 인정할 수 있는 심적 행위이며, 서로 다른 두 의향의 간섭에서 생긴다는 것을 아는 데 그치지 않고, 그 밖에도 이 두 의향 중 하나는 다른 의향을 방해하는 것을 통해 모습을 나타내기 때문에 그 수행상 일종의 억제를 받는 것이 틀림없다는 점도 알게 되었습니다. 방해자가 되기 전에 자기 자신이 어떤 방해를 받고 있음에 틀림없습니다. 실수 행위라고 부르고 있는 현상의 설명은 이것만으로는 아직 불충분합니다. 의문이 곧 잇따라 생기는 것을 알 수 있습니다. 우리는 일반적으로 말해서 이해를 깊이 함에 따라 도리어 새로운 의문점이 생기는 것을 예감합니다. 왜 보다 간단히 되지 않는가 하는 의문도 생길 것입니다. 어떤 의향을 수행하는 대신 이것을 억압하고자 하는 기분이 드는 경우, 이 억압이 성공하여 그 의향이 전혀 표면으로 나오지 않는 수도 있다고 생각합니다. 또한 억압이 실패하여 본래의 의향이 그대로 모습을 나타내는 수도 있습니다. 그러나 실수 행위는 타협에 의해 생깁니다. 두 의도 중 어느 쪽을 택해도 성공 반, 실패 반이라는 것입니다. 방해받는 의향이 완전히 억압되지 않고 —— 특수한 경우를 제외하면 —— 전혀 손상받지 않은 채 수행됩니다. 우리는 이와 같은 간섭, 또는 타협의 결과가 실현되기 위해서는 특별한 조건이 있음에 틀림없다고 생각합니다. 그 조건이 어떤 종류의 것인가에 대해서는 예상할 수 없습니다. 우리가 모르는 이 사정은 실수 행위를 더욱 깊이 연구해 나가면 알게 되리라고 단언할 수도 없습니다. 이와 같은 일을 하기보다는 우선 심적 활동의, 이것 이외의 잘 알고 있지 못한 영역을 탐구하는 것이 필요하지 않을까 생각합니다. 이들 영역에서 우리는 실수 행위와 유사한 것을 만나게 되는데, 그렇게 됨으로써 우리는 실수 행위를 보다 깊이 해명하는 데 필요한 가정을 세우는 용기가 나옵니다. 나아가 또 하나. 우리가 정신분석의 영역에서 끊임없이 하고 있는 것과 같은, 사소한 징후의 처리에는 위험이 따른다는 점입니다. 이런 종류의 사소한 징후를 무제한으로 이용하는 데 있어 결합성(結合性) 파라노이아[9]라는 정신병이 있는데, 나는 이 사소한 징후라는 기반 위에 세워진 결론이 모든 옳다고 주장하지는 않습니다. 이 위험을 막아주는 것은 다만 우리의 관찰 기반을 확대

---

  9) 여러 가지 표상(表象) 또는 개념을 연결시켜 하나의 정돈된 망상(妄想)을 만들어내는 것
     을 주요 징후로 하는 정신병.

하고 심적 활동의 여러 가지 영역에서 유사한 인상을 모아오는 일이며, 그 밖의 일은 아닙니다.

따라서 실수 행위의 분석은 여기서 그만둘 생각입니다. 그러나 다만 한 가지 주의해 두고 싶은 것이 있습니다. 우리가 이들 현상을 처리해 온 방법을 모범으로서 잊지 말아 달라는 것입니다. 이 실례에 의해 우리가 생각하고 있는 심리학의 의도가 무엇인가를 알 수 있다고 생각합니다. 우리는 현상을 단지 기술(記述)하거나 분류하려는 것은 아닙니다. 현상을 마음속의 여러 가지 세력의 각축(角逐)의 표지로서 파악하기를, 즉 때로는 협력하고 때로는 대항하며 어떤 목적을 노리고 작용하고 있는 모든 의향의 표현으로서 보기를 바라고 있습니다. 우리는 심적 현상의 '다이내믹한 파악'[10]을 구하고 있습니다. 우리의 이와 같은 다이내믹한 사고방식에 의하면 의식에 파악된 현상은 단지 가정된 것에 지나지 않는 의향과 비교하면 그 그림자가 희미해지지 않을 수 없습니다.

따라서 실수 행위의 문제를 더 이상 깊이 파고들지 않으려 합니다. 그러나 이 영역을 넓게 편력(遍歷)해 보면 거기에서 이미 알았던 것을 다시 발견하거나 몇 가지의 새로운 사실을 찾아낼 수 있을 것입니다. 이때 우리가 기반으로 삼는 것은 처음에 열거했던 세 집단입니다. 제1군은 실언으로 여기에는 잘못 쓰는 것, 잘못 읽는 것, 잘못 듣는 것 등의 부차적인 형식도 포함됩니다. 제2군은 망각으로 그것은 망각하는 대상(고유명사, 외국어, 계획, 인상)에 의해 다시 세분됩니다. 제3군은 잘못해서 딴 것과 바꾸는 것, 유실(遺失), 분실입니다. 착각은 우리의 고찰의 대상이 되는 한도내에서는 일부는 망각에, 다른 일부는 잘못해서 딴 것과 바꾸는 것에 속합니다.

우리는 실언에 대해서는 이미 꽤 깊이 들어가 논했지만 부언해 두고 싶은 것이 몇 가지 있습니다. 실언에는 대단한 것은 아니지만 감정적 현상이 결부되어 있고, 이 현상은 흥미를 자아내는 것이 없지 않습니다. 실언을 하고 싶은 사람은 없을 것입니다. 또한 자신의 실언은 잘 몰라도 타인의 실언은 결코 놓치지 않습

---

10) 심적 현상을 단지 병렬적(竝列的) 또는 기술적(記述的)으로 외부로부터 파악하여 관찰하는 데 만족하지 않고 인간 행위의 원동력이 되고 이것을 규정하는 데 관여하고 있는 각양각색의 경향, 욕구, 욕동(欲動) 또는 본능 등이 통합되어 가는 과정, 즉 동기 부여의 과정을 중요시하는 관점. 서로 경합하거나 협력하는 심적인 힘의 상호관계를 중시하고 마음의 심층에까지 파고들어가서 생각하는 심리학이란 뜻에서는 심층심리학적 파악이기도 하다.

니다. 또한 실언은 어떤 의미에서 전염성을 지니고 있습니다. 실언을 하지 않고 실언에 관해 논하기는 어렵습니다. 아주 간단한 형식의 것으로 숨겨진 심적 과정에 특별한 해명을 줄 수 없는 것 같은 실언일지라도 그 동기를 간파하기란 어려운 일이 아닙니다. 무엇이든 좋지만 예컨대 어떤 동기에서 장(長)모음을 단(短)모음처럼 발음한 경우, 그 때문에 말의 뜻을 파악하기가 어려워졌을 때에는 곧 그다음에 오는 단모음을 길게 발음합니다. 앞의 실언을 보상하기 위해서 다시 실언을 하는 것입니다.

또한 어떤 복합모음을 불명료하게 발음했을 경우, 예를 들면 eu(오이) 또는 oi(오이)를 ei(아이)로 잘못 말했을 때에도 마찬가지입니다. 그 사람은 틀림없이 ei(아이)를 eu(오이) 또는 oi(오이)로 바꾸어 보상하려 합니다. 그때의 화자에게는 자신이 모국어를 다루는 방식이 엉터리라는 인상을 주고 싶지 않다는 고려가 결정적으로 작용하고 있는 듯이 보입니다. 첫번째 실언을 보상하는 의미를 지닌 두번째 왜곡에는 다음과 같은 의도가 있습니다. 처음의 왜곡을 듣는 이로 하여금 알아차리게 하고, 게다가 그것을 자신도 알아차리고 있다는 것을 믿게 하려는 의도입니다. 가장 빈번히 볼 수 있고 가장 단순하며 가장 하찮은 실언은 눈에 띄지 않는 품사에서 나타나는 단축과 음의 선행으로 이루어집니다. 예컨대 꽤 긴 문장을 말할 때 의도하고 있는 근본 취지에서 보면 나중에 와야 할 말을 먼저 말해 버리는 경우가 있습니다. 이 음의 선행이라는 실언은 그 문장을 빨리 끝내려는 초조감이 어딘가에 있다는 인상을 주고, 일반적으로 틀린 문장 또는 대화 그 자체에 저항감이 있다는 것을 증명하고 있습니다.

이리하여 우리는 실언에 대한 정신분석적 견해와 통속적인 생리학적 견해가 경계를 접하고 서로 교차되어 있는 그러한 한계례(限界例)에 도달했습니다. 이러한 경우에 우리는 이야기의 근본 취지를 방해할 의향이 그곳에 있다고 가정합니다. 그런 의향이 있다는 것은 지적할 수 있지만, 의향이 의도하는 것이 무엇인가는 지적할 수 없습니다. 이런 경우에 그 의향이 야기하는 방해는 음의 영향의 결과나, 혹은 연상(聯想)에 이끌리는 결과로 생기는 것이며, 이야기의 근본 취지에서 주의를 딴 곳으로 옮기려 한 것으로 여겨집니다.

그러나 이와 같이 주의력이 흩어졌다는 것도, 연상 경향이 작용했다는 것도 이 과정의 진상을 밝히지는 못합니다. 이들은 이야기의 근본 취지를 방해하는 의향이 존재함을 암시하긴 하지만 전반적으로 확실한 다른 실언의 경우와 다르며, 그 의향의 본태(本態)는 이번만은 이런 종류의, 눈에 띄지 않는 품사에 나타나는 단축과 음의 선행으로 이루어진 실언의 결과에서는 알아차릴 수 없습니다.

그러면 잘못 쓰는 것으로 이야기를 옮기기로 하겠습니다. 잘못 쓰는 것은 잘못 말하는 것과 일치하고 있으므로 어떤 새로운 관점을 기대할 수 없습니다. 그러나 이삭을 주울 수 있을 정도는 될 것입니다. 흔히 볼 수 있는 잘못 쓰는 것, 즉 말을 줄이는 것과, 다음에 오는 글자, 특히 맨 끝에 오는 글자를 먼저 써버리는 것 등은 일반적으로 그것을 쓰고 싶은 마음이 없다는 것, 또는 빨리 써버리고 싶은 초조감이 있음을 암시하고 있습니다.

잘못 쓴 것이 확실한 효과를 나타낼 때에는 방해하는 의향의 본태와 의도를 알 수 있습니다. 편지 속에서 잘못 쓴 것을 발견했을 때에는 발신자가 왠지 침착하지 못하다는 것을 나타내지만 그 마음속에서 무슨 일이 일어나고 있는지는 반드시 확인할 수 있는 것은 아닙니다. 잘못 쓴 것은 잘못 말한 것과 같이 당사자가 알아차리지 못하고 있는 경우가 흔히 있습니다. 그렇다면 다음과 같은 사례를 볼 수 있는 것은 이상한 일입니다. 즉 편지를 봉투에 넣기 전에 다시 한 번 훑어보는 습관이 있는 사람이 있습니다. 그런데 그렇게 하지 않는 사람도 무심코 여느 때와 달리 다시 읽어보면 확실히 잘못 쓴 것을 반드시 발견하여 고칠 기회가 있다는 것입니다. 이것은 어떻게 설명해야 할까요. 게다가 이런 종류의 사람들은 편지를 다 썼을 때 잘못 쓴 것을 알고 있었던 것처럼 보입니다. 그러한 어리석은 것은 믿을 수 없습니다.

잘못 쓰는 것의 실천상의 의미에 관해서는 어떤 흥미있는 문제가 있습니다. 여러분은 아마 살인범 H의 예를 기억하고 있을 것입니다. 그는 자신이 세균학의 연구가라고 하며 연구소에서 위험성이 높은 배양균(培養菌)을 입수하고 이것을 자신과 가까운 사람들에게 사용하여 이 가장 근대적인 방법으로 없애려고 했습니다. 그런데 이 사나이는 어느때 자기에게 보내온 배양균이 조금도 효과가 없다며 연구소장에게 항의해 왔습니다. 그는 그때 한 가지를 잘못 썼던 것입니다. "나는 이것을 Mäusen(생쥐)이나 Meerschweinchen(모르모트)에 사용해 봤으나……" 하고 써야 할 것을 "Menschen(인간)에 사용해 봤는데……"하고 솔직하게 써버렸던 것입니다. 이렇게 잘못 쓴 것은 연구소의 의사들 눈에도 이상하게 보였겠지만, 내가 아는 바로는 그 점에서 의사들은 어떤 특수한 결론을 내리지 않았던 것 같습니다.

그런데 여러분이라면 어떻게 생각하겠습니까. 의사들은 이 잘못 쓴 것을 하나의 자백으로 인정하고 당국에 고발하고 수사에 착수하도록 해야 하지 않았을까요. 만약 그렇게 했다면 살인범은 살인미수로 수갑이 채워지지 않았을까요. 이런 경우에는 실수 행위에 대해 우리가 갖고 있는 견해를 의사들이 모르고 있었다는 것이 실제적으로 과실의 원인이 되고 있습니다. 하지만 이렇게 잘못 쓴 것은 나로서도 아주 괴이하다고 생각하지만 그것을 자백으로 이용할 경우 중대한 장해가 있다는 점을 부정할 수 없습니다. 사태가 그렇게 간단하지 않기 때문입니다. 잘못 쓴 것은 분명히 간접증거는 되지만 그것만으로 수사에 착수하기에는 불충분한 것입니다. 그 사나이가 다른 사람에게 병균을 옮기려는 기도를 품고 있다는 점을 이 잘못 쓴 것이 나타내고 있는 것은 확실하지만, 이 기도가 분명히 극히 위험한 기도로서의 가치를 지니는지, 혹은 단순한 실제 상해가 없는 공상에서 나온 것인지 결정할 수 없기 때문입니다. 이와 같이 잘못 쓴 사람이 주관적으로 훌륭한 이유를 들어 이 공상을 부정하고 자기로서는 전혀 모르는 일이라고 거부하는 경우도 있을 수 있습니다.

우리는 나중에 심적인 현실과 물적인 현실과의 차이에 대해서 논할 생각인데, 그때에는 여러분은 이 가능성을 지금보다도 훨씬 잘 이해할 것입니다. 그러나 이것도 역시 실수 행위가 나중에 생각지 못한 의의를 나타내게 된 예라고 말할 수 있을 것입니다.

잘못 읽는 경우에는 잘못 말하는 것이나 잘못 쓰는 것과는 명백히 구별되는 심적 상황을 만나는 경우가 있습니다. 서로 경합하는 두 의향 중 한쪽은 감각적 흥분으로 대치되어 있기 때문에 그만큼 이쪽의 저항은 약해집니다. 읽어야 하는 것은 쓰려는 생각처럼 자기 자신의 심적 활동의 소산이 아니기 때문입니다. 따라서 대다수의 오독(誤讀)은 완전한 대리형성입니다. 읽어야 할 낱말을 다른 낱말로 대치하게 되지만 원문의 말과 오독의 효과가 내용적인 관계를 가지고 있다고 할 수는 없으며 낱말의 유사(類似)에 따르는 것이 통례입니다. angenommen을 Agamemnon으로 읽은 리히텐베르크[11]의 예 등은 이 집단에 속하는 가장 적절한 예일 것입니다.

오독을 야기시키는 방해하는 의향을 파악하려면 잘못 읽은 원문에는 손대지 않고 다음과 같은 두 가지 질문부터 분석적인 검토를 시작해야 합니다. 하나는 잘

---

11) 41쪽 참조.

못 읽은 결과 제일 먼저 마음에 떠오른 착상(着想)은 어떠한 것인가, 또한 어떠한 상황에서 그와 같은 오독이 발생했느냐 하는 것입니다. 경우에 따라서는 후자의 지식만으로 충분히 오독을 밝힐 수 있습니다. 예를 들면 생리적 욕구를 느끼면서 사정을 모르는 거리를 걷고 있던 사람이 2층에 걸려 있는 큰 간판에 Closethaus(화장실)라고 씌어 있는 것을 보고 어째서 저런 높은 곳에 그런 간판이 달려 있는지 이상하게 여기고 다시 한 번 읽어보자 그것은 Corsetthaus(코르셋 상점)라고 씌어 있었다는 예도 있습니다.

이러한 예와는 달리 원문의 내용과는 관계없는 오독의 경우에는 깊이있는 분석이 필요하기도 합니다. 게다가 그 분석은 정신분석의 기법상(技法上)의 훈련을 필요로 하며 그것에 대한 신뢰 없이는 불가능합니다. 그러나 많은 경우에는 오독의 해명이 용이합니다. 대치된 낱말을 보면 Agamemnon의 경우와 같이 방해가 나타나는 근원이 되고 있는 생각의 범위가 곧 드러나기 때문입니다. 예를 들면 현재와 같은 전시(제1차 세계대전) 하에서는 도시의 이름이나 사령관의 이름 및 귀에 못이 박이도록 들은 군대용어 등은 그것과 약간 닮은 구조의 낱말을 보기만 해도 곧 잘못 읽어버립니다. 사람의 관심을 끌고 주의를 환기시키는 것이 이러한 자신에게 별로 관계가 없는 것이나 관심이 적은 것을 대신하게 됩니다. 사상의 잔상(殘像)이 새로운 지각(知覺)을 흐려버리는 것입니다.

잘못 읽을 때에도 읽고 있던 원문 자체가 방해하는 의향을 불러일으키고 그 결과로서 많은 경우에 그 반대어를 잘못 읽어버리는, 다른 종류의 사례가 없는 것은 아닙니다. 어떤 읽기 싫은 것을 읽어야만 할 경우 등에는 분석의 결과 읽은 것을 부정하려고 하는 강한 원망(願望)이 있어서 그 때문에 잘못 읽었다는 것을 알게 되기도 합니다.

이제까지 설명한 비교적 자주 일어나는 오독의 예에서는 실수 행위의 매커니즘 속에서 중대한 역할을 한 두 계기가 명백히 나타나지 않을 때가 있습니다. 이 두 계기란 이중(二重)의 의향의 갈등과 그 한쪽이 억압되어 실수 행위의 결과에 의해 보상받는 것입니다. 잘못 읽을 때에는 사정이 그 반대라는 것이 아니라, 오독을 초래하는 사상적 내용의 침입이 그 사상적 내용이 이전에 받은 압박보다도 눈에 띄게 된다는 것입니다. 이 두 계기가 가장 명백하게 나타나는 것은 망각에 의한 실수 행위의 여러 가지 상황의 경우입니다.

어떤 기도(企圖)를 망각하는 경우에는 논의의 여지가 없습니다. 그 해석은 우리가 말한 바와 같이 초보자에게도 이론(異論)은 없을 것입니다. 이 계획을 방해하는 의향은 언제라도 실행하고 싶지 않다는 반대의도이지만, 왜 그 의도가 다른 보다 명백한 형식으로 나타나지 않는지가 문제로서 남습니다. 그러나 반대의지가 존재한다는 것은 의심할 여지가 없습니다. 때때로 이 반대의지를 억지로 밀어서 감추어버리는 동기를 어느 정도 헤아릴 수도 있습니다. 반대의지는 언제나 이 실수 행위를 통해서 목적을 달성할 뿐 자신은 숨은 채로 있지만, 만약 반대의지가 공공연히 그 모습을 나타낸다면 분명히 추방될 것입니다. 계획과 그 실행 사이에 심적 상황의 중대한 변화가 일어나고 그 때문에 그 계획의 수행이 문제가 되지 않게 되었다면 계획을 망각해도 실수 행위는 되지 않습니다. 우리는 이미 계획을 망각하는 것을 별로 기이하게 생각하지도 않고 그것을 생각해 내는 것을 쓸모없는 일이라고 간주하게 됩니다.

이런 경우에는 계획은 영구히, 혹은 일시적으로 소멸해 버립니다. 계획의 망각을 실수 행위라고 부를 수 있는 것은, 계획이 이처럼 중도에 중단되지 않은 것이 확실한 경우뿐입니다.

계획을 망각하는 예는 일반적으로 말하면 그 형식이 언제나 같으며 그 의미 역시 아주 확실하므로 그 점으로 보아서도 우리의 연구에 있어서는 흥미를 갖게 하지 않습니다. 하지만 이 실수 행위의 연구에서 새로이 배우는 것이 두 가지 있습니다. 그 하나는 이미 설명한 바 있지만 망각, 즉 계획의 불실행은 그 계획에 호의적이 아닌 반대의지가 있다는 것을 나타내고 있다는 것입니다. 그러나 반대의지에는 우리가 연구한 바로는 하나는 직접적, 또 하나는 간접적이라는 두 종류가 있습니다. 간접적 반대의지로서 우리가 생각하고 있는 것은 다음의 한두 가지 예를 보면 잘 알 수 있습니다.

예를 들면 보호자가 피보호자를 제삼자에게 추천하는 것을 망각한 경우[12]입니다. 이것은 본래 그 피보호자에 대해 관심이 없다는 것, 따라서 추천할 흥미가 없다는 것입니다. 어쨌든 피보호자는 이 망각을 이런 의미로 해석하리라 생각합니다. 그러나 사실은 더욱 복잡한 사정이 있는지도 모릅니다. 계획의 실행에 반대하는 의지는 피보호자와는 다른 쪽에서 나타나 전혀 다른 곳을 공격하고 있는지도 모릅니다. 반대의지는 피보호자만 상대할 필요는 없고 추천이 효과를 가질 제삼자에게 향해질 수도 있기 때문입니다. 그러므로 여러분은 여기에서도 우리의

---

12) 55쪽 참조.

해석을 실제로 적용할 경우 어떤 염려가 있는지 알 것입니다. 망각을 바르게 해석해도 피보호자가 지나치게 깊이 의심해서 자신의 보호자에 대해 매우 불법적인 일을 하지 않을까 하는 것입니다.

또한 반드시 갈 것을 약속하고 자기 자신도 그렇게 결심하고 있었던 데이트를 망각한 예[13]에서는 그 사람을 만나는 일에 대해 직접적으로 혐오감을 가졌던 것이 대개의 경우의 이유라고 생각합니다. 그러나 이런 분석을 해보면 방해하는 의향은 상대방 자신에 대해서가 아니라 데이트 장소에, 또한 이 장소와 결부된 어떤 고통스러운 기억에 향해져 있었던 것이 명백해지지 않는다고 할 수는 없습니다.

또한 편지를 우체통에 넣는 것을 망각한 예[14]에서는 반대의향이 편지내용에 기인하는 경우도 있습니다. 그러나 편지 자체는 아무것도 아닌데 그 편지 안에 이전에 썼던 다른 편지를 상기시키는 무엇인가가 있고, 그 이전의 편지가 반대의지를 나타내는 직접적인 발판이 되어 그 때문에 반대의지에 굴복한 것인지도 모릅니다.

그런 경우에는 이 반대의지는 당연한 반대의지에 합당한 이전의 편지에서 이번의 아무런 허물도 없는 편지로 이행(移行)한 셈이 됩니다. 이러한 이유에서 우리의 올바른 해석이라 할지라도 이것을 적용할 경우에는 조심스레 신중히 해야 한다는 것을 알 수 있을 것입니다. 심리적으로는 같은 가치를 지녔을지라도 실제적으로는 대단히 다의적(多義的)으로 되는 경우가 있습니다.

이와 같은 현상은 아마도 여러분에게는 몹시 이상하게 보여질 것입니다. 여러분은 '간접적'인 반대의지는 이미 병적인 특질을 지닌 과정이라고 가정하고 싶지 않습니까. 그러나 나는 이런 종류의 반대의지는 정상적이고 건강한 상태 속에서도 나타난다는 것을 보증할 수 있습니다. 그렇다고 해서 내 말을 오해하지 마십시오.

나는 결코 우리의 분석적 해석이 신뢰할 만한 것이 못 된다는 것을 고백하려고 하는 것은 아닙니다. 방금 설명한 의도의 망각이 여러 가지로 해석되는 것은 그 실례를 분석하지 않고 우리의 일반론적인 전제에 근거하여 해석할 때만 볼 수 있는 것입니다. 당사자에 대한 분석만 하면 언제든지 그것이 직접적인 반대의지인

---

13) 33쪽 참조.
14) 59쪽 참조.

지, 그렇지 않으면 다른 곳에서 오는 간접적인 것인지 충분히 확실하게 알 수 있습니다.

두번째 점은 다음과 같은 것입니다. 의도를 망각한 경우에는 반대의지가 있기 때문이라는 것이 많은 실례에서 실증되었다면 우리는 설사 피분석자가 우리가 추론(推論)하는 반대의지를 승인하지 않고 부정하더라도 그러한 일련의 예에 이 해석을 확장해 갈 용기가 생긴다는 것입니다.

이런 종류의 예로서는 빌린 서적을 돌려주는 것을 망각하거나, 계산을 하거나 빚을 갚는 것을 망각하는 예를 많이 들 수 있습니다. 우리는 그 사람에 대해 그 책을 자기 곁에 두고 싶다거나, 빚을 갚고 싶지 않은 의향이 있다고 대담하게 말할 수 있는데, 본인은 이 의도를 부정함에도 불구하고 자신의 행위에 대해 다른 설명을 할 수 없습니다. 거기에서 우리는 더 나아가서 당신에게는 그런 의도가 있으나 다만 그것을 모르고 있을 뿐이다, 그러나 그 의도는 망각이라는 결과를 통해서 자신의 비밀을 나타내고 있다, 이 사실만으로도 충분하다고 말합니다. 당사자 자신은 단지 망각한 것일 뿐이라고 거듭 주장할지 모르지만, 여러분은 이와 같은 상황은 이미 앞에서도 한 번 본 적이 있는 상황이라고 느끼게 될 것입니다.

실수 행위에 대한 우리의 해석이 정당하다는 것이 자주 실증되고 있지만 이 해석을 일관해서 관철시키려면 아무래도 인간에게는 당사자가 모르는 채 활동하고 있는 의향이 있다고 가정하지 않을 수 없게 됩니다. 이 가정에 의해 우리는 실생활과 심리학에서 지배적인 견해에 대해 반론을 제기하려는 것입니다.

고유명사나 가명(假名)이나 외래어의 망각도 마찬가지로 그 원인을 직접적 또는 간접적으로 그 이름으로 향해지고 있는 반대의향으로 귀결시킬 수 있습니다. 이런 종류의 직접적 혐오에 대해서는 앞에서 한 번 몇 가지 실례를 든 적이 있습니다. 그러나 간접적 원인의 경우에는 아주 많으므로 그것을 확정하기 위해서는 신중히 분석해야만 합니다.

예를 들면 바라고 있지 않은데 억압을 당하고 있는 이 전시하에서는 이전의 많은 기호(嗜好)를 포기하지 않을 수 없는데, 고유명사를 뜻대로 상기하는 것마저도 기묘한 연상 때문에 몹시 방해받고 있습니다.

지난날 나는 대수롭지 않은 메렌(체코슬로바키아의 한 지방의 이름)의 도시 Bisenz란 이름이 떠오르지 않은 적이 있었습니다. 분석해 본 결과 그것은 직접적인 적의가 있어서가 아니라 오르비에트$\left(\begin{smallmatrix}중부 이탈리 \\ 아의 도시\end{smallmatrix}\right)$에 있는 Bisenzi라는 궁전과 발음이 비슷하기 때문임을 알았습니다. 나는 이 이탈리아의 도시를 좋아해서 여러 차례 체재한 적이 있었습니다.

여기서 비로소 우리는 이름을 상기하는 데 반대하는 의향의 동기로서 하나의 원리를 만나게 됩니다. 이 원리는 나중에 노이로제 증상의 발생 원인으로서 큰 의의를 지니고 있음이 밝혀지는데, 그 원리란 불쾌한 감정과 결부되어 있기 때문에 그것을 상기하면 불쾌감이 되살아나는 듯하는 것은 기억이 상기하는 것을 좋아하지 않는다는 것입니다. 상기 또는 그 밖의 심적 행위에 따르는 불쾌감을 회피하려는 이러한 의도는 불쾌감으로부터의 심리적 도피이며, 우리는 이것을 이름의 망각뿐만 아니라 태만, 오해(착각) 등과 같은 많은 실수 행위에 대해 궁극적으로 유효한 동기로 인정하지 않을 수 없습니다.

그러나 이름을 망각하는 것은 정신생리학적으로 특히 쉽게 생기는 듯이 보입니다. 따라서 불쾌의 동기가 혼재(混在)하고 있다고 여겨지지 않는 경우에도 일어납니다. 어떤 사람에게 이름을 망각하는 경향이 있다고 합시다. 분석에 의한 검토를 함으로써 그 사람이 이름을 망각하는 것은 이름 그 자체가 싫거나 그 이름에서 불쾌한 일을 예상하기 때문만이 아니라, 그 이름이 자기 자신과 상당히 관계가 깊은 다른 연상권(聯想圈)에 속해 있기 때문임이 명백한 경우가 있습니다. 말하자면 그 이름은 그 권내에 단단히 보전되어 있으며 지금 일어나고 있는 다른 연상을 거부하는 것입니다.

기억술이라는 특기를 상기해 보십시오. 이름을 잊지 않기 위해 의도적으로 만들어낸 연관 때문에 도리어 그 이름을 망각한다는 사실에 부딪혀 여러분은 기이한 느낌을 갖게 될 것입니다.

이것과 관련된 지극히 현저한 실례는 인명(人名)입니다. 인명은 당연히 각자에게 전혀 다른 심적인 중요도를 갖고 있습니다. 예를 들면 테오도르란 이름을 예로 들어봅시다. 여러분 중 어떤 사람에게는 아무런 의미도 없는 이름일 것입니다. 그러나 어떤 사람에게는 그의 아버지, 형, 친구의 이름이거나 또는 자신의 이름인 경우도 있습니다. 그 경우에는 분석적 연구가 가르치고 있듯이 전자인 사람들은 어떤 다른 사람이 그 이름을 갖고 있다는 것을 망각할 위험은 없지만 후자인 사람들에게는 자신과 가까운 사람을 위해 잡아두고 있는 이 이름을 타인이 사용하는 것은 아깝다고 생각하는 기분이 있는 것입니다. 그런데 이 연상에 의한 억제작용이 불쾌원리(不快原理)[15]의 효과나, 나아가 어떤 간접적인 매커니즘과 합치되면 일시적인 이름의 망각의 원인이 되는 콤플렉스를 만든다고 생각하는 것은 적절하다고 해야 할 것입니다. 그러나 이러한 복잡한 사정도 적절한 분석을 하면 남김없이 노출시킬 수 있습니다.

불쾌한 것을 상기하지 않으려는 의향의 작용을 이름을 망각하는 것보다 더욱 명백히 보여주는 것은 여러 가지 인상과 체험을 망각하는 경우입니다. 물론 그 모두가 실수 행위에 속하는 것은 아닙니다. 우리의 일상적인 경험을 기준으로 삼아 보았을 때 기묘하고 우스꽝스럽게 생각될 때, 예를 들면 극히 최근에 있었던 중요한 인상을 잊은 경우라든가, 그것을 잊었기 때문에 잘 기억하고 있는 연관에 틈이 생겨버린 그런 경우만이 실수 행위에 속합니다. 우리는 왜, 또는 어떻게 해서 가장 깊은 인상을 남기고 있음에 틀림없는, 어린 시절에 일어났던 사건과 같은 체험을 잊을 수 있는가 하는 것은 다른 문제입니다. 이 경우에는 불쾌한 감정의 움직임에 대한 방위(防衛)[16]가 하나의 역할을 하고는 있지만 그것만으로는 아직도 모든 것을 설명하고 있지 못합니다. 불쾌한 인상이 잊혀지기 쉽다는 것은 의심할 수 없는 사실입니다. 여러 심리학자가 이 사실을 주목해 오고 있으며, 대(大)다윈[17]도 이것에서 강한 인상을 받고 자신의 이론에 불리한 관찰은 특히 주의해서 메모해 두는 '황금률(黃金律)'을 세웠다고 합니다. 자신에게 불리한 관찰은 좀처럼 기억에 남기기 어렵다는 것을 그는 확신하고 있었던 것입니다.

---

15) 쾌(快)·불쾌원리라고도 한다. 욕구와 욕동 등이 발산을 구하고 심적인 긴장이 높아져 있을 때에는 불쾌감이 느껴진다. 긴장을 풀 때에는 쾌감이 느껴진다. 개체의 행동은 가능한 한 쾌감을 구하고 불쾌감을 피하려는 원리를 따라 이루어진다는 것이 프로이트의 생각이었다. 프로이트는 쾌·불쾌원리는 리비도(148쪽의 주 참조)의 요구 및 그 수정을 대표하는 것으로 보고 있다. 이것과 병행하는 원리로서 죽음의 본능의 경향을 나타내는 열반(涅槃) 원리가 있다. 또한 현세세계의 영향에 의해서 쾌·불쾌원리에 기초하는 내적인 요구의 충족은 수정이 요구되고 현실적응의 결과를 가져오는데, 그 근저에 있는 것은 현실원리라고 보고 있다. 건강한 개체의 행동은 이 세 원칙의 통합의 결과로 간주된다고 해도 무방하다.

16) 의식으로서는 용납하기 어려운 감정이나 충동 또는 본능적인 욕구 등이 전경(前景)에 나타나려고 할 때(정신분석에서 말하는 위험)에 일어나는 불안을 피하려고 개체가 취하는 태도(또는 심적 매커니즘)를 말한다. 충동 또는 본능적인 욕동에 대한 방위와 감정에 대한 방위가 있다.

17) 찰스 다윈(1809~82). 영국의 생물학자이며 진화론의 제창자. 프로이트는 학생시절에 다윈의 《종(種)의 기원》을 읽고 감격하여 그 후 다윈에게 변함없는 존경을 바치고 있었다.

불쾌한 기억을 잊음으로써 방위한다는 이 원리를 처음 들은 사람은, 자신의 경험으로는 불쾌한 것이야말로 잊기 어렵고 자신의 의지에 반하여 되풀이해서 상기되어 고뇌의 씨앗이 된다, 예를 들면 가슴 아픈 일이나 모욕 같은 것이 그것이다 하고 항의하는 것이 예사입니다. 이 사실도 역시 맞기는 하지만 이 이의(異議)의 제기는 적절하지 않습니다. 심적 활동의 장(場)은 서로 대립하는 의향의 싸움터이며 투기장이다, 혹은 그러한 다이내믹한 표현방식을 쓰지 않고 말하면 모순되는 것, 대립하는 것으로 이루어진다는 사실을 신속히 고려하는 것이 중요합니다. 어떤 특정한 의향의 존재가 증명되었다고 해서 그것에 대립하는 의향의 존재를 배제하는 것이 되지는 않습니다. 두 가지 것이 공존할 여지는 있습니다. 결과가 어떻게 될지는 대립하는 두 가지 의향이 서로 어떤 관계에 있는가, 한쪽의 의향에서 어떠한 작용이 나오고, 다른 쪽의 의향에서는 어떠한 작용이 나오는가에 달려 있습니다.

분실과 유실이 관심을 끄는 것은, 그것이 특히 다의적(多義的)이기 때문입니다. 실수 행위를 야기시키는 역할을 하는 모든 의향이 다양하기 때문입니다. 어떤 물건을 잃어버리고 싶다고 생각하는 것을 모든 예에서 공통적으로 볼 수 있으나, 어떤 근거와 어떤 목적에서 그렇게 하는가 하는 점에서는 가지각색입니다. 우리들이 물건을 분실하는 것은 그 물건이 손상되었을 때, 보다 나은 것과 바꾸고 싶을 때, 그 물건이 싫어졌을 때, 자기와의 관계가 나빠진 사람으로부터 받은 것일 때, 이제 와서는 생각하고 싶지도 않은 사정하에서 입수한 것일 때 등의 경우입니다. 물건을 떨어뜨리거나 손상케 하거나 망가뜨리는 것에도 같은 목적이 작용하는 경우가 종종 있습니다.

사회생활 속에서도 경험하는 일이지만 부자연스럽게 태어난 사생아는 정식 결혼생활에서 태어난 아이보다 허약하다는 것이 잘 알려져 있습니다. 이것은 얻어온 자식을 죽일 듯이 혹독하게 취급했기 때문은 아닙니다. 육아상의 주의를 조금 소홀히 했다는 것만으로도 충분히 설명될 수 있습니다. 물건의 보관도 아이의 보호와 똑같습니다.

그런데 물건은 그 가치가 조금도 손상되지 않았는데도 없어져버리는 경우가 있습니다. 특히 걱정되는 다른 손실을 피하기 위해 그 물건을 운명에 맡겨 희생시키려고 의도하는 경우가 그것입니다. 분석해 보면 이와 같은 운명이 일어나기를 바라는 일이 우리들 사이에서도 아주 많다는 것을 알 수 있으며, 우리의 분실이 실은 자발적인 희생인 경우도 많습니다. 마찬가지로 분실은 또한 반항이나 자기 징벌의 역할을 하기도 합니다. 요컨대 이러한 것은 물건을 분실함으로써 멀리하려는 의향 속에 숨어 있는, 보다 앞쪽의 동기를 좀처럼 간파할 수 없다는 것입니다.

잘못해서 딴 것과 바꾸는 것은 다른 과실과 마찬가지로 단념해야 할 원망(願望)을 충족시키기 위해 쓰여지는 경우가 종종 있습니다. 이럴 때 그 의도는 우연한 행운이라는 가면을 쓰고 숨어 있습니다. 예를 들어 나의 한 친구에게 일어났던 일인데, 싫은데도 기차를 타고 교외로 사람을 방문해야 했을 때 갈아타는 역에서 기차를 잘못 타 되돌아오는 기차를 타버린 예가 있습니다. 또한 여행중 어느 역에서 잠시 머무르고 싶은데 해야 할 일 때문에 그러지 못할 때 접속열차를 잘못 보거나 놓치거나 해서 부득이 소망대로 그곳에 머물러야 했던 예 등이 그것입니다.

또 나의 환자 한 사람에게 있었던 일로 내가 애인에게 전화하는 것을 금하고 있었는데 '실수해서', '생각에 골몰하다가' 나에게 전화한다는 것을 교환수에게 잘못 말해 뜻하지 않게도 애인 집으로 전화를 걸어버린 예가 있습니다. 직접적인, 잘못해서 딴 것과 바꾸는 것에 대한 의미깊고 훌륭한 실례로는 어느 기사(技師)가 물품을 훼손한 사건에 대해 관찰한 예가 있습니다.

"바로 최근의 일인데, 나는 여러 동료와 함께 공과대학의 실험실에서 복잡한 탄성(彈性)에 관한 일련의 실험에 몰두하고 있었습니다. 우리가 자진해서 맡은 일이지만 예상외로 시간이 걸릴 것 같았습니다. 어느 날 나는 동료인 F군과 실험실로 들어갔는데, 이 친구는 이렇게 오랫동안 꼼짝도 못하게 되다니 오늘은 참으로 기분이 나쁘다, 집에 할 일이 태산 같은데 하고 말하는 것이었습니다. 나로서도 동조할 수밖에 없어서 반농담으로 지난주에 있었던 사건을 암시하면서 '기계가 움직여주지 않으면 일을 중단하고 일찍 귀가할 수 있을 텐데' 하고 말했습니다.

작업을 분담하여 F군은 압축기의 밸브를 조절하게 되었습니다. 조심해서 밸브를 열면서 압액(壓液)이 저수탱크에서 천천히 수압(水壓) 프레스의 실린더로 흘러 들어가게 했습니다. 실험의 리더는 압력계 옆에 서서 알맞은 압력이 되었을 때 '정지'라고 외쳤습니다. 이 명령을 듣자 F군은 밸브를 잡고 힘껏 왼쪽으로(밸브는 예외없이 오른쪽으로 돌려 잠그게 되어 있습니다) 돌려버렸습니다. 그 때문에 저수탱크의 전압력이 한꺼번에 압축기에 걸리고 도관(導管)은 조정되지 않는 상태였기 때문에 도관의 연결부분이 곧 파열되고 말았습니다. ——어쩔 수 없는 기계의 고장이었으나 어쨌든 그날의 작업은 중단되어 귀가해야 할 처지가 되었던 것입니다.

더구나 매우 특징적인 것은 그 후 시간이 약간 지나서 그 일에 대한 이야기가 가 있었을 때, 내가 그때 분명히 말했다고 기억하고 있는 말을 나의 동료인 F군은 도저히 상기하지 못했다는 것입니다."

이 사실에서 추측하면 여러분 집의 고용인이 여러분 집의 물건을 파손하는 것은 꼭 악의가 없는 우연만은 아닌 것 같습니다. 동시에 누가 상처를 입고 위태로운 일에 부닥쳐도 그것이 항상 우연인지 아닌지에 대해서는 의심의 여지가 있다고 생각할 수 있습니다. 이 점에 대해서는 기회가 있을 때 여러 가지 관찰례를 분석해 보고 그 가치를 음미하면 되리라 생각합니다.

그런데 여러분! 이 정도 말했다 해서 실수 행위에 관해 말해야 할 것을 모두 말했다고 할 수는 없습니다. 아직도 연구하고 논의해야 할 것이 많이 남아 있습니다. 그러나 만약 여러분이 실수 행위에 대한 이제까지의 설명을 듣고서 이제까지 품고 있었던, 실수 행위에 관한 견해에 동요를 일으키고 어느 정도까지 새로운 가정을 인정할 마음이 생겼다면 나는 그것으로 만족할 것입니다. 그 밖의 점에서 아직도 충분히 밝혀지지 않은 문제는 그대로 두기로 합시다. 우리의 학설 전부를 이 실수 행위의 연구를 통해 증명할 수는 없으며, 또한 아무런 증명도 없이 이 자료만을 근거로 삼을 수는 없습니다. 실수 행위가 우리의 목적에 있어서 큰 가치를 지니고 있는 것은, 그것이 아주 빈번히 볼 수 있는 현상이라는 것과, 자기 자신에 대해서도 쉽게 관찰할 수 있는 현상이라는 것입니다. 또한 그것이 나타났다고 해서 질병을 전제로 할 필요가 없다는 점에서도 그렇습니다.

끝으로 여러분에게 아직도 답이 주어지고 있지 않은 하나의 의문만을 언급해 두고자 합니다. 많은 예에서 우리가 보아온 바와 같이 사람들은 실수 행위를 잘 이해하고 실수 행위의 의미를 투시하고 있는 듯이 행동하고 있습니다. 그럼에도 불구하고 왜 사람들은 이 실수 행위를 일반적으로 우연한 것이고 의의가 없으며 무의미하다고 배척하고 그 정신분석적 해명에 격렬히 반대하는가 하는 문제에 대해서입니다.

여러분이 말하는 그대로입니다. 이것은 주목해야 할 일이며 설명이 필요합니

다. 그러나 나는 여러분에게 설명을 하지 않겠습니다. 오히려 여러분을 천천히
안내해서 내가 불필요한 것을 말하지 않아도 저절로 그 설명이 머리를 들게 되는
그러한 여러 가지 사정을 이야기하기로 하겠습니다.

제 2 부 꿈

제5강 여러 가지 난점(難點)과 최초의 접근

여러분! 이전에 어떤 종류의 신경질 환자의 병의 증상에는 의미가 있다는 발견이 이루어졌습니다(요제프 브로이어의 1880~82년의 발견. 이 점에 대하여서는 1909년 미국에서 내가 행한 정신분석학에 관한 강연 《정신분석학에 대해서》 및 《정신분석운동의 역사에 대해서》〔이마고판 전집 제4권〕를 참조하기 바란다). 이 발견을 근거로 하여 정신분석의 치료 조작의 토대가 구축되었습니다. 이것을 한창 치료하는 도중의 일인데, 환자가 자기 증상 대신에 자신의 꿈을 이야기한 일이 있었습니다. 거기에서 꿈에도 의미가 있는 것은 아닌가 하는 추측이 성립되게 되었습니다.

그러나 우리는 이러한 경과를 꿈에서 시작하여 역(逆)으로 더듬어보고 싶습니다. 그리고 노이로제 연구의 준비로서 먼저 꿈이 의미를 지니고 있다는 것을 증명하고자 합니다. 역의 길을 더듬는 것도 틀린 일은 아닐 것입니다. 왜냐하면 꿈의 연구는 노이로제 연구의 가장 좋은 준비가 될 뿐더러 꿈 그 자체가 실로 노이로제적인 증상이며, 게다가 모든 건강한 사람들에게서 볼 수 있는 노이로제적 증상이라는 점에서 우리들에게 크나큰 도움이 되기 때문입니다. 진실로 그뿐만 아니라 만약 모든 사람이 건강하고 다만 꿈을 꿀 뿐이라 해도 우리는 노이로제의 연구에 의해서 얻어지는 통찰의 거의 전부를 그 사람들의 꿈에서 얻게 될 것입니다.

그래서 꿈은 정신분석의 연구대상이 됩니다. 꿈도 역시 실수 행위와 같이 흔하고 하찮은 현상이며 언뜻 보아서는 실제적인 가치도 없는 것같이 보입니다. 꿈은 건강한 사람에게도 나타난다는 점에서도 실수 행위와 공통되고 있습니다. 그러나 그 밖의 점에서는 우리의 작업조건으로서는 실수 행위의 경우보다 오히려 나쁩니다. 실수 행위는 학문적으로 무시되고 있었을 뿐이며 우리도 실수 행위에 개의치 않고 있었습니다. 결국 실수 행위를 문제삼더라도 별로 부끄러운 일이 아니었습니다. 세상에는 보다 중요한 일이 있을지도 모르지만 실수 행위의 연구에서도 아마 어떤 도움이 되는 중요한 것이 나올지도 모른다는 소리를 흔히 들었습니다. 그러나 꿈을 문제삼는 것은 비실용적이며 쓸데없는 일일 뿐만 아니라 마땅히 비난마저 받을 만한 일입니다. 그러한 연구를 한다는 것은 비과학적이라는 반감을 불러일으키고, 그런 일을 하는 인간은 신비주의(神祕主義)에 빠져 있다는 의심마저 자아냈습니다. "의학자가 꿈에 열중하다니 어떻게 된 일인가. 신경병리학이나 정신의학의 세계에는 보다 중요한 일이 얼마든지 있을 것이다. 때에 따라 사과만큼 커져 뇌라는 정신활동 기관을 압박하고 있는 종양이나 뇌일혈, 조직의 변화를 현미경으로 지적할 수 있는 만성 염증 등이 그것이다. 그만두라. 꿈 따위는 그다지 취급할 만한 가치가 없고 또 연구 가치도 없지 않은가" 하는 말을 듣는 것이 고작입니다.

게다가 꿈의 구성 그 자체가 정밀한 연구라는 요청에 맞지 않습니다. 꿈의 연구에서는 그 대상마저 불확실합니다. 예를 들어 망상일지라도 꿈과 달리 명료한 일정한 윤곽을 지니고 나타납니다. "나는 중국의 황제다"라고 환자는 소리높이 외칩니다. 그런데 꿈에서는 어떨까요. 꿈은 대개 남에게 이야기할 수가 없습니다. 또한 꿈에서 본 것을 이야기할 때에도 본 그대로 정확히 이야기한다는 보증이 있을까요. 아니, 오히려 이야기하는 동안에 바뀌지는 않을까요. 기억에 불확실한 점이 있어서 부득이 어떤 허구를 더하지는 않을까요.

많은 꿈은 대개 상기할 수 없고 작은 단편에 이르기까지 잊어버립니다. 이와 같은 자료의 해석을 근거삼아 과학적인 심리학이나 환자를 치료하는 방법이 확립될까요.

판단 속에 어떤 종류의 지나친 점이 있으면 우리는 아무래도 회의적(懷疑的)이 됩니다. 연구대상으로서의 꿈에 향해지는 이런 항의는 분명히 지나칩니다. 중요성을 지니고 있지 않다는 점은 실수 행위를 다룬 부분에서 이미 말한 바 그대로 입니다. 사소한 전조(前兆) 속에서도 중요한 것이 모습을 보이는 경우가 있다는 것은 이미 익히 들어온 바 그대로입니다. 꿈의 불확실한 점에 대해서는, 그것은 꿈의 다른 성질과 병행하는 다른 하나의 성질이며, 우리는 사물에 대해 이러이러한 특징을 가지라고 마음대로 억압할 수 없습니다. 명료하고 선명한 꿈도 있습니다. 한편 정신의학의 대상 등에는 꿈과 같이 불확실성이란 성격을 지니고 있는 것도 있습니다. 예를 들면 존경해야 할 덕망있는 정신의학자들이 연구대상으로 삼고 있는 강박관념[1]의 많은 증례(症例)와 같은 경우입니다. 나는 의사로서 진료하고 있을 때 부딪혔던 최근의 증례를 상기합니다. 어떤 여자 환자가 다음과 같이 말했습니다. "나는 뭔가를 —— 어린 아이인지도 몰라요 —— 아니, 개인지도 몰라요 —— 뭔가 생물을 다치게 한 것 같은, 다치게 하려고 생각했던 것 같아요. 아마 다리에서 밀어 떨어뜨렸을 거예요 —— 아니, 틀렸는지도 몰라요……." 꿈의 기억이 애매하다는 난점을 제거하기 위해서는 꿈을 꾼 사람이 말한 그대로를 그 사람이 꾼 꿈으로 간주하고, 본인이 무엇인가를 망각하거나 변경하고 있을지도 모른다는 고려를 모두 없애버리면 됩니다. 끝으로 꿈이 중요하지 않다고는 결코 일반론으로서 주장할 수 없다는 점을 말해 둡니다. 우리의 경험으로도 알 수 있는 바와 같이 꿈에서 깨어났을 때의 기분이 그날 종일 계속되는 일이 있습니다. 어떤 정신병은 꿈을 꿈과 동시에 발병하고 그 꿈에서 유래하는 망상이 고착되어 버리는 예도 의사가 관찰한 증례 중에 있습니다. 또한 꿈이 큰 사업을 시작하는 계기를 만든다는 것도 역사상의 인물들에 대해 보고되고 있습니다. 거기에서 우리는 꿈에 대한 과학계의 경멸이 어디에서 일어나는가 하는 점을 문제삼아 보기로 합시다.

나는 이것을 옛날 꿈을 과대평가했던 것에 대한 반동이라고 생각합니다. 과거를 재현하는 것은 아는 바와 같이 쉬운 일은 아닙니다. 그러나 이것만은 틀림없이 확실할 것입니다 —— 농담이 되어 미안합니다만 —— 그것은 3천 년 전의 우리 조상들도 우리처럼 꿈을 꾸었으리라는 것입니다.

우리가 아는 바로는, 고대의 여러 민족은 꿈에 큰 의의를 부여하고 있으며 이것을 실생활에 응용할 수 있다고 생각하고 있었습니다. 꿈에서 미래의 계시를 찾

---

1) 개체의 의식 속에 당사자에게는 조리에 맞지 않고 바람직하지 못하다고 판단되는 관념이 떠오르고 이것을 의식적으로 내쫓을 수가 없는 것. 이 관념을 내쫓기 위해 부득이 행하는 행위가 강박 행위이다.

아내고 꿈속에서 전조를 구했던 것입니다. 당시의 그리스인이나 동양인에게 있어
서는 해몽가를 동반하지 않는 출정(出征)은 생각할 수도 없었습니다. 오늘날 항
공기에 의한 정찰 없이 전쟁을 할 수 없는 것과 같습니다. 알렉산더 대왕은 원정
을 떠날 때는 유명한 해몽가를 데리고 갔습니다. 당시는 아직 육지로 이어지지
않았던 티루스(소아시아 시리아에 있는 페니키아의 고대 도시. 당 시의 페르시아 해군의 근거지이며 섬 가운데 있었다)가 대왕에게 격렬히 저항했
기 때문에 대왕은 공격을 단념하려고까지 생각했습니다. 그때 어느 날 밤 대왕은
승리에 도취해서 춤을 추고 있는 사티로스(그리스 신화에 나오는 산 양의 다리를 가진 숲의 신)들을 꿈에서 보았
습니다. 그 꿈을 해몽가에 말하자, 그 꿈은 이 도시의 함락을 예고하고 있다고
대답했습니다. 그래서 대왕은 공격을 명하고 티루스를 점령했습니다. 에트루리아
(이탈리아의 토스카 나 지방의 옛 이름)인과 로마인 사이에는 미래를 점치는 데 다른 방법이 사용되고
있었으나, 꿈의 판단도 그리스 로마 시대를 통해서 행해지고 높이 평가되고 있었
습니다. 꿈의 판단을 취급한 문헌으로 현존하는 주요한 것으로 달디스의 아르테
미도루스(그리스인 해몽가. (꿈의 판단)이란 저서가 있다)의 책이 있는데 이것은 하드리아누스 황제(로마 황제. 재위 117
~137) 시대의 것이라 합니다. 그 후 어떻게 하여 꿈의 해석술이 쇠퇴하고 꿈을 믿
기 어렵게 되었는지 나로서는 알 수 없습니다. 이것은 인지(人知)가 개화됐다는
것과는 그다지 관계가 없는 것 같습니다. 왜냐하면 중세 암흑기에는 고대의 꿈
해석보다도 더 부조리한 것이 충실히 지켜졌기 때문입니다. 꿈에 대한 관심이 점
점 저하되어 미신이 되고 교양이 없는 사람들 사이에서만 주장되는 것으로 되어
버렸다는 것은 사실이라고 말할 수 있을 것입니다. 꿈의 판단에서 현재도 역시
잘못 쓰여지고 있는 예는 복권 당첨번호를 꿈으로 미리 알려고 하는 것입니다.

　이것에 반해 현대의 정밀과학에서 꿈을 다시 문제삼았습니다. 그러나 어떤 경
우에도 자기의 생리학적인 이론을 꿈의 경우에 응용하려고 했을 뿐입니다. 꿈은
의학자들에게는 심적 행위로서가 아니라 오히려 신체적인 자극이 심적 활동에 나
타나는 것으로 받아들여지고 있었습니다. 빈츠는 1876년에 "꿈은 모두 무익한 것
이며 오히려 병적인 신체적 과정이다. 마치 낮은 불모의 사막의 저 아득한 위에
푸른 하늘이 있는 것같이 꿈 위에는 불멸의 세계의 영(靈)이 초연히 높이 서 있
는 것이다" 하고 말하고 있습니다. 모리는 꿈을 정상인의 조화된 운동과는 대조
적인 작은 무도병자(舞蹈病者)[2]의 어색한 경련에 비겼습니다. 옛 비유에 의하면

---

2) 신경장해의 하나로 자신의 의사와 관계없이 팔다리와 얼굴 등 신체의 각 부분에 급격한
　 근(筋)의 연축(攣縮)을 일으키고 그 때문에 춤을 추는 듯한 경련을 보이는 병. 심인적(心

꿈의 내용은 "음악에 정통하지 못한 사람의 열 손가락이 피아노의 건반 위를 달릴" 때 나는 음과 같다고 했습니다.

해석이란 숨어 있는 뜻을 찾아내는 것인데 꿈의 작용의, 이제까지 말한 평가에서는 해석에 대해서는 전혀 언급되어 있지 않습니다. 분트(Wundt)나 요들 $\left(\begin{smallmatrix}\text{Jodl,}\\ \text{1849}\end{smallmatrix}\right.$ ~1914. 독일 철학자·윤 리학자. 빈 대학 교수 $\left.\right)$, 기타 근대 철학자들의 꿈에 관한 기술(記述)을 살펴보십시오. 그들은 꿈을 경시하려는 의도를 갖고 꿈의 생활과 꿈에서 깨어났을 때의 사고의 치우침을 열거하는 데 만족하고 꿈속에서의 연상(連想)의 붕괴, 비판의 중지, 모든 지식의 배제 등 능력 저하의 표지가 되는 것들을 지적하고 있습니다. 꿈의 지식에 대해 정밀과학이 이룩한 유일한 가치 높은 기여로 우리가 감사하고 있는 것은 수면중에 작용한 신체적인 자극이 꿈의 내용에 어떠한 영향을 미치는가 하는 연구입니다.

이 점에 대해서는 최근에 서거한 노르웨이의 무리 볼트 씨의 꿈의 실험적인 연구에 관한 두 권의 두꺼운 책(1910년과 1912년에 독일어로 번역)이 출간되어 있습니다. 이것은 지체(肢體)의 위치를 바꾸어보았을 때 꿈의 내용이 어떻게 되는가를 연구한 것에 지나지 않습니다. 그러나 이 책은 꿈에 대한 정밀한 연구의 모범으로서 칭송받고 있습니다.

우리가 꿈의 의미를 찾아내는 연구를 하려 하고 있다고 들었다면 정밀과학은 어떠한 말을 하리라고 여러분은 생각할까요. 정밀과학은 그것에 관해서 이미 설명했다고 대답할 것입니다. 그러나 우리는 그런 것을 두려워하지는 않습니다. 실수 행위에 의미가 있었다면 꿈에 의미가 있어도 무방할 것입니다. 그런데 실수 행위에 의미가 있는 경우는 아주 많은데 정밀과학은 그것을 간과하고 있지 않습니까. 그렇다면 고대인과 민중의 편견으로 생각을 바꾸어서 고대의 해몽가들을 뒤따르기로 합시다.

우선 첫째로 우리는 이 과제의 방향을 정하고 꿈의 영역을 전망해야 합니다. 꿈이란 도대체 무엇일까요. 그것을 하나의 명제로서 정의하기는 어렵습니다. 또한 구태여 우리는 꿈을 특별히 정의하려고 하지 않습니다. 누구나 다 아는 자료를 제시하면 그것으로 족합니다. 그러나 꿈의 본질적인 점을 명백히 해두고 싶습니다. 꿈의 본질적인 것은 어디에 있을까요. 우리가 취급하는 꿈의 영역내에는 모든 방면에 걸쳐 놀랄 만큼 다종다양한 것이 있습니다. 그러나 우리가 모든 꿈

因的)으로도 보이는 경우가 있다. '성(聖)바이츠의 무도'란 이름도 있다.

에 공통되는 것으로서 지적할 수 있는 것이야말로 아마도 본질적인 것이 아닐까요.

그렇습니다. 모든 꿈에 공통된 첫번째 것은 꿈을 꾸고 있을 때에는 우리는 잠들어 있다는 것입니다. 꿈을 꾸는 것은 분명히 자고 있는 동안의 심적 활동입니다. 잠에서 깼을 때의 심적 활동과 비슷한 점도 있으나 큰 차이도 있습니다. 이점에 있어서는 이미 아리스토텔레스의 정의(定義)도 있습니다. 아마 꿈과 잠 사이에는 보다 밀접한 관계가 있을 것입니다. 우리는 가끔 꿈 때문에 잠이 깨는 경우가 있습니다. 또한 저절로 눈이 떠졌을 때나 억지로 깼을 때에 꿈을 꾸고 있는 경우도 종종 있습니다. 그러므로 꿈은 수면과 깨어 있는 것의 중간상태인 듯 보입니다. 거기에서 우리는 잠을 문제삼아야 합니다. 그러면 잠이란 무엇일까요.

이것은 오늘날에도 역시 이론(異論)이 많은 생리학적 또는 생물학적인 문제입니다. 우리는 그것에 대한 결론을 내릴 수 없습니다. 그러나 잠의 심리학적 특질을 서술하는 것은 허용될 것입니다. 잠들어 있을 때에는 나는 외계(外界)에 대해서 아무것도 알려고 생각하지도 않고 나의 관심은 외계에서 물러서 있습니다. 이상태가 잠입니다. 나는 외계에서 몸을 빼고 외계의 자극을 밀리함으로써 잠들게됩니다. 또한 외계의 자극으로 인해 지쳤을 때에도 나는 잠듭니다. 그러므로 잠들 때에는 외계를 향해 "그대로 가만히 두어달라. 나는 자고 싶다"고 말하는 셈입니다. 어린 아이는 반대로 "아직 자고 싶지 않아요. 피곤하지도 않고 좀더 무엇인가 하고 싶어요" 하고 말합니다. 그렇다면 잠의 생물학적 의향은 휴양이며 심리학적 특질은 현실세계에의 관심의 중단같이 보입니다. 마지못해 태어난 세계에 대한 우리의 관계는 중단의 때를 갖지 않고서는 유지될 수 없는 것 같습니다. 그래서 우리는 가끔 이 세상의 것이 되기 이전의 상태, 말하자면 모태내의 존재로 되돌아가는 것입니다. 적어도 태내에 있었을 때와 아주 닮은 상태를 만들어냅니다. 그것은 따뜻하고 어둡고 자극이 없는 상태입니다. 거북하게 새우처럼 몸을 움츠리고 태내에서 취했던 자세로 자는 사람도 있습니다. 이 세계는 우리 성인의 생명 전부를 안고 있는 것이 아니라 우리가 눈을 뜨고 있는 3분의 2의 시간을 안고 있는 데 지나지 않은 듯 보입니다. 자고 있는 3분의 1의 시간은 아직 태어나지 않은 상태로 있는 셈입니다. 그러므로 매일 아침 눈을 뜨는 것은 새로운 탄생과 같은 것입니다. 수면을 취한 후의 상태를 "마치 지금 막 태어난 것 같다"고 말하기도 하지만, 아마도 그때는 신생아의 일반감정에 관해 아주 잘못된 전제를 두고 있는 것이 될 것입니다. 왜냐하면 신생아는 오히려 역으로 출산을 맞아 몹시 괴롭게 느끼고 있다고 생각해야 하기 때문입니다. 또한 우리는 태어나는 것을 "이 세상의 빛을 본다"고도 말하고 있습니다.

이것이 잠이라면 결국 꿈은 잠의 프로그램에는 나와 있지 않은 것이 되며 오히려 환영받지 못하는 부속품과 같이 보입니다. 거기에서 우리는 꿈이 없는 잠을 최고의 수면, 오직 하나의 올바른 수면으로 생각하는 것입니다. 자고 있을 때 심적 활동은 있어서는 안 됩니다. 마음이 동요되고 있으면 태아의 안정상태를 이룰 수 없게 됩니다. 그런데 심적 활동이 남는다는 것은 아무래도 피하기 어렵습니다. 이 심적 활동의 잔재야말로 꿈인 셈입니다. 그렇다면 꿈에 의미가 있을 필요는 없다 하는 것도 진실처럼 생각됩니다. 실수 행위의 경우는 꿈의 경우와는 다릅니다. 실수 행위는 뭐니 뭐니 해도 깨어 있을 때의 활동입니다. 그러나 잠들어 있을 때 심적 활동은 완전히 정지되어 있고 다만 그 잔재 중 어느 것만을 억누를 수 없었다는 것이므로 그 잔재가 의미를 가질 필연성은 없습니다. 그뿐만 아니라 의미가 있다 해도 그 이외의 심적 활동이 잠들어 있을 경우에는 소용이 없습니다. 꿈은 연축(攣縮)과 유사한 반응 같은 것이며 신체적인 자극을 받을 때 직접 일어나는 심적 현상에 지나지 않습니다. 따라서 꿈은 깨어 있을 때의 심적 활동의 잔재이며 잠을 방해하는 것이 됩니다. 거기에서 정신분석에는 알맞지 않은 이런 테마는 이제 곧 버릴 계획을 세워도 좋을지 모릅니다.

그러나 설사 꿈이 쓸데없는 것일지라도 실재(實在)하므로 우리는 꿈의 실재를 설명하고자 시도해도 무방할 것입니다. 무엇 때문에 심적 활동은 잠들지 않는 것일까요. 아마도 무엇인가가 마음의 휴식을 허용치 않는 것일 겁니다. 갖가지 자극이 마음에 작용하고, 마음은 그것에 반응하지 않을 수 없습니다. 즉 꿈이란 잠들고 있는 사이에 작용하는 자극에 대해 마음이 반응하는 방식인 것입니다. 우리는 여기에서 꿈을 이해하는 하나의 길이 통해 있는 것을 알아차리게 됩니다.

그런데 우리는 수면을 방해하려고 하는 자극, 즉 우리가 꿈에 의해서 반응하는 자극은 어떠한 것인가를 여러 가지 꿈을 근거로 해서 찾아볼 수 있습니다. 그것을 찾아내면 우리는 모든 꿈의 첫번째의 공통점을 해명한 것이 될 것입니다.

모든 꿈에 대해 공통되는 점이 그 밖에도 있을까요. 있다는 것은 확실하지만 그것을 끄집어내어 기술하기가 무척 어렵습니다. 자고 있을 때의 심적 과정은 깨어 있을 때의 그것과는 전혀 다른 성격을 지니고 있습니다. 우리는 꿈속에서 여러 가지 체험을 하고 또한 체험을 하는 것으로 믿고 있으나 수면을 방해하는 자극 이외의 것은 아마 아무것도 체험하고 있지 않을 것입니다. 자극은 주로 시각상(視覺像)으로 체험됩니다. 이 체험에는 감정이 동시에 수반되는 경우도 있고, 사상이 그 속을 꿰뚫고 있는 경우도 있으며, 시각 이외의 감각을 체험하는 경우도 있지만, 그 주된 것은 시각상입니다. 그러므로 꿈에 대해 이야기하기 어려운 점의 일부는 이 시각상을 언어로 번역해야만 한다는 것입니다. 묘사할 수 있을지는 모르지만 어떻게 말해야 좋을지 모르겠다고 꿈을 꾼 사람이 우리에게 흔히 말합니다. 그러나 그렇다고 해도 꿈은 천재에 비교했을 경우 정신박약아의 마음의 활동처럼 저하된 심적 활동은 아닙니다. 꿈은 질적으로 다른 종류의 심적 활동입니다. 그러나 그 차이가 어디에 있는지 말하기는 어렵습니다. G. Th. 페히너[3]는 한때 꿈이(마음속에서) 연극을 하고 있는 무대는 깨어 있을 때의 표상활동의 무대와는 다르다는 추측을 한 적이 있습니다. 물론 그 추측은 잘 이해할 수 없으며 그가 무엇을 생각하고 있었는지도 모르겠으나 꿈이 많은 경우에 이상한 인상을 준다는 것은 사실입니다.

그러므로 이런 경우 꿈의 활동을 음치가 연주하는 음악과 비교할 수는 없습니다. 왜냐하면 피아노는 건반에 우연히 손이 닿아도 멜로디가 되지는 않지만 언제나 같은 음색으로 대답해 주기 때문입니다. 깨어 있을 때와는 다른 심적 특수성을 지녔다는, 모든 꿈에 일관되는 제2의 공통점을 비록 이해할 수는 없다 해도 유념해 두기 바랍니다.

이 밖에도 공통점이 있을까요. 내게는 눈에 띄지 않습니다. 이 이외에는 도처에서 모든 점에서 차이가 눈에 띌 따름입니다. 꿈속에서 느끼고 있는 외견상의 지속시간, 명료함, 감정이 관여하는 양상이나 안정성 등에 대해서도 차이만이 눈에 띕니다. 이러한 모든 차이점은 꿈을 자극에 의해 여지없이 일어나는 빈약한 연축적(攣縮的)인 방위로 처리해 버리는 경우에는 해명을 예기할 수 없습니다. 꿈의 차원에 대해 살펴보아도 단 하나, 또는 두서너 개의 이미지밖에 갖지 않는 꿈이나, 겨우 하나의 생각, 아니 그러기는커녕 단 한마디의 말밖에 포함되어 있지 않은 짧은 꿈이 한쪽에 있는가 하면, 다른 한쪽에는 내용이 아주 풍부하여 한 편의 소설이 되어 있어 길게 이어지는 것같이 느껴지는 꿈도 있습니다. 현실의

---

3) 1801~87. 독일의 물리학자·심리학자. 실험심리학 또는 감각생리학의 시조(始祖). 자극과 지각(知覺)과의 관계를 나타내는 페히너의 법칙으로 유명하다.

체험과 같이 확실하며 눈을 뜬 뒤에도 아직 꿈으로 여겨지지 않는 것도 있습니다. 또한 뭐라고 말할 수 없을 정도로 희미하고 분명치 않으며 흐리멍덩한 꿈도 있습니다. 나아가 같은 꿈속에서 아주 분명한 부분과 거의 포착할 수 없는 불명료한 부분이 서로 섞여 있기도 합니다. 꿈에 따라서는 아주 의미심장하거나 적어도 이야기의 줄거리가 뚜렷하거나 합니다. 개중에는 생동감이 넘치고 환상적이며 아름답게까지 여겨지는 꿈도 있으나, 한편 혼란스럽기 짝이 없고 마치 정신박약아와 같이 부조리하며 터무니없는 꿈도 있습니다. 우리에게 전혀 아무런 감동도 주지 않는 꿈이 있는가 하면, 모든 감동이 들끓어 고통을 느끼거나 때로는 울게 되는 꿈도 있습니다. 또한 불안한 나머지 잠을 깨거나 경탄하거나 황홀해지는 꿈도 있습니다. 대부분의 경우 꿈은 잠을 깨면서 재빨리 잊어버리거나, 설사 낮 동안은 어떻게 보전되더라도 저녁때에는 점점 희미해져 생각이 나도 이리 잘리고 저리 잘려 조각나 버립니다. 또한 어릴 때의 꿈같이 30년이 지나도 새로운 체험처럼 기억에 떠오르는 것도 있습니다. 꿈은 여러 사람을 만날 때와 같이 단 한 번만 나타나고 두 번 다시 볼 수 없는 것도 있는가 하면, 똑같이 그대로 혹은 조금만 다른 모습으로 바뀌어 되풀이해서 나타나는 수도 있습니다. 요컨대 이 밤마다 일어나는 심적 활동은 방대한 레퍼터리를 자유롭게 다루고 있으며 마음이 낮 동안에 만들어낼 수 있는 것은 무엇이든지 잘 해내지만, 그렇다고 해서 남의 심적 활동과 똑같이는 결코 만들 수 없습니다.

이러한 꿈의 다양성을 해명하기 위해 이 다양성이 잠과 깨어 있는 것 사이의 여러 가지 중간단계에, 즉 잠의 불완전한 여러 가지 단계에 대응하는 것이라고 가정함으로써 그 이유를 증명할 수 있을지도 모릅니다. 그러나 그렇게 가정하면 꿈의 가치, 내용, 선명도(鮮明度)가 증가함에 따라서 "지금 꿈을 꾸고 있다"는 것도 점차 명백해질 것입니다. 왜냐하면 그와 같은 꿈을 꾸고 있을 때에는 깨어 있는 것에 가까워지고 있기 때문입니다.

이 논법에 따르면 명백히 조리가 있는 꿈의 단편(斷片) 바로 뒤에 흐리멍덩하고 분명치 못한 단편이 이어지고 다시 분명한 꿈이 이어지는 것은 일어날 수 없게 됩니다. 그렇게 급격히 마음이 그 잠의 길이를 변경할 수 없다고 생각합니다.[4] 이런 이유에서 이 가정은 아무런 쓸모가 없습니다. 애초부터 꿈의 설명이란 그렇게 간단한 것이 아닙니다.

---

4) 최근 뇌생리학에서는 잠의 깊이에 대한 이 같은 프로이트의 주장을 허용하고 있지 않다.

우선 우리는 꿈의 '의미'를 밝히는 일을 단념하고 그 대신 여러 가지 꿈의 공통점에서 출발하여 꿈을 보다 잘 이해할 수 있는 길을 열고 싶습니다. 우리는 꿈과 수면상태의 관계에서 꿈은 잠을 방해하는 자극에 대한 반응이라고 결론지었습니다. 이미 언급한 바와 같이 이것은 또한 엄밀한 실험심리학이 우리에게 도움을 주는 유일한 점이기도 합니다. 실험심리학은 자고 있는 사이에 주어진 자극이 꿈의 중심에 나타나는 것을 증명하고 있습니다. 이런 종류의 연구는 앞에서 그 이름을 든 바 있는 무리 볼트의 연구에 이르기까지 많이 이루어지고 있습니다. 그리고 우리는 누구나, 아마도 스스로 기회를 보아 관찰함으로써 이 성과를 확인할 수 있는 입장에 있습니다. 나는 여기서 약간 오래된 실험이지만 두세 가지를 택해 보고해 보고 싶습니다. 모리는 스스로 실험대상이 되어 이런 종류의 실험을 해보았습니다. 꿈을 꾸고 있는 자신에게 오 드 콜로뉴를 냄새맡게 해달라고 했습니다. 그러자 그는 카이로의 요한 마리아 파리나 상점(오 드 콜로뉴 제조로 유명한 향료점)에 있었고 그에 이어서 다시 터무니없는 모험을 하는 꿈을 꾸었습니다. 다음에 목을 꼬집어 달라고 했습니다. 그러자 그는 발포고(칸다리스 가루와 테레빈유로 만든 고약으로서 피부의 국소에 발라 수포를 생기게 함)를 붙인 꿈을 꾸었고, 어릴 때 치료를 받은 적이 있는 의사가 그 꿈에 나타났습니다. 또한 이마에 물 한 방울을 떨어뜨려달라고 했습니다. 그때 그는 이탈리아에 와 있고 땀을 몹시 흘리며 오르비에트(포도주의 산지로 알려진 이탈리아의 도시)의 백포도주를 마시고 있는 꿈을 꾸었습니다.

이들 실험적으로 만들어진 꿈의 현저한 특징은 다른 '자극몽(刺戟夢)'을 참고로 하면 아마도 더욱 명료하게 이해할 수 있을 것입니다. 훌륭한 관찰자였던 힐데브란트가 보고하고 있는 세 가지의 꿈이 있습니다. 모두 자명종 소리에 대한 반응입니다.

"첫번째 예. 어느 봄날 아침에 나는 푸른 들판을 지나 어슬렁어슬렁 산보를 하면서 이웃 마을까지 갔더니 많은 사람들이 예복을 입고 찬송가를 옆에 끼고 교회로 가는 것이 보였다. 그렇다! 오늘은 일요일이었다. 아침 예배가 곧 시작될 것이다. 나도 그곳에 참석하려 했으나 약간 흥분하고 있어서 교회 주변의 묘지에서 머리를 식히기로 했다. 거기서 여러 가지 묘비명을 읽고 있는 사이에 종치기가 탑으로 올라가는 것이 보였다. 탑의 높은 곳에서 예배 시작을 알리기 위한 작은 종이 보인다. 잠시 종은 정지하고 있다가 곧 흔들리기 시작했다 —— 그리고 갑자기 그 맑은 소리가 울려퍼졌다 —— 그 소리가 너무나 맑게 울려퍼졌기 때문에 나의 잠은 종말을 고해 버렸다. 그 종소리는 자명종 소리였다. "

"꿈과 자극이 조합된 두번째 예. 맑은 겨울날이었다. 거리는 눈에 깊이 덮여 있다. 나는 썰매 여행에 참가할 약속을 하고 있었다. 오래 기다리고 나서 겨우 썰매가 문앞에 왔다고 알려왔다. 겨우 탈 준비가 되었다. ——모피를 깔고 덧신을 신고 나는 내 좌석에 앉았다. 그러나 기운이 넘쳐 있는 말의 고삐를 잡고 출발 신호를 할 때까지는 아직도 시간이 있었다. 드디어 고삐가 당겨졌다. 요란하게 울리는 방울이 유명한 터키 군악을 연주하기 시작했는데, 그 강한 음악 소리 때문에 나의 꿈의 그물코가 찢어져버렸다. 이것도 역시 자명종의 예리한 소리에 지나지 않았다. "

"그리고 세번째의 예. 조리실의 하녀 한 사람이 몇 죽이나 되는 접시를 기둥처럼 높이 쌓아올리고 그것을 들고 복도에서 식당 쪽으로 걸어가는 것이 보였다. 그녀가 팔에 안은 접시 기둥은 금세라도 중심을 잃을 것같이 위태롭게 보였다. '조심해요. 그거 모두 떨어뜨리겠어요' 하고 나는 주의를 주었다. 물론 여느 때 같은 말대꾸가 돌아왔다. '이런 일은 이제 익숙해졌어요.' 그러나 나는 걱정이 되어 걸어가는 하녀의 뒤를 쫓아갔다. 말한 그대로였다. 그녀는 문턱에 걸려 넘어졌던 것이다. ——깨지기 쉬운 그릇은 마루에 떨어져 쨍그랑 소리를 내며 산산조각이 나고 파편이 마룻바닥에 흩어졌다. 그러나——나는 곧 깨달았는데, 이 언제까지나 계속되고 있는 소리는 아무래도 물건이 깨지는 소리가 아니었다. 진짜 벨소리였다——잠을 깨어보니 이 벨소리는 자명종이 시간을 알리는 소리였다. "

이런 꿈은 아주 말끔하게 정돈되고 의미도 갖추어지고 조리도 있어 보통의 꿈같지 않습니다. 그러므로 나는 이 꿈에 이의를 제기하고 싶지는 않습니다. 이들 꿈에 공통된 점은 언제나 장면의 결말이 소리로 끝나고 잠을 깰 때가 되어 그 소리가 자명종의 소리임을 알게 된다는 것입니다. 즉 우리는 여기서 꿈이 어떻게 만들어지는가를 알게 될 뿐만 아니라 동시에 다른 것도 알게 됩니다. 즉 꿈에서 자명종은 인식되고 있지 않다——이 시계는 꿈에 나타나지 않는다——, 자명종의 소리가 다른 소리로 대치되어 있다, 그리고 꿈은 잠에서 깨게 하는 자극을 해석하고 있다, 게다가 그때마다 다르게 해석하고 있다는 것을 알게 됩니다. 이것은 무엇 때문일까요. 그것에는 무어라고 대답할 수 없지만 뭔가 그때그때의 형편에 따른 것같이 여겨집니다. 꿈에서 자명종의 자극을 해석할 때 왜 다름 아닌 방울 소리나 종소리, 심지어 그릇 깨지는 소리 등으로 해석되는지 그 이유를 들어서 대답할 수 있어야 꿈이 이해되었다고 할 수 있을 것입니다. 이것과 아주 비슷한 논법으로 모리의 실험에 대해서도 다음과 같이 항의하지 않으면 안 됩니다. 즉 주어진 자극이 꿈속에 나타나는 것은 알지만 왜 다름 아닌 이 형태로 나타나는가 하는 것은 알지 못하느냐 하는 것입니다. 잠을 방해하는 자극의 성질 속에는 그 이유가 없다는 것은 압니다. 그러므로 모리의 실험에서도 자극의 직접적인 효과에는 무수한 다른 꿈의 재료, 예컨대 오 드 콜로뉴의 꿈[5]에 나오는 허황된 모험과 같은 것이 섞여 있습니다. 그리고 이러한 재료에 대해서는 우리에게 설명이 되지 않습니다.

그런데도 여러분은 잠을 깨우는 꿈이 잠을 방해하는 외부 자극의 영향을 밝혀내는 최상의 기회를 제공하지 않는가 하고 생각하려고 할 것입니다. 다른 꿈의 경우에는 자극의 영향을 확인하는 것이 보다 어려워지는 일이 많은 것 같습니다. 왜냐하면 우리는 반드시 언제나 꿈을 꾸고 잠을 깨지는 않기 때문입니다. 따라서 아침에 잠에서 깨어나 간밤에 꾼 꿈을 상기할 때 밤중에 작용하여 수면을 방해하고 있던 자극을 어떻게 찾아내야 할까요. 특별한 사정하에서의 일이긴 하지만 언젠가 나는 이러한 소리의 자극을 나중에 확인할 수 있었던 적이 있습니다. 어느 날 아침 나는 티롤 지방(오스트리아 서부의 알프스 산맥을 포함한 고지)의 산에서 로마교황이 서거한 꿈을 꾼 것을 의식하면서 눈을 뜬 적이 있습니다. 나로서는 그 꿈을 설명할 수 없었습니다. 그때 아내가 "오늘 새벽녘에 도시의 온 교회와 성당에서 울려퍼지는 굉장한 종소리를 들으셨어요" 하고 물었습니다. 아니, 나는 아무것도 듣지 못했습니다. 나는 푹 잠들어 있어서 소리를 듣지 못했으나 이 보고에 의해 자신의 꿈을 이해할 수 있었습니다.

꿈에 대해 그와 같이 가르쳐주지 않더라도 이러한 자극이 잠들어 있는 사람에게 꿈을 꾸게 하는 일이 과연 많을까요 적을까요. 어쩌면 그와 같은 일은 꽤 자주 있는 일인지도 모르고, 혹은 거의 없는지도 모릅니다. 자극이 이미 증명될 수 없는 때에는 꿈이 자극의 결과라는 확신도 얻을 수 없습니다. 어쨌든 잠을 방해하는 외계로부터의 자극은 꿈과 같이 일부분을 설명하는 데 그치고 반응으로서의 꿈 전체를 설명할 수는 없습니다. 이것을 알고 나서부터는 우리는 잠을 방해하는 외부의 자극을 높이 평가하지 않게 되었습니다.

그렇다고 해서 우리는 이 이론을 전적으로 버릴 필요는 없습니다. 그러기는커

5) 96쪽 참조.

녕 이 이론을 더욱 발전시킬 수도 있습니다. 무엇이 잠을 방해하고 또 무엇이 우리의 마음으로 하여금 꿈을 꾸게 하는가 하는 것은 분명히 아무래도 상관없는 일입니다. 언제나 외계로부터의 자극이 있는 터는 아니라고 한다면 그 대신 내장에서 오는 이른바 신체적 자극이 등장할 것입니다. 이것은 당연히 생각될 수 있는 추측이며 꿈의 성립에 대한 통속적인 견해에도 합치됩니다. "꿈은 위장에서 오는 것이다" 하는 말을 흔히 듣습니다. 그러나 유감스럽게도 이 경우에도 밤중에 작용했을지도 모르는 신체적 자극을 잠이 깬 뒤에는 이미 증명할 수 없고, 따라서 증거가 없어져버리는 경우가 종종 있다고 추측됩니다. 물론 우리는 꿈이 신체적 자극에서 온다는 생각을 지지하는 경험이 얼마나 많은가를 간과하고자 하진 않습니다. 내장의 상태가 꿈에 영향을 줄 수 있다는 것은 일반적으로 의심할 수 없습니다. 어떤 꿈의 내용과 방광(膀胱)이 몹시 팽창되어 있는 것이나 성기의 흥분상태와의 관계는 명백하며 잘못 보는 일은 없습니다. 이러한 간과할 수 있는 예에서 한걸음 나아가면 적어도 꿈의 내용에서 신체적 자극이 작용하고 있었다는 것을 추측할 수 있는 다른 종류의 예를 문제삼게 됩니다. 꿈의 내용을 보면 신체적 자극을 가공하여 어떤 것을 표현하고 해석하고 있다고 알 수 있는 그런 꿈입니다. 꿈의 연구자 셰르너는 1861년에 꿈이 기관(器官) 자극에 의해 생긴다고 강력히 주장하고 몇 개의 훌륭한 예를 제시했습니다. 그는 예를 들어 "금발에 온화한 얼굴색을 지닌 미남들이 두 줄로 서서 서로 투지를 불러일으키며 맞서고 뛰어들어서 싸우는가 하면 다시 떨어져 제자리로 돌아가고, 그리고 같은 일을 되풀이하고 있는" 꿈을 관찰하고 이 두 줄의 남자를 치아(齒牙)라고 해석하고 있습니다. 이 이야기는 그것 자체로서도 흥미있는 일이지만, 이 꿈을 꾼 사람은 이 장면 뒤에 다시 꿈속에서 "한 개의 긴 이가 턱에서 빠지는" 것을 보고 있습니다. 이것은 꿈의 해석을 충분히 뒷받침하는 듯 여겨집니다. 또한 "길고 폭이 좁고 꼬부라진 작은 길"을 장(腸)의 자극으로 해석하는 것도 합격 점수를 얻을 수 있는 것같이 보이며, 셰르너의 "꿈은 특히 자극을 내보내고 있는 기관을, 그것과 유사한 대상을 통해서 표현하려고 한다"는 주장을 뒷받침합니다.

따라서 우리는 체내의 자극은 꿈에 있어서는 외부의 자극과 같은 역할을 하는 경우가 있다는 것을 인정해야 할지 모릅니다. 그러나 유감스럽게도 체내의 자극을 중시하는 것에도 역시 외부 자극의 경우와 같은 반론이 제기됩니다. 상당히 많은 예에서는 꿈을 신체적 자극으로 해석하는 것은 불확실하며 증명할 수도 없기 때문입니다.

꿈에 따라서는 그 일부분에 체내 기관으로부터의 자극이 관계하고 있지 않았을까 하는 의심을 자아내는 꿈도 있습니다. 결국 체내로부터의 신체적 자극도 꿈에 대해 설명할 수 있다면 그것은 외부의 자극과 같이 꿈속에서 자극에 대한 직접 반응에 해당하는 것은 무엇인가를 말하는 데 그칩니다. 그러므로 꿈의 나머지 부분이 어디서 오는지는 역시 애매한 상태로 남아 있는 것입니다.

그런데 이 자극 작용의 연구에 있어서 나타나는 꿈의 활동의 특이성을 주의해서 보기로 합시다. 꿈이란 단지 자극을 재현하는 것이 아니라 이것을 가공하고 자극을 암시하며 어떤 연관 속에 적용시켜 다른 어떤 것으로 대치시키는 것입니다. 이것은 꿈의 작용의 일면이며 우리의 관심을 끌지 않을 수 없습니다. 왜냐하면 이 측면에서 보아가면 꿈의 본질에 보다 가까이 다가갈 수 있으리라 여겨지기 때문입니다. 누군가 어떤 것에 고무되어 무엇을 했다고 해도 그 고무가 일의 전부를 설명하지는 못하기 때문입니다. 예컨대 셰익스피어의 〈맥베스〉는 세 나라의 왕관을 처음으로 쓴 왕[6]의 즉위를 축하하기 위해 씌어진 작품입니다. 그러나 이 역사적 기연(機緣)이 극작의 내용과 일치할까요. 또한 극작의 위대함과 수수께끼를 밝혀줄까요. 아마도 잠들어 있는 사람에게 작용하는 외적 및 체내적 자극도 꿈을 재촉할 뿐이며 꿈의 본질은 그 무엇도 이 자극에 의해 밝혀지지는 않습니다.

꿈의 또 하나의 공통점, 즉 심적인 특수성은 한편으로는 파악하기 어려우며, 또 다른 한편으로는 이것을 더욱 연구해 가기 위한 단서마저도 제공하지 않습니다. 꿈속에서의 우리의 체험의 대부분은 시각의 형식으로 행해집니다. 이 점에 관해서 자극은 무엇을 설명하고 있을까요. 우리가 체험하는 것은 사실상 자극일까요. 그렇다면 눈을 자극해서 꿈이 야기되는 일은 극히 드문데 어째서 체험은 시각적일까요. 혹은 우리가 연설하는 꿈을 꾸었다 해도 잠들어 있는 사이에 대화, 또는 이와 비슷한 소음이 우리 귀에 들어왔다는 것이 증명될 수 있을까요. 아니, 이와 같은 것은 증명할 수 없다고 나는 확실히 단언합니다.

꿈의 공통점으로부터는 더 이상 나아갈 수 없다면 이번에는 상이점을 조사해 보는 것이 어떨까 생각합니다. 꿈은 의미를 모르는 경우가 종종 있고 혼란되어

---

6) 잉글랜드 왕(재위 1603~25)이면서 스코틀랜드 왕(재위 1567~1625)이었던 제임스 1세를 가리킴(1566~1625). 이 왕 아래 대영제국이 처음으로 동군연합(同君聯合)하에 두어졌다.

있으며 부조리한 것이 많지만 의미있고 솔직하고 조리가 있는 꿈도 있습니다. 후자의 의미심장한 꿈이 무의미한 꿈을 설명해 주는지 어떤지 살펴보기로 합시다.

내가 최근에 들은 조리있는 꿈을 보고하겠습니다. 그것은 어느 젊은 남자의 꿈입니다.

"나는 케른트너 거리 (빈의 번화가, 성스데반 교회 와 국립 오페라 극장이 있음) 를 산책하고 있었다. 거기서 X씨를 만나 잠시 함께 걷다가 혼자서 레스토랑에 들어갔다. 두 여성과 한 신사가 나의 테이블에 앉았다. 처음에 나는 그것에 화가 나서 그들의 얼굴을 보려고 하지 않았다. 그러는 동안에 그쪽을 보았더니 그들은 꽤 예의바른 사람들이라는 것을 알 수 있었다."

이상의 이야기에 덧붙여서 이 남자는 꿈을 꾸기 전날 밤에 자신이 자주 걸었던 케른트너 거리에서 실제로 X씨를 만났었다고 말했습니다. 이 남자의 꿈의 다른 부분은 사실에서 직접 짐작이 가는 것이 아니라 꽤 이전의 체험과 어떤 유사성을 가진 것에 지나지 않았습니다.

또 하나의 솔직한 꿈은 어느 부인의 꿈입니다.

"남편이 '피아노의 조율을 하지 않아도 될까' 하고 물었다. 나는 '소용없어요. 어쨌든 피아노선을 두드리는 해머를 고치지 않으면 소용없어요' 하고 말하고 있었다"는 것입니다.

이 꿈은 그 전날 거의 그대로 부부간에 주고받았던 대화의 재현이었습니다.

이러한 두 가지의 평범한 꿈에서 우리는 무엇을 배웠을까요. 일상생활 또는 일상생활과 관련된 어떤 일이 꿈속에서 재현되고 있다는 것에 지나지 않습니다. 만약 이것을 꿈 일반에 대해 말할 수 있다면 이것은 문제가 됩니다. 그러나 그것은 논할 필요도 없이 소수의 꿈에 대해서만 해당됩니다. 많은 꿈에서는 전날의 사건과 결부되는 것은 전혀 찾아볼 수 없고, 의미없고 부조리한 꿈에 지나지 않으며, 그것에 대해서는 이런 면(面)에서는 아무런 빛도 주어지지 않습니다. 여기서 우리는 다만 새로운 과제에 부닥쳤다는 것을 알 뿐입니다. 우리는 꿈이 말해 주는 것을 알고 싶을 뿐만 아니라 만약 꿈이 방금 든 예와 같이 명백한 것을 말해 주고 있다면, 왜 또는 무엇 때문에 잘 알고 있는 사실이나 최근에 체험한 일이 꿈에서 재현되는가도 알고 싶은 것입니다.

지금까지 우리가 해온 그러한 음미를 계속하는 일에 여러분도 나와 똑같이 싫증이 났을 것입니다. 해결로 통하는 한 줄기 길조차 어떻게 열어가야 좋을지 모른다면 이 문제에 아무리 관심을 가져도 아무 소용이 없을 것입니다. 그것은 잘 알고 있습니다. 그러나 이러한 길은 이제까지 없었습니다. 실험심리학은 자극이 지닌 의의에 관해 꿈의 계기를 주는 것으로서 매우 가치있는 권고를 줄 뿐이며 그 밖에는 아무것도 주지 않습니다. 철학에는 아무것도 기대할 수 없습니다. 최근에 철학은 다만 거만한 자세로 정신분석의 대상은 지능적으로 저급한 것이라고 탓할 뿐입니다. 신비학(神祕學)으로부터는 그 무엇도 빌릴 생각이 없습니다. 이야기나 민중의 의견으로는 꿈은 의미가 풍부하며 의의가 깊고 미래를 예견하는 것으로 되어 있으나 그 논리는 용납하기 어려우며 물론 증명할 수도 없습니다. 그러므로 우리의 최초의 노력은 오리무중의 상태에 있다고 해도 과언이 아닙니다.

그러나 이제까지는 눈을 돌리지 않았던 측면에서 뜻밖의 힌트가 나타납니다. 그것은 결코 우연의 산물이 아니며 예로부터의 지식의 침전물이라 할 수 있는 관용어입니다. 물론 아주 조심해서 이용하지 않으면 안 됩니다. 이 관용어의 하나로 우리가 기묘하게도 '각성몽(覺醒夢 : Tagträume)'[7])이라 부르는 것이 있습니다. 각성몽이란 공상(공상의 산물)입니다. 이것은 매우 일반적으로 볼 수 있는 현상으로 건강한 사람에게서도 병든 사람에게서도 찾아볼 수 있으며 자기 자신에 대해서도 연구해 볼 수 있습니다. 이 공상의 산물에서 눈에 띄는 점은 그것에 '각성몽'이란 이름이 붙여져 있다는 것입니다. 그런데 각성몽은 꿈의 두 가지의 공통점을 가지고 있지 않습니다. 자고 있다는 상태에 대해서는 그 명칭부터 이미 모순되어 있으며, 제2의 공통점에 대해서 각성몽 속에서는 체험하거나 환각을 느끼는 일이 없고 다만 무엇인가를 마음에 그릴 뿐입니다. 각성몽은 공상하고 있는 것에 대해 알고 있으며, 꾸고 있는 것이 아니라 사고(思考)하고 있는 것입니다. 이 각성몽은 사춘기 전, 때로는 일찍이 유아 후기에 이미 나타나 성년기까지 계속되고, 그 후에는 없어지는 경우도 있고 훨씬 뒤까지 없어지지 않는 경우도 있습니다. 이러한 공상의 내용은 아주 명백한 동기에 의해 지배되고 있습니다. 각성몽 중의 정경(情景)이나 사건에서는 이기적인 욕구, 야심, 권력욕 또는 그 사

---

7) 수면중이 아닌데도 공상이나 상상에 잠겨 있으면 현실의 외계의 영향은 희미해지고 마치 꿈을 꾸는 듯이 방심상태가 되고, 그 사고(思考)가 강하게 시각적인 성질을 띠게 되는 수가 있다. 각성몽의 내용은 원망(願望) 충족 등의 경향이 강하다. '백일몽(白日夢)'이라고도 한다.

람의 에로틱한 원망(願望)이 충족됩니다. 젊은 사람들 사이에서는 대개 야심이
앞서고, 여성과 같이 자기 야심을 사랑의 성취에 걸고 있는 사람들 사이에서는
에로틱한 공상이 앞섭니다. 그러나 남성 사이에서도 에로틱한 요구가 배경에 뚜
렷이 나타나는 경우가 있습니다. 영웅적인 행위나 갖가지 성공은 모두 여성의 찬
탄과 호감을 얻기 때문입니다. 각성몽은 아주 다양한 변화가 많은 운명의 길을
걷습니다. 단시간에 사라져버리고 새로운 것이 이것을 대신하기도 하고 혹은 그
것이 고정되어 긴 이야기로 발전해 가고 생활사정의 변화에 따라 변해 가기도 합
니다. 각성몽은 말하자면 시간과 함께 걷고, 시간에 의해 새로운 상황의 영향을
입증하는 '시간의 표지'를 얻는 것입니다. 각성몽은 문학적인 창조의 재료가 되
며, 각성몽에서 작가는 변형, 분식(扮飾), 단축 등에 의해 여러 가지 정경을 만
들어내고 이것을 자신의 단편소설·장편소설·각본에 삽입합니다. 각성몽의 주인
공은 직접 자기 모습이 나타나든, 딴사람의 모습을 빌리든 언제나 자기 자신인
것입니다.

아마도 각성몽이란 이름은 그것을 현실과의 관련에서 볼 때는 꿈과 같이 리얼
하지 않다는 것을 암시하기 위해 붙여진 이름일 것입니다. 그러나 어쩌면 이와
같이 양자가 꿈이란 이름을 공통으로 가지고 있는 것은 우리가 찾고 있지만 아직
모르고 있는 꿈의 심적인 성격의 하나에 근거하고 있을지도 모릅니다.

우리가 꿈과 각성몽의 호칭이 유사한 점을 의미깊은 것으로서 이용하려고 하는
것은 일반적으로 말해서 부당하다고 할 수 있을지도 모릅니다. 이 점에 대해서는
좀더 나중에 밝혀보기로 합시다.

제6강 꿈의 해석의 여러 가지 전제와 기법

　여러분! 앞에서 말한 바와 같이 우리가 꿈의 연구를 추진하기 위해서는 어떤 새로운 길, 새로운 방법이 필요합니다. 그래서 나는 여러분에게 다음과 같은 제안을 하려 합니다. 즉 '이제부터의 연구를 위해서 꿈은 신체적 현상이 아니라 심적인 것이다'라는 것을 가정하고자 합니다. 이 가정이 무엇을 뜻하는가는 여러분이 아는 바 그대로입니다만, 도대체 이 가정에는 어떠한 이유가 있을까요. 이유는 아무것도 없습니다. 그러나 이와 같은 가정을 세워서는 안 된다는 법도 없습니다. 사정은 이렇습니다. 만약 꿈이 신체적인 현상이라면 꿈은 우리에게 아무런 관계도 없습니다. 꿈은 심적 현상이라고 전제될 때에만 우리의 관심을 끌게 됩니다. 즉 우리는 꿈이 심적 현상이라는 전제하에 연구를 추진하고, 그렇게 하면 어떻게 되는가를 보려고 하는 것입니다. 이러한 가정을 고집해도 좋을지 어떨지, 또한 그 가정을 그 나름대로 연구의 결과라고 주장해도 좋을지 어떨지는 우리의 연구결과가 결정해 줄 것입니다.

　대체 우리가 연구를 계속해서 도달하려고 하는 목적은 무엇일까요. 우리가 바라는 것은 일반적으로 학문의 세계에 있어서 탐구되고 있는 것, 즉 현상을 이해하고 제현상간에 관련을 맺게 하고 궁극적으로는 이 모든 현상에 대한 우리의 지배를 확대하는 데 있습니다.

그러므로 우리는 꿈이란 심적인 현상이라는 가정하에 연구를 계속합니다. 그렇다면 꿈은 꿈을 꾸고 있는 사람의 작품이며 표명(表明)이라는 것이 됩니다. 그러나 그것은 우리가 이해할 수 있는 것은 무엇 하나 말해 주지 않는 작품이며 표명이라는 것이 되기도 할 것입니다. 그런데 만약 내가 여러분에게 나 자신에 대한 이해할 수 없는 것을 말했다면 여러분은 아마도 나에게 질문할 것입니다. 그렇다면 왜 우리도 이와 같은 일을 해서는 안 될까요. 즉 '꿈을 꾼 사람을 향해 당신의 꿈은 어떤 의미를 가지고 있느냐고 묻는 일'을 말입니다.

우리는 이미 한 번 이와 똑같은 상황에 놓여 있었다는 것을 기억하고 있을 것입니다. 실수 행위의 연구에서 실언의 한 예를 검토할 때의 일입니다. 어떤 사나이가 "사실은 거기서 Vorschwein해졌다"고 잘못 말했을 때[1] 어떤 사람이 —— 다행히 우리가 아니라 정신분석과는 인연이 없는 사람이었는데 ——그 사나이에게 "도대체 영문을 모르겠군, 무슨 말이야" 하고 물었습니다. 그 사나이는 곧 "그것은 Schweinereien(추잡스러운 것)이 아닌가" 하고 말할 생각이었는데 자기 기분을 억누르고 그것을 어물어물하여 "사실은 거기서 Vorschwein해졌다"고 말해 버린 것이라고 했습니다. 그때에도 나는 여러분에게 이렇게 질문하는 것이 정신분석적 탐구의 모범이라고 말했습니다. 정신분석은 수수께끼의 해답을 가능한 한 피험자(被驗者) 자신으로 하여금 말하게 하는 기법을 지키는 일이라는 것을 이제 알게 되었을 것입니다. 그런 이유에서 우리는 꿈을 꾼 사람 자신에게 꿈이 어떤 의미를 지니고 있는가를 말하게 하고자 하는 것입니다.

그러나 아는 바와 같이 꿈의 경우에는 그렇게 간단히 되지 않습니다. 실수 행위의 경우에도 몇 가지 사례는 잘 진행되었지만 물어봐도 아무것도 대답하지 않는 예도 있었습니다. 그러기는커녕 우리가 암시해 준 회답마저 화를 내고 잡아뗀 사람도 있었습니다. 꿈의 경우에는 잘되는 예 따위는 전혀 없습니다. 꿈을 꾼 사람은 언제나 아무것도 모른다고 말합니다. 우리 쪽에서도 이렇다 할 해석을 가지고 있지 않으므로 그로서도 그 해석을 잡아뗄 수 없습니다. 그렇게 되면 우리는 우리의 시도를 다시 포기해야 할까요. 꿈을 꾼 사람은 아무것도 모르고, 우리들 역시 아무것도 모르며, 하물며 제삼자는 더더욱 모를 터이니 해석 따위는 가망이 없는 것같이 보입니다. 그렇습니다. 만약 원한다면 여러분은 이 시도를 그만두어도 무방합니다. 그러나 그만두고 싶지 않다고 말한다면 나와 함께 이 길을 계속

1) 44쪽 참조.

해서 걷기로 합시다.

내가 여러분에게 말하고자 하는 것은, 요컨대 꿈을 꾼 사람은 그 꿈이 무엇을 뜻하는지를 알고 있다. '다만 자신이 꿈의 뜻을 알고 있는 것을 모르고, 그 때문에 자기는 모른다고 믿고 있을 뿐이다'라는 것입니다.

여러분은 나에게 "당신은 또 하나의 가정을 도입했다. 이러한 간단한 연관 속에 벌써 두번째의 가정을 도입했다. 당신의 조작(操作)의 신빙성을 완전히 저하시켜 버린 게 아니냐" 하고 주의를 줄 것입니다. 꿈은 심적 현상이라는 전제, 나아가 인간에게는 자신이 알고 있는 것을 모르는 채 알고 있는 심적 사상(事象)이 있다는 등의 전제. 여러분은 두 개의 전제가 포함하고 있는 모호한 점에만 주목해 주면 되고 이 전제에서 유도되는 결론에 관심을 가질 필요는 없습니다.

그런데 여러분, 내가 여기까지 여러분을 이끌고 온 것은 여러분을 속여서 무엇인가를 끄집어내 보이거나 숨기기 위해서가 아닙니다. 사실 나는 '정신분석학 입문을 위한 초보적 강의'란 제목을 내세우기는 했습니다. 그러나 그렇다고 해서 곤란한 점을 숨기고, 빈틈을 덮어두고, 의문점을 봉하여 감추고, 초보자에 알맞게 이야기를 교묘히 꾸미고, 여러분이 어떤 새로운 것을 배웠다고 안심하고 믿게 하려는 생각은 추호도 없습니다. 그러기는커녕 여러분이 초보자이기 때문에 나는 여러분에게 우리의 학문을 있는 그대로의 모습으로 평탄하지 않은 것도, 딱딱한 점도, 아직 미숙한 점도, 걱정이 되는 점도 그대로 보여주려고 했습니다. 이것은 어느 학문에 있어서도 마찬가지이며, 특히 발달 초기단계에 있는 학문의 경우에는 이 이상의 길은 없다고 나는 알고 있습니다. 나는 또한 일반적으로 학문상의 교육에 있어서 공부하려고 하는 초보자에 대해서는 이와 같은 난점과 불완전한 점을 숨기려고 애쓰고 있다는 것도 알고 있습니다. 그러나 정신분석에서는 그렇지 않습니다. 나는 두 가지 전제를 실제로 세웠는데, 그 하나는 다른 하나의 전제에 포함되어 있습니다. 만약 모든 것이 너무 귀찮고 불확실하다고 생각하는 사람이나 보다 확실하고 산뜻한 연역(演繹)에 친근감을 느끼는 사람은 이제부터 나와 동행하는 것을 원치 않아도 좋습니다. 나는 다만 그러한 사람은 심리적인 문제에는 처음부터 관여하지 않는 것이 좋다고 생각합니다. 심리학의 문제에는 곧 걸어갈 수 있는 확실하고 안전한 길 따위는 찾아낼 수는 없다는 두려움이 처음부터 존재하기 때문입니다. 어떤 실제로 제시할 수 있는 내용을 가지고 있는 학문이라면 청중이나 추종자를 구할 필요가 없습니다. 그 학문의 성과가 세상에서 인

정받느냐 인정받지 못하느냐는 그 학문의 성과에 달려 있습니다. 학문은 그 성과
가 세상에서 인정될 때까지 기다리면 됩니다.

그러나 여러분들 중에서 이 문제를 계속해서 검토해 가고자 하는 사람에게는
다음의 두 가지 가정은 같은 가치를 갖는 것이 아니라는 점을 충고해 두겠습니
다. 꿈이 심적 현상이라는 첫번째의 가정은 우리가 앞으로의 연구결과에 의해 증
명하려고 하는 전제입니다. 두번째의 전제는 다른 영역에서는 이미 증명이 끝난
것이며, 나는 다만 이것을 자유롭게 그 영역에서 우리의 문제로 전용(轉用)하려
고 하는 것뿐입니다.

우리가 꿈을 꾼 사람에 대해 가정해 보려고 하는 사실, 즉 사람은 자신이 알고
있는 것을 전혀 모르는 그런 경우가 있다는 것이 어디서, 어떤 학문의 영역에서
증명되었을까요. 이것은 참으로 심적 활동에 관한 우리의 견해를 바꾸어버리는
주목해야 할 의외의 사실이므로 숨길 필요가 없습니다. 내친김에 말하면 이 사실
은 명명(命名)하면 없어져버리지만 어디까지나 현실적인 존재임을 주장하는 것으
로 이른바 '형용(形容) 모순'[2]입니다. 이 점도 전혀 숨길 필요가 없습니다. 사람
들이 이 사실에 대해 전혀 모르거나 이 사실을 깊이 고려하지 않았다 해도 이 사
실의 책임은 아닙니다. 이러한 심리적 문제가 이 사실에 있어서 결정적인 관찰이
나 경험에서 멀리 떨어져 있는 사람들에 의해 깎아내려지는 것이 우리의 책임이
아닌 것처럼 이 문제 자체의 책임도 아닙니다.

이 사실의 증명은 최면(催眠)현상의 영역에서 이루어졌습니다. 1889년에 낭시
(프랑스 북동부의 도시)에서 리에보(Liébault)[3]와 베른하임(Bernheim)[4]의 매우 인상깊은 시
설(示說) 교육을 참관할 때 나는 다음과 같은 실험을 자세히 볼 수 있었습니다.
한 사람을 몽유(夢遊)상태[5]에 두고 가능한 한 환각을 경험케 하고 나서 잠에

---

2) Contradictio in adjecto. 형용하는 말이 형용을 받는 말과 모순됨을 말한다. 즉 '차가운
   불', '둥근 사각형', '기다란 점' 따위이다.
3) 1823~1904. 베른하임과 함께 낭시학파를 지도하고 최면술의 연구자로서 알려져 있는 프
   랑스의 정신의학자.
4) 1837~1919. 프랑스의 정신의학자. 최면술 및 암시성에 대한 연구를 하고, 그의 최면상태
   속의 사건 추구의 실험은 프로이트의 회상 강제법과 자유연상법 발상의 기연(機緣)이 되었
   다.
5) 수면중에 잠이 깨지 않은 채로 잠자리에서 일어나 걸어다니거나 여러 가지 행동을 하는
   상태. 신경질적인 어린이에게서 흔히 볼 수 있다. 간질의 일종으로서 이런 상태가 되는 경
   우도 있다.

서 깨게 했습니다. 처음에 그는 최면상태[6] 속의 경과에 대해서는 전혀 모르는 것 같았습니다. 그래서 베른하임은 최면상태 속에서 그에게 무엇이 일어났는지 이야기하도록 요구했습니다. 그 남자는 아무것도 생각나지 않는다고 주장했습니다. 그러나 베른하임은 계속 요구하면서 강제로 "당신은 알고 있다. 그것을 생각해 내지 않으면 안 된다"고 명령했습니다. 그러자 어떻게 되었을까요. 그 남자는 잠시 주저하다가 생각하기 시작했습니다. 처음에는 암시받은 체험의 하나를 희미하게 생각해 내고, 계속해서 다른 것도 생각해 내어 회상은 점점 뚜렷해져가고, 드디어 완전한 것이 되고, 최후에는 남김없이 생각해 냈습니다. 게다가 그는 최면상태 후에 생각해 냈고 그동안 누구한테서도 아무런 가르침도 받지 않았습니다. 그러므로 그가 처음부터 최면상태 속에 일어난 일을 알고 있었다는 결론은 당연할 것입니다.

다만 최면상태 속의 사건의 기억을 그의 힘으로는 생각해 낼 수 없었던 것뿐입니다. 그는 자신이 알고 있는 것을 모르고 그 사건을 모른다고 믿고 있었던 것입니다. 그런데 우리가 꿈을 꾼 사람에 대해서 추측한 사실도 이것과 똑같다고 할 수 있습니다.

여러분은 이와 같은 사실이 확인된 데 놀라 나에게 이렇게 질문할 것입니다. "당신은 이 증거를 왜 좀더 일찍 실수 행위를 이야기할 때에 예로 제시하지 않았는가. 즉 실언을 한 남자에게는 본인이 전혀 모르고 또 그런 일이 없다고 부정해도 무언가 실언을 할 만한 의도가 틀림없이 있었을 것이라고 말했던 저 이야기 때 말이다. 어떤 사람이 자신이 체험한 일에 대해 마음속에 확실히 그 기억을 지니고 있을 텐데도 아무것도 모른다고 생각하고 있다면 그 사람이 자기 마음속의 다른 심적 과정에 대해서도 전혀 모른다고 해도 이상할 것은 없다. 그때 이런 논증을 했다면 우리는 틀림없이 강한 인상을 받고 실수 행위를 더욱 잘 이해할 수 있었을 텐데."

확실히 나는 이것을 인용하려 했으면 할 수도 있었으나 보다 필요할 때가 올 때까지 보류하고 있었던 것입니다. 실수 행위의 일부는 자연히 해명되었습니다. 그러나 다른 일부는 우리에게 제현상간의 관련을 명백히 하기 위해서는 이와 같은 당사자가 모르는 심적 과정이 있다는 것은 가정해야 한다는 것을 권고하고 있었습니다. 꿈의 경우에는 아무래도 설명을 딴 곳에서 가져와야만 되었으며, 게다

---

6) 최면술에 의해서 암시성이 높여진 반성반수(半醒半睡)라고 할 수 있는 상태.

가 나로서는 이 경우라면 여러분도 비교적 순조롭게 최면술로부터의 전용(轉用)을 인정하지 않을까 계산했기 때문입니다. 실수 행위를 할 때의 상태는 여러분에게는 틀림없이 정상적인 상태로 여겨지고 최면상태와는 아무런 유사점도 없습니다. 그런데 최면상태와 꿈을 꾸기 위한 조건인 수면상태 사이에는 확실히 친밀관계가 있습니다.

실제로 최면상태는 인공수면이라고도 불리고 있습니다. 우리는 최면상태로 들어가게 하려고 하는 상대에게 "잠을 자세요"하고 말하며, 이 암시는 자연스러운 수면 때의 꿈에 비유됩니다. 이 양자의 심적 상황에는 실제로 유사성이 있습니다. 자연스러운 수면에서 우리는 자신의 관심을 외계의 것으로부터 일체 차단시킵니다. 최면상태의 수면 때에도 마찬가지로 전세계로부터 자신의 관심을 차단해 버리지만, 다만 예외로서 최면술을 건 사람과의 사이에만은 라포르[7]를 유지하고 있습니다.

내친김에 말하면 이른바 유모의 잠 ── 유모는 어린이하고만 라포르를 유지하고 있어서 다른 일로써는 잠을 깨지 않는데 어린이에 의해서만 잠을 깨게 되는 수면 ── 은 정상적인 수면 속에서 최면상태의 수면과 잘 어울리는 한 쌍을 이룬다고 말할 수 있을 것입니다. 그러므로 최면상태의 어느 사태를 자연스러운 수면으로 전용해서 생각해 보는 것은 결코 대담한 모험은 아니라고 생각합니다. 꿈을 꾼 사람도 자신이 꾼 꿈에 대한 지식을 지니고 있으나 본인만으로는 그것에 도달할 수 없으므로 알고 있다고 생각하지 않을 뿐이라는 가정은 그다지 뜬구름 잡는 식의 엉터리 이야기는 아닙니다. 여하튼 꿈의 연구에 이르는 제삼의 길이 여기에 열려 있다는 것을 기억해 주기 바랍니다. 우선 첫번째 길은 잠을 방해하는 자극, 두번째 길은 각성몽, 그리고 세번째 길은 방금 설명한 최면상태에 있어서 암시된 꿈입니다.

그러면 크게 자신감을 갖고 우리의 본래 과제로 되돌아갑시다. 요컨대 꿈을 꾼 사람이 그 꿈에 관해 알고 있다는 것은 매우 가능성있는 일입니다. 문제는 당사자에게 알고 있는 것을 알아차리게 하여 그것을 우리들에게 보고할 수 있게 해주는 일일 것입니다. 우리는 꿈을 꾼 사람이 그 꿈의 의미를 당장에 보고하는 그러한 일은 요구하지 않지만, 그 꿈의 유래와 꿈을 꾸게 하는 원천이 되는 사고(思

───

7) 치료자와 환자의 감정적 결합관계. 양자의 관계에는 호감, 혐오감 등 여러 가지가 있는데, 라포르는 보통 심리치료에 적합한 양성(陽性) 감정을 동반하는 것을 가리키고 있다.

考)나 관심의 범위를 찾아낼 수는 있으리라고 말하고 있는 것입니다. 여러분도 기억하리라 생각하는데, 실수 행위의 경우 당사자는 어째서 Vorschwein과 같은 실언을 하게 되었느냐고 질문을 받았습니다.[8] 그리고 그 질문에 대해서 최초에 떠오른 답이 해명의 실마리를 주었습니다.

꿈의 경우의 우리의 기법도 이 실례를 모방한 아주 간단한 기법입니다. 우리는 꿈을 꾼 사람에게 왜 그런 꿈을 꾸게 되었느냐고 묻고, 그가 그자리에서 곧 말하는 것을 그 설명으로 받아들이자는 것입니다. 그가 알고 있건 모르고 있건간에 그러한 차이는 무시하고 어느 경우에도 알고 있는 것으로 취급합니다.

분명히 이 기법은 매우 간단합니다. 그러나 나는 이것이 여러분의 격렬한 반대를 불러일으키지 않을까 걱정하고 있습니다. 여러분은 이렇게 말할 것입니다. "또 새로운 가정인가. 벌써 세번째다. 게다가 가장 사실 같지 않은 가정이다. 꿈을 꾼 사람에게 꿈에 대해 떠오르는 것은 무엇이냐고 물었을 때, 그가 처음에 떠올리는 것이 바라고 있는 해명을 가져다준다는 것인가. 그러나 그에게는 아무것도 떠오르지 않을지도 모르며, 또한 무엇이 떠오를지 누구도 모르는 일이다. 우리는 이 기대가 무엇을 근거로 하고 있는지 모르겠다. 좀더 비판적이 되는 것이 바람직할 것 같다. 그것은 너무나도 신(神)에게 의지하고 있다는 것이다. 게다가 꿈은 한 낱말을 잘못 말한 것과는 다르며 많은 요소로 이루어져 있지 않은가. 대체 어떤 착상을 근거로 삼아야 된단 말인가."

부차적인 점에 대해서는 모두 여러분이 말하는 바 그대로입니다. 꿈이 많은 요소로 이루어져 있다는 점은 실언의 경우와 다릅니다. 이 점은 기법상의 고려를 하지 않으면 안 됩니다. 그래서 나는 여러분에게 꿈을 여러 요소로 분해해 버리고 각각의 요소에 대해서 별도로 검토할 것을 제안하고자 합니다. 이렇게 하면 실언과의 상사성(相似性)이 회복될 것입니다.

그러나 여러분이 꿈의 요소 하나하나에 대해 질문을 받은 당사자가 아무것도 떠오르지 않는다고 대답하는 경우도 있으리라고 말한다면 그것도 역시 지당한 말입니다. 우리가 이 대답을 인정하는 경우도 있으나 그것에 대해서는 다음에 설명하기로 하겠습니다. 다만 주의해 두고 싶은 것은, 우리들 자신이 특정한 착상을 하는 경우가 있다는 것입니다. 그러나 일반적으로 우리는 꿈을 꾼 사람이 아무것도 떠오르지 않는다고 주장할 때에는 반론하고 재촉하며 무엇인가 떠오르는

---

8) 44쪽 참조.

것이 있을 것이라고 명령합니다. 그러면 —— 결과는 우리가 옳았다는 것이 됩니다. 그는 꿈에 대해 문득 어떤 것을 생각해 냅니다. 그것이 우리에게는 어떤 것이든 상관없습니다. 이 착상은 어떤 종류의, 역사적이라고도 할 수 있는 그런 보고가 되기 십상입니다.

그는 말할 것입니다. 그것은 어제 일어났던 일이다(우리가 앞에서 보았던 두 가지의 '솔직한 꿈'[9]의 경우와 같이) 하든가, 혹은 그것은 조금 전에 일어난 일을 상기시킨다…… 등. 이렇게 해보면 꿈이 최근의 나날의 인상과 결부되는 경우가 우리가 처음에 생각한 것보다도 의외로 많다는 것을 알게 됩니다. 끝으로 그는 그 꿈에서 좀더 떨어진 시기의, 혹은 아주 오래된 옛 사건마저도 생각해 내게 될 것입니다.

그런데 중요한 점에 대해서는 여러분은 잘못 생각하고 있는 것 같습니다. "꿈을 꾼 사람이 그자리에서 곧 생각해 내는 것이 바로 요구하는 설명을 가져온다든가, 거기에 이르는 실마리를 제공하는 것으로 생각하는 것은 자의적(恣意的)인 가정이고, 오히려 생각해 내는 것은 완전히 수의적(隨意的)인 것이며 구하고 있는 설명과는 관계가 없다. 그것을 당신이 그렇게 기대한다면 그것은 당신이 맹목적으로 요행만을 바란다는 것이다" 하고 만약 여러분이 생각하고 있다면, 여러분은 큰 오류를 범하고 있는 것이 됩니다. 이전에 한 번 나는 여러분에게 기탄없이 주의를 준 바 있습니다. 그것은 정신의 자유와 임의성에 대한 뿌리깊은 신념이 여러분의 마음속에 배어들어 있지만 그 신념은 과학적인 것이 아니며, 심적 활동을 지배하고 있는 결정론 앞에서는 굴복해야 한다는 것이었습니다. 나는 꿈에 대해 질문받은 사람이 떠올린 것은 이것이며 다른 것이 아니라는 사실을 존중해 주길 바랍니다.

그러나 나는 하나의 신념을 물리치고 다른 신념을 강요하고 있는 것은 아닙니다. 질문받은 사람에게 생긴 착상은 임의적인 것도 불확실한 것도 아니고, 우리가 구하고 있는 것과 전혀 관련이 없는 것도 아니라는 것은 증명할 수 있습니다. 실제로 그렇습니다. 나는 최근에 실험심리학이 이러한 것을 증명할 수 있었다고 들었습니다. 그렇다고 이것을 그리 중요시하고 있지는 않습니다만.

지금 이야기하고 있는 문제는 중요한 의미를 지니므로 특히 주의해 주기 바랍니다. 내가 어떤 사람을 재촉하여 꿈의 어떤 요소에 대해 어떤 것을 떠올렸는가

---

9) 101쪽 참조.

말하게 하는 것은, 그 사람이 '출발점이 되는 표상(表象)을 확보한' 뒤에 자유로
운 연상이 향하는 대로 말해 달라고 요구하고 있는 것이기 때문입니다. 즉 그 방
법은 주의력을 특별한 방식으로 둘 것을 요구하고 있는 것이며, 사물을 성찰하는
경우와는 전혀 달리 오히려 성찰 따위를 하지 말 것을 요구하고 있는 것입니다.
쉽사리 이와 같은 방식으로 마음을 둘 수 있는 사람도 있습니다. 그러나 그렇게
하려고 해도 몹시 서툴러 할 수 없는 사람도 있습니다. 만약 우리가 이 출발점이
되는 표상을 버리고, 예를 들어 고유명사나 숫자 등을 자유롭게 생각나는 대로
연상시키는 식으로 착상의 성질과 종류만을 정해 주게 되면 연상의 자유는 더욱
고도의 것이 될 것입니다. 이 경우의 착상은 우리의 기법을 사용했을 때의 착상
보다 한층 자유분방하고 예측을 불허하는 것이 될 것임에 틀림없습니다. 그러나
이 착상은 중대한 마음가짐에 의해서 언제나 엄하게 결정되어 있는 것이 명백합
니다. 다만 이 마음가짐은 그것이 활동하고 있는 순간에는 우리는 알지 못합니
다. 그것은 마치 실수 행위 때의 방해하는 의향이나 우발적 행위를 야기시키는
의향을 우리가 알지 못하는 것과 마찬가지입니다.

　나 자신이나 나의 뒤를 따르는 많은 사람들도 특정한 근거도 없이 이름이나 숫
자를 연상시키고 그 연구를 반복해서 행하고 그중 어느 것은 발표도 하고 있습니
다. 이 연구는 머리 속에 떠오른 이름에 관해서 연상을 계속 더듬어가게 하는 조
작(操作)입니다. 그러므로 그 연상도 완전히 자유롭다고 할 수 없으며 꿈의 요소
에 대한 착상 때와 같이 한 번은 속박을 받고 그 속박은 연상을 추진시키는 힘이
있는 한 계속됩니다. 그와 동시에 한편으로는 이리하여 떠올려진 이름의 동기부
여나 의의가 명백해지고 있습니다. 실험은 몇 번 되풀이해도 같은 결과를 나타내
며, 그 보고는 다만 풍부한 자료라는 데 그치지 않고, 더욱 상세하게 논구해 봐
야 할 것 같습니다. 아마도 숫자를 자유롭게 떠올려보는 연상법이 가장 증명력을
지니고 있을 것입니다. 이러한 연상은 신속히 행해지고, 게다가 놀랄 만큼 확실
하며, 숨겨져 있는 목표를 향해 밀고 나아가므로 우리를 아연케 할 정도입니다.
여기서 나는 이런 종류의 이름의 분석례만을 보고하고 싶습니다. 다행히 얼마 안
되는 자료만 가지고도 되기 때문입니다.

　어떤 청년을 치료하고 있을 때 이 테마가 화제가 되어 착상에는 선택의 자유가
있는 듯 보이지만 실제로는 어떤 이름이건 그것을 생각해 낼 때에는 피험자의 주
변 사정, 특이성 및 그 순간의 상황에 강하게 제약받고 있음을 알 수 있다고 나

는 말했습니다. 그 청년이 의심하고 있어서 나는 그에게 당장 스스로 해보도록 제안했습니다. 나는 그가 남의 부인이나 소녀들과 온갖 종류의 관계를 여러 가지로 가지고 있는 것을 알고 있었기 때문에 한 여자의 이름이 생각나면 그다음에는 그야말로 줄줄이 이어져 나오리라 생각했습니다. 그는 이 제안에 동의했습니다. 그런데 내가 놀란 것은, 아니 그가 놀랐는지도 모르지만 여성의 이름이 눈사태처럼 쏟아지리라 생각했는데 뜻밖에도 그는 잠시 가만히 있다가 이윽고 단 하나 알비네(Albine)라는 이름을 생각해 내고는 그 밖에는 아무것도 떠오르지 않는다고 고백했습니다. "이상하군요. 이 이름과 당신과는 어떤 관계가 있습니까. 알비네라는 이름의 처녀를 몇 사람이나 알고 있지요"하고 묻자, 이상하게도 그는 알비네라는 처녀는 한 사람도 알고 있지 못했고, 이 이름에 대한 연상을 그 이상 조금도 해나가지 못했습니다. 분석은 실패했다고 말해도 좋을 것 같습니다. 그러나 그렇지는 않습니다. 분석은 이미 완성되어 있었습니다. 그러므로 그는 더 이상 아무것도 생각해 낼 필요가 없었던 것입니다. 이 청년은 보기 드물게 살결이 흰 편이었기 때문에 나는 치료를 위한 대화 때 반농담조로 몇 번이나 알비노(Albino, 스페인어로 흰둥이란 뜻)라고 부른 적이 있었습니다. 우리는 그의 체질에 여성적인 요소가 있다는 점을 명백히 하려고 무척 애를 쓰고 있었습니다. 즉 그로서는 자기 자신이 이 알비네, 즉 이 시기에 그가 가장 관심을 갖고 있는 여성이었던 것입니다.

이와 마찬가지로 갑자기 머리에 떠오르는 멜로디도, 당사자는 그 활동에 대해서 모르고 있어도 그 사람의 마음을 빼앗아갈 만한 필연성을 지닌 어떤 사고의 움직임에 제약되어 있고 그 움직임에 속해 있음을 알 수 있습니다. 멜로디의 경우에는 그 멜로디를 떠올리게 하는 가사일 수도 있고, 그것을 알았을 때의 사정일 수도 있는데, 이러한 관계를 나타내기는 쉽습니다. 그러나 나는 이 주장을 실제로 음악적 소질이 있는 사람에까지 적용하는 것은 삼가야 할 것입니다. 나에게는 이런 종류의 사람에 대한 경험이 전혀 없기 때문입니다. 그들의 경우에는 멜로디가 떠오를 때에는 그 음악적인 내용이 결정적인 인자(因子)가 되어 있을지도 모릅니다. 그러나 많은 것은 음악적 소질이 없는 사람의 예입니다. 예를 들면 내가 알고 있는 어느 청년이 잠시 동안 〈아름다운 에레네〉(오펜바하 작곡의 오페레타. 1864년작) 중의 '파리스 왕자의 노래'의 아주 매혹적인 멜로디에 사로잡혀 있었던 적이 있습니다. 분석해 본 결과 그의 관심 속에서 그 무렵 이다와 에레네라는 두 명의 여성이 서로 경합하고 있었다는 것을 알게 되었습니다.

그러므로 완전히 자유롭게 머리에 떠올랐다고 믿고 있는 착상도 이와 같은 제약을 받고 일정한 연관 속에 위치지워지고 있다면, 발단이 되는 하나의 표상에 속박되어 있는 착상은 이것에 못지않게 제약되어 있다고 결론지을 수 있을 것입니다. 실제로 착상은 그 발단이 되는 표상을 통해서 우리가 가한 속박 외에 또 하나의 강한 감정을 동반하는 사상이나 관심의 영역, 즉 '콤플렉스'[10]에 좌우되고 있다는 것을 인식할 수 있습니다. 이 콤플렉스의 작용은 그 순간에는 본인이 알 수 없는, 즉 무의식적인 것입니다.

이와 같은 속박성을 지닌 착상은 정신분석의 역사에서는 주목할 만한 역할을 한, 아주 시사하는 바가 많은 실험적인 연구대상입니다. 분트학파는 이른바 연상실험에 대해 보고하고 있는데, 이 실험에서 피험자는 자신에게 던져지는 '자극어(刺戟語)'에 대해 임의의 '반응어(反應語)'로 될 수 있는 한 빨리 대답하도록 명령을 받습니다. 그것에 의해 자극어가 주어지고 나서 반응어를 말할 때까지의 시간 간격이나 반응으로서 주어진 답의 성질, 동일한 또는 유사한 시도를 나중에 되풀이했을 때 혹시 일어날지도 모르는 오류 등을 연구할 수 있습니다. 브로이라[11]와 융[12]의 지도하에 취리히학파[13]는 연상실험 때의 제반응을 설명했습니다. 피험자의 연상반응 속에 어떤 기묘한 점이 있을 때에는 나중에 연상에 의해 그 점을 설명하도록 피험자에게 요구했습니다. 그러자 이때의 기묘하게 여겨진 반응은 아주 명백하게 피험자의 콤플렉스에 의해서 결정되어 있음이 명백해졌습니다. 브로이라와 융은 그것에 의해 실험심리학에서 정신분석으로 가교 역할을 처음으로 한 것입니다.

---

10) 관념복합체라고도 한다. 아버지에 대해 애증이 얽힌 복잡한 감정을 동반하는 관념군을 가리키는 엘렉트라 콤플렉스, 에디푸스 콤플렉스, 거세(去勢) 콤플렉스 등과 같이 강한 감정을 수반하는 관념의 집합체이다. 이 개념을 정신분석학에 도입한 것은 융이다.

11) 1857~1939. 스위스의 정신의학자. 정신분석학 발전의 초기에는 프로이트와 교제하여 정신분석학의 영향을 받고 정신분열증 증상의 해명 등을 시도했다. 그 후 프로이트와 헤어졌다. 조발성 치매(早發性痴呆)에 대해 정신분열증이란 명칭을 제창한 사람으로 유명함.

12) 1875~1961. 브로이라의 문하생이며 브로이라와 함께 초창기 정신분석 운동에 참여하여 활약했다. 프로이트와 함께 1909년 미국으로 건너가 정신분석학의 보급에 힘썼다. 그 후 프로이트와 헤어지고 나서 아들러와 프로이트 학설의 통합을 시도하고 무의식의 계통발생설, 꿈의 확대해석 등 독자적인 심리학을 수립했다. 심리학자·정신의학자보다는 사상가적인 학자로 여겨지고 있다.

13) 브로이라, 융 등을 중심으로 하는 학파. 정신의학계에서는 정신분열증 등에 대한 큰 공헌을 하고 있다.

이러한 이야기를 듣고 여러분은 다음과 같이 말할지도 모릅니다. "자유롭고 구애받지 않는 착상일지라도 결정되어 있는 것이며, 우리가 이제까지 생각하고 있었듯이 자의적(恣意的)인 것이 아니라는 것을 이제는 인정하겠다. 또한 꿈의 요소에 대한 착상에 대해서도 이를 인정하겠다. 그러나 그것은 우리에게 있어서 중요한 것은 아니지 않는가. 당신은 꿈의 요소에 대한 착상이 다름 아닌 이 요소의 심적 배경을 형성하고 있으며, 우리가 알지 못하는 것에 의해 결정되고 있다고 주장하고 있는 셈이다. 이것은 증명되어 있지 않다. 꿈의 요소에 대한 착상은 꿈을 꾼 사람의 콤플렉스의 하나에 의해서 규정되어 있다는 것을 짐작은 하겠지만 그것이 무슨 소용이 있겠는가. 그것은 우리에게 꿈을 이해시켜 주지 않고 연상실험과 마찬가지로 이른바 이 콤플렉스에 대해서 알려줄 뿐이잖는가. 그것과 꿈은 어떤 관계가 있다는 것인가."

참으로 옳은 말입니다. 그러나 여러분은 어떤 중대한 점을 간과하고 있습니다. 기회가 좋긴 했지만 나는 그 점을 생각했기 때문에 연상실험을 서술의 출발점으로 택하지 않았던 것입니다. 이 실험에서는 반응의 결정요인의 하나, 즉 자극어는 우리가 임의로 선정합니다. 이 경우에 반응은 자극어와 피험자의 일깨워진 콤플렉스를 매개합니다.

그런데 꿈에서 그 자극어를 대신하는 것은 꿈을 꾸는 사람 그 자체의 심적 활동에서 유래하는 것, 즉 꿈을 꾸는 사람은 모르는 미지의 원천에서 유발하고 있는 것입니다.

따라서 그것 자신은 아주 쉽게 '콤플렉스의 후예'가 될 수 있습니다. 그러므로 꿈의 요소에 결부되어 떠오르는 착상 역시 그 요소의 콤플렉스 이외의 것에 의해서는 규정되고 있지 않습니다. 따라서 이러한 착상에 의해서 꿈의 요소의 콤플렉스를 발견할 수 있게 되리라고 기대하더라도 지나치게 공상에 빠지는 것은 아닙니다.

우리가 이 경우에 걸고 있는 기대가 사실 그대로임을 다른 예를 통해서 보여주겠습니다.

고유명사를 망각하는 것은 본래 꿈의 분석의 예에 있어서는 본보기가 되는 것입니다. 다만 꿈을 해석할 경우에는 두 사람에게 분할되는 일이 이 망각에서는 한 사람이 해야 한다는 것만 다릅니다. 내가 어떤 이름을 일시적으로 망각했다 해도 나는 자신이 그 이름을 알고 있다는 것을 확신하고 있습니다. 이와 같은 확

신을 꿈을 꾸는 사람도 가지고 있다는 것을 베른하임의 실험[14]이라는 우회로를
통해 처음 알았습니다. 그러나 알고는 있지만 망각해 버린 이름은 아무래도 나오
지 않습니다. 아무리 애써 생각해 봐도 이 경우에는 소용이 없습니다. 그것은 경
험이 가르쳐줍니다. 그러나 대리 이름을 하나, 혹은 몇 가지 연상할 수는 있습니
다. 대리 이름이 자연히 떠오를 경우에 비로소 이 상황과 꿈의 분석의 상황의 일
치가 명백해집니다. 꿈의 요소는 진짜가 아니라 다른 어떤 것의 대신, 즉 내가
모르고 있고 꿈을 분석함으로써 찾아내야 하는 본래의 것의 대리물입니다. 또한
양자의 차이점은 이름을 망각한 경우에는 대리 이름은 곧 진짜 이름이 아니라고
주저하지 않고 인정하지만, 꿈의 요소의 경우에는 그것이 대리물이라는 것을 인
정하기가 상당히 어렵다는 데 있습니다. 그런데 이름을 망각한 경우에도 대리 이
름에서 의식되고 있지 않은 본래의 것, 즉 잊고 있었던 이름에 도달하는 길은 있
습니다. 주의를 이 대리 이름에 집중하고 그것을 출발점으로 삼아 착상이 잇따라
떠오르게 해나가면 다소 우회로는 있지만 망각한 이름에 이르게 됩니다. 이 경우
에 자연히 떠오른 대리 이름은 애써서 불러일으킨 대리 이름과 마찬가지로 망각
한 이름과는 관계가 있고 망각한 이름에 의해 규정되고 있음을 발견하게 됩니다.
   이런 종류의 분석례 중 하나를 공개하겠습니다.
   어느 날 나는 몬테카를로가 수도에 있으며 리비에라 해안(남프랑스의 지중해 해안)에 연한
작은 나라의 이름이 도저히 생각나지 않는 것이었습니다. 화가 나서 못 견딜 정
도였지만 어쩔 도리가 없었습니다. 그래서 이 나라에 관한 나의 지식을 상기해
보았습니다. 루시냐가(家) 출신의 앨버트 대공(大公)을 생각해 내고 그의 결혼,
대공의 심해(深海) 연구열, 그 밖에 내가 생각해 낼 수 있는 한 모든 것을 생각
해 봤으나 아무 소용이 없었습니다. 그래서 나는 이와 같은 사고방식을 버리고
도저히 생각나지 않는 국명 대신에 대리 이름을 생각나는 대로 늘어놓았습니다.
그것은 바로 나왔습니다. 몬테카를로 그것, 이어서 피레몬테(북이탈리아 의 지방명), 알바니
엔(알바 니아), 몬테비데오(우루과이 의 수도), 콜리코(북이탈리아 의 도시) 등입니다. 알바니엔은 재빨리
나의 주의를 끌었으나 바로 몬테니그로(유고슬라비아 의 한 지방)가 대치되었습니다. 아마도 백
(白)과 흑의 대립 때문일 것입니다.[15] 그러는 동안에 나는 이들 대리 이름 가운

---

14) 107쪽 참조.
15) Albanien의 근어(根語)인 알부스(Albus)는 백(白), Negro의 근어 니거(Niger)는 흑(黑)
   을 뜻한다.

데 4개에는 같은 mon이란 음절이 포함되어 있는 것을 알았습니다. 그러자 나는 갑자기 잊고 있었던 이름이 생각나서 모나코라고 외쳤습니다. 대리 이름은 실제로 잊고 있었던 이름에서 나왔습니다. 처음 4개의 대리 이름은 첫째 음절 $\left(\begin{smallmatrix} \text{Monaco} \\ \text{를 음절} \\ \text{로 나누면} \\ \text{aco로 된다} \end{smallmatrix}\right.$ Mon·$\left.\right)$ 에서 나왔으며, 최후의 것은 음절의 순서와 맨 끝의 철자인 O를 재현하고 있었습니다. 그 밖에 나는 왜 이 이름을 잠시 잊고 있었는가도 알았습니다. 모나코는 뮌헨의 이탈리아 이름[16]이며, 이 뮌헨이 저지하는 작용을 하고 있었던 것입니다.

이 예는 분명히 훌륭하지만 너무 간단한지도 모릅니다. 다른 예의 경우에는 최초의 대리 이름에 대해 꽤 많은 착상을 구하지 않으면 안 되므로 꿈의 분석과의 유사성은 더 한층 명백해지리라 생각됩니다. 실제로 나는 그러한 경험을 한 적이 있습니다. 어느 외국인이 이탈리아의 포도주를 함께 마시지 않겠느냐며 권해 온 적이 있었습니다. 레스토랑에 가고 난 뒤의 일인데, 그는 매우 맛있다고 기억하고 있는 포도주를 주문하려다가 그 포도주의 이름을 망각해 버렸습니다. 망각한 이름 대신 이 외국인이 생각해 낸 많은 이름에서 나는 이 망각이 헤트비히라는 이름의 부인에 대한 고려(顧慮)에서 온 것이라고 추정할 수 있었습니다. 그리고 그도 이 술을 처음 마신 것은 헤트비히란 부인 집의 모임 때였다는 것을 생각해 냈습니다. 그는 그때 행복한 결혼생활을 하고 있었는데, 헤트비히는 그 이전 시대, 별로 생각하고 싶지 않은 시대에 알고 있었던 사람이었습니다.

이름을 망각한 경우에 할 수 있는 것은 꿈의 해석 때에도 성공적으로 이루어낼 수 있을 것입니다. 즉 대리물에서 그것에 수반되는 연상을 통해 억압되어 있는 본래의 것으로 도달한다는 것입니다. 우리는 이름을 망각한 경우의 실례에 의해서 꿈의 요소에 대한 연상에 관해서도 그러한 연상은 꿈의 요소와 그 무의식적인 본래의 것에 의해서 결정되어 있다고 가정해도 지장이 없을 것입니다. 이리하여 우리는 우리의 기법이 옳음을 증명하기 위해 약간의 것을 제시할 수 있었다고 생각합니다.

---

16) 뮌헨(München)은 zu den Mönchen의 뜻이며 모나코(Monaco)는 Mönch와 어원이 같다.

제7강 꿈의 현재(顯在)내용과 꿈의 잠재(潛在)사상

여러분! 이미 아는 바와 같이 실수 행위를 연구한 것은 결코 헛된 일이 아니었습니다. 우리는 이 노력에 의해서 두 가지 것을——물론 여러분이 알고 있다는 것을 전제로 하지만——얻었습니다. 그것은 꿈의 요소에 대한 견해와 꿈의 해석의 기법입니다. 꿈의 요소에 대해서는 그것이 본래적인 것이 아니라 다른 어떤 것의 대리물이라는 견해를 갖고 있습니다. 대리물이란 꿈을 꾼 사람은 자각하고 있지 못하지만 실수 행위의 경우의 의향과 같이 그 사람의 마음속에는 그 지식이 존재하고 있는 어떤 것의 대리물을 가리키고 있습니다. 우리는 이상의 견해를 이와 같은 꿈의 요소로 이루어져 있는 꿈 전체에 적용해 생각해도 좋다고 보고 있습니다. 우리의 기법은 이러한 요소에 대한 자유연상에 의해서 다른 대리물이 떠오르도록 하고 그것에 근거하여 숨겨져 있는 것을 추측할 수 있도록 한다는 것입니다.

나는 여러분에게 우리의 술어(術語)의 변경을 제안합니다. 그것에 의해서 우리의 일은 좀더 쉬워질 것입니다. 숨겨져 있다든가, 손이 닿지 않는다든가, 본래적인 것이 아니라고 하는 대신 올바르게 기술(記述)하여 꿈을 꾸는 본인의 의식에 있어서는 도달 불능이다, 또는 '무의식[1]'이라고 하기로 하겠습니다. 그것은 여러

---

1) 여기서는 특정한 의미가 아니라 '의식되고 있지 않은'이란 뜻으로 쓰이고 있다. 그러나 프

분에게 망각한 말이나 실수 행위의 방해의향과의 관계를 암시하는 것을 뜻하는 것에 지나지 않습니다. 즉 '그때 무의식이다'라는 것입니다. 당연한 일이지만 이 무의식과 대립시켜서 꿈의 요소 자체와 연상에 의해 새롭게 획득한 대리표상(表象)은 '의식적'이라고 불러도 좋을 것입니다. 이렇게 명명해도 지금은 아직 아무런 이론구성도 거기에 결부되어 있지 않습니다. 그러나 '무의식적'이란 말을 적절하고 이해하기 쉬운 말로 사용하는 데는 비난받을 이유가 없다고 생각합니다.

하나하나의 요소에 대한 우리의 견해를 꿈 전체에 적용해 보면 꿈은 전체로서 어떤 다른 것, 즉 무의식적인 것의 대리이며 꿈의 해석의 과제는 이 무의식적인 것을 발견하는 것이 될 것입니다. 거기에서 곧 도출되는 것은 꿈의 해석 작업을 하고 있을 때 따라야 할 세 가지의 중요한 원칙입니다.

첫째로는 언뜻 보기에 꿈이 지니고 있는 듯이 보이는 의미에는 마음을 쓰지 말 것. 설사 그것이 알기 쉬운 것이건, 부조리한 것이건, 명백한 것이건, 혼란된 것이건간에 말입니다. 그것은 결코 우리가 구하고 있는 무의식적인 것이 아니기 때문입니다(이 원칙에는 저절로 이윽고 제한이 가해지지 않을 수 없게 되지만).

둘째로는 우리는 꿈의 해석 작업을 각각의 요소에 대한 대리표상을 불러일으키는 데 제한하고 그 대리표상에 대해 숙고하거나 어떤 적절한 것을 포함하고 있지 않은가 음미하지 말고, 또한 그 표상들이 아무리 꿈의 요소에서 떨어져 있어도 개의치 말 것.

셋째로는 숨겨져 있고 탐색되고 있는 무의식적인 것이 저절로 모습을 보일 때까지 참고 기다릴 것. 앞에서 말한 실험에 있어서의, 잊고 있었던 모나코라는 말과 같이 말입니다. [2]

이제 우리는 꿈을 어느 정도 잘 기억하고 있는지, 기억하고 있지 않은지, 특히 얼마만큼 정확히 생각해 내는지 생각해 내지 못하는지 하는 것은 전혀 아무래도 좋다는 것을 알았습니다. 기억하고 있는 꿈은 본래의 것이 아니라 본래의 것이 왜곡된 대리물입니다. 이 대리물은 우리가 다른 대리물을 불러일으켜서 본래의 것에 접근하는 일, 즉 꿈의 무의식적인 것을 의식화하는 데 반드시 도움이 됩니다. 따라서 우리의 기억이 정확하지 않았다면 그것은 이 대리물이 한층 왜곡되어

로이트의 중요한 개념인 '무의식'에 그것이 연관되어 있다는 것을 동시에 주장하고 있는 셈이다.
2) 116쪽 참조.

있다는 것이며, 이것에도 어떠한 동기가 있을 것입니다.

 꿈을 해석하는 일은 남의 꿈에 대해서만이 아니라 자기 꿈에 대해서도 가능합니다. 그뿐만 아니라 자기 꿈에 대한 것이 오히려 얻는 바가 많으며 그 과정도 한층 설득력이 있다는 결과가 나옵니다. 그런데 자기 꿈에 관해서 해석해 보면 이 일에 대해 어떤 저항하는 것이 있음을 알게 됩니다. 물론 여러 가지 착상은 분명히 얻어지지만, 그러한 착상이 모두 그대로 순수하게 받아들여지지 않습니다. 착상을 음미하고 또한 선택하고 싶어집니다. 무엇인가 착상하면, 아니 이것은 적절하지 않아, 이것은 여기에 있을 것이 아니야 하고 우리는 말합니다. 또한 다른 착상이 떠오르면 이것은 너무나 무의미하다고 말하고, 다음 착상에서는 이것은 전혀 지엽적(枝葉的)인 것이라고 치워버립니다. 우리는 이리하여 착상을, 그것이 아직 분명치 않을 때 지금 말한 바와 같은 반론으로 질식시켜 버리고, 마지막으로는 착상을 모두 추방시켜 버리는 일도 주저치 않을 것입니다. 요컨대 한편에서는 출발점으로서의 표상, 즉 꿈의 요소 자체에 지나치게 사로잡히고, 다른 한편에서는 해서는 안 되는 선택을 하여 자유로운 연상의 성과를 방해합니다. 꿈의 해석을 자기 혼자 하지 않고 자기 꿈을 타인에게 해석해 달라고 하면, 우리에게는 또 하나의 다른 동기가 있고 자기 꿈을 자기가 해석할 때에는 해서는 안 될 선택에 이용하고 있는 것을 분명히 알게 될 것입니다. 그러므로 우리는 때때로 이 착상은 너무나 불쾌하고 도저히 보고하고 싶지도 않고 보고할 수도 없다고 자신에게 타이르는 경우가 있습니다.

 이와 같은 반대적 동기는 우리들의 일의 성과를 손상시킬 염려가 있는 것이 명백합니다. 이 동기를 막아야만 합니다. 그러기 위해서는 자기 자신의 꿈을 해석할 경우에는 이 동기를 따르지 않겠다는 굳은 결의를 가져야 합니다. 또한 타인의 꿈을 해석할 경우에는 꿈을 꾼 사람에게, 당신에게 착상에 대해서 다음 네 가지 반론 중 어느 것이 일어나더라도 반드시 모든 착상을 보고해야 한다는 불가침의 원칙을 알려두어야 합니다. 그 네 가지 반론이란 너무나도 하찮고, 너무나도 어리석고, 여기에는 관계가 없고, 남에게 이야기하기에는 너무나 불쾌하다는 것입니다. 상대방은 이 원칙을 지키겠다고 약속하지만 우리는 상대방이 기회만 있으면 이 약속을 깨려 해 화가 나는 경우도 있을 것입니다. 그런 경우에 우리는 자유연상의 올바름을 충분한 권위를 가지고 보증했음에도 불구하고 그는 잘 알지 못했다는 해석을 먼저 할 것입니다. 그리고 그를 어쨌든 이론적으로 자기편으로 만들려고 생각합니다. 그에게 저작물을 읽히거나 강의를 듣게 해서 가능하면 자유연상에 대한 우리 견해의 신봉자로 만들려고 하는 것입니다. 그러나 가장 확신을 가질 수 있는 자기 자신의 꿈의 경우에서도 어떤 종류의 착상에 대해 같은 비판적인 반론이 마음속에 일어나고, 나중에 말하자면 제2심에서 비로소 제거된다는 것을 생각해 보면 이러한 쓸모없는 일은 할 필요가 없습니다.

꿈을 꾼 사람이 말을 듣지 않는 데 화를 내는 대신 어떤 새로운 것을 배우기 위해 이 경험을 이용하는 것이 좋습니다. 그런 경우에 상대방이 미리 마음의 준비를 하고 있지 않으면 않을수록 한층 중요한 것을 배울 수 있습니다. 꿈을 해석하는 일은 그것이 부딪히는 '저항'을 거스르며 수행되는 것입니다. 이런 저항의 나타남이 저 비판적인 반대입니다. 이 저항은 꿈을 꾼 사람의 이론적 신념과는 하등의 관계도 없습니다. 아니, 우리는 그 이상의 것을 배우게 됩니다. 왜냐하면 이와 같은 비판적 반론은 결코 정당화되지 않는다는 것을 경험하게 되기 때문입니다. 그와 반대로 억제되어야 한다고 생각하는 착상이야말로 '예외없이' 가장 중요하며, 무의식적인 것을 발견하는 데 있어 결정적인 의미를 지닌다는 것이 명백해집니다. 착상에 이런 종류의 반대가 따라다닌다면 곧 그 착상이 명기해야 할 것이라는 것입니다.

이 저항은 아주 새로운 것이며, 우리들의 전제에 기초하여 발견한 현상이면서 이 전제에는 포함되어 있지 않았습니다. 이 새로운 인자(因子)가 우리의 고려 속에 들어온 것은 뜻밖이며 반드시 유쾌한 것은 아닙니다. 우리는 이미 이 인자가 우리의 일을 편하게 하지는 않으리라고 예감하고 있습니다. 이 인자는 어쩌면 우리의 꿈을 에워싼 노력을 모두 망쳐버리는 결과로 이끌지도 모릅니다. 꿈과 같은 하찮은 것의 해석이 간단한 기법으로 끝나지 않고 거기에 이러한 곤란이 있으리라고는! 그러나 한편 이 곤란이야말로 우리를 흥분시키고 이 일은 노력을 기울일 만한 가치가 있다고 생각하게 하는 면도 있습니다. 우리는 꿈의 요소가 의미하고 있는 대리물에서 꿈의 요소 속에 감추어져 있는 무의식적인 것으로 밀고 나아가려고 할 때에는 반드시 저항에 부딪힙니다. 따라서 우리는 대리물의 배후에는 의미심장한 그 무엇이 감추어져 있다고 생각해도 좋습니다. 숨겨져 있는 것을 굳이 감추려고 하기 위해서가 아니라면 이러한 곤란은 무엇 때문에 있을까요. 어린 아이가 굳게 쥔 손을 펴지 않고 그 속에 있는 것을 보이려 하지 않을 때에는 반드시 가져서는 안 되는 것이나 어떤 나쁜 것을 가지고 있을 때가 아닐까요.

122 제 2 부 꿈

저항이라는 다이내믹한 관념을 이 사태 속으로 도입함과 동시에 우리는 또한 이 요인이 양적인 변동을 나타내는 것임을 생각해야만 합니다. 그것은 큰 저항도 있는가 하면 작은 저항도 있는 것입니다. 그리고 이 차이가 우리들의 꿈 해석의 작업중에 나타나는 것은 우리도 각오하고 있습니다. 아마도 이 차이에 의해서 꿈을 해석할 때 경험하는 것도 달라지리라 생각합니다. 즉 대개의 경우에는 겨우 하나, 혹은 두세 개 착상으로 꿈의 요소에서 그 무의식적인 것에 이를 수 있지만 긴 연상의 고리를 이어보거나, 많은 비판적인 반대를 극복하지 않고서는 이를 수 없는 경우도 있습니다. 차이는 저항의 크기가 다른 것과 관련이 있다고 우리는 생각하지만, 아마도 이 생각은 옳으리라 생각합니다. 저항이 미약하면 대리물은 무의식적인 것에서 그다지 멀리 떨어져 있지 않은 것이 되며, 큰 저항은 무의식적인 것을 크게 왜곡하므로 당연히 대리물에서 무의식적인 것으로의 퇴로(退路)도 커진다는 것이 됩니다.

드디어 실제로 꿈을 예로 들어서 우리가 이 기법에 걸고 있는 기대가 충족될 것인지 어떤지 시험해 볼 시기가 온 것 같습니다. 좋습니다. 그러나 어떤 꿈을 선택해야 좋을까요. 이것을 결정하는 일이 나로서는 얼마나 어려운지 여러분은 알지 못할 것입니다. 게다가 나는 여러분에게 왜 어려운가 하는 점을 이야기할 수 없습니다. 전체적으로 그다지 왜곡되어 있지 않은 꿈이 틀림없이 있을 것입니다. 그것이 시초의 꿈으로서 좋을 것입니다. 그러나 왜곡이 적은 꿈이란 어떤 것일까요. 조리가 있고 혼란스럽지 않은 꿈일까요. 이미 두 개의 예[3]를 이야기했지만 조리 있는 꿈이 왜곡이 적은 꿈이라고 생각하면 큰 잘못을 범하는 것이 됩니다. 검토 결과 이러한 꿈은 몹시 왜곡되어 있다는 것을 알 수 있기 때문입니다. 그런데 만약 내가 특별한 조건을 붙이지 않고 임으로 하나의 꿈을 선택해 왔다면 여러분은 아마도 틀림없이 큰 환멸을 느낄 것입니다. 꿈의 하나하나의 요소에 대해 너무나도 많은 착상을 알아차리고 기록해야 하므로 우리의 일도 전혀 전망이 서지 않는 것이 될지도 모릅니다. 꿈을 기록해 두고 그 꿈에 대해 마음에 떠오르는 착상을 전부 기록한 것과 비교해 보면 착상 쪽이 본래의 꿈의 문장의 몇 배의 분량이 되는 경우도 흔히 있습니다. 그러므로 분석용으로는 짧은 꿈을 많이 골라내고 그 어느 것이나 모두 무엇인가를 이야기하거나, 혹은 무엇인가를 증거해 주는 것을 나타내면 그것이 가장 목적에 어울리는 방법일 듯이 여겨집니다. 조금밖

---

3) 100쪽 참조.

에 왜곡되지 않은 꿈을 어디서 구하는 것이 좋은가 하는 것에 대해서는 경험도 별로 가르쳐주지 않습니다. 그렇다면 우리는 방금 말한 바와 같이 짧은 꿈을 많이 골라 분석해 보려고 결심하기에 이를 것입니다.

　그런데 우리는 이 밖에도 또 하나 적합한 방법이 앞길에 있는 것을 알고 있습니다. 그것은 꿈 전체의 해석에 착수하는 대신에 꿈의 개개의 요소를 해석하는데 머무르고 일련의 예에 대해서 우리의 기법을 적용했을 경우 그들 요소가 어떻게 설명되는가를 추구해 보는 것입니다.

　a. 어느 부인이 말하기를 어릴 때 '뾰족한 종이모자를 쓴 하느님'을 꿈속에서 자주 보았다고 합니다. 여러분은 꿈을 꾼 본인의 도움 없이 어떻게 이 꿈을 해석할 수 있겠습니까. 이 꿈은 아주 우스꽝스럽게 보입니다. 그런데 이 부인의 말을 들어보면 그렇지 않게 됩니다. 그녀는 어릴 때 식탁에 앉을 때는 늘 뾰족한 종이모자를 쓰는 버릇이 있었습니다.

　그 이유는 형제 자매의 접시에 자기보다 많은 음식이 놓여 있지 않은가 하고 훔쳐보는 버릇이 있었고 도저히 그 버릇을 고치지 못했기 때문입니다. 모자는 눈가리개의 역할을 하고 있었던 것입니다. 아무튼 이 꿈의 하나의 역사적인 유래가 아무런 곤란 없이 주어진 셈입니다. 이 꿈의 요소의 해석, 또한 그것과 더불어 이 짧은 꿈 전체의 해석은 이 부인이 계속해서 말해 준 착상의 도움으로 쉽사리 명백해집니다. "하느님은 모든 것을 아시고 모든 것을 보고 계신다고 듣고 있었습니다. 그래서 이 꿈은 설사 모두 나를 방해하려고 해도 나는 하느님처럼 모든 것을 알고 모든 것을 보고 있다는 의미라고 생각합니다"하고 그녀는 말했습니다. 이 꿈은 너무 간단한 것일지도 모릅니다.

　b. 어느 한 의심 많은 부인 환자가 긴 꿈을 꾸었습니다. 꿈속에서 어떤 사람이 그녀에게 내가 쓴 '위트'에 관한 책에 대해 이야기하고 그것을 대단히 칭찬했다고 합니다. 이어서 어느 '카날(運河)'에 대한 이야기를 했습니다. "아마도 운하 이야기가 나오는 다른 책이었는지, 그렇지 않으면 운하와 관련이 있는 무엇이었는지 …… 그것은 잘 모르겠는데…… 그것은 정말 막연한 것이었습니다"하고.

　그런데 여러분은 꿈의 요소인 '운하'는 너무 막연해서 해석할 수가 없다고 생각할 것입니다. 곤란하다고 생각하는 것도 무리는 아닙니다만, 막연하기 때문에 곤란한 것이 아니라 막연한 것은 다른 근거 때문입니다. 그것이 해석도 어렵게 만들고 있습니다. 그러나 이 꿈을 꾼 부인은 운하에 관해 아무것도 떠오르지 않았고, 물론 나도 무어라 말할 만한 게 없었습니다.

잠시 후에, 하지만 사실은 그 다음날인데, 그녀는 "어떤 것을 생각해 냈습니다. '아마도' 운하에 관계되는 일일 것입니다" 하고 말을 꺼냈습니다. 과연 그것은 그녀가 들은 적이 있는 어떤 위트였습니다. 도버와 칼레 사이(영불해협)의 배 위에서 한 이름난 저술가가 어느 영국인과 이야기하고 있었습니다. 그 영국인이 어떤 이야기를 할 때 Du sublime au ridicule, il n'y a qu'un pas(위대함과 우스꽝스러운 사이에는 한 발짝밖에 차이가 없다)라는 문장을 인용했습니다. 그러자 저술가는 Oui, le pas de Calais(그렇습니다. 칼레에서는 한 발짝이지요) 하고 대답했습니다. 그는 이것으로 프랑스 사람은 위대하고 영국 사람은 우스꽝스럽다는 말을 하려고 했을 것입니다. 그러나 pas de Calais(칼레 해협. 영불해협의 프랑스어 호칭의 하나. pas는 한 발짝의 뜻인 동시에 해협이란 뜻)는 아무튼 카날(운하)입니다. 즉 영불해협은 독일어로는 Ärmelkanal이며, 프랑스어로는 Canal la Manche입니다.[4] 이 착상이 꿈과 뭔가 관계가 있다고 생각해도 좋을까요. 물론 그렇습니다. 나는 이 착상이 실제로 수수께끼 같은 꿈의 요소에 해결을 주고 있다고 생각합니다. 그렇지 않으면 여러분은 이 위트가 꿈을 꾸기 전부터 '카날'이라는 요소에 대해 무의식적인 것으로서 이미 존재했는지 의심스럽다고 할 수 있습니까. 여러분은 이 위트가 나중에 찾아내서 첨가한 것이라고 가정할 수 있습니까. 요컨대 이 착상은 꿈을 꾼 부인이 겉으로는 어마어마하게 찬란해 보이지만, 뒤에는 언제나 의심 깊은 생각이 감추어져 있음을 증명하는 것입니다.[5] 이 저항은 아마 다음의 두 가지 것에 대한 공통된 원인일 것입니다. 즉 이 착상이 좀처럼 마음에 떠오르지 않았던 것과, 이것에 대응하는 꿈의 요소가 그다지 분명해지지 않았다는 것 두 가지입니다. 꿈의 요소와 그 무의식적인 면과의 관계를 여기서 보아주기 바랍니다. 꿈의 요소는 무의식의 한 단편과 같은 것으로 무의식적인 것에 대한 하나의 암시라고 말해도 무방합니다. 그것을 분리해 보면 전혀 이해할 수 없게 됩니다.

c. 어떤 환자가 꽤 긴 꿈을 꾸었습니다. '특수한 형태의 Tisch(식탁)를 에워싸고 자기 가족 몇 사람이 앉아 있었습니다.' 이 식탁을 보고 그는 이런 가구를 본 것은 어느 가정을 방문했을 때였지 하는 생각이 났습니다. 그러고 나서 그는 생

---

4) 모두 영불해협의 다른 이름으로 Ärmel도, Manche도 양복의 소매와 같이 가늘고 긴 것을 가리킨다.

5) 이 위트에 관한 책도 또 하나 파고드는 열의가 부족하군요라는 의미일 것이다.

각을 계속하여 그 가정에서는 부자간에 특별한 관계가 있었다는 것, 그리고 곧 본래 그런 관계가 자기와 자기 아버지 사이에도 있음을 부언하였습니다. 즉 식탁은 이 병행관계를 나타내기 위해서 쓰여졌던 것입니다.

이 꿈을 꾼 사람은 꿈의 해석을 오래전부터 잘 알고 있었습니다. 그렇지 않으면 식탁의 형태 따위의 대수롭잖은 것을 연구대상으로 삼는 일에 화를 냈을 것입니다. 우리는 실제로 꿈속에 나오는 것은 무엇이든 우연적인 것, 아무래도 상관없는 것으로 생각하지 않고, 이와 같이 아무런 동기도 없는 것같이 보이는 작은 일의 해명에서 꿈의 의미를 알 수 있다고 기대하고 있는 것입니다. 여러분은 아직도 꿈의 작용이 '자기와 아버지 사이도 그들의 경우와 같다'는 생각을 나타내는 데 식탁을 이용한 것을 이상하게 여기고 있을 것입니다. 그러나 그 가족의 성(姓)이 Tischler라는 것을 듣게 되면 그것도 알게 될 것입니다. 꿈을 꾼 사람은 자기 가족들에게 이 식탁(Tisch)을 에워싸고 둘러앉게 함으로써 자기들도 또한 Tischler라고 말하고 있는 것입니다.

그렇긴 해도 이러한 꿈 해석의 보고에는 어쩔 수 없이 비밀을 털어놓지 않으면 안 되는 것을 여러분은 알 수 있으리라 생각합니다. 앞에서 잠시 언급한 바와 같이 실례의 선택이 어렵다는 것도 이것으로 알 것입니다. 이 예를 다른 예와 바꾸기는 쉬우나 이 비밀 누설을 피하기 위해서는 대신 다른 비밀은 누설해야 했을 것입니다.

이제야말로 이전부터 쓸 생각이 있었다면 쓸 수도 있었던 두 가지 술어(術語)를 도입해도 좋을 때라고 생각합니다. 우리는 꿈이 이야기하는 것을 '꿈의 현재(顯在)내용'이라 칭하고, 여러 연상을 쫓아서 도달할 수 있는 숨겨진 것을 '꿈의 잠재사상'이라 부르고자 합니다. 그 위에서 이제 설명한 여러 예에 나타난 현재성(顯在性)의 꿈의 내용과 잠재성의 꿈의 사상과의 관계에 눈을 돌리기로 합시다. 이 양자의 관계는 아주 다종다양합니다. a의 예와 b의 예에서는 현재적 요소는 잠재사상의 한 성분이긴 하지만 극히 작은 일부분에 지나지 않습니다. 무의식적인 꿈의 사상 속에 있는 커다란 심적인 합성물 가운데서 그 작은 일부분만이 현재(顯在)의 꿈에 들어온 것입니다. 그 들어와 있는 모습은 마치 하나의 커다란 합성물의 한 파편으로서, 혹은 그 암시로서 표제어(表題語)나 전문(電文)의 약호(略號)와 같은 말로서라고 해도 좋을 것입니다. 꿈을 해석하는 일은 b의 예에서 훌륭하게 성공하고 있듯이 꿈의 단편과 암시를 가지고 전체를 완성해 가야만 합니다. 꿈의 작용은 왜곡에 있다고 해도 과언은 아니지만 그 왜곡의 한 방법은 단편이나 암시에 의한 대리형성입니다. c의 예에서는 또 다른 관계가 인정되는데, 그 관계는 다음에 보다 더 순수하고 명백한 형태로 표현되고 있습니다.

d. 꿈속에서 '어떤 잘 알고 있는 부인을 침대 뒤에서 끌어냈다(hervorziehen)'는 것입니다. 그는 최초의 착상에서 스스로 이 꿈의 요소의 의미를 발견해 냈습니다. 즉 이 부인이 '좋다(Vorzug geben)'는 뜻입니다.[6]

e. 다른 남자는 '자기 형이 상자 속에 갇혀 있는' 꿈을 꾸었습니다. 최초의 착상에서 상자는 '찬장(Schrank)'으로 바뀌고, 다음 착상에서 형은 '절약생활을 하고 있다(sich einschränken)'는 해석이 주어졌습니다.

f. 어느 사나이가 '산에 올라가서 아주 넓은 경관(Aussicht)을 즐기는' 꿈을 꾸었습니다. 이 꿈은 완전히 합리적이며 어쩌면 해석을 해야 할 것이 전혀 없는 것 같이 보입니다. 다만 여러분은 이 꿈이 어떤 추억과 관련되어 나타난 것인가, 또한 왜 그것이 회상되었는가를 헤아려 알게 되기만 하면 된다고 생각할 것입니다. 그런데 그것은 여러분의 잘못된 생각입니다. 이 꿈도 그 줄거리를 전혀 모르는 다른 꿈과 마찬가지로 해석이 필요하다는 것을 알게 됩니다. 꿈을 꾼 사나이는 등산에 대해서는 전혀 아무것도 떠오르지 않고, 자기가 알고 있는 한 사람이 《전망(Rundschau)》이라는 잡지를 발간하여 서구와 동양의 관계를 문제삼고 있었던 것을 상기했습니다. 꿈의 잠재사상은 여기서는 꿈을 꾼 당사자와 《전망》의 발행자의 동일시입니다.

여러분은 여기서 꿈의 현재요소와 잠재요소와의 관계에 대해 하나의 새로운 형(型)을 발견한 것이 됩니다. 여기서는 현재요소가 잠재요소의 왜곡 등이 아니라 오히려 본래의 어의(語義)에서 출발하여 잠재요소를 표현한 것이며 조형적(造型的)·구체적인 형상화(形象化)인 것입니다. 물론 여기에서도 역시 왜곡은 일어납니다. 우리는 그 말에 대해서 어떠한 구체적인 형상에서 나온 것인가를 오래전에 잊고 있었기 때문에 형상에 의해 대리되면 그것으로는 본래의 말을 찾아내기 어렵습니다. 현재몽(顯在夢)이 주로 시각상으로 이루어져 있고 사상이나 언어로써 이루어지는 일은 적다는 점을 생각하면 여러분은 방금 설명한 바와 같은 관계는 꿈의 형성에 있어서 특별한 의미를 갖는다는 것을 알 수 있을 것입니다.

---

6) Vorzug는 vorziehen의 명사화. Vorzug geben도 hervorziehen과 음과 철자가 매우 비슷해 이 뜻이 밝혀진 것이다.

또한 다수의 추상적인 사상에 대해 현재몽 속에서 이것을 감추는 역할을 하는 대리의 형상을 만들어내는 것이 이렇게 해서 이루어지게 된다는 것도 알 것입니다. 이것은 수수께끼 그림의 기법과 같습니다. 이와 같은 잠재요소의 표현이 재치있는 겉모습을 취하는 것은 어떤 이유에서인가 하는 것은 별도의 문제이므로 여기서는 언급하지 않겠습니다.

현재요소와 잠재요소의 관계의 제4형은, 이 관계의 계기가 기법 안에 들어올 때까지는 아직 침묵하고 있어야 합니다. 따라서 양자의 관계에 관해 모든 것을 열거한 것은 아니지만 우리의 현재의 목적에는 그것으로 충분합니다.

그런데 여러분은 하나의 꿈 전체를 해석해 볼 용기가 있습니까. 과연 우리는 그것을 해보아도 좋을 만큼 태세가 이미 갖추어져 있는지 한번 시도해 보기로 합시다.

당연한 일이지만 아주 이해하기 어려운 것은 피하고 꿈의 성격을 잘 나타내고 있는 것을 나는 골라보고자 합니다.

아직 나이는 젊지만 결혼한 지 꽤 되는 부인이 꿈을 꾸었습니다. "남편과 함께 극장의 좌석에 앉아 있었습니다. 한쪽의 무대 정면의 관람석은 전부 비어 있었습니다. 남편은 그녀에게 '엘리제 L.도 약혼자와 함께 오고 싶었으나 석 장에 1플로린 50크로이사 (1899년에서 1918년까지 사용된 화폐, 1 플로린 50크로이사는 큰 금액은 아니다.)짜리 좋지 않은 객석표밖에 없었고, 그것마저도 그들은 구할 수 없었다'고 말했습니다. 그녀는 그러한 것은 별로 불행한 일이 아니라고 생각했습니다" 하는 꿈이었습니다.

이 부인이 우리에게 최초로 말한 것은 꿈의 동기가 된 것이 꿈의 현재(顯在) 내용 속에 언급되어 있다는 것이었습니다. 남편은 실제로 엘리제 L.이라는, 자기 부인과 거의 동연배의 잘 알고 지내는 여성이 현재 약혼중이라는 것을 이야기해 주고 있었던 것입니다. 꿈은 이 소식에 대한 반응이었습니다. 이와 같은 동기가 전날에 있었던 일을 증명할 수 있는 꿈이 많다는 것을 우리는 잘 알고 있으며, 이 동기를 꿈을 꾼 사람에게서 끌어내는 데 아무런 어려움도 없습니다. 이 부인은 현재몽의 다른 요소에 대해서도 같은 보고를 제공하고 있습니다. 한쪽 무대 정면의 관람석이 빈자리였다는 것은 무엇에서 유래하는 것일까요. 그것은 지난주에 실제로 일어났던 사건을 암시하고 있습니다. 그녀는 어떤 연극을 보러 가려고 '일찌감치' 표를 사두었습니다. 그런데 너무 빨리 표를 구해서 예약발매의 수수료를 지불해야만 했습니다. 극장에 가보자 자기의 걱정은 기우(杞憂)에 지나지 않았고 ‘무대 정면의 관람석은 거의 빈자리였습니다’. 표는 그날 당일에 사도 충분했던 것입니다. 그녀의 남편은 이때다 하고 그녀의 ‘성급함’을 놀려댔던 것입니다. ──1플로린 50크로이사는 어디에서 나온 것일까요? 그것은 이 이야기와는 전혀 인연이 없는 관련에서 온 것이지만, 마찬가지로 전날에 있었던 사건을 암시하고 있습니다. 즉 시누이가 남편으로부터 150플로린을 얻었습니다. 그러자 이 바보는 성급하게도 곧장 보석상으로 뛰어가서 지갑을 털어 장식품을 사버렸던 것입니다. ──그리고 3이란 숫자는? 이것에 대해서 부인은 신부가 될 엘리제 L.이 10년이나 먼저 결혼한 자기보다 단 3개월밖에 젊지 않다는 것은 생각나지만 그 이외에는 아무것도 떠오르지 않는다고 말했습니다. 그러나 두 사람인데 석 장의 표를 구한다는 것은 넌센스가 아닐까요. 이 점에 대해 부인은 아무 말도 하지 않았습니다. 그녀는 그 후부터는 떠오르는 생각도, 상세한 보고도 일체 거절해 버렸습니다.

그녀의 착상은 얼마 되지 않았지만 그래도 꿈의 잠재사상을 추측할 정도의 자료는 제공하고 있습니다. 그녀가 그 꿈에 관해 보고한 것 가운데 여기저기에서 시간의 규정이 나타나고 있고, 이것이 재료의 여러 가지 부분을 꿰뚫는 공통성의 근저에 있다는 점이 주목을 끌고 있습니다. 그녀 자신은 극장 입장권을 ‘너무 일찍’부터 지나치게 걱정하고 ‘급히 서둘러서’ 구했으므로 불필요한 돈을 써야 했던 것입니다. 시누이도 같은 방법으로 너무 서둘러서 ‘허둥지둥’ 돈을 가지고 보석상으로 가서 웬지 ‘잠시도 기다릴 수 없는’ 듯이 곧장 그 돈으로 장식품을 샀습니다. “너무 빨랐다”라든가, “너무 급하게 서둘러서”라든가 하는 점에 자기보다 겨우 3개월이 ‘젊은’ 친구가 이제 훌륭한 남편을 갖게 되었다는 소식을 첨가하고, 나아가 시누이에 대한 비난 속에 나타나 있는 “그렇게 서두르는 것은 ‘바보짓’이다”라는 비판을 더해 보면 다음과 같은 꿈의 잠재사상이 저절로 구성됩니다. 그리고 이 구성에 있어서 현재(顯在)하는 꿈은 몹시 왜곡된 대리물입니다.

즉 “그렇게 결혼을 서두른 내가 ‘바보’였다! 엘리제의 예로서도 알 수 있듯이 좀더 늦게라도 남편을 가질 수 있었을 텐데”라는 것입니다(성급함은 표를 살 때의 그녀의 태도나 시누이가 장식품을 살 때의 태도에 나타나 있습니다. 극장에 가는 것은 결혼의 대리물로 되어 있습니다). 이것이 꿈의 중요한 사상이라고 생각합니다.

이것만큼 확실하지는 않지만 이 분석으로 꿈을 꾼 부인의 언명(言明)을 무(無)

로 돌리고 싶지는 않기 때문에 해석을 좀더 계속해 보면 이렇게 말할 수 있을 것입니다. "돈을 쓰면 백배 더 나은 남편을 가질 수 있었을 텐데!"(150플로린은 1플로린 50크로이사의 100배입니다). 만약 이 돈을 결혼 지참금으로 대치하는 것이 허용된다면 그것은 곧 지참금으로 남편을 사는 것이 됩니다. 장식품도, 좋지 않은 객석표도 남편의 대리물입니다. 만약 그 '석 장의 표'라는 요소가 남편과 어떤 관계를 가지고 있다면 더욱 적절한 해석이 되겠지만 우리도 거기까진 알 수 없습니다. 우리는 다만 이 꿈이 표현하고 있는 것은, 그녀가 남편을 '높이 평가하고 있지 않다'는 것과 '결혼이 너무 빨랐던' 것을 후회하고 있다는 것을 추측할 뿐입니다.

나의 판단으로는 여러분은 이 시초의 꿈의 해석의 성과에 만족하기보다는 놀라고 혼란에 빠져 있으리라 생각합니다. 그것은 너무나 많은 것이 우리에게 일시에 닥쳐와서 이것을 처리할 수 없기 때문입니다. 이 꿈의 해석이 가르쳐주는 바는 헤아릴 수 없이 많다는 것을 우리는 이미 깨닫고 있습니다. 그러면 확실히 새로운 통찰이라고 인정되는 것을 서둘러 골라보기로 합시다.

첫째. 잠재사상 중에서 서둘렀다는 요소에 강한 악센트가 주어지고 있지만 현재하는 꿈에서는 그것을 전혀 찾아볼 수 없다는 점이 주목할 만합니다. 만약 분석을 하지 않았다면 이 계기가 무엇인가 역할을 하고 있다는 것을 예상도 하지 못했을 게 분명합니다. 따라서 중요한 점 그 자체, 즉 무의식적인 사상의 중심 그 자체가 현재하는 꿈속에는 나오지 않는 경우가 있을 수 있는 것 같습니다. 그 때문에 꿈 전체에서 받는 인상은 근본적으로 바뀌지 않을 수 없는 것입니다.

둘째. 꿈속에서는 1플로린 50크로이사로 석 장이라는 의미를 모를 조합(組合)을 볼 수 있습니다. 우리는 꿈의 잠재사상 속에 "'결혼을 그렇게 서두르다니' 어리석었다"는 명제를 추측했습니다. 이 '어리석었다'는 사상이 현재몽(顯在夢) 속에 부조리한 요소를 끌어들임으로써 표현되고 있다는 것을 부정할 수 있을까요.

셋째. 비교해 보면 알 수 있는 일이지만 현재요소와 잠재요소의 관계는 결코 단순한 것이 아니며, 하나의 현재요소가 언제나 하나의 잠재요소로 치환되는 것도 아닙니다. 오히려 이 관계는 어떤 현재요소는 복수의 잠재요소를 대표하고, 또한 역으로 어떤 잠재요소는 복수의 현재요소에 의해 치환되는 식으로 양군간(兩群間)의 집단관계가 되지 않으면 안 됩니다.

이 꿈의 의미와, 꿈을 꾼 부인의 꿈에 대한 태도에 대해서는 똑같이 놀랄 만한 것을 충분히 이야기하지 않으면 안 될 것입니다. 부인은 꿈의 해석을 인정은 하지만 그 해석에 놀라고 있습니다. 자기가 남편을 그렇게 무시하고 있다고는 의식하지 못했고, 왜 남편을 그렇게 무시하지 않으면 안 되게 되었는가도 모르고 있습니다. 그러므로 거기에는 아직 이해할 수 없는 일이 많이 있습니다. 사실 우리는 아직 꿈을 해석하기에 충분한 준비를 갖추지 못하고 있습니다. 그래서 다시 지도를 받고 준비를 해두어야 한다고 생각합니다.

제 8 강   어린이의 꿈

여러분! 우리는 너무 조급히 이야기를 진전시킨 것 같습니다. 약간 후퇴하기로
합시다. 앞에서 우리는 꿈의 왜곡이란 의문을 정신분석 기법으로 극복하려고 시
도하기 전에 이 난문(難問)을 피해 가기로 하고 왜곡이 없는 꿈, 혹은 왜곡이 있
어도 극히 적은 꿈만을 들어서 문제로 삼는 것이 최상의 대책일지도 모른다고 말
했습니다. 그렇게 하면 우리는 또다시 우리의 인식의 발전 순서에서 이탈하게 됩
니다. 현실적으로는 꿈의 해석 기법을 일관해서 적용하고 왜곡된 꿈을 분석한 뒤
에 비로소 우리는 이런 종류의 왜곡이 없는 꿈의 존재를 알았기 때문입니다.

우리가 구하고 있는 왜곡이 없는 꿈은 어린이들에게서 볼 수 있습니다. 이런
종류의 꿈은 짧고 명확하며 시종 일관되고 알기 쉽고 애매하지 않으며, 게다가
의심할 여지가 없는 꿈입니다. 그러나 어린이의 꿈이 모두 이런 종류의 것이라고
생각해서는 안 됩니다. 꿈의 왜곡도 역시 꽤 일찍부터 —— 소아기에 시작되기 때
문입니다. 5세에서 8세의 어린이의 꿈에서 후년의 꿈에서 볼 수 있는 특색을 이
미 가지고 있다는 것이 기록되어 있습니다. 그러나 심적 활동이 확실히 시작되는
4세나 5세까지의 연령을 한정시키면, 여러분은 유치형(幼稚型)이라고 명명할 수
있는 특색을 지닌 꿈을 잇따라 찾아볼 수 있습니다. 그리고 이들보다 연상의 언
린이의 꿈에도 이런 종류의 꿈이 가끔 있다는 것을 알게 될 것입니다. 아니, 성

인의 경우에도 어떤 조건하에서는 전형적인 유치형의 꿈과 유사한 꿈을 볼 수 있습니다.

그런데 이 어린이의 꿈에 의해 우리는 매우 쉽게, 게다가 확실하게 꿈의 본질을 해명할 수 있습니다. 그리고 이 해명이 결정적인 것이고 모든 꿈에 꼭 들어맞는 것을 증명할 수 있는 것이 되기를 나는 기대하고 싶습니다.

(1) 이런 종류의 꿈을 이해하는 데는 분석도, 특별한 기법의 응용도 필요없습니다. 자신의 꿈을 이야기하는 어린이에게 물어볼 필요도 없습니다. 단지 어린이의 꿈을 이해하기 위해서는 어린이의 생활에 대해 약간은 이야기를 들을 필요는 있습니다. 언제나 낮 동안의 체험이 앞에 있고, 그것이 꿈을 설명해 주기 때문입니다. 꿈은 낮 동안의 체험에 대한 수면중의 심적 활동의 반응인 것입니다.

몇 가지 예를 들어보고 나서 다시 여러 가지 결론을 내려보기로 합시다.

a. 생후 22개월이 되는 어떤 남자아이가 축하의 뜻을 나타내기 위해서 한 바구니의 버찌를 어느 사람에게 선사하라는 분부를 받았습니다. 아이에게도 버찌를 조금 주겠다고 약속했으나 이 아이는 분명하게 불복하는 것이었습니다. 다음날 아침 이 아이는 자기가 꾼 꿈에 대해 이야기했습니다. "'He(r)mann[1]이 버찌를 모조리 먹어치웠다'"는 것이었습니다.

b. 3년 3개월 된 한 여자아이가 처음으로 배를 타고 호수를 건너게 되었습니다. 배에서 내릴 때 그 여자아이는 배에서 내리는 것을 싫어하고 몹시 울었습니다. 호수를 건너는 시간이 그 아이에게는 너무 짧게 여겨졌기 때문입니다. 다음날 아침에 그 아이는 말했습니다. "'나는 어젯밤 호수를 건넜어.'" 우리는 아마도 이 배의 여행 시간은 훨씬 길었다고 보충해도 좋으리라 생각합니다.

c. 5년 3개월 된 남자아이가 하르슈타트의 에세른타르로 소풍을 따라갔습니다. 이 아이는 하르슈타트[2]는 다하슈타인 산기슭에 있다고 알고 있으며, 이 산에는 전부터 큰 흥미를 가지고 있었습니다. 아우수제에 있는 집에서 보면 다하슈타인이 아름답게 바라다보이고 망원경으로 보면 지모니의 오두막이 그 정상에서 보였습니다. 이 아이도 이 오두막을 망원경으로 잘 보려고 여러 번 애쓴 듯한데 잘

---

1) He(r)mann은 인명 외에 '저 사람'이란 뜻도 된다.
2) 이 c에 나오는 고유명사는 오스트리아 서부의 잘츠부르크 주에 있는 관광지의 이름. 여기에는 호수·염천(艶泉)·도시·산·골짜기 등이 산재해 있다. 그중에서도 다하슈타인은 표고(標高) 2996미터의 산이며, 널리 알려져 있다.

보였는지의 여부는 모릅니다. 이 아이는 소풍을 가서 처음 얼마간은 기대에 부풀어 명랑한 기분이었습니다. 새로운 산이 보일 적마다 "저것은 다하슈타인?" 하고 물었습니다. 그런데 그렇지 않다고 말하는 횟수가 많아질 때마다 점점 기분이 나빠져가고, 마지막에는 전혀 말을 하지 않게 되고, 조금 올라가서 폭포를 보러 가자고 권해도 싫다고 말하게 되었습니다. 모두들 이 아이는 너무 지쳤다고 생각했습니다.

다음날 아침, 그는 몹시 기쁜 듯이 "'어젯밤은 지모니 휘테(오두막)에 있었던' 꿈을 꾸었어요"하고 이야기했습니다. 이 남자아이는 지모니 휘테에 갈 수 있다는 기대를 가슴에 안고 소풍에 참가했던 것입니다. 상세한 점에 대해서 물어봤으나 이전부터 이 아이가 듣고 있었던 것밖에 말하지 않았습니다. 그것은 이 휘테까지는 여섯 시간이나 걸리는 층층대를 올라가야 한다는 것이었습니다.

이상의 세 가지 꿈은 우리가 바라고 있는 것을 충분히 가르쳐줄 것입니다.

(2) 이들 어린이의 꿈이 무의미한 것이 아님을 알 수 있습니다. 그것은 '이해할 수 있는, 충분한 근거가 있는 심적 행위'입니다. 내가 꿈에 관한 의학적 판단으로서 여러분에게 제시한 것을 상기해 주십시오. 음악을 모르는 사람의 손가락이 피아노의 건반을 두드린다는 저 비유를 말입니다. 이들 어린이의 꿈이 이 견해와 완전히 상반되는 것을 여러분도 틀림없이 간과하고 있지 않을 것입니다. 그러나 성인이면 같은 경우에 경련상(痙攣狀)의 반응밖에 보이지 않는데 어린이는 잠자고 있는 사이에 완벽한 심적 활동을 나타낸다는 것은 이역시 너무나도 이상한 일이 아니겠습니까. 어린이는 어른보다 훨씬 깊은잠을 잔다는 것은 믿을 만한 근거가 있습니다.

(3) 이들 어린이의 꿈에는 꿈의 왜곡이 결여되어 있습니다. 따라서 해석할 필요가 없습니다. 현재몽(顯在夢)과 잠재몽(潛在夢)이 합치되어 있습니다. '따라서 꿈의 왜곡은 결코 꿈의 본질을 형성하는 것은 아닙니다.' 여러분은 마음의 부담이 사라졌을 것입니다. 그러나 좀더 깊이 생각해 보면 이 꿈에도 비록 적기는 하지만 꿈의 왜곡, 즉 현재몽의 내용과 꿈의 잠재사상과의 사이에 어떤 종류의 차이가 있는 것이 인정됩니다.

(4) 어린이의 꿈은 유감, 동경, 충족되지 못한 원망(願望) 등을 뒤에 남기는 낮 동안의 체험에 대한 반응입니다. '꿈은 이 원망에 직접적이고 노골적인 충족을 가져옵니다.' 안팎으로부터의 신체적 자극이 수면을 방해하고 꿈을 꾸게 하는

역할을 하고 있는 점에 대해 우리가 앞에서 논의한 것을 상기해 주십시오. 이 점에 대해서는 완전히 확실한 사실을 알았지만, 이러한 방법으로는 꿈의 일부밖에 설명할 수 없었습니다. 어린이의 이러한 꿈에서는 신체적 자극의 작용을 나타내는 것은 없습니다. 이 점에 있어서는 갈피를 못 잡는 일은 있을 수 없습니다. 꿈은 완전히 이해할 수 있고 쉽사리 간파할 수 있기 때문입니다. 그러나 그렇다고 해서 우리는 꿈은 자극에서 생긴다는 설을 버릴 필요는 없습니다. 다만 문제가 되는 것은, 수면을 방해하는 자극에는 신체적 자극 이외에 심적 자극이 있다는 것을 왜 처음부터 망각해 버리고 있었느냐 하는 점입니다. 성인의 잠을 방해하는 것은 대개 이 심적인 흥분임을 우리는 잘 알고 있지 않습니까. 심적인 흥분은 성인이 잠드는 데 필요한 심적 상태, 즉 외계로부터 관심을 차단시키는 것을 방해합니다. 그렇게 되면 성인의 경우에는 가능하면 생활을 계속하며 중단하지 않고, 자기가 하고 있는 사물에 관해서 일을 계속하고자 합니다. 그래서 잠을 자지 않는 셈입니다.

즉 이와 같은 수면을 방해하는 심적 자극은 어린이의 경우에는 충족되지 못한 원망이며, 어린이는 이것에 대해서 꿈을 통해 반응하고 있는 것입니다.

(5) 여기에서 우리는 최단거리를 통해서 꿈의 기능의 해명을 얻고자 합니다. 심적인 자극에 대한 반응으로서의 꿈에는 이 자극을 처리한다는 가치가 있는 터이므로, 자극은 정리되고 수면은 계속될 수 있습니다. 꿈에 의한 이 처리가 어떠한 다이너미즘에 의해 가능해지는가에 대해서는 우리는 아직도 모르고 있습니다. 그러나 꿈이 흔히 비난받는 '수면의 방해자가 아니라 수면의 수호자이며 수면방해의 제거 역할을 한다'는 것은 이미 알고 있습니다. 꿈을 꾸지 않으면 더 잘 잘 수 있으리라 흔히 생각하지만 그것은 옳지 않습니다. 실제로 만약 꿈이 도와주지 않는다면 우리는 잠을 이루지 못할 것입니다. 우리가 어쨌든 어느 정도까지 푹 잘 수 있는 것은 오히려 꿈의 덕택입니다. 소음을 내서 우리의 안식을 방해하는 무리를 쫓아버리기 위해 어쩔 수 없이 야경꾼이 어느 정도 시끄러운 소리를 내는 것과 같으며, 꿈이 약간 방해가 되는 것은 어쩔 도리가 없습니다.

(6) 원망이 꿈을 유발한다는 것, 그리고 이 원망의 충족이 꿈의 내용이라는 것, 이상은 꿈의 주요한 성격의 하나입니다. 마찬가지로 불변하는 또 하나의 성격은, 꿈은 단순히 어떤 사상을 표현하는 것이 아니라 환각적인 체험이며 이 원망을 충족된 것으로 표현한다는 것입니다. "호수를 배로 건너고 싶다"는 것이 꿈

을 야기시키는 원망의 내용이며, 꿈 자체의 내용은 "나는 호수를 배로 건너고 있다"는 것이 됩니다. 잠재몽(潛在夢)과 현재몽(顯在夢)과의 차이, 요컨대 꿈의 잠재사상의 왜곡은 이와 같이 어린이의 단순한 꿈에도 역시 있습니다. 즉 '사상을 체험으로 치환하는 것'이 그것입니다. 꿈을 해석하는 경우에는 무엇보다도 먼저 이 작은 변화를 원점으로 돌려야 합니다. 만약 이것이 꿈의 가장 보편적인 성격인 점을 명확하게 할 수 있다면 조금 전에 말한 바와 같은 꿈의 단편, "나는 형이 상자 속에 갇혀 있는 꿈을 꾸었다"[3]는, "형은 절약생활을 하고 있다"고 해석할 것이 아니라 "형은 절약해야 한다. '절약해 주었으면 한다'"로 해석해야 합니다. 여기에 든 꿈의 보편적인 두 가지 성격 중에서 후자가 명확히 첫번째의 성격보다도 이의없이 승인될 것 같습니다.

꿈을 야기시키는 것은 언제나 원망이어야 하며 우려나 계획이나 비난일 수 없다는 것은 우리가 더 음미한 뒤에 비로소 확인될 것입니다. 그러나 꿈의 다른 또 하나의 성격, 즉 꿈은 이런 종류의 자극을 단순히 재현하는 것이 아니라 일종의 체험에 의해 그 자극을 폐기하고 정리하며 해소하는 것이라는 점은 이것과는 관계가 없어진 것입니다.

(7) 꿈의 이 성격과 관련하여 우리는 꿈과 실수 행위를 비교해 볼 수 있습니다. 실수 행위의 경우에는 방해하는 의향과 방해받는 의향을 구별하고 양자의 타협이 실수 행위라고 했습니다. 꿈도 또한 이와 똑같은 도식(圖式)에 합치됩니다. 방해받는 의향이란 꿈의 경우에는 잠을 자려고 하는 의향 이외에는 없습니다. 방해하는 의향이 되는 것은 심적 자극입니다. 혹은 무엇이건 해소를 구하는 원망이라고 말할 수도 있습니다. 그 이외의 수면을 방해하는 심적 자극을 우리는 이제까지 알지 못하고 있기 때문입니다. 꿈도 역시 타협의 산물입니다. 우리는 자고 있지만 잠속에서 원망이 처리되어 가는 것을 체험합니다. 원망은 충족되지만, 그래도 잠은 계속되고 있는 것입니다. 양자 모두 그 일부는 목적을 달성하고, 다른 일부는 포기되고 있습니다.

(8) 여기에서 여러분에게 상기해 주기를 바라는 것은, 아주 알기 쉬운 어떤 종류의 공상의 산물이 '각성몽(覺醒夢)'으로 불리고 있는 사실에서 꿈의 모든 문제를 이해하는 길이 열릴 것을 기대했던 것입니다. 그런데 실제로 각성몽은 원망의 충족, 즉 야심이나 에로틱한 원망 등 우리가 잘 알고 있는 원망의 충족입니다.

---

3) 126쪽 참조.

그러므로 설령 생생하게 표상(表象)되었다 해도 그것은 사고된 것이며, 결코 환각적으로 체험된 것은 아닙니다. 꿈의 두 가지 중요한 성격 중의 하나인, 확실성이 희박하다는 성격은 각성몽에 보전되어 있지만, 또 하나의 성격, 즉 수면중에 꾼다는 성격은 각성상태에서는 실현되지 않으므로 각성몽에는 완전히 결여되어 있습니다. 그러므로 각성몽이라는 관용어 속에서는 원망의 충족이라는 꿈의 성격이 예상되는 것입니다.

그런데 꿈속에서의 체험이 수면상태라는 조건하에서 가능해지는 변형된 표상이며 '밤의 각성몽'이라면, 밤의 자극을 제거해도 꿈이 형성되는 과정은 원망의 충족을 가져올 수 있음을 우리들은 이미 각성몽에서 이해하고 있습니다. 왜냐하면 각성몽도 원망의 충족과 결부된 활동이며, 오히려 사람은 원망의 충족만을 위해서도 흔히 각성몽을 꾸기 때문입니다.

각성몽뿐만 아니라 다른 관용어에도 같은 뜻을 나타내는 것이 있습니다. 잘 알려진 속담에 "돼지는 칠엽수(七葉樹)의 열매를 꿈꾸고, 거위는 옥수수 열매를 꿈꾼다"라든가, "닭은 무슨 꿈을 꿀까? 수수 꿈이지" 등이 있습니다. 이 속담은 우리들이나 어린이보다 훨씬 내려가 동물에까지 이르고, 꿈의 내용은 욕구의 충족이라고 주장하고 있습니다. 예를 들면 "꿈같이 아름답다", "꿈에도 생각지 못했다", "꿈 밖이다" 등의 많은 표현도 같은 것을 시사하고 있는 듯이 보입니다. 분명히 이들 관용어는 우리 편을 들고 있습니다. 명확히 불안한 꿈이나 고통스러운 내용, 혹은 이렇다 할 내용이 없는 꿈도 있기는 합니다. 그러나 그와 같은 꿈은 꿈에 대한 관용어를 만들어내지 못했습니다. 물론 '악몽'이라는 표현도 있으나, 이 꿈도 꿈에만 국한해서 보면 역시 '행동거지가 좋지 못한' 원망 충족에 지나지 않습니다. 돼지든 거위든 그러한 동물이 자신이 살해되는 꿈을 꾼다는 것을 우리에게 확약해 주는 속담은 없기 때문입니다.

원망 충족이라는 꿈의 성격이 꿈에 대해 쓴 사람들에 의해서 알아채지 않았다는 것은 물론 생각할 수 없습니다. 오히려 그들도 이 성격을 이따금 알아차렸으나 그들 중 누구 한 사람도 이 성격을 보편적인 것으로 인정하고 꿈을 해명할 때의 요점으로 삼을 것을 착상한 사람은 없었다고 생각합니다. 우리로서는 왜 그들이 이 점을 착상하지 못했는가를 상상할 수 있으므로 나중에 이에 대해서 상세히 살펴보기로 합시다.

그것은 그렇다 치고 우리가 어린이의 꿈을 평가하는 것에서 얼마나 많이 계발

된 것을 얻을 수 있었는가를 보아주기 바랍니다. 게다가 거의 아무런 수고도 하지 않고서 말입니다! 수면의 비호자로서의 꿈의 기능, 두 가지의 서로 경합하는 의향으로 꿈이 성립되어 있다는 점, 그중의 하나는 불변(不變)의 것, 즉 수면의 요구이며, 다른 쪽은 심적인 자극을 충족시키려고 애쓰는 요구라는 점, 꿈은 의미가 풍부한 심적 행위라는 증명, 꿈의 주된 두 개의 성격은 원망의 충족과 환각적 체험이라는 것 등이 그것입니다. 그때 우리는 자신들이 정신분석을 하고 있다는 것을 하마터면 잊을 뻔했습니다. 우리의 작업은 실수 행위와 결부시켜 생각한 이외에는 특별한 특징을 지니지 않았습니다. 정신분석의 전제에 대해서 알지 못하는 어떠한 심리학자라도 어린이의 꿈에 이와 같은 해명을 줄 수는 있었을 것입니다. 그럼에도 불구하고 왜 아무도 이것을 하지 않았을까요.

만약 유치형(幼稚型)의 꿈과 같은 꿈밖에 없었다면 문제는 곧 해결되고 우리의 과제도 해결되어 있었으리라 생각합니다. 그것도 꿈꾸는 사람에게 질문해 보거나 무의식을 증거로 삼거나 자유연상 등을 요구하거나 하는 일도 없이 말입니다. 그런데 우리의 일은 분명히 아직도 계속되고 있습니다.

이미 거듭 경험한 바와 같이 보편타당하게 보이는 제성격은 어떤 종류의 국한된 꿈에 대해서만 확인되지 않았습니다. 그러므로 문제는 어린이의 꿈에서 결론지어진 보편적인 제성격이 가장 넓게 근거가 있는 것이냐, 충족되지 않은 채로 남은 낮 동안의 원망과 꿈의 현재내용과의 관계를 명확히 인정할 수 없고 조리가 없는 꿈에도 이들 일반적인 성격이 적용되느냐 하는 것입니다. 우리는 이들 별종의 꿈은 크게 왜곡되어 있으므로 지금은 판단하는 것을 삼갑니다. 그러므로 우리로서는 이 왜곡을 해명하기 위해서는 어린이의 꿈을 이해할 때에는 필요하지 않았던 정신분석의 기법을 필요로 한다고 예상하고 있는 것입니다.

어쨌든 왜곡을 받지 않고 어린이의 꿈처럼 쉽사리 원망의 충족으로서 인정할 수 있는 일군(一群)의 꿈이 있습니다. 그것은 일생을 통해서 지상명령적이라고 할 수 있는 힘을 지닌 신체적 요구, 요컨대 굶주림, 목마름, 성(性)의 욕구 등에 의해서 야기되는 꿈, 요컨대 내부로부터의 신체적 자극에 대한 반응으로서의 원망 충족이라고 해도 무방한 꿈입니다.

나는 생후 19개월 되는 여자아이의 한 꿈을 메모해 두었는데, 그 꿈은 그녀의 이름이 부기(付記)되어 있는 메뉴(안나 F……양, 딸기, 구즈베리, 오믈렛, 빵죽)의 꿈입니다. 이것은 꿈에 두 번이나 나오는 과일(딸기와 구즈베리) 때문에 소화불량을 일으켜 병이 나 하루를 절식해야만 했던 고통에 대한 반응이었습니다. 같은 무렵 이 아이의 할머니도 유주신(遊走腎)[4]을 우려하여 하루 동안 절식했는데, 그날 밤 꾼 꿈은 손님으로 초대되어 최고로 맛있는 음식을 배불리 먹는 꿈이었다고 합니다. 이 할머니의 나이는 손자의 나이를 더하면 꼭 70이 됩니다. 굶주리지 않을 수 없는 죄수나 여행과 탐험 등으로 먹을 것도 없이 견디어야만 하는 사람들을 관찰하면 이와 같은 결핍조건하에서는 언제나 반드시 그 욕구를 충족시키는 꿈을 꾼다는 것을 배우게 됩니다.

예를 들면 오토 노르덴쉴드($\frac{1832\sim1901,\ 스웨}{덴의\ 북극\ 탐험가}$)는 그의 저서인 《남극》(1904년 발행) 속에서 자기와 함께 겨울을 보낸 대원(隊員)에 대해 다음과 같이 보고하고 있습니다(제1권 336쪽).

"우리의 마음속 깊이 생각하고 있는 것을 아는 데 있어 아주 확실한 지표가 된 것은 꿈이었다. 꿈을 이렇게 많이, 이렇게 생생하게 꾼 적은 일찍이 없었다. 평소에는 거의 예외적으로밖에 꿈을 꾸지 않던 동료마저도 매일 아침 우리가 이 공상의 세계에서의 지난밤의 경험($\frac{꿈속의}{이야기}$)을 서로 교환할 때가 되면 긴 이야기를 하는 것이었다. 꿈이란 꿈은 모두 지금은 아득히 멀리 떨어져버린 저 바깥 세계의 일이었지만 지금의 우리의 사정에 꼭 들어맞는 것도 자주 있었다. ……어쨌든 먹고 마시는 일이 중심점이고 이것을 둘러싼 꿈이 가장 많았다. 어느 한 사람은 이 점에서 특히 뛰어나 그는 밤마다 호화로운 오찬회에 나가는 꿈을 꾸었는데 매일 아침 '세 가지 요리가 나오는 점심을 먹고 왔다'고 이야기할 때는 진심으로 즐거운 것 같았다. 다른 한 사람은 담배 꿈, 그것도 산 같은 담배 꿈을 꾸었다. 또 다른 사나이는 돛을 모두 올리고 넓은 바다 위에서 이쪽으로 다가오는 배를 꿈꾸었다. 또 하나 보고해 두어야 할 꿈이 있다. 우체부가 우편물을 가지고 와서 왜 이렇게 늦어 기다리게 했는가를 장황하게 해명하는 꿈이다. 우편물을 잘못 배달해 이것을 회수하기 위해 무척 애를 먹었다는 것이다. 물론 우리는 이 밖에도 더욱 허황된 것을 꿈에서 보았다. 그러나 모든 꿈에 공상이 결여되어 있었다는 점이 나의 꿈에서나 다른 사람이 이야기한 꿈에서나 특히 눈에 띄었다. 이들 꿈을 모두 채록한다면 심리학적으로 매우 흥미 깊은 것이 될 것이다. 여하튼 잠자고 있으면 우리 누구나 몹시 열망하고 있는 것을 받을 수 있으므로 모두 얼마나

---

4) 신장의 고정 조직이 이완되어 신장이 정상적인 위치에서 이동하게 되는 이상(異常)의 일종. 선천적인 경우도 있고, 거듭되는 임신 등으로 생기는 후천적인 경우도 있다.

잠을 고대했는지 쉽게 이해할 수 있을 것이다. "

뒤 프레르가 쓴 다른 예를 이용해 보기로 하겠습니다.

"뭉고 파크$\left(\begin{smallmatrix}1771 \sim 1806, & 영 \\ 국의 \ 탐험가 \end{smallmatrix}\right)$는 아프리카 여행중에 죽을 정도로 갈증에 시달렸는데, 그는 끊임없이 물이 풍부한 고향의 골짜기와 기름진 들판을 꿈꾸었다. 마그데부르크$\left(\begin{smallmatrix}독일의 \ 작센 \\ 주의 \ 도시\end{smallmatrix}\right)$의 성형진지(星形陣地)에서 기아에 시달리고 있었던 트렝크$\left(\begin{smallmatrix}1726 \sim 94, \ 독일 \ 군인, \ 모험적인 \\ 생활을 \ 보내고 \ 파리에서 \ 처형됨\end{smallmatrix}\right)$도 남아도는 음식물에 파묻힌 꿈을 꾸었으며, 프랭클린$\left(\begin{smallmatrix}1786 \sim 1847, \ 영 \\ 국의 \ 탐험가\end{smallmatrix}\right)$의 제1차 탐험대원$\left(\begin{smallmatrix}제1차 \ 탐험은 \ 1819 \\ \sim 22년에 \ 행해졌다\end{smallmatrix}\right)$이었던 조지 버크$\left(\begin{smallmatrix}1796 \sim 1878, \ 영 \\ 국의 \ 탐험가\end{smallmatrix}\right)$도 격심한 물질결핍 때문에 아사지경에 빠졌을 때 언제나 똑같은 풍요로운 식사의 꿈을 꾸었다는 것이다. "

저녁 식사 때 몹시 짠 음식을 먹은 사람은 밤이 되면 갈증을 느끼고 자칫하면 자신이 물을 마시는 꿈을 꾸기 쉽습니다. 물론 음식물에 대한 격심한 요구는 꿈에 의해서 해소되지는 않습니다. 이와 같이 꿈속에서 목이 말라 눈을 뜨면 이번에는 진짜로 물을 마셔야만 합니다. 꿈의 작용은 이와 같은 경우에는 사실은 대수롭지 않지만, 그래도 잠을 깨고 행동을 하게 하려는 자극에 대해서 잠을 유지하기 위해서 꿈이 소집(紹集)되어 있는 것이라는 것은 마찬가지로 명백합니다. 이들 욕구가 보다 약한 것이면 욕구 충족의 꿈이 종종 그것을 제거해 준다는 것입니다.

마찬가지로 성적(性的) 자극의 영향을 받고 꾸는 꿈도 만족을 줄 수 있으나, 이런 종류의 만족에는 한마디 언급해 둘 정도의 가치가 있는 특이성이 나타나 있습니다. 성욕의 성질이 굶주림과 갈증보다도 대상에 의존하는 점이 작기 때문에 그 만족이 몽정(夢精)을 동반하는 꿈속에서 현실적으로 얻어지는 경우도 있습니다. 성욕에는 대상과 관련하여 뒤에 설명할 그러한 난점이 있으므로 종종 이 현실적인 만족이 분명치 않거나 혹은 왜곡된 꿈의 내용과 결부되어 있는 경우도 있습니다.

몽정을 동반하는 꿈의 이 특이성은 오토 랑크가 지적한 바와 같이 꿈의 왜곡을 연구하는 데 좋은 대상이 됩니다. 그런데 성인의 욕구 충족의 꿈은 욕구를 충족시키는 것 외에 별도의 것, 즉 순수하게 심적인 자극원(刺戟源)에서 생기고, 따라서 그것을 이해하기 위해서는 해석을 필요로 하는 다른 것을 포함하고 있는 것이 보통입니다.

그것은 그렇다 치고 우리는 유치형의 성인의 원망 충족의 꿈은 앞에서 열거했던 지상명령적인 욕구에 대한 반응으로서만 생긴다고 주장할 생각은 없습니다. 의심할 바 없이 심적인 자극원에서 유래하는 어떤 종류의 압도적인 상황에 영향을 받고 있는, 짧고 명백한 꿈이 있는 점도 우리들은 잘 알고 있습니다. 예를 들면 여행이라든가, 자신에게는 중요한 뜻을 갖는 흥행이라든가, 강연과 방문 등의 준비를 하고 있을 때 꾸는 초조한 꿈입니다. 이것은 자신의 기대가 일찌감치 성취되는 것을 보는 꿈입니다. 즉 전날 밤에 실제의 체험에 앞서서 그 목적을 달성해 극장에 이르거나 방문한 집의 사람과 이야기를 하고 있는 자기를 보는 꿈입니다. 또한 근사하게 명명했다고 생각합니다만 부정(不精)한 꿈도 있습니다. 이것은 좀더 자고 싶어하는 사람이 이미 일어나서 세면을 끝내고 있거나, 혹은 벌써 학교에 와 있거나 하는 꿈 등에서 볼 수 있는 것인데, 현실적으로는 아직도 자고 있습니다. 즉 현실적으로 일어나 있는 것이 아니라 꿈속에서 일어나 있다는 것입니다. 우리가 꿈을 구성할 때에 언제나 관여하고 있다고 인정한, 자고 싶어하는 원망이 이들 꿈에서는 확실히 나타나고, 꿈의 본질적인 형성자임이 꿈속에 나타납니다. 자고 싶다는 욕구가 다른 커다란 신체적인 욕구와 동등한 지위를 차지하는 것은 당연한 일입니다.

나는 여기서 여러분에게 뮌헨의 샤크 화랑에 있는 슈빈트($^{1804\sim71, \text{ 오스트리}}_{\text{아의 낭만파 화가}}$)의 그림의 복제(複製)를 보여주겠습니다. 이 화가가 꿈의 성립을 그때의 지배적인 상황에 좌우되는 것으로서 얼마나 바르게 포착하고 있는가를 보여주고 싶습니다. 〈수인(囚人)의 꿈〉이란 제목의 그림인데, 이 내용은 석방되는 것 이외의 아무것도 아닙니다. 창으로 빠져나가 자유의 몸이 되고 싶다는 것이 아주 잘 표현되어 있습니다. 이 죄수의 잠을 깨우는 빛의 자극이 침입해 오는 것은 이 창을 통해서이기 때문입니다. 위아래로 겹쳐서 목말을 태우고 있는 난쟁이들은 그 창의 높이까지 기어오르려면 그 자신이 잇따라 취해야 하는 자세를 나타내고 있습니다. 만약 나의 생각이 틀리지 않고 이 예술가에게 심하게 작의(作意)를 억누르는 것이 되지 않는다면, 제일 위에서 창살을 톱으로 썰고 있는, 즉 죄수가 하고자 마음먹은 일을 실행하고 있는 난쟁이는 죄수 자신과 같은 인상을 지니고 있습니다.

어린이의 꿈과 유치형의 꿈을 제외한 다른 모든 꿈은 이미 설명한 바와 같은 꿈의 왜곡을 받고 있으며 우리의 진로를 가로막습니다. 이들 모든 꿈이 우리가 생각하고 있는 그러한 원망의 충족인지 아닌지는 지금의 우리로서는 단언할 수 없습니다. 꿈의 현재적(顯在的)인 내용으로부터는 그 꿈이 어떠한 심적 자극을 근원으로 삼고 있는가 추론할 수는 없습니다. 또한 그들 꿈이 마찬가지로 이 자극의 제거, 혹은 해소에 노력하고 있다는 점도 증명할 수 없습니다. 그 꿈은 해석되어야 하기 때문입니다. 즉 해석하고 왜곡을 제자리로 되돌리고 현재(顯在)내용을 잠재내용으로 대치하지 않으면 유치형의 꿈에서 볼 수 있었던 것이 모든 꿈에도 해당되는지 어떤지 판단을 내릴 수 없습니다.

제9강 꿈의 검열(檢閱)

여러분! 우리는 꿈의 발생, 본질, 기능을 어린이의 꿈의 연구를 통해서 배웠습니다. '꿈은 수면을 방해하는(심적인) 자극을 환각적인 충족에 의해 처리하는 것입니다.' 성인의 꿈에서 우리가 해명할 수 있었던 것은 겨우 그중의 한 집단의 꿈뿐, 즉 우리가 유치형의 꿈이라 명명한 꿈뿐이었습니다. 이것 이외의 꿈이 어떻게 되어 있는지 우리는 아직도 알지 못하고 또한 이해하고 있지도 못합니다. 우리는 잠정적으로 하나의 결론을 내리고는 있지만 이 의의(意義)를 우리는 결코 경시하고자 하지 않습니다. 어떤 꿈이 우리에게 완전히 이해되었을 때에는 그 꿈은 언제라도 환각적인 원망의 충족이라는 것이 증명되었습니다. 이 일치는 우연한 것이 아니며 관심을 두지 않을 수 없게 합니다.

다른 종류의 꿈에 대해서 우리는 여러 모로 숙고한 끝에 실수 행위의 해석에 따라서 꿈은 어떤 미지의 내용이 왜곡된 대리물이며, 꿈을 이해하기 위해서는 이 미지의 내용에까지 꿈을 되돌려봐야 한다고 가정했습니다. 그러므로 이 꿈의 '왜곡'을 검토하고 이해하는 일이 우리의 다음의 과제가 됩니다.

꿈의 왜곡이야말로 우리에게 꿈은 이상하고 이해하기 어렵다고 느끼게 하는 것입니다. 꿈의 왜곡에 대해서는 여러 가지로 알고 싶은 점이 있습니다. 첫째로는 그것이 무엇에 기인하고 있는가 하는 점, 즉 왜곡의 다이너미즘, 둘째로는 왜곡이 어떠한 일을 하는가 하는 점, 그리고 마지막으로 왜곡은 어떻게 만들어지는가 하는 점입니다. 우리는 또한 꿈의 왜곡은 꿈의 일이 만들어낸 것이라고 말할 수도 있습니다. 그래서 우리는 꿈의 작용에 대해서 설명하고 꿈의 작용을 그 안에서 작용하고 있는 모든 힘으로 환원해 보고자 합니다.

그런데 여러분, 다음과 같은 꿈 이야기를 들어보십시오. 이 꿈은 우리의 동료인 한 부인(닥터 폰 후크 헬무트 부인)이 기록하고 있습니다. 그 보고에 따르면 이 꿈은 명성높고 교양이 풍부한 한 노부인이 꾼 꿈이라고 합니다. 이 꿈의 분석은 시도되고 있지 않습니다. 보고자인 부인은 정신분석자에게는 해석의 필요가 없는 꿈이라고 보고하고 있습니다. 꿈을 꾼 노부인도 이것을 해석하지 않았지만, 그녀는 그 꿈을 평가하고 마치 그 꿈을 어떻게 해석해야 할지 알고 있는 듯이 판단을 내리고 있습니다. 즉 그녀는 "낮이나 밤이나 아이들 걱정을 하는 것 외에는 아무 여념이 없는 50여 세의 여자가 이러한 추잡하고 어리석은 꿈을 꾸다니" 하고 말하고 있습니다.

그런데 그것은 '사랑의 봉사'의 꿈입니다. 그녀는 육군 제일병원에 가서 입구의 보초에게 "이등 군의관인 ×××(자기도 모르는 이름을 부르고 있었다)를 만나서 이야기를 하고 싶어요. 나는 이 병원에서 봉사하고 싶습니다" 하고 말했다. 봉사라는 말을 그녀가 강조해서 말했기 때문에 하사관은 그것은 '사랑의 봉사'라고 금방 알아챘다. 그녀가 나이 든 여성이었기 때문에 하사관은 약간 주저했으나 안내해 주었다. 그러나 그녀는 이등 군의관한테는 가지 않고 크고 어두운 방에 도착했다. 그 방에는 긴 테이블 옆에 많은 장교와 군의관들이 섰거나 앉아 있었다. 그녀는 일등 군의관을 향해 자신의 생각을 제안했다. 그는 이야기를 조금 듣고도 곧 그녀의 말을 이해했다. 그 꿈속에서 그녀가 말한 문구는 "나뿐만 아니라 빈에 살고 있는 많은 부인이나 처녀들도 결심을 하고 있습니다. 사병이나 장교 구별 없이 군인들을 위해서……"라는 것이었다. 이때 꿈속에서 중얼거리는 소리가 일어났다. 그러나 그녀의 말이 그 자리에 있는 사람들에게 바르게 이해된 것을, 일부 장교는 어색한 얼굴을 하고, 어떤 사람은 짓궂은 표정을 띤 것으로 그녀도 알 수 있었다. 노부인은 다시 계속해서 말했다. "우리의 결심이 이상하게 들리리라는 것은 잘 알고 있습니다. 그러나 우리는 참으로 진지합니다. 싸우고 있는 병사들에게 목숨이 아깝느냐, 아깝지 않느냐고 물을 수 없지 않아요." 잠시 동안 무거운 침묵이 흘렀다. 일등 군의관이 팔로 그녀의 허리를 두르며 말했다. "부인,

실제로 이렇게 되는 경우를 생각해 보세요…….”(중얼거리는 소리가 들렸다) 그
녀는 누구나 다 같구나 하고 생각하면서 그 팔에서 빠져나오며 대답했다. “아마
도 나는 늙은 여자이기 때문에 그렇게 되지는 않을 것입니다. 게다가 한 가지 조
건이 지켜져야만 합니다. 나이라는 것을 생각해 보지 않으면 안 됩니다. 나이 든
여자가 아주 젊은 분하고…… (중얼거리는 소리가 들렸다) 무서운 일이지요.”
―― 일등 군의관이 말했다. “잘 알았습니다.” 몇몇 장교가 명랑하게 웃었다. 그
중에는 젊었을 때 그녀에게 구혼한 남자도 끼어 있었다. 부인은 이등 군의관에게
가면 전부 처리가 되니 그곳으로 데려다달라고 청했다. 그러나 몹시 놀랍게도 자
신이 이등 군의관의 이름을 알지 못한다는 것을 알아챘다. 그래도 일등 군의관은
아주 공손한 태도로 그 방에서 직접 위로 통하는 가늘고 긴 나선 계단을 올라 이
층으로 가도록 지시해 주었다. 계단을 오르고 있는 사이에 그녀는 한 장교가 “대
단한 결심을 했군. 젊거나 할머니거나 그런 것은 상관이 없어. 근사하군 ! ”하고
말하는 것을 들었다. 그녀는 재빨리 자신의 의무를 다한다는 감정으로 끝없는 계
단을 올라갔다.

　같은 꿈을 그녀는 수주일 동안에 두 번이나 되풀이하여 꾸었는데, 이 부인이
말한 바로는 약간의 변화가 있었을 뿐이며 거의 같은 꿈이었다는 것이다.

　이 꿈의 경과는 낮 동안에 떠오른 공상에 대응하고 있습니다. 다만 몇 개의 균
열이 있고 또한 내용의 개개의 점에 대해서는 따져 물어보면 명백해지리라 생각
되는 부분도 있으나 보는 바 그대로 두고 있습니다. 우리에게 흥미가 있는 점은
이 꿈이 많은 빈틈을 남기고 있다는 점입니다. 그것도 기억의 결손이 아니라 내
용의 결손인 점입니다. 꿈의 내용은 세 군데 소실된 것같이 끊어져 있습니다. 이
결손이 생긴 부분은 중얼거리는 소리로 중단되어 있습니다. 우리는 분석을 하지
않았기 때문에 엄밀하게는 이 꿈의 의미에 관해 어떤 의견을 말할 권리가 없습니
다. 그러나 거기에는 몇 가지 힌트가 주어져 있으므로 그것에 의해서 어떤 결론
을 내리는 것은 허용될 것 같습니다. 예를 들면 ‘사랑의 봉사’라는 말입니다. 나
아가 중얼거리는 소리로 중단되기 직전의 이야기 부분은 아무래도 보충해 볼 필
요가 있으며, 게다가 이 부분을 어떻게 보충해야 할 것인가는 실로 분명합니다.
이것을 보충해 보면 노부인은 애국적인 의무를 다하기 위해서 장교나 사병의 구
별 없이 군인의 사랑의 요구를 만족시켜 주기 위해 자신의 몸을 바칠 결심을 하
고 있다는 내용의 공상이 생겨납니다. 이것은 확실히 아주 꺼림칙하고 파렴치한

성적 공상의 전형이지만 —— 꿈속에서는 전혀 나타나 있지 않습니다. 이야기의 전후로 미루어보아 이 공상을 고백해야 된다면 현재몽(顯在夢) 속에서 마침 그때에 명확히 들을 수 없는 중얼거리는 소리가 일어나서 무엇인가 상실되거나 억눌려버리는 것입니다.

이들 공상의 꺼림칙함이야말로 그들 부분을 억누른 동기였다고 말해도 그것이 옳다는 것을 여러분은 인정하게 될 것입니다. 그런데 여러분은 이 사건과 유사한 것을 어디서 발견하면 되리라 생각합니까. 지금 시대에는 이것을 멀리에서 구할 필요가 없습니다. 그것은 어느 것이든 상관없이 정치신문을 펴들고 보는 것입니다. 본문이 군데군데 빠져 있고 백지 그대로 되어 있는 것을 발견하게 될 것입니다. 아는 바와 같이 그것은 신문 검열의 결과입니다. 이 공백 부분은 검열관의 마음에 들지 않는 것이 씌어져 있어서 그 때문에 삭제된 것입니다. 여러분은 그곳이 가장 재미있는 곳일 것이다, '최고의 부분'이었을 텐데 아깝다고 생각할 것입니다.

그중에는 인쇄된 문장에 검열의 힘이 미치지 않은 기사도 있습니다. 그것은 기자가 미리 검열에 저촉되는 부분을 예상하여 예방선을 치고 그 부분을 온건하게 쓰거나 혹은 변경하여 쓰고자 했던 것을 완곡하게 암시하는 정도로 참고 있는 경우입니다. 신문에는 공백은 없지만 표현이 묘하게 돌아가거나 애매하거나 해서 검열을 미리 염두에 두고 씌어졌다는 것을 독자도 알 수 있습니다.

그런데 이러한 대비(對比)를 잘 염두에 두기로 합시다. 꿈속에서의 대화에서 탈락된 부분, 즉 중얼거리는 소리로 감추어져버린 부분도 역시 꿈의 검열에 희생된 것이라고 우리는 말하고 싶습니다. 우리는 직각적(直覺的)으로 판단해서 '꿈의 검열'이란 말을 쓰지만, 이것이 꿈의 왜곡에 일역을 담당하고 있습니다. 현재몽에 결손이 있는 경우에는 모두 꿈의 검열이 그 책임을 져야 합니다. 우리는 더 나아가서 꿈의 어떤 요소가 다른 명확한 요소 속에 끼여서 특히 약하고 막연하고 기괴하게밖에 상기될 수 없는 때에는 언제든지 거기에 검열이 나타나 있었다고 인정해야 한다고 생각합니다. 극히 드문 일이지만 이 검열이 아주 공공연하게 본모습을 내보이는 경우가 있습니다. '사랑의 봉사'의 꿈의 예에서 볼 수 있는 검열이 바로 그것이라고 말해도 무방할 것입니다. 그러나 검열이 본모습 그대로 나타나는 첫번째 형(型)에 비해 본래의 것 대신 이것을 약화시키거나 적당한 곳에서 그치거나 암시하거나 하는 검열의 두번째 형이 훨씬 빈번히 힘을 발휘합니다.

꿈의 검열의 세번째 형에 대해서는 신문의 검열방법과 대비할 수는 없지만, 이제까지 분석해 본 꿈의 유일한 실례에 대해서 이것을 제시할 수 있습니다. '1플로린 50크로이사의 그다지 좋지 않은 객석표 석 장'의 꿈[1]을 상기해 주십시오. 이 꿈의 잠재사상에는 '너무 성급해서, 지나치게 빠르게'라는 요소가 전경(前景)에 나와 있습니다. 그것은 즉 그렇게 '빨리' 결혼한 것은 어리석었다 —— 그렇게 '서둘러서' 극장표를 걱정한 것은 어리석었다 —— 시누이가 그렇게 '서둘러서' 장식품을 산 것은 우스꽝스러운 일이었다는 것이었습니다. 꿈의 사상 속의 이 중심적 요소는 현재몽 속에는 전혀 들어 있지 않습니다. 극장에 가는 일, 표를 사는 일이 현재몽의 중심에 놓여져 있었습니다. 이와 같이 악센트를 치환하고, 내용이 되는 요소의 편성을 바꿈으로써 현재몽은 꿈의 잠재사상과는 전혀 다른 것이 되어버립니다. 그러므로 누구도 꿈의 잠재사상이 현재몽의 배후에 있다고는 생각하지 않게 되는 것입니다.

이 악센트의 치환은 꿈의 왜곡을 만드는 주된 수단이며, 그 때문에 꿈을 꾼 사람 자신마저도 그것이 자신이 만들어낸 것임을 인정하고 싶어하지 않는 그러한 기괴함을 꿈에 부여하게 됩니다.

요컨대 자료의 탈루(脫漏), 변용(變容), 편성교체가 꿈의 검열의 작용이며 꿈의 왜곡의 수단인 것입니다. 꿈의 검열 그 자체야말로 지금 우리가 연구의 대상으로 삼고 있는 꿈의 왜곡의 주모자, 또는 주모자의 한 사람인 것입니다. 변용과 편성교체를 우리는 또한 '치환'이란 말로 총괄하기로 하고 있습니다.

꿈의 검열의 작용에 대해서 이상과 같은 이야기를 했는데, 이번에는 검열의 다이너미즘에 대해서 생각해 보기로 합시다. 여러분은 이 표현을 너무 의인적(擬人的)으로 생각해서 꿈의 검열관으로 엄격한 소인(小人) 각하나 영(靈)이 뇌 속의 작은 방에 살면서 검열의 직무를 수행하고 있다고 생각하지 않기를 바랍니다. 그렇다고 지나치게 국재론적(局在論的)으로 취급해서 이와 같은 검열 작용을 행하는 '뇌중추(腦中樞)'가 있고 그 중추를 손상하거나 제거하면 이 작용도 중단되는 것이 아닌가 하고 생각하지 마십시오. 지금으로서는 검열이란 말은 다이내믹한 관계를 표현하기 위한 하나의 편리한 술어에 지나지 않습니다. 이 말로는 어떠한 의향에 의해서, 또한 어떠한 의향에 대해서 이러한 검열의 영향이 미치는가를 문제삼아도 지장이 없습니다. 우리는 이전에 한 번 아마도 꿈의 검열인 줄도 모르

---

1) 129쪽 참조.

고 꿈의 검열을 언급한 경험을 한 적이 있다고 해도 놀랄 것은 없다고 생각합니다.

왜냐하면 실제로 그와 같은 경우가 있었기 때문입니다. 우리가 자유연상법이라는 기법을 응용하기 시작했을 때 하나의 놀랄 만한 경험을 했던 일[2]을 상기해 주십시오. 우리가 꿈의 요소에서 꿈의 요소가 대리하고 있는 무의식의 요소에 도달하려고 노력하고 있었을 때, 이 노력이 어떤 '저항'에 부딪히는 것을 느꼈습니다. 이 저항의 강도는 여러 가지이며, 어떤 때는 거대하지만 또 어떤 때는 미약하다고 말해 두었습니다. 저항이 극히 미미한 경우에는 우리는 해석을 진행해 갈 때 미미한 중간항(中間項)을 통과하기만 해도 되었습니다. 그러나 저항이 큰 경우에는 꿈의 요소에서 긴 연상의 쇠사슬을 더듬어 아주 멀리 떨어진 곳까지 가게 됩니다. 게다가 그 도중에 착상에 대한 비판적 반론(反論)으로서 나타나는 모든 곤란을 극복해야만 했습니다. 꿈을 해석할 때에 저항물이 되어 앞길을 가로막는 것, 그것을 우리는 꿈의 검열로서 이번에는 꿈의 작용 속에 가지고 들어가야 합니다.

해석할 때의 저항은 꿈의 검열의 대상화(對象化)에 지나지 않습니다. 또한 검열의 힘은 꿈의 왜곡을 야기시키고는 곧 소모되어 버리고 그 후에는 없어져버리는 것이 아니라 지속적인 제도로서 그 왜곡을 계속 보전하려고 하는 의도를 가지고 존속합니다. 그것도 이 저항은 증명하고 있습니다. 또한 해석할 때의 저항이 요소마다 그 강도를 바꾸고 있듯이 검열에 의해서 야기된 왜곡도 같은 꿈속에서 그 요소마다 정도를 달리하고 있습니다. 현재몽과 잠재몽을 비교해 보면 꿈의 현재내용 속에서 어떤 잠재적 요소는 완전히 사라져버리고, 어떤 잠재적 요소는 다소 변용되며, 또 어떤 잠재적 요소는 바꾸어지기는커녕 오히려 강화되어 있음을 알 수 있습니다.

그러나 우리가 검토를 해보려고 한 것은, 어떤 의향이 어떤 의향에 대해 검열을 하는가 하는 것이었습니다. 그런데 이 문제는 꿈을 이해하기 위해서도, 아니 아마도 인간생활을 이해하기 위해서도 근본적인 문제일 것인데, 우리가 해석할 수 있었던 수많은 꿈을 개관(槪觀)하면 쉽게 이에 답변할 여유가 생깁니다. 검열하는 측의 의향이란, 꿈을 꾼 사람이 잠을 깼을 때의 판단에 의해서 인정되는 의향이며 꿈을 꾼 사람이 분명히 그렇다고 느끼는 의향입니다. 만약 여러분이 자기

---

2) 120쪽 참조.

의 꿈에 대해 올바르게 행해진 해석을 거부하면, 여러분은 꿈의 검열이 행해져 꿈의 왜곡이 생기고 그 때문에 해석을 필요하게 한 동기와 같은 동기에서 거부하고 있는 것이 확실합니다. 앞에서 예로 든 50여 세의 부인의 꿈을 생각해 보십시오. 그녀는 자신이 꾼 꿈을 해석한 것도 아닌데 꺼림칙하게 생각하고 있습니다. 만약 닥터 폰 후크 부인 (정신분석학자, 여성 심리 및 아동심리학을 전공)이 꼼짝 못할 해석을 해서 들려주었다면, 그녀는 더욱더 화를 냈을 것입니다. 그리고 바로 이 비난할 만하다는 판단을 스스로 내렸기 때문에 꿈속에서 가장 품위가 떨어지는 부분이 중얼거리는 소리로 대치되어 있는 것입니다.

그러나 우선은 꿈의 검열의 대상이 되는 의향을 마음속에 있는 법정 자체의 입장에서 기술(記述)해 봐야만 합니다. 그 경우에 검열의 대상이 되는 의향은 철두철미 비난할 만한 성질의 것이고, 윤리적·미적·사회적인 견지에서는 품위가 없는 것이며, 사람이 감히 생각하려고 하지 않는 것, 혹은 혐오를 느끼지 않고는 생각할 수도 없는 것이어야만 말할 수 있습니다. 그중에서도 검열을 받고 꿈속에서 왜곡된 표현을 취하고 있는 원망은 방종하고 사려 없는 이기주의의 표명입니다. 게다가 꿈을 꾼 사람의 자아(自我)는 어떤 꿈속에도 나타나고, 설사 현재내용 속에서는 교묘하게 꿈을 감출 줄 알고 있어도 모든 꿈에서 주역(主役)을 맡고 있습니다. 꿈의 이와 같은 '성스러운 이기주의'는 분명히 잠자려고 하는 마음가짐, 즉 외계로부터 관심을 차단시키는 바로 그 마음가짐과 관계가 없지 않습니다.

모든 윤리적인 속박에서 해방된 자아는 성적 욕망의 일체의 요구, 즉 예로부터 우리의 미적 교육에 의해 비난받아 온 성적 욕구나 모든 윤리적 구속의 요청에 반(反)하는 성적 요구와 합치되는 것을 알고 있습니다. 쾌감을 구하는 욕구—— 이것을 리비도[3]라고 우리는 부르고 있는데——는 그 대상을 제멋대로 고릅니다. 아니, 금지되어 있는 것을 가장 기꺼이 고릅니다. 리비도는 단지 유부녀를 대상으로 고를 뿐만 아니라 인간으로서의 약속을 통해서 신성한 것으로 되어 있는 대상, 즉 남성에게는 어머니와 자매, 여성에게는 아버지와 형제마저 근친상간의 대상으로 선택합니다(본강의의 첫머리에서 설명한 50여 세의 부인의 꿈도 근

---

3) 성(性)의 욕동(欲動) 또는 본능의 근저에 있으면서 성의 욕동을 야기시키는 에너지를 말한다. 그 후에는 폭넓게 에로스의 본능 또는 삶의 본능의 근원에 있는 에너지를 가리키게 되었다. 이에 대해 죽음의 욕동의 에너지를 사나토스라고 명명하고 있다.

친상간의 꿈이며, 그 리비도는 틀림없이 아들을 향하고 있습니다). 인간의 본성으로부터 멀리 떨어져 있는 것으로 믿어지고 있는 정욕(情欲)이 꿈을 야기시킬 만큼 충분한 힘을 지니고 있다는 것을 알 수 있습니다. 증오 역시 제멋대로 미친 듯이 날뜁니다. 인생에 있어서 가장 사랑하는 근친자들, 즉 부모, 형제자매, 배우자, 자기 자식에 대한 복수와 죽음의 원망(願望)마저 결코 드문 일은 아닙니다. 이들 원망은 검열을 받고는 있지만 바로 지옥에서 솟아나오는 것같이 보입니다. 깨어 있을 때의 해석에 따르면 이들 원망에 대해서는 제아무리 엄한 검열이라 해도 지나치게 엄하다고는 여겨지지 않습니다.

그러나 이 원망의 내용이 사악하다고 해서 꿈 그 자체에 비난을 퍼부어서는 안 됩니다. 여러분은 꿈이 수면을 방해로부터 지킨다는 무해(無害)한, 아니 오히려 유익한 작용을 하고 있다는 점을 잊지 말기 바랍니다. 이러한 사악함은 꿈의 본질이 아닙니다. 정당한 원망이나 절실한 신체적 욕구의 충족으로 인정되는 꿈도 있다는 것을 여러분도 잘 알고 있을 것입니다. 이런 종류의 꿈에는 확실히 아무런 왜곡도 없습니다. 이런 종류의 꿈은 왜곡을 필요로 하지 않으며, 자아의 윤리적 및 미적인 의향을 손상시키지 않고 그 기능을 수행할 수 있습니다.

여러분은 꿈의 왜곡이 두 가지 요인에 비례한다는 것을 계속 생각하고 있을 것입니다. 즉 꿈의 왜곡은 한편으로는 검열을 받아야 할 원망이 부정(不正)한 것이면 부정한 것일수록, 다른 한편으로는 그때의 검열의 요구가 엄하면 엄할수록 커집니다. 그러므로 엄격한 교육을 받은 매우 얌전한 젊은 처녀는 우리와 같은 의사라면 이렇다 할 것도 없는 무해한 리비도적 원망으로 인정되는 꿈의 활동, 그리고 그 처녀 자신도 10년만 지나면 우리처럼 틀림없이 판단할 꿈의 활동을 가차없는 검열을 가해 왜곡시켜 버립니다.

그런데 우리의 꿈의 해석의 이러한 성과에 관해서 개탄하는 것은 아직 이른 것 같습니다. 우리는 그것을 올바르게 이해하는 데까지 가 있지 않다고 나는 믿고 있습니다. 그러나 그것은 어찌 되었든 무엇보다도 먼저 어떤 종류의 공격을 방지해 둘 의무가 우리에게 있습니다. 해석의 성과에 공격을 가하는 것은 결코 어려운 일이 아닙니다. 우리의 꿈의 해석은 앞에서 말한 바와 같이 다음과 같은 전제 하에 행해지고 있습니다. 즉 꿈에는 대체로 어떤 의미가 있다는 것, 꿈을 꾸고 있을 때에는 무의식적인 심적(心的) 과정이 존재한다는 생각을 최면술(催眠術)에 의한 수면에서 정상적인 수면으로 옮겨 생각해 봐도 무방하다는 것, 모든 착상은 결정되어 있다는 것 등 세 가지 전제입니다. 만약 이 전제의 위에 서서 우리가 꿈의 해석을 납득할 수 있는 결론으로 이끌어갈 수 있다면, 이 전제는 옳았다고 추론하는 것은 당연하다고 생각합니다. 그러나 만약 이 성과가 방금 내가 설명한 것 같은 것이 되었다면 어떻게 할까요. 그런 경우 공격자는 아마 다음과 같이 말할 것이 틀림없습니다. "그와 같은 일은 있을 수 없는 어리석고, 적어도 지극히 신빙성이 없는 결론이다. 그러므로 전제에 잘못된 점이 있었던 것이다. 꿈은 역시 심적(心的) 현상이 아니든가, 아니면 정상적인 상태일 때에는 무의식적인 것은 아무것도 존재하지 않든가, 그렇지 않으면 정신분석 기법 어딘가에 결함이 있든가 그 어느 하나이다. 당신이 내건 여러 전제에 근거하여 발견했다고 자칭하고 있는 그러한 터무니없는 결론보다도 보다 단순하고 보다 만족할 수 있는 가정은 세울 수 없는가."

보다 단순하고, 게다가 보다 만족할 수 있는 것이라구요! 그러나 그렇다고 해서 그것이 필연적으로 보다 옳다고는 할 수 없습니다. 잠깐 시간의 여유를 주십시오. 사태는 아직 단정을 내릴 수 있을 정도로 성숙되어 있지 않기 때문입니다. 어쨌든 우리의 꿈 해석에 대한 비판을 더욱 강화해 봅시다. 해석의 성과가 몹시 불쾌하고 싫다는 것은 그다지 중대한 것은 아닙니다. 그 사람의 꿈을 해석해서 이런 종류의 원망경향이 있다고 지적된 그 당사자가 충분한 근거를 들어 어떤 일이 있어도 그 원망경향을 부정하려고 하는 것이 보다 강한 논거(論據)가 됩니다.

어떤 사람은 이렇게 말할 것입니다. "뭐라고요? 당신은 누이동생의 결혼준비와 동생의 교육에 쓴 비용을 내가 아까워하고 있다는 것을 내 꿈을 가지고 증명하려는 거요. 그와 같은 일은 있을 수 없어요. 내가 일하고 있는 것은 동생들을 위해서이며, 인생에 있어서의 나의 즐거움은 돌아가신 어머니에게 장남으로서 약속한 대로 그들에 대한 의무를 다하는 것뿐이오." 또 다른 꿈을 꾼 어떤 부인은 이렇게 말할 것입니다. "내가 남편의 죽음을 바라고 있다고요. 어처구니없고 어리석은 일을! 나는 더할 나위 없이 행복한 결혼생활을 하고 있어요 —— 당신은 믿지 않겠지만 —— 남편이 죽는 그러한 일이 일어나면 내가 이 세상에서 누리고 있는 모든 행복이 없어지는 것과 같아요." 또 다른 사람은 반론(反論)을 제기하며 이렇게 말할 것입니다. "내가 누이동생에 대해 성적인 욕망을 가지고 있다고요? 그건 웃기는 일이오. 누이동생 따위는 전혀 문제가 되지 않아요. 우리는 사이가 나쁘고, 나는 누이동생과는 몇 년 동안이나 말도 하지 않고 지내고 있어요."

꿈을 꾼 사람이 지적당한 의향을 인정하지 않거나 거부했다고 해서 우리는 그것을 진실로 받아들이지 않을 것입니다. 우리는 그것이야말로 바로 꿈을 꾼 본인이 스스로 깨닫지 못하는 사항이라고 말할 수 있습니다. 그런데 그들이 지적된 이와 같은 원망과 바로 반대되는 것을 마음속에서 느끼고 있으며, 게다가 이 반대되는 원망이 마음을 차지하고 있다는 것을 그 생활행동에 의해서 우리에게 증명하는 경우도 있습니다. 그것에는 우리도 당황하지 않을 수 없습니다. 이렇게 되면 꿈 해석의 연구 전부를, 그 결과로 봐서 불합리한 것이 확실해졌다고 보고 버려야 할 시점에 도달한 것일까요.

아니, 아직은 그렇지 않습니다. 이와 같은 꽤 강한 논증도 우리가 비판적인 논박을 해가면 깨져버립니다. 심적 생활 속에 무의식적인 의향이 있다고 가정하면, 의식적인 생활 속에서 이와 반대되는 의향이 지배적이라고 해서 그것이 조금도 무의식적인 의향이 없다고 단언할 수 있을 정도의 증명력을 지니는 것은 아닙니다. 아마도 심적 생활 속에는 대립적인 여러 가지 경향, 즉 모순의 공존을 수용할 여지가 있을 것입니다. 아니, 어쩌면 한쪽의 활동이 지배권을 장악하는 것이야말로 이것과 대립하는 활동이 무의식 속에 있다는 조건일지도 모릅니다. 따라서 꿈의 해석의 결론은 단순하지 않고, 또한 아주 불유쾌한 것이라는, 최초로 우리에게 향해진 공격은 바로 그것 그대로인 것입니다.

그것에 대해 첫째로 반론을 가해 두어야 할 것은, 여러분이 단순하게 단순하리라고 떠들어대도 그것만으로는 꿈의 문제를 하나로서 풀 수 없다는 점입니다. 여러분은 어쨌든 여기에는 복잡한 사정이 있다는 것을 인정해야만 합니다.

둘째로 여러분이 느끼는 쾌, 불쾌의 감정을 과학적인 판단의 동기로 이용하는 것은 분명히 부당하다는 것입니다. 꿈의 해석의 결과가 여러분에게 불쾌하다든가, 그러기는커녕 부끄럽다든가, 싫다고 말할지라도 그것이 어떻다는 말입니까. 내가 젊은 나이로 의사생활을 시작했을 때 샤르코 선생[4]이 이것과 같은 경우에 "그게 그렇다고 해도 상관이 없다"고 자주 말씀하는 것을 들은 적이 있습니다.

---

4) 1825~93. 프랑스의 신경병학 및 정신의학의 석학. 히스테리, 최면현상, 신경병 등에 큰 업적을 남겼다. 프로이트는 1885년에 신경학 연구를 위해 파리의 샤르코 밑에서 배웠다. 이 석학 밑에서 그는 심리적으로 히스테리 증상이 일어날 수 있다는 것을 배웠다. 그 후 프로이트의 논적(論敵)이 된 P. 자네도 그 문하생의 한 사람이다.

즉 이 말은 이 세계에 현실적으로 있는 것을 알려면 겸허한 마음이 되어 공감이
나 반감은 깨끗이 억제해야 한다는 것입니다. 만약 어떤 물리학자가 지구상의 생
물은 단기간내에 사멸해 버릴 것이라는 것을 증명했다면 여러분은 그런 일이 있
겠는가, 그러한 견해는 불쾌하다고 해서 감히 반항하는 용기를 가질 수 있겠습니
까. 아마도 여러분은 입을 다물고 다른 물리학자가 등장하여 앞의 물리학자의 전
제나 계산이 틀린 것을 증명할 때까지 기다릴 것입니다. 만약 여러분이 자신에게
불쾌한 것을 거부한다면, 여러분은 꿈을 형성하는 매커니즘을 이해하고 그것을
극복하는 것이 아니라 도리어 꿈의 매커니즘과 똑같은 일을 되풀이하는 것이 될
것입니다.

　그렇게 되면 여러분은 아마도 검열을 받은 꿈의 원망이 지닌 불쾌한 성격을 외
면하게 될 것입니다. 또한 인간의 자질 속에 악(惡)에 그만큼 넓은 여지가 주어
져 있다는 것은 역시 사실이 아닌 것 같다는 주장으로 되돌아가버릴 것입니다.
그러나 여러분은 자신의 경험에서 보았다면 그와 같은 것을 할 수 있으리라고 생
각합니까. 나는 여러분 자신이 자신의 눈에 어떻게 비치는가 하는 점에 대해서는
전혀 말할 생각이 없습니다. 그러나 대체 여러분은 인간의 본성의 어딘가에 이기
적인 악이 관여하고 있는 것에 반대해야 할 의무를 느껴야 할 정도로 상사(上司)
나 동료로부터 친절을 받거나, 적에게서 의협심을 발견하거나, 사회로부터 질투
심을 받지 않고 지내고 있을까요. 또한 보통 사람이 성(性)생활의 모든 문제에
관해서 얼마나 억제력이 없고 얼마나 신뢰할 수 없는지 여러분은 모르고 있습니
까. 아니면 우리가 밤마다 꿈속에서 보는 모든 일탈(逸脫)이나 방탕이 잠이 깨어
있는 인간에 의해 날마다 범죄로서 현실적으로 행해지고 있는 것을 모르고 있을
까요. 정신분석이 여기에서 말하고 있는 것은 플라톤이 말한 말, 즉 선인이란 악
인이 현실적으로 하고 있는 것을 꿈에서 보고 만족하고 있는 인간이라는 것 이외
의 그 무엇도 아닙니다.

　이제 눈을 개인에게서 오늘날 유럽에서 미쳐 날뛰고 있는 대전(제1차 세계대전)으로
돌려 헤아릴 수 없는 야만, 잔인, 허위가 바야흐로 문화적 세계 속에 만연되고
있는 것을 생각해 주십시오. 여러분은 요만큼의 양심도 지니지 않은 야심가나 유
혹자가 교묘하게 이러한 악령(惡靈)이 횡행하도록 할 수 있었으며 명령을 따르고
있는 수백만의 사람들에게는 죄가 없다고 진실로 믿고 있습니까. 이와 같은 사태
하에서도 역시 여러분은 악을 인간의 심적 소질에서 없애기 위해 승부를 걸 만한

용기가 있습니까.

　여러분은 내가 전쟁을 일방적으로 판단하고 있다고 비난할 것입니다. 전쟁은 인간의 가장 아름답고 숭고한 면, 즉 영웅적인 용기, 자기 희생, 그 사회적 연대감(連帶感)을 크게 발휘시킨다고 말할 것입니다. 분명히 그렇습니다. 그러나 정신분석은 한쪽을 주장하기 위해 다른 쪽을 부정한다고 말하며 부당한 비난을 정신분석에 퍼부어대는 사람들과 같은 오류를 여러분은 부디 범하지 마십시오. 인간의 천성 속에 있는 고귀한 성향(性向)을 거부하는 의도는 우리에게 없고, 또한 그 가치를 과소평가한 적도 없습니다. 반대로 나는 여러분에게 검열을 받은 사악한 꿈의 원망을 가리켰을 뿐만 아니라 그들 꿈의 원망을 억제하고 분별하기 어렵게 만드는 검열이 있는 점을 지적하고 있는 것입니다. 인간 속에 있는 악에 대해서 아주 힘을 들여서 장황하게 이야기하고 있는 까닭은, 남들이 악의 존재를 부정하는 탓에 인간의 심적 생활이 좋아지기는커녕 도리어 불가해한 것이 될 뿐이기 때문입니다. 거기에서 만약 우리들이 이러한 일방적인 윤리적 평가를 버린다면 인간의 본성 속에 있는 악과 선의 관계에 관해 보다 정당한 공식을 반드시 발견할 수 있을 것입니다.

　그러므로 그렇게 해두기로 합시다. 꿈의 해석에 관한 우리의 작업성과는 이상하게 보이는 것이 틀림없지만, 그러나 우리는 그것을 버릴 필요는 없습니다. 아마도 나중에 우리는 다른 길을 통해서 이것을 이해할 수 있게 될 것입니다. 꿈의 왜곡이란, 밤에 자고 있는 동안에 우리 속에서 작용하는 어떤 꺼림칙한 원망에 대해서, 자아에 용인되어 있는 제의향에 의해 행해지는 검열의 결과라는 설(說)을 우리는 우선 견지(堅持)해 두고자 합니다. 물론 이 불쾌한 원망이 왜 밤에 한해서 활동하는지, 또한 그것은 어디에서 유래하고 있는지 하는 것 대해서는 아직 연구해야 할 문제가 남아 있습니다.

　그러나 만약 우리가 지금 이러한 연구의 다른 성과를 강조하는 것을 게을리한다면 그것은 잘못된 일이 될 것입니다. 우리의 수면을 방해하려는 꿈의 원망은 우리에게 아직 알려져 있지 않습니다. 그것은 실제로 꿈의 해석에 의해 비로소 알 수 있습니다. 그러므로 그러한 원망은 앞에서 설명한 그러한 의미에서 그때에는 무의식이었다고 명명(命名)할 수 있습니다. 그러나 그 반면 우리는 그러한 원망은 그때에는 무의식 이상의 것이라고 말해야만 합니다. 꿈을 꾼 당사자는 꿈의 해석에 의해서 그 원망을 안 다음에도 우리가 현재 많은 예에서 경험하고 있듯이 이것을 부정합니다. 그러므로 이 경우에 처음에 "우리의 보스의 건강을 기원하며 트림을 합시다"[5]라는 실언을 해석할 때에 부딪힌 것과 똑같은 일이 여기서도 되풀이되고 있는 셈입니다. 그 경우 건배사를 입에 올린 사람은 그때에도 또한 그 이전에도 자신의 보스에 대해 실례가 되는 마음의 움직임을 의식한 적이 없다고 화를 내며 단언했습니다. 우리는 이미 그때 이와 같은 단언의 가치에 의혹을 품었습니다. 그리고 건배사를 잘못 말한 그 본인은 자기 속에 있는 마음의 움직임을 줄곧 알지 못하고 있었다는 가정을 세웠습니다. 강하게 왜곡되어 있는 꿈의 해석에 있어서는 언제나 이와 같은 일이 되풀이되므로 우리의 견해에 있어서 그 것은 점점 의의를 더해 가게 됩니다. 우리는 이제 와서는 이미 심적 활동 속에는 일반적으로 전혀 알아차리지 못하고 있고, 오랫동안 알아차리지 못한, 그러기는 커녕 아마도 결코 알아차린 적이 없을 그러한 과정과 의향이 있다는 것을 가정해도 무방한 것입니다. 그러므로 무의식은 우리에게 여기서 새로운 하나의 의미를 갖게 됩니다. '그때'라든가 '일시적으로'라든가 하는 것은 무의식의 본질로부터 사라져버립니다. 무의식적인 것이란 다만 '그때에 잠재적이다'라는 것을 의미할 뿐만 아니라 '영구히' 무의식적이라는 것도 의미하게 됩니다. 물론 이 점에 대해서는 또 다른 기회에 보다 더 여러 가지로 이야기해야 할 것입니다.

---

5) 35쪽 참조.

제10강 꿈의 상징적 표현

여러분! 꿈을 이해하는 데 방해가 되고 있는 꿈의 왜곡은, 무의식이 허용할 수 없다고 생각하는 원망을 향한 검열활동의 결과라는 것을 우리는 지금까지 발견해 낸 셈입니다. 그러나 우리는 물론 이 꿈의 검열만이 꿈의 왜곡에 대해서 책임을 져야 하는 유일한 요인이라고 주장하는 것은 아닙니다. 꿈을 연구해 가면 꿈의 왜곡이라는 결과를 초래하는 것에는 검열 이외의 다른 계기가 관여하고 있다는 것을 발견할 수 있습니다. 즉 그것은 꿈의 검열이 제거된 경우에도 역시 꿈은 이해하기 어려울 것이며, 꿈의 현재(顯在)내용이 그 잠재사상과 일치하는 일도 없으리라는 것입니다.

꿈을 예측할 수 없는 것으로 만들고 있는 다른 계기, 즉 꿈의 왜곡에 관해서 새롭게 참여하는 이 요인은 우리의 기법의 결함에 주의를 돌림으로써 발견됩니다. 이미 정직하게 말해 둔 바 있지만 분석을 받고 있는 사람이 꿈의 하나하나의 요소에 대해서 아무것도 떠올리지 못하는 경우가 흔히 있습니다. 물론 이와 같은 것은 분석을 받는 사람들이 주장하는 만큼 그렇게 자주 있는 일은 아닙니다. 그러나 대부분의 경우 끈기있게 강요하면 착상은 떠오릅니다. 그러나 그래도 연상이 떠오르지 않거나 혹은 무리하게 상기해 봐도 우리가 예상했던 그러한 것이 주어지지 않는 경우도 있습니다. 이러한 일이 정신분석의 치료중에 일어나면 거기에는 어떤 특별한 의미가 있다고 해도 무방한데, 그것에 관해서는 여기서 언급하지 않기로 하겠습니다. 그러나 그러한 일은 정상인의 꿈을 해석할 때에도, 자기 자신의 꿈을 해석할 때에도 일어납니다. 이 경우 아무리 강요해 봐도 아무런 도움도 되지 않는다는 것이 명백해지면, 드디어 우리도 이러한 바람직하지 않은 우발사건은 꿈의 특정한 요인에 대해서 일어나는 것이라는 점을 깨닫게 됩니다. 처음에는 분석의 기법이 잘 활용되지 않는 예외적인 것으로 단정하고 있었지만 이윽고 지금까지 알지 못했던 새로운 법칙성(法則性)이 거기에 있는 점을 인식하게 됩니다.

이렇게 해서 이런 종류의 '입을 다물고 말하지 않는' 꿈의 요소를 스스로 해석하고 자기 수법으로 해석해 보려 하는 유혹을 느끼게 됩니다. 해석에 의한 이러한 대리형성을 감행하면 만족할 만한 의미를 얻을 수 있으나, 이 작업을 감행할 결심을 하지 않는 한 꿈은 여전히 의미가 없고 관련성이 없는 그대로 머물고 맙니다. 그러나 아주 닮은 예를 쌓아가면 처음에는 몹시 조심스럽게 추진하고 있었던 우리들의 시도도 이윽고 충분한 확신을 얻게 됩니다.

이상의 모든 것을 약간 도식적(圖式的)으로 설명해 보기로 하겠습니다. 교육적인 목적을 위해서라면 이것도 허용될 것입니다. 이것은 다만 단순화한 것뿐이며 사실을 왜곡하고 있는 것은 아닙니다.

이와 같이 해서 꿈의 요소 중의 일련의 것에 대해서는 언제나 일정한 해석을 할 수 있게 됩니다. 즉 통속적인 해몽책 속에 꿈의 모든 사물이 번역되어 있는 것과 똑같습니다. 그러나 우리의 연상 기법에서는 같은 꿈의 요소가 언제나 같은 것으로 대리되는 그러한 일은 결코 없습니다. 이 점은 여러분도 망각하고 있지 않을 것입니다.

이렇게 말하면 곧 여러분은 "이와 같은 해석 방법은 우리로서는 자유로운 착상을 수단으로 삼은 앞의 방법보다 훨씬 불확실하며 훨씬 공격을 하기 쉬운 것같이 여겨진다"고 말하리라 생각합니다. 그러나 문제는 그것만이 아닙니다. 즉 만약 우리가 경험을 쌓아가면서 이 일정불변한 대리물을 충분히 모아보면 꿈의 해석의 이러한 부분은 실제로 자신의 지식을 통해 처리해야 하며 꿈을 꾼 사람의 착상을 빌리지 않아도 이해할 수 있다는 것을 언젠가 알게 됩니다. 꿈 해석의 이러한 부분의 의미를 어디에서 알게 되는가 하는 것은 우리의 논술 후반에서 보고하기로 하겠습니다.

어떤 꿈의 요소와 그 번역과의 사이의 항구적인 관계를 우리는 '상징'적 관계라고 부릅니다. 또 꿈의 요소 자체가 꿈의 무의식의 사상의 '상징'인 것입니다. 앞에서 내가 꿈의 요소와 그것 본래의 것과의 관계를 검토할 때 세 가지의 관계로 구별한 것을 여러분은 기억하고 있을 것입니다. 즉 전체에 대한 부분의 관계, 암시의 관계 및 형상화(形象化)라는 관계입니다. 그때 제4의 관계가 있는 것도 알려주었지만 별도로 명칭은 붙이지 않았습니다.[1] 이 제4의 관계가 지금 이야기한 상징적 관계입니다. 이 관계에 대해서 극히 흥미 깊은 논의가 이루어지고 있기 때문에 상징성에 대한 우리의 특수한 관찰을 설명하기 전에 이 논의를 취급해 두고 싶습니다. 상징성은 아마도 꿈에 관한 학설 중에서 가장 주목할 만한 장(章)이 될 것입니다.

우선 첫째로, 상징은 항구적·고정적인 번역이므로 우리의 정신분석 기법과는 멀리 떨어져 있는 고대의 해몽이나 통속적인 꿈 판단의 이상(理想)을 어느 정도까지 실현하고 있다는 것입니다. 꿈을 꾼 당사자는 원래 상징에 대해서는 아무것도 모르고 있으므로 이 사람들에게 질문을 하지 않은 채 꿈을 해석하는 일도 사정에 따라서는 허용될 것입니다. 만약 일반적으로 널리 행해지고 있는 꿈의 상징과, 그리고 꿈을 꾼 당사자의 사람됨, 생활감정, 꿈을 꾸게 한 원인이 된 인상을 알고 있으면 우리는 꿈을 곧 해석하고 순조롭게 번역할 수 있게 됩니다. 이와 같은 재주를 부릴 수 있게 되면 꿈의 해석자는 의기양양하게 되고 또한 꿈을 꾼 당사자를 탄복시킬 것입니다. 그것은 기분좋은 일이며, 꿈을 꾼 사람에게 이것저것 물어보는 힘든 일과는 큰 차이가 있습니다. 그러나 그런 것에 유혹되어서는 안 됩니다. 재주를 부려 보이는 것은 우리가 할 일이 아닙니다. 상징의 지식에 근거를 둔 해석은 연상에 의한 기법을 대신할 수 있는 기법도 아니고 그것과 우열을 비교할 수 있는 기법도 아닙니다. 그것은 연상에 의한 기법을 보조하는 것이며 두 개를 합쳐야 비로소 도움이 되는 결과가 나옵니다. 게다가 꿈을 꾼 사람의 심적 상황에 관한 지식에 대해서 말하면, 여러분은 자신이 잘 알고 있는 사람의 꿈만을 해석하는 것이 아니라는 것, 일반적으로 꿈을 야기시키는 원인이 되는 낮 동안의 사건에 대해서 알고 있지 못하다는 것, 그리고 피분석자의 여러 가지 착상이야말로 심적 상황이라 불리는 것에 관한 지식을 제공하는 것이라는 것 등의 모든 점을 생각할 필요가 있습니다.

---

1) 127쪽 참조.

나아가 앞으로 설명하게 될 여러 가지 점과 관련하여 주목해야 할 것이지만, 꿈과 무의식과의 사이에 상징적 관계가 있다는 것에 대해서 격렬한 항의가 일어나고 있습니다. 이제까지 정신분석과 더불어 긴 도정(道程)을 걸어온, 판단력도 있고 명망도 있는 사람들마저도 이 상징적 관계의 점에서는 따라가길 거부했습니다. 그러나 첫째로 상징성은 꿈 특유의 것도 아니고 꿈의 특징도 아니라는 것, 둘째로 꿈의 상징성은 정신분석에 의해서 발견된 것이 결코 아니라는 것(다른 점에서는 정신분석에는 눈부신 발견이 적지않지만), 이 두 가지를 생각하면 사람들의 이러한 태도는 몹시 우습다고 생각합니다. 꿈의 상징성을 발견한 사람으로서는 이 생각이 근대에 그 기원을 가진 것이라면 철학자 셰루너(1861년)의 이름을 들어야 하며, 정신분석은 그 발견을 확인하고 그 위에서 이것을 근본적으로 수정한 것입니다.

그런데 여러분은 꿈의 상징성의 본질과 그 실례에 대해서 듣고 싶어할 것입니다. 나는 나 자신이 알고 있는 것을 기꺼이 보고하겠습니다. 그러나 여러분에게 고백해 두지만 우리의 이해는 우리가 바라고 있는 만큼 먼 곳에까지는 도달하지 못하고 있습니다.

상징관계의 본질은 비교대조이지만, 그러나 제멋대로 하는 것은 아닙니다. 이 대조에는 특별한 조건이 예상되고 있으나 그 조건이 어떤 것인가는 말할 수 없습니다. 우리가 어떤 대상 혹은 과정을 그것과 대조할 수 있는 모든 것이 꿈속에 그 자체의 상징으로서 나타난다고 할 수는 없습니다. 다른 한편 꿈은 또한 닥치는대로 모든 것을 상징화하는 것이 아니라 꿈의 잠재사상 속의 어떤 특정한 요소만을 상징화합니다. 말하자면 여기에는 두 가지 방향에서의 제약이 있다는 것이 됩니다. 나아가 또한 우리는 상징이란 개념도 현재로는 명확히 한정할 수 없고 대리나 표현 등과의 경계가 희미하며 암시와도 비슷한 점이 있다는 것을 인정해야만 합니다.

일련의 상징에 있어서 그 근저에 있는 대조는 명백합니다. 그러나 이것과 병행해서 대조가 있다고 여겨지지만 도대체 어디에서 비교의 공통점을 구해야 하는지, 즉 비교상의 제삼자를 어디서 구해야 하는지 문제삼지 않을 수 없는 상징도 있습니다. 그런 경우 깊이 생각해 보면 공통점이 발견될 수 있을지도 모르고, 또한 끝까지 우리들에게 숨겨진 채로 있게 되는 경우도 있을지 모릅니다. 나아가 만약 상징이 일종의 대조라면 이 비교대조가 연상에 의해서 밝혀지지 않는 것도 기묘한 일이며, 또한 꿈을 꾼 사람이 이 대상을 전혀 모른다는 것이나 모르는 채 이것을 이용하고 있다는 것도 이상합니다. 그뿐만 아니라 꿈을 꾼 당사자가 이 대조를 들이대도 결코 인정하려 하지 않는 것도 이상합니다. 따라서 이 상징관계는 완전히 특수한 비교대조이며, 그 근거는 아직 우리에 의해서 충분히 밝혀지지 않는 것임을 알 수 있습니다. 아마도 뒤에 이 미지의 것에 대해서도 언급할 수 있을 것입니다.

꿈속에서 상징에 의해 나타나는 사물의 범위는 그다지 넓지 않습니다. 신체의 전부, 부모, 아이들, 형제 자매, 출산, 죽음, 나체 등—— 여기에 또 하나가 있습니다. 인간이라는 것 전체를 나타내는 유일한 전형적인 표현, 즉 일반적인 표현은 세루너가 인정한 바와 같이 '가옥'입니다. 세루너는 이 상징에 대해서 부당할 만큼 큰 의미를 부여하려고 했습니다.

꿈속에서는 어떤 때는 유쾌하게, 또 어떤 때는 불안을 안고서 집의 정면을 타고 내려오는 일이 흔히 있습니다. 벽면이 완전히 평평한 집은 남자입니다. 그러나 손을 걸어서 몸을 지탱할 수 있는 그러한 길게 돌출된 부분이나 발코니가 붙어 있는 집은 여성입니다. 양친은 꿈속에서 '황제'와 '황후', 왕과 왕비, 그 밖에 경의받는 인물이 되어 나타납니다. 꿈은 이 경우에 매우 외경적(畏敬的)입니다. 아이들이나 형제 자매에 대해 꿈은 그렇게 정답게 대하지 않습니다. 이것들은 '작은 동물'이나 '해충'으로 상징됩니다. 출산은 '물'과 관계하여 표현되는 것이 보통입니다. 예를 들면 물속에 빠지거나, 물에서 기어오르거나, 사람을 물에서 구출하거나, 자신이 물에서 구출되는 등입니다. 즉 어머니와 자식의 관계를 갖습니다. 꿈속에서 죽는 것은 '여행의 출발', '기차여행'으로 대리되고, 죽어 있는 것은 여러 가지 어둡고 두려움을 시사하는 것에 의해, 나체는 '의복'과 '제복'에 의해 나타납니다.

이상 본 바와 같이 상징과 암시에 의한 표현의 사이에서는 한계가 확실하지 않습니다.

이와 같이 세어보았을 때 수효가 적은 것에 비해 또 하나 다른 영역에 있는 대상이나 내용에는 아주 풍부한 상징적 표현이 있는 점에 놀라게 됩니다. 그 영역이란 성(性)생활, 즉 성기, 성적 과정 및 성교에 관한 영역입니다. 꿈에 나타나는 상징의 압도적인 다수는 성적 상징입니다. 이 경우 하나의 주목할 만한 불균형이 나타납니다. 표현되는 내용의 수는 적은데 그것을 상징하는 것의 수는 어마

어마하게 많기 때문에 지금 설명한 그러한 것은 동등한 가치를 지닌 무수한 상징에 의해서 표현될 수 있다는 불균형입니다. 그 경우에 상징을 해석하면 일반적으로 사람의 감정을 손상시키는 일이 생깁니다. 상징의 해석은 꿈의 표현의 다양성(多樣性)과는 대비적으로 몹시 단조로운 것이 됩니다. 이것은 상징의 해석을 경험한 사람에게는 재미없는 일이지만 어쩔 도리가 없습니다.

이 강의에 있어서 성생활의 내용이 화제가 되는 것은 최초의 일이므로, 내가 이 주제(主題)를 어떤 방법으로 취급할 생각인지 여러분에게 변명해 두어야 하겠습니다. 정신분석은 사실에 대해서 감추려 하거나 시사적(示唆的)으로 암시하거나 하는 동기는 없으며, 또한 이 중요한 재료를 취급하는 것을 부끄러워해야 할 필요도 인정하지 않습니다. 모든 성적인 내용을 그 정확한 이름으로 부르는 것은 올바르고 또 성실한 태도라고 생각하고 있으며, 이렇게 함으로써 방해가 되는 부수적인 관념을 가장 빨리 제거할 수 있다고 믿습니다. 여러 청중 가운데는 남성도 여성도 있다고 해서 이 태도를 바꿀 수는 없습니다. 왕실용의 학문이란 것이 없듯이 15, 6세 소녀용의 학문(왕실용 학문과 같이 적절히 처리한 학문)이란 것도 없습니다. 또한 부인들도 이 강당에 나온 것을 통해 자신을 남성과 대등하게 보아달라는 것을 나타내고 있지 않을까요.

그런데 남성의 성기에 대해서 꿈은 상징적이라고 명명해야 할 많은 표현을 지니고 있으며, 그와 같은 표현에서는 대조의 공통점이 극히 명확합니다. 먼저 남성의 성기 일반에 대해서는 성스러운 숫자로서의 3이 상징으로서의 의미를 갖습니다. 남의 눈에도 띄고 양성(兩性)에 있어 관심이 있는 부분이기도 한 페니스를 상징적으로 대표하는 것은 첫째로는 형태상으로 유사한 것입니다. 즉 길게 돌출된 것, 즉 '지팡이'·'우산'·'몽둥이'·'나무' 등입니다. 둘째로는 페니스와 같이 체내에 침입하여 상처를 입힌다는 점에서 공통성을 갖는 것, 즉 '메스'·'호주머니칼'·'창(槍)'·'사벨' 등 모든 종류의 뾰족한 무기, 또한 '소총'·'단총' 및 그 형태로 보아 아주 적합한 '리볼버'(권총의 일종) 등의 날아가는 도구에 의해 상징됩니다. 소녀의 불안을 동반하는 꿈에서는 메스나 날아가는 도구를 든 남성에게 쫓기는 장면이 큰 역할을 하고 있습니다. 이와 같은 것들은 아마도 가장 흔히 볼 수 있는 꿈의 상징이며, 여러분이 쉽게 번역할 수 있는 것의 실례일 것이라고 생각합니다. 또한 곧 남성의 페니스의 대리라고 알 수 있는 것으로 물을 뿜어내는 것, 즉 '수도 꼭지'·'물뿌리개'·'분수' 등이나 늘였다 줄였다 할 수 있는 것, 즉

'거는 램프'·'샤프 펜슬' 등이 있습니다. '연필'·'펜대'·'손톱깎기'·'망치' 그 밖의 '도구'도 의심의 여지 없이 남성의 성기의 상징인데, 이것은 성기에 대해서 흔히 갖는 관념과 관계가 있습니다.

중력에 반해서 반듯이 설 수 있는 페니스의 주목해야 할 성질, 즉 발기(勃起)란 부분현상은 '기구'·'비행기' 및 최근에는 '체펠린 비행선'(1900년 이래 독일의 체펠린 백작에 의해서 만들어진 비행선)에 의해서 상징되게 되었습니다. 그러나 꿈에는 발기를 상징하는, 훨씬 인상 깊은 다른 방법이 있습니다. 꿈은 페니스를 인간 전체 속에서의 본질적인 것으로서 인간 그 자체를 '비행'시킵니다. 우리들 누구나 이따금 경험하고 있는 아름다운 비행의 꿈을 일반적으로 성적 흥분의 꿈, 발기의 꿈으로 해석해야 하는 일에 가슴 아파하지 마십시오. 정신분석 연구자 중에서는 P. 페데른(1903년경부터 프로이트의 초기의 제자. 자아심리학을 확립)이 모든 의혹을 물리치고 이 해석을 확립했는데, 냉정한 점에서 찬양을 받고 있었던 무리 볼트도 자기의 연구를 통해서 같은 결론에 도달하고 있습니다. 볼트는 팔과 다리를 부자연스러운 체위(體位)로 두었을 때에 꾸는 꿈을 연구한 사람인데, 정신분석과는 인연이 멀고 아마도 정신분석에 대해서는 아무것도 알지 못했으리라 생각되는 사람입니다. 여성도 비행하는 꿈을 꾸지 않느냐고 항의해서는 안 됩니다. 우리의 꿈은 원망을 충족시키고자 바라고 있는 것, 게다가 남성이 되고 싶다는 원망은 의식하든, 의식하지 않든 여성에게서는 아주 많이 볼 수 있다는 점을 상기해 주십시오. 이 원망을 남성과 같은 감각을 통해서 실현하는 일을 여성으로서도 할 수 있다는 것은 해부학에 정통한 사람마저도 난처하게 만들지 않을 것입니다. 여성도 또한 사실 그 성기 속에 남성의 페니스와 닮은 작은 페니스를 가지고 있으며, 이 작은 페니스, 즉 클리토리스는 어린이나 성교를 경험하는 연령 이전의 시기에 있어서도 남성의 큰 페니스와 같은 역할을 하고 있기 때문입니다.

남성의 성적 상징이면서 이해하기 힘든 부류로서는 어떤 종류의 '파충류(爬蟲類)'·'어류(魚類)', 특히 유명한 '뱀'의 상징이 있습니다. '모자'와 '외투'가 왜 똑같이 남성의 성기의 상징으로 이용되는가 하는 것은 간단히 추측할 수 없으나, 그것이 상징적 의미를 지니는 것은 의심의 여지가 없습니다. 마지막으로 페니스가 발이나 손 같은 다른 지체(肢體)에 의해 대리되는 것을 상징적이라고 불러도 좋을까 하는 의문이 생길지도 모릅니다. 그러나 나는 전체와의 관련이나 또한 여성의 경우에 이것과 대응하는 것을 생각해서 상징적이라고 말하지 않을 수 없다고 생각하고 있습니다.

　여성의 성기는 빈 공동(空洞)이 있어서 그 속에 무엇을 넣을 수 있는 성질을 갖춘 모든 대상에 의해서 상징적으로 표현됩니다. 즉 '움푹 팬 곳'·'도랑'·'동굴'·'관(管)'·'병'·'상자'·'작은 상자'·'트렁크'·'깡통'·'궤짝'·'호주머니' 등에 의해 표현됩니다. '배〔船〕'도 이 계열에 들어갑니다. 어느 편인가 하면 여성의 성기보다 자궁과 관계를 갖는 상징도 꽤 있습니다. 예를 들면 '찬장'·'아궁이', 특히 '방'입니다. 방의 상징성은 집의 상징성과 연결되어 있습니다. '현관'이나 '문'은 성기의 입구의 상징이 됩니다. '목재'·'종이'와 같은 재료나 그것으로 만들어져 있는 '책상'이나 '책' 같은 물건도 역시 여성의 상징이 됩니다. 동물 중에서는 적어도 '달팽이'와 '패류'는 틀림없이 여성의 상징으로서 들 수 있을 것입니다. 신체의 부위 중에서는 '입'이, 건축물에서는 '교회당'이나 (학교 등의 구내)'예배당'이 성기의 개구부(開口部)를 나타냅니다. 보는 바와 같이 이와 같은 모든 상징이 모두 똑같이 알기 쉽지는 않습니다.

　유방도 성기의 하나로 간주해야 하는데, 여성의 신체 중 큰 반구형(半球形)의 것 (엉덩)과 같이 '사과'·'복숭아'·'과일' 일반에 의해 표현됩니다. 남녀 모두 음모는 '수풀'·'덤불'과 같은 것으로서 표현됩니다. 여성의 성기는 복잡한 국부구조를 나타내므로 그것이 바위나 숲, 물 등이 있는 '풍경'으로 표현되는 경우가 많은 것도 납득할 수 있을 것입니다. 한편 남성 성기의 위풍당당한 매커니즘은 필설(筆舌)로 형용할 수 없을 정도로 복잡한 모든 종류의 '기계류'를 그 상징으로 삼게 됩니다.

　여성 성기의 상징 중에서 언급해 둘 가치가 있는 것은 '보석 상자'입니다. '보석'과 '보물'은 꿈속에서는 애인을 나타내며, '단것'은 성적 희열의 표현인 경우가 흔히 있습니다. 자기 성기의 만족감은 모든 '유희(遊戱)'에 의해서 암시됩니다. '피아노의 연주'에 의해서도 시사됩니다. 오나니슴의 지극히 교묘한 상징으로 '활주(滑走)'나 '활강(滑降)' 혹은 '나뭇 가지를 꺾는 것' 등이 있습니다. 특히 주목할 만한 꿈의 상징은 '이가 빠지는 것' 혹은 '이를 빼는 것'입니다. 그것은 분명히 오나니슴의 벌로서 거세(去勢)를 의미합니다. 꿈속에서 양성의 성교를 표현하는 것은 이제까지 설명한 것에서 예기되는 것보다는 적습니다. 그 상징으로서는 '댄스'·'승마'·'등산' 등의 리듬을 동반한 운동의 이름이 포함됩니다. '차에 치이는' 폭력적인 체험도 같습니다. 또한 어떤 종류의 '손으로 하는 일'도 그렇고, '무기를 휘두르는 협박'도 당연히 그렇습니다.

여러분은 이러한 상징의 응용이나 그 번역을 너무 간단히 생각해서는 안 됩니다. 그때 우리들의 기대에 어긋나는 일이 여러 가지로 나타납니다. 예를 들면 이들 상징에 의한 표현 중에 성별이 분명치 않은 것이 참으로 믿을 수 없을 정도로 많이 있습니다. 남녀의 구별 없이 성기 일반을 의미하는 상징도 적지않습니다. 예를 들면 '작은' 아이, 즉 '작은' 아들과 '작은' 딸이 그것입니다. 또한 다른 경우에 남성의 분위기가 풍기는 상징이 여자의 성기에 이용되는 경우도 있고 그 반대의 경우도 있습니다. 이것은 우리가 인간의 성관념의 발달에 관해서 통찰을 하지 않는 동안에는 이해할 수 없습니다. 많은 경우에 이와 같이 상징이 애매한 것은 외견상의 것일지도 모릅니다. 상징 중에서도 '무기'·'호주머니'·'짐 상자'와 같은 가장 현저한 것은 양성간에 사용된다는 방식에서 벗어나 있기 때문입니다.

그런데 나는 여기에서 표현되어 있는 것에서가 아니라 상징에서 출발하여 성적 상징은 많은 경우에 어떠한 영역에서 채택되어 오는 것인가에 대해서 개관(槪觀)하고, 나아가 이해하기 힘든 상징을 특별히 고려하면서 공통점 몇 가지를 보충해 보고자 합니다. 이런 종류의 불명료한 상징의 하나로 '모자'가 있습니다. 아마도 머리에 쓰는 것이 일반적인 것일 텐데, 이것은 남성적 의미를 갖는 것이 통례입니다. 그러나 때로는 여성적 의미를 갖는 경우도 있을 수 있습니다. 마찬가지로 '외투'도 남성을 뜻하고 있으나 언제나 성기와 관계를 갖는 것만은 아닌 것 같습니다. 그 이유를 따지는 것은 여러분의 자유의사에 맡기겠습니다. 늘어뜨린, 여성이 쓰지 않는 '넥타이'는 분명히 남성의 상징입니다. '흰 하의류'나 '린네르'는 일반적으로 여성의 상징이며, '의복'이나 '제복'은 이미 설명한 바와 같이 나체나 몸의 형태의 대리물(代理物)이 됩니다. '구두'·'슬리퍼'는 여성의 성기이며, '책상'이나 '목재'는 왜 그럴까 하는 이유가 문제이지만 틀림없이 여성의 성기임은 이미 설명한 바와 같습니다. '사닥다리'·'비탈길'·'계단' 혹은 그것들을 올라가는 것은 성교의 상징인 것이 확실합니다. 자세히 생각해 보면 올라가는 보행(步行)의 리듬에 공통성이 있는 것이 눈에 띕니다. 아마도 높이 올라갈수록 흥분이 더해지거나 호흡이 격렬해지는 점도 그럴 것입니다.

'풍경'은 여성의 성기의 표현으로서 이미 주목해 두었습니다. 또 '산'이나 '물가'는 페니스의 상징이며, '뜰'은 종종 여성의 성기의 상징이 됩니다. '과일'은 어린이가 아니라 유방의 대리물입니다. '야수'는 관능적으로 흥분하고 있는 인간이나,

나아가 나쁜 욕동(欲動), 즉 정욕을 뜻하고 있습니다. '활짝 핀 꽃'이나 '화초'는
여성의 성기, 특히 처녀성을 가리키고 있습니다. 여러분은 꽃이 현실적으로 식물
의 성기인 점을 잊지 않았을 것입니다.

'방'이 상징으로 이용되는 것도 우리는 이미 알고 있습니다. 이 표현이 다시 계
속되면 창이나 출입구가 체공(體孔)을 뜻하게 됩니다. 방이 '열려 있는가' '닫혀
있는가' 하는 것도 이 상징에 가담하고 있습니다. 방을 여는 '열쇠'는 분명히 남
성의 상징입니다.

그런데 이것들은 꿈의 상징의 자료라고 말해야 할 것인지도 모릅니다. 물론 완
벽한 것은 아니며 이것을 넓히거나 깊게 할 수도 있을 것입니다. 그러나 여러분
은 이것으로 이미 충분하다고 느끼고 있을 뿐만 아니라 아마도 진절머리가 나 있
지 않을까요. 여러분은 "그렇다면 나는 현실적으로 성적 상징의 한복판에서 생활
하고 있는 셈인가. 나의 주위에 있는 모든 것, 내가 몸에 입고 있는 의복이나 내
손에 쥐는 것은 무엇 하나 성적 상징이 아닌 것이 없지 않은가" 하고 힐문할지도
모릅니다. 확실히 여러분이 놀라서 여러 가지 질문을 하는 것도 무리는 아닙니
다. 여러분이 우선 던지는 질문은 이렇습니다. "그렇다면 우리는 도대체 어디서
꿈의 이러한 상징의 의미를 알아야 하는가, 그 상징에 대해서 꿈을 꾼 사람 자신
은 거의 아무것도 가르쳐주지 않고, 설사 가르쳐줄지라도 조금밖에 되지 않을 텐
데."

나는 다음과 같이 답변합니다. 그것은 여러 가지 원천에서 아는 것입니다. 즉
동화나 신화에서, 농담이나 위트에서, 민속학, 즉 민족의 풍습, 관습, 속담 및
노래 등에 관한 학문에서, 시어(詩語)나 일반 속어(俗語)에서 아는 것입니다 하
고. 이러한 것들 속에서는 어떤 곳에서나 같은 상징적인 표현이 발견되고 있습니
다. 그리고 대부분의 곳에서는 특히 그 이상 지시되지 않더라도 그 상징성을 알
수 있습니다. 그러한 원천을 하나하나 추구해 가면 우리는 꿈의 상징성에 대응하
는 것을 수없이 찾아내고, 그 결과 자신의 해석에 틀림없이 자신을 갖게 될 것입
니다.

인간의 신체는 셰르너에 따르면 꿈속에서는 종종 집이란 상징에 의해 표현되는
경우가 있다고 합니다. 그 경우 이 표현을 추궁해 가면 창이나 도어나 문은 체강
(體腔)으로의 입구이며 또한 평평한 그대로이거나 혹은 발코니나 돌출부가 나와
있어서 잡을 수 있게 되어 있는 집의 정면도 똑같이 체강으로의 입구입니다. 똑

같은 상징성은 우리가 매우 친한 사람에게 허물없이 altes Haus[2]라고 인사하거나, einem eins aufs Dachl geben[3]이라고 말하거나, Es ist bei ihm nicht richtig im Oberstübchen[4]이라고 말할 때의 관용어 속에서도 찾아볼 수 있습니다. 해부학에서는 체강을 그대로 Leibespforten('육체의 문')이라고 말하고 있습니다.

양친이 꿈속에서는 황제와 황후, 또는 왕과 왕비로서 나타난다는 것은 처음에는 분명히 의외의 일일 것입니다. 그러나 동화 속에는 이것과 유사한 것이 있습니다. "옛날 옛적에 '임금님'과 '왕비'가 계셨습니다" 하는 말로 시작되는 많은 동화는 옛날에 아버지와 어머니가 있었다는 뜻, 바로 그것이라는 통찰이 우리에게 어슴푸레 떠오르지 않습니까. 가정에서 우리는 아들을 농담으로 왕자로 부르거나 장남을 황태자로 부르기도 합니다. 왕 자신도 자신을 '국부(國父)'라고 칭하고 있습니다. 때로는 작은 아이를 농담으로 '벌레'라고 부르거나 자비심을 곁들여서 '가엾은 벌레'라고 말하기도 합니다.

가옥의 상징성으로 되돌아가기로 합시다. 꿈속에서 집의 돌출부를 잡는 데 이용하는 것은 잘 발달된 여성의 가슴을, "저 여자는 '잡을 데'가 있군" 하고 잘 알려진 속어로 말하는 것을 상기시키지 않습니까. 이와 같은 경우에 서민은 흔히 다른 표현으로 "저 여자는 집 앞에 '재목'을 많이 가지고 있어" 하고 말하기도 하는데, 그것은 마치 재목은 여성이나 모성(母性)의 상징이라고 보는 우리의 해석을 지지하려는 것 같습니다.

목재에 관해서는 아직 더 말할 것이 있습니다. 왜 목재가 모성적인 것이나 여성적인 것을 대표하게 되었는지는 알지 못하고 있습니다. 그러나 이 경우 비교언어학이 어떤 도움을 줄지도 모릅니다. 우리가 사용하고 있는 독일어의 Holz(목재)는 재료, 소재를 뜻하는 그리스어의 *ύλη*와 같은 어근에서 나온 것으로 되어 있습니다. 재료의 일반적인 이름이었던 것이 나중에 어떤 특수한 재료에만 쓰여지게 된 예도 그다지 드물지는 않을 것입니다. 대서양에 Madeira라는 이름의 섬 (모로코의 서쪽에 있으며, 제 도(諸島)를 형성하고 있다) 이 있습니다. 이 이름은 포르투갈인이 이 섬을 발견했을

---

2) '낡은 집'이란 뜻. "이봐, 자네" 하고 부를 때 쓰인다.
3) '저 남자의 지붕을 한 대 쳐줄까'라는 뜻. Dachl은 Dächl로 지붕을 뜻한다. 머리, 정수리의 뜻으로 표현되고 있다.
4) '저놈의 다락방은 정상이 아니다'라는 뜻. Oberstübchen은 다락방을 가리키며 머리란 뜻으로 쓰이고 있다.

때 붙인 것인데, 그것은 당시 이 섬이 온통 삼림으로 덮여 있었기 때문입니다. 포르투갈어로는 마데이라는 목재라는 뜻입니다. 그러나 여러분은 마데이라는 라틴어의 materia가 약간 변화된 형태임을 알 것입니다. 마테리아도 재료 일반을 가리킵니다. 그런데 마테리아는 Mater(어머니)라는 말에서 파생한 낱말입니다. 무엇인가를 만들어내는 재료는 말하자면 그 물건의 어머니 역할을 하는 것입니다. 즉 재목을 여성이나 모성의 상징으로 쓰는 것에는 이 옛 견해가 계속해서 살아 있다는 것입니다.

출산은 꿈에서는 반드시 물과 관계가 있는 것으로 표현되고 있습니다. 물속으로 빠진다든가, 물에서 기어오르는 것은 낳거나 태어난다는 뜻입니다. 그런데 우리는 이 상징에 대해서 발생학상의 진리를 두 가지 인용할 수 있는 것을 잊어서는 안 됩니다. 인간의 조상을 포함해서 육지에 서식하는 포유동물은 수서(水棲) 동물에서 진화해 왔을―― 이것은 상당히 오래된 사실일 것입니다―― 뿐 아니라 개개의 포유동물, 그리고 또 한 사람 한 사람의 인간도 모두 그 존재의 최초단계를 물속에서 지내왔습니다. 즉 모태 속에서 태아로서 양수(羊水) 속에서 생존하고 출산 때에 그 물속에서 오고 있습니다. 나는 꿈을 꾸고 있는 사람이 이 점을 알고 있다고 주장할 생각은 없습니다. 오히려 이와 반대로 이 점을 알고 있을 필요가 없다는 견해입니다. 꿈을 꾼 사람에게 어렸을 때 누군가가 이야기해 준 지식은 아마도 이것과는 다른 것일 것입니다. 그러나 그것에 대해서도 나는 그와 같은 지식은 상징의 형성에 있어서는 아무런 도움도 되지 않았다고 주장하고 싶습니다. 꿈을 꾼 사람은 일찍이 아이 방에서 황새가 아기를 데리고 온다고 들었겠지만, 이 새는 어디에서 아기들을 데리고 올까요. 늪이나 샘으로부터입니다. 그렇다면 역시 물속에서라는 것이 됩니다. 나의 환자의 한 사람인 어느 백작의 아들은 어렸을 때 이 이야기를 듣고 그날 오후 내내 모습을 감춘 일이 있었다고 합니다. 결국 성(城)의 연못가에 누워 있는 것을 발견했는데, 작은 얼굴을 수면으로 향하고 아기가 물속에서 보이는지 열심히 찾고 있었던 것입니다.

영웅의 출생에 관한 신화는 오토 랑크가 비교연구를 했는데 ―― 그중에서 가장 오래된 것은 기원전 2800년경의 아카드의 사르곤 왕(바빌로니아의 아카드의 왕. 여사제를 어머니로 하여 태어나 갈대배에 버려졌으나 그 후에 여신의 사랑으로 왕이 되었다고 한다)의 신화입니다 ―― 그 가운데서 물속에 버려지고 물에서 구출되는 것이 압도적으로 많은 비율을 차지하고 있습니다. 랑크는 이러한 출산의 이야기가 꿈속에 자주 나오는 것과 유사하다는 점을 간파했습니다. 꿈속에서 어떤 인물을 물속에서 구출할 때에 자신은 그 인물의 어머니, 혹은 단지 모성 그 자체가 되어 있는 것입니다. 신화에서는 아이를 물속에서 구출하는 인물은 자신이 그 아이의 정통적인 어머니임을 고백하고 있습니다. 잘 아는 우스운 이야기지만 영리한 유대인 남자아이에게 도대체 누가 모세의 어머니냐고 묻자, 그는 주저하지 않고 공주라고 대답했습니다. 그래서 "아니 그렇지 않아. 공주는 다만 모세를 물속에서 구해 주었을 뿐이야" 하고 말해 주자, 그 아이는 "그렇게 '공주'가 말하고 있을 뿐이죠"라고 대답했다는 것입니다. 이 우스운 이야기 속의 아이는 이 대답으로 신화를 바르게 해석했다는 것을 증명하고 있는 것입니다.

꿈속에서의 여행의 출발은 죽는 것을 의미하고 있습니다. 아이들 방에서의 관례이지만, 아이가 누군가가 죽어 없는 것을 알아차리고 그 사람의 행방을 물을 때에는 '여행을 떠났다'고 대답하는 것이 관례입니다. 그러나 꿈의 상징은 아이에 대해서 사용되는 이 회피적인 대답에서 유래하는 것이라는 생각에는 나 역시 반대하고자 합니다. 시인이 피안(彼岸)을 어떠한 '나그네'도 다시 되돌아올 수 없는 미지의 나라라고 말하고 있는 것은 이와 똑같은 상징관계를 이용하고 있는 것입니다. 일상생활에서도 '저승길'이라는 말이 관용어로서 자주 쓰입니다. 고대의 의식을 잘 아는 사람은 예를 들어 고대 이집트의 신앙에서는 죽음의 나라로의 여행이라는 관념이 얼마나 진지하게 생각되고 있었는지 알고 있습니다. 여행자에게 여행 안내서인 베데커(세계적으로 유명한 여행 안내서)를 지니게 하듯이 저승길에 선 미이라에게 소지케 한 《사자(死者)의 서(書)》가 많이 남아 있습니다. 묘지가 주택에서 격리되고 나서부터 사자(死者)의 이 '최후의 여행'은 현실적인 것이 된 것입니다.

이와 마찬가지로 성기의 상징도 결코 꿈속에만 나타나는 것은 아닙니다. 여러분들 누구나 반드시 한번은 부인을 불경스럽게도 alte Schachtel('낡은 상자'란 뜻으로 노처녀 또는 할머니라는 뜻)이라고 부른 적이 있을 것입니다. 그때 설마 자신이 성기의 상징을 쓰고 있다는 것을 자각하지는 않았으리라 생각합니다. 《신약성경》에 "여자는 약한 '그릇'이다"[5] 하고 나와 있습니다. 유대인의 성전(聖典)인 《구약성경》에는 시(詩)에 가까운 문체로 포장하여 성(性)을 상징하는 표현이 가득 차 있으나, 이러한 표현이 반드시 올바르게 이해되고 있지는 않았습니다. 그러므로 예를 들어 〈아가(雅歌)〉 속의 성의 상징의 해석에서는 상당한 오해가 개입되게 되었습니다. 후기 헤브루의 문헌에서는 여성을 가옥으로서 표현하고 있는데, 그때의 문은 음문(陰門)을,

---

5) 〈베드로 전서〉 제3장 제7절.

그것도 크고 넓게 열려진 음문을 나타내고 있습니다. 예를 들어 아내가 처녀가 아니었을 경우에 남편은 벌써 '문은 열려 있었다'고 말하면서 한탄했습니다. 이 문헌에서는 테이블을 여성의 상징으로 쓰고 있는 것이 알려져 있습니다. 그래서 아내는 남편에 대해 나는 남편을 위해 테이블을 정돈해 두었는데 '남편은 그것을 뒤집었다'고 말합니다. 지체(肢體)가 부자유스런 아이도 '남편이 테이블을 뒤집었기' 때문에 태어난 것으로 되어 있습니다. 내가 이 인증(引證)을 빌려온 것은 브륀(체코슬로바키아의 도
시. 현재의 브르노)에 있는 L. 레비의 논문〈성서와 유대 율법(律法)에 있어서의 성적 상징〉에서입니다.

꿈속의 Schiff(배)가 여성을 뜻한다는 것을 우리로 하여금 믿게 해주는 것은 어원학자들입니다. 그들은 Schiff란 말은 원래 점토 용기(粘土容器)를 가리키는 이름이며, Schaff(통)와 같은 낱말이라고 주장하고 있습니다. 아궁이가 여자와 어머니의 육체라는 것은 코린토스(그리스의
한 도시)의 페리안도로스(코린토스의 참주,
재위 B.C. 625~585)와 그의 아내 메리사에 관한 그리스의 전설이 보증하고 있습니다. 헤로도토스(B.C. 484년~25년 경.
그리스의 역사가)의 기록[6]에는 그 폭군은 열애하고 마침내 질투한 나머지 살해해 버린 아내의 망령을 불러내어 그녀의 소식을 들었다고 하는데, 그때 불려나온 아내는 누구도 모르게 해두고 싶은 어떤 사실(페리안도로스는 아내
를 시간(屍姦)했다)을 감추기 위해서 '페리안도로스가 그의 빵을 차가운 아궁이 속으로 밀어넣었다'는 것을 상기시켜 자기가 누구인가를 알렸다는 것입니다. 크라우스가 발간한 책《안트로포푸티아》에는 여러 국민의 성생활에 관한 모든 자료가 수집되어 있는데, 이에 따르면 독일의 어느 지방에서는 출산을 한 여성을 '그녀의 아궁이는 부서졌다'고 말한다는 것입니다. 불을 일으키는 것이나 그것과 관계가 있는 모든 것에는 성적 상징이 배어들어 있습니다. 불꽃은 언제나 남성의 성기이며, 화덕, 즉 아궁이는 여성의 자궁입니다.

꿈속에서 풍경이 얼마나 빈번히 여성의 성기를 나타내는 데 이용되는가 하는 점에 여러분은 틀림없이 놀랐을 것입니다. 그렇다면 여러분은 신화학자들로부터 '어머니인 대지'가 고대의 관념이나 의식(儀式) 속에서 어떠한 역할을 했는지, 또한 농경(農耕)의 판단이 이 상징성에 의해 어떻게 규정되고 있었는지 배우면 좋을 것입니다.

꿈속에서 Zimmer(방)가 Frauenzimmer(부인방)를 표상(表象)하고 있다는 것

---

6)《역사》제5권 92.

을 여러분은 Frau(부인)라고 말하는 대신 Frauenzimmer로 바꾸어 말하는 방법, 즉 인간을 그 인간을 위해 정해진 공간으로 대표하게 하는 관용어의 방법에서 유도하려고 할 것입니다.

그것과 유사한 것으로 우리는 die Hohe Pforte (존귀한 문이란 뜻으로/'황제, 궁중'에 해당함) 라고 말하며 그것으로 터키의 술탄과 그 정부를 가리키고 있습니다. 고대 이집트의 지배자 Pharao (왕조시대까지의/이집트 왕의 칭호) 라는 이름도 '큰 안뜰'이란 뜻 바로 그것입니다(고대 오리엔트에서 도시의 이중문 사이에 있는 '안뜰'은 고대 그리스나 로마의 세계에 있어서의 시장처럼 집합소였다).

그러나 나는 이와 같은 추론(推論)은 지나치게 표면적이라고 생각합니다. 보다 더 확실한 것같이 내게 생각되는 것은, 방은 인간을 에워싸고 있는 공간으로서 여성을 상징하게 되었다는 것입니다. 가옥이란 것을 우리는 이 의미로 이해하고 있는 셈입니다. 신화나 시의 문체에서 우리는 '도시'·'성채'·'거성(居城)'·'요새'도 여성을 나타내는 상징이라고 인정해도 무방할 것입니다. 이 문제는 독일어로 말하지 않고 그것을 이해도 하지 못하는 사람들의 꿈에 의해서 쉽게 해결된다고 생각합니다.

나는 최근에는 주로 외국인 환자들을 치료하고 있는데, 이 사람들의 일상용어에는 Frauenzimmer와 같은 말이 없음에도 불구하고 꿈속에서 방은 마찬가지로 여자를 뜻하고 있었던 것을 기억해 낼 수 있을 것 같습니다.

상징관계가 언어의 국경을 넘고 있다는 데에는 이 밖에도 증거가 있습니다. 이 점은 옛날의 꿈의 연구가인 슈베르트가 주장한(1862년) 것입니다. 그러나 내가 꿈을 해석한 외국인 환자들은 독일어를 전혀 모르지 않았으므로 이 문제의 결말은 자국어밖에 모르는 사람에 대해서 경험을 수집할 수 있는 다른 나라들의 정신분석학자들에게 위임해야만 합니다.

남성의 성기의 상징적 표현 중에서 농담, 속어(俗語) 혹은 시적인 관용어법 속에 되풀이되고, 나아가 고전시인에 의해서 반복해서 쓰여지지 않았던 그러한 표현은 하나도 없습니다. 그러나 그것에 대해서는 오직 꿈속에서 볼 수 있는 상징만이 고려의 대상이 될 뿐만 아니라 새로운 상징, 예를 들어 여러 가지 기능을 하는 도구가 문제가 됩니다. 첫째로 가래입니다. 그러나 그것은 그것으로서 남성적인 것의 상징적 표현을 문제로 삼으면 그것은 아주 광범위하고, 게다가 논란이 많은 영역에 다가가는 것이 되므로 시간문제상 일단은 접근하지 않기로 하겠습니다. 다만 한 가지, 이 계열에서 벗어나지만 3이란 숫자의 상징에 대해서만은 약 간 이야기해 두고자 합니다.

이 숫자가 신성한 숫자(삼위일체나 3종의 신기(神器))로 여겨지는 것은 이 상징관계 때문인지 아닌지 아직 미정입니다. 그러나 자연 속에 나타나는 것으로 세 부분으로 이루어지는 사물이 흔히 문장(紋章)이나 표장(標章)으로 쓰여지는데, 이것이 이와 같은 상징적 의미에서 유래하고 있는 것은 확실한 것 같습니다. 예를 들어 클로버의 일이 그것입니다. 또한 꽃잎이 세 개인 이른바 프랑스 백합이나, 시칠리아 섬(일리아 남단의 큰 섬)과 만 섬(아일리시 해에 있는 섬) 등 두 섬에서 볼 수 있는 기묘한 문장 토리스케레스(중심점에서 반쯤 굽은 세 개의 다리가 나와 있는 것)는 남성 성기의 도안화에 지나지 않는다고 합니다.

페니스의 모상(模像)은 고대에 있어서는 가장 강한 '부적'으로 간주되었습니다. 현대의 행운의 부적도 모두 성기의 상징, 혹은 성의 상징으로 쉽게 인정되는 것은 이것과 관계가 있습니다. 작은 주석제 펜던트(늘어뜨리는 장식)로서 몸에 달고 있는 콜렉션과 같은 것, 예를 들면 네 잎 클로버, 돼지, 버섯, 편자, 사닥다리, 굴뚝 청소부 등을 보아봅시다. 네 잎 클로버는 본래 상징으로서 알맞은 세 잎 클로버를 대신하는 것이며, 돼지는 예로부터 다산(多産)의 상징, 버섯은 의심할 여지없이 페니스의 상징입니다. 버섯 중에는 남성의 페니스로 오인할 정도로 흡사해서 분류학상의 이름이 '음탕한 페니스 버섯'으로 되어 있는 것도 있습니다. 편자는 여성 음문의 윤곽을 그리고 있습니다. 사닥다리를 나르는 굴뚝 청소부도 이런 유에 속하는데 그것은 그가 흔히 성교와 비교되는 일을 하기 때문입니다((안트로 포푸티아) 참조). 그가 지닌 사닥다리가 꿈속에서는 성적 상징임을 우리는 알았는데, 이것에는 steigen(오르다)이라는 말이 분명히 성적인 뜻으로 쓰여지고 있는 독일어 용법이 우리의 이해를 도와줍니다. 우리는 den Frauen nachsteigen (여자의 뒤에서 오르다)이란 말은 여자의 뒤를 쫓아다닌다는 뜻으로 사용하고, 늙은 엽색가의 뜻으로 ein alter Steiger(늙은 등산가)란 말을 씁니다. 프랑스어 에서는 계단을 la marche라 하는데, 호색적인 영감에 해당하는 말이 독일어와 똑같이 un vieux marcheur(힘차게 계단을 오르는 노인)로 표현되고 있습니다. 많은 큰 동물의 성교에서는 오르는 것(Steigen), 즉 암놈 위에 '타는 것 (Besteigen)'을 전제로 하고 있는데, 이것도 아마 이상의 것과 무관하지 않을 것 입니다.

나뭇 가지를 잡아 꺾는 것이 오나니슴의 상징적 표현으로 되어 있는 것은 오나
니슴의 동작에 대한 통속적인 표현에 일치할 뿐만 아니라 또한 신화 속에서 널리
비슷한 예가 있습니다. 특히 주목하고 싶은 것은 이가 빠지거나 이를 빼거나 하
는 일이 오나니슴의 표현이, 혹은 가장 정확히 말해서 오나니슴에 대한 벌로서의
거세의 표현이 되는 점입니다. 왜냐하면 이것에 대응하는 표현은 민속학에서 찾
아볼 수 있는데, 이 점은 꿈을 꾸는 사람 중 극히 일부의 사람밖에 알지 못할 것
이기 때문입니다. 내게는 그토록 많은 민족 사이에서 행해졌던 할례는 틀림없이
거세와 등가치(等價値)의 것이며 거세를 대신하는 것으로 여겨집니다. 현재 우리
가 알고 있는 보고에서도 오스트레일리아의 어느 원시종족에서는(청년이 성인이
된 것을 축하하는 의식으로) 할례가 행해지고 있는데, 아주 가까운 곳에 살고 있
는 다른 종족은 할례 대신에 이를 하나 뽑는다고 합니다.

나는 이상으로 이 견본적인 예를 이용하는 기술(記述)을 끝내고자 합니다. 이
상은 실로 미미한 견본에 지나지 않습니다. 우리는 이 문제에 대해서는 보다 많
은 것을 알고 있습니다. 여러분은 우리와 같은 아마추어 애호가들로부터가 아니
라 신화학·인류학·언어학·민속학의 진짜 전문가에 의해 제공된다면 이런 종류
의 수집이 얼마나 내용이 풍부하고 흥미깊은 결과를 제시하게 되는지 상상할 수
있을 것입니다. 그런데 우리는 그것으로 모든 것을 다했다고 할 수는 없으나 많
은 문제를 생각하게 하는 두세 가지 결론을 여기서 끄집어낼 수 있습니다.

첫째로 꿈을 꾸는 사람으로서는 꿈의 상징적인 표현법을 자유롭게 쓸 수 있는
데, 잠을 깨고 있을 때에는 그것을 모르고 재확인도 하지 않는다는 사실에 우리
가 직면하고 있다는 것입니다. 마치 여러분의 급사가 보헤미아($\binom{체코슬로바키아의}{한 주의 이름}$)의
촌락에서 태어나서 산스크리트($\binom{고대,\ 인도의}{언어,\ 범어}$) 등은 배운 적이 없는데도 그것을 알고
있는 사실이 발견되었을 때와 같이 이것은 이상한 일입니다. 이 사실을 우리의
심리학상의 견해로 다 설명하기란 용이한 일이 아닙니다. 우리는 다만 상징의 지
식은 꿈을 꾸는 사람에게는 의식되고 있지 않는 것이며, 꿈을 꾼 사람의 무의식
적인 정신생활에 소속하는 것이라고 말할 수 있을 뿐입니다. 그러나 이 가정으로
도 아직 충분치 않습니다. 이제까지 우리는 다만 부득이한 경우에만 일시적 또는
영구히 아무것도 알려져 있지 않은 무의식적인 의향이 존재한다는 것을 가정하지
않을 수 없었던 것뿐입니다. 그러나 지금은 보다 나아가서 오히려 직접적으로 무
의식의 지식, 즉 여러 가지 대상 사이에서 한편이 언제나 다른 편의 대리가 되는

사고관계, 즉 비교대조가 문제가 되는 것입니다. 이 비교대조는 그때마다 새롭게 이루어지는 것이 아니라 이미 완성되어 있는 것, 확실히 완성되어 있는 것입니다. 이 점은 다른 사람들 사이에서도, 아니 그러기는커녕 언어를 달리하는 사람들 사이에서도 대비가 일치되어 있는 점으로도 알 수 있습니다.

이들 상징관계의 지식은 어디에서 오는 것일까요. 관용어법으로는 이 상징관계의 극히 일부분만 설명할 수 있을 뿐입니다. 다른 영역에 있는 여러 가지 유사현상도 대개는 꿈을 꾸는 사람에게는 알려져 있지 않습니다. 우리도 그것을 수집하는 데 애를 써야만 했습니다.

둘째로 이들 상징관계는 꿈을 꾸는 사람, 혹은 이들 상징관계를 표현시키는 꿈의 작용에 특유한 것이 결코 아니라는 것입니다. 실제로 우리는 같은 상징관계를 신화와 동화도 이용하고 있으며, 민중은 그것을 속담과 민요 속에서 쓰고 속어나 시적 공상에도 쓰는 것을 알았습니다. 즉 상징성의 영역은 엄청나게 크고, 꿈의 상징성은 그것의 극히 일부분에 지나지 않습니다. 꿈에서 문제 전체를 다루어간다는 것은 목적에 적합지 않습니다. 다른 분야에서는 보통으로 쓰이는 상징인데도 꿈속에서는 보이지 않거나 혹은 극히 드물게만 보이는 상징도 많이 있습니다. 꿈에서 사용되는 상징으로 다른 영역에서도 나타나는 것은 많지 않으며, 여러분이 아는 바와 같이 약간 여기저기에 나타날 뿐입니다. 우리들이 받는 인상으로는 여기에 옛날에는 있었는데 지금은 없어져버린 표현법이 있고, 그것 중 하나는 여기에만 있고, 또한 다른 것은 거기에만, 제삼의 것은 약간 형태를 바꾸어 몇 가지의 영역에 있는 식으로 여러 가지 영역에 여러 형태로 남아 있습니다. 나는 이렇게 이야기할 때에 어떤 흥미있는 정신병 환자의 공상을 상기하지 않을 수 없습니다. 그 환자는 모든 상징관계가 그 유물인 듯한 '기본어'라는 것을 공상하고 있었습니다.

셋째로 여러분의 주의를 틀림없이 끄는 것은, 앞에서 설명한 꿈 이외의 영역에 있어서의 상징성은 결코 성의 상징만은 아닌데도 꿈속에서는 상징의 거의 전부가 성적인 대상이나 관계를 표현하는 데 이용되고 있다는 점일 것입니다. 이 점도 쉽게 설명할 수 없습니다. 원래는 성적인 의미를 지니고 있었던 상징이 나중에 비성적(非性的)으로 쓰이게 된 것일까요. 그리고 또한 상징적인 표현이 약화되어 다른 종류의 표현이 된 것 등은 이상의 것과 관계가 있을까요. 문제를 꿈의 상징성만에 국한하여 논하면 명백히 이 문제에는 답변할 수 없습니다. 우리는 올바른 상징과 성적인 것의 사이에는 특히 밀접한 관계가 성립되어 있다는 추측을 견지하고 있기만 하면 되는 것입니다.

이 점에 관해서 최근 어떤 중요한 암시가 주어졌습니다. H. 스페르바(웁살라시의 사람)라는 언어학자가 정신분석과는 관계없이 연구를 추진하여 성적인 욕구는 말의 성립과 발달에 최대의 역할을 하고 있다는 주장을 했습니다.

그의 설에 의하면 "최초의 음성은 전달역할을 하고 성애(性愛)의 상대방을 불러들이기 위한 것이었다. 어근은 원시인의 노동의 작업에 수반하여 발달했다. 이들 노동작업은 공동작업이었으므로 리드미컬하게 언어적 표명(表明)을 반복하면서 행해졌다. 성적인 관심은 이렇게 하고 있는 동안에 노동 위로 옮겨진 것이다. 원시인은 노동을 성적 활동의 등가물, 또한 대리물로 취급함으로써 말하자면 노동을 받아들이기 쉬운 것으로 만든 것이다. 공동으로 노동하고 있을 때 시작된 낱말은 이리하여 두 가지 의미를 갖게 되었다. 즉 성적인 동작을 나타냄과 동시에 이것과 동일시된 노동활동을 표현했다. 시간이 흘러감에 따라 그 낱말은 성적인 의미에서 분리되고 노동에 고정되게 되었다. 몇 세대가 지나자 아직 그때에 성적 의미를 지니고 있었던 신어(新語)에 대해서도 같은 일이 생기고, 다른 새로운 종류의 노동에 전용(轉用)되어 갔다. 이렇게 해서 꽤 많은 어근이 만들어졌는데, 모두 성적인 것에서 유래하는 것으로 서서히 그 성적인 의미를 다른 것에 양보해 갔던 것이다"라는 것입니다.

여기에서 그 대략적인 내용을 기록한 그의 설이 정곡을 찌르고 있다면 확실히 꿈의 상징성을 이해할 수 있는 가능성이 열립니다. 즉 태고의 사정을 나타내는 것을 아직도 많이 보유하고 있는 꿈속에 성적인 것을 나타내는 상징이 왜 이렇게 놀랄 만큼 많이 있는지, 왜 일반적으로 무기나 도구가 남성적인 것을 나타내고, 원료나 가공된 것이 여성적인 것을 나타내는가를 알 수 있을 것입니다. 상징관계는 고대에 단어가 같았던 것의 유물이라고 해도 무방합니다. 일찍이 성기와 같은 말로 불려지던 것이 이제 꿈속에서 성기의 상징으로 나타나 있는지도 모릅니다.

꿈의 상징성에 대해서 우리는 이것과 대비할 수 있는 것을 들었기 때문에 여러분은 그것에 의해서 또한 정신분석의 성격을 평가할 수도 있습니다. 이 성격이야말로 정신분석학을 다른 심리학이나 정신의학에서는 그 예를 볼 수 없는 일반적인 관심의 대상으로 만든 것입니다. 정신분석학적 연구에서는 그 연구가 매우 가치있는 해명을 기대받는 다른 많은 정신과학, 즉 언어학·신화학·민속학·민족

심리학 및 종교학과의 관계가 생깁니다. 여러분은 정신분석의 토양 위에 하나의 잡지가 성장하고 있는 것을 알 것입니다. 그것은 1912년에 창간되고 한스 작스[7]와 오토 랑크에 의해 주재(主宰)되고 있는 《이마고(Imago)》[8]입니다. 이 잡지는 지금 설명한 정신분석과 제과학 사이의 관계를 취급하는 것을 주된 과제로 삼고 있습니다. 이런 종류의 관계에 있어서 정신분석은 우선 주는 쪽이며 받는 일은 적습니다.

정신분석의 이상한 성과가 다른 학문의 영역에서도 재발견되어 정신분석에 대한 여러분의 신뢰감을 깊게 해주는 이점(利點)을 정신분석이 얻은 것은 확실하지만, 그러나 전체적으로 말해서 다른 학문의 영역에 적용하면 성과가 있을 그러한 많은 기술적 방법이나 견해를 제공하는 것은 정신분석 쪽입니다. 개개의 인간의 심적 활동은 정신분석적 검토를 함으로써 여러 가지로 명백해집니다. 이러한 개인의 심적 활동의 해명에 의해서 집단으로서의 인간활동 속에 있는 많은 수수께끼를 해결하든가 혹은 적어도 밝은 곳으로 끌어낼 수 있을 것입니다.

그런데 저 공상된 '기본어'는 어떠한 사정하에서 가장 깊이 통찰되는가, 또한 어떤 영역에서 그것이 가장 많이 지금도 보존되어 있는가 하는 점에 대해서는 이야기하지 않았습니다. 그러나 이 점을 모르고서는 여러분은 대상의 의의 전체를 평가할 수 없습니다. 이 영역은 사실은 노이로제학(學)의 영역이고, 노이로제 환자의 증상, 그 밖의 현상이 이 영역의 재료이며, 이러한 증상이나 그 밖의 현상을 해명하고 치료하기 위해서 바로 정신분석이 만들어진 것입니다.

내가 말하는 제4의 관점은 여기에서 다시 출발점으로 되돌아가고 우리가 겨냥도를 지닌 길로 되돌아가게 됩니다. 설사 꿈의 검열이 없어도 꿈은 우리로서는 역시 이해하기 어려우리라는 것은 그 경우에도 꿈의 상징언어를 각성시(覺醒時)의 사고의 말로 번역하는 과제 앞에 우리는 세워졌기 때문이라고 앞에서 말했습니다. 말하자면 상징성은 꿈의 검열과 함께 꿈의 왜곡을 만드는 두번째의 독립된 계기인 것입니다. 그러나 꿈의 검열에 있어서도 상징표현을 이용하는 것이 편리하다고 가정하는 것은 극히 자연스러운 상정(想定)입니다. 왜냐하면 상징성도 검열과 같이 꿈을 이상하고 이해하기 힘든 것으로 만드는 결과로 이끌기 때문입니

7) 프로이트의 초기의 제자. 그의 설에 최후까지 충실했던 소수 중의 한 사람.

8) 국제 정신분석학 협회의 기관지. 정신분석 방법을 다른 정신과학에 적용하기 위한 연구지.

다.

꿈의 연구를 계속하면 꿈의 왜곡을 가져오는 데 관여하고 있는 다른 새로운 계기를 만나게 되지 않을까 하는 점에 대해서는 곧 틀림없이 알게 될 것입니다. 꿈의 상징성이라는 테마를 끝내는 마당에 다음과 같은 수수께끼를 다시 한 번 언급해 두고 싶습니다. 그것은 신화·종교·예술·언어 등에 있어서는 상징성을 널리 볼 수 있다는 것은 의심하지 않는데, 꿈의 상징성에 대해서는 교양있는 사람들 사이에서 왜 그렇게 격렬한 반론(反論)이 일어나는가 하는 것입니다. 어쩌면 이것도 역시 성애(性愛)에 대한 관계에 그 원인이 있는 것이 아닐까요.

제11강 꿈의 작업

　여러분! 여러분은 꿈의 검열과 상징적 표현에 대해서는 충분히 알게 되었으나 꿈의 왜곡에 대해서는 아직 완전히 정복하고 있지 못합니다. 그러나 그래도 대부분의 꿈은 이해할 수 있게 되었습니다. 그 경우에 서로 보충하는 두 가지 기법(技法)을 씁니다. 그리고 꿈을 꾼 사람에게 연상(聯想)을 불러일으키게 하고, 대리물에서 본래의 것으로 다가가고, 여러 가지 상징에 대해서는 그 의미를 자신의 지식에 근거하여 집어넣어갑니다. 그때에는 어떤 종류의 불확실한 점도 생기지만 그것에 대해서는 앞으로 논하게 될 것입니다.
　그런데 앞에서 우리는 꿈의 제요소와 그것이 뜻하는 것 사이의 관계를 연구하고, [1] 네 가지 중요한 관계, 즉 전체에 있어서의 부분의 관계, 근사(近似) 또는 암시의 관계, 상징적 관계 및 조형적(造形的)인 언어표현을 확인했습니다. 그때 불충분한 수단을 통해서나마 시도했던 일을 다시 한 번 문제삼아 보기로 합시다. 이번에는 같은 것을 보다 대규모로 하는 셈으로, 그러기 위해선 꿈의 현재내용을 해석을 통해 발견된 잠재몽과 비교해 보면 됩니다.
　여러분, 앞으로는 꿈의 현재내용과 잠재몽 양자를 결코 혼동하지 말아주십시오. 만약 양자를 혼동하지 않는다면 여러분은 아마 나의 저서 《꿈의 해석》[2]의 많

---

1) 123쪽 이하 참조.

은 독자들보다도 꿈을 보다 잘 이해하는 것이 될 것입니다. 다시 한 번 잠재몽을 현재몽으로 바꾸는 그 작업이야말로 '꿈의 작용'이라는 점을 똑똑히 상기해 주십시오. 꿈의 작용과 반대방향을 걸어서 현재몽에서 잠재몽에 도달하는 것이 우리의 '해석 작업'인 것입니다. 말하자면 해석 작업은 꿈의 작용을 제거하는 것입니다. 명백히 원망(願望) 충족이라고 인정되는 유치형의 꿈마저도 약간은 꿈의 작용을 받고 있었습니다. 즉 그것은 원망의 형식을 현실로 치환하는 것이며, 대부분은 관념을 시각적 형상으로 치환하는 것이었습니다.

이런 경우에 해석은 필요치 않고 다만 이 양자의 치환을 역(逆)으로 더듬어가기만 하면 되었습니다. 유치형 이외의 꿈의 경우 꿈의 작용에 더 부가되는 것을 우리는 '꿈의 왜곡'이라 부르고, 이 왜곡은 우리의 해석 작업에 의해서 본래대로 되돌아올 수 있습니다.

많은 꿈의 해석을 비교해 본 뒤 나는 꿈의 작용이 꿈의 잠재사상이라는 재료에서 무엇을 만들어내는가 하는 점에 대해서 총괄적인 설명을 할 수 있게 되었습니다. 그러나 그것에 대해서 여러분이 너무 큰 기대를 걸지 않길 바랍니다. 짧은 설명이지만 부디 침착하게 주의를 기울여 들어주십시오.

꿈의 작용이 하는 첫번째 작업은 '응축(凝縮)'입니다. 응축이란 현재몽은 잠재몽보다 내용이 부족하다는 점, 즉 현재몽은 생략이 가해진 잠재몽의 일종의 번역이라는 것입니다. 경우에 따라서는 응축이 결여되어 있기도 하지만 일반적으로는 존재하며 이상하게 응축되어 있는 경우도 종종 있습니다. 이 관계는 절대로 역으로 되는 일은 없습니다. 즉 현재몽이 잠재몽보다 넓은 범위를 갖고 내용이 풍부한 그런 일은 결코 일어나지 않습니다. 응축이 생기는 것은 (1) 어떤 종류의 잠재요소가 완전히 탈락되기 때문이고, (2) 잠재몽의 많은 콤플렉스 중에서 현재몽으로 이행하는 것은 얼마 안 되고 그 대부분은 이행하지 않기 때문이며, (3) 어떤 공통점을 지닌 몇 가지 잠재적 요소가 현재몽이 될 때는 융합하여 하나가 되기 때문입니다.

만약 여러분이 이 세번째 과정에만 '응축'이란 명칭을 쓰고 싶다면 그렇게 해도 상관없습니다. 이 과정의 효과를 실제로 나타내는 것은 특히 쉽습니다. 여러

---

2) 프로이트 초기의 중요한 저서 중 하나. 1900년에 출판. 본서의 제2부에 해당하는 내용이 상세하게 기술되어 있다. 프로이트 자신의 꿈도 서술되어 있어 그의 어린 시절의 여러 가지 문제를 아는 데 중요하다.

분은 자신의 꿈속에서도 여러 인물이 응축되어 단 한 사람의 인물이 되어 있는 것을 쉽게 떠올릴 수 있을 것입니다. 이와 같은 혼성인물은 A 같기도 하지만 옷을 입은 모습을 보면 어쩐지 B 같기도 하고, 종사하고 있는 작업에서 보면 C를 연상시킵니다. 그러면서도 D라는 인물 같은 점도 있다는 의식의 중첩입니다. 그리고 이 혼성인물 중에는 물론 네 인물의 공통점이 일관(一貫)되게 특히 눈에 띄고 있습니다.

몇 사람의 인물로부터 한 사람의 인물이 혼성되듯이 여러 가지 물품과 장소로부터도 혼성물이 만들어집니다. 즉 개개의 물품이나 장소가 잠재몽이 강조하고 있는 것을 서로 공유한다는 조건이 만족되고 있을 때 이러한 혼성물이 만들어지는 것입니다. 그것은 이 공통된 것을 핵(核)으로 하는 새로운 일시적 개념을 형성하는 것과 같습니다. 서로 응축된 개개의 것이 중첩됨으로써 일반적으로 윤곽이 희미하고 분명하지 않은 상(像)이 생깁니다. 마치 같은 건판(乾板) 위에 여러 개의 사진을 촬영한 것과 같습니다.

꿈의 작용에 있어서 이와 같은 혼성물을 조성하는 것은 아주 중요한 일임에 틀림없습니다. 왜냐하면 필요한 공통점이 만약 곧 발견되지 않게 되면, 예를 들어 어떤 관념을 나타내는 언어적 표현을 선택함으로써 일부러 공통점을 만들어내는 것을 우리는 증명할 수 있기 때문입니다. 이와 같은 응축과 혼성물에 대해서 우리는 이미 배워 알고 있습니다. 그것들은 몇 개의 실언의 예가 성립할 때 일역을 담당하고 있었습니다. 부인과 begleitdigen하려 했던 청년[3]을 상기해 주십시오. 실언 외에 위트가 있습니다. 위트의 기교는 결국 이 응축의 기교로 귀결됩니다.

그러나 그것은 그렇다 치고 응축이라는 이 과정은 전혀 보통이 아닌 이상한 것이라고 말해도 좋을 것입니다. 꿈속의 혼성인물의 형성에 대응하는 것을 확실히 우리의 공상의 산물 속에서도 많이 찾아볼 수 있습니다. 경험의 세계에서는 결코 하나가 되지 않는 구성부분을 공상은 선뜻 합성해서 하나의 통일체를 만들어냅니다. 거기에서 예컨대 고대의 신화나 뵈클린(1827~1901, 스위스 태생의 독일 화가.)의 그림에 나오는 켄타우로스(그리스 신화에 나오는 괴물. 머리는 사람, 사지는 말의 형태를 함)나 동화 속의 동물과 같은 것이 태어납니다. '창조적'인 공상이라고 해도 결코 무엇이나 발명할 수 있는 것은 아니고 다만 서로 무관한 구성부분을 합성할 수 있을 뿐입니다.

그러나 꿈의 작용방법으로 색다른 것은 다음과 같은 점입니다. 즉 꿈의 작용이

---

3) 35쪽 참조.

사용하는 재료는 여러 가지 관념인데, 그 관념 중 어떤 것은 싫고 인정하고 싶지 않은 것일지도 모르는데 그것이 실로 정확히 형성되고 표현되어 있다는 점입니다. 이들 관념은 꿈의 작용을 받아 다른 형식으로 바뀌어집니다. 그리고 관념의 번역과 치환에 있어서는 다른 문자나 말로 번역하는 것과 같은 과정이며, 융합과 결합이라는 수단이 사용됩니다. 이 사실은 주목할 만한 것이며 또한 이해하기 어려운 일이기도 합니다. 왜냐하면 보통 일반 번역에서는 원문 중에서 분명히 구별하고 있는 부분을 중시하고 유사한 곳을 그야말로 구별하려고 노력하고 있기 때문입니다.

그런데 꿈의 작용에서는 이와 전혀 반대로 두 개의 다른 관념을 구별하려 하지 않고 위트의 경우와 같이 이 두 개의 관념이 거기서 서로 만날 수 있는 애매모호한 말을 찾아내고, 그것에 의해서 이 두 개의 관념을 응축하려고 합니다. 이 특질을 바로 이해하려고 해서는 안 되지만, 이 특질은 꿈의 작용을 해독하는 데 있어서 의미심장한 것이 되어갈 것입니다.

응축은 꿈을 이해하기 힘들게 만들지만, 그럼에도 불구하고 꿈의 검열의 결과로 응축이 일어난다는 인상은 받지 않습니다. 오히려 일반적으로 응축의 이유는 기계적 또는 경제적인 계기로 귀착되는 것 같습니다. 그러나 어쨌든 검열은 이것으로 이득을 보고 있습니다.

응축의 작용은 전혀 월등한 것이 되기도 합니다. 응축 때문에 두 개의 전혀 다른 잠재적인 사고과정이 하나의 현재몽 속에서 하나가 되는 일마저도 가끔 있습니다.

그러므로 우리는 어떤 꿈을 충분히 해석했다고 생각하고 있어도 사실은 지나친 해석을 하고 있는 것을 알지 못하는 경우가 있습니다.

응축은 잠재몽과 현재몽과의 관계에도 영향을 미쳐, 이 양자의 제요소 사이의 각각의 관계는 결코 단순한 것이 되지 않는다는 결과를 낳습니다. 하나의 현재(顯在)요소는 동시에 몇 개의 잠재요소에 대응하고, 또 하나의 잠재요소가 몇 개의 현재요소와 관계를 갖는 경우, 즉 양자가 서로 교차(交差)하는 관계에 있는 경우도 있습니다. 또한 꿈을 해석해 본 뒤 알 수 있는 것은, 개개의 현재요소에 관한 여러 가지 연상은 반드시 순서를 좇아서 나타난다고는 할 수 없다는 점입니다. 꿈 전체의 해석이 끝날 때까지 여유있게 기다려야 하는 경우도 종종 있습니다.

그러므로 '꿈의 작용'은 '꿈의 사상'을 극히 특이한 방식으로 고쳐 쓰는 것이며 낱말 하나하나의 축어적(逐語的)인 직역은 아닙니다. 또한 말의 자음은 언제나 옮기지만 모음은 반드시 떨어뜨리는 식으로 일정한 법칙에 따라서 선택하지도 않습니다. 또한 언제나 어떤 한 요소가 다른 몇 개의 요소 대신 끄집어내지는, 말하자면 대표라 부를 수 있는 그런 일도 하지 않습니다. 꿈의 작용은 그것과는 다른 훨씬 복잡한 일을 합니다.

꿈의 작용의 두번째 작업은 '치환'입니다. 이것에 대해서는 앞에서 적절히 다룬 일이 있습니다.[4] 그러므로 우리는 그것이 꿈의 검열의 한 소행임을 알고 있습니다. 그 소행은 두 가지 현상을 나타내고 있습니다. 그 하나는 잠재요소가 그 자체의 구성요소에 의해서가 아니라 어떤 그것과는 연관이 없는 것, 즉 암시에 의해서 대리된다는 것입니다. 둘째로는 심적 악센트가 있는 중요한 요소에서 그다지 중요하지 않은 요소로 옮겨감에 따라 그 결과 꿈의 중심도 다른 곳으로 옮겨간 것같이 보여서 이상하게 여겨진다는 것입니다.

암시에 의해서 대리한다는 것은 각성(覺醒)하고 있을 때의 우리의 사고에서도 찾아볼 수 있으나, 꿈속의 암시에 의한 대리와는 어떤 차이가 있습니다. 잠이 깨어 있을 때의 사고에서는 암시는 알기 쉬운 것이어야 하고, 대리물은 그 본래의 것에 대해서 내용적으로 관계가 있어야 합니다. 위트에도 역시 흔히 암시가 쓰이지만 거기에는 내용상의 연상이라는 조건은 없고, 음운(音韻)이 같거나 말의 뜻이 여러 가지로 해석될 수 있다거나 하는 귀에 익지 않은 외면적인 연상이 조건으로 되어 있습니다. 그래도 이해하기 쉽다는 제약(制約)은 끝까지 결여되어 있지 않습니다. 만약 암시에서 본래의 것으로 거슬러 올라가 쉽게 추측할 수 없을 경우에는 위트로서의 효과는 없게 됩니다.

그런데 꿈의 치환에 의한 암시에서 이 제한은 둘 모두 없습니다. 암시는 극히 외면적이고, 게다가 인연이 먼 관계를 그 본래의 요소에 대해서 가지고 있을 뿐이며, 그 때문에 이해하기 어렵게 되어 있습니다. 그러므로 암시에서 본래의 것으로 거슬러 올라가게 되면 그 해석은 서투른 위트나 혹은 무리한 억지라는 인상을 줍니다.

꿈의 검열이 그 목적을 달성하는 것은 암시에서 본래의 것으로의 귀로(歸路)가 도저히 발견되지 않을 때뿐입니다.

---

4) 146쪽 참조.

악센트의 치환은 사상의 표현수단으로서는 허용되지 않습니다. 우리는 깨어 있을 때의 사고에서 때로 이것을 허용하지만 그것은 우스꽝스러운 효과를 노리기 위한 것입니다. 악센트의 치환이 자아내는 얼떨떨한 인상을 체험하기 위해 여러분이 다음과 같은 재미있는 짧은 얘기를 상기해 주기 바랍니다. "어느 마을에 한 대장장이가 있었는데 사형에 처해질 정도의 죄를 범했다. 재판소에서는 그 죄를 속죄해야 한다는 판결을 내렸다. 그러나 그 마을에는 대장장이는 그 사람밖에 없었고, 그는 둘도 없는 소중한 남자였다. 그런데 한편 양복장이는 마을에 세 사람이나 있었다. 그래서 그중 한 사람을 대장장이 대신 교수형에 처했다"는 것입니다.

꿈의 작용의 세번째 작업은 심리학적으로는 가장 흥미 깊은 것입니다. 그것은 사상을 시각상(視覺像)으로 '변환하는' 작업입니다. 여기서 염두에 두어주기 바라는 것은, 이 변환을 받는 것은 꿈의 사상의 전부가 아니라는 점입니다. 원형을 유지하고 현재몽 속에서도 관념이나 지경(知磬)으로서 나타나는 것도 있습니다. 또한 시각상은 관념이 변환되는 유일한 형식도 아닙니다. 그러나 그럼에도 불구하고 변환은 꿈의 형성에 있어서 본질적인 것입니다. 꿈의 작용의 이 부분은 우리가 이미 알고 있는 바와 같이 항상 불변하는 것으로 볼 수 있는 것으로서는 두 번째의 것이며, 개개의 꿈의 요소에 대해서는 '조형적(造形的)인 언어표현'이 있다는 것을 이미 배웠습니다.

이 작업이 쉽지 않다는 것은 분명합니다. 그 어려움을 이해하기 위해서는 여러분이 신문의 정치문제에 관한 논설을 일련의 도해(圖解)로 치환하는 과제를 담당하게 된 경우를 생각해 보면 좋을 것입니다. 즉 알파벳 문자를 버리고 역행하여 상형문자를 채택하는 것과 같습니다. 이 논설 중에 이름이 거론된 인물이나 구체적인 사상(事象)은 쉽게, 게다가 어쩌면 도리어 멋지게 그림으로 대치될 수 있을 것입니다. 그러나 추상적인 말이나 전치사와 같은 소사(小詞), 접속사 등과 같은 사고관계를 나타내는 품사 전부를 그림으로 표현할 때에는 어려움을 느낄 것입니다. 추상적인 말일지라도 여러분은 여러 가지 기교를 써서 어떻게든 그림으로 표현할 것입니다. 예를 들면 논설의 텍스트를 아마도 그리 귀에 익지는 않을 것이지만 한층 구체적으로 표현하기 쉬운 구성요소를 포함한 다른 말로 치환해 보려고 노력하리라 생각합니다. 아마 그때 대개의 추상적인 말은 구체적인 말이 퇴색되어 버린 것이라고 생각할 것입니다. 따라서 여러분은 가능한 한 이들 추상적인 말을 그 근원의 구체적인 의미에까지 거슬러 올라가 파악하려고 할 것입니다. 그렇게 하면 예컨대, 어떤 것을 '소유하다(Besitzen)'란 말은 실제로 그것 위에 앉아 있는(Darauf sitzen) 모습으로 표현할 수 있는 것을 알고 유쾌해질 것입니다. 꿈의 작용도 이와 똑같은 일을 합니다. 표현의 정밀성을 구하는 것은 이와 같은 사정하에서는 무리한 일일 것입니다. 그러므로 꿈의 작용에서는 예를 들어 구체적으로 표현하기 곤란한 간통(Ehebruch, 즉 결혼생활(Ehe)의 파멸(Bruch))은 다른 파멸, 예컨대 각부(脚部) 골절(Beinbruch)로 대리하는 것으로 참을 것입니다. 이런 방법으로 알파벳 문자를 상형문자로 바꾸려 할 경우에 후자의 미숙한 점을 보충합니다.

'천벌'(간통으로 팔을 골절)

국민병(國民兵)의 아내인 안나 M이 클레멘티네 K 부인을 '간통'으로 고소했다. 소송에 따르면 K의 남편은 전장(戰場)에 있으며 K에게 매월 70크로네를 송금하고 있다고 한다. 그런데도 K는 원고의 남편 카를 M과 법을 어기는 불륜관계를 계속하고 있다. 원고와 아이들은 '굶주리고', '비참하게' 살고 있는데 K는 원고의 남편 M으로부터 이미 '상당한 금액의 돈'을 받고 있다. K는 원고의 남편과 함께 술집에 드나들며 밤늦게까지 한창 술을 마시고 있었다고 원고의 남편 친구들이 몰래 원고에게 알려주었다. 그뿐만 아니라 피고인은 원고의 남편에게 많은 병사들 앞에서 "그렇다면 당신은 '낡은 마누라'와 당장 헤어지고 나와 함께 살 수 없단 말이죠"하고 물은 적도 있었다. K의 아파트의 여자 관리인도 원고의 남편이 K의 거실에서 잠옷 차림으로 있는 것을 여러 번 보았다고 말하고 있다.

K는 어제 레오폴트슈타트 재판관 앞에서 자기는 M을 알지 못하므로 특별히 친밀한 관계가 있다는 것은 문제가 되지 않는다고 '부인'했다. 그러나 증인 알베르티네 M은 K가 원고의 남편과 키스하는 것을 자기에게 들키고 몹시 놀랐다고 증언했다.

이미 이전의 심리에서 증인으로 출정한 원고의 남편 M은 그때 피고인과의 친밀한 관계를 부인했었다. 그러나 어제 재판관 앞으로 '편지' 한 통이 날아들고, 그 안에서 증인 M은 첫번째 심리 때 했던 진술을 번복하고 작년 6월 이후 K와 연애관계를 계속하고 있었던 것을 '인정'했다. 자신이 전에 피의자와의 관계를 부인한 것은, 그녀가 심리에 앞서 그를 찾아와 자신을 도와달라, 제발 아무 말도 하지 말아달라고 '애원'했기 때문이라고 했다. 그리고 증인은 "오늘은 모든 것을 재판관에게 고백하지 않고는 견딜 수 없는 기분입니다. 왜냐하면 '나의 왼팔이 부러졌기' 때문입니다. 내게는 이것이 내가 저지른 죄에 대한 '천벌'처럼 여겨지기만 합니다" 하고 덧붙이고 있다.

재판관이 범죄행위 자체가 이미 '시효가 지난' 것을 확정했기 때문에 원고 역시 그 고소를 '취하하고', 피고인은 무죄판결을 받았다.

'왜, 때문에, 그러나' 등등의 사고상의 관계를 지시하는 품사를 그림으로 나타낼 경우에는 앞서와 같은 보조수단이 없습니다. 그러므로 텍스트 안의 이들 품사는 그림으로 바뀔 때에는 상실되어 버립니다. 마찬가지로 꿈의 사상의 내용도 꿈의 작용에 의해서 사물과 활동이란 원료로 분해되어 버립니다. 만약 그것 자체로서는 그림으로 나타낼 수 없는 어떤 종류의 관계를 조금이라도 정밀한 그림에 의해 암시할 수 있는 가능성이 생긴다면 여러분은 그것으로 만족할 것입니다. 이와 똑같이 꿈의 작용은 꿈의 잠재사상의 내용을 현재몽의 형태상의 특이성, 즉 명료도(明瞭度)나 불명료도의 정도라든가 몇 개의 부분으로의 분할 등을 통해서 표현합니다. 하나의 꿈이 분해되어 생기는 부분몽(部分夢)의 수는 보통 잠재몽 속의 주제의 수, 즉 사상의 계열의 수와 일치합니다. 예를 들어 주제몽(主題夢) 앞에 꾸는 짧은 꿈은 그에 뒤따르는 상세한 주제몽에 대해서 종종 서론이라든가 동기 부여라는 관계가 되며, 꿈의 사상 중의 부문장(副文章)은 현재몽 속에 가끔 삽입되는 장면의 전환으로 치환됩니다. 그러므로 꿈의 형식은 그 자체 결코 무의미한 것이 아니며, 그것 자체가 해석을 필요로 합니다.

하룻밤 사이에 꾼 몇 가지 꿈은 종종 같은 뜻을 지니고 있으며, 점점 높아지는 자극을 그것에 맞추어 더욱 잘 처리하려는 노력을 나타내고 있습니다. 개개의 꿈 그 자체에 있어서도 특히 곤란한 요소는 '중복', 즉 여러 겹의 상징에 의해서 표현되는 경우가 있습니다.

꿈의 사상과 그 대리물인 현재몽과의 비교를 계속해 나가면 우리는 뜻밖의 일, 예를 들면 꿈의 터무니없는 점이나 부조리한 점에도 역시 의미가 있는 것을 알게 됩니다. 그러기는커녕 이 점에 꿈에 대한 의학적인 견해와 정신분석적인 견해와의 대립이 다른 곳에서 볼 수 없을 정도로 날카롭게 나타납니다. 의학적인 견해에 따르면 꿈을 꾸고 있을 때의 심적 활동은 완전히 비판력을 잃고 있기 때문에 그 결과 꿈은 터무니없는 것이 됩니다. 이에 반해서 정신분석 견해에 따르면 꿈이 터무니없는 것으로 보일 때에는 꿈의 사상에 포함되어 있는 비판, 요컨대 "그

184 제 2 부 꿈

것은 터무니없다"는 비판을 표현하려고 할 때인 것입니다. 이미 여러분이 알고 있는 연극 구경의 꿈[5](표 석 장에 1플로린 50크로이사라는 그 예)은 그 좋은 예입니다. 이러한 형식으로 표현된 판단은 "이렇게 빨리 결혼한 것은 '어처구니없는' 짓이었다"는 것이 되는 셈입니다.

마찬가지로 해석 작업의 경우에도 꿈속에 어떤 요소가 진실로 나타났는지 어땠는지, 그것은 이것이었을까, 그렇지 않으면 다른 것이 아니었을까 하고 꿈을 꾼 사람으로부터 자주 의문이나 망설이는 소리를 듣습니다. 거기에서 우리는 이러한 의문에 대응하는 것이 무엇인가를 알게 됩니다. 원칙적으로 꿈의 잠재사상 속에서는 이 같은 의문이나 망설임에 상응하는 것이 없습니다. 그와 같은 것들은 오로지 꿈의 검열의 결과로서 일어나는 것으로 삭제하려고 했지만 충분한 성공을 거두지 못한 것으로 간주해야 할 것입니다.

가장 뜻밖의 발견이라고 할 수 있는 것은, 꿈의 작용이 잠재몽 속의 대립을 취급하는 방법입니다. 우리가 이미 알고 있듯이 잠재적 재료에 있어서의 일치점은 현재몽 속에서는 응축에 의해 대리됩니다. 그런데 대립도 역시 일치와 같은 취급을 받고, 특히 동일한 현재요소를 통해서 즐겨 표현됩니다. 현재몽에 있어서의 대립을 포함할 수 있는 요소는 있는 그대로 그것 자체를 나타내기도 하고, 대립물을 나타내기도 하고, 또한 이 양자를 함께 나타내기도 합니다. 어느 것을 선택하여 번역할 것인가는 그 의미로 보아 비로소 결정됩니다. 그러므로 '부정'의 표현, 적어도 '부정'의 명백한 표현이 꿈속에서는 발견되지 않는다는 것도 이것과 관계가 있습니다.

꿈의 작용의 이 기괴한 행동에 대한 아주 적합한 유사한 예는 언어 발달과정이 제공해 주고 있습니다. 많은 언어학자들은 가장 오래된 말에서는 강하다 — 약하다, 밝다 — 어둡다, 크다 — 작다와 같은 대립은 같은 어근에 의해 표현되고 있다고 주장하고 있습니다(《원시언어의 상반적 의미의 문제》).

예를 들어 이집트어의 ken은 원래 '강하다'와 '약하다'의 두 가지 뜻을 지니고 있었습니다. 대화중 이와 같이 상반되는 두 뜻을 함께 갖는 말을 사용할 때에는 오해를 막기 위해서 말의 억양과 몸짓을 덧붙였습니다. 또한 문서에서는 이른바 결정사(決定詞)라고 하여 그 자체는 발음하지 않게 되어 있는 그림을 그려넣었습니다. 즉 '강하다'라는 뜻의 ken일 때는 문자 뒤에 똑바로 서 있는 남자의 그림

---

5) 127쪽 참조.

을, '약하다'라는 뜻의 ken일 때는 힘없이 구부리고 서 있는 남자의 그림을 그려 넣었습니다.

음운(音韻)이 같은 원시어를 약간 변화시켜서 그 낱말에 포함된 상반되는 두 가지 뜻을 각각 나타내는 표기를 할 수 있게 된 것은 후세에 이르러서입니다. 이리하여 '강하다'와 '약하다'를 함께 나타내는 ken에서 '강하다'라는 뜻의 ken과 '약하다'는 뜻의 kan이 분리되어 나왔습니다.

단지 최저의 발달단계에 있었던 가장 오래된 언어에만 머무르지 않고 아주 최근의, 아니 오늘날 아직도 살아서 쓰여지고 있는 언어마저도 이 옛날의 상반되는 의미의 공유의 흔적을 많이 간직하고 있다고 합니다. 나는 아벨의 저서(1884년)에 따라 두세 가지 예를 이야기해 보겠습니다.

라틴어에는 아직도 이와 같이 상반되는 뜻을 함께 지닌 낱말이 있습니다. 즉 altus(높다 — 낮다)와 sacer(신성한 — 불경스러운)가 그것입니다.

같은 어근을 변형한 것의 실례로서는 clamare(외치다)와 clam(희미한, 조용한, 은밀한), siccus(건조한)와 succus(젖은) 등이 있고, 독일어의 Stimme(소리)와 stumm(벙어리의)도 이러한 예의 하나에 해당할 것입니다.

동계어(同系語)를 서로 관련시켜 보면 실례가 많이 나타납니다. 영어의 lock (자물쇠를 채우다)와 독일어의 Loch(구멍)나 Lücke(틈새), 영어의 cleave(쪼개다)와 독일어의 kleben(붙다)도 그 예입니다.

영어의 without는 본래는 '그것과 함께'와 '그것 없이'라는 두 가지 뜻을 지녔는데 오늘날에 와서는 '그것 없이'라는 뜻으로만 쓰이고 있습니다. with가 '첨가하다'라는 뜻뿐만이 아니라 '없애다'라는 뜻도 지니고 있었다는 것을 withdraw (제거하다)나 withhold(주지 않다)라는 합성어에서도 알 수 있습니다. 독일어의 wieder(다시)[6]도 이와 비슷합니다.

꿈의 작용의 또 하나의 특질은 언어의 발달과정 속에서 그 대조가 발견됩니다. 고대 이집트어에서는 후대의 여러 국어에 있어서와 같이 동일한 것을 나타내는 말의 음(音)의 순서를 뒤집어놓은 것이 있었습니다. 독일어와 영어 사이에 있는 이런 종류의 예로서는 Topf(단지, 냄비)와 pot(단지, 병), boat(보트)와 tub(욕조, 통), hurry(서두르다)와 Ruhe(휴식), Balken(대들보)과 Kloben(통나무)이나 club(몽둥이), wait(기다리다)와 täuwen(기다리다)이 있습니다.

6) wieder에는 '또다시, 새로'의 뜻 외에도 '원점으로 돌아가다'라는 뜻도 있다.

라틴어와 독일어 사이에는 capere(잡다, 붙잡다)와 packen(싸다, 붙잡다), ren(신장〔腎臟〕)과 Niere(신장)가 그 예입니다.

여기에서 몇 가지 말에 대해 들어본 이런 종류의 전도(轉倒)는 꿈의 작용 속에서 여러 가지 형태로 나타납니다. 의미의 전도, 즉 반대되는 것으로 대리하는 데 대해서는 이미 이야기했습니다. 그 밖에도 꿈속에서는 상황이 반대로 되거나 두 인물 사이의 관계가 거꾸로 되어 있기도 하여 마치 '뒤바뀐 세상'에 있는 것 같습니다. 꿈속에서는 산토끼가 사냥꾼을 쏘는 일도 종종 있습니다. 나아가 사건의 배열이 반대로 되어 있기도 하여 원인으로서 선행해야 할 사건이 결과적인 사건 뒤에 놓이기도 합니다. 그것은 마치 서투른 유랑극단의 무대에서 주인공이 쓰러진 뒤에 그제야 무대 뒤에서 그 주인공을 쏘는 총성이 들리는 것과 같습니다. 어떤 때에는 또한 꿈의 요소의 순서가 전부 반대로 되어 있기 때문에 해석할 때는 맨 마지막에 있는 것을 맨 앞에, 맨 앞에 있는 것을 맨 마지막에 놓지 않으면 의미가 분명하지 않은 경우도 있습니다. 꿈의 상징성에 관해서 우리가 연구할 때에도 물속으로 들어가거나 떨어지는 것과 물에서 기어나오는 것은 같은 것을 의미하고 있었습니다. 즉 어느 것이나 낳다, 태어나다라는 의미였습니다. 계단이나 사닥다리를 오르는 것은 내려오는 것과 똑같은 의미를 지니고 있었습니다. 이것은 틀림없이 기억하고 있을 것입니다. 꿈의 왜곡이 이와 같은 표현의 자유에서 어떤 이익을 얻을 수 있는가는 아주 명백합니다.

꿈의 작용에서 볼 수 있는 이 특징은 '태고적'이라 명명해도 무방할 것입니다. 이 특징은 고대의 표현체계, 언어 및 문자에도 따라다니고 있고 해석할 때 같은 어려움이 수반되고 있는데, 그 점에 대해서는 다음에 다른 비판을 할 때 관련시켜 논하고자 합니다.

그러면 또 다른 두세 가지 점에 대해 생각해 보기로 하겠습니다. 꿈의 작용에서는 언어적으로 파악되어 있는 잠재사상을 감각적인 상(像), 그것도 대개는 시각적인 상으로 치환하는 일이 명백히 중심이 되어 있습니다. 그런데 우리의 사상은 이와 같은 감각상(感覺像)에서 생긴 것이며, 그 최초의 재료와 그 전단계는 감각적 인상이었습니다. 보다 정확히 말하면 감각적 인상의 기억상(記憶像)이었습니다. 이들 기억상에 나중에 언어가 결부되고, 이어서 그 언어에 사상이 결합한 것입니다. 즉 꿈의 작용은 사상에 대해서 어떤 종류의 '퇴행적(退行的)'인 처리를 하고 사상의 발전을 역행시킵니다. 이 퇴행에 있어서 기억상은 더욱 발전해서 사상이 되었을 때 새로 획득한 것은 모두 탈락시키지 않을 수 없습니다.

이것이 즉 꿈의 작용이라고 생각합니다. 우리가 꿈의 작용에 관해서 알게 된 모든 과정에 대비해 보면 현재몽에 대한 흥미는 훨씬 후퇴하지 않을 수 없습니다. 그러나 현재몽은 우리에게 직접적으로 알려져 있는 유일한 것이므로 이것에 대한 나의 생각을 두세 가지 말해 보겠습니다.

현재몽이 우리에게 그 중요성을 느끼게 하지 않는 것은 당연합니다. 현재몽이 잘 구성되어 있든, 아무런 일관성 없이 늘어선 몇 개의 흐트러진 상(像)으로 해체되어 있든 그것은 우리에게 어느 것이라도 무방하다고 여겨질 것입니다. 꿈이 언뜻 보기에 의미심장한 외관을 나타내고 있어도 그 외관은 역시 꿈의 왜곡에 의해서 생긴 것이며, 꿈의 내용과는 아무런 유기적(有機的) 관계를 가질 수 없는 것임을 우리는 알고 있습니다. 그것은 이탈리아의 교회당 정면이 건물의 기본구조나 모든 양식과는 전혀 유기적인 관계가 없는 것과도 같습니다. 때로는 꿈의 이 정면에 의미가 있기도 하지만, 그것은 이 정면이 꿈의 잠재사상의 중요한 성분을 거의 혹은 전혀 왜곡하지 않고 재현하고 있는 경우입니다. 그러나 우리는 그 꿈에 해석을 붙이고 어느 정도 왜곡이 일어나는지 판단할 수 있을 때까지는 그것을 알 수 없습니다. 꿈속의 두 가지 요소가 서로 밀접한 관계가 있는 것같이 보여도 똑같은 의문이 있는 것입니다. 이 사실에는 잠재몽 속에 이들 요소에 대응하는 것도 역시 밀접하게 조합(組合)되어 있다고 간주하는 데 귀중한 힌트가 포함되어 있는지도 모릅니다. 그러나 한편, 사상 속에서는 밀접하게 결부되어 있는 것이 꿈속에서는 서로 떨어져 있다고 여겨지는 경우도 있을 수 있습니다.

일반적으로 꿈을 조리 있는 구성물로서 또한 실용적인 표현으로서 생각하고, 현재몽의 일부분을 다른 부분에서 설명하려는 것은 삼가야 합니다. 꿈은 오히려 여러 가지 암석이 접착되어 생긴 각력암(角礫岩)과 같은 것이며, 그때 생기는 무늬는 원래의 암석에 포함되었던 것은 아닙니다. 실제로 꿈의 작용에는 이른바 '이차적 가공'이란 부분이 있고, 그 일에 중요한 것은 꿈의 작용의 일차적인 성과를 조합하여 어떤 전체적인 것, 거의 조화된 것을 만들어내는 것입니다. 그때 재료는 자주 오해받기 쉬운 의미에 따라서 배열되고 필요에 의해서 그 무엇이 삽입되기도 합니다.

한편 꿈의 작용을 과대평가하여 그것을 너무 믿어도 안 됩니다. 이상 설명한 작업으로 꿈의 작용의 이야기는 끝났습니다. 즉 응축, 치환, 조형적 표현, 그리

고 꿈 전체에 2차 가공을 하는 것입니다. 그 이상의 것은 꿈의 작업으로는 불가
능한 것입니다. 꿈속에 나오는 판단의 표명, 즉 비판, 경탄, 추론(推論) 등은 꿈
의 작용의 성과는 아닙니다. 이것은 극히 드물게 꿈에 대해서 나중에 생각한 것
의 표명이지만 그 대부분은 꿈의 잠재사상의 부분이며, 많든 적든 변용(變容)되
어 전체와의 관련에 적합시켜서 현재몽 속으로 옮겨진 것입니다.

또한 꿈의 작용은 대화를 만들어낼 수도 없습니다. 극히 소수의 예외는 있을
수 있으나, 꿈속의 대화는 그 사람이 꿈을 꾼 날 낮 동안에 듣고 이야기했던 대
화의 모사(模寫)이거나 그것을 조합한 것입니다. 그리고 그것이 꿈의 재료, 꿈의
유발자로서의 잠재사상 속에 끼여들게 된 것입니다.

숫자 계산도 꿈의 작용은 아닙니다. 현재몽 속에서 그것이 나타난다 해도 그
대부분은 숫자 나열이며 외관상의 계산이며 참된 계산으로서는 실로 지리멸렬한
것입니다. 이것도 역시 꿈의 잠재사상 속에서 계산의 흉내에 지나지 않습니다.

이러한 사정이므로 꿈의 작용에 돌려졌던 관심이 곧 거기에서 떨어져나가 많든
적든 왜곡된 형태로 현재몽이 되어 나타나는 꿈의 잠재사상으로 향해 가는 것도
전혀 이상할 것이 없습니다. 그러나 이와 같은 관심의 변화가 너무 극단적으로
되어 그 결과 이론적인 고찰을 할 때 꿈의 전반 대신에 꿈의 잠재사상만을 들어
서 잠재사상에만 적용되는 것을 꿈 전반에 적용하도록 하는 것은 우스꽝스러운
일입니다. '꿈'이라 부를 수 있는 것은 꿈의 작용의 성과, 즉 잠재사상이 꿈의 작
용에 의해서 옮겨진 '형식'뿐인 것입니다.

꿈의 작업은 아주 특수한 과정의 것이며, 이것과 유사한 것은 이제까지 심정
(心情)생활 속에서는 전혀 알려지지 않았습니다. 이 종류의 응축, 치환, 관념에
서 형식으로의 퇴행적인 전환은 전혀 새로운 사실이며, 이것을 인식했다는 것만
으로도 정신분석의 노력은 이미 충분히 그 보람을 얻었다고 말할 수 있을 것입니
다. 또한 여러분은 꿈의 작용에 대비(對比)되는 여러 가지 유사현상에서 정신분
석의 연구가 다른 영역, 특히 언어와 사고의 발달에 대해서 어떠한 관련을 가지
고 있는지를 알게 될 것입니다. 여러분이 꿈을 형성하는 매커니즘이 그대로 노이
로제 제증상의 발생방식의 모델임을 알게 되면 그때 비로소 이들 통찰이 이 이상
의 어떤 의미를 갖는가 하는 점에 대해서 예상할 수 있게 될 것입니다.

그 밖에 이 연구의 결과로서 심리학이 받은 새로운 이득 전체에 대해서는 아직
이것을 개관(槪觀)할 수 있는 데까지는 이르지 못했습니다. 우리는 다만 무의식

적인 심적 행위 —— 이것이야말로 꿈의 잠재사상이지만 —— 가 실재(實在)하는 점에 대해서 어떠한 새로운 증명이 나왔는지, 또한 꿈의 해석이 무의식적인 심적 생활을 알기 위해서 어느 정도 뜻하지 않은 많은 시사(示唆)를 약속하는 것인가를 지적하는 것으로 그치려고 생각합니다.

그런데 이제 여러분에게 이제까지 상세하게 전체적 관련에서 준비로서 말해 온 것을 여러 가지 짧은 꿈의 예에 대해서 보여주어도 좋은 시기가 온 것입니다.

제 12 강 꿈의 분석례

　여러분! 이제 멋진 대규모의 꿈의 해석에 참가하도록 여러분을 권유하지도 않고 또다시 단편적인 꿈의 해석을 보인다 하여 실망하지 마십시오. 여러분은 이미 그토록 많은 준비를 했으므로 대규모의 꿈을 해석할 권리가 있다고 말할 수 있을 것이며, 또한 몇천이라는 꿈의 해석에 성공했으므로 꿈의 작용과 꿈의 사상에 대한 우리의 주장을 실례에 의해서 교시(教示)할 수 있는 훌륭한 꿈의 예를 틀림없이 수집할 수 있을 것이라는 확신을 표명할 겁니다. 사실 그렇습니다. 그러나 여러분의 소망을 충족시키기 위해서는 곤란한 점이 너무나 많습니다.

　우선, 여러분에게 정직하게 고백해야 할 것은 꿈의 해석을 자신의 본업으로 삼고 있는 사람은 아무도 없다는 점입니다. 그렇다면 우리는 어떤 때에 꿈을 해석하게 되는 것일까요. 우연히, 특별한 이유 없이 친한 사람의 꿈을 문제삼아 보는 경우도 있을 것이며, 정신분석의 작업을 배우기 위해서 어느 기간 동안 자신의 꿈을 철저히 연구해 보는 경우도 있을 것입니다. 그러나 우리는 대개 분석치료를 받고 있는 노이로제 환자의 꿈을 대상으로 취급하고 있습니다. 노이로제 환자의 꿈은 결코 건강한 사람의 꿈에 뒤지지 않는 훌륭한 자료가 되지만 우리는 치료의 기법상 부득이 꿈의 해석보다도 치료상의 의도를 중시하여 많은 꿈 중에서 치료에 도움이 되는 것만을 문제삼고 그 이외의 것은 버리게 되는 것입니다. 치료기간중에 꾼 꿈일지라도 충분한 해석을 하지 않는 것도 많이 있습니다. 이와 같은 꿈은 우리들에게는 아직 미지(未知)의 많은 심적 재료에서 생긴 것이므로 그것을 이해할 수 있는 것은 치료가 끝난 후의 일입니다. 또한 이 종류의 꿈을 이야기한다고 가정할 때 노이로제의 모든 비밀을 폭로하는 일이 필요하게 될 것입니다. 그러나 우리의 경우에는 꿈을 노이로제 연구의 준비로서 문제삼았으므로 그렇게 되지는 않을 것입니다.

　이렇게 되면 여러분은 이 재료를 기꺼이 단념하고 그 대신 건강한 사람의 꿈이나 자기 자신의 꿈을 해명해서 들려줄 것을 바랄 것입니다. 그러나 그것은 꿈의 내용에 있어서 있을 수 없는 일입니다. 사람은 자기 자신이나 자기를 신뢰하도록 요구해 둔 그 상대방인 타인을 가차없이 폭로할 수는 없습니다. 그런데 꿈이란 이미 아는 바와 같이 인격의 가장 깊은 부분에 관계되는 것이므로 꿈을 파고들어 해석하기 위해서는 아무래도 이와 같이 가차없이 폭로할 필요가 있습니다. 이렇게 재료를 입수하기가 곤란하며, 또한 보고에 있어서도 또 하나의 다른 곤란이 고려되어야 합니다. 아는 바와 같이 꿈은 꿈을 꾼 당사자에게도 이상하게 보이는 것입니다. 하물며 꿈을 꾼 인물에 대해서 아무것도 모르는 타인으로서는 더욱 이상하게 보이는 것이 당연한 일입니다. 우리들의 문헌은 훌륭하고 상세한 꿈의 분석이 부족하지 않습니다. 나 자신도 병력(病歷) 보고 형식으로 몇 개의 분석을 발표하고 있습니다. 아마 가장 뛰어난 꿈의 해석의 예는 오토 랑크($\binom{1884\sim1939,\ 오스}{트리아의\ \ \ 정신분}$ $\binom{석}{의사}$)의 보고일 것입니다. 그것은 서로 관련이 있는 두 개의 꿈인데, 어느 처녀가 꾼 것으로 꿈 그 자체는 인쇄되어 약 2페이지 정도인데 그것에 대한 분석은 76페이지에 이르고 있습니다. 이 업적에 대해서 처음부터 끝까지 소개하려면 한 학기 정도가 필요할 것입니다. 만약 우리가 꽤 길고 왜곡도 큰 꿈을 택하면 그만큼 많은 해석을 해야 하고 연상과 회상에서 그만큼 많은 재료를 인용할 필요가 생깁니다. 또한 이리저리 우회도 해야 하며, 그 결과 강의의 전체적인 전망을 할 수 없게 되어 불충분한 점이 눈에 띄게 될 것입니다. 그러므로 여러분에게 청해서 좀더 쉽게 입수할 수 있는 것, 즉 노이로제 환자의 꿈에서 약간 작은 단편(斷片)을 보고하는 것으로 만족해 주길 바랍니다. 왜냐하면 노이로제 환자의 꿈의 경우는 이것저것으로 분리해서 인식할 수 있기 때문입니다. 가장 쉽게 실제로 나타낼 수 있는 것은 꿈의 상징이며, 그다음이 꿈의 퇴행성(退行性) 왜곡의 어떤 종류의 특성입니다.

그러면 예를 든 다음 꿈의 하나하나에 대해서 나는 왜 여러분에게 이 꿈을 보고할 가치가 있다고 생각했는가에 대해서 이야기하려고 합니다.

(1) 이 꿈은 두 개의 간단한 정경(情景)으로 구성되어 있습니다. "백부가 토요일인데도 담배를 피우고 있다. —— 한 부인이 백부를 자기 자식처럼 애무하고 있다."

제1의 정경에 대해서, 이 꿈을 꾼 사람(유태인입니다)은 "백부는 신앙이 깊은 사람으로 결코 그러한 죄를 짓는 일은 하지 않으며 앞으로도 하지 않을 것이다"[1] 라고 말하고 있습니다.

제2의 정경에 비친 부인에 대해서 그는 자기 어머니말고는 다른 생각을 하지 않는다는 것입니다. 이 두 정경 혹은 사상은 명백히 서로 관계를 지을 수 있습니다. 어떻게 하는 것일까요. 백부의 행동에 대해서는 그를 현재 그런 짓을 하지 않는 사람으로 믿고 있으므로 '만일'을 삽입시켜 가정해 보면 쉽게 알 수 있습니다. "'만일' 저 독실한 신자인 백부가 토요일에 담배를 피운다면, 나도 어머니의 애무를 받아도 괜찮을 것이 아닌가"라는 것입니다. 이 점은 또한 명백히 믿음이 깊은 유태인에게는 어머니의 애무를 받는 것은 토요일에 담배를 피우는 것과 같이 허용되지 않는 일이라는 것이 됩니다.

꿈의 작용에서 꿈의 모든 사상간의 관계는 모두 탈락하고, 꿈의 사상은 그 소재로 분해되어 버린다는 점을 여러분은 상기해 주십시오. 이 탈락해 버린 관계를 다시 조립(組立)하는 것이 꿈의 해석의 과제인 것입니다.

(2) 꿈에 관한 저술[2] 덕분에 나는 어떤 의미에서 꿈에 관한 모든 문제의 공공연한 상담자가 되었고, 수년 동안 여러 곳에서 편지로 꿈의 보고를 받거나 꿈의 판단을 부탁받아 왔습니다. 나는 물론 이러한 모든 편지에 감사하고 있습니다. 편지에는 꿈에 관한 자료가 많이 첨부되어 있었고, 꿈을 해석할 수 있도록 되어 있는 경우도 있었으며 그중에는 꿈의 해석이 씌어 있는 경우도 있었습니다. 이러한 범주에 속하는 것에는 1910년에 뮌헨에 사는 한 의사가 알려온 다음과 같은 꿈이 있습니다. 이 꿈을 예로 드는 것은, 꿈이란 그것을 꾼 사람이 그것에 대해서 정보를 제공하지 않는 한 이해할 수 없다는 것을 이 꿈이 증명하고 있기 때문

---

1) 토요일은 유태인에게 있어서 안식일이므로 이날은 야채 이외는 먹지 않는다. 물론 술과 담배도 금지되어 있다.

2) 《꿈의 해석》 등을 뜻한다.

입니다. 나는 여러분이 상징의 의미를 삽입하여 해석하는 것이야말로 꿈의 해석의 이상으로 생각하고, 꿈에 대한 연상이라는 기법을 소홀히 하고 있지 않나 생각합니다. 그래서 이 해로운 오류에서 여러분을 해방시키고자 하는 것이 나의 소망입니다.

"1910년 7월 13일 새벽녘에 나는 다음과 같은 꿈을 꾸었다. 튀빙겐(독일의 네카 강 변의 학원도시) 거리를 자전거로 내려가는데 갈색의 닥스훈트(독일종의 사냥개)가 미친 듯이 나를 쫓아와 발꿈치를 물었다. 나는 계속 달리다가 자전거에서 내려 계단에 앉아 꽉 물고 늘어진 그 개를 떼놓으려고 무턱대고 때리기 시작했다(물린 것과 그 정경 전체에 대해서는 어떤 불쾌한 느낌도 없었다). 반대편에 나이 든 부인이 두세 명 앉아서 바라보며 이를 드러내 웃고 있었다. 그 순간 눈을 떴으나 전에도 흔히 그랬듯이 눈을 뜬 그 순간에 꿈 전체가 분명해지는 것이었다."

상징은 여기서는 그다지 도움이 되지 않습니다. 그러나 꿈을 꾼 사람은 우리들에게 이렇게 보고하고 있습니다. "나는 최근에 한 소녀가 좋아졌습니다. 거리를 지나는 것을 볼 뿐이며 말을 걸려고 해도 별다른 묘안이 없었습니다. 묘안이 있다면 닥스훈트가 가장 유리했습니다. 나는 동물을 아주 좋아했고, 그 소녀 역시 좋아하는 것 같았기 때문입니다." 그는 여기에 덧붙여 자기는 싸우고 있는 개를 서로 떼어놓아 구경꾼을 놀라게 한 적이 몇 차례나 있다고 말했습니다. 그래서 우리는 그의 마음에 드는 소녀가 언제나 이 특수한 개를 데리고 다닌다는 것을 알았던 것입니다. 그 소녀는 현재몽(顯在夢) 속에서는 제외돼 버리고 그녀와 연상으로 연결된 개만 남아 있습니다. 이를 드러내 웃고 있는 나이 든 부인은 아마 이 소녀 대신에 나와 있을 것입니다. 그 밖에 그가 보고한 것은 이 점을 밝히는 데 도움이 되지 않았습니다. 그가 꿈속에서 자전거를 타고 있는 것은 회상된 장면의 반복입니다. 그는 자전거를 타고 있을 때만 개와 함께 있는 그 소녀를 만나곤 했던 것입니다.

(3) 자신이 소중하게 생각하는 가족의 한 사람을 잃은 사람은 그 후 오랫동안 특수한 꿈을 꿉니다. 그 꿈에서는 죽음에 대한 지식과 사자(死者)를 소생시키고자 하는 원망(願望)이 아주 기묘하게 타협하고 있는 것입니다. 어느때는 죽은 사람이 자신이 죽었는데도 그것을 모르기 때문에 계속 살아 있는 경우도 있습니다. 그때 만일 죽은 사람이 자신이 죽었다는 것을 알면 그는 완전히 죽어버리는 것입니다. 또한 어떤 경우에는 반은 죽고 반은 살아 있는 것으로 이 삶과 죽음이라는

각각의 상태에는 특별한 표지가 붙어 있습니다. 우리는 이 종류의 꿈을 단순히 무의미하다고 해서는 안 될 것입니다. 죽은 자를 소생시키는 것은 예를 들면 동화(童話)인 경우에는 극히 보통의 운명으로서 흔히 일어나는 일이지만, 이와 마찬가지로 꿈이라 해도 인정되지 않는 것은 아닙니다. 내가 이 종류의 꿈을 분석하여 얻은 한도에서는 다음과 같은 일이 명백해졌습니다. 즉 이러한 꿈은 합리적인 해석을 할 수 있으나 죽은 자를 소생시키고자 하는 경건한 원망은 아주 진기한 수단을 써서 작용한다는 것입니다.

여기서 나는 이러한 종류의 꿈 하나를 이야기하기로 하겠습니다. 이 꿈은 색다르고 아주 시시하게 보이지만, 이 꿈을 분석하면 우리들이 이제까지 추진해 온 이론적인 상술(詳述)에 의해서 이미 예비지식을 가지고 있는 점에 대해서 많은 것을 유도해 낼 수가 있습니다. 그것은 아주 오래전에 아버지를 잃은 한 남자의 꿈입니다.

"아버지가 죽었는데 시신이 발굴되었다. 그의 안색이 나빴다. 그 이후 아버지는 계속 살아 있으나 꿈을 꾼 당사자는 아버지가 자신이 죽어 있는 것을 알지 못하도록 모든 일을 한다"(그로부터 꿈은 언뜻 보아 전혀 동떨어진 다른 꿈으로 옮겨갑니다).

아버지가 죽었다는 것은 우리 모두 알고 있습니다. 그러나 시체가 발굴된 것은 사실이 아니며 그 밖의 모든 일도 현실적인 일로서는 문제가 되지 않습니다. 그러나 꿈을 꾼 사람은 이렇게 말합니다. 그는 아버지의 장례를 치르고 돌아왔을 때부터 이가 하나 아프기 시작했습니다. 그래서 '이가 아프면 그것을 빼야 한다'는 유태인의 가르침에 따라 그 이를 빼려고 치과에 갔습니다. 그런데 치과의사는 "지금 이를 빼면 안 됩니다. 그대로 참으세요. 이의 신경을 죽이는 약을 넣어줄 테니 3일 후에 다시 오세요. 그때 빼기로 합시다" 하고 말했다는 것입니다.

"이 '빼는 것'이 시체를 파내는 것입니다그려" 하고 꿈을 꾼 사람은 갑자기 말하는 것이었습니다.

이 사람의 말이 옳을까요. 반드시 전부가 옳다고는 할 수 없으나 대체로 옳다고 생각합니다. 이가 빠지는 것이 아니라 어떤 죽은 것이 이에서 빠져나가기 때문입니다. 그러나 이것과 유사한 부정확성은 다른 경험적 사실에서 꿈의 작용에 흔히 있는 일로 생각해도 무방할 것입니다. 그렇다면 이 꿈을 꾼 당사자는 돌아가신 아버지와 신경을 죽였으나 남아 있는 이를 응축시켜 하나로 융합한 것으로 여겨집니다. 그때 현재몽 속에 시시한 것이 들어 있다 해도 이상할 것은 없습니다. 이에 대하여 말하는 모든 것이 아버지에게는 적용되지 않기 때문입니다. 어디에 이 응축을 가능케 한 아버지와 이 사이의 유사점이 있는 걸까요.

그러나 틀림없이 유사점은 존재합니다. 이 꿈을 꾼 본인이 "이가 빠지는 꿈을 꾸면 가족 중 누군가가 죽는다"는 속설(俗說)을 알고 있었다고 계속해서 말했기 때문입니다.

우리도 이러한 종류의 속설은 옳지 않으며, 다만 농담으로만 쓸 수 있다는 것을 알고 있습니다. 그러므로 우연히 말한 테마가 꿈의 내용의 다른 부분의 배후에 있는 것을 찾아내서 더욱더 놀라게 되는 것입니다.

이쪽에서 청하지 않았는데도 꿈을 꾼 본인은 아버지가 병으로 죽은 것과 자신과 아버지와의 관계 등에 대해서 이야기를 시작했습니다. 아버지는 오랫동안 병을 앓았고 환자의 간호와 치료는 아들인 그에게는 많은 비용이 드는 일이었습니다. 그러나 그 비용은 그에게 있어서 많은 것은 아니었으며, 게다가 절망한 적이 한번도 없었고 빨리 결말이 났으면 하고 바란 적도 전혀 없었던 것입니다. 그는 아버지에 대해서 유태인다운 효심(孝心)을 가지고 율법에 엄격히 따르고 있는 것을 자랑으로 삼고 있었습니다. 그러나 꿈속의 사상에는 모순이 눈에 띄는 것이 아니겠습니까. 그는 이와 아버지를 동일시하고 있습니다. 이에 대해서는 유태 율법에 따라 행동하려고 하고 있으나, 그 경우에 율법은 이가 아파서 괴로울 때는 이를 빼버리라고 가르치고 있는 것입니다. 한편 그는 아버지에 대해서도 율법의 지시대로 행동했다고 주장했습니다. 아버지의 병환의 경우 율법은 비용이 많이 들어 어려움을 겪더라도 그것을 싫어하지 않고 모든 곤란을 몸소 떠맡고, 고통을 주는 것에 대해서 적의를 가져서는 안 된다고 가르치고 있는 것입니다. 그러나 만일 현실적으로 그가 앓고 있는 이에 대한 것과 비슷한 감정을 아버지에 대해서 가졌다면, 즉 아버지가 빨리 죽어서, 귀찮고 괴로우며 돈이 드는 존재에 결말을 지어주었으면 좋겠다고 바라고 있었다면 아버지와 이와의 일치는 보다 설득력이 있지 않겠습니까.

이것이 오랫동안 병으로 누워 있는 아버지에 대한 실제의 그의 마음가짐이었다는 것, 그리고 그가 아버지에 대한 효심을 자랑스럽게 말하는 것은 이러한 추억을 털어버리기 위해서였다는 것을 의심할 수는 없습니다. 이 아들과 같은 조건에서는 친아버지에 대해서도 그 죽음을 바라는 것이 예사이며 더욱이 그것이 동정적인, 예를 들면 죽음은 오히려 구원이 아니겠느냐는 가면을 쓰고 있는 것이 일반적입니다.

그러나 여러분은 우리가 여기서 꿈의 잠재사상 그 자체에 있어서 이미 한계를 넘어섰다는 것을 알았으리라 생각합니다. 꿈의 사상의 최초의 관심은 확실히 일시적으로, 즉 꿈이 형성되는 동안에만 무의식이었다는 것에 지나지 않으나, 아버지에 대한 적의의 감정은 영구히 무의식인 그대로였을 것입니다. 이 적의는 아마 어린 시절부터 존재했을 것이며, 아버지가 병든 사이에 때로는 몹시 조심스럽게 때로는 모습을 바꾸어서 의식 속에 스며들었을 것입니다. 더욱이 이것은 틀림없이 꿈의 내용에 공헌하고 있는 다른 잠재사상으로 확실히 주장할 수 있습니다. 아버지에 대한 적의의 움직임은 꿈속에서는 전혀 찾아볼 수 없습니다. 그러나 아버지에 대한 이러한 종류의 적의의 근원을 소년시절에서 추구해 보면 아주 어렸을 때부터 아버지가 그 아이의 성적(性的) 행위에 대해서 금지하는 압력을 가했기 때문에 생겼다는 것을 알 수 있습니다. 이 금지하는 압력은 사춘기가 되면 사회적 동기에서 다시 되풀이되지 않을 수 없습니다. 아버지와의 이런 관계는 이 꿈을 꾼 사람에게도 적용됩니다. 아버지에 대한 그의 애정은 바로 존경과 불안이 뒤섞인 것이었으며, 그것은 어린 시절의 성적 위협이라는 원천에서 흘러나온 것입니다.

현재몽(顯在夢)의 그로부터의 앞부분은 오나니슴 콤플렉스[3] (자위행위)에 의해서 설명됩니다. "아버지의 '안색이 좋지 않았다'"고 하는 부분은 이가 없어지면 안색이 나빠진다는 치과의사의 말도 암시하고 있으나, 이것은 동시에 사춘기의 소년이 과도한 성적 행위를 하고 있는 것을 남들이 알았거나 혹은 알아버리지 않았을까 두려워하고 있다는 점과도 관계가 있습니다. 꿈을 꾼 당사자가 현재내용 속에서 안색이 나쁜 것을 자신이 아니라 아버지에게 돌려서 위안을 삼고 있는 것도 여러분이 이미 알고 있는 꿈의 작용에 있어서의 전도(轉倒)의 한 예인 것입니다. "그 이후 아버지는 계속 살아 있다"고 하는 것은 이는 그대로 둔다고 한 치과의사의 약속과 일치하지만, 또다시 소생시키고자 하는 소망과도 합치되는 것입니다. 아주 교활한 짓은 "꿈을 꾼 당사자는 '아버지가 그것을 알지 못하도록' 모든 일을 한다"고 하는 점이며, 우리가 문득 무심코 말려들어 "그는 죽어 있다"고 하는 보충을 하고 싶도록 짜놓은 점입니다. 그러나 이것에 대한 의미심장한 유일한 보

---

3) 오나니슴에 대한 죄책감 때문에 야기되는 불안을 동반하는 관념군(觀念群).

충은 역시 오나니슴 콤플렉스로 설명할 수 있습니다. 오나니슴 콤플렉스의 경우, 이 소년이 자신의 성생활을 아버지에게 감추기 위해서 온갖 짓을 한다는 것은 명백한 일입니다.

그리고 결론으로서 여러분이 기억에 남겨두기를 바라는 것은 다음과 같은 일입니다. 즉 우리는 이른바 이의 자극에 의한 꿈은 언제나 오나니슴과 그것에 대한 죄의 두려움에 근거하여 해석하지 않으면 안 된다는 점입니다.

이제 여러분은 이 괴상한 꿈이 어떻게 성립되게 되었는가를 알게 되었을 것입니다. 꿈은 사람을 현혹시키는 독특한 응축을 만들어내는 것, 모든 관념이 잠재 사고의 중심에서 흘러 떨어져버리는 것, 그리고 이들 관념 속에서 가장 의미심장하며 시간적으로 가장 떨어져 있는 것에 대해서 애매한 대리물을 만들어냄으로써 생기는 것입니다.

(4) 우리는 이제까지 거듭 어리석고 기괴한 점이 없는 성실하고 평범한 꿈을 좇아보려고 시도했습니다. 그러한 꿈에 대해서는 왜 그렇게 하찮은 것을 꿈꾸느냐 하는 질문이 생깁니다. 이러한 종류의 새로운 예를 들어보겠습니다. 어느 젊은 부인이 하룻밤 사이에 꾼 세 가지 연관이 있는 꿈입니다.

a. "나는 자택의 홀을 지나가다가 낮게 걸려 있는 샹들리에에 피가 날 정도로 머리를 부딪쳤다."

이것은 회상의 흔적은 없었습니다. 실지로 일어난 일은 아니었던 것입니다. 이것에 대해서 그녀가 보고한 것은 다른 방향으로 이끌어갔습니다. "보는 바와 같이 내 머리털은 많이 빠졌습니다. 어제 어머니가 내게 말했습니다. '너는 그렇게 머리털이 계속 빠지면 나중에는 머리가 엉덩이같이 되어버릴 거다'라고." 그러니까 여기서 머리는 신체의 다른 말단부분의 대용인 것입니다. 샹들리에는 아무런 보조가 없어도 상징적으로 이해할 수 있습니다. 모든 늘어진 것은 페니스의 상징입니다. 그러므로 이 일은 페니스와 충돌했을 때 생기는 신체 하단부의 출혈이 문제가 되는 것입니다. 이것만으로 계속 여러 가지로 해석할 수 있는지도 모릅니다. 그러나 다시 그녀가 연상한 것에서 알 수 있었던 것은 월경은 남성과의 성교 때문에 생긴다는 신념이 문제였다는 것입니다. 이 신념은 미성년인 소녀들 대부분이 믿고 있는 성(性)이론의 일부에 지나지 않습니다.

b. "나는 포도밭 안에 있는 깊이 팬 구덩이를 보고 있다. 나는 이 구덩이가 나무 한 그루를 뽑아내어 생긴 것으로 알고 있다." 이 점에 대해서 그녀는 "자기에

게는 그런 나무는 없다"는 것을 지적하고 있으며, 또한 그 나무는 이 꿈속에는 나타나지 않았다고 말하고 있는 것입니다. 그러나 이 꿈은 어느 다른 사상을 표현하는 역할을 하고 있습니다. 그 사상은 상징적인 해석을 틀림없이 적용할 수 있는 것입니다. 이 꿈은 유치한 성이론의 다른 한 단편(斷片)과 관계가 있습니다. 즉 소녀들은 본래 남자아이와 같은 성기를 가지고 있었으나, 그 후 거세(나무를 잡아뽑는 일)되었기 때문에 형태의 변화가 생겼다는 신념입니다.

c. "나는 내 책상 앞에 서 있다. 서랍 속 구석구석까지 잘 알고 있기 때문에 누가 그것에 손을 대면 바로 안다." 책상 서랍은 상자나 모자 상자 등과 같이 여성의 성기인 것입니다. 그녀는 성교(그녀는 만지기만 해도 그렇다고 생각하고 있습니다)의 증거는 성기를 보면 곧 알 수 있다는 것을 알고 있으며, 이와 같은 증거가 나타나는 것을 오랫동안 두려워하고 있었던 것입니다. 이 세 꿈 모두 악센트를 '안다'는 것에 두고 있다고 나는 생각합니다. 그녀는 소녀시절에 성적(性的) 호기심에서 탐구를 하고 자신의 발견에 그 당시 뽐내고 있었던 것을 마음속에 간직하고 있는 것입니다.

(5) 다음 것도 역시 상징성에 관한 한 단편입니다. 그러나 이번에는 미리 심적(心的) 상황을 간단히 말해 두어야 합니다. 어느 여성과 사랑의 하룻밤을 지낸 남성이 있었습니다. 그가 말하기를 그 상대 여성은 성교를 하면서 무척 아이 갖기를 원하는 모성적 성격을 가진 여자라고 하였습니다. 그러나 사정이 사정인만큼, 수정(授精) 능력이 있는 정액을 사출(射出)해도 아무래도 여성의 자궁에 도달하지 않도록 조심해야 했던 것입니다. 날이 밝아 눈을 떴을 때 그녀는 다음과 같은 꿈 이야기를 하였습니다.

"붉은 모자를 쓴 한 장교가 길에서 나를 쫓아왔다. 나는 도망치려고 계단으로 올라갔으나 역시 쫓아왔다. 숨이 차 헐떡거리며 간신히 집에 도착하자 황급히 몸을 뒤로 하여 문을 닫고 자물쇠를 채웠다. 장교는 밖에 서 있었는데 내가 구멍으로 내다보니 벤치에 앉아서 울고 있었다."

여러분은 아마 붉은 모자를 쓴 장교에게 쫓겨서 숨차게 계단을 뛰어오르는 것이 성교의 표현임을 알 것입니다. 꿈을 꾼 부인이 문을 닫고 추적자를 내쫓은 것이 꿈에서는 흔히 볼 수 있는 전도(轉倒)에 해당하는 것입니다. 실제로 남성 쪽은 성행위의 완료를 피했기 때문입니다. 이와 마찬가지로 그녀의 슬픔은 상대방 남자 쪽으로 옮겨져버린 것입니다. 꿈에서 울고 있는 것은 남자로 되어 있습니다. 그러나 이것은 동시에 사정(射精)도 암시하고 있습니다.

정신분석에서는 꿈은 모두 성적 의미를 갖는다고 주장하고 있다는 비난을 여러분은 틀림없이 받은 적이 있을 것입니다. 이제야말로 여러분은 이 비난이 당치 아니하다는 판단을 스스로 내릴 수 있는 입장에 있는 것입니다. 왜냐하면 여러분은 굶주림·목마름·자유의 갈망과 같은 확실한 욕구의 만족을 테마로 한 원망의 꿈을 알게 되었고, 귀찮은 꿈, 초조한 꿈, 탐욕의 꿈, 이기적인 꿈에 대해서도 알게 되었기 때문입니다. 그러나 아주 왜곡된 꿈은 대부분—— 이것도 역시 전부는 아니지만—— 성적인 원망을 표현하고 있다는 점은 정신분석 연구의 성과로서 기억해 두는 것이 좋습니다.

(6) 내가 꿈에 있어서 상징의 응용에 대해 실례를 수집하는 데는 특별한 동기가 있습니다. 여러분을 처음 만났을 때 나는 정신분석에서는 실물에 의거하여 설명하는 것이 얼마나 곤란한 것이며, 따라서 정신분석의 지도에 있어서 여러분에게 확신을 주는 것이 얼마나 어려운가를 호소했습니다. 그 후 여러분도 내가 말하는 것에 틀림없이 찬성하고 있을 것입니다. 그것은 그렇다 하고 정신분석의 개개의 주장은 서로 밀접하게 관련되어 있으므로 어떤 점에 대해서 납득할 수 있으면 전체 중의 대부분에 대해서도 쉽게 납득할 수 있게 될 것입니다. 정신분석에 새끼손가락을 잡히면 손 전체를 잡히게 된다고 말할 수 있을지도 모릅니다. 이미 실수 행위의 설명이 잘 납득되었다면 논리적으로 다른 모든 것에 대해서도 신뢰하지 않을 수 없게 됩니다. 이와 마찬가지로 들어가기 쉬운 제2의 부분은 꿈의 상징적 표현입니다. 나는 여러분에게 이미 다른 곳에서 발표한 적이 있는 어느 서민의 부인의 꿈을 이야기하기로 하겠습니다. 그 남편은 수위였고 그 여성은 꿈의 상징성이나 정신분석에 대해서는 한번도 들어본 적이 없는 사람입니다. 그러므로 그 꿈을 성적 상징의 도움을 얻어서 해석하는 것이 자유로운 것인지 여러분 나름대로 판단해 주십시오.

"……그러자 누군가가 집안으로 침입해 왔기 때문에 나는 불안에 떨면서 남편인 수위를 불렀습니다. 그런데 남편은 두 명의 '부랑자'와 사이좋게 교회로 가버렸습니다. 교회로 가려면 계단을 많이 올라가게 되어 있습니다. 교회 뒤편에는 산이 있었습니다. 산꼭대기는 밀림입니다. 남편인 수위는 투구와 갑옷과 소매 없는 외투로 무장하고 얼굴에 갈색 수염을 기르고 있었습니다. 두 부랑자는 점잖게 남편과 함께 있었는데 둘 다 자루와 같이 걷어올린 앞치마를 허리에 두르고 있었습니다. 교회에서 산 쪽으로는 길이 하나 나 있었습니다. 그 길 양편에는 풀이 우거져 있었습니다. 숲은 위로 올라갈수록 울창하고 산꼭대기에 이르자 아주 밀림이었습니다. "

여기에 응용되어 있는 상징이 무엇인지 여러분은 쉽게 알 수 있을 것입니다. 남성의 성기는 세 명의 인물로, 여성의 그것은 교회, 산 및 숲이 있는 풍경으로 표현되어 있습니다. 또한 여러분은 성행위의 상징으로서의 계단을 여기서도 보고 있는 것입니다. 꿈에서 산은 해부학에서와 마찬가지로 산, 즉 mons veneris(비너스의 산), Schamberg ($\frac{부끄러운 산}{즉 음부}$)로 불리고 있습니다.

(7) 이것도 상징을 적용하면 해결되는 꿈입니다. 이 꿈을 꾼 당사자는 꿈의 해석에 관해서 아무런 이론적 예비지식을 가지고 있지 않았음에도 불구하고 스스로 모든 상징을 해석했다는 점을 주목해야 하며 또한 설득력이 있다는 것입니다. 이러한 태도는 극히 드문 일이며 그 조건에 대해서는 잘 알려져 있지 않습니다.

"나는 아버지와 함께 어느 곳을 산책하고 있었다. 그곳은 분명히 프라텔 공원($\frac{빈\ 교외}{의\ 공원}$)이었다. 왜냐하면 둥근 지붕의 건물이 있고 그 앞에는 작게 돌출한 현관이 있었기 때문이다. 거기에 계류기구(繫留氣球)가 매어져 있었다. 그 기구는 쭈글쭈글해 보였다. 아버지는 도대체 이것은 무엇 때문에 있는 것이냐고 나에게 물었다. 나는 이상한 것을 묻는다고 생각했으나 아버지에게 그것을 설명해 드렸다. 그러고 나서 두 사람은 안뜰로 들어갔다. 거기에는 커다란 양철판이 깔려 있었다. 아버지는 양철판을 꽤 크게 잡아떼려고 하면서 누가 보고 있지나 않나 두리번거리며 주위를 둘러보았다. 나는 아버지에게 이것은 관리인에게 말하면 얼마든지 얻을 수 있다고 말했다. 이 안뜰에서 지하로 곧바로 내려가는 사다리가 있었다. 이 굴의 벽은 마치 가죽 안락의자마냥 푹신한 것이었다. 이 굴 끝에는 긴 플랫폼이 있고 거기서 다시 다른 굴이 이어져 있었다. ''

꿈을 꾼 당사자는 이것을 직접 해석했는데 둥근 지붕의 건물은 자신의 성기이며, 그 앞에 있었던 기구는 자신의 페니스인데 사실은 임포텐츠(陰萎)로 고민하고 있었다고 합니다. 우리가 보다 날카롭게 해석을 한다면 둥근 지붕의 건물은 ── 어린이가 보통 성기로 생각하고 있는 ── 궁둥이이며 그 앞에 붙어 있는 보다 작은 현관은 음낭(陰囊)이라고 해도 좋을 것입니다. 꿈에서는 아버지가 아들에게 이것은 도대체 무엇이냐고 묻고 있습니다. 즉 성기의 목적과 기능에 대해서 묻고 있는 것입니다. 이 사태를 역(逆)으로 해보는 일은 그리 어렵지 않습니다.

그렇다면 묻고 있는 것은 아들이라는 것이 됩니다. 사실 아버지는 이런 질문을 한 적이 없으므로 우리는 이 꿈의 사상을 원망으로 이해하든지 조건문으로 받아들여서 "만일 자신이 아버지에게 성(性)에 대해서 설명해 달라고 하면 어떨까" 하고 해석할 수밖에 없습니다. 이 사상의 계속은 다른 곳에서 다시 곧 나올 것입니다.

양철판이 깔린 안뜰을 결코 상징적으로 해석해서는 안 됩니다. 이것은 아버지의 영업소로부터 유래하고 있는 것입니다. 꿈을 꾼 환자의 비밀을 지키기 위해서 아버지가 거래하고 있는 다른 것 대신에 '양철판'이라고 말했으나 기타의 점에서는 꿈의 말은 바꾸지 않고 있습니다. 꿈을 꾼 당사자는 아버지의 사업에 관계하고 있으며 거기서 얻는 이익의 대부분이 부정에 가까운 책모(策謀)에 의해서 얻어지고 있다는 것에 대해서 심한 분노를 안고 있었습니다. 그러므로 앞에서 말한 꿈의 사상을 계속하면 (만일 자신이 아버지에게 설명을 부탁했다면) "아버지는 틀림없이 거래처 사람을 속이듯이 자신도 속일 것이다"가 될 것입니다.

거래에 있어서 부정을 표현하는 역할을 하고 있는 '잡아떼려고' 하는 행위에 대해서 이 꿈을 꾼 본인 스스로 제2의 설명을 하고 그것은 오나니즘을 뜻하고 있다고 말하고 있습니다. 이 점은 우리가 이미 알고 있는 일입니다. 그뿐만 아니라 비밀로 해야 할 오나니즘이 그 반대의 일(우리는 그것을 공공연히 해도 좋다)에 의해서 표현되어 있는 것과 아주 잘 일치됩니다. 이 경우에 오나니즘 행위는 맨처음 꿈의 광경에 나오는 질문과 같이 아버지에게 옮겨져 있으나 이 점도 우리들이 예기한 바와 합치되고 있습니다. 벽면이 부드럽고 푹신한 것을 반증으로 내세워 그는 굴을 질(膣)로 해석하고 있습니다. 내려간다는 동작은 다른 경우의 올라가는 동작과 마찬가지로 질에 있어서의 성교를 묘사하고 있는 것이라고 나는 나름대로 해석합니다.

첫번째 굴에 꽤 긴 플랫폼이 있고 다시 새로운 굴이 이어져 있다고 하는 것을 그 자신은 신상 이야기로 설명하고 있습니다. 그는 어느 기간은 성교를 해왔으나 곧 장해가 생긴 결과 그것을 못하게 되고, 지금은 치료의 도움으로 다시 그것을 시작할 수 있게 되기를 바라고 있는 것입니다.

(8) 다음에 말하는 두 가지 꿈은 아주 일부다처적(一夫多妻的)인 소질을 지닌 어느 외국인이 꾼 꿈입니다. 자아(自我)라는 것은 현재(顯在)내용 속에서는 감춰져 보이지 않아도 꿈속에서는 반드시 나타난다는 증거로서 이 꿈을 보고하고자

합니다. 꿈에 나오는 여행가방은 여성을 상징합니다.

a. "나는 여행을 떠나는 참이다. 수하물은 마차에 실어서 역으로 운반된다. 여행가방이 많이 쌓여 있었으나 그중에 견본용 가방과 같은 큰 검은 색 가방 두 개가 있었다. 나는 누군가를 향해 안심시키듯이 이 검은 색 가방은 역까지 그냥 신고 갈 뿐이라고 말하고 있다."

그는 실제로 아주 많은 수하물을 가지고 여행하지만 동시에 또한 아주 많은 여성의 이야기를 치료중에 하는 것이었습니다. 두 개의 검은 여행가방은 지금도 그의 생활 속에서 중요한 역할을 하고 있는 두 명의 흑인 부인에 대응하는 것입니다. 그중 한 사람은 그를 쫓아 빈까지 오려고 했으나 그는 나의 충고에 따라 거절하는 전보를 쳤던 것입니다.

b. "세관의 장면. 동행자의 한 사람이 담배를 피우면서 자기의 여행가방을 열고 '아무것도 없습니다'라고 말했다. 세관 관리는 그의 말을 믿는 것 같아 보였으나 다시 한 번 가방에 손을 넣어 매우 특수한 금제품(禁制品)을 꺼냈다. 그 여행자는 체념하고 '할수없지요'라고 말했다." 그 자신이 여행자이며 나는 세관 관리인 것입니다. 그는 언제나 아주 정직하게 무엇이든지 고백하고 있었으나 어느 여성과의 새로운 관계에 대해서는 일체 말하지 않으려 했던 것입니다. 왜냐하면 말하지 않아도 내가 알고 있을 것이라고 그는 생각했기 때문입니다(그리고 사실 나는 알고 있었습니다). 그 사실을 고백해야 된다는 고통스러운 상황을 그는 어느 미지의 인물에 전가시켰기 때문에 그 꿈속에는 그 자신이 나타나지 않는 것처럼 보이는 것입니다.

(9) 다음에 설명하는 것은 내가 아직 보고한 적이 없는 상징적인 예입니다.

"그는 두 여자 친구와 함께 있는 누이동생을 만났다. 그 두 친구는 자매였다. 그는 두 여자에게 악수를 청했으나 자기 누이동생에게는 그러지 않았다."

이것은 현실의 사건과 하등의 연관이 없습니다. 꿈을 꾼 사람의 생각은 오히려 어느 시기로 거슬러 올라갑니다. 그 무렵 그는 소녀들의 유방이 아주 늦게 발육한다는 것을 관찰하고 왜 그럴까 생각하고 있었던 것입니다. 두 자매는 즉 유방입니다. 그는 만일 상대방이 자신의 누이동생이 아니라면 그것을 손으로 만져보고 싶었던 것입니다.

(10) 다음은 꿈속에서 보는 죽음을 상징하는 한 예입니다.

"나는 두 사람과 함께 대단히 높고 가파른 철교를 건너고 있었다. 그 두 사람의 이름은 잘 알고 있었으나 눈을 뜬 후에는 잊어버렸다. 갑자기 두 사람이 없어지고 나는 유령과 같은 사나이가 린네르 옷을 입고 모자를 쓰고 있는 것을 보았다. 나는, 당신은 전보배달부인가요라고 묻는다. ……아니오. 마부인가요. 아니오. 나는 앞에 걷고 있었다.” 꿈속에서 몹시 불안에 떨다가 눈을 뜨고 나서 그 꿈을 공상해 보니, 갑자기 철교가 무너지고 자기 자신은 심연(心淵)에 떨어지는 것을 상상하고 있었던 것입니다.

자기가 모르는 사람이라든가, 이름을 잊어버렸다든가 하는 것이 강조되는 인물은 대개 극히 친근한 사람인 것입니다. 이 꿈을 꾼 당사자에게는 두 형제가 있었는데, 만일 그가 이 두 사람이 죽기를 바랐다면 그 때문에 죽음의 불안에 번민하게 되는 것은 지극히 당연한 일일 것입니다. 전보배달부에 관해서는 이들은 항상 불행한 소식을 가져온다고 그는 말하고 있습니다. 또한 복장으로 보아 가로등을 점등하는 사람이었는지도 모르지만 동시에 그는 가로등을 소등하는 사람이기도 합니다. 마치 사신(死神)이 생명의 등불을 끄는 것과 같습니다. 마부에 관해서는 그는 울란트($\binom{1787 \sim 1862.}{독일의 시인}$)의 시 〈샤를마뉴 대제의 항해〉를 연상합니다. 그리하여 두 친구와 위험한 항해를 했던 것을 회상하고 있으나 그 시 속의 샤를마뉴 대제의 역할을 자신이 연출하였던 것입니다. 철교에 대해서는 최근에 있었던 사고와 “인생은 매달아놓은 다리〔吊橋〕와 같다”라는 시시하고 하찮은 문구를 연상하고 있습니다.

(11) 죽음의 표현 이외의 예로서는 “어느 미지의 신사로부터 검은 테를 두른 명함을 받았다”는 꿈을 들을 수 있을지도 모릅니다.

(12) 여러 가지 관점에서 여러분은 다음 꿈에 관심을 갖게 되리라 생각하지만, 그 꿈의 전제(前提) 중에는 노이로제적 상태도 들어 있습니다.

“나는 기차를 타고 있었다. 열차가 광활한 들판에 정차했다. 이제 곧 사고가 일어날 것 같다. 빨리 도망치지 않으면 안 되겠다고 생각했다. 열차의 찻간을 지나며 부딪히는 것은 그것이 차장이든 기관사이든 누구이든간에 모조리 때려 죽여버렸다.”

이 꿈에 관해서는 그의 한 친구가 이야기한 것에 대한 회상이 첨가되어 있습니다. 이탈리아의 어느 노선에서 한 미치광이가 반으로 구분한 찻간에 실려 호송되고 있었습니다. 그런데 한 여행자가 실수하여 이 찻간에 들어갔습니다. 그러자 이 미치광이는 그 손님을 때려 죽였던 것입니다. 즉 꿈을 꾼 사람은 이 미치광이를 자기와 동일시하고 있으며 그 이유로서 자기를 가끔 괴롭히고 있는 강박관념을 들고 있습니다. 그 강박관념은 "사정을 알고 있는 자는 죽여버려야 한다"는 것이었습니다. 그런데 그는 또한 이 꿈의 유인(誘因)이 되는 가장 좋은 동기를 자신이 발견하고 있는 것입니다. 그는 그 전날 극장에서 이전에 자기가 결혼하고자 생각했던 처녀를 다시 만났던 것입니다. 그 처녀는 그가 질투할 만한 일을 했기 때문에 그는 그 처녀에게서 손을 떼었던 것입니다. 만일 결혼하려 했다면 질투가 심해져서 결국은 정말 미쳐버렸을지도 모릅니다. 요컨대 그 처녀가 믿을 수없는 것은 자기의 방해가 되는 인간은 모조리 질투심에서 때려 죽이지 않으면 안된다고 생각하는 것입니다. 잇따라 일련(一連)의 방을 빠져나가는 것, 이 경우에는 찻간을 지나가는 것이 결혼하고 있는 것(일부일부[一夫一婦]의 관계를 그것과 반대의 내용을 가진 상징으로 표현한 것)을 상징한다는 것을 우리는 이미 배웠던 것입니다.

열차가 광활한 들판에 정차하고 있었던 것과 사고가 일어나리라는 공포에 관해서 그는 다음과 같이 이야기하고 있습니다. "내가 전에 기차여행을 했을 때, 역이 아닌 장소에서 이와 같이 돌연히 정차한 적이 있었다. 동승하고 있던 젊은 부인이 '틀림없이 충돌한 모양이에요. 이런 때는 두 발을 높이 드는 것이 상책이랍니다'라고 설명해 준" 그대로 '두 발을 높이 드는' 것은 그가 그 처녀와 행복했던 초기 연애시절, 산과 들로 산책과 소풍을 다녔을 때 자주 했던 일입니다. 이 점은 지금 그가 그 처녀와 결혼한다면 미쳐 있어야 한다는 것을 가리키는 새로운 증거인 것입니다. 그의 심리상태의 지견(知見)에서 그렇게 미쳐버리고 싶다는 원망이 아직도 그의 마음속에 있다는 것을 나는 확신할 수 있었습니다.

제13강 꿈의 태고적 특질과 유치성

여러분! 꿈의 작용이란 꿈의 잠재사상을 꿈의 검열의 영향을 받으면서 다른 새로운 표현형식으로 바꾸는 일이라는 우리의 결론을 다시 한 번 언급하려고 합니다. 잠재사상이란 눈을 뜨고 있을 때의 우리들이 잘 알고 있는 의식적인 관념에 지나지 않습니다. 그러나 새로운 표현형식은 여러 가지 특질을 지니며 우리들로서는 이해하기 어려운 것입니다. 이미 말한 바와 같이 이 표현형식은 우리가 아득한 옛날에 극복한 지적(知的) 진화의 모든 단계, 즉 비유적 언어의 단계, 상징관계의 단계 및 어쩌면 우리들의 사고언어가 발달하기 이전에 있었다고 여겨지는 모든 단계로 되돌아가는 것입니다. 그러므로 우리는 이 꿈의 작용의 표현형식을 '태고적' 또는 '퇴행적(退行的)' 표현형식으로 명명했던 것입니다.

여러분은 이 점에서 추론(推論)하여 꿈의 작용을 보다 깊이 연구하면 우리들의 지적 진화 속에서 아직도 잘 알려지지 않은 초기에 대해서 가치있는 해명을 할 수 있을 것으로 생각할 것입니다. 나 자신도 그렇게 생각하지만, 그러나 이러한 종류의 연구는 이제까지 아직도 착수되고 있지 않습니다. 꿈의 작용이 우리를 되돌아가게 하는 태고시대는 이중(二重)의 뜻을 지니고 있습니다. 모두 소아기(小兒期)의 일로서 첫째는 개체(個體)의 태고시대에 해당하는 소아기이며, 둘째는 모든 개체는 그 소아기에 있어서 인류발달의 전단계를 어떤 단축된 형태로 반복한다는 뜻이며, 계통발생적 태고시대에 해당하는 소아기입니다. 잠재성의 심적 (心的) 과정의 어느 부분이 개체의 태고시대에서 유래하고 있으며, 또한 어느 부분이 계통발생적 태고시대에서 유래하고 있는가를 잘 구별할 수 있는가라는 문제에 대해서 나는 그 구별이 불가능한 것은 아니라고 생각합니다. 그러므로 설사 개체가 결코 수득(修得)한 적이 없는 상징관계 등에 대해서는 계통발생적 태고시대의 유물로 간주해도 좋다고 주장할 수 있을 것입니다.

그러나 이것만이 꿈의 유일한 태고적 성격은 아닙니다. 여러분은 자기 자신의 경험에서 틀림없이 소아기에 대한 심한 기억상실을 알고 있을 것입니다. 왜냐하면 인간의 생후 5, 6세 혹은 8세 정도까지의 체험은 후기의 체험과는 달리 기억에 남아 있지 않다는 사실을 고려하고 있는 것입니다. 때로는 태어나서부터 오늘에 이르기까지 단절된 부분이 없는 기억을 가지고 있다고 자랑하는 사람을 만나기도 하지만, 그러나 그렇지 않은 사람, 즉 기억의 결손(缺損)을 가지고 있는 사람이 훨씬 많은 것입니다. 나는 이 사실을 보다 이상하게 생각해도 좋으리라 생각합니다. 유아일지라도 두 살이 되면 말을 제법 하게 되고 멀지 않아 복잡한 심적 상황에 대처할 수 있는 능력을 나타냅니다. 그리고 몇 해가 지나도 이야깃거리가 될 만한 것을 말하지만 자신은 잊어버리는 것입니다. 게다가 나이가 들면서 갖게 되는 과중한 부담이 없으므로 기억력은 어렸을 때가 더 뛰어납니다. 또한 기억의 기능을 특별히 고도한 또는 곤란한 심적 작업이라고 할 이유도 없습니다. 오히려 그 반대로 지적으로는 아주 낮은 사람일지라도 훌륭한 기억력을 가진 사람도 있습니다.

그러나 이 첫번째의 주목해야 할 점에 덧붙여 두번째 주목해야 할 점을 언급할까 합니다. 즉 최초의 소아기 전체의 기억이 공백 속에서 흩어져 몇 개의 기억이 확실히 보존되어, 대개는 부각되어 선명하게 떠오르지만, 왜 이와 같이 선명하게 기억이 유지되어 있는가에 관해서는 그 나름대로의 이유를 찾아낼 수 없다는 것입니다. 우리들의 기억은 우리가 후년의 생활 속에서 만나는 여러 가지 인상의 재료에 대해서는 어떤 처리, 즉 도태를 행합니다. 어떠한 점에서 중요한 것을 보전하고 중요하지 않은 것은 제거해 버립니다. 언제까지나 보존되어 있는 소아기의 기억은 그 점에 있어서 다릅니다. 그것은 반드시 소아기의 중요한 체험과 대응하지는 않습니다. 어린이의 입장에서 보아 중요하다고 여겨졌던 체험과도 결코 대응하지 않습니다. 보존되어 있는 소아기의 기억이 자주 보편적이며 그것 자체로서는 의미가 없는 것이므로 어찌하여 이런 것이 망각에서 빠져 있는가 하고 나 자신도 이상하게 생각하여 자문한 적도 있습니다.

이전에 나는 소아기에 대한 건망(健忘)과 군데군데 이 건망을 깨고 남아 있는 기억의 잔존물과의 수수께끼에 정신분석의 도움을 얻어 손을 대보려고 한 적이 있습니다. 그리하여 내가 도달한 결론은 어린이의 경우에도 사실은 역시 중요한 일만이 기억에 남아 있다는 것입니다. 이 중요한 것은 세월이 지나는 사이에 응축과 특히 치환(置換)이라는 여러분이 잘 알고 있는 과정을 거쳐서 기억 속에서는 중요하게 보이지 않는 다른 것에 의해서 대표되어 있는 것에 지나지 않습니다. 그러므로 나는 이 소아기의 기억을 '은폐기억'이라고 명명했습니다. 철저하게 분석하면 모든 망각되었던 것을 이 은폐기억 속에서 끄집어낼 수 있는 것입니다.

정신분석에 의한 치료의 경우에 소아기의 기억의 결손을 메우는 것은 극히 보편적인 과제이지만, 일반적으로 치료가 어느 정도까지 성공하면 —— 대개는 성공하지만 —— 망각에 의해서 은폐되었던 어린 시절의 내용을 다시 표면으로 드러낼 수 있습니다. 이들 소아기의 인상은 결코 실제로 잊어버린 것이 아니라 다만 손이 닿지 않는 곳에 있었고 잠재해 있었으며 무의식적인 것에 소속되어 있었을 뿐입니다. 그런데 이들 인상이 무의식중에 떠오르는 것은 자연발생적인 때도 있습니다. 게다가 그때는 꿈과 결부되어 떠오르는 것입니다. 그렇기 때문에 꿈의 활동이 잠재적인 소아기의 체험으로 통하는 길을 알고 있다는 것을 알 수 있습니다. 이것에 대한 훌륭한 예증(例證)은 문헌에 나와 있으며 나 자신도 이 점에 약간 기여한 바 있습니다.

언젠가 나는 어떤 일에 관련되어 한 인물에 대한 꿈을 꾸었습니다. 그는 나를 여러 모로 돌봐주었던 사람이었는데, 나는 그 사람을 정확히 눈앞에서 보았습니다. 애꾸눈이었으며 몸집이 작은 자라목의 사나이였습니다. 전후 관계로 그 사람이 의사임을 알았습니다. 잠에서 깨어나 나는 다행히도 어머니가 아직 살아 계셨기 때문에 나는 세 살 때까지 살았던 고장의 의사가 어떤 사람이었는가 물어볼 수 있었습니다. 어머니의 말씀은 그 의사는 애꾸눈이며 키가 작고 뚱뚱하며 자라목이었다는 것입니다. 나 자신은 잊어버리고 있었는데 어떤 사고 때 그 의사가 나를 살려주었다는 것입니다. 즉 유아 초기의 잊고 있었던 재료를 이렇게 처리하는 것이 꿈의 또 하나의 태고적인 특질입니다.

그런데 이 지식은 우리가 이제까지 만났던 수수께끼 중 또 하나의 것에 대해서도 계속해서 여러 모로 가르쳐줍니다. 꿈을 야기시키는 것이 몹시 성질이 악하고 방탕한 성적인 원망으로 꿈의 검열과 왜곡을 필요로 하는 것이었다는 것이 통찰되었을 때, 여러분은 놀라고 이것을 승인했던가를 상기할 것입니다. 우리가 이러한 종류의 꿈을 꾼 당사자에게 해석을 해줄 때 그 사람은 다행히 그 해석에 항의는 하지 않을지라도 역시 그 사람은 자기에게는 이와 같은 원망은 인연이 멀고 오히려 의식하고 있는 것은 그 반대의 것인데도 어디서 그와 같은 원망이 자신에게 다가오는가 하는 질문을 반드시 하는 것입니다. 이 원망의 유래를 증명하는 데는 별로 겁낼 필요는 없습니다. 이 성질이 나쁜 원망의 움직임은 과거로부터 때로는 그것보다 멀지 않은 과거로부터 유래된 것입니다. 이 종류의 원망의 움직임이 지금은 그렇지 않다 해도 이전에는 알려져 있었고 또한 의식되어 있었던 것을 지적할 수 있습니다.

어떤 부인은 언젠가 17세 되는 외동딸이 눈앞에서 죽어버렸으면 좋겠다는 생각을 뜻하는 꿈을 꾸었습니다. 우리가 지도해 본 결과 이 부인은 역시 어느 시기에 이와 같은 원망을 가진 적이 있었던 것을 알았습니다. 그 딸은 그녀가 짧은 기간에 이별하게 된 불행한 결혼에서 태어났던 것입니다. 그 딸이 아직 태내에 있을 때 부인은 심한 부부싸움을 하고 분한 나머지 태내의 아이를 죽이려고 생각하고 주먹으로 배를 친 적이 있었습니다. 현재는 자기 아이들을 상냥하게, 아마도 지나치게 상냥할 정도로 사랑하고 있는 어머니일지라도, 아이를 마지못해 수태하고 태내의 생명이 더 이상 발육하지 않기를 바랐던 적이 있는 사람이 얼마나 많을까요. 어머니들은 이 원망을 다행으로 삼고 해롭지 않은 가지각색의 행동으로 바꾸어왔습니다. 그러므로 사랑하는 자에 대한 죽음의 원망은 나중에는 아주 수수께끼 같아 보이지만 사실은 그 사람과 옛날에 있었던 관계에 연유하고 있는 것입니다.

마음에 드는 맏아들이 죽기를 바라고 있으면 아무래도 그와 같이 해석되는 것 같은 꿈을 꾼 아버지도 마찬가지로 과거에 자신이 그러한 원망과 인연이 없지는 않다는 것을 회상하게 될 것입니다. 그 아이가 젖먹이였을 때 그는 자신이 선택한 결혼에 불만을 느끼고 자기에게 아무런 의미도 없는 이 아이가 죽었으면 좋겠다, 그러면 자신은 다시 자유로운 몸이 되고 그 자유를 보다 더 즐길 수 있으리라고 생각했다는 것입니다. 이와 비슷한 많은 증오의 감정에 대해서도 같은 유래를 실증할 수 있습니다. 증오심의 움직임은 과거에 속하고 이전에는 의식되어 있어서 심적 생활 속에서 어떤 역할을 하고 있었던 것의 상기(想起)입니다.

　여러분은 이 점에서 어느 인물과의 관계에 이와 같은 변화가 생기지 않고 그 관계가 처음부터 안정된 것이었다면 이러한 종류의 원망이나 꿈은 일어나지 않았으리라고 결론짓고자 할 것입니다. 나도 이와 같은 여러분의 결론을 승인하는 데 인색지 않으나, 여기서 여러분에게 주의하고자 하는 것은 꿈을 외관 그대로가 아니라 꿈의 의미를 그 해석에 따라서 고려한다는 점입니다. 사랑하는 사람의 죽음에 대한 현재몽(顯在夢)은 다만 무서운 가면을 쓰고 있을 뿐 사실은 그것과는 다른 것을 뜻하는 경우도 있고, 또한 사랑하는 사람이라는 것이 속임수를 위해서 다른 사람의 대역을 하는 경우도 가끔 볼 수 있는 것입니다.

　그러나 이 같은 사태는 다른 훨씬 심각한 문제를 여러분의 마음속에 야기시키리라 생각합니다. 여러분은 이렇게 말할 것입니다. "이 죽음의 원망도 옛날에는 분명히 존재했고 그것은 상기함으로써 확인되지만 그것만으로는 아무런 설명이 되지 않는다. 죽음의 원망은 오랜 이전에 극복되어 있었고, 지금은 감정이 따르지 않는 단순한 추상(追想)으로서 무의식중에 존재하고 있는 것에 불과하며 강력한 마음의 움직임으로서는 존재하지 않는 것이다. 그것이 존재한다 해도 증거를 내세울 것은 아무것도 없다. 그렇다면 도대체 무엇 때문에 그것이 꿈에 의해서 상기되는 것일까"라고. 이 질문은 참으로 정당한 것입니다. 그것에 답하려면 우리는 앞질러서 꿈에 대한 학설중에서 가장 중요한 점의 하나에 관해서 태도결정을 서둘러야만 합니다. 그러나 나는 여기서 논구(論究)의 한계를 지키고 그 밖의 것에는 손을 뻗치지 않도록 할 것입니다. 여러분도 잠시 동안 이 의문을 버릴 각오를 해주기 바랍니다. 다만 극복되었어야 할 원망이 자극이 되어 꿈을 낳게 되는 것은 사실이 증명하고 있다는 것만으로 만족해 주십시오. 그리고 우리들의 검토를 더욱 추진해서 다른 성질 나쁜 원망도 함께 과거에서 이끌어 나온 것인지 알아보고자 합니다.

　누군가를 없애려는 원망을 좀더 문제삼아 보기로 합시다. 이들 원망의 대부분은 꿈을 꾸는 사람의 끝없는 이기심으로 돌려도 무방할 것입니다. 이러한 종류의 원망이 꿈을 만들어내는 것이어서 어느 것은 실로 종종 이것을 증명할 일이 생기는 것입니다. 복잡한 생활 속에서 흔히 볼 수 있는 일이지만, 누군가가 실생활에서 자신의 방해가 되면 그때마다 꿈은 바로 그 사람을, 예를 들면 그것이 아버지, 어머니 또는 형제자매, 배우자 기타 누구를 막론하고 죽이려 하는 것입니다.

우리는 인간의 본질이 이와 같이 악독한 것임을 매우 의아하게 생각하며 이 꿈의 해석의 성과가 옳다고 해서 곧 용인할 생각은 없습니다. 그러나 일단 이 종류의 원망의 기원을 과거에서 탐구해야 한다는 것을 배우게 되면 개인의 과거 어느 시기에는 이와 같은 이기주의나 이 종류의 원망의 움직임이 근친자에 대해서 나타나는 일이 있어도 별로 이상하게 생각할 필요가 없다는 것을 곧 발견합니다.

이 어느 시기란 인생의 최초 몇 년간의 어린 시절입니다. 이 시기에는 이 종류의 이기주의가 종종 극단적으로 뚜렷한 모습을 보이는 일도 있지만 보통은 그 맹아(萌芽)로 분명히 알 수 있는 모습으로, 보다 바르게 말하면 그 흔적이라는 모습으로 나타납니다. 이 시절은 나중에는 기억상실에 의해서 가려지는 시절입니다. 어린이는 최초에는 바로 자기 자신을 사랑합니다. 그 후에 비로소 남을 사랑하고 남을 위해서 자신의 자아(自我)의 약간을 희생하는 것을 배웁니다. 처음부터 어린이가 사랑하는 듯이 보이는 사람도 사실은 그 사람이 자신에게 필요하고 없어서는 안 되기 때문에 사랑하는 것입니다. 이역시 이기주의의 동기에서 사랑하고 있는 셈입니다. 나중에 비로소 사랑의 감정은 이기주의와 관계없는 것이 됩니다. 사실 어린이는 '이기주의에 의해서 사랑하는 것을 배우게 되는' 것입니다.

어린이의 형제자매에 대한 태도를 부모에 대한 태도와 비교해 보면 이 이기주의라는 관계에서 보아 배울 점이 많을 것입니다. 유아는 형제자매를 반드시 사랑하는 것은 아니며, 사랑하지 않는다는 것을 노골적으로 드러내 보이기도 합니다. 유아가 형제자매를 자신의 경쟁자로 보고 미워하는 것은 의심할 수 없는 일이며, 이와 같은 태도가 가끔 성인이 될 때까지, 아니 보다 늦게까지도 끊어지지 않고 보전되고 있는 것은 널리 알려진 사실입니다. 분명히 이와 같은 심적 태도가 명랑한 태도에 의해서 완전히 해소되어 버리는 일도 가끔 있습니다. 아니, 명랑한 태도가 미움을 덮고 있다고 하는 편이 좋을지도 모릅니다. 그러나 적의(敵意)의 태도가 명랑한 태도보다 먼저 보이는 것이 일반적입니다. 이러한 일은 두 살 반에서 4, 5세의 어린이에게 형제나 자매가 태어났을 때 가장 쉽게 관찰할 수 있습니다. 어린이는 서로 매우 매정하게 응대를 합니다. "싫어요. 황새가 가져가버렸으면" 하는 것은 보통 있는 일입니다. 그러면서 기회만 있으면 이 새로 나타난 사람을 헐뜯고 해치려 합니다. 때로는 노골적으로 암살하려는 행위마저 보이는 일이 없는 것은 아닙니다.

나이 차이가 적을 때는 강한 정신활동이 싹트기가 무섭게 벌써 이 경쟁자를 발견하게 되며 어린이는 이것에 대해서 대비하게 됩니다. 나이 차이가 크면 갓난아기는 처음부터 흥미있는 대상물로서, 말하자면 산 인형으로 어떤 동정을 불러일으키는 일도 있습니다. 여덟 살 이상 나이 차이가 나면 특히 소녀의 경우에는 정다운 마음이 싹트고 어머니다운 감정의 움직임이 활동하기 시작합니다. 그러나 솔직히 말하면 형제자매의 죽음을 바라는 원망을 꿈의 배후에서 발견했다고 해도 그 꿈을 불가해한 것으로 생각할 필요는 없습니다. 그 원형이 어린 시절에, 아니 종종 세월이 많이 지난 뒤 함께 살고 있는 때에도 있는 것을 쉽게 증명할 수 있습니다.

아이들 방에서 저희들끼리 싸우지 않는다는 것은 아마 있을 수 없을 것입니다. 싸우는 동기는 부모의 애정을 둘러싼 경쟁이며 공동의 소유물과 방 등을 둘러싼 경쟁입니다. 적의의 감정의 움직임은 형이나 언니 또는 동생에게도 향해집니다. "젊은 영국 부인이 자기 어머니보다도 미운 사람이 있다면 그것은 자기 언니다"라고 말한 것은 버나드 쇼라고 기억합니다. 그러나 이 말은 약간 납득이 안 가는 점도 있습니다. 형제자매에 대한 미움과 경쟁심은 이해가 가지만 왜 증오심은 딸과 어머니, 부모와 자녀 사이에 침입하는 것일까요.

부모와 자식과의 관계는 아이들 편에서 보아도 의심할 것 없이 형제자매에 대한 관계보다 좋은 관계라 할 수 있습니다. 우리들도 그러한 관계를 기대하고 있습니다. 우리는 부모와 자식 사이에 사랑이 결여되어 있을 때는 형제자매 사이에 사랑이 결여되어 있는 경우보다도 불쾌하게 느끼는 것입니다. 말하자면 우리는 형제자매 경우에는 세속적인 것으로 간주하는 것을 부모와 자식간에는 신성시하는 것입니다. 그런데도 불구하고 흔히 볼 수 있는 일로 부모와 성인이 된 자녀 사이의 감정관계에는 사회에 의해서 제창된 이상과는 큰 거리가 있는 것을 알 수 있습니다. 또한 거기에 많은 적의가 들어와 만일 효심과 정다운 감정으로 억제하지 않으면 그러한 적의가 노골적으로 나타나버리는 것도 알 수 있습니다.

그 동기는 일반적으로 잘 알려져 있는 그대로이며 동성(同性), 즉 어머니와 딸, 아버지와 아들을 서로 이간시키는 경향이 있습니다. 딸은 자기의 의사를 억누르고 성적 자유의 단념이라는 사회의 요구를 자기에게 지키게 하려는 사명을 가진 권위자로서 어머니를 간주하고 때로는 이 억압에 반항하는 경쟁자로 대하기까지 합니다. 이와 같은 일은 보다 격렬한 형태로 아들과 아버지 사이에서도 일어납니다. 아들에게 아버지는 할수없이 참아야 하는 모든 사회적 억제의 화신인 것입니다. 아버지는 아들의 의욕적인 활동이나 조기(早期)의 성적인 기쁨을 방해하고, 집에 재산이 있을 때는 그 향수(享受)를 막고 있습니다. 아버지의 죽음을 기다리고 있는 기분은 왕위계승자의 경우에는 비극을 연출할 정도로 심하게 높아집니다. 아버지와 딸, 어머니와 아들과의 관계는 이것에 비하면 그 위험도는 낮은 것 같습니다. 어머니와 아들과의 관계는 어떠한 이기적인 고려에도 구애받지 않는 변함없는 애정의 가장 순수한 예를 보여주기도 합니다.

나는 무엇 때문에 이와 같은 평범하고 잘 알려져 있는 일들을 말하고 있을까요. 그것은 인생에 있어서 이와 같은 사실의 의의를 부인하고 사회가 요구하는 이상이 현실적으로 달성되어 있는 것보다 훨씬 많이 실현되어 있다고 떠들어대는 경향이 세상에는 분명히 있기 때문입니다. 그러나 이 문제를 퀴닉학파[1]의 사람들에게 제멋대로 다루게 내버려두기보다는 심리학자가 진실을 말하는 것이 더 옳다고 생각합니다. 물론 소설이나 극문학(劇文學)에서는 이러한 이상의 실현이 방해받음에 따라 생기는 일을 동기로 삼는 것이 허용되어 있습니다.

그러므로 많은 인간에 대해서 꿈속에서 부모, 특히 동성(同性)인 부모를 없애버렸으면 하는 원망이 폭로되었다 해도 이상하게 생각할 필요는 없습니다. 우리는 이 원망이 깨어 있는 생활 속에도 존재하고, 또 때로는 아버지가 아무런 도움이 되지 않는 고뇌에 대한 동정의 가면을 쓰고 있는 꿈의 제3의 예[2]와 같이 어떤 다른 동기를 가면으로 쓰고 있는 경우에는 의식화되어 있다고 가정해도 무방합니다. 그러나 적의는 단독이므로 양자의 관계를 지배하고 있는 경우는 거의 없으며, 적의가 가장 다정한 감정의 배후로 물러나 그것에 억눌려 있는 경우가 훨씬 많습니다. 적의는 꿈이 이것을 이를테면 유리(遊離)시켜 줄 때까지 기다리지 않으면 확실히 알 수 없는 것입니다. 꿈이 이와 같은 유리화에 의해 우리에게 확대해서 보여준 것은 우리들의 해석에 의해서 현실생활의 관련 속에 정당한 위치를 차지하면 다시 축소되어 버립니다(한스 작스). 이 꿈의 원망은 현실생활 속에 그 근거가 되는 것을 갖지 않고, 성인이라면 각성시에는 결코 그와 같은 일은 용인

---

1) 소크라테스의 제자 안티스테네스가 창설한 그리스 철학의 한 파. 개인적 정신의 자유를 확보하기 위해서 세속적 번루(煩累)를 피하고 되도록 무욕(無欲)의 자연생활을 영위하는 것을 생활의 이상으로 간주하고, 그러기 위하여 일체의 사회적 관습을 무시하고 문화적 생활을 경멸하였음. 견유학파(犬儒學派)라고도 한다.
2) 193쪽 참조.

하지 않는 경우에도 역시 꿈의 원망으로서 나타나는 것입니다. 이러한 것의 근거는 사람과 사람 사이, 특히 동성(同性) 사이에 있어서 보다 뿌리깊고 보다 흔한 소외(疏外)의 동기가 이미 유아시절의 조기에 그 힘을 발휘하고 있다는 점에 있습니다.

내가 생각하는 것은 애정을 둘러싼 경쟁은 성적 특성이라고 하는 분명한 색조를 띠고 있다는 것입니다. 어린 시절에 이미 사내아이는 자기 것으로 믿고 있는 어머니에 대해서 특수한 애정을 나타내기 시작하고, 그 독점을 둘러싸고 자기와 다투는 아버지를 경쟁자로 느끼기 시작합니다. 마찬가지로 어린 딸도 어머니 속에 아버지에 대한 자신의 다정한 애정을 방해하고 자기도 훌륭히 해낼 수 있다고 생각하는 지위를 점유하고 있는 것을 알고 있는 것입니다.

이러한 태도가 어린 시절의 어느 정도까지 거슬러 올라가는가 하는 것은 관찰하면서 배워야 하지만 이 심적 태도를 우리는 '에디푸스 콤플렉스'[3]라고 합니다. 그것은 이 오이디푸스 신화[4]가 아들이라는 상황에서 생기는 두 가지의 극단적인 원망, 즉 아버지를 죽이고 어머니를 아내로 삼으려는 두 가지의 원망을 약간 약화시켜서 실현하고 있기 때문입니다. 나는 이 에디푸스 콤플렉스가 부모와 자식의 관계를 모두 표현하고 있다고 주장하는 것은 아닙니다. 부모와 자식 관계에는 보다 복잡한 경우도 있습니다. 또한 에디푸스 콤플렉스가 강하게 형성되어 있는 경우도 있고, 그리 강하지 않은 경우도 있고, 사정이 전도(轉倒)되어 있는 경우도 있지만 어쨌든 에디푸스 콤플렉스는 어린 시절의 심적 생활에서 상당히 보편적으로 볼 수 있습니다. 그것은 매우 중요한 요인입니다. 그리고 우리는 이 콤플

---

3) 자식과 이성(異性)의 부모 사이에서 볼 수 있는 특이한 근친감정 또는 애정적인 관계 및 그것을 둘러싼 동성의 부모와의 경쟁적·적대적인 감정관계를 가리킨다. 아버지와 아들이 어머니의 사랑에 대해 서로 대립하는 관계를 그리스의 오이디푸스 신화에 비유해서 프로이트가 제창한 것. 이 술어는 보통 남녀 양성에 공통으로 사용되는데 특히 어머니와 딸이 아버지의 사랑을 중심으로 대립하는 관계를 이와 마찬가지로 소포클레스의 극을 따라서 엘렉트라 콤플렉스라고 한다.

4) 오이디푸스는 테베 왕 라이우스의 아들. 부왕(父王)을 죽이고 생모와 결혼하게 되리라는 델포이의 신탁(神託)을 겁내어 이를 피하려 했으나 그대로 되자 마침내 스스로 두 눈을 빼내고 방랑하다가 아테네에서 죽는다. 또한 오이디푸스는 스핑크스의 수수께끼를 푼 것으로 유명하다. 그리스의 비극시인 소포클레스는 이 전설을 소재로 하여 《오이디푸스왕》, 《콜로노스의 오이디푸스》의 두 비극을 썼다.

렉스의 영향과 그것에서 생기는 발전을 과대평가하기보다 과소평가하는 위험이 크다 하겠습니다. 또한 부모는 종종 성(性)에 이끌려 사랑을 선택하기 때문에 아버지는 딸을, 어머니는 아들을 특별히 사랑하기도 합니다. 결혼생활이 식어졌을 때 아버지는 딸을, 어머니는 아들을 가치가 없어진 사랑의 대상물로 삼지만, 이러한 부모의 자극에 대해서 어린이는 에디푸스적 태도로 반응하는 일이 많습니다.

정신분석에 의한 연구가 에디푸스 콤플렉스를 공표한 데 대해서 세상은 크게 감사의 뜻을 표하지 않았습니다. 오히려 반대로 이것은 성인들의 지극히 격심한 반항을 야기시켰던 것입니다. 이 금기(禁忌)로 되어 있는 금단의 감정관계를 부인하는 데 참가하지 않았던 사람들은 뒤늦게나마 그 보상을 하기 위해서 에디푸스 콤플렉스를 해석 변화하여 그 가치를 가로챘던 것입니다. 지금도 변함없는 나의 확신에 의하면 이 점에서는 거부하거나 미화할 필요는 조금도 없습니다. 우리는 다만 그리스 신화 자체가 피할 수 없는 숙명이라고 인정하고 있는 이 사실을 잘 알아두는 것이 좋겠습니다.

실생활에서 추방된 에디푸스 컴플렉스가 문학자의 손에 넘어가 자유롭게 처리되도록 맡겨진 것 역시 흥미있는 일입니다. 오토 랑크는 어떤 면밀한 연구 속에서 바로 에디푸스 콤플렉스야말로 무한한 변화와 완화와 분식(粉飾)이 가해져서, 다시 말하면 우리가 이미 검열의 결과로서 알고 있는 여러 가지 왜곡된 형태로 극작(劇作)에 대해 풍부한 모티프를 제공하는 것이었다는 것을 나타냈습니다. 그러므로 우리는 다행히도 후년의 실생활에 있어서 부모와의 갈등을 경험하지 않았던 사람들이 꾼 꿈에서도 이 에디푸스 콤플렉스가 나타나는 일도 있다고 생각해도 무방합니다.

또한 우리가 '거세(去勢) 콤플렉스'[5]로 명명하는 것, 즉 아버지가 유아의 성행동을 위협하거나 제한하는 일에 대한 반응도 에디푸스 콤플렉스와 밀접하게 결부되어 있음을 알 수 있습니다.

이제까지의 연구에 의해서 어린이의 심적 생활을 연구해야 한다는 것을 배웠으므로 우리는 이제 금단의 꿈의 원망에 관련하는 또 하나의 부분, 즉 엄청난 성적 욕망의 부분의 유래도 같은 방법으로 해명되리라는 기대를 가질 수 있을 것입니

---

5) 사내아이가 에디푸스 콤플렉스 관계에 놓여질 때 갖게 되는, 아버지 때문에 남근(男根)이 잘린다는 공포에 찬 콤플렉스. 여자아이는 잘렸다는 유아적인 관념이 성립되어 남근선망이 생기고 여성심리의 특색을 형성한다고 한다.

다. 우리는 어린이의 성생활 발달에 대해 연구하려는 의욕을 느낍니다. 그때 우선 몇몇 근거에 의해서 어린이에게 성생활이 있다는 것을 부정하고, 성애는 사춘기에 성기가 성숙할 때가 되어서 비로소 일어난다는 생각은 지지할 수 없는 그릇된 생각임을 알게 됩니다. 사실 어린이는 처음부터 내용이 풍부한 성생활을 가지고 있으나 그것은 미래의 정상으로 간주되는 성생활과는 많은 점에서 다릅니다.

우리가 일반인의 생활 속에서 '성적 도착(倒錯)'이라 칭하는 것은 정상적인 것과는 다음과 같은 점이 다릅니다. 즉 첫째 종(種)의 한계(인간과 동물 사이의 심연)를 무시하고 있는 것, 둘째 혐오감의 한계를 넘어선 것, 셋째 근친상간의 한계(혈연 가족에 성적 만족을 구해서는 안 된다는 금제(禁制))를 넘어선 것, 넷째 동성애를 아무렇지 않게 생각하는 것, 다섯째 성기의 역할을 다른 기관(器官)이나 신체 부위로 치환하는 점입니다. 이러한 제한은 사실 처음부터 존재하는 것이 아니라 유아의 발달과 교육과정 속에서 서서히 형성되는 것입니다. 유아는 이와 같은 제한에는 구애받지 않습니다. 또한 유아는 인간과 동물 사이의 깊은 심연도 아직 알지 못합니다. 인간은 동물과는 다르다는 자부심은 후년에 비로소 자라나는 것입니다. 유아는 처음에는 배설물에 대해서도 혐오를 느끼지 않습니다. 그것은 교육의 영향에 의해 서서히 습득하게 되는 것입니다. 유아는 성(性)의 구별에 대해서도 특별한 가치를 두지 않고 오히려 남녀가 같은 성기를 가지고 있다고 생각합니다. 유아는 그 최초의 성적 욕망과 호기심을 자신과 가장 가깝고 다른 이유에서 가장 사랑하는 사람들, 즉 부모, 형제자매, 자기를 돌봐주는 사람에게 향합니다. 그리고 마지막으로 유아에게는 이것은 미래의 애정관계의 정점에 도달했을 때 다시 나타나는 것이지만 성기의 부분만으로 쾌감을 기대하는 것이 아니라 다른 여러 신체 부위에도 동일한 민감성이 있어서 같은 쾌감을 매개할 수 있으며, 따라서 성기의 역할을 다 할 수 있다는 것이 명백해집니다. 즉 어린이는 '다양성 도착'[6]적이라고 부를 수 있을 것입니다. 어린이가 이러한 욕망의 전부를 극히 근소하게만 활동시키고 있지 않은 것은 한편으로는 이들 욕망의 강도가 후년에 비해서 약한 점도 있지만, 다른 한편으로는 교육이 소아의 성애의 표명을 곧바로 강하게 압박해 버리는 점도 있습니다. 교육에 의한 이 압박은 이론화됩니다. 즉 성인들은 소아의 성애 표명의 어느 부분은 간과하고 또 다른 어느 부분은 해석을 바꿈으로써 성적인 성질은 없다고 하고, 결국 마지막에는 그 전체를

---

6) 단순한 도착(倒錯)이 아니라 여러 가지 형태의 도착이 공존하고 있는 것을 가리킨다.

부정하는 설(說)을 제창하는 것입니다. 처음에는 아이들 방에서 아이들의 성적 장난을 화내다가도 아이들이 책상을 향하면 이번에는 아이들의 성적 순결성을 변호하는 —— 같은 사람이 그런 일을 하는 경우가 흔히 있습니다.

아이들이 방임되어 있을 때나 유혹의 영향을 받았을 때는 종종 도착적인 성생활을 훌륭하게 해보이는 일이 있는 것입니다. 성인이 이것을 '어린이다운 일'이며 '장난'으로 중요시하지 않는 것은 물론 옳은 일입니다. 왜냐하면 소아는 예절이란 법정이나 법률에 대해서 의젓하게 완전히 책임을 질 수 있다고 판단할 수 없기 때문입니다. 그러나 그것에 대해서도 다음과 같은 것은 역시 존재하고 있는 것입니다. 그것은 태어날 때부터 가진 체질의 징표(徵表)로서도, 또한 그 후의 발달의 원인이 되며 이것을 촉진하는 것으로서도 의의를 갖고, 소아의 성생활을 명백히 하고 또 그것에 의해서 인간의 성생활 전반을 밝히는 열쇠를 주는 것입니다. 따라서 우리가 왜곡된 꿈의 배후에서 이와 같은 도착적 원망의 움직임을 발견하는 것은 말하자면 꿈이 이 영역에서도 유치형(幼稚型) 상태로 완전히 퇴행한 것을 뜻하는 데 지나지 않습니다.

이러한 금지된 원망 속에서 특히 강조할 필요가 있는 것으로서 근친상간의 원망, 즉 부모와 형제자매와의 성교로 돌려진 원망이 있습니다. 인간사회에서 이와 같은 성교는 얼마나 혐기(嫌忌)되고 있는지, 아니면 적어도 혐기해야 하는 것으로 되어 있는지, 또 이것에 대한 금압(禁壓)에 어느 정도의 힘이 가해지고 있는 가에 대해서는 여러분이 잘 아는 바와 같습니다. 이 근친상간에 대한 공포를 설명하기 위해서 그야말로 대단한 노력을 기울여왔습니다. 그중 어느 것은 자연도태의 견지에서 그것이 심적(心的)으로는 이 금제(禁制)에 의해서 대표되어 있다고 주장합니다. 즉 동종교배(同種交配)는 품종의 질을 저하시킨다는 것입니다. 다른 것은 소아기부터 함께 생활함으로써 성적인 강한 욕망은 가족들에게는 향하지 않는다고 주장했습니다. 양자의 경우는 어쨌든 근친상간의 회피는 자동적으로 확보되어 있다고 생각하고 있는 것입니다. 그러나 그렇다면 강한 욕망이 있을 때에 필요하게 될 엄한 금제가 왜 필요한지 이해하기 힘들 것입니다. 정신분석에 의한 검토에 의해서 근친상간적인 사랑의 선택이야말로 오히려 최초의 극히 평범한 선택이며, 이것에 대한 저항은 나중에 비로소 시작된다는 것이 명백해졌습니다. 이 저항을 개체(個體)심리학에서 이끌어내는 일은 아마 불가능할 것입니다.

아동심리학에 몰두하면서 꿈을 이해하기 위해서 우리가 입수한 것을 총괄해 보기로 합시다. 즉 망각된 소아기의 체험은 꿈으로 나타나기 쉽다는 것뿐만 아니라 소아의 심적 생활은 그 모든 특성, 이기주의, 근친상간적인 사랑의 선택 등과 함께 꿈속에, 따라서 무의식중에 계속해서 존재하고 있다는 것을 알았으며, 게다가 꿈은 밤마다 우리를 이 유치형 단계로 되돌리는 것을 알게 된 것입니다. 이렇게 해서 "심적 생활에 있어서 무의식이란 것은 유치형에 지나지 않는다"는 것이 인식된 셈입니다.

이토록 많은 사악성(邪惡性)이 인간의 마음속에 숨어 있었는가 하는 소름끼치는 인상은 여기서 부드러워지기 시작합니다. 소아의 경우에는 그것이 현실적으로 활동하고 있는 것을 볼 수 있으나 이 놀랄 만한 사악함은 심적 생활에 있어서의 단순한 초기적·원시적·유치적인 것에 지나지 않습니다. 단 소아의 경우에 일부는 그 활동의 범위가 좁기 때문에 이것을 간과하는 경우가 있으며, 또 일부는 소아에 대해서는 윤리적으로 높은 것을 요하지 않기 때문에 중요시하지 않는 것이 있습니다. 꿈은 이 단계로의 퇴행에 의해서 마치 우리의 마음속에 사악한 것을 출현시키는 것 같은 외관을 지니고 있습니다. 그러나 우리를 놀라게 한 것은 단지 사람을 착각시키는 외관에 지나지 않습니다. 우리는 꿈의 해석에서 상상할 정도로 사악하지는 않습니다.

꿈의 사악한 욕망의 움직임이 유치성을 나타내는 것에 불과하다고 하면, 즉 꿈이 사고와 감정에 있어서 우리들을 간단하게 다시 어린이로 만들고 윤리적인 발달의 초기로 되돌리는 것에 지나지 않는다면 이성적으로 생각해 보아 우리는 이 종류의 사악한 꿈을 부끄러워할 필요는 없게 됩니다. 그러나 이성적인 것은 심적 생활의 일부분에 지나지 않는 것이며, 그 밖에도 심정(心情)의 세계에는 이성적이 아닌 여러 가지 일들이 생깁니다. 그래서 우리는 도리에 맞지 않는 일이지만, 역시 이러한 꿈을 부끄러워하고 있는 것입니다. 우리는 이러한 꿈을 꿈의 검열에 맡기고 있습니다. 그러나 만일 이 종류의 원망 하나가 예외적으로 왜곡되지 않은 그대로의 형태로 의식 속으로 침입해 오는 일에 성공하고, 그 결과 이것을 인식하지 않을 수 없게 된 경우에는 이것을 부끄럽게 생각하고 화를 내는 것입니다. 그뿐 아니라 때로는 왜곡된 꿈에 대해서까지도 마치 그 꿈의 뜻을 알고 있듯이 부끄럽게 생각하는 수도 있습니다. 앞에서 언급한 그 품위있는 늙은 부인이 자기가 꾼 '사랑의 봉사'의 꿈[7]에 대해 특별히 해석을 듣지도 않고 스스로 판단을 내

---

7) 143쪽 참조.

려 분개한 것을 상기해 주십시오. 이 문제는 아직 처리된 것은 아닙니다. 우리가 꿈에 나오는 사악한 것을 앞으로도 취급하게 되면 인간의 본성에 대해서 다른 판단과 별도의 평가를 하게 될 가능성은 남아 있습니다.

우리는 연구 전체의 성과로서 두 가지의 통찰을 얻었습니다. 그러나 이 두 가지 통찰도 새로운 수수께끼, 새로운 의문을 제시하는 데 지나지 않습니다. 첫째, 꿈의 작용의 퇴행은 형식적인 퇴행일 뿐만 아니라 실질적인 퇴행이기도 하다는 점입니다. 이 퇴행은 우리들 사상을 원시적인 표현양식으로 번역할 뿐만 아니라 자아(自我)가 옛날에도 가졌던 압도적인 강도(強度) 및 우리의 성생활의 원초적 욕동이라는 원시적인 심적 생활의 특이성을 다시 깨워줍니다. 게다가 만일 상징적 관계를 지적인 소유로 간주해도 좋다면 이 퇴행은 옛날의 지적 소유도 부활시키는 것입니다.

둘째, 이전에 지배적이며 독재적이기까지 했던 유치형의 모든 것은 오늘날에 있어서는 무의식 가운데 넣어야 한다는 것입니다. 무의식에 대한 우리들의 생각은 이제 변화하고 확대되어 있는 것입니다. 무의식은 이제 그때 잠재적이었던 것에 대한 명칭은 아닙니다. 무의식이란 독자적인 원망의 움직임, 독자의 표현양식 및 평소에는 활동하고 있지 않지만 독자의 심적인 매커니즘을 가진 특수한 심적 영역입니다. 그러나 우리가 꿈의 해석에 의해서 되살아난 꿈의 잠재사상은 이 영역에 속하는 것은 아닙니다. 그것은 오히려 각성하고 있는 동안에도 생각하려고 하면 생각할 수 있었던 것입니다. 그러나 그러면서도 역시 꿈의 잠재사상은 무의식적인 것입니다. 이 모순은 어떻게 해석하면 좋을까요. 이 경우에 우리는 두 가지로 구별해서 생각할 수 있지 않을까 싶습니다. 우리의 의식적 생활에서 나오는 것으로서 의식적 생활의 성격을 나누어 가지고 있는 것 —— 우리는 그것을 백주(白晝)의 흔적이라고 칭합니다 —— 이 저 무의식의 영역에서 나오는 다른 것과 하나가 되어 꿈을 형성하는 것입니다. 이 양자 사이에서 꿈의 작용이 일어납니다. 백주의 흔적이 나중에 더해지는 무의식적인 것에 의해서 받는 영향 속에 아마 퇴행 조건이 포함되어 있을 것입니다. 꿈 이외의 심적 영역의 검토를 아직도 완전히 끝내지 않고 있는 현재 이것은 우리가 꿈의 본질에 관해서 도달할 수 있었던 가장 깊은 통찰입니다. 그러나 곧 꿈의 잠재사상의 무의식적 성격에 다른 명칭을 붙여 저 유치한 영역에서 나오고 있는 무의식과 구별하게 될 것입니다.

물론 우리는 잠자는 동안 심적 활동에 이와 같은 퇴행을 하도록 하는 것은 무엇인가 하는 의문을 던질 수 있습니다. 왜 심적 활동은 수면을 방해하려는 심적 자극을 처리하는 데 퇴행을 필요로 하는 것일까요. 또한 만일 꿈의 검열을 피하기 위해서 현재는 이해할 수 없게 된 옛날의 표현양식을 써서 위장해야 한다면 지금은 극복되어 있는 옛날의 심적 욕동, 원망, 성격 특징이 되살아나는 것, 즉 형식적 퇴행에 부가된 실질적 퇴행은 심적 활동에 어떠한 역할을 하는 것일까요. 이러한 의문에 대해서 우리를 만족케 하는 유일한 답은, 꿈은 오로지 이와 같은 방법으로만 형성되므로 꿈의 자극을 다이내믹하게 해소시키는 데는 그 밖의 방법은 없다는 것입니다. 그러나 우리에게는 이와 같은 답을 할 권리는 없는 것입니다.

제14강 원망 충족(願望充足)

여러분! 우리가 걸어온 길을 여기서 다시 한 번 되돌아보기로 합시다. 우리는 우리들의 정신분석 기법을 적용했을 때 꿈의 왜곡에 부딪쳤기 때문에 우선 이 문제를 피하고 유치형(幼稚型)의 꿈에 대해서 꿈의 본질에 관한 결정적인 지식을 얻으려고 했던 것입니다. 이어서 이 연구의 성과를 무기로 삼아 꿈의 왜곡에 대해서 직접 공격을 가하고 이것을 한걸음 한걸음 극복해 온 것입니다. 아니, 그렇게 생각하고 싶어질지도 모릅니다. 그러나 한쪽 방법으로 발견한 것과 다른 한쪽 방법으로 발견한 것과는 반드시 일치하지는 않습니다. 그래서 이 쌍방의 성과를 종합하여 상호간의 조화를 도모하는 일이 우리의 다음 과제가 됩니다.

두 가지 방법으로 우리가 알게 된 것은 꿈의 작용은 본질적으로 사상을 환각적 체험으로 치환(置換)하는 것이었습니다. 이와 같은 일이 왜 생기는가 하는 것은 아직도 수수께끼지만 이것은 일반 심리학의 과제이며 여기서 언급할 일은 아닙니다. 소아의 꿈에서 우리가 알 수 있었던 것은 꿈의 작용이 의도하고 있는 것은 잠을 방해하는 심적 자극을 원망 충족에 의해서 제거하는 일이라는 것이었습니다. 왜곡된 꿈에 대해서는, 이 꿈을 해석하지 못하는 동안은 결코 같은 것이라고 말할 수는 없었던 것입니다. 그러나 우리는 처음부터 왜곡된 꿈도 유치형 꿈과 같은 관점에서 바라볼 수 있을 것이라는 기대를 가지고 있었습니다. 그 기대가 최초로 충족된 것은 본래 모든 꿈은——소아의 꿈이며 유치형 재료, 즉 유아적인 심적 욕동이나 심적 매커니즘에 의해서 활동한다는 통찰을 얻었을 때입니다. 꿈의 왜곡을 극복할 수 있을 때 우리는 꿈은 원망 충족이라는 견해가 왜곡된 꿈에 대해서도 타당한 것인가 하는 검토를 추진해야 합니다.

우리는 앞의 강의에서 처음으로 일련(一連)의 꿈을 해석했으나 이 원망 충족은 고려하지 않았습니다. 그때 여러분은 틀림없이 꿈의 작용의 목표라는 원망 충족은 도대체 어디에 있는가 하는 의문을 거듭 강하게 느꼈을 것입니다. 이러한 의문은 중요합니다. 그것은 경험이 없는 비평가가 흔히 내세우는 의문이기 때문입니다. 아는 바와 같이 인간이란 지적으로 새로운 것에 대해서 본능적으로 몸을 지키려고 합니다. 이 종류의 새로운 것은 곧 최소한의 범위에 이르기까지 압축되고, 가능하면 하나의 표어로 압축되어 버리는 것도 이러한 태도의 표현입니다. 새로운 꿈의 학설로서는 원망 충족이 이와 같은 표어로 되었습니다. 초심자는 재빨리 어디에 원망 충족이 있느냐고 묻습니다. 꿈은 원망 충족이라는 말을 들으면 곧 초심자는 그렇게 묻습니다. 그리고 이 질문을 퍼붓고는 곧장 그러한 일은 없지 않느냐는 부정적인 답을 하는 것입니다. 초심자는 곧 답답하게 불안감이 일어날 정도의 불쾌감을 동반한 꿈의 경험을 무수히 상기하므로 정신분석이 주창하는 꿈의 학설이 사실이라고 생각할 수 없는 것입니다. 초심자에게 왜곡된 꿈에서는 원망 충족이 명백히 눈에 보이는 것이 아니며 그것은 우선 찾아야 하는 것이므로 꿈이 해석되기까지는 이것이 원망 충족이라고 말할 수 없다고 대답하는 것은 쉬운 일입니다. 그러나 우리는 또한 이들 왜곡된 꿈의 원망은 검열에 의해서 물리쳐지고 금지당한 원망이며, 이와 같은 원망의 존재 그 자체가 꿈의 왜곡의 원인이며 꿈의 검열이 개입하는 동기가 된 것도 알고 있습니다. 그러나 경험이 없는 비평가에게 꿈을 해석하기까지는 이 원망 충족에 대해 물어서는 안 된다는 것을 납득시키기는 곤란합니다. 그들은 이 점을 언제나 잊어버리기 때문입니다. 원망 충족의 이론을 부정하는 초심 비평가의 태도는 원래 꿈의 검열의 필연적인 결과에 지나지 않습니다. 즉 검열된 꿈의 원망을 부정하는 태도의 대리적 발로(發露)에 지나지 않기 때문입니다.

물론 우리들도 꿈속에는 고통스러운 내용의 것이 많고, 특히 불안몽(不安夢)[1]

---

1) 꿈을 꾸면서 그 꿈속의 상황에 심한 불안을 느끼고 깨어버리는 꿈. 프로이트는 이때 불안을 느꼈던 내용은 욕구의 원망 충족이며, 불안은 그 위장의 역할을 한다고 보고 있다.

이란 것도 있다는 것을 설명하고자 하는 요구도 가지고 있습니다. 여기서 처음으로 꿈속에서의 정동(情動)이라는 문제에 봉착하는 것이며, 이것은 그것만으로도 연구할 가치가 있으나 우리에게는 유감스럽게도 그것을 하도록 허용하지 않습니다.

만일 꿈이 원망 충족이라면 꿈속에 고통의 감각이 있을 수 없지 않느냐는 초심 비평가의 의문은 타당한 것같이 보입니다. 그러나 이들 초심 비평가들이 생각하지 않았던 세 종류의 복잡한 문제가 당면 문제가 되는 것입니다.

첫째, 꿈의 작용이 원망을 충족하는 데 충분히 성공하지 못했기 때문에 꿈의 사상의 고통스러운 감정의 일부가 현재몽(顯在夢) 속에 남아 있는 일이 있습니다. 그러한 경우 분석해 보면 이 꿈의 사상은 그것을 재료로 삼아 형성된 꿈보다 더욱 많은 고통을 주는 것이었음을 틀림없이 알게 될 것입니다. 또한 사실 그 점은 언제나 증명되는 것입니다. 그러므로 목마르다는 자극에 따라서 무엇인가 마시는 꿈을 꾼다 해도 목마름을 달랜다는 의도를 달성할 수 없듯이 꿈의 작용이 그 목적을 달성할 수 없는 일도 있다는 것을 인정합니다. 목마름은 계속되므로 실제로 무언가를 마시기 위해서는 잠을 깨야 합니다. 그러나 그것은 그것으로 당당한 꿈이며 꿈으로서의 본질에서 아무것도 포기하지 않고 있는 것입니다. 우리는 "설사 그 역량에 미치지 못하더라도 그 의도는 칭찬할 만하다"[2]고 말하지 않을 수 없습니다. 적어도 명백히 인식할 수 있는 의도만은 역시 칭찬할 만합니다. 이와 같은 불성공의 예는 결코 드문 일이 아닙니다. 거기에는 꿈의 작용에 있어서는 내용의 의미를 바꾸는 것보다 감정을 바꾸는 쪽이 성공하는 데 곤란이 많다는 사정이 관계되어 있습니다. 정동(情動)은 저항력이 아주 강한 경우가 많기 때문입니다. 그러므로 꿈의 작용이 꿈의 사상의 고통스러운 내용을 개변(改變)해서 원망 충족된 것으로 만들었는데, 고통스러운 정동은 여전히 남아 있는 상태가 됩니다. 이와 같은 꿈의 경우 정동은 결코 내용과 어울리는 것은 아니므로 초심 비평가 여러분이 꿈은 원망 충족이 아니며, 따라서 무해한 내용의 것이 꿈속에서는 고통스럽게 느껴질 수도 있다고 말할 수 있는 것입니다. 이해하지 못하는 이러한 주장에 대해서 꿈의 작용 속에 있는 원망 충족의 경향은 이 종류의 꿈에서야말로 내용과 정동이 분리되어 있음으로 가장 명백히 나타나는 것이라고 우리는 항의하는 것입니다.

---

2) 고대 로마의 시인 오비디우스(B.C. 43~A.D.17년경)의 말.

이와 같은 오류가 생기는 원인은 노이로제가 무엇인가를 모르는 사람은 내용과 정동과의 결부를 지나치게 밀접한 것으로 생각하고 내용 쪽이 바뀌어도 내용과 결부되어 있는 정동의 발로(發露)가 변하지 않고 원형 그대로 있다는 것을 이해하지 못하기 때문입니다.

둘째, 이 문제는 초심자는 마찬가지로 소홀히 하고 있으나 첫째 것보다도 더욱 중요하며 가장 심각한 요인입니다. 원망 충족은 확실히 쾌감을 가져오기는 하지만 누구에게 가져다주느냐는 것이 문제가 되기 때문입니다. 물론 그것은 원망을 가진 사람이지만, 그러나 꿈을 꾼 사람에 대해서는 그 사람이 자기 원망과는 완전히 특수한 관계에 있는 것은 잘 알려져 있는 바입니다. 꿈을 꾼 사람은 자기의 원망을 비난하고 검열합니다. 요컨대 그는 그 원망을 좋아하지 않는 것입니다. 그러므로 그 원망 충족은 쾌감을 가져오지 않고 도리어 그것과 반대되는 것을 가져올 따름입니다.

경험이 가르치는 바로는 이 반대의 것은 —— 이 점에 대해서는 더욱 설명을 요하지만 —— 불안이라는 형태로 나타납니다. 따라서 꿈을 꾼 사람과 그 사람의 꿈의 원망에 대한 관계에서 보면 현저한 공통성에 의해서 결부되어 있는 두 인물을 합한 것에 비유할 수 있습니다. 나는 이 이상의 자세한 이야기를 하는 대신에 여러분도 잘 아는 동화[3]를 이야기하겠습니다. 여러분은 틀림없이 그 안에서 이것과 동일한 관계를 보게 될 것입니다.

행복의 여신이 어느 가난한 부부에게 가장 바라는 소원 세 가지를 들어주겠다고 약속했습니다. 이들 부부는 몹시 기뻐하며 곰곰 생각한 끝에 세 가지를 선택하려고 했습니다. 그런데 아내는 이웃 오두막에서 소시지 굽는 냄새가 풍겨오자 그만 여기에 이끌려서 소시지 두 개가 갖고 싶다고 생각했습니다. 금세 날아오듯이 소시지 두 개가 나타났습니다. 이것이 첫번째 원망 충족입니다. 남편은 화가 난 나머지 그 소시지가 아내의 코끝에 붙어버렸으면 좋겠다고 원했습니다. 그러자 그것도 뜻대로 되었습니다. 소시지를 아내의 코끝에서 떼낼 수가 없었습니다. 이것이 두번째 원망 충족으로 남편의 원망 충족입니다. 아내로서는 이 원망 충족이 아주 불쾌한 것이었습니다. 여러분은 이 이야기의 종말을 잘 알고 있겠죠. 부부는 원래 일체(一體)이므로 세번째의 원망은 소시지가 아내의 코에서 떨어져 나가는 것일 수밖에 없습니다.

---

3) 스위스의 시인 · 우화작가 헤벨의 작품 (세 가지 소원).

우리는 이 동화를 앞으로도 여러 차례 이용하리라고 생각합니다만, 여기서는 다만 만일 두 사람의 의견이 일치되어 있지 않으면 한쪽의 원망 충족은 다른 한쪽에 있어서 불쾌한 결과로 되는 수가 있다는 가능성을 나타내는 데 그치기로 하겠습니다.

그런데 여기까지 이야기가 진전되면 불안몽(不安夢)을 좀더 이해하는 데 그다지 어렵지 않다고 생각합니다. 우리는 또 하나의 관찰을 이용해서 그것에 대해 여러 가지 예를 들 수 있는 가설을 세울 결심만 하면 되는 것입니다. 그 관찰이란 불안몽은 왜곡되지 않은 채로, 말하자면 검열을 피한 내용을 가진 것이 가끔 있다는 점입니다. 불안몽은 말하자면 노출된 원망 충족인 것입니다. 물론 원망 충족이라 해도 마음에 드는 원망 충족이 아니라 불길한 원망 충족이므로 검열 대신에 불안이 생긴 것입니다.

유치형(幼稚型) 꿈을 허용될 수 있는 원망의 공공연한 충족이라고 말할 수 있다면 왜곡된 보통 꿈은 억압된 원망의 가장된 충족이라고 말할 수 있고, 불안몽은 억압된 원망의 공공연한 충족이라는 공식이 성립된다고 생각합니다. 불안은 억압된 원망이 검열보다 더욱 강렬하게 나타난 것, 억압된 원망이 검열에 대항해서 그 원망 충족을 관철한 혹은 관철하려 했었다는 표식입니다. 억압된 원망에 있어서의 원망 충족은 꿈의 검열자측에 선 우리들로서는 고통스러운 감각을 야기시키는 계기가 되고 그것을 방위하려는 계기가 되는 것에 지나지 않는다는 것을 알 수 있습니다. 그때 꿈속에 나타나는 불안은 평소에는 억압되어 있던 이 원망의 강도에 대한 불안이라 해도 상관없습니다. 왜 이 방위가 불안이란 형태로 나타나는가 하는 것은 꿈의 연구만으로는 추론(推論)할 수 없습니다. 불안에 대해서는 다른 점에서 판연히 검토해야 한다고 생각합니다.

왜곡된 불안몽에 적합한 것은 부분적으로 왜곡된 불안몽에 대해서도, 또한 다른 불쾌한 꿈에서 그 고통의 느낌이 아마 불안에 가까운 것으로 생각되는 것에도 적합하다고 가정해도 좋을 것입니다.

불안몽은 일반적으로 잠을 깨게 하는 꿈이기도 합니다. 억압된 꿈의 원망이 검열에 대항하여 완전하게 충족되지 않는 사이에 우리는 잠을 중단하는 것이 보통입니다. 이 경우에 꿈의 작업은 실패한 셈인데, 그렇다고 해서 꿈의 본질이 그 때문에 변한 것은 아닙니다. 우리는 꿈을 잠을 방해하는 것으로부터 우리의 수면을 지켜주는 야경(夜警) 또는 수면의 파수꾼에 비유했습니다. 야경도 자는 사람의 잠을 깨게 하는 경우도 있습니다. 즉 자기 혼자만으로는 방해나 위험을 쫓는데 힘이 부족하다고 생각하는 때입니다. 또 꿈이 우려해야 할 형세를 나타내게되고 불안하게 되어갈 때마저도 계속 잠을 잘 잘 수 있는 경우도 있습니다. 우리는 그 잠속에서 "어차피 꿈에 지나지 않는다"라고 혼잣말을 하고 다시 계속 잠을자기도 합니다.

꿈의 원망이 검열을 압도해 버릴 만한 사태가 일어나는 경우는 어떠한 때일까요. 그 조건은 꿈의 원망 쪽에서 충족되는 경우도 있고, 꿈의 검열 쪽에서 충족되는 경우도 있습니다. 원망은 확실하지 않은 이유에 의해서 언젠가 과대한 강도를 갖게 될지도 모릅니다. 그러나 꿈의 검열 태도 쪽에 이 힘의 관계의 이동 책임이 있는 경우가 많은 것 같은 인상을 받습니다. 검열은 각각의 예마다 제각기다른 정도의 강도를 지니고 임하며, 또한 하나하나의 요소를 제각기 다른 엄격성으로 채택한다는 것은 이미 말한 바 있습니다. 우리는 여기서 다시 검열은 일반적으로 변동이 아주 많으며, 마찬가지로 불길한 요소에 대해서도 언제나 반드시동일한 엄격성으로 임한다고는 할 수 없다는 가정을 첨가하고자 합니다. 그러므로 검열은 자신에게 불의의 습격을 하려고 노리고 있는 꿈의 원망에 대해서 자신이 무력하다고 느낄 때는 최후의 수단으로 왜곡 대신에 불안을 야기시켜서 수면상태를 포기하는 수단을 씁니다.

그때 기묘하게 느껴지는 것은 왜 이 사악하고 불길한 원망이 꼭 밤이라는 시간에만 꿈틀거리기 시작하여 우리의 잠을 방해하는가 하는 점이 아직도 거의 알려져 있지 않다는 것입니다. 아마 그것은 수면상태의 본성에 의한 것이라는 가정에의하지 않고는 대답할 수 없을 것입니다. 낮에는 검열이라는 중압이 이 원망을덮쳐 누르고 있어서 일반적으로 원망은 아무런 영향력도 발휘할 수 없습니다. 밤이 되면 검열은 아마 심적 활동의 다른 관심사와 마찬가지로 다만 자고 싶다는하나의 원망에 알맞게 정지되거나 적어도 그 힘이 크게 약화되는 것입니다. 금지된 원망이 다시 활동할 수 있는 것은 밤중에 검열의 힘이 이와 같이 약화되기 때문일 것입니다.

불면으로 고민하는 신경질적인 사람 중에는 이 불면도 처음에는 자기가 바라던것이었다고 고백하는 사람도 있습니다. 그들은 꿈을 꾸는 것이 두려워서, 즉 검열의 힘이 낮아지는 것이 두려워서 잠잘 용기가 나지 않는 것입니다. 그러나 그렇다고 해서 검열의 폐지가 심한 부주의를 뜻하지 않는다는 것은 여러분도 쉽게 알 수 있을 것입니다. 수면상태는 우리들의 운동성을 마비시킵니다. 우리의 사악한 의도가 활동하기 시작했다고 하더라도 실해(實害)를 갖지 않는 꿈을 만들어내는 것 외에는 아무것도 할 수 없습니다.

잠자던 사람이 "어차피 꿈에 지나지 않는다"고 한 말은, 즉 밤에 속해 있지만 꿈의 생활에는 속해 있지 않은 이 이성적인 말은 사태가 안심할 수 있는 것이라는 것을 말해 주고 있습니다. 그래서 우리는 그 꿈을 그대로 두고 다시 계속해서 잠을 자는 셈입니다.

셋째, 자기의 원망에 항거하면서 꿈을 꾸고 있는 사람은 각각 다른 인물이면서도 어떠한 의미로 밀접하게 결합되어 있는 두 인물의 합체(合體)라는 견해를 상기해 주십시오. 그렇게 하면 왜 원망 충족에 의해서 극히 불쾌한 일, 즉 징벌이 행해지는가 하는 것도 이해할 수 있을 것입니다. 여기서 또한 세 가지 소원에 대한 동화를 인용해서 설명하자면 접시 위의 구운 소시지는 제1의 인물, 즉 아내의 직접적인 원망 충족입니다. 그녀의 코끝에 매달린 소시지는 제2의 인물, 즉 남편의 원망 충족입니다. 그러나 이것은 동시에 아내의 어리석은 원망에 대한 징벌이기도 합니다. 노이로제 환자의 경우에 우리는 아직도 이 동화 속에서만 자취를 남기고 있는 제3의 원망의 동기가 되어 있는 것을 또 발견하게 되는 것입니다. 그런데 인간의 심적 활동 속에는 이와 같은 징벌의 의향이 많습니다. 이것은 아주 강한 것으로 고통스러운 꿈의 일부분은 이 의향에 책임이 있다고 해도 좋을 것입니다.

아마 여러분은 여기서 자랑거리인 원망 충족의 학설도 이것으로 거의 다 나와 버렸다고 말할 것입니다. 그러나 좀더 자세히 보면 여러분은 자기 자신의 말이 옳지 않다는 것을 인정하리라 생각합니다. 나중에 인용하는 꿈의 존재형식의 다양성에 대비해서——다른 많은 저자들의 의견도 그렇지만——원망 충족, 불안 실현, 징벌실현이라는 세 가지 해결로는 너무 좁은 것입니다. 이것에 첨가해야 할 것은 불안은 원망의 직접적인 대립물이라는 것, 그리고 대립물끼리는 연상 속에서는 특히 가까운 관계를 가지며 이미 말한 바와 같이 무의식의 세계에서는 일치한다는 점입니다. 게다가 징벌 또한 원망 충족이라는 것, 즉 검열 쪽 인물의 원망 충족이라는 것입니다.

그러므로 나는 전체적으로 말할 때 원망 충족의 이론에 대한 여러분의 이론(異論)에는 조금도 양보하지 않았던 셈입니다. 그러나 우리는 어떠한 왜곡된 임의의 꿈에 대해서도 그것이 원망 충족이라는 것을 실증해야 할 의무가 있으며, 이 과제를 결코 피하려 해서는 안 됩니다. 이미 해석이 끝났지만 여기서 1플로린 50크로이사로 석 장의 나쁜 좌석표라는 그 꿈[4]을 들어보기로 하겠습니다. 이 꿈에서는 이미 여러 가지를 배웠습니다. 그러나 다시 한 번 그 꿈을 상기해 주기 바랍니다. 낮에 남편에게서 자기보다 3개월밖에 젊지 않은 친구 엘리제가 약혼한 소식을 들은 부인이 남편과 함께 극장에 간 꿈을 꾸었습니다. 관람석 한쪽이 텅텅 비어 있었습니다. 남편은 그녀에게 엘리제와 그녀의 약혼자도 연극을 구경하려고 극장에 오고 싶어했으나 1플로린 50크로이사로 석 장의 나쁜 좌석표밖에 살 수가 없어서 오지 못했다고 말했습니다. 자신은 그러한 일은 조금도 불행하지 않다고 생각했다는 꿈이었습니다.

우리는 이 꿈의 사상에는 너무 빨리 결혼했다는 불만과 남편에 대한 불만이 관계되어 있다고 추정했습니다. 그러면 왜 이 슬픈 사상이 개변(改變)하여 하나의 원망 충족이 되었는가, 현재(顯在)내용의 어디에 그 원망의 흔적을 볼 수 있는가 하는 것에 호기심을 가져도 좋을 것입니다. 그런데 '너무 급히 서둘러서'라는 요소가 검열에 걸려 꿈에서 제외된 것은 우리가 이미 알고 있는 사실입니다. 손님이 없는 관람석이 그것을 암시하고 있습니다. '1플로린 50크로이사로 석 장'이라는 수수께끼 같은 것은 그 후에 배운 상징성의 도움으로 보다 잘 이해할 수 있게 되었습니다(아이가 없는 부인의 이 3의 경우의 또 하나의 다른 알기 쉬운 해석에 대해서는 나는 설명하지 않으려 한다. 이 분석도 여기에는 아무런 자료도 제공해 주기 않기 때문이다).

3이란 수는 실제로는 남성을 의미하며 이 현재(顯在)요소는 즉시 번역할 수 있습니다. 남성을 지참금으로 사는 (나만큼 지참금이 있으면 10배나 훌륭한 남편을 가질 수 있었을 텐데) 셈입니다. 결혼은 완전히 '연극을 구경가는 것'으로 치환되어 있습니다.

"너무 일찍 표 걱정을 했다"고 하는 것은 두말 할 나위 없이 너무 일찍 결혼했다는 것의 직접적인 대리입니다. 그런데 이 대리형성은 원망 충족의 소행입니다. 이 꿈을 꾼 부인은 친구의 약혼 소식을 들은 날처럼 언제나 자신의 조혼에 대해서 불만을 품고 있었던 것은 아닙니다. 오히려 결혼한 당시에는 결혼을 자랑으로 생각하고 있었으며, 자신은 엘리제보다 축복받았다고까지 생각했던 것입니다. 순

---

4) 127쪽 참조.

진한 소녀들은 약혼하게 되면 이제까지 금지되어 있던 연극을 구경하러 어느 곳 이라도 갈 수 있으며 또한 함께 무엇이든지 봐도 좋다는 기쁨을 끊임없이 말한다 고 합니다. 무엇이든지 보고 싶어하는 기분, 혹은 호기심은 확실히 최초에는 성 생활, 특히 부모의 성생활로 향한 성적 호기심이며, 그것이 소녀들을 조혼으로 몰아가는 강한 동기가 되는 것입니다. 이와 같이 관찰하면 연극구경을 하는 것은 결혼을 암시하는 비근한 대리물이 됩니다. 조혼에 대한 현재의 울분 속에서 그녀 는 자신의 성적 호기심을 만족시켜 주었기 때문에 자기로서는 원망 충족이었던 시절로 되돌아가 있는 셈입니다. 그리고 이 지난날의 원망 작용에 인도되어 결혼 을 극장에 가는 것으로 치환하고 있는 것입니다.

우리는 반드시 감추어져 있는 원망을 증명하기 위해서 마치 편리한 꿈을 찾아 낸 것은 아닙니다. 다른 왜곡된 꿈에 대해서도 이와 유사한 방법으로 조작해야 할 것입니다. 그러나 지금은 그것을 여러분에게 해보일 수가 없으므로 어떤 경우 에도 성공하리라는 확신을 말하는 데 그치려 합니다. 그러나 지금 바로 꿈의 학 설의 이 점을 논하고자 합니다. 경험이 가르치는 바로는 이 점이야말로 꿈의 모 든 이론 중에서 가장 위험한 것 중 하나이며 많은 반론(反論)과 오해도 이 점에 결부되어 있기 때문입니다. 더욱이 여러분은 아마 꿈은 충족된 원망 혹은 그 반 대, 즉 현실화된 불안 또는 징벌이라고 말함으로써 내가 이미 자신의 주장 일부 를 철회하고 있다는 인상을 갖고 있을지도 모릅니다. 그리고 이제야말로 나에게 그 주장을 철회시키는 좋은 기회라고 생각하고 있을지도 모릅니다. 그리고 나는 자기 자신이 명백하다고 생각하고 있는 사항에 대해서는 아주 간단하게 말하고, 따라서 사람을 충분히 납득시키지 못한다는 비난도 듣고 있습니다.

꿈의 해석에 관해서 여기까지 나와 함께 걸어왔으며, 이제까지의 성과를 받아 들여준 사람들이면서 이 원망 충족의 문제가 되면 주저하지 않고 다음과 같은 질 문을 하는 사람도 드물지 않습니다. "꿈은 언제나 어떤 의미를 가지며 더구나 그 뜻은 정신분석적인 기법에 의해서 해명되는 것이라고 인정하는 것은 고사하고, 이 꿈은 명증성(明證性)을 가지고 있는데도 왜 언제나 원망 충족이라는 공식으로 밀어넣어져야만 하는가. 왜 밤의 사고가 지닌 의미가 낮의 사고가 갖는 의미와 마찬가지로 다양해서는 안 되는가. 즉 꿈은 어떤 때는 충족된 원망과 합치되고 또 어떤 때는 당신 자신이 말하듯이 그 반대의 것, 즉 현실화된 두려움에 대응하 는 것은 왜 안 되는가. 더구나 꿈은 어떤 계획을 표현하거나 경고나 찬반을 동반하는 숙려(熟慮), 혹은 비난이나 양심의 가책, 목전에 임박해 있는 일을 준비하려는 시도 등을 표현해도 좋지 않은가. 왜 원망 또는 기껏해야 그 반대물만을 표현하는 데 그쳐야 하는가."

이 점에 있어서 서로 틀리는 것 등은 다른 곳에서 일치하고 있으면 그다지 중대한 것은 아니라고 생각할 수도 있을 것 같습니다. 꿈의 의미와 그 의미를 인식하는 길을 발견한 것으로 충분한 것입니다. 그 반대로 만일 내가 이 의미를 지나치게 좁게 한정해 버린다면 그것은 후퇴일 것입니다. 그러나 그와 같은 일은 없습니다. 이 점에 관한 오해는 꿈에 대한 우리들의 인식의 본질에 관한 것이며 노이로제의 이해에 있어서 꿈이 갖는 가치를 위태롭게 하는 것이기 때문입니다. 또한 상인의 생활 속에서는 '붙임성이 좋은 것'으로 소중히 여겨질지 모르는 영합적인 그 방법은 학문의 세계에서는 적합하지 않을 뿐더러 오히려 해롭기까지 하기 때문입니다.

왜 꿈은 지금 설명한 바와 같은 의미로 다의적(多義的)이어서는 안 되느냐 하는 질문에 대한 첫번째 답은 흔한 대답이지만 "왜 그렇게 되어서는 안 되는가 자신으로서는 알 수 없다"는 것이 됩니다. 나 자신으로서는 특히 그 의미가 여러 가지로 해석되는 점에 이론(異論)이 있는 것은 아닙니다. 나로서는 꿈이 다의적이라 할지라도 전혀 상관없습니다. 다만 하찮은 사실이며 꿈에 관한 보다 폭넓은 편리한 견해, 즉 실제로 꿈은 다의적이라는 견해에 반대되는 것이 있는 것입니다.

두번째 답으로서 꿈은 다양한 사고양식과 지적 조작에 대응하는 것이라는 가정은 나로서도 특별히 모르는 것은 없다는 것을 강조해 두고자 합니다.

나는 이전에 어느 환자의 병력(病歷) 중에서 그 환자가 사흘 밤을 계속해서 꿈을 꾸다가 그 후에는 전혀 꾸지 않은 어떤 꿈을 보고해 준 적이 있습니다. 그리고 이 꿈이 이러한 표현 방법을 택한 것은 어떤 '계획'이 실현되어 두 번 다시 되풀이할 필요가 없어졌기 때문이라고 설명했던 것입니다. 또한 그 후에 어떤 고백에 대응하는 꿈을 발표한 적도 있습니다. 그러므로 내가 그러면서도 이론(異論)을 내세우고 꿈은 항상 충족된 원망에 지나지 않다고 주장하는 이유는 무엇일까요.

내가 이와 같은 주장을 하는 것은 우리가 노력해서 얻은 성과를 무(無)로 돌려 버릴지도 모르는 단순한 오해를 허용하고 싶지 않기 때문입니다. 그것은 꿈과 꿈의 잠재사상을 혼동하고 오로지 잠재사상에만 속하는 것을 꿈 그 자체에 대해 운운한다는 오해입니다. 즉 꿈은 우리가 먼저 열거해 본 계획, 경고, 숙려(熟慮), 준비, 어느 과제의 해결 시도 등을 모두 대리할 수도 있으며, 그것들에 의해서 보상될 수 있다는 점은 참으로 옳은 것입니다. 그러나 주의를 기울이면 여러분도 알 수 있는 것이지만 이것은 꿈으로 바뀌어버린 꿈의 잠재사상에 대해서만 꼭 들어맞는 것입니다.

여러분은 꿈의 해석에서 인간의 무의식적 사고는 이 종류의 계획, 준비, 숙려 등을 채택하고 그것들을 사용하며 꿈의 작용이 꿈을 만드는 것임을 알고 있습니다. 그때 꿈의 작용에 관심을 갖지 않고 인간의 무의식적인 사고의 작용에 많은 관심을 갖게 되면 여러분은 꿈의 작용을 간과해 버리고 실제는 완전히 그대로인데도 꿈은 경고나 계획 등에 대응하는 것이라고 말하게 됩니다. 정신분석 작업의 경우에도 자주 이와 같은 예에 부딪치기도 합니다. 요컨대 우리는 꿈의 형식을 다시 타파하고 꿈의 근원인 잠재사상을 꿈 대신 연결해서 그 맥락을 이으려고 애쓰는 것입니다.

그래서 우리는 잇따른 꿈의 잠재사상의 평가에서 앞에서 설명한 바와 같은 복잡한 심적(心的) 행위는 모두 무의식중에 일어날 수 있는 것임을 알았지만 그것은 참으로 위대하며 더욱이 우리를 망연자실케 하는 결론이 아니겠습니까.

그러나 원점으로 돌아가서 여러분이 자신들은 간략한 표현을 했다는 것을 명백히 함과 동시에 앞에서 들었던 다양성은 꿈의 본질에 틀림없이 관계되어 있다고 믿지 않는다면 그것이 바로 옳은 것입니다. 여러분이 '꿈'에 대해서 말할 때는 현재화(顯在化)된 꿈, 즉 꿈의 작용의 산물을 생각하고 있거나 그렇지 않으면 기껏해야 꿈의 작용 자체, 즉 꿈의 잠재사상에서 현재몽(顯在夢)을 형성하는 심적 과정을 생각하고 있는 것이 틀림없습니다. 그 이외의 의미로 이 말을 쓰는 것은 개념의 혼란이며 화를 초래할 뿐입니다. 만일 여러분의 주장이 꿈의 배후에 있는 잠재사상을 가리키는 것이라면 분명히 그렇게 말하고, 꿈의 문제를 여러분이 사용하고 있는 모호한 표현법에 의해서 은폐하지 마십시오. 꿈의 잠재사상은 꿈의 작용이 그것을 바꾸어서 현재몽으로 하는 소재(素材)입니다. 왜 여러분은 소재와 이것에 형태를 부여하는 작용을 혼동하는 것일까요. 그러한 혼동이 있다면 다만 꿈의 작용의 산물만을 알고 그것이 어디에서 유래하는지, 왜 만들어지는지를 설명하지 못한 사람들과 비교해서 보다 나은 점이 어디에 있을까요.

꿈에 있어서 유일한 본질적인 것은 사상이란 소재에 작용하는 꿈의 작용입니다. 어떤 종류의 실제적인 상황 속에서는 꿈의 작용을 소홀히 해도 지장이 없다 할지라도 이론적인 면에서는 그것을 제외한다 해서 좋다고 할 수는 없습니다. 그러므로 정신분석에 의한 관찰 역시 꿈의 작용은 아는 바와 같이 태고적 또는 퇴행적(退行的)인 표현법으로 번역하는 것에만 국한되어 있지 않음을 나타냅니다. 그리고 꿈의 작용은 보통 낮의 잠재사상에는 속하지 않지만 꿈을 형성하는 원동력이 되는 어떤 것을 이들 사상에 첨가하는 것입니다. 이 불가결한 부가물은 역시 마찬가지로 의식되지 않는 원망이며, 이 원망을 충족시키기 위해서 꿈의 내용이 바뀌어진 것입니다. 그러므로 여러분이 꿈에 의해서 대리되는 사상만을 고려(顧慮)하고 있는 한 꿈은 경고, 계획, 준비 등 어떤 것이라도 될 수 있다는 것이 됩니다.

꿈은 또한 항상 무의식적인 원망의 충족이지만 만일 여러분이 꿈은 꿈의 작용의 성과로 간주한다면 꿈은 오로지 무의식적인 원망의 충족에 지나지 않게 됩니다. 그러므로 꿈은 결코 단순한 계획이나 경고가 아니라 항상 어떤 무의식적인 원망의 힘을 빌려서 계획이나 경고 등이 태고적인 표현으로 번역되어 이들 원망을 충족하기 위해서 모습을 바꾼 것입니다. 원망 충족이라는 이 성격은 항상 불변하는 성격이지만 또 다른 성격은 여러 종류로 변할 가능성이 있습니다. 그러나 이 성격도 그 나름대로는 원망이므로 꿈은 낮 동안의 잠재적 원망을 어떤 무의식적인 원망의 도움을 받아 충족된 것으로 표현하고 있는 셈입니다.

나로서는 이러한 사정을 아주 잘 알고 있으나 여러분에게 알리는 데 성공했는지의 여부는 알 수 없습니다. 또한 그것을 여러분에게 증명하는 데도 곤란을 느낍니다. 그 때문에 한편으로는 많은 꿈을 주의깊게 분석해야 하며, 다른 한편으로는 우리의 꿈에 관한 견해 중에서 가장 취급하기 힘들고 더욱 중요한 점을 나중에 이야기하게 되는 것과 관련시키지 않고서 설득력을 가지고 이야기할 수 없기 때문입니다. 도대체 여러분은 모든 사항이 서로 밀접한 관련이 있을 때, 어떤 한 사물의 본성을 깊이 추구하는 일이 다른 이것과 유사한 성격을 가진 사물을 되돌아보지 않고 할 수 있다고 생각하는 건가요. 우리는 꿈에 가장 가까운 것, 즉 노이로제 증상에 대해서는 아직 아무것도 알고 있지 않으므로 여기서도 이제까지 알고 있는 지식으로 만족해야만 합니다. 나는 또 하나의 예를 들어 설명하면서 새로운 고찰을 해볼까 합니다.

여러 차례 되풀이해서 인용했던 저 꿈, 1플로린 50크로이사로 표 세 장이란 꿈[5]을 다시 한 번 들어보겠습니다. 나는 단언하지만 이 꿈을 처음 예로 들었을 때는 특별히 어떤 저의가 있어서가 아니라 단순히 한 예로서 들었을 뿐입니다. 이 꿈의 잠재사상은 여러분도 알고 있습니다. 즉 친구가 이제 겨우 약혼했다는 소식을 들었을 때, 자신이 결혼을 그토록 서두른 것에 대한 울분, 자기 남편에 대한 경멸, 좀더 기다렸다면 보다 나은 남편을 만났으리라는 생각입니다. 그리고 이와 같은 사상에서 하나의 꿈을 만들어낸 원망도 이미 우리는 알고 있습니다. 그것은 연극구경을 가고 싶다는 호기심이며, 어쩌면 결혼하면 도대체 어떤 일이 일어나는가, 언젠가는 경험해 보고 싶었던 지난날의 호기심이 나누어진 것이리라는 점입니다. 이 보고 싶다는 욕망은 소아인 경우에는 부모의 성생활로 향해지는 것이 보통이므로 유치형의 호기심이 후년이 되어서도 역시 존재하는 한, 유치형이라는 것 속에 뿌리를 내리고 있는 욕동의 움직임인 것입니다.

그러나 낮에 들은 소식은 이 보고 싶다고 하는 호기심을 야기시키는 계기가 된 것이 아니라, 다만 울분과 후회의 계기가 되었을 뿐입니다. 이 원망의 움직임은 당장 꿈의 잠재사상에 속하는 것은 아니었습니다. 우리는 꿈의 해석 결과를 분석 속에 배치할 때도 이 원망의 움직임을 되돌아보지 않을 수 없었습니다. 이 울분 그 자체로서는 꿈을 만들어낼 만한 힘이 없었던 것입니다. 결혼을 그토록 서두른 것은 어리석었다는 사상만으로는 아직 꿈은 생기지 않습니다. 이것에 덧붙여서 결혼할 때 어떠한 일이 일어나는가, 언젠가 한번 보고 싶었던 지난날의 원망이 일어났을 때 비로소 꿈이 생기는 것입니다. 그리고 이 원망은 결혼을 연극구경 가는 것으로 치환하여 꿈의 내용을 형성하고 이 내용에 이전의 원망 충족이라는 형식을 부여한 것입니다. "자, 나는 연극구경을 가서 금지된 것은 무엇이든 보아도 좋아요. 하지만 당신은 안 돼요. 나는 결혼했지만 당신은 기다려야만 해요"라고 말하는 것입니다. 이와 같은 방법으로 현재의 상황을 반대상황으로 바꾸어버리고 지난날의 승리가 최근에 생긴 패배로 대치되는 것입니다.

덧붙여 말하면 이 호기심의 만족은 이기적 경쟁심의 만족과 혼합되어 있습니다. 그런데 이 경쟁심의 만족은 꿈의 현재(顯在)내용을 제약하고 있으며, 꿈의 내용에서는 자신은 현실적으로 극장에 와 있으나 친구는 입장하지 못했다고 되어 있습니다. 이 호기심과 경쟁심이 만족하는 장면 배후에 꿈의 잠재사상이 아직도

---

5) 127쪽 참조.

감추어진 꿈의 내용 부분이 그 장면과는 들어맞지 않는 불가해한 장식으로서 높이 쌓여 있습니다. 꿈의 해석은 원망의 충족을 묘사하는 데 도움이 되고 있는 것은 전혀 고려하지 않고 지금 설명한 암시에서 고통스러운 꿈의 잠재사상을 재현해야만 하는 것입니다.

내가 다음에 설명하려고 하는 하나의 고찰은 지금 전경(前景)에 나와 있는 꿈의 잠재사상에 여러분의 주의를 돌리도록 하는 것입니다. 잊지 말아야 할 것은, 꿈의 잠재사상은 첫째 꿈을 꾼 사람에게는 무의식적이라는 것, 둘째 완전히 이해할 수 있는 맥락(脈絡)이 있는 것이며, 따라서 꿈의 계기가 된 것에 대한 반응으로서 이해될 수 있는 것, 셋째 그것은 임의의 심적 욕동 또는 지적 조작으로서의 가치를 지닐 수 있는 것입니다. 꿈을 꾼 사람이 그 일을 인정하느냐의 여부에 관계없이 나는 이 사상을 그전[6]보다도 더욱 엄밀한 뜻에서 '백주의 흔적'이라고 칭하려 합니다.

나는 백주의 흔적과 꿈의 잠재사상을 구별합니다. 그 경우 우리가 이제까지 쓰고 있었던 호칭을 일치시켜서 꿈을 해석할 때 우리가 알 수 있는 모든 것을 꿈의 잠재사상이라고 부르지만 한편 백주의 흔적은 잠재사상의 극히 일부분에 지나지 않는 것입니다. 그렇게 하면 결국 우리의 견해로는 백주의 흔적 위에 그것도 무의식적으로 속해 있던 어떤 것, 즉 강력하지만 어떤 억압을 받고 있던 원망의 움직임이 부가된 것이며, 이 원망의 움직임만이 꿈을 형성할 수 있었던 것입니다. 이 원망의 움직임이 백주의 흔적에 미치는 작용이 꿈의 잠재사상의 다른 부분, 즉 더 이상 각성시의 생활에 근거하여 이해할 수 있는 합리적인 것으로 보일 필요가 없는 부분을 낳는 것입니다.

백주의 흔적과 무의식적인 원망과의 관계에 대해서 나는 하나의, 비유를 든 적이 있습니다만, 여기서도 그것을 다시 한 번 되풀이할 수밖에 없습니다. 어떤 기업체도, 경비를 지출하는 자본가도 어떤 아이디어를 가지고 있어서 그것을 실행에 옮기는 방법을 터득하고 있는 경영자를 필요로 합니다. 꿈의 형성에 있어서 자본가의 역할을 하는 것은 언제나 무의식적인 원망입니다. 이것은 꿈을 형성하는 데 필요한 심적 에너지를 공급합니다. 경영자는 백주의 흔적이며 이것은 비용을 어떻게 사용하는가를 결정하는 것입니다. 그러나 자본가 자신이 아이디어와 전문적 지식을 가지고 있는 경우도 있으며, 경영자 자신이 자본도 가지고 있는

---

6) 218쪽 참조.

경우가 있습니다. 이러한 경우는 실제면에서는 여러 가지 것이 간단하게 되지만, 그러나 이것을 이론적으로 이해하기는 곤란합니다. 국민경제학[7]에서는 한 사람이 언제라도 자본가와 경영자로 나누어져서 고려되고 그리하여 우리의 비유의 출발점이 된 기본적인 상황이 재건됩니다. 꿈의 형성의 경우에도 같은 변동이 일어나지만 그 문제를 더 이상 추구하는 것은 여러분에게 일임합니다.

이 문제에서는 더 이상 앞으로 나아갈 수가 없습니다. 왜냐하면 여러분은 필시 훨씬 전부터 어떤 의념(疑念)에 사로잡혀 있다고 여겨지기 때문입니다. 더욱이 이 의념에는 귀를 기울일 가치가 있습니다. 백주의 흔적이 꿈을 낳는 능력을 갖기 위해서는 그 위에 무의식 원망이 첨가될 필요가 있다고 되어 있으나, 이 백주의 흔적은 무의식 원망과 같은 뜻이며 실제로 무의식인 것일까 하는 것이 여러분의 의념일 것입니다. 이 예감은 올바른 것입니다. 실은 여기에 모든 문제의 요점이 있습니다.

백주의 흔적은 이 무의식 원망과 같은 뜻이며 무의식은 아닙니다. 꿈의 원망은 다른 무의식에 소속되어 있습니다. 즉 우리가 특별한 매커니즘을 가지고 유치형에서 유래하고 있다고 인정한 그 무의식에 속해 있습니다. 만일 이 무의식의 두 가지 존재형식을 다른 호칭으로 구별한다면 그것은 틀림없이 적절한 방법일 것입니다. 그러나 우리는 노이로제의 현상영역을 상세히 알 수 있을 때까지는 그렇게 하지 않으려고 합니다. 어쨌든 하나의 무의식마저 환상(幻想)이라고 질책당하고 있지 않습니까. 하물며 만일 두 가지의 무의식을 생각해서 비로소 충분하다고 고백한다면 우리는 어떤 말을 듣게 되겠습니까.

여기서 일단 이야기를 끝내기로 합시다. 여러분은 아직도 불완전한 것을 들은 셈이 됩니다. 그러나 이 지식은 아직도 계속되고 그것은 우리 자신이나 또는 우리 뒤를 잇는 다른 사람들에 의해서 멀지 않아 햇빛을 보게 될 것이라고 생각하면 희망이 솟지 않습니까. 그리고 우리 자신도 새롭고 놀라운 지식을 충분히 배운 것이 아닐까요.

---

7) 본래는 국민을 하나의 유기적인 통일체로 보고 국민생활의 일면으로서 그 경제생활을 파악하는 것. 가내경제, 도시경제, 국민경제의 3단계를 생각할 때 국민경제는 중앙집권적인 근대국가 형성과 함께 성립된 것으로 여겨지고 있다. 여기서는 오늘날과 같은 의미로서 '경제학적으로'라는 정도로 생각된다.

제15강 불확실한 점과 비판

여러분! 꿈 이야기를 끝내기 전에 지금까지 얻은 새로운 사실과 견해에 관해서 누구나 느끼는 의문이나 불확실한 점에 대해 언급할까 합니다. 여러분 가운데서도 나의 이야기를 주의깊게 들은 사람은 아마 그런 점에 대해서 약간의 자료를 모았을 것입니다.

(1) 우리가 분석기법을 정확히 지켜도 꿈의 해석이라는 작업의 결과에는 애매한 점이 꽤 남아 있으므로 현재몽을 잠재사상으로 정확히 번역하려는 시도는 결국 실패로 끝나지 않느냐는 인상을 줄지도 모릅니다.

그 이유로서 다음과 같은 것을 들 수 있을 것입니다. 첫째로 꿈의 특정한 요소에 대해서 이것을 뜻 그대로 받아들여야 할지 아니면 상징적으로 이해하면 좋을지 하는 점을 알 수 없습니다. 왜냐하면 상징적으로 씌어진 것에도 역시 사실대로 의미를 가지고 있는 것에는 변함이 없기 때문입니다. 그리고 이것을 결정하는 객관적 근거가 없다고 하면 꿈의 해석은 그 점에서 해석자의 자의(恣意)에 맡겨지게 되는 셈입니다. 둘째로 꿈의 작용에서는 상반되는 것이 하나로 되는 경우가 있기 때문에 어떤 종류의 요소를 적극적인 의미로 받아들여야 할 것인가, 그렇지 않으면 소극적인 의미로 받아들여야 할 것인가, 요컨대 뜻 그대로 해석해야 할 것인가, 아니면 반대의 뜻으로 해석해야 할 것인가가 언제나 미정상태로 되어버

립니다. 여기에도 언제나 해석자의 자의가 움직이기 시작하는 기회가 있다는 것
이 됩니다. 셋째로 꿈속에서는 모든 종류의 제멋대로 뒤집음이 실시되므로 해석
자로서는 꿈속의 제멋대로 부분에서 이 종류의 뒤집음을 할 수 있는 자유가 있게
됩니다. 마지막으로 어떤 꿈에 대해서 발견된 해석은 그것만이 유일하게 가능한
해석이라고 단언할 수 있는 경우는 좀처럼 없다는 설(說)을 들은 것을 원용(援
用)할지도 모릅니다. 따라서 동일한 꿈을 여러 가지 뜻으로 해석하는 것은 당연
히 허용되어야 함에도 불구하고 이것을 간과하는 위험을 범하게 됩니다. 이와 같
은 사정하에서는 해석자의 자의가 작용하는 여지가 너무 커서 결론의 객관적 확
실성과는 양립하지 않게 되는 것같이 여겨진다고 여러분은 결론지을 것입니다.
혹은 우리의 꿈의 해석의 불충분한 점은 꿈에 있지 않고 결국 우리의 견해나 전
제가 옳지 않은 점에 있는 것은 아닌가 하고 생각할지 모릅니다.

　여러분이 의문점으로 내놓은 자료는 어느 것이나 비난의 여지가 없는 훌륭한
것들입니다. 그러나 그렇다고 해서 여러분이 내린 두 방향의 결론, 즉 우리가 한
꿈의 해석은 해석자의 자의대로 된다는 의견과, 해석의 결과에 결함이 있는 것은
우리의 방법이 옳지 않았기 때문이 아닌가 하는 의문은 그 어느 것이나 정당하지
않다고 생각합니다. 만일 여러분이 해석자의 자의 대신에 해석자의 숙련, 경험,
이해력을 치환(置換)하려고 한다면 그것에는 나도 찬성합니다. 이와 같은 개인적
인 요소를 우리는 물론 빠뜨려서는 안 됩니다. 특히 꿈의 해석과 같은 곤란한 과
제를 다룰 때는 더욱 그러합니다. 그러나 이와 같은 일은 다른 학문 영역에서도
마찬가지가 아닐까요. 어떤 사람이 남보다도 어떤 기법 조작이 서투르지 않도록
하거나 또한 그 기법의 이용 방법이 너무 지나치지 않도록 조절하는 수단 등은
없습니다. 예를 들면 상징을 해석하는 경우에 자의적이라는 인상을 강하게 풍기
는 것에 대해서는 일반적으로 꿈의 사상 상호간의 관련, 꿈과 꿈을 꾼 당사자 생
활과의 관련 및 꿈을 꿀 때의 심적 상황 등을 생각함으로써 주어지는 몇 가지 해
석의 가능성 중에서 어느 하나의 해석만을 채용하고, 다른 해석은 쓸모없는 것으
로 물리쳐 이것을 제거할 수도 있습니다. 그러나 꿈의 해석이 불완전하다는 이유
로 우리의 주장을 옳지 않다고 결론짓는 것에 대해서는 꿈의 다의성(多義性) 또
는 애매함은 오히려 필연적으로 예기되는 꿈의 한 특성이라는 것을 논증해 보면
그와 같은 이론(異論)은 힘을 잃게 됩니다.

　꿈의 작용이란 꿈의 사상을 상형문자와 유사한 원시적인 표현법으로 번역한 것

이라고 말했는데 그 점을 상기해 보기로 합시다. 그러나 이들 모든 원시적인 표현체계에는 앞에서 설명한 것과 같은 애매함과 다의성이 항상 붙어다니는데 그렇다고 해서 우리는 이들 표현체계의 실용성을 의심할 권리는 없습니다.

아는 바와 같이 꿈의 작용에서는 상반되는 것이 하나로 되어 있다는 점은 가장 오래된 언어의 이른바 《원시언어의 상반적 의미의 문제》[1]와 유사합니다. 우리들의 이 같은 보는 방법은 언어학자인 R. 아벨에게 배운 것이지만(1884년) 아벨은 이와 같이 상반된 의미를 가진 말의 도움을 받아 어떤 사람이 다른 사람에게 의사전달을 했다고 해서 그 전달이 애매하다고 믿어서는 안 된다고 말하고 있는 것입니다. 오히려 말의 음조(音調)나 몸짓에 의해서 상반된 의미 중 어느 것을 이야기하는 사람이 전하려 했었는가 하는 점은 이야기의 연관 속에서 조금도 의심없는 것으로 되어 있었을 것입니다.

문자를 쓸 때는 몸짓은 필요없으므로 발음하지 않기로 되어 있는 그림부호를 이 문자에 첨가해서 이것으로 대신한 것입니다.

예를 들면 두 가지 뜻을 가진 이집트 상형문자인 ken이 '약하다'를 뜻하는가 '강하다'를 뜻하는가에 따라서 각각 힘없이 웅크리고 있는 사나이, 혹은 뻣뻣하게 서 있는 사나이의 모습을 써넣습니다. 그러므로 음과 부호에 몇 가지의 뜻이 있어도 오해를 면하게 되는 것입니다.

예를 들면 지금 설명한 가장 오래된 언어의 문자와 같이 고대의 표현체계에는 오늘날의 문자로는 도저히 허용되지 않는 애매한 점이 수없이 있는 것을 알 수 있습니다. 그 한 예로서 셈어족의 문자(히브리어·페니키아어·아라비아어·이디오피아어 등의 문자)에서는 낱말의 자음만이 표시되어 있는 것이 적지않습니다. 탈락된 모음은 독자가 자기 지식과 앞뒤의 문맥에 따라서 삽입해야 합니다. 상형문자 전부가 반드시 그런 것은 아니지만 대체로 이와 같습니다.

고대 이집트어의 발음을 오랫동안 알지 못했던 것은 이 때문이었습니다. 이집트인의 신성한 서적에는 그 밖에도 여전히 애매한 점이 있습니다. 예를 들면 상형문자를 배열하는 데 있어 오른쪽에서 왼쪽으로 혹은 왼쪽에서 오른쪽으로, 쓰는 사람의 자유의사대로 써도 무방했습니다. 이것을 해독할 때는 여러 가지 인물이나 새 등의 얼굴에 의지해서 읽어야 한다는 규정을 따라야 했습니다. 그런데 쓰는 사람은 이 상형문자를 세로로 늘어놓을 수도 있는 것입니다. 비교적 작은 물건에

---

1) 184쪽 참조.

쓰는 비문 등에서는 보기 좋게 하도록, 또한 비면에 잘 배열되도록 문자의 순서를
바꾸기도 했던 것입니다.

이집트 상형문자의 가장 큰 장해는 어쩌면 띄어쓰기가 없다는 것일 겁니다. 그
림글을 같은 간격으로 하여 옆으로 늘어놓았기 때문에 어느 한 기호가 앞말의 것
인지, 다음 말의 시작인지 일반적으로 알 수 없습니다. 이에 반해서 고대 페르시
아의 설형(楔形)문자(글자의 획이 쐐기 모양을 한 문자. B.C. 3500년에서 1000
년경에 바빌로니아·아시리아 등에서 쓰여졌다. 쐐기문자)에서는 비스듬히
쐬어진 쐐기 모양이 '단어를 구분하는 것'으로 되어 있습니다.

아주 오랜 역사를 가졌고 오늘날까지도 4억 인구가 쓰고 있는 언어와 문자는
중국어입니다. 그러나 여러분은 내가 중국어를 알고 있다고 생각하면 곤란합니
다. 나는 다만 꿈의 애매한 점과 유사한 것을 찾아내고자 중국어를 배웠을 따름
입니다. 나의 기대는 어긋나지 않았습니다. 중국어에는 우리를 아주 놀라게 하는
다음과 같은 애매한 점이 많습니다.

중국어는 알다시피 많은 자음(字音)으로 성립되었으며 그 자음만으로 발음되거
나 두 음이 합해져 발음되기도 합니다. 중국어의 주된 방언(화북·화중 및
화남의 세 방언)의 하나
는 약 4백의 이 종류의 음을 갖고 있습니다. 그런데 이 방언의 어휘가 약 4천이
나 되어서 하나하나의 자음은 평균 열 가지의 서로 다른 뜻을 갖게 됩니다. 그중
에는 열 가지보다 적은 것도 있고 그보다 많은 것도 있습니다. 그러므로 말하는
사람이 어느 자음에 포함된 열 가지의 의미 중에서 어떤 것을 듣는 사람에게 연
상시키려 하는가는 전후의 관련만으로는 추측할 수 없으므로 이와 같은 의미의
애매함을 피하기 위해서 많은 수단이 사용됩니다. 그 수단 중에는 두 음을 결합
하여 하나의 합성어(숙어·복합
어를 뜻함.)를 만드는 방법과 네 개의 다른 '성조' (聲調 : 사성
(四
聲)을
뜻함.)를 이용하는 방법이 있습니다.

꿈과 비교할 때 가장 흥미 있는 일은 중국어에는 문법이 거의 없다는 점입니
다. 한 자음의 낱말에 대해서 그것이 명사인지, 동사인지, 형용사인지를 단정할
수 있는 것은 하나도 없고, 성(性)·수(數)·어미·시제(時制)·화법(話法)을 식
별하는 낱말의 변화도 전혀 없습니다. 이를테면 언어는 본래의 소재만으로 성립
되어 있는 것입니다. 마치 우리의 사고언어가 꿈의 작용에 의해서 관계를 표현하
고 있는 것이 탈락되어 소재로 분해되는 것과 흡사합니다. 중국어에서는 의미가
애매할 때 그 의미의 결정은 듣는 사람이 이해하는 대로 맡겨지고 그런 경우 듣
는 사람은 전후의 관련에 의해서 의미를 판단하게 마련입니다. 여기에 중국 속담

하나를 예로 들어보겠습니다. 독일어로 직역하면 Wenig was sehen viel was wunderbar²⁾입니다. 이것은 그다지 어렵지 않습니다. "인간은 그때까지 본 것이 적으면 적을수록 놀랄 만한 것을 많이 찾아낸다"라고 생각합니다. 혹은 "보는 것이 적은 자에게는 경탄할 만한 것이 많다"라고 해도 될 것입니다. 어느 것이건 이 두 번역의 차이는 문법적인 것에 지나지 않기 때문에 문제가 되지는 않습니다. 이와 같이 애매한 점이 있다 할지라도 중국어는 사상을 표현하는 수단으로서 아주 훌륭한 것임이 분명합니다. 그러므로 애매하다 하여 반드시 다의적(多義的)이라고 할 수 없습니다.

그런데 우리는 꿈이라는 표현체계에 있어서 모든 사태는 이들 고대어나 고대문자보다 불리한 것을 물론 인정하지 않을 수 없습니다. 왜냐하면 고대어나 고대문자는 그 근본에 있어서 의사 전달을 그 사명으로 삼고 있기 때문입니다. 다시 말해서 어떤 방법으로 어떠한 보조수단을 써서 이해시키는가 하는 것이 의도이기 때문입니다. 그런데 바로 이 성질이 꿈에는 결여되어 있습니다. 꿈은 결코 누구에게 무엇을 이야기하려고 하는 것이 아닙니다. 꿈은 전달도구가 아니라 반대로 이해되지 않는 것을 본래의 목적으로 삼고 있습니다. 그러므로 꿈에는 다의성이나 불확정성이 많고 그 의미를 결정할 수 없다는 것이 명백해져도 특별히 놀라거나 당황할 필요가 없습니다. 다만 우리가 비교해 본 결과 다음의 통찰만은 확실한 수확이라 해도 무방할 것입니다. 즉 사람들이 우리의 꿈의 해석에 신빙성이 없다고 주장하는 근거로 삼으려고 한 꿈의 불확정성이야말로 오히려 모든 원시적인 표현체계에서 언제나 볼 수 있는 성격인 것입니다.

실제로 꿈이 어디까지 이해될 수 있는가 하는 것은 다만 훈련과 경험을 쌓음으로써 확인할 수밖에 없습니다. 나는 상당한 정도까지 이해할 수 있다고 생각하는데, 올바르게 훈련을 쌓은 정신분석가들이 이룩한 결과와 비교해 보아 내 생각이 옳다는 것이 확인되었습니다. 초심자는 설사 학자라 할지라도 자기 전문 이외의 일에는 초심자와 마찬가지인데, 어떤 학문적인 일에서 어려운 문제나 불명확한 점에 직면하면 마치 숙고(熟考)한 후의 회의(懷疑)라는 듯이 허세를 부린다는 것은 잘 알려져 있습니다. 나는 그것을 부당한 태도라고 생각합니다.

여러분은 아마 알고 있겠지만 이와 같은 일은 바빌로니아·아시리아의 비문 해

---

2) 이 속담은 (모자(牟子))(한(漢)나라 모융(牟融)의 작품)에 나오는 "諺云, 少所見, 多所怪"("속담에 말하기를 보는 바가 적으면 의심하는 바가 많다")로 여겨진다.

독의 역사에서도 볼 수 있습니다. 여론이 설형문자 해독자들을 공상가라고 부르고 그 연구를 모두 '사기(詐欺)'로 취급한 시대가 있었던 것입니다. 그런데 1857년에 왕립 아시아협회가 이론(異論)의 여지가 없는 시도를 기획했습니다. 이 협회에서는 이름있는 설형문자 연구가 중에서 로린슨 $\binom{1810\sim95.\ 영국의}{동양학자\cdot군인}$, 핑크스 $\binom{아일랜드}{의\ 고고}$ $\binom{학}{자}$, 폭스 톨벗 $\binom{1800\sim77.\ 영국의\ 고}{고학자\cdot사진\ 발명가}$ 및 아페르 $\binom{1825\sim1905.\ 독일계}{프랑스의\ 고고학자}$에게 새로 발견된 비문을 각자 번역하여 번역문을 봉인한 봉투에 넣어서 보내도록 의뢰했던 것입니다. 이 네 사람의 번역문을 비교해 본 결과 서로 완전히 일치했으므로 협회는 종래의 성과가 신뢰할 수 있다는 것을 증명함과 동시에 금후의 진보도 보증한다는 취지를 성명할 수 있었습니다.[3] 전문 외의 학자들의 비난은 이때부터 차츰 사라지고 그 후로는 설형문자의 기록 해독의 정확성도 현저하게 증대되었던 것입니다.

(2) 두번째 의문점은 여러분도 아마 그렇게 생각하고 있었으리라 여겨지는 다음과 같은 인상과 깊은 연관이 있습니다. 즉 꿈의 해석의 결과 우리가 좋든 싫든 간에 얻는 해답 속에는 억지·조작·견강부회(牽强附會), 따라서 무리한, 아니 우스꽝스럽고 시시한 익살로 보이는 것이 많다는 인상입니다. 이 종류의 의견은 자주 듣게 되는데 최근 우리가 들은 것 중 하나를 들어보겠습니다. 그것은 다음과 같은 이야기입니다.

자유의 나라 스위스에서 최근 한 사범학교 교장이 정신분석을 연구했다는 이유로 그 지위를 박탈당했습니다. 그는 이것에 이의를 제기하고 베른 $\binom{스위스의}{수도}$의 한 신문이 이에 대한 문교부 당국의 견해를 게재했습니다. 그 기사 중에서 정신분석에 관계되는 기사 몇 군데를 인용하면 다음과 같습니다. "더욱이 본인이 인용하고 있는 취리히의 피스터 박사[4]의 저서 중에 있는 많은 실례가 고의적이며 부자연스러운 점에 놀라지 않을 수 없다……. 따라서 적어도 사범학교 교장쯤 되는 분이 이런 주장이나 엉터리 증명을 무비판적으로 받아들였다는 것 자체가 놀라지 않을 수 없다." 이 기사는 '냉정한 판단자'의 결론으로 기술되어 있습니다. 나는 오히려 이 냉정성이 조작된 '꾸며진 것'이라고 생각합니다. 약간의 사색과 약간의

---

3) 이 연구에 관해서는 로린슨, 핑크스, 톨벗, 아페르 공역 (아시리아 왕 티그라트피레세르의 비문)(1857년, 런던)이 있다.

4) 1873~1956. 취리히의 목사 겸 교육가. 정신분석을 연구하고 프로이트와 항상 변함없는 친교를 맺고 있었다.

전문적 지식도 역시 냉정한 판단에 의해서 불리함을 초래하지 않으리라는 기대를 가지고 여기에 표명되어 있는 의견을 좀더 자세히 생각해 보기로 합시다.

심층(深層) 심리학[5]상의 미묘한 문제에 대해서 첫인상으로 즉시, 그것도 망설이지 않고 판단을 내릴 수 있는 사람을 보면 가슴이 후련해지는 느낌입니다. 이런 사람에게는 모든 해석이 일부러 부자연스럽게 꾸민 것같이 보여서 마음에 들지 않습니다. 요컨대 모두 허위이며 그러한 해석 장난은 쓸모가 없다고 생각하는 것입니다. 이들 해석이 그렇게 보이는 데는 충분한 근거가 있을 것이라는 생각은 아예 하지도 않습니다. 그것을 생각하면 계속해서 충분한 근거란 어떠한 근거일까 하는 문제가 결부되는 것입니다.

이제 비판의 대상이 된 이 일은 근본적으로는 꿈의 검열의 가장 강력한 수단이라고 여러분이 습득한 그 치환의 결과와 관계가 있습니다. 꿈의 검열은 치환의 도움에 의해서 우리가 암시라고 칭한 대리물을 형성합니다. 그러나 암시가 보여준 것은 암시라는 것을 쉽게 알 수 없는 것, 본래의 것으로의 귀로가 쉽게 발견되지 않는 것, 또한 극히 특이하고 드문 외적 연상에 의해서 결부된 것에 있습니다. 이들 모든 경우에는 숨겨야 할 것, 비밀로 하기로 정해져 있는 것이 문제가 됩니다. 이러한 것의 은폐를 꿈의 검열이 이루려는 것입니다. 그러나 숨겨진 것을 찾는 데 그것이 제자리에서 발견된다고는 생각할 수 없습니다. 현재 근무하고 있는 국경 감시원이 이 점에 있어서는 스위스의 문교부당국보다 훨씬 빈틈이 없습니다. 그들은 문서나 도면 등을 수색할 때 서류가방이나 문서함 등을 조사하는 데 만족하지 않습니다. 간첩이나 밀수업자 등은 이러한 금제물(禁制物)을 의복의 가장 주의가 가지 않는 부분, 예를 들면 장화의 이중창 사이와 같은, 결코 그런 것이 들어 있을 것 같지 않은 곳에 넣어둘지도 모른다는 가능성을 간과하지 않습니다. 그리고 비밀로 한 것이 거기서 발견된다면, 틀림없이 이것은 정말로 찾으려 했던 것이면 대단한 성과라 할 수 있겠습니다.

꿈의 잠재적 요소와 현재(顯在)하는 그 대리물 사이에 극히 동떨어져 있고 극히 특수한, 때로는 우스꽝스럽고 위트처럼 보이는 연결이 가능하다는 것을 인정하는 것은 우리가 일반적으로 스스로의 힘으로는 해결할 수 없었던 예에 대한 풍부한 경험에 근거를 두고 있는 것입니다. 이 종류의 해석은 스스로의 힘으로는

---

5) 역동(力動) 심리학의 하나. 행동의 원동력으로서의 의식하에 있어서 동기를 문제로 삼는 심리학의 일파.

불가능한 일이 가끔 있습니다.

　아무리 영리한 사람이라도 잠재적 요소와 현재적 대리물 사이의 이 연결을 추측할 수는 없습니다. 꿈을 꾼 당사자가 직접적인 착상을 주어 단번에 번역해 주든지 —— 꿈을 꾼 사람은 그 대리형성을 이루는 당사자이므로 가능합니다 —— 혹은 꿈을 꾼 당사자가 많은 자료를 제공해 주기 때문에 더 이상 이것을 푸는 데 특별한 명민함은 필요하지 않고, 이를테면 필연적으로 그 해결을 얻게 되든지 그 어느 쪽입니다. 꿈을 꾼 사람이 이 두 가지 방법 중 하나로 우리를 도와주지 않으면 문제의 현재요소는 영원히 이해되지 않습니다. 여러분의 양해를 구하며 최근에 경험한 이 종류의 한 예를 추가해 보겠습니다.

　나의 한 부인 환자가 치료중에 아버지를 잃었습니다. 그 후 이 환자는 기회 있을 때마다 꿈속에서 아버지를 보는 것이었습니다. 그런데 이 종류의 꿈의 하나로 다른 데는 도저히 이용할 수 없는 어떤 종류의 연관 속에 아버지가 나타나서 "'11시 15분, 11시 30분, 11시 45분'"이라고 말했다는 것입니다. 그 꿈의 특이한 점을 해석했을 때, 그녀가 말한 착상으로는 아버지는 성장한 자녀들이 식사 시간을 정확히 지키는 것을 좋아했다는 착상만이 이 꿈의 해석에 딱 들어맞았습니다. 이것은 분명히 꿈의 요소와 연관성이 있었으나 그 꿈의 요소의 유래를 추정하지는 못했습니다. 그런데 당시의 치료상황으로 봐서 정당하다고 인정되는 하나의 의념이 있었습니다. 그것은 조심스럽게 억누르고 있었으나 그녀에게는 존경하는 아버지에 대한 비판적인 반항심이 있어서 그것이 이 꿈에 관계되어 있지 않은가 하는 의념입니다.

　언뜻 보기에 꿈과는 관계가 없는 착상을 더욱 추구해 가자마자 그 꿈을 꾼 여성은 다음과 같은 이야기를 했습니다. 어젯밤 자기 앞에서 여러 가지 심리학적인 문제가 화제가 되었는데 친척 한 사람이 "원시인(Urmensch)[6]은 우리 모두에 존속하고 있다"고 말했다는 것입니다. 그때 나는 알 수 있었습니다. 그 말에 의해서 그녀에게 죽은 아버지를 다시 살아나게 하는 좋은 기회가 주어졌던 것입니다. 요컨대 그녀는 꿈속에서 아버지에게 정오 전의 시간을 15분 간격으로 말하게 함으로써 아버지를 '시계 인간(Uhrmensch)'이 되게 한 것입니다.

---

6) 원시인(原始人, Urmensch)은 출현, 발단, 원시를 뜻하는 'ur-'와 인간을 뜻하는 mensch의 합성어. 또한 다음에 나오는 시계 인간(Uhrmensch)은 시계(uhr)와 인간(mensch)의 합성어.

이 예에 관해서 여러분은 위트와 유사성이 있는 것을 부정하지 못할 것입니다. 꿈을 꾼 사람의 위트가 해석하는 사람의 위트로 간주되는 일도 사실 자주 있습니다. 또한 다른 예로 우리가 위트를 상대하고 있는지 아니면 꿈을 상대하고 있는지를 결정하기 어려운 경우도 있습니다.

여러분은 똑같은 의문이 잘못 말한 실수 행위의 경우에도 적지않이 생긴 것을 상기할 것입니다.

어떤 남자가 숙부와 자동차를 타고 있을 때 그 숙부에게 키스당한 꿈을 이야기한 적이 있습니다. 그 남자는 스스로 즉석에서 해석하기를 그것은 '자기성애(自己性愛 : 리비도론에서 온 술어로서 타인을 대상으로 삼지 않고 성의 만족을 얻는 것)[7]를 뜻한다고 부언했던 것입니다. 그런데 이 남자는 우리를 놀리려고 문득 생각난 위트를 꿈이라고 이야기한 것일까요. 나는 그렇게 생각지는 않습니다. 그는 사실 그와 같은 꿈을 꾼 것입니다.

그러나 이 아연할 따름인 위트와 꿈의 유사성은 어디서 오는 것일까요. 이 유사성 문제에서 나는 당시에 위트 그 자체를 깊이 연구해 볼 필요성을 느끼고 나 자신의 의도에서 약간 벗어난 적이 있었습니다. 그 결과 위트 발생에는 의식 전의 사고과정이 잠시 동안 무의식적 가공(加工)을 받는 대로 맡겨지고 그 가공에 의해서 의식 전 사고과정이 위트가 되어 떠오르는 것임을 알았습니다. 그것은 무의식의 영향 아래 무의식 영역을 지배하고 있는 매커니즘, 즉 응축과 치환의 작용을 받는 것입니다. 요컨대 우리가 꿈의 작용에 관여하고 있는 것을 안 것과 동일한 과정의 작용을 받는 셈입니다. 위트와 꿈의 유사성이 생기는 경우에는 이 공통성이야말로 그 유사성의 근원이라고 해야 할 것입니다. 그러나 이 의외의 '꿈의 위트'에는 위트와 같이 쾌감을 동반하지 않습니다. 왜 그럴까요. 그것은 여러분이 위트를 연구하면 자연히 알게 될 것입니다. '꿈의 위트'는 위트로서는 재미가 없다고 생각합니다. 그것은 우리를 웃기지도 않고 아무런 감흥도 일으키지 않습니다.

그런데 여기서 다시 고대의 해몽의 발자취를 더듬어보면 그중에는 도움이 되지 않는 것도 많지만 그와 더불어 우리들 자신도 능가할 수 없는 해몽도 남아 있습니다. 이제 여기서 역사적으로 중요한 한 꿈에 대해서 여러분에게 이야기하겠습

---

7) 리비도 발달단계에서 사랑의 대상은 자기성애, 자기애, 동성애, 이성애의 순서로 발달한다고 고찰되어 있다.

니다. 그것은 플루타르코스와 달디스의 아르테미도루스와는 다소 다른 점이 있으나 이 두 사람이 함께 보고하고 있는 알렉산더 대왕이 꾼 꿈[8]입니다. 대왕은 계속 완강히 방어하는 티루스(Tyrus) 시를 포위했을 때(B.C. 342년), 어느 날 밤 사티로스가 춤추고 있는 꿈을 꾸었습니다. 이 원정에 종군하고 있었던 점몽술가 아리스탄드로스($\frac{\text{그리스의 점몽술}}{\text{가, B.C. 4세기}}$)는 사티로스(Styros)를 사($\sigma \acute{a}$)와 티로스($T\acute{\iota}\rho o\varsigma$) 란 두 단어(티로스는 그대 것)로 나누어서 꿈을 해석하고 이 도시는 정복할 수 있다고 예언했던 것입니다. 알렉산더 대왕은 이 해석에 의해서 공격을 계속하기로 결심하고 드디어 이 도시를 공략했던 것입니다. 아주 억지로 짜맞춘 것같이 보이지만 그 해석은 의심없이 정확했던 것입니다.

(3) 오랫동안 정신분석자로서 꿈의 해석에 종사해 온 사람들에 의해서도 역시 꿈에 관한 우리의 견해에 대해서 반론이 제창되었다는 것을 들으면 여러분은 어떤 특별한 인상을 받을 것이라고 상상할 수 있습니다. 이 정도로 충분한 도발이 만일 새로운 그릇된 설(說)을 유발하는 데 이용되지 않은 채 끝났다고 하면 오히려 이상한 일이라고 해도 무방할 것입니다. 이리하여 개념의 혼동과 부당한 일반화에 의해서 꿈에 관한 의학적 견해와 마찬가지로 그릇된 여러 주장이 나오게 된 것입니다.

그러한 주장 가운데 하나는 여러분도 이미 잘 알고 있는 것입니다. 그것에 의하면 꿈은 현재에 대한 적응의 시도일 뿐만 아니라 장래의 문제를 해결하려는 시도이기도 하며, 따라서 '장래를 예상하는 경향'을 좇는 것입니다(A. 메더). 이 주장은 꿈과 꿈의 잠재사상과의 혼동에 근거하는 것이며, 따라서 꿈의 작용의 무시가 전제한다는 것을 우리는 이미 인증(引證)했습니다. 꿈의 이와 같은 경향은 한편으로는 꿈의 잠재사상도 그 하나인 무의식적 정신활동의 특성으로서는 특별히 신기한 것은 아닙니다. 또한 다른 한편으로는 무의식적 정신활동은 미래에 대해서 대비하는 것 외에도 많은 일을 하고 있으므로 꿈은 그것만으로 끝나는 것은 아닙니다. 어떠한 꿈도 배후에는 '죽음의 계약'이 보인다는 주장의 밑바닥에는 바로 위에서 말한 것보다도 더욱 심한 혼동이 있는 것같이 보입니다. 이 공식이 무엇을 말하려는지 잘 모르지만 이 공식의 배후에는 꿈과 꿈을 꾼 사람의 인격 전체와의 혼동이 있다고 나는 추측하고 있습니다.

소수의 유리한 예를 근거로 부당한 일반화를 행한 좋은 예로서 다음 명제를 들

---

8) 90쪽 참조.

수 있습니다. 즉 어떠한 꿈도 두 종류의 해석을 허용하는 것으로서 그 하나는 우리가 제시한 것과 같은 이른바 정신분석적인 해석이며, 또 다른 하나는 이른바 신비적·상징적 해석에 있어서 욕동의 움직임에는 시선을 돌리지 않고 보다 한층 높은 심적 작용의 표현을 목표로 삼고 있는 것입니다(질베러). 이런 종류의 꿈도 있으나 여러분이 이 견해의 범위를 넓혀서 많은 꿈에 적용해 보려고 해도 헛수고가 될 것입니다.

여러분이 이제까지 들은 모든 것을 생각해 볼 때 모든 꿈은 남성적 흐름과 여성적 흐름이 합류한 것으로서 양성적으로 해석해야 할 것이라는 주장(아들러)은 여러분에게는 전혀 이해할 수 없는 것으로 여겨질 것입니다. 물론 이 종류의 꿈도 없는 것은 아니며, 여러분은 이 종류의 꿈이 어떤 종류의 히스테리 증상과 같은 구조를 가지고 있는 것을 나중에 배우게 될 것입니다. 내가 꿈의 새로운 일반적 성격에 관한 이와 같은 발견에 대해서 설명하는 것은 이와 같은 새로운 발견을 경계하도록 주의를 촉구하기 위한 것이며, 적어도 내가 이러한 설(說)에 대해서 어떠한 판단을 내리고 있는지 여러분에게 의문의 여지가 없게 해두기 위해서입니다.

(4) 분석적 치료를 받고 있는 환자는 자신들 꿈의 내용을 의사가 좋아하는 이론에 적합시키는 것이다, 그래서 어떤 사람은 주로 성적 욕동의 움직임을 꿈꾸고, 어떤 사람은 권력의 요구를 꿈꾸고, 또 어떤 사람은 다시 태어나는 꿈마저 꾼다는 관찰(W. 슈테겔)에 의해서 어떤 때는 꿈의 해석의 객관적 가치가 의문시된 일도 있습니다. 그러나 환자들의 꿈을 지배할 수 있는 정신분석 요법이 존재하기 이전부터 사람들은 이미 꿈을 꾸고 있었으며, 또 지금 치료를 받고 있는 환자들이 치료를 받기 이전에도 언제나 꿈을 꾸고 있었다는 것을 깊이 생각해 보면 이 종류의 관찰의 무게는 훨씬 가벼워집니다. 이 새로운 발견 중에서 사실이 합치하는 곳은 꿈의 학설로서는 자명한 것으로 그다지 중요하지 않다는 것은 곧 인식이 됩니다. 꿈을 야기시키는 백주의 흔적은 각성시의 생활에 있어서 강한 관심이 남는 것입니다. 의사의 말이나 의사가 주는 자극이 피분석자에게 충분히 의미가 깊은 것이 되면 그것은 백주의 흔적권내에 들어옵니다. 그리고 그것은 강한 감정을 동반하고 아직 잃지 않고 있는 다른 낮 동안의 관심사와 같이 꿈을 형성하기 위한 심적 자극을 줄 수 있고, 또한 수면중에 신체적 자극이 자고 있는 사람에게 영향을 미치는 것과 동일한 작용을 하는 수도 있는 것입니다. 꿈을 야기

시키는 다른 유인(誘因)과 같이 의사의 자극에 의해서 일어난 사고과정도 꿈의 현재(顯在)내용 속에 나타나는 수가 있고, 또한 잠재내용 중에 있는 것이 증명되기도 합니다. 꿈이 실험적으로 만들어진다거나 아니면 보다 정확히 말해서 꿈의 자료 일부분은 꿈속으로 도입될 수 있다는 것을 우리는 분명히 알고 있는 것입니다. 그러므로 정신분석자가 환자에게 이러한 자극을 줄 때의 역할은 무리 몰트와 같이 피험자(被驗者)의 손발을 어디에 두어야 하는가 하는 실험자의 역할과 결코 다르지 않습니다.

우리는 꿈을 꾸는 사람에게 '무엇에 대해서' 꿈을 꾸게 하느냐 하는 점에서는 영향을 줄 수 있으나 '무엇을' 꿈꾸느냐 하는 데까지는 영향을 줄 수 없습니다. 꿈의 작용의 매커니즘과 꿈의 무의식적 원망과는 어떠한 외적 영향에도 움직이지 않게 되어 있습니다. 우리는 신체적 자극에 의해서 생기는 꿈의 가치를 논할 때 꿈의 생활의 특수성과 독립성은 신체적 자극 또는 심적 자극에 대한 꿈의 답으로서 반응 속에 나타나 있다는 것은 이미 인식하고 있습니다. 그러므로 꿈의 연구의 객관성을 의문시하려는 앞의 주장에는 그 뿌리에 또다시 하나의 혼동이, 즉 꿈과 꿈의 자료의 혼동이 있는 것입니다.

여러분, 꿈의 문제에 대해서 내가 이야기하고자 했던 것은 이것뿐입니다. 여러분은 내가 많은 문제를 생략한 것을 느끼고 있을 것이며, 또한 내가 모든 점에서 불완전했다는 것도 알았을 것입니다. 그러나 그것은 꿈의 현상과 노이로제 현상이 관련되어 있다는 점에 원인이 있었던 것입니다. 우리는 노이로제론(論) 입문으로서 꿈을 연구해 왔습니다. 그리고 그것은 반대 순서로 하는 것보다 확실히 옳았던 것입니다. 하지만 꿈이 노이로제를 이해하는 준비가 되도록 꿈의 올바른 평가는 노이로제 현상을 알게 된 후에 비로소 얻어지는 것입니다.

나는 여러분이 이 점에 대해서 어떻게 생각하는지는 모르겠습니다. 그러나 나는 여러분에게 이토록 커다란 관심을 꿈의 문제로 향하게 하고 귀중한 시간을 이렇게 함께 꿈의 문제에 할애했다는 것을 결코 후회하지 않는다고 단언해 마지않습니다. 정신분석의 존망(存亡)에 관계되는 여러 가지 주장의 정당성을 꿈 이외의 것으로는 도저히 이렇게 빨리 확신시킬 수 없습니다. 노이로제의 여러 증상이 독자적 의미를 갖는 것이며, 어떤 의도에 봉사하는 것이며, 또한 그 환자의 운명에서 생기는 것임을 지적하기 위해서는 수개월, 아니 수년 동안의 긴장된 연구가 필요합니다. 이에 반해서 똑같은 일을 우선 불가해하고 혼란하게 보이는 꿈의 작용에 대해서 이를 잘 증명하고 그것에 의해서 정신분석의 모든 전제, 즉 심적 과정의 무의식성, 이 심적 과정을 지배하는 특수한 매커니즘 및 심적 과정 속에 나타나는 욕동의 힘을 확증하는 것은 극히 짧은 시간의 노력으로 가능합니다.

꿈과 노이로제 증상의 구조상에서 볼 수 있는 비상한 유사성과 꿈을 꾸는 사람을 깬 이성적인 인간으로 바꾸는 변화의 신속성을 비교 대조해 보면 노이로제 역시 심적 생활의 모든 힘과 힘 사이의 조화의 변화에 근거하고 있는 데 지나지 않다는 확신을 얻을 수 있습니다.

제 3 부 노이로제 총론

제16강 정신분석과 정신의학

1년 만에 다시 여러분 앞에서 이 강의를 계속할 수 있는 것은 내게 큰 기쁨입니다. 작년에는 실수 행위 및 꿈의 정신분석적 취급 방법에 대해서 강의했습니다만 올해에는 노이로제의 여러 현상을 이해하는 데 있어 여러분의 길잡이가 되고자 합니다. 노이로제의 여러 현상은 여러분도 곧 알게 되겠지만 실수 행위와 꿈은 여러 공통점을 지니고 있습니다. 그러나 미리 말해 두지만 여러분은 이번에는 작년과 같은 태도를 내게 취할 수는 없습니다. 작년에는 나의 판단과 여러분의 판단이 일치하지 않으면 한걸음도 앞으로 나아갈 수 없는 방법을 중하게 생각했었습니다. 여러분과 여러 가지 논의를 하고, 여러분의 이론(異論)에 따르고, 여러분과 여러분의 '건전한 오성(悟性)'을 최후의 판결을 내리는 법정으로 인정해 왔던 것입니다. 오늘 이후로는 그렇게 할 수 없습니다. 그것도 한 가지 간단한 일 때문입니다. 왜냐하면 실수 행위와 꿈이 여러분에게 현상으로서 익숙하지 못한 것은 아니며, 여러분도 나와 같은 경험을 가지고 있고, 어쩌면 나와 같은 경험을 갖는 것은 쉬웠을 것입니다. 그러나 노이로제 현상이라는 영역은 여러분에게는 미지의 것입니다. 여러분 자신이 의사가 아닌 이상 내가 보고하는 것 이외에는 노이로제의 세계로 들어갈 길은 없습니다. 만일 판단을 내려야 할 자료를 잘 알고 있지 않으면 어떠한 훌륭한 판단을 내려도 아무런 쓸모가 없게 됩니다.

그러나 이렇게 말한다고 해서 내가 독단적인 강의를 하고 무조건 여러분에게 믿어달라고 요구하는 것처럼 받아들이지 마십시오. 그러한 오해는 나를 몹시 모독하는 것입니다. 나는 여러분에게 확신을 갖게 하려고 하는 것은 아닙니다. 다만 여러분의 선입관을 동요시키는 계기를 갖게 하려는 생각뿐입니다. 만일 여러분이 자료를 알지 못해서 판단할 수 없다면 여러분은 그것을 믿거나 비난해서는 안 됩니다. 다만 여러분은 나의 이야기를 경청하고 그것을 잘 명심해 두면 됩니다. 확신이란 그렇게 쉽게 얻어지는 것이 아닙니다. 노력하지 않고 얻은 확신은 멀지 않아 가치가 없어지고 이론(異論)에 대해서 저항력이 없다는 것을 알게 됩니다. 나와 같이 오랫동안 동일한 자료에 대해서 연구를 계속하고, 그때 동일하면서도 새로운 놀랄 만한 경험을 스스로 터득한 사람은 비로소 확신을 가질 권리가 있는 것입니다.

도대체 무엇 때문에 지적 영역에 있어서 이와 같이 급속하게 확신을 얻고 곧바로 회심(回心)하고 순간적으로 혐오감을 느끼게 하는 일이 생기는 것일까요. coup de foudre, 즉 '첫눈에 반하는 일'은 지적 영역과는 아주 동떨어진 감정 영역에서 생긴다는 것을 느끼지 못하십니까.

우리는 우리 환자들에게마저 정신분석의 신봉자나 지지자가 되어달라는 요구는 하지 않습니다. 그와 같은 일을 하면 환자로 하여금 우리를 의심하게 만드는 것밖에 되지 않습니다. 호의있는 회의(懷疑)야말로 우리가 환자에게 바랄 수 있는 가장 바람직한 태도입니다. 그러므로 통속적인 견해나 정신의학적 견해와 함께 정신분석적 견해를 여러분의 마음속에 조용히 성장시켜 줄 것을 바라는 것입니다. 그렇게 하면 양자는 서로 영향을 끼치고 우열을 다투다가 마침내 일치되어 어떤 결정에 이르는 기회가 생길 것입니다.

또한 한편 내가 정신분석적 견해로서 강의하는 것이 사변적(思辨的)인 체계라고 생각해서는 곤란합니다. 오히려 그것은 경험이며, 관찰의 직접적인 표현이거나 혹은 관찰을 가공한 결과인 것입니다. 이 가공이 충분하고 또한 정당한 방법으로 행해졌는가 하는 것은 이제부터 학문이 진보함에 따라 밝혀질 것입니다. 그러나 나는 자랑이 아니라 25년이란 세월이 지나 인생의 비탈길을 거의 다 올라온 이제야 이들 관찰은 정말 어렵고 격심한 헌신적 연구의 결과였다고 단언할 수 있습니다.

나는 자주 우리의 반대자들이 이러한 우리 주장의 유래를 조금도 고려하지 않으려 하고, 마치 그것이 단순한 주관적인 착상이며 이와 같은 착상은 누구나 마음대로 반대할 수 있다고 생각하는 듯한 인상을 받습니다. 반대자들의 이러한 태도는 나로서는 도저히 이해할 수 없습니다. 아마도 그러한 원인은 의사들이 평소에 노이로제 환자와는 그다지 접촉을 하지 않고 그들의 호소를 주의깊게 듣지 않고 흘려버리며, 그들의 말에서 가치있는 것을 얻어내는 가능성, 즉 그들에 대해서 날카로운 관찰을 하는 가능성을 놓쳐버리는 점에 있을 것입니다.

이 기회에 여러분에게 약속하지만 나는 앞으로 강의하는 중에 지나친 논쟁은 하지 않을 생각입니다. 적어도 개인과는 하지 않겠습니다. '투쟁은 만물의 아버지다'[1]라는 명제가 진리임을 나는 오늘날까지 확신할 수 없습니다. 이 명제는 그리스의 소피스트[2]에서 유래한 것이지만, 이 학파와 같이 변증법(辨證法)을 과대평가하고 있는 점에서 잘못을 저지르고 있다고 생각합니다. 오히려 그 반대로 나는 이른바 학문상의 논쟁은 대체로 전혀 효과가 없는 것으로 여겨집니다. 그러나 극히 인격적인 논쟁인 경우에는 다릅니다. 나는 2, 3 동안에 단 한 사람의 연구자(뮌헨의 뢰벤펠트[Löwenfeld][3])와 단 한 번 정식으로 논쟁한 적이 있다는 것을 자랑할 수 있습니다. 그 논쟁 결과 우리는 친구가 되고 오늘에 이르기까지 변함없는 우정을 계속 나누고 있습니다. 그러나 나는 그 후 오랫동안 논쟁을 시도하지 않았는데, 그것은 뢰벤펠트의 경우과 같은 결과가 된다는 확신을 갖지 못했기 때문입니다.

그런데 학술상의 토론을 이와 같이 거부하는 것은 상당히 강하게 이설(異說) 혐오나 제멋대로 굴거나 혹은 학계에서 흔히 쓰는 일상용어로 말하면 '고루(固陋)함'을 표명하는 것이라고 여러분은 틀림없이 판단할 것입니다. 그러나 나는 그것에 대해서 이렇게 대답하려고 합니다. 즉 만일 여러분이 아주 힘들게 연구한 결과, 어떤 확신을 얻은 경우에는 여러분에게 어느 정도 그 확신을 완고히 고집하는 권리가 생길 것이라고 말입니다.

---

1) 그리스의 철학자 헤라클레이토스(B.C. 500년경)의 말. 이것을 소피스트의 명제라고 한 것은 프로이트의 착각이다.
2) 그리스어로 지자(知者)·현인(賢人)의 뜻. 주로 아테네의 자유민으로서 필요한 교양·학예 특히 변론술의 교수를 직업으로 삼던 사람들을 일컬음. 프로타고라스·고르기아스·프로디코스 등이 그 대표자임.
3) 프로이트의 정신분석학 초기의 제자. 프로이트의 불안 노이로제설이 불충분하다고 논쟁을 했다.

그리고 나는 나의 연구를 추진하는 동안에 약간의 중요한 점에 관해서 나의 견해를 수정 변경하고 새로운 견해로 교체할 때마다 물론 그 일을 공표해 왔다고 단언할 수 있습니다. 그러나 나의 이 솔직함의 결과는 어떻게 되었을까요. 어떤 사람들은 나의 자기정정을 전혀 알지 못하고 이제 와서는 나로서는 훨씬 전에 이전과는 다른 뜻을 갖게 된 주장을 방패로 삼아 오늘날도 나를 비판하고 있습니다. 또 어떤 사람들은 다름 아닌 나의 이 변화를 비난하고, 그래서 신뢰할 수 없다고 공언하고 있는 것입니다. 자신의 견해를 두서너 번 바꾼 것은 도무지 신용할 수 없다는 것은 그 사람이 현재 주장하고 있는 것도 역시 틀릴지 모르기 때문일 것입니다. 그런데 한번 발표했던 것을 고집하거나 그것을 쉽게 고치려 하지 않으면 아집이 세고 고루하다는 말을 듣게 됩니다. 서로 정반대되는 이러한 비판에 직면할 경우, 자신의 있는 그대로를 밀고 나가며 자신의 비판이 옳다고 행동하는 이외에 달리 어떤 일을 할 수 있겠습니까. 나는 그렇게 결심하고 나의 일체의 학설을 나의 경험을 한걸음 전진시킬 때마다 거듭 수정하는 일을 멈추지 않을 생각입니다. 그러나 기본적인 통찰에 관해서는 나는 이제까지 어떤 변경의 필요성을 찾지 못했으며 오늘 이후로도 그 필요성은 없으리라 생각합니다.

그러면 이제 노이로제의 모든 현상에 대해서 정신분석이 어떠한 견해를 가지고 있는지 보게 되겠습니다. 그때 비교나 대조를 위해서도 이미 취급한 적이 있는 모든 현상에 관련시켜 이야기를 시작하는 것이 지름길일 것입니다. 그래서 나의 진찰시간중에 많은 사람이 행하는 증상(症狀) 행위를 예로 들기로 하겠습니다. 자신의 긴 일생의 고뇌를 15분 정도 동안 고백하기 위해서 의사를 찾아오는 사람들에 대해서 분석의(分析醫)는 물론 어떻게 해줄 수가 없습니다. 분석의는 꽤 깊은 지식을 갖추고 있으므로 다른 의사들처럼 "어디도 나쁜 곳은 없습니다"라고 말하고는 "가볍게 수치요법(水治療法 : 목욕, 샤워 등을 치료수로 삼는 물리요법)을 하면 어떨까요" 하고 조언하기는 힘든 일입니다. 그러므로 우리 동료 한 사람이 당신을 찾아오는 환자를 어떻게 대하느냐는 질문을 받고 어깨를 움츠리면서, 몇 크로네의 벌금을 물게 한다고 대답하게도 되는 것입니다. 그러므로 여러분은 바쁜 정신분석 의사인 경우에도 진찰시간은 그다지 붐비지 않는 것이 보통이라는 말을 들어도 별로 이상하게 생각하지 않을 것입니다.

나는 대기실에서 진찰실과 치료실을 겸한 방으로 가는 사이의 문을 이중으로 하고 그것에 펠트(felt)를 쳐놓았습니다. 이 사소한 장치의 목적에 대해서는 물론 의문의 여지가 없을 것입니다. 그런데 내가 대기실에서 불러들이는 사람들은 언제나 반드시 들어온 뒤 문을 닫는 것을 잊어버립니다. 게다가 거의가 항상 이중문의 양쪽을 활짝 열린 채로 두는 것입니다. 이럴 때면 나는 들어오는 환자에게 그가 핸섬한 신사이건, 우아한 부인이건간에 돌아서서 문을 닫도록 퉁명스럽게 요구합니다. 이것은 지나치게 빈틈없고 꼼꼼한 인상을 줍니다. 때로는 이와 같은 요구를 하고서 나 자신 부끄러울 때도 있습니다. 왜냐하면 환자들 중에는 자신이 문의 손잡이를 잡을 수 없어 시중드는 사람에게 문을 열고 닫아달라고 하는 사람도 있기 때문입니다. 그러나 대부분의 경우에는 내가 옳았던 것입니다. 그와 같은 행동을 하는 사람, 즉 대기실에서 진찰실로 통하는 문을 열어두는 사람은 하층계급의 사람이며 무뚝뚝한 대우를 받아도 할수없습니다. 하지만 나머지 이야기를 다 듣기 전에 그런 사람의 편을 들지 마십시오. 요컨대 환자의 이러한 부주의한 행동은 대기실에 있는 것이 자기 혼자이며 자기가 나가면 방이 텅 빌 경우에만 일어납니다. 다른 사람, 즉 미지의 사람이 있을 때는 결코 일어나지 않습니다. 누군가 있는 경우 환자는 자기와 의사와의 대화를 엿듣지 못하도록 마음을 써야 한다는 것을 잘 알고 있으며 두 문을 공손히 닫는 것을 결코 잊지 않습니다.

그러므로 환자의 불찰은 결코 우연이거나 무의미하거나 하물며 중요하지 않다는 이야기는 아닙니다. 왜냐하면 이 행위가 방으로 들어오는 환자의 의사에 대한 관계를 명백히 해주는 것이기 때문입니다. 대다수의 환자는 사계(斯界)의 권위자의 세속적인 명성을 동경하여 현혹되고 위압당하고 싶어합니다. 환자는 반드시 전화로 언제 찾아가면 만날 수 있는가를 문의하고 율리우스 마인르(오스트리아의 식료품 수입 판매업자)의 지점 앞같이 치료를 받으려는 사람들이 줄지어 있는 광경을 생각하고 있었을 것입니다. 그런데 실제로 와서 보면 대기실은 텅 비어 있고 게다가 가구 비품도 보잘것없어서 실망해 버립니다. 그는 이런 의사에게 쓸데없는 존경심을 가졌던 것에 대한 앙갚음을 하려는 것입니다——그래서 대기실과 진찰실 사이의 문 닫는 것을 게을리하는 것입니다. 그는 그렇게 함으로써 의사에게 "흥, 여기는 아무도 없군. 내가 여기 있는 동안에 아무도 안 올 거야"라고 말하고 있는 것입니다. 그러므로 즉석에서 이러한 오만한 기분에 호된 훈계를 주어 눌러버리지 않으면 치료 도중에 예의없고 건방진 태도를 취할 것입니다.

이러한 사소한 증상 행위의 분석에 있어서는 여러분도 이제 모르는 것은 하나

도 없습니다. 즉 이 증상 행위는 우연한 것이 아니며, 어떤 동기, 즉 의미와 의
도를 가지고 있다는 것, 그것은 분명히 지적할 수 있는 어떤 심적 연관의 하나라
는 것, 더욱이 그것은 꽤 중대한 심적 과정의 사소한 징후를 나타내고 있다는 것
을 주장하고 있습니다. 무엇보다도 먼저 이와 같이 밖으로 나타난 경과는 그것을
행하는 당사자에게는 의식되지 않는다는 주장입니다. 왜냐하면 양쪽 문을 열어놓
은 환자들이 이 태만에 의해서 의사인 내게 경멸을 나타내려고 했다는 것을 어느
누구도 인정하지 않을 것이기 때문입니다. 아무도 없는 대기실에 들어섰을 때 환
멸을 느낀 것을 상기하는 사람은 적지않지만 이 인상과 그것에 잇따라 일어나는
증상 행위와의 연관은 그의 의식에 떠오르지 않은 채로 있는 것입니다.

그런데 우리는 한 증상 행위의 이러한 사소한 분석을 어느 부인 환자에 대한
관찰과 비교해 보기로 합시다. 나는 기억에 뚜렷이 남아 있는 어떤 한 관찰을 선
택하려고 하는데, 그 이유는 이 관찰이 매우 간단하게 기술(記述)할 수 있기 때
문입니다. 이러한 보고를 하는 경우, 어느 정도 상세하게 설명하는 것은 필요불
가결의 일입니다.

짧은 휴가로 귀성한 어느 젊은 장교가 그의 장모를 치료해 달라고 부탁한 일이
있습니다. 그녀는 아주 행복한 환경에 있었으나 어떤 터무니없는 관념 때문에 자
신과 가족의 생활을 엉망으로 만들어버리고 있었습니다. 만나보니 53세의 아픈
곳도 없는 상냥하고 솔직한 인품의 부인으로 아무런 주저도 없이 다음과 같은 이
야기를 했습니다. 그녀는 시골에서 큰 공장을 경영하는 남편과 아주 행복한 결혼
생활을 보내고 있었습니다. 남편의 다정한 마음씨에 대하여 극구 칭찬했습니다.
30년 전에 연애결혼을 하여 그 이후 부부 사이에 마음을 어둡게 하는 일도 다툼
도 질투의 실마리가 되는 일도 전혀 없었습니다. 두 아이 또한 행복한 결혼생활
을 하고 있으나 남편으로서, 아버지로서의 책임감으로 아직 남편은 은퇴하지 않
고 있었습니다. 그런데 1년 전에 믿을 수 없는 일, 그녀 자신도 이해할 수 없는
일이 일어났습니다. 익명의 편지 한 통이 날아들어 이 훌륭한 남편이 젊은 처녀
와 연애관계에 빠져 있다고 전해 온 것입니다. 그녀는 그것을 그대로 믿어버리고
그 이후 그녀의 행복은 깨져버렸습니다. 자세하게 이야기를 하면 대략 다음과 같
습니다. 그녀에게는 한 몸종이 있었습니다. 추측건대 그녀는 이 몸종과 지나칠
정도로 자주 집안 이야기를 했던 것 같습니다. 이 몸종은 어떤 처녀에 대해서 증
오에 찬 적의를 품고 있었습니다. 그것은 그 처녀가 자기보다도 태생이 좋지 못

한 데도 불구하고 자기보다 훨씬 출세했기 때문입니다. 그 처녀는 가정부로 나서지 않고 실업교육을 받아 이 공장에 취직하게 되었는데 스카우트 때문에 일손이 부족하여 좋은 지위로 승진한 것입니다. 그녀는 지금 이 공장 안에서 기거하면서 모든 신사들과 교제하고 '아가씨'라고까지 불리고 있었습니다. 인생의 경쟁에 뒤진 몸종은 당연히 옛친구에 대해서 갖은 험담을 하게 된 것입니다.

어느 날 부인은 손님으로 와 있던 한 노신사에 대해서 이 몸종과 이야기를 나누었습니다. 이 노신사가 부인과 별거하고 다른 여성과 관계를 맺고 있다는 것은 모르는 사람이 없었습니다. 부인은 왜 그렇게 되었는지 자기도 모르겠다면서, 갑자기 자기 남편에게 그러한 연애관계가 생긴다면 참으로 두려운 일이라고 말했던 것입니다. 그러자 그 다음날, 일부러 글씨체를 바꾼 익명의 편지가 날아들어 저주받을 어제의 이야기와 같은 일을 알려온 것입니다. 그녀는 이 편지는 심술궂은 몸종의 수작이라고 추측했습니다. 아마도 그것은 맞는 말일 것입니다. 왜냐하면 몸종이 미워했던 그 '아가씨'가 남편의 애인으로 되어 있었기 때문입니다. 부인은 바로 이 음모를 알아차렸으며 또한 이와 같은 비겁한 밀고가 얼마나 터무니없는 것인가를 주위에서 충분히 경험했는데도 이 편지로 말미암아 순식간에 강한 타격을 받은 것입니다. 그녀는 극도로 흥분하여 즉시 남편을 불러 심한 비난을 퍼부었습니다. 남편은 웃으면서 그 혐의를 부정하고 필요한 최선의 수단을 다했던 것입니다. 그는 가정의(家庭醫)이기도 하면서 공장의이기도 한 의사를 불렀습니다. 의사는 이 불행한 아내의 마음을 진정시키기 위해 열심히 노력했습니다. 두 사람이 취한 그 후의 조치도 아주 적절했습니다. 몸종은 해고당했으나 연적(戀敵)인 처녀는 해고당하지 않았습니다.

그 이후 환자는 익명의 편지 내용을 더 이상 믿지 않을 정도로 안정되었다고 거듭 말했으나 결코 진심으로, 더욱이 장기간에 걸쳐서 안정된 것은 아닙니다. 문제의 아가씨 이름을 듣거나 거리에서 그 처녀를 만나거나 하면 새로운 의구심과 마음의 아픔과 비난의 감정이 발작적으로 일어나는 것이었습니다.

이상이 이 성실한 부인의 병력(病歷)입니다. 그녀의 경우에는 다른 신경질적인 사람과는 달리 자신의 증례(症例)를 오히려 너무 조심스럽게 표현했다는 것, 즉 우리들이 쓰는 말을 빌리면 자신의 병력을 속였다는 것과 그녀가 익명의 편지의 무고(誣告)를 역시 마음속으로는 믿고 있었다는 것을 이해하기에는 그다지 정신의학적인 경험을 필요로 하지 않습니다.

그런데 정신과 의사는 이러한 병인 경우에 어떠한 태도를 취하는 것일까요. 대기실 문을 열어놓는 환자의 증상 행위에 대해서 정신의가 어떠한 태도를 취하는가 하는 것은 우리는 이미 알고 있습니다. 정신과의는 그것을 심리학적으로 흥미가 없는 우연한 일이라 치고 그 이상의 것에는 관여하지 않으려고 합니다. 그러나 질투로 고민하고 있는 이 부인의 경우에도 계속해서 그러한 태도를 취할 수는 없습니다. 증상 행위는 대수롭지 않은 것처럼 보이지만 증상은 어떤 중대한 의미를 가지고 머리를 쳐듭니다. 증상은 강한 주관적 고민을 동반하고 객관적으로는 가족의 공동생활을 위협합니다. 요컨대 그것은 정신의학적으로 관심을 가져야 할 하나의 대상인 것입니다. 정신과 의사는 먼저 증상을 어떤 본질적인 특성에 의해서 특징지으려고 합니다. 이 부인을 괴롭히고 있는 관념을 무의미하다고 볼 수는 없습니다. 실제로 연배인 남편과 젊은 처녀와의 연애관계는 흔히 있는 일입니다. 그러나 그것에 부수되어 있는 다른 점은 어리석고 이해할 수 없는 것입니다. 이 부인 환자가 자기에게 다정하고 성실한 남편도 세상의 보통 남편들과 전혀 다르지 않다고 믿는 데는 익명의 편지 이외에는 전혀 아무것도 없는 것입니다. 그녀는 이 편지로써는 그 사실을 증명할 능력이 없다는 것을 잘 알고 있으며, 이 편지의 출처에 대해서도 충분히 만족할 만큼 밝힐 수가 있습니다. 결국 그녀는 자기는 질투할 이유가 없다고 자기 자신을 타이를 수 있었고 사실 그렇게 하고 있었으나, 그럼에도 불구하고 마치 이 질투에는 충분한 이유가 있다고 인정하고 있는 듯이 고민하고 있는 것입니다. 논리적·현실적으로 추론(推論)해도 논증할 수 없는 이런 종류의 관념을 '망상(妄想)'이라고 부르는 데는 아무도 이론(異論)을 제기하기 않을 것입니다. 요컨대 이 선량한 부인은 '질투 망상'으로 고민하고 있는 것입니다. 이것이 아마도 이 병례의 본질적인 특성일 것입니다.

이와 같이 확인해 버리면 우리의 정신의학적 관심은 아무래도 더 한층 활발하게 움직이게 될 것입니다. 만약 어떤 망상을 현실과 관계지어서 검토해도 제거할 수 없다면 그 망상은 아마도 현실에서 유래한 것은 아닐 것입니다. 그렇다면 그것은 무엇에서 유래하는 것일까요. 다종다양한 내용의 망상이 있는데, 이 증례에 있어서의 망상 내용이 다름 아닌 질투이며 다른 내용이 되지 않는 이유는 무엇일까요. 어떤 인격을 지닌 사람에게 망상 혹은 특히 질투 망상이 형성되는 것일까요. 이 점에 대해서 우리는 정신과 의사의 말을 잠깐 듣고 싶지만 정신과 의사는 우리를 저버리고 모른체합니다.

본래 정신과 의사는 우리들이 설정한 문제 중에서 단 하나만을 고려합니다. 정신과 의사는 이 부인의 가정 내력을 조사하고 나서 우리에게 '아마도' 다음과 같은 대답을 해줄 것입니다. 망상은 이것과 유사한 정신장해나 기타의 정신장해가 되풀이 나타나는 가계(家系)의 사람에게서 흔히 볼 수 있다고 말입니다. 바꾸어 말하면 이 부인이 어떤 망상을 나타내는 것은 유전의 결과이며, 그녀가 그런 소질을 지니고 있었기 때문이라고 말할 것입니다. 확실히 그런 면도 있습니다. 그러나 그것이 우리가 알고 싶어하는 전부일까요. 또한 그것이 이 증례의 원인으로서 작용한 것의 전부일까요. 다른 망상이 아닌 질투 망상이 나타난 것은 아무렇지도 않은 자의적(恣意的)인 것이라든가 또한 설명하기 어려운 일이라고 가정하고 그것으로 만족해야 할까요. 또한 유전적 영향의 우세함을 제창하는 명제를 부정적으로 해석하고 어떠한 체험이 이 사람의 마음에 일어났는가 하는 것은 상관이 없으며, 그녀는 언젠가는 망상을 갖도록 정해진 것이라고 생각해도 좋을까요. 왜 과학적인 정신의학이 우리에게 그 이상의 해명을 하지 않으려 하는지 여러분도 그 이유를 알고자 할 것입니다. 그러나 나는 여러분에게 "자신이 가지고 있는 이상의 것을 주는 자는 악인이다" 하고 대답하겠습니다. 정신과 의사는 이와 같은 증례의 해명을 추진해 나가는 길을 그다지 알고 있지 않습니다. 정신과 의사는 진단에, 그리고 풍부한 경험을 가지고 있어도 역시 그 후의 경과에 대해서는 불확실한 것으로만 만족해야만 합니다.

그런데 이와 같은 경우에 정신분석은 이 이상의 일을 할 수 있을까요. 할 수 있습니다. 앞에서 든 것과 같은 까다로운 증례의 경우에도 정신분석은 보다 정확한 이해를 가능케 하는 무엇인가를 발견할 수 있다는 것을 나는 여러분에게 보여주고자 합니다.

먼저 사소한 점에 주의하기 바랍니다. 그것은 이 부인 환자가 그 전날에 마음이 검은 소녀를 향해서 만약 남편이 젊은 처녀와 연애관계에 빠진다면 자기에게는 최대의 불행이 될 것이라는 기분을 털어놓음으로써 자신의 망상의 지주가 되어 있는 익명의 편지를 오히려 자신이 쓰게 만들었다는 것입니다. 이렇게 해서 그녀는 익명의 편지를 보내는 일을 겨우 몸종에게 생각하도록 한 것입니다. 그러므로 이 망상은 어떤 점에서는 편지와 관계가 없는 것입니다. 망상은 이미 위구(危懼)로서 —— 혹은 원망으로서일까요? —— 환자의 마음속에 존재하고 있었던 것입니다.

그런데 그 밖에 겨우 두 시간의 분석에서 밝혀진 다른 작은 여러 증후를 아울러 생각해 보십시오. 환자는 그 이야기를 한 뒤, 다시 다른 생각이나 착상, 기억을 보고하도록 요구한 데 대해 그때는 아주 강한 거부적인 태도를 보였습니다. 아무것도 생각나지 않고 이미 모두 이야기해 버렸다고 주장했으므로 두 시간 후에는 그녀에 대한 시도는 중단하지 않을 수 없었습니다. 그녀는 "나는 이제 완전히 건강해졌다고 생각하고 그런 병적인 관념은 두 번 다시 일어나지 않을 것이라고 확신한다"고 단언했습니다. 물론 이것은 분석을 속행하는 것에 대한 저항과 불안감에서 나온 말에 지나지 않습니다.

그러나 그럼에도 불구하고 이 두 시간의 분석으로 그녀는 어느 일정한 해석을 허용하는 말, 아니 아무래도 그렇게 해석하지 않을 수 없는 말을 했습니다. 더욱이 이 해석은 그녀의 질투 망상의 발생을 해명하는 데 하나의 밝은 빛을 던져주는 것입니다. 요컨대 그녀 자신이 한 젊은 남성, 즉 그녀를 설득해서 나에게 진찰을 받도록 한 그녀의 사위에게 홀딱 반하고 있었던 것입니다. 이 연정에 대해서 그녀는 조금도 알아차리지 못했거나 아니면 아주 조금 알았을지도 모릅니다. 현재 부모와 자식의 관계에 있으므로 이 연정이 무해(無害)한 애정이라는 가면을 쓰기는 쉬운 일입니다. 우리의 평소의 모든 경험에 의해서 이 정숙한 아내이며 훌륭한 어머니인 53세의 여인의 심적 생활에 감정이입(感情移入)을 해보는 것은 어려운 일이 아닙니다. 이와 같은 연정은 어처구니없는 일, 있어서는 안 될 일이기 때문에 의식에 떠올릴 수는 없었으나 여전히 존재하여 무의식적인 연모의 정으로서 무겁게 내리누르고 있었던 것입니다. 그래서 무엇인가 어떤 모양으로든 그녀 속에 일어나지 않을 수 없었고, 무엇인가 구제가 요구되어야 하는 상태였던 것입니다. 그리고 가장 가까이서 마음을 가볍게 해준 것이 망상성 질투의 발생에 언제나 늘 관여하고 있는 치환의 메커니즘이었던 것입니다. 나이 든 여인인 그녀가 젊은 남자를 사랑하고 있을 뿐만 아니라 나이 든 그녀의 남편도 마찬가지로 젊은 처녀와 연애관계에 빠져 있다면 확실히 그녀는 부정(不貞)하다는 양심의 가책을 면할 수 있는 것입니다. 요컨대 남편의 부정을 공상하는 것은 그녀의 타는 듯한 상처를 냉각시키는 고약이었던 것입니다. 그녀의 사랑은 자신에게는 의식되지 않은 채이었지만, 그러나 그녀에게 이러한 이익을 가져온 이 공상의 반영이 이제 강박적(强迫的)·망상적으로 되어 의식하게 된 것입니다. 그것을 부정하는 논증이 모두 아무런 결실을 맺지 못한 것은 당연한 일이었습니다. 왜냐하면 그와 같은 논증은 다만 경상(鏡像)으로 돌려질 뿐이며 이 그림자를 짙게 하는 데 도움이 되고 무의식 속에 숨어 있어서 저촉할 수 없는 본체(本體)에는 향해지지 않았기 때문입니다.

그런데 단시간에, 더욱이 힘들기까지 했던 정신분석에 의해서 이 증례에 대해 이해할 수 있었던 것을 총괄해 보기로 합시다. 물론 우리의 탐구가 정확하다는 가정에서입니다만 이 경우에 나는 여러분의 판단에 따를 수 없습니다.

첫째로 이 망상은 이미 무의미하거나 이해할 수 없는 것은 아닙니다. 그것은 많은 의미를 지녔고, 훌륭한 동기가 있고, 이 환자의 깊은 감정을 동반한 모든 체험의 연관 중 하나입니다. 둘째로 그것은 다른 모든 증후에서도 추측되는 어떤 무의식적인 심적 과정에 대한 반응으로서 필연적인 것이며, 그 망상에 빠지기 쉬운 성격이나 논리적 또는 현실적 논란에 대한 그녀의 저항은 바로 이 관계 때문입니다. 망상은 환자 자신이 바랐던 것이며 일종의 위안입니다. 셋째로 그것이 다른 망상이 되지 않고 다름 아닌 질투 망상이 되었다는 점은 질병의 배후에 있는 어떤 체험에 의해서 움직일 수 없게 규정되어 있습니다. 여러분은 그녀가 그 전날 마음이 검은 처녀를 향해서 만일 자기 남편이 부정하다면 자기에게는 더 이상 무서운 일은 없다고 말한 것을 기억하고 있으리라 생각합니다. 또한 여러분은 의미 또는 의도의 해명에 있어서, 상황에 주어져 있는 무의식적인 것에 대한 관계에 있어서 우리가 분석한 증상 행위의 두 가지 중요한 유사점을 간과하는 일은 없을 것입니다.

이상으로 우리가 이 증례를 계기로서 제출해도 무방하다는 모든 질문에 답변했다는 것은 물론 아닙니다. 이 증례에는 오히려 그에 따르는 수많은 문제가 있고, 그중 어떤 것은 아직 해결이 불가능한 문제이며, 또 다른 문제는 형편이 나쁜 특수사정 때문에 해결하지 못한 것입니다. 예를 들면 왜 행복한 결혼생활을 하고 있는 이 부인이 사위를 사랑하게 되었을까, 또 마음을 가볍게 하는 데 다른 방법도 있었을 텐데 왜 이와 같이 자신의 상태를 남편에게 투영하는 형태로 마음을 가볍게 하려고 했을까. 이와 같은 질문을 제기하는 것을 쓸데없는 일이나 변덕스러운 일이라고 생각지 마십시오. 우리는 이미 그것에 답변할 수 있는 적지않은 자료를 가지고 있습니다. 이 부인은 갱년기에 접어들었으며 갱년기에는 여성의 성욕을 원하지도 않는데 갑자기 높여줍니다. 이것만으로도 답변은 충분할지도 모릅니다. 혹은 그녀의 선량하고 성실한 남편은 훨씬 전부터 건강한 부인을 만족시키는 데 필요한 성적 능력을 갖지 못했다고 첨가해도 무방할지 모릅니다. 자기 자신은 의심할 여지가 없는 성실한 남편에 한한 한 유독 아내에게 다정하고, 아내가 신경성 병일 때는 지나칠 정도의 관대함을 보여주는 일은 경험이 가르쳐주고 있습니다. 또한 동시에 병의 원인이 되어 있는 이 사랑의 대상으로 선택된 것이 다름 아닌 젊은 사위라는 것도 아무 상관 없는 것은 아닙니다. 자기 딸에 대한 강한 에로틱한 연관은 결국 어머니의 성적 소질로 되돌아가는데 이와 같은 형태를 바꾸어서 계속해 가는 방법을 찾아내는 일이 자주 있는 것입니다. 아마도 이때 인간에 있어서 장모와 사위의 관계는 예로부터 특별히 미묘한 것으로 간주되어 왔으며, 또한 미개인 사이에서는 참으로 강한 터부[4]의 규정과 '금기(禁忌)'의 계기가 되었다는 것을(나의 저작 《토템과 터부》(1913년 출간) 참조) 여러분은 상기해도 좋지 않겠습니까. 그것은 적극적인 면에서나 소극적인 면에서나 문화로서 바람직하다고 되어 있는 범위를 일탈(逸脫)하는 일이 자주 있는 법입니다. 그런데 이들 세 가지 계기 중에서 어느 것이 이 증례로 작용하게 되었는지, 그중의 두 개인지, 그렇지 않으면 세 개 모두가 동시에 작용했는지 하는 점은 물론 나로서는 무어라고 말할 수 없습니다. 그러나 그것은 내가 이 증례의 분석을 두 시간 이상 계속하는 일이 허락되지 않았던 때문만은 아닙니다.

여러분, 나는 방금 여러분이 이해해 줄 만큼의 준비가 아직 되어 있지 않은 것만을 이야기해 온 것을 깨달았습니다. 나는 정신의학과 정신분석을 비교하기 위해서 그렇게 했던 것입니다. 그러나 지금 여러분에게 한 가지 묻고자 하는 것이 있습니다. 그것은 이 양자간의 모순에 대해서 여러분이 무엇인가 알아차린 것이 있는가 하는 점입니다. 정신의학은 정신분석의 기법을 응용하지 않고, 어떤 것을 망상의 내용에 관련시키는 것을 게을리하며 유전을 증거로 내세워서 아주 일반적인 먼 병인(病因)을 들 뿐 맨 먼저 가장 특수하고 가장 명백한 원인을 지적하는 일을 하지 않습니다. 그러나 정신의학과 정신분석 사이에는 모순이나 대립이 있는 것일까요. 오히려 그것은 서로 보충하는 것이 아닐까요. 도대체 유전적 요인은 체험이 지닌 의의와 모순되는 것일까요. 오히려 양자는 가장 효과적인 방법으로 양립하는 것이 아닐까요. 여러분은 정신분석적인 연구에 저항하는 것은 정신

---

4) 신성한 것, 부정(不淨)한 것에 대해서 접촉·상용(常用)을 금하는 종교적 금기나 제재. 원래는 폴리네시아어(語)의 tabu, tapu에서 유래된 말로 '성화(聖化)된'·'금기(禁忌)된'의 뜻.

의학의 일의 본질 속에는 무엇 하나 없다는 것을 승인해 주시겠지요. 그러므로
정신분석에 저항하는 것은 정신과 의사이지 정신의학은 아닌 것입니다.

　정신분석과 정신의학의 관계는 말하자면 조직학과 해부학의 관계와 같은 것입
니다. 해부학은 모든 기관(器官)의 외적 형태를 연구하고, 조직학은 조직과 세포
로 구성되는 기관의 구조를 연구합니다. 한쪽 연구는 다른 쪽의 연구를 이어받는
것이며 이 두 종류의 연구 사이에 모순이 있다고 생각할 수 없습니다. 아는 바와
같이 해부학은 오늘날 과학적 의학의 기초로 간주되고 있지만, 인간의 사체(死體)
를 해부해서 신체의 내부구조에 대해 식견을 구하는 일이 허용되지 않았던 시대
도 있었던 것입니다. 이것과 마찬가지로 정신분석을 사용하여 심적 생활의 내적
구조를 아는 일은 오늘날 엄하게 금지되어 있는 것같이 보입니다. 그러나 심적
생활의 심층에 있는 과정, 즉 무의식적 과정을 충분히 알지 못하고서는 과학적으
로 심화된 정신의학은 있을 수 없다는 통찰이 얻어질 날도 멀지 않을 것입니다.

　그런데 정신분석은 여러 번 공격을 받아왔으나 여러분들 중에는 정신분석 편을
드는 사람도 있을 것입니다. 그런 사람은 정신분석이 다른 측면, 즉 치료의 측면
에서 정당하다고 인정되는 때가 오기를 바라고 있을 것입니다. 아는 바와 같이
종래의 정신의학 요법으로는 망상을 어떻게 할 수가 없었습니다. 그렇다면 정신
분석은 이들 증상의 매커니즘을 통찰한 덕분에 그것을 할 수 있을까요. 아닙니
다, 여러분, 그것은 할 수가 없는 것입니다. 정신분석도 이들 질병에 대해서
—— 적어도 당분간은 —— 다른 모든 요법과 똑같이 무력합니다. 과연 우리는 환
자의 마음속에 일어났던 일을 이해할 수는 있으나 그것을 환자 자신에게 이해시
키는 수단은 가지고 있지 않습니다. 내가 이 망상의 분석을 최초의 단서 이상으
로 권할 수 없었던 것은 여러분이 잘 아는 바와 같습니다. 그렇다고 해서 이와
같은 증례의 분석은 결국 결실이 없는 것이므로 비난해야 한다고 여러분은 주장
할 수 있겠습니까. 나는 결코 그렇게 생각하지 않습니다. 우리들에게는 직접적인
효용(効用)을 고려하지 않고 연구하는 권리, 아니 의무가 있습니다. 마지막으로
—— 언제, 어디서인가 모르지만 —— 지식의 흩어진 단편(斷片) 하나하나가 변해
서 반드시 한 개의 힘으로, 따라서 치료능력이 될 때가 올 것입니다.

　정신분석이 망상의 경우와 같이 다른 모든 형(型)의 노이로제 및 정신장해에
대해서도 효력이 없다는 것을 알았다 해도 그것은 역시 과학적 연구의 몹시 소중
한 수단으로서 충분히 정당성을 지니고 있다고 생각합니다. 그러나 그 경우에 우

리는 정신분석을 실시할 수 없는 상태에 놓여질 것입니다. 우리가 연구자료로서 배우고자 하는 인간은 생물이며, 자기 자신의 의지를 가지고 있기 때문에 연구작업에 협력하기 위해서는 그만큼의 동기가 필요하므로 만일 정신분석이 효력이 없다는 것을 알면 반드시 우리를 거부하리라고 생각합니다. 그러므로 오늘은 다음 사항에 대해서 보고하는 것으로 나의 강연을 끝낼 생각입니다. 그것은 우리의 정신분석에 관한 지식이 발전하면 그것이 치료의 능력으로 변하는 것을 사실에 의해서 증명하는 광범한 정신장해의 그룹이 존재한다는 것과, 보통 손을 댈 수 없는 질환일지라도 어떤 조건하에서는 정신분석이 내과적 치료의 영역에 있어서의 성과에 못지 않은 성과를 거둘 수 있다는 점입니다.

제17강 증상(症狀)의 의미

여러분! 지난번 강의에서 임상 정신의학은 각 증상의 현상형식 및 내용에는 그다지 중점을 두지 않았지만 그에 비해 정신분석은 바로 이 점을 단서로 하고 우선 증상은 의미깊은 것이며 환자의 체험과 관련이 있음을 확인했다는 것을 설명했습니다. 노이로제의 의미는 맨 처음 브로이어(J. Breuer)[1]가 발견한 것으로, 그 이후 유명하게 된 어느 히스테리의 증례(症例)를 연구하여 이것을 잘 치료했던 것(1880~82년)이 그 발견의 단서였습니다. 자네(P. M. Janet)[2]가 이와 관계없이 같은 것을 증명한 것도 사실입니다. 그뿐 아니라 문헌상으로는 이 프랑스의 심리학자가 먼저 발표했습니다. 왜냐하면 브로이어는 자신의 관찰을 10년 이상이나 뒤늦게(1893~95년), 비로소 나와 함께 공표했기 때문입니다. 어쨌든 그 발견자가 누구인가 하는 것은 우리들에게는 상관이 없습니다.

아는 바와 같이 모든 발견은 반드시 여러 번에 걸쳐 이루어지는 것으로, 어떤

---

1) 1842~1925. 오스트리아의 생리학자이며 프로이트의 정신분석의 선구자. 그 후 성애(性愛)문제를 둘러싸고 프로이트와 결별하게 되었음.

2) 1859~1947. 프로이트와 동기인 샤르코의 제자. 히스테리, 강박증상, 기타 증상의 연구에서 심리적 긴장의 개념을 중시하여 여러 가지 정신병을 검증하고 정신의 종합설을 제창하였음. 프랑스의 정신병리학의 아버지로서 큰 영향을 주고 있다.

발견도 단번에 이루어지는 것이 아니며 원래 공적이 성공자에게만 돌려진다고도 할 수 없는 것입니다. 미국은 콜롬부스의 이름으로 불려지고 있지는 않습니다. 브로이어와 자네 이전의 위대한 정신의학자 루레(Leuret)는 정신병자의 섬망(譫妄)상태까지도 그것을 해독하는 방법을 우리가 알기만 하면 의미심장하리라는 의견을 주장하고 있습니다.

솔직히 말해서 나는 오랫동안, 자네가 노이로제 증상의 해명에 공헌한 공적을 높이 평가하려고 했습니다. 왜냐하면 그는 노이로제 증상을 환자를 지배하고 있는 '무의식의 모든 관념'의 발현(發現)으로 파악했기 때문입니다. 그런데 자네는 그 이후 너무 소극적이 되어버리고, 무의식적이라는 것이 그에게는 하나의 표현, 일시적·편의적인 것, '공담(空談)'에 지나지 않았으며 실재의 것으로는 생각지 않았다고 고백하게 되었던 것입니다. 그 이후 나는 자네의 말을 더 이상 알지 못하지만 그는 쓸데없는 일을 하여 자신의 공적을 손상시켰다고 생각합니다.

요컨대 노이로제의 모든 증상은 실수 행위나 꿈과 같은 의미가 있으며, 노이로제 증상을 나타내는 당사자의 생활과 관련이 있습니다. 그래서 나는 여러분에게 이 소중한 통찰을 약간의 실례에 의해서 자세히 설명하고자 합니다. 그러나 나는 다만 어떠한 경우에도 그럴 수 있다는 것을 주장할 뿐이며 증명할 수는 없습니다. 그러나 어쨌든 자신의 경험을 탐구하는 사람은 그것으로 확신을 얻을 수 있다고 생각합니다.

그러나 나는 이러한 실례로서 어떤 동기에서 히스테리증(症)을 들지 않고 결국은 히스테리증에 아주 가까운 것이지만 극히 주목할 만한 노이로제를 들기로 합니다. 이 노이로제에 대해서는 약간 설명을 하지 않으면 안 됩니다. 그것은 이른바 강박(强迫) 노이로제로 불려지는 것으로, 모든 사람이 알고 있는 히스테리증과 같이 일반적인 것은 아닙니다. 이 노이로제는 만일 이런 표현을 해도 좋다면 그것만큼 끈질기게 소란스러운 것은 없습니다. 이것은 오히려 환자만의 사적(私的)인 것처럼 행동하고, 또한 신체에 관련된 증상을 나타내는 일은 거의 없고, 그 모든 증상은 심적 영역에 생기는 것입니다. 강박 노이로제와 히스테리는 정신분석이 우선 그 연구 위에 구축되고 또한 그 치료에 있어서도 정신분석적 치료법이 아주 그 성과를 올리고 있는 노이로제 질환의 두 가지 형식에 지나지 않습니다. 그러나 강박 노이로제는 심적인 것에서 신체적인 것으로 변하는 저 수수께끼 같은 비약(飛躍)이 결여되어 있기 때문에 정신분석의 노력에 의해서 본래의 히스테리보다 더 한층 이해하기 쉽고 정체를 알게 되었습니다. 우리는 그것이 노이로 제의 어떤 극단적인 모든 성격을 아주 명백히 나타내고 있다는 것을 인식한 것입 니다.

강박 노이로제는 환자가 본래 자기에게는 관심이 없는 사상에 마음을 빼앗기고 자기와는 아무런 인연도 없는 충동을 자기 속에서 느끼고, 더구나 그것을 실행해 도 아무런 만족감도 없는데 그래도 하지 않으면 견딜 수 없는 행위로 내몰리는 것으로 나타납니다. 이들 생각(강박관념)은 그 자체가 이미 어리석은 것이기도 하며 당사자에게 별로 쓸모가 없거나 또한 아주 아이들 장난 같은 것인 경우도 자주 있습니다. 그러나 어느 경우에도 그것이 단서가 되어 힘든 사고활동이 시작 되고 사고는 지칠 대로 지치고 몹시 싫어하면서 그 포로가 되어버립니다. 환자는 그것이 마치 자기 인생에 있어서 가장 중대한 과제인 것처럼 자신의 의지에 반해 서 사소한 일로 항상 걱정하고 근심에 잠기기만 합니다. 환자가 자신 속에 느끼 는 충동도 마찬가지로 흔히 어린애 같은 시시한 인상을 주지만 대부분의 경우 중 대한 범죄를 범하도록 유혹하는 것 같은 매우 무서운 내용을 가지고 있습니다. 그래서 환자는 그러한 충동은 자기와는 관계가 없는 일이라고 부인할 뿐 아니라 그러한 충동에서 살짝 빠져나오려 하고 또한 자신의 자유를 금지, 방임, 제안하 여 충동을 실행에 옮기지 않음으로써 몸을 지키는 것입니다. 이들 충동은 이런 경우, 실제로 단 한 번도 실행에 옮겨진 적이 없습니다. 결과는 언제나 도피와 조심성이 승리를 차지하는 것입니다.

환자가 실행하는 행위, 이른바 강박 행위는 전혀 무해하고 분명히 사소한 일입 니다. 대개는 일상생활 속에서 행하는 동작의 반복이나 그 의례적인 장식에 지나 지 않는 것이지만, 그러나 그 때문에 이들의 취침, 세면, 착의, 산책 등의 필요 불가결한 동작이 아주 많은 시간을 차지하고 거의 그치지 않는 과제가 되어버립 니다. 병적인 관념, 충동 및 행위의 비율은 강박 노이로제 개개의 형(型)이나 증 례에 따라 다르며 결코 같은 비율로 섞여 있지는 않습니다. 오히려 이러한 요소 중 어느 하나가 병상(病像)을 지배하고 병명을 주게 되는 것이 통례지만 이들 모 든 형의 강박 노이로제의 공통점은 혼동할 여지 없이 명백합니다.

하지만 이것은 너무 어리석은 병입니다. 아무리 극단적인 정신병적 공상으로서 도 이러한 것을 구성할 수는 없었으리라고 생각하며, 만일 매일 그것을 눈앞에 볼 수 없다면 도저히 믿을 생각이 나지 않을 것입니다. 그러나 환자에게 설교를 하고 기분을 맞춰주고 그러한 어리석은 생각에 잠기지 말고 어린애 장난 같은 일이 아니라 어떤 사리에 맞는 일을 하도록 타이른다고 해서 그것이 환자에게 도움이 된다고는 생각지 마십시오. 사실은 환자 자신도 그렇게 하고 싶은 것입니다. 환자의 머리는 완전히 뚜렷하게 자신의 강박증상에 대해서는 여러분과 같은 판단을 내리고 있습니다. 오히려 환자는 여러분에게 그런 판단을 말하기까지 할 것입니다. 다만 환자는 그 밖에 어찌할 도리가 없는 것입니다.

강박 노이로제의 경우 끝까지 행동에 옮기지 않을 수 없는 것은 어떤 에너지에 의해서 유지되고 있는 것입니다. 이 에너지에 비견할 수 있는 것은 우리의 정상적인 심적 생활에는 없습니다. 환자가 할 수 있는 것은 오직 하나 치환(置換)하거나 교환하는 것뿐입니다. 즉 어떤 어리석은 관념 대신에 어떠한 형태로 완화된 다른 관념을 가져오든지, 어떤 것을 경계 또는 금지하는 대신에 다른 것을 경계 또는 금지하든지, 또는 어떤 의례 대신에 다른 의례를 대신하는 것뿐입니다. 환자는 강박을 치환할 수는 있으나 파기할 수는 없습니다. 모든 증상을 그 본래의 형태에서 멀리 동떨어진 것으로 치환할 수 있다는 것이 이 병의 주요한 성격입니다.

그것 이외에 눈에 띄는 점은 심적 생활을 일관하고 있는 모든 대립(대극성〔對極性〕)이 환자의 병상(病狀) 속에서는 특히 날카롭고 뚜렷하게 나타난다는 점입니다. 적극적 내용과 소극적 내용을 가진 강박과 함께 지적 영역에 있어서 의혹이 머리를 쳐들고 이 의혹은 보통 가장 뚜렷하다고 하는 것마저 점점 잠식해 갑니다. 그 결과 전체로서는 더욱더 결단력이 없어지고 무기력해지고 자유가 속박당하게 됩니다. 그러면서도 강박 노이로제 환자는 원래 아주 정력적인 성격의 사람으로 자아집착이 아주 강한 경우가 많고, 남보다 월등하게 풍부한 지적(知的) 천분을 가지고 있는 것이 보통입니다. 강박 노이로제 환자는 대개 아주 높은 도덕적 수준에까지 이르고 있으며, 매우 양심적이고 보통 이상으로 착실하고 꼼꼼한 것을 알 수 있습니다. 성격의 모든 특성과 병의 모든 증상의 이 모순에 찬 조합(組合) 속에 두어져서 간신히 그 사이의 사정을 알게 되기에는 상당한 연구가 필요하다는 것은 여러분도 상상할 수 있을 것입니다. 사실 이 병의 두세 가지 증상을 이해하고 해석할 수 있다는 것 이외에는 우리는 당장은 아무것도 바라지 않습니다.

아마도 여러분은 우리들의 논의에 관련해서 현대의 정신의학이 강박 노이로제

의 모든 문제에 대해서 어떠한 태도를 취하고 있는가를 미리 알아두고자 할 것입
니다. 그러나 그것은 아주 하찮은 것입니다. 정신의학에서는 일반적으로 여러 가
지 강박에 이름을 붙일 뿐이며, 그 이상은 아무 말도 하지 않습니다. 그 대신 정
신의학은 이와 같은 증상을 가진 사람을 '변질자(變質者)'라고 주장하고 있는 것
입니다. 그러나 이것은 그다지 만족할 수 있는 설명은 아닙니다. 이것은 원래 하
나의 가치판단이며 설명이 아니라 판결입니다. 변질한 사람들에게는 그야말로 모
든 이상성이 나타난다고 생각해야 할 것입니다. 이와 같은 증상이 나타나는 사람
은 태어날 때부터 다른 사람과는 달랐으리라고 우리는 생각하고 있습니다. 그러
나 그들은 다른 노이로제 환자, 예를 들면 히스테리 환자 혹은 정신병자보다도
더욱 '변질적'인 것일까요. 이처럼 특징짓는 것은 분명히 동시에 또한 너무 일반
적인 것입니다. 오히려 이와 같은 모든 증상이 공공사회를 위해서 의의가 있는,
특히 뛰어난 능력을 가진 우수한 사람들 사이에서도 볼 수 있는 것을 경험해 보
면 변질이라는 특징을 규정하는 것이 과연 정당한 것인지 의심해 볼 수도 있습니
다. 물론 보통 우리는 모범으로 삼아야 할 위대한 인물에 대해서 그들 자신의 사
려분별과 전기작가의 허구(虛構) 때문에 그 깊은 내면생활을 그다지 잘 모르고
있습니다. 하지만 그렇다 해도 어떤 사람은 에밀 졸라[3]와 같이 진리의 광신자인
것을 알고 있습니다. 그리고 그가 일생 동안 얼마나 많은 강박의 습벽(習癖)으로
고통을 받았는가 하는 것을 우리는 듣고 있는 것입니다[도루스 (에밀 졸라. 의
학·심리학적 조사)(파리, 1896년 출간) 참조].

그래서 정신의학에서는 '우수성 변질'이라는 핑계를 만들었습니다. 훌륭한 발뺌
입니다. 그러나 정신분석에 의해서 우리는 이들 기묘한 강박증상은 다른 병과 같
이, 또한 변질자가 아닌 다른 사람들의 경우와 같이 영원히 제거할 수 있는 것을
경험했습니다. 나 자신도 몇 번인가 이것에 성공하고 있습니다.

여기서 여러분에게 강박증상의 분석례를 두 가지만 보고하려고 합니다. 그 하
나는 오래전의 예로서 이 이상 훌륭한 것은 기억하고 있지 않을 정도의 것이며,
다른 하나는 최근에 관찰한 예입니다. 이러한 보고를 할 때는 이야기가 매우 길
어지고 상세한 점에 이르기까지 파고들어가야 하기 때문에 그 수는 극히 소수에

---

3) 1840~1902. 프랑스의 소설가. 자연주의 문학의 대표자로서 사회의 어두운 면이나 군중·
   집단의 대담하고 소상한 묘사에 뛰어났음. 대표작에 〈목로주점〉·〈나나〉·〈제르미날〉 등이
   있다. 1898년 드레퓌스 사건을 변호하고 금고형을 받음.

불과합니다.

환자는 30세 가량 된 부인으로 강한 강박현상에 고민하고 있었습니다. 만일 악의가 있는 우연이 나의 작업을 무(無)로 만들어버리지 않았다면——그 점에 대해서는 다음 기회에 이야기하게 될 것입니다——, 나는 이 부인을 아마 고쳤으리라 생각합니다. 어쨌든 이 부인은 다른 증상도 있었지만 특히 다음과 같은 주목할 만한 강박 행위를 하루에 몇 번씩 하는 것이었습니다. 그녀는 자기 방에서 옆방으로 뛰어 들어가 그 방 한가운데에 있는 테이블 곁의 일정한 장소에 선 뒤 벨을 울려서 하녀를 부르고 쓸데없는 일을 명령하거나, 그렇지 않으면 그냥 그대로 돌아가게 하고는 자기 방으로 다시 돌아가는 것입니다. 이것은 중대한 병증이 아닌 것은 확실하지만 그렇다고 해도 호기심을 자극시키지 않고서는 견뎌내지 못합니다. 그리고 의사 쪽에서는 별로 손을 쓰지 않아도 간단 명료하게 그 해명이 주어집니다. 왜 내가 이 강박 행위의 의미를 추측하고 그 해석을 말하게 되었는지 나 자신도 전혀 모릅니다.

내가 환자에게 "왜 당신은 그런 짓을 하는가. 그것은 어떠한 의미인가" 하고 물을 때마다 그녀는 "모릅니다"라고 대답했습니다. 그런데 어느 날 내가 그녀의 마음 밑바닥에 있는 커다란 근본적인 의념(疑念)을 극복하는 데 성공한 뒤 그녀는 완전히 상태가 변하고 그 강박 행위와 관계가 있는 것을 이야기하게 되었습니다. 10여 년 전에 그녀는 훨씬 연상인 남편과 결혼했던 것입니다. 그런데 결혼 첫날밤에 남편이 성교 불능증(性交不能症)임이 드러났습니다. 그날 밤 남편은 여러 번 자기 방에서 그녀의 방으로 뛰어 들어와 거듭 시도해 보았지만 그때마다 실패로 끝났던 것입니다. 다음날 아침 그녀는 화가 나서 "이번 일로 하녀가 침상을 치울 때 망신을 당하겠다"고 말하면서 마침 방에 놓여 있는 빨간 잉크병을 집어서 잉크를 시트 위에 쏟았습니다. 그러나 그것은 그러한 얼룩이 당연히 묻어야 할 자리에 묻지 않았던 것입니다.

처음에 나는 이 기억이 문제의 강박 행위와 어떠한 관계를 갖는가를 알지 못했습니다. 나는 한 방에서 다른 방으로 몇 번이나 뛰어 들어간다는 것과 그 밖에 하녀가 등장한다는 것에 일치점을 찾아냈을 뿐이기 때문입니다. 그때 환자는 나를 테이블이 있는 옆방으로 데리고 갔습니다. 테이블 커버는 커다랗게 얼룩이 져 있었습니다. 그녀는 "나는 불러들인 하녀가 이 얼룩을 놓치지 않을 위치에 서는 것입니다" 하고 설명했습니다. 이렇게 되면 결혼 첫날밤의 정경과 현재 그녀의 강박 행위와 밀접한 관계가 있는 것은 이미 의심할 여지가 없으며 이것에 의해서 여러 가지 것을 배우게 된 것입니다.

특히 확실한 것은 환자가 자신을 남편과 동일시하고 있다는 점입니다. 사실 그녀는 한 방에서 다른 방으로 뛰어드는 동작을 흉내냄으로써 남편의 역할을 연출하고 있습니다. 그리고 어디까지나 동일하다는 관점에서 보면 그녀가 테이블과 테이블 커버를 침대와 시트의 대리로 삼고 있는 것을 인정해야 합니다. 이것은 자의적(恣意的)인 현상처럼 보일지 모르지만 우리는 쓸데없이 꿈의 상징성 연구를 한 것은 아닙니다. 꿈속에서도 마찬가지로 아주 빈번히 테이블이 나오지만 테이블은 침대로 해석할 수 있습니다. 테이블과 침대는 한 조가 되어 부부관계를 뜻하므로 그 한쪽은 쉽게 다른 쪽을 대신하게 됩니다.

강박 행위가 의미를 가지고 있다는 증거는 이것으로도 충분할 것입니다. 이 강박 행위는 저 뜻깊은 정경의 표현이며 반복인 것같이 보입니다. 그러나 우리는 이 외견에만 머물러 있어야 할 이유는 없습니다. 양자의 관계에 파고들어가 검토해 보면 우리는 아마도 그 앞의 것, 즉 강박 행위의 의도를 해명할 수 있을 것입니다. 이 부인의 강박 행위의 핵심은 명백히 "이래서는 하녀 앞에서 망신을 당할 것이다"라고 말한 남편의 말과는 정반대로 하녀를 불러서 얼룩을 보게 하는 데 있습니다. 즉 남편은 —— 그녀가 그 역할을 연출하고 있으나 —— 하녀에게 망신을 당하지 않도록 얼룩을 바른 장소에 만들어둔 것입니다. 그러므로 그녀는 그 장면을 단지 반복하고 있었던 것이 아니라 그 장면의 앞을 다시 계속하면서 이것을 수정하고 바른 방향으로 돌리고 있는 것을 알 수 있습니다. 이렇게 함으로써 그녀는 또한 동시에 그날 밤 빨간 잉크로 그 자리에 일시적인 방편을 할 필요가 있었던 애처로운 사실, 즉 남편의 성교 불능증도 수정하고 있는 것입니다.

요컨대 이 강박 행위가 말하고자 하는 것은 이렇습니다. "아니오. 그것은 진실이 아닙니다. 남편은 하녀에게 망신당하지 않았습니다. 남편은 성교 불능증도 아닙니다." 그녀는 이 원망을 꿈의 경우의 방법에 따라서 현재 행위 속에서 이미 실현된 것으로 표현하고 있습니다. 그녀는 남편을 그때의 불운에서 벗어나게 하고 싶은 생각에서 봉사하고 있는 것입니다.

그 밖에 이 부인에 대해서 내가 여러분에게 이야기할 수 있는 모든 것이 이 해석에 더해집니다. 보다 정확히 말하자면 그 밖에 우리가 그녀에 대해서 알고 있는 모든 것이 그 자체로는 이해하기 힘든 이 강박 행위를 이상과 같이 해석하라고 가르치고 있습니다.

부인은 몇 년 동안 남편과 별거하고 있으며 법률적으로 이혼하려는 기분과 싸우고 있습니다. 그러나 그녀가 남편으로부터 자유로울 수는 없습니다. 그녀는 여전히 남편에 대한 정절을 강요당하고 있으며 유혹에 빠지지 않기 위해서 세상을 멀리하고 공상 속에서 남편의 모습을 과장하고 변명하고 있습니다. 아니, 그녀의 병의 가장 깊은 비밀은 그녀가 이 병에 의해서 세상의 좋지 않은 험담으로부터 남편을 보호하고 남편과의 별거를 정당화하고 남편이 편한 기분으로 별거생활을 할 수 있게 하는 데 있습니다.

그렇기 때문에 어떤 무해(無害)한 강박 행위를 분석하면 똑바로 그 병례(病例)의 가장 깊숙한 핵심으로 통하게 되지만, 동시에 이것은 강박 노이로제의 일반적인 비밀의 적지않은 부분을 우리들에게 보여줍니다. 나는 여러분이 좀더 시간을 두고 이 실례를 연구할 것을 바랍니다. 왜냐하면 이 실례는 당연히 모든 증례(症例)에 요구할 수 없는 여러 조건을 갖추고 있기 때문입니다. 증상의 해석은 이 증례에서는 분석 의사의 유도나 간섭을 받지 않고 환자 자신에 의해서 단번에 찾아내졌고, 더욱이 이 해석은 보통의 경우와는 달리 망각된 소아기(小兒期)와 관계없이 그녀가 성숙한 뒤에 생긴 지워지지 않는 기억으로 남아 있는 하나의 체험과 관련된 것입니다. 우리의 증상해석에 대해서 일반적으로 제기되는 일체의 비판적인 이론(異論)은 이 특수한 예에 대해서는 적용되지 않습니다. 물론 언제나 이렇게 잘되는 것은 아닙니다.

그런데 또 한 가지가 있습니다. 여러분은 그다지 눈에 띄지 않는 이 강박 행위가 그 부인 환자의 마음속 깊숙히 감추어진 비밀을 열어 보이는 데 기이한 느낌을 느끼지 않았습니까. 부인에게는 신혼 첫날밤 사건 이상의 비밀은 없겠지만 우리가 바로 이 성생활의 비밀에 이르렀다는 것은 우연이며 그 이상 특별히 중대하게 생각할 필요는 없는 것일까요. 분명히 그것은 내가 그러한 예를 고른 결과일지도 모릅니다. 우리는 너무 성급한 판단을 내리지 않기로 하고 두번째 실례로 눈을 돌리기로 합시다. 이 두번째 실례는 전혀 다른 종류의 것이며, 자주 볼 수 있는 증례의 전형이 취면의식(就眠儀式)[4]의 한 예입니다.

이것은 19세 된 외동딸인 몸이 뚱뚱하고 영리한 처녀입니다. 교양과 총명한

---

4) 잠자기 전에 자물쇠를 확인하고 가스꼭지를 잠그고 시계의 위치를 옮기는 등 일정한 순서로 일정한 동작을 되풀이하지 않으면 잠을 잘 수 없는 강박관념의 하나.

제 17 강 증상(症狀)의 의미 273

점에서는 부모보다 우수합니다. 이 처녀는 어린 시절에는 아주 원기왕성하고 개구쟁이였습니다. 그런데 최근에 이렇다 할 뚜렷한 외적 영향도 받지 않았는데 신경질적이 되어버린 것입니다. 특히 어머니에 대해서 화를 잘 내고 언제나 불만스럽고 우울하며 우유부단하고 회의에 빠지게 되고 마침내는 광장이나 큰 거리를 혼자 걸을 수 없다고 고백하게 되었습니다.

이 처녀의 복잡한 증상에는 적어도 광장 공포와 강박 노이로제라는 두 가지 진단을 내릴 수 있지만 이러한 증상에 대해서는 너무 지나치게 다루지 않기로 하겠습니다. 다만 이 처녀가 취면의식을 나타내어 부모를 괴롭히고 있는 점을 자세히 논하기로 하겠습니다.

남들은 이렇게 말할지도 모릅니다. "어떤 의미에서는 어떠한 정상적인 사람도 모두 각자 취면의식을 지니고 있다. 혹은 그것을 충족시키지 않으면 잠을 잘 수 없다는 특정한 조건을 만드는 것을 고수하고 있다. 즉 정상적인 사람도 각성(覺醒)생활에서 수면상태로의 이행을 어떤 종류의 형식에 맞추고 그것을 밤마다 같은 방법으로 되풀이하는 것이다"라고. 그러나 대체로 건강한 사람이 요구하는 취면조건은 합리적으로 이해할 수 있는 것이며, 외적 사정에서 그것을 변경할 필요가 생길 때 건강한 사람인 경우에는 쉽게 순응할 수 있으며, 특히 시간이 걸리는 일은 없습니다. 그런데 병적인 취면의식은 완고하며 매우 큰 희생을 치르면서 강행되지만 건강한 사람의 경우와 같이 합리적인 이유가 있는 것 같은 가면을 쓰고 있기 때문에 표면적인 관찰로서는 다만 너무 세심하다는 점만이 정상적인 사람과 다른 것같이 보이는 것입니다. 그러나 다시 자세히 보면 이 가면이 너무 짧다는 것, 즉 합리적 이유만으로서는 도저히 설명할 수 없는 모든 규정이나 합리적 이유와는 직접 모순되는 것 같은 모든 규정이 그 취면의식 속에 포함되어 있는 것을 알게 됩니다.

이 처녀 환자는 밤에 자기가 하는 조심의 동기로서 잠자기 위해서는 정숙이 필요하고 소음을 내는 것은 모두 제거해야 한다고 말하는 것이었습니다. 이러한 생각에서 그녀는 두 가지 일을 합니다. 즉 자기 방의 큰 시계를 멈추게 하고 다른 시계는 모두 방밖으로 내다놓는 것입니다. 작은 손목시계조차도 머리맡의 작은 상자 속에 넣어두지 않습니다. 또한 화분이나 꽃병은 밤중에 아래로 떨어져 잠을 방해하지 않도록 책상 위에 한데 모아둡니다.

조용함을 유지하기 위함이라는 조치도 사실은 표면적인 변명에 지나지 않음을 그녀는 잘 알고 있습니다. 작은 손목시계의 재깍거리는 소리 등은 설사 머리맡의 작은 상자 위에 내버려두어도 들리지 않을 것이며, 벽시계의 규칙적인 소리는 결코 수면을 방해하지 않으며 오히려 취면을 재촉한다는 것을 우리 모두 경험하고 있습니다. 또한 화분이나 꽃병을 그대로 두면 밤중에 저절로 떨어져 깨지리라는 걱정 따위는 거의 일어나지 않는다는 것도 이 처녀는 인정하고 있습니다. 취면의식의 그 밖의 규정에 관해서도 정숙을 유지한다는 것은 이유가 되지 않습니다. 그뿐만 아니라 그녀는 자기 방과 부모의 침실 사이의 문을 반쯤 열어놓을 것을 요구하고 문이 닫히지 않도록 여러 가지 물건을 열린 곳에 두는 것입니다. 이런 것들은 오히려 그 반대로 수면을 방해하는 소리를 내는 원인이 된다고 생각합니다.

그러나 이 처녀의 취면의식에서 가장 중요한 조건은 침대 그 자체와 관련이 있습니다. 침대 머리 부분의 쿠션은 침대의 틀판에 닿아서는 안 된다는 것입니다. 또한 베개 대신 작은 쿠션은 이 큰 쿠션 위에 단정히 마름모꼴이 되도록 놓여져 있어야 합니다. 그러고 나서 그녀는 머리를 단정히 그 마름모꼴의 세로축(軸)에 따라 놓는 것입니다. 깃털 이불(오스트리아에서는 도우헨트라고 부르는 것)은 덮기 전에 반드시 털기 때문에 발 쪽이 몹시 부풀어오르면 나중에 그녀는 반드시 이 부푼 것을 눌러서 편편하게 합니다.

이 취면의식 중에서 그 밖에도 자주 행해지는 사소한 점에 대해서는 생략하기로 합니다. 그와 같은 사소한 것을 일일이 이야기한다 해도 특별히 새로운 것을 배울 수 있는 것도 아니며, 우리의 의도에서도 너무 멀어져버리기 때문입니다. 그러나 이상의 모든 일이 그렇게 순조롭게 실행되는 것은 아니라는 점을 간과해서는 안 됩니다. 그때 항상 모든 것이 반드시 단정하게 끝나 있지 않은가 하는 위구심에서 다시 한 번 확인하기 위해 같은 일이 되풀이되지만 여러 가지 일에 의심이 생겨 하나하나 그것을 확인하며 완전히 끝날 때까지는 한 시간이나 두 시간이 걸리는 결과가 됩니다. 그동안에 이 소녀 자신은 잠을 자지 못하고 가슴 조이고 있는 부모 역시 잠을 이루지 못하는 것입니다.

이들 고뇌의 분석은 앞에서 설명한 부인 환자 경우의 강박 행위 분석과 같이 간단하지는 않았습니다. 나는 그 처녀에게 암시를 주고 해석에의 계기를 제시해야만 했으나 그와 같은 계기는 그때마다 정확히 거부되거나 경멸하는 듯한 의혹으로 받아들여지기도 했습니다. 이와 같이 처음에는 거부적 반응을 나타낸 다음에 잠시 동안 그녀는 자기 앞에 제시된 여러 가지 가능성에 대해서 생각하고 그 것에 관련되는 연상을 모으고 기억을 되살려 그것에 맥락을 잇고 있었으나 드디 어 자기 자신이 해보고 나서 모든 해석을 인정하게 되었습니다. 이것에 따라서 그녀는 그 강박적인 행동을 점점 덜하게 되더니 아직 치료가 끝나기도 전에 모든 취면의식을 포기해 버렸던 것입니다. 그러므로 분석이란 작업은 오늘날 우리가 하고 있는 것같이 각 증상의 의미가 완전히 밝혀지기 전까지는 전체적으로 관련 을 지어서 그것을 철저하게 처리하는 일은 없다는 것을 알아주기 바랍니다. 오히 려 우리는 하나의 테마를 몇 번씩 도중에서 버려야만 하며, 다른 관련에서 다시 그 테마로 되돌아가는 것이 안전합니다. 그러므로 지금 내가 여러분에게 말하고 있는 증상의 해석은 각종 다양한 성과를 종합한 것이며, 이러한 결과를 낼 때까 지는 다른 여러 가지 일로 중단되기도 하므로 몇 주 또는 몇 개월의 시간이 필요 했던 것입니다.

이 처녀 환자는 시계도 그 장치로 보아 여성의 성기를 상징하기 때문에 밤중에 방밖으로 내놓는 것을 점점 이해하게 되었습니다. 우리는 시계에 대해서 그 밖에 다른 상징적 해석도 있다는 것을 알고 있으나, 이 경우의 시계는 그 바늘의 주기 적 진도와 동일한 시간 간격을 가지고 있음으로써 성기의 역할을 하게 된 것입니 다. 부인은 자신의 월경이 시계장치와 같이 규칙적인 것을 자랑해도 무방할 것입 니다. 그런데 우리 환자의 불안은 특히 시계의 똑딱거리는 소리에 의해서 잠이 방해를 받는다는 점으로 돌려지고 있습니다. 시계의 똑딱거리는 소리는 성적으로 흥분했을 때 음핵(陰核), 즉 클리토리스의 고동과 동일시할 수 있습니다. 그녀는 괴롭게 느껴지는 이 감각에 의해서 사실 여러 차례 잠을 깼던 것입니다. 이 음핵 발기의 불안이 여기서는 움직이고 있는 시계를 밤에는 몸 가까이 두지 말라고 하 는 명령의 형태로 나타난 것입니다.

화분과 꽃병은 모든 그릇과 마찬가지로 여성의 상징입니다. 그러므로 그것이 밤중에 떨어져서 깨지지 않도록 조심하는 것에는 의미가 없지 않습니다. 우리는 약혼할 때 사발이나 접시를 깨뜨리는 관습이 널리 퍼져 있음을 알고 있습니다. 여기에 있는 여러분은 모두 일부일처(一夫一妻)라는 혼인제도의 관점에서 신부에 대한 요구의 대리로 해석해도 좋은 이 풍습의 한 단편을 몸에 지니고 있습니다. 취면의식의 이 부분에 관해서 그 처녀는 또한 어떤 기억과 같은 연상을 보고했습 니다. 어린 시절에 그녀는 유리그릇인지 사기그릇인지를 가지고 넘어져 손가락을 다치고 많은 피를 흘린 적이 있었습니다. 그 후 성장해서 성교에 대한 지식을 얻게 되었을 때, 결혼 첫날밤에 출혈을 보지 못하고 자기가 처녀임을 증명하지 못하면 어떻게 하나 하는 두려움이 생기게 되었습니다. 요컨대 꽃병을 깨지 않도록 하는 그녀의 조심성은 최초의 성교 때의 처녀성과 출혈에 관련된 콤플렉스 전체의 거부를, 즉 출혈하지 않으면 어떻게 할까 하는 불안과 동시에 출혈하면 어떻게 하리라는 역(逆)의 불안을 거부하는 것을 뜻하고 있습니다. 이러한 조치는 그녀가 그것보다도 중요시했던 소음방지와는 그다지 깊은 관계는 없었던 것입니다.

어느 날 그녀는 자기가 하고 있었던 의식 행위의 중심이 되는 의미를 깨달았습니다. 그것은 쿠션이 침대의 틀판에 닿아서는 안 된다는 규정을 갑자기 알게 된 때입니다. 자기에게 있어 쿠션은 언제나 여성을 의미했으며 곧게 선 틀판은 남성이었다고 그녀는 말했습니다. 그러므로 그녀는 —— 마법과 같은 방법으로라고 부기(附記)해도 좋을 것입니다 —— 남성과 여성을 떼어놓으려 했던 것입니다. 바꾸어 말하면 부모를 서로 떼어놓아 성교를 하지 못하도록 했던 것입니다. 이와 같은 목적을 취면의식을 행하게 되기 이전에 보다 적극적인 방법으로 달성하려고 노력한 적이 있습니다. 그녀는 불안한 체하거나 실제로 불안한 기분을 이용하여 부모의 침실과 자기 방 사이의 문을 닫지 못하게 한 것입니다. 이 명령은 그녀의 현재의 의식 속에도 여전히 포함되어 있었습니다. 이렇게 해서 그녀는 부모의 동정(動靜)을 엿들을 수 있는 기회를 만들었는데, 그 기회를 충분히 이용하여 엿들으려고 했기 때문에 수개월 동안 불면증에 빠진 적도 있습니다. 이와 같이 부모를 방해하는 것에 만족하지 않고 그 후 종종 억지를 써서 부모의 침대 속으로 기어들어가 아버지와 어머니 사이에서 자기도 했습니다. 그렇게 되면 '쿠션'과 '틀판'은 실제로 접촉할 수 없게 된 셈입니다. 마침내 그녀가 자라 부모 사이에서 편히 잘 수 없게 되었을 때, 그녀는 의식적으로 불안한 체하면서 어머니와 잠자리를 바꾸자고 한 것입니다. 어머니가 남편 곁의 자기 자리를 딸에게 양보하도록 한 것입니다. 이 정경은 확실히 여러 가지 공상의 출발점이 되었으며, 그 영향은 이 의식 속에서도 감지할 수 있습니다.

쿠션이 여자였다면 깃털 이불을 털어서 깃털이 모두 아래쪽으로 몰려 불룩하게 한 것도 의미가 있는 것입니다. 이것은 여자에게 임신시킨다는 것을 의미하고 있는 것입니다. 그러나 그녀는 이 임신한 것으로 여겨지는 불룩한 곳을 어루만져서 본래의 모양으로 되돌려놓는 것을 잊지 않았습니다. 그녀는 부모의 성교에 의해서 아이가 태어나 자기의 경쟁자가 되리라는 것을 수년간 두려워하고 있었던 것입니다. 한편 큰 쿠션이 여자, 즉 어머니였다면 작은 베개는 딸이라고 생각할 수 있습니다. 왜 이 쿠션을 마름모꼴이 되도록 놓고서 머리를 마치 그 중앙선상에 두어야만 했을까요. 그녀는 마름모꼴은 어느 벽에나 흔히 낙서가 되어 있듯이 열려 있는 여자의 성기를 나타내는 표지라는 것을 쉽게 생각해 냈습니다. 이 경우 그녀 자신은 남자, 즉 아버지의 역할을 연출하고 있고 자신의 머리로 남자의 성기를 대신했던 것입니다(《거세를 표현하는 단두[斷頭]의 상징성》 참조).

처녀인 딸의 머리 속에 그런 더러운 생각이 떠오를 수 있었을까 하고 여러분은 말할 것입니다. 나도 그 점은 인정합니다. 그러나 잊지 말아야 할 것은 내가 이러한 것을 만들어낸 것이 아니며 다만 사실을 해석한 것에 지나지 않는다는 것입니다. 실제로 이와 같은 취면의식은 기괴한 것이지만, 여러분은 해석한 결과 명백해진 의식과 공상과의 대응관계를 부인하는 것은 허용하지 않을 것입니다. 그러나 나에게 가장 중요한 것은 오직 하나의 공상이 침전(沈澱)해서 이 의식이 된 것이 아니라 어디선가 연결되어 있는 상당수의 공상이 침전해서 이 의식이 되었다는 것을 여러분이 알아차리는 것입니다. 의식의 모든 규정이 성적 원망을 어떤 때는 적극적으로 또 어떤 때는 소극적으로 재현하고 있으며, 또 그 일부는 성적 원망을 대리하고 다른 일부는 성적 원망을 방지하기 위해서 쓰여지고 있다는 점도 중요합니다.

만일 우리가 이 의식을 환자의 기타 모든 증상과 바르게 결부시켜 보면 이 의식의 분석에서 보다 많은 것을 알게 될 것입니다. 그러나 그것은 우리가 취할 길은 아닙니다. 이 딸은 아버지와 하나의 성적 연관을 지니고 있으며 그 발단은 먼 어린 시절로 소급된다는 것을 암시할 뿐이라는 것으로 여러분은 만족해 주기 바랍니다. 아마도 그녀는 또한 이것 때문에 어머니에게 그토록 불쾌한 태도를 보이고 있는 것 같습니다. 그러므로 우리는 이 증상을 분석해 보면 아직도 환자의 성생활로 이끌어갔다는 점을 간과할 수 없습니다. 아마도 우리는 노이로제 증상의 의미와 의도를 통찰하는 횟수가 더해짐에 따라서 그 점에 대해 이상하게 생각하는 것도 더욱더 적어질 것입니다.

이리하여 나는 여기에 선택한 두 가지 실례에 의해서 노이로제 증상에는 실수 행위나 꿈과 마찬가지로 의미가 있다는 것과, 노이로제 증상은 환자의 체험과 내밀(內密)한 관계가 있다는 것을 여러분에게 보여드린 셈입니다. 여러분이 이상의 두 가지 실례에 근거하여 이 아주 뜻깊은 명제를 믿으리라고 나는 기대해도 좋을 까요. 아니, 기대할 수 없습니다. 그러나 충분히 납득할 수 있었다고 말할 수 있 도록 더 많은 실례를 이야기해 달라고 여러분이 나에게 요구해도 좋을까요. 이것 역시 요구할 수 없습니다. 왜냐하면 각 증상을 상세하게 취급하게 되면 노이로제 론의 이 단 하나의 논점을 처리하는 것만 해도 일주일에 다섯 시간씩 한 학기분 의 강의를 해야 하기 때문입니다. 그러므로 나는 여러분에게 나의 주장을 증명하 는 견본을 보이는 것으로 만족하고자 합니다. 그 이상의 것은 문헌에 나와 있는 모든 보고, 브로이어가 취급한 최초의 증례(히스테리)에 대한 전형적인 증상해 석, 또한 단순한 정신분석의에 머물고 예언자가 되려고 생각지도 않았던 시대의 융에 의해서 시도된 이른바 조발성 치매(早發性痴呆)[5]에 나타나는 불가해한 모든 증상의 선명한 해명 및 그 이후에 우리의 잡지를 메우고 있는 모든 연구를 보도 록 권유합니다.

　그야말로 이와 같은 연구에 우리는 부족하지 않습니다. 노이로제 증상의 분 석·해석·번역에 정신분석의들이 몹시 마음이 끌렸기 때문에 이것 이외의 여러 문제는 우선 소홀히 한 경향이 있었습니다.

　여러분 중에서 이와 같은 노고를 아끼지 않는 분들은 반드시 증명자료가 풍부 한 점에 놀랄 것이지만 동시에 어떤 곤란에 부딪치기도 할 것입니다. 증상의 의 미는 우리가 배워서 안 것같이 환자의 체험과의 관계 속에 있습니다. 증상이 그 개인에게 특유한 것일수록 우리는 이 양자의 연관을 그만큼 빨리 조합(組合)할 수 있다고 기대해도 무방합니다. 그 경우에 무의미한 관념이나 목적 없는 행위에 대해서 그 관념이 정당한 것이며 또한 그 행위가 목적에 즉시 응하는 것이었다고 인정되는 과거의 정경을 찾아내는 것이야말로 우리의 과제입니다. 테이블 쪽으로 달려가서 하녀를 부른 그 부인 환자의 강박 행위는 이 종류의 증상으로서는 직접 모범이 되는 것이라고 할 수 있습니다. 그러나 그것과는 전혀 다른 성격의 증상 도 존재합니다. 더구나 아주 빈번히 존재하는 것입니다. 그와 같은 증상은 병의 '정형적(定型的)' 증상이라고 불러야 하는 것으로, 어느 경우에도 거의 같으며 개 인차는 소멸되든지 그렇지 않으면 적어도 줄어들어 있습니다. 그러므로 그 증상 을 환자의 개인적 체험과 결부시키거나 체험한 개인적 상황과 관계지어 보는 것

─────────────

5) 정신분열병(브로이어의 명명에 의함)과 거의 같다. 독일의 정신의학자 쿠레펠린(1856
　～1926)에 의해서 조울병(躁鬱病)과 함께 2대 내인성(內因性) 정신병으로 불리고 있다.

은 어렵습니다.

여기서 다시 한 번 강박 노이로제에 눈을 돌려보기로 합시다. 이미 우리가 본 두번째 예인 부인 환자의 취면의식마저도 그 자체가 수많은 정형적인 것을 가지고 있으며, 더욱이 그러면서도 이른바 '역사적' 해석을 충분히 가능케 하는 개인적 특성을 갖추고 있습니다. 그러나 이들 강박 노이로제 환자는 모두 동작을 반복하고 리듬화하고 다른 동작에서 고립시키는 경향을 지니고 있습니다. 강박 노이로제 환자 대부분은 여기저기를 지나칠 정도로 씻습니다.

광장(廣場) 공포(장소 공포, 공간 불안)에 걸려 있는 환자들, 즉 우리가 더 이상 강박 노이로제로 간주하지 않고 불안 히스테리[6]로 부르고 있는 환자들은 그 병상(病像)에 있어서 자주 싫증날 정도의 단조로움으로 똑같은 버릇을 반복하고 막힌 공간, 광장, 길게 뻗은 거리나 가로수길을 무서워합니다. 아는 사람이 동행하거나 차가 뒤를 따라가면 그들은 안심합니다. 그러나 이와 같은 성질의 토대 위에 각 환자는 저마다 개인적 조건, 오히려 변덕이라고 불러야 할 것을 두고 있으므로 이들 조건은 각 증례에 의해서 서로 직접 모순되고 있는 것입니다. 어떤 사람은 좁은 길을 무서워하는가 하면 어떤 사람은 넓은 길을 무서워합니다. 또 어떤 사람은 사람이 적게 다니는 길만을 갈 수 있는가 하면 어떤 사람은 번잡한 길만을 갈 수 있습니다.

이와 마찬가지로 히스테리도 개인적인 특성이 많이 있음에도 불구하고 또한 공통된 정형적인 증상도 넘칠 정도로 많으며, 이들 증상은 간단히 역사적 체험으로 환원시키는 것에 저항하고 있는 것같이 보입니다. 물론 이들 정형적인 증상에 의해서 우리가 진단방침을 세운다는 것을 잊어서는 안 됩니다.

그런데 우리가 실제로 히스테리의 증례에 대해서 어떤 정형적 증상의 원인을 어떤 체험 또는 일련의 유사한 체험에 귀착시켰다고 합시다. 예를 들면 히스테리성 구토를 구역질나게 하는 모든 인상 탓이라고 했다 합시다. 그때 만일 어떤 다른 구토의 증례로 분석해 본 결과 우리가 언뜻 보아 거기에 작용하고 있는 것같이 보이는, 이것과는 전혀 다른 종류의 일련의 체험을 발견했다고 하면 우리는 당황할 것입니다. 이 경우에 히스테리 환자는 미지의 원인에 의해서 구토하지 않을 수 없이 보이고, 분석에 의해 발견된 역사적 유인(誘因)은 히스테리 증상이

6) 심리적인 과정이 예상되는 히스테리성 매커니즘에 의한 불안을 중핵으로 하는 노이로제. 불안 노이로제의 경우에는 이 무의식 과정이 명백하지 않다고 한다.

우연히 생길 때 앞에서 말한 바와 같은 내적 필연성에 의해서 이용되는 구실에 지나지 않는다는 것입니다.

그래서 곧 우리는 물론 개인적인 노이로제 증상의 의미는 체험에 관련시킴으로써 만족할 수 있도록 해명되지만, 그보다도 훨씬 자주 볼 수 있는 정형적인 모든 증상에 대해서는 우리의 정신분석 기법이 쓸모없다는 비관적인 견해에 도달합니다. 더욱이 나는 아직도 여러분에게 역사적인 증상해석을 철저히 추궁해 가는 경우에 생기는 모든 곤란이 어떤 것인가에 대해서 조금도 이야기하지 않았습니다. 또한 나는 그것을 이야기하려고 생각하고 있지도 않습니다. 왜냐하면 나는 어떠한 것도 얼버무리거나 숨기려는 생각은 없으나, 그것은 고사하고 우리가 함께 연구해 가려고 하는 시초부터 여러분을 당황케 하거나 멍하게 만들고 싶지는 않기 때문입니다. 맨 처음에 증상의 의미를 이해하기로 한 것은 잘한 일이지만 우리는 그 결과로 얻은 것을 놓치지 않고 한걸음 한걸음 아직 이해하지 못한 것을 착실히 극복해 가려고 합니다. 즉 나는 정형적 증상과 개인적 증상 사이에 기본적인 차이를 거의 인정할 수 없는 것을 숙고함으로써 여러분이 안심할 수 있도록 노력하려 합니다.

개인의 증상이 환자의 체험에 의해서 명백히 좌우되고 있다면 정형적인 증상에 대해서도 그 자체가 정형적이며 모든 인간에게 공통된 어떤 체험으로 그것을 환원시킬 수 있다는 가능성 역시 있게 되는 것입니다. 노이로제에 있어서 규칙적으로 반복되는 이외의 수많은 특성도 강박 노이로제에 나타나는 반복이나 의혹과 같이 병적 변화라는 본성(本性)에 의해서 환자들에게 강요되고 있는 일반적인 반응일지도 모릅니다. 요컨대 우리는 미리부터 절망할 필요는 없습니다. 어쨌든 오늘 이후 어떻게 되는가를 보기로 합시다.

우리는 꿈의 학설에 있어서도 이것과 아주 비슷한 하나의 난문(難問) 앞에 서 있습니다. 작년에 꿈에 대해서 논한 바와 같이 나는 이 문제를 채택할 수 없었습니다. 완전히 꿈의 현재(顯在)내용은 극히 다양하며 개인에 따라서 그 차이가 큰 것입니다. 우리는 이 내용에 있어서 분석에 의해서 얻어지는 것에 대해서는 자세히 이야기했습니다. 그런데 그것과 함께 모든 사람에게 똑같이 나타나는 한결같이 '정형적'이라고 불리는 꿈이 있습니다. 즉 노이로제의 경우와 같은 곤란이 있고, 해석할 때 그 방해를 하는 동일한 형태의 내용의 꿈입니다. 추락하는 꿈, 공중을 나는 꿈, 물위에 떠 있는 꿈, 헤엄치는 꿈, 억압당하는 꿈, 벌거벗은 꿈,

기타 어떤 종류의 불안한 꿈이 그것입니다. 이러한 꿈은 어떤 때는 이와 같이 해석되고 또 어떤 때는 저와 같이 해석됨으로써 꿈의 내용이 언제나 같은 상태로 천편일률적인 것과 정형적으로 출현하는 것을 설명할 수 없게 됩니다. 그러나 이러한 꿈의 경우에도 어떤 공통된 토대가 있고 그것에 각자에 의해서 다른 부가물이 더해져 활기를 불어넣어 주는 것을 관찰할 수 있습니다. 어쩌면 이들 꿈 역시 우리의 통찰을 넓혀간다면 다른 꿈에 대해서 얻은 꿈의 생활의 이해 속에 무리없이 적용시킬 수 있다고 생각합니다.

제18강   외상(外傷)에의 고착·무의식

여러분! 나는 지난번에 이 연구를 우리의 의혹에서가 아니라 발견에 관련을 구하면서 추진하고 싶다고 말했습니다. 그 두 가지의 전형적인 실례[1]의 분석에서 유도되는 매우 흥미 있는 결론 중에서 두 가지 것을 우리는 아직도 전혀 설명하지 않았습니다.

첫째는 두 여성 환자 어느 쪽도 자기들 과거의 어느 일정한 것에 '고착(固着)'되어 있는 채 그것으로부터 어떻게 자유롭게 되어야 하는지를 모르고, 그 때문에 현재와 미래로부터 몸을 멀리하고 있는 듯한 인상을 줍니다. 옛날 사람들이 괴로운 운명을 참고 견디기 위해서 흔히 수도원에 은둔하였듯이 그녀들은 질병 속에 몸을 감추고 있는 것입니다. 첫번째 예를 든 부인 환자에 있어서 그 숙명을 가져온 것은 현실적으로는 이미 포기되어 있는 남편과의 결혼입니다. 그녀는 그 여러 가지 증상을 통해서 남편과 교섭을 계속하고 있습니다. 우리는 남편을 위해서 변호하고 용서하고 존경하고, 남편을 잃은 것을 한탄하는 그 소리를 이해하는 것을 배웠습니다. 그녀는 젊고 다른 남자들의 열애를 받을 가치가 있음에도 불구하고 남편에 대한 정조를 지키기 위해서 현실적·공상적(마술적)인 모든 조심을 했던 것입니다.

---

1) 270쪽 및 272쪽 참조.

그녀는 모르는 사람들 앞에는 모습을 나타내지 않고 몸치장도 잘 하지 않지만 동시에 안락의자에서 서둘러 일어날 수도 없습니다. 자기 이름의 서명을 거부하고 누구도 자기의 물건을 받아서는 안 된다는 이유를 들어 아무에게도 선물할 수가 없습니다.

두번째의 여성 환자는 미혼 여성이었는데 이 경우는 사춘기 이전에 이미 생긴 아버지에 대한 성적 집착이 그녀의 생활에 대해서 앞의 예와 같은 고착을 가져오고 있습니다. 그녀는 자기 자신도 그러한 병에 걸려 있는 한 결혼할 수 없다는 결론을 내리고 있습니다. 그녀는 자기가 결혼하지 않으면 안 될 처지가 되지 않도록, 그리고 아버지 곁에 남을 수 있기 위해서 이런 병에 걸렸다고 하는 것을 당연히 추측할 수 있습니다.

어떻게 어떤 방법을 통해서, 어떠한 동기의 힘을 빌려서 이런 기묘한, 더욱이 이렇게 손해보는 태도를 인생에 대해서 취하게 되는가 하는 질문을 우리는 뿌리쳐서는 안 될 것입니다. 이 태도는 노이로제의 일반적인 성격이며 이 두 환자에게만 고유한 것은 아니라고 가정한 후의 일이기도 하지만.

그런데 사실 이것은 어떤 노이로제에서나 볼 수 있는 특징으로 실제로 매우 중요한 의의를 가진 것입니다. 브로이어가 취급한 최초의 히스테리 환자는 이와 닮은 방법으로 중병의 아버지를 간호하고 있었던 시절에 고착되어 있었습니다. 그녀는 회복되었으나 어떤 점에 있어서는 그 이후의 인생과 절연한 채로 살았습니다. 그녀는 물론 건강하게 되고 일도 할 수 있었으나 여자로서 취하는 정상적인 운명으로부터 몸을 피해 버렸습니다. 우리 환자의 경우도 환자는 병의 증상이란 형태에 있어서, 그리고 그들 증상으로부터 추론해 보면 자신의 과거 어느 시기 속에 살고 있다는 것이 정신분석에 의해서 알 수 있게 됩니다. 많은 예에서 환자는 그 시기로서 매우 빠른 생활 단계, 즉 어린 시절, 아니 우습게 들릴지 모르지만 유아(乳兒)시절마저도 선정하는 것입니다.

우리의 노이로제 환자의 이러한 태도와 가장 유사한 것은 다름 아닌 현재의 전쟁(제1차 세계 대전을 뜻함)이며, 특히 자주 생기는 질환, 즉 이른바 외상성(外傷性) 노이로제[2]입니다. 이러한 증례는 대전 전에도 열차의 충돌이나 기타 무서운 생명의 위험이

---

2) 외상(外傷)이 계기가 되어 발생하는 노이로제 증상. 대부분 배상문제를 근저에 지니고 있으며, 그 해결이 증상해결의 열쇠가 된다. 프로이트는 처음에 저류(貯溜) 히스테리 속에 포함하고 있었다.

있었던 후에는 물론 있었습니다. 외상성 노이로제는 궁극적으로 우리가 정신분석에 의해서 언제나 검토하고 치료하는 자발성(自發性) 노이로제와 동일한 것은 아닙니다. 또한 우리는 외상성 노이로제 중 정신분석의 관점에 의해서 해석하는 것에는 성공하지 못했습니다. 그러나 나는 어디에서부터 우리가 손을 댈 수 없는 이러한 점이 생기는가를 언젠가는 밝힐 수 있으리라 믿고 있습니다. 그러나 우리는 다음 한 가지 점에서는 양자 사이에 완전한 일치가 있다는 점을 강조해도 무방할 것입니다. 즉 외상성 노이로제는 그 근저(根柢)에 외상을 야기시킨 재해의 순간에의 고착이 있는 것을 명백하게 보여주고 있는 점입니다. 외상성 노이로제의 환자는 그 꿈속에서 언제나 외상이 일어났던 정경을 반복하고 있는 것이 보통입니다. 정신분석을 할 수 있는 히스테리성 발작이 일어나는 예에서는 그 발작은 환자가 이 외상의 상황에 완전히 몸을 두고 있는 것과 상응(相應)해 있음을 알 수 있습니다. 마치 이들 환자에게는 외상의 상황 처리가 아직 되어 있지 않은 것 같으며, 이 외상의 상황은 아직 극복되어 있지 않은 현실의 과제로서 환자 앞에 버티고 서 있는 것 같아 보이기도 합니다. 우리는 이 견해를 아주 진지하게 가정(假定)해 보는 것입니다. 이 사고방식은 우리들에게 심적인 여러 과정에 대한 ── 우리가 '경제적'[3]이라고 명명하고 있는 ── 하나의 고찰로의 길을 제시해 주고 있습니다. 그렇습니다. 외상적이란 표현은 이러한 경제적 의미 이외의 어떠한 의미도 없습니다.

우리가 외상적 체험이라고 명명한 것은 단시간내에 심적 생활 속의 자극이 고도로 증대하기 때문에 정상적인 흔한 방법으로는 그것을 잘 처리하고, 혹은 처리하지 못하고 그 결과로서 에너지의 활동에 지속적인 장해를 주지 않을 수 없는 체험을 말하는 것입니다.

이러한 유사성으로 보아 우리는 앞에서 설명한 노이로제 환자들이 고착되어 있다고 여겨지는 그 체험까지도 외상적 체험이라고 칭하고 싶은 생각마저 드는 것입니다. 그렇게 하면 노이로제적인 질환에 대해서 하나의 단순한 조건이 반드시 고려되는 것입니다. 노이로제는 외상적 질환과 동등하게 취급될 수도 있으며 너무나 강한 감정이 결부된 체험을 처리하지 못하기 때문에 생기는 것이 되기도 합니다.

───────────────

3) 심적 에너지 소모를 억누른다는 생각을 넣어볼 때 이해하기 쉽게 되는 견지. 프로이트는 그 심리학의 특색으로 경제적 고찰과 국소적(局所的) 고찰을 들고 있다.

실제로도 역시 브로이어와 내가 1813년부터 95년에 걸쳐 우리들의 새로운 모든 관찰에 대해서 이론적인 설명을 했던 최초의 방식은 이와 같은 내용의 것이었습니다. 우리의 첫번째 예의 부인 환자, 즉 남편과 별거하고 있었던 그 젊은 부인과 같은 증례는 이 견해에 의해서 아주 잘 설명할 수 있습니다. 그녀는 부부생활을 할 수 없는 것을 참지 못하고 그 외상에 고착되어 버렸던 것입니다. 그러나 우리의 두번째 증례, 즉 아버지에게 고착되어 있는 딸의 경우는 일찍이 이 방식으로는 충분하게 포괄할 수 없는 것이 있다는 것을 우리에게 보여주고 있습니다. 한편으로는 소녀가 아버지에 대해서 그러한 애착을 갖는 것은 흔한 일이며 자주 극복되는 것이므로 '외상적'이라는 명명으로는 완전히 그 내용이 상실되어 있는 것이 됩니다. 그러나 다른 한편으로는 환자의 병력(病歷)을 보면 이 최초의 성적 고착은 무해한 채로 경과하고 있는 것같이 보여지고 있으며 몇 년 후에 비로소 강박 노이로제의 모든 증상 속에 다시 나타난 것임을 알게 됩니다. 요컨대 거기에서 우리는 이병(罹病)의 조건이 얽힌 다종다양한 것임을 예견하지만, 그러나 동시에 또한 외상이라고 보는 것이 잘못이라고 해서 포기해 버릴 수도 없다는 예감을 갖는 것입니다. 외상은 어떤 다른 곳에 짜넣어져서 종속되는 것임에 틀림없습니다.

우리는 여기서 다시 더듬어오던 길을 멈춰서야 합니다. 이 길은 현재로는 더 이상 갈 수 없게 되어 있습니다. 앞으로 바른길로 나아갈 수 있게 될 때까지 우리는 그 밖에 여러 가지 경험을 해야만 합니다. 또한 과거의 어떤 특정한 시기에 고착한다는 테마에 대해서 말하자면 이와 같은 사건은 노이로제라는 테두리에서 멀리 벗어나 다른 세계에도 있다는 점을 주목하기로 합시다. 노이로제에는 반드시 이러한 고착이 포함되어 있으나, 그러나 반드시 모든 고착이 노이로제라고는 할 수 없으며, 고착이 노이로제와 일치하거나 혹은 노이로제가 되는 도상에서 고착이 일어난다고는 할 수 없습니다. 어떤 과거의 사항에 대한 감정적인 고착의 좋은 예는 비애(悲哀)입니다. 비애 그 자체는 필연적으로 현재와 미래에서의 완전한 격리를 동반하고 있습니다. 그러나 비애는 초심자가 판단해도 노이로제와는 명확히 구별됩니다. 이에 반해서 비애의 병적 형식이라고 칭할 수 있는 노이로제도 있는 것입니다.

인간이 종래의 생활기반을 뒤흔드는 외상적 사건을 만나서 활동을 멈춰버리고 현재와 미래에 대한 관심을 모두 포기한 채 언제까지나 과거에 구애받고 있는 경우도 있으나 그런 경우에도 이들 불행한 사건이 반드시 그 사람을 노이로제로 이끌어가지는 않습니다. 그러므로 설사 이 한 가지 특징이 얼마나 일반적인 것이며, 동시에 아무리 중대한 의미를 지니고 있다 할지라도 우리는 이 특징을 가지고 노이로제의 성격을 짓는 것으로서 과대평가하려고 하지 않습니다.

그런데 이번에는 우리 정신분석의 두번째 결과를 들어보지만, 그 결과에 대해서는 나중에 제한이 가해지리라는 걱정은 할 필요가 없습니다. 우리는 앞서 첫번째 예[4]인 부인 환자가 얼마나 의미 없는 강박 행위를 하고 있었는가 하는 것, 또한 얼마나 감추어졌던 인생의 추억이 그 행위와 결부되어 있는가를 그녀가 말한 것에 대해서 보고한 다음에 강박 행위와 기억의 관계를 검토하고 강박 행위의 의도를 이 관계에서 추측했습니다. 그런데 우리는 어떤 한 요인을 완전히 버리고 고려하지 않았으나 이 요인이야말로 우리의 모든 주의를 기울여야 할 가치가 있는 것입니다. 강박 행위를 반복하고 있는 동안에는 그 행위가 그 체험에서 나온다고 하는 점을 환자는 전혀 알지 못하고 있었습니다. 양자 사이의 관련은 그녀에게는 숨겨져 있어서 그녀는 어떠한 충동에 의해서 이와 같은 일을 하고 있는지를 모른다고 정직하게 대답하는 수밖에 없었던 것입니다. 그 후 치료를 받고 그 영향으로 갑자기 그녀는 이와 같은 연관을 발견하고 그것을 보고할 수 있었습니다.

그러나 그녀가 자신이 그 때문에 강박 행위를 행하고 있는 의도, 즉 고통에 찬 과거의 한 단편을 수정하고 사랑하는 남편을 더 한층 높은 곳에 두고자 하는 의도에 대해서는 여전히 아무것도 알지 못했습니다. 이와 같은 동기야말로 강박 행위의 원동력이었으리라는 것을 그녀가 이해하고 그것을 나에게 고백하기까지에는 꽤 긴 시간이 걸리고 많은 고생이 필요했던 것입니다.

결혼 첫날밤을 실패한 후에 일어난 광경과 이 부인 환자의 상냥한 동기는 함께 합쳐서 우리가 강박 행위의 '의미'라고 명명한 것을 낳습니다. 그런데 이 의미는 그녀가 강박 행위를 행하고 있는 동안에는 두 가지 방향, 즉 '유래'와 '목적'도 그녀는 알지 못하고 있었습니다. 즉 그녀의 가슴속에서는 심적 과정이 작용하고 있으며 강박 행위는 두말 할 나위도 없이 그 심적 과정의 결과였습니다. 그녀는 정상적인 심적 상태로는 이 결과를 인식했으나 그 결과의 심적 전제조건은 무엇 하나 그녀의 의식의 아는 바가 되지 못했습니다. 베른하임(Bernheim)으로부터 최

---

4) 270쪽 참조.

면상태에서 깨어나 5분이 지나면 병실에서 우산을 펴라는 명령을 받은 피검자(被檢者)는 잠이 깨고 나서 이 명령을 실행했으나 자기 행동의 동기를 보고할 수는 없었습니다. 그녀는 이 남자와 똑같이 행동한 것입니다. '무의식적인 심적 과정'의 존재에 대해서 언급하는 경우에는 우리는 이와 같은 사태에 주목하고 있는 것입니다. 우리는 모든 사람들에게 이 사태에 대해서 보다 정확한 과학적 방법으로 설명해 주도록 부탁해도 좋으며, 만일 그것이 불가능할 때는 우리는 기꺼이 무의식적인 심적 과정이란 가정을 단념하려고 생각합니다. 그러나 그때까지 우리는 어디까지나 이 가정을 고집할 것입니다. 그리고 만일 누군가가 무의식적인 것이란 이 경우에 과학적인 의미에 있어서 실재(實在)하는 것이 아니라, 그것은 응급 처치적인 것이며 하나의 표현이라고 이론(異論)을 주장한다면 우리는 체념하고 어깨를 움츠리며 물정을 모르는 사람으로 거부하지 않을 수 없습니다. 실재하지 않는 것에서 강박 행위같이 사실상 실재하는 결과가 나온다고 하는 것이 있을 수 있을까요!

우리가 저 두번째 예[5]의 여성 환자의 경우를 만나는 것도 근본적으로는 동일한 것입니다. 그녀는 쿠션이 침대의 틀판에 닿아서는 안 된다는 계율을 만들었습니다. 그리고 이 계율을 지키지 않으면 기분이 언짢아집니다. 그러나 그것이 도대체 무엇에서 온 것인가, 무엇을 뜻하는 것인가, 어떤 동기 때문에 이토록 위력을 지니고 있는가는 알지 못합니다.

그녀가 이 계율 자체를 아무렇게나 보고 있는지, 그렇지 않으면 그것에 반항하고 분노하여 그것을 밟고 넘어가려는지는 계율의 실행과는 관계가 없습니다. 그녀는 그 계율은 지키지 않으면 배겨날 수 없으며 왜 그렇게 되는지 자문해 봐도 아무 소용이 없습니다.

그러나 우리는 다음과 같은 고백을 하지 않을 수 없습니다. 즉 강박 노이로제의 이러한 증상, 즉 이들 관념과 충동——그것이 어디서 오는지 모르지만 어쨌든 나타나서 보통 정상적인 심적 생활의 모든 영향력에 저항하고 마치 어딘지 미지의 세계에서 온 아주 힘센 손님이며 죽음의 소용돌이 속에 섞여 있는 불사조와 같은 인상을 환자 자신에게 주지만——그러한 관념과 충동 속에 평소에 다른 영역의 심적 활동에서는 격리된 어떤 특수한 영역이 있다는 것을 아주 명확히 나타내고 있다는 고백입니다. 그들 관념과 충동에서 마음속에 무의식적인 것이 존재

5) 273쪽 참조.

한다는 것을 확신시키는, 방황함이 없는 하나의 길이 나 있습니다. 그리고 그렇기 때문에 의식심리학(意識心理學)에만 의지하는 임상 정신의학은 이들 관념과 충동을 어떤 특이한 변질(變質)형식의 징표라고 칭할 수밖에는 별 도리가 없습니다. 물론 강박관념과 강박충동 그 자체가 무의식적인 것이 없다는 것은 강박 행위의 실행이 의식되지 않는 것은 아니라는 것과 같습니다. 만일 강박관념이나 강박충동이 의식 속에 떠오르지 않았다면 그것들은 증상으로 되지 않았을 것입니다. 그러나 우리가 정신분석에 의해서 추론(推論)하는 심적(心的)인 전제조건이나, 우리의 해석을 통해서 끼어넣어지는 모든 연관은 무의식적인 것입니다. 적어도 우리가 분석작업에 의해서 환자에게 그것들을 의식화할 때까지는 무의식적인 것입니다.

그런데 만일 여러분이 앞에서 설명한 두 가지 증례로 확인된 이 사태는 모든 노이로제적인 이환(罹患)의 모든 증상에 대해서 승인될 수 있다는 것, 증상의 의미는 어떠한 경우에도 환자에게는 알려져 있지 않다는 것, 또한 정신분석이 이들 증상은 무의식적인 과정에서 오지만 이 무의식적인 과정은 여러 가지 유리한 조건하에서는 의식화할 수 있다는 것을 언제나 생각할 수 있다면 정신분석에서는 무의식적·심정적인 것을 결여할 수 없으며, 감각적으로 파악할 수 있는 것과 마찬가지로 그것을 조작하는 것이 일반적인 일임을 이해하게 될 것입니다. 동시에 또한 무의식적인 것은 다만 개념으로서 알고 있을 뿐이며 한 번도 분석하거나 꿈을 해석하지 않고 노이로제의 증상을 번역하여 그 의미와 의도를 이끌어낸 적이 없는 사람들 모두 얼마나 이 문제에 판단을 내릴 자격이 없는가 하는 것도 여러분은 아마 이해하게 될 것입니다.

우리의 목적을 위해서 다시 한 번 분명히 말하지만, 노이로제의 모든 증상에 분석적 해석을 가하면 그것에 어떤 의미를 부여할 수 있다는 것은 무의식적인 심적 과정이 존재한다는 것의——혹은 여러분이 만일 그와 같이 말하고자 한다면 그 존재를 가정하는 것의 필요성의——움직일 수 없는 증거입니다.

그러나 이것이 전부는 아닙니다. 브로이어의 제2의 발견——이 발견은 나에게는 한층 더 내용이 풍부한 것으로 여겨지고, 더구나 그는 이것을 한 사람의 동료도 없이 이루었지만——의 덕택으로 우리는 무의식적인 것과 노이로제 증상과의 관계에 대해서 더욱더 많은 것을 배우게 되는 것입니다. 그것은 증상의 의미가 일반적으로 언제나 무의식적인 것만은 아닙니다. 이 무의식성과 증상의 존재 가능성과의 사이에는 어떤 종류의 대리관계가 있습니다. 여러분은 내가 말하는 것을 곧 알게 될 것입니다. 나는 브로이어와 함께 다음과 같이 주장하려고 합니다. 우리가 어떤 증상에 부딪칠 때마다 이 환자에게는 특정한 무의식적인 과정이 존재하고 있으며 바로 이 과정이야말로 이 증상의 의미를 내포하고 있다고 추정해도 좋다는 것입니다. 그러나 동시에 증상이 성립되기 위해서는 이 의미가 의식되지 않는 것이 필요합니다. 의식적 과정에서는 증상이 형성되지 않습니다. 무의식적 과정이 의식되면 증상은 소실되지 않을 수 없는 것입니다.

여러분은 여기에서 단번에 치료에의 실마리를, 즉 증상을 소실시키는 방법을 인식하게 되는 셈입니다. 사실 이렇게 브로이어는 히스테리 환자를 회복시켰습니다. 요컨대 다시 말하면 그 증상에서 환자를 해방시킨 것입니다. 그는 증상의 의미를 내포하고 있었던 무의식적 과정을 환자에게 의식시키는 기법을 발견했습니다. 그리하여 증상은 소실된 것입니다.

브로이어의 이 발견은 사변(思辨)의 성과가 아니라 환자의 호의에 의해서 이루어진 행운의 관찰성과였습니다. 여러분은 이번에도 또한 이 발견을 다른 어떤 기지(既知)의 사실에 환원함으로써 이해하려고 애쓸 필요는 없습니다. 이 발견을 하나의 새로운 기초적인 사실로 인정하기만 하면 되는 것입니다. 이 사실의 도움으로 여러분은 다른 많은 것을 증명할 수 있게 될 것입니다. 그러므로 이와 같은 것을 다른 표현을 써서 반복하는 것을 허락해 주십시오.

증상의 형성은 표면에 나와 있지 않는 어떤 다른 것의 대리인 것입니다. 어떤 종류의 심적 과정은 정상적인 경우에는 의식이 그 존재를 알고 있을 정도로 광범위하게 발전해야 했던 것입니다. 그런데 그렇게 되지 않았습니다. 그 대신 중절(中絶)되고 어떤 의미에서 방해되어 무의식 상태로 머물지 않을 수 없었던 과정에서 증상이 생긴 것입니다. 그러므로 살짝 바꿔치기와 같은 일이 생긴 것입니다. 이 바꿔친 것을 본래의 자리로 되돌리는 데 성공하면 노이로제 증상의 치료는 그 사명을 다하는 것이 됩니다.

브로이어의 발견은 오늘에 있어서도 역시 정신분석 요법의 기초입니다. 증상은 그 무의식적인 전제조건이 의식화되었을 때에 소실한다는 명제는 그 후에 행해진 모든 연구에 의해서 실증되었습니다. 물론 이 명제를 실행에 옮겨보려는 시도는 생각지 않게 놀라운 복잡한 일을 만나게 되었습니다. 우리의 요법은 무의식적인 것을 의식적인 것으로 바꿈으로써 효과를 나타내고 그 변환을 성취하는 데 있어서 효과를 올릴 수 있습니다.

그런데 여러분이 이 치료의 작용을 지나치게 가볍게 생각하는 위험에 빠지지 않도록 우선 본제(本題)에서 약간 벗어나지만 생각해 보기로 하겠습니다. 이제까지 자세히 설명한 바에 의하면 노이로제는 바로 일종의 무지(無知), 즉 알아야 할 심적 과정을 모르고 있는 결과가 되는 것입니다. 그것은 악덕마저도 무지에 근거한다는 저 유명한 소크라테스의 설(說)[6]에 무척 가깝다고 할 수 있을 것입니다.

그런데 분석의 경험을 쌓은 의사로서는 개개의 환자에 있어서 어떠한 심적 활동이 의식되지 않은 채 있는가를 추측하는 것은 매우 쉬운 일입니다. 그러므로 자신이 알고 있는 것을 환자에게 가르쳐주고 그 자신의 무지에서 해방시킴으로써 그 환자를 회복시킨다는 것도 의사로서는 어려운 일이 아닐 것입니다. 적어도 증상의 무의식적 의미의 일부분은 이렇게 쉽게 처리되지만 다른 점, 즉 증상과 환자의 체험과의 연관에 대해서는 의사라 할지라도 물론 많은 것을 추측할 수는 없습니다. 왜냐하면 그는 환자의 체험을 알지 못하기 때문입니다. 그는 환자가 그 체험을 회상해서 말해 줄 때까지 기다려야 합니다. 그러나 또한 그와 같은 체험 대신 그것의 대리물이 발견되는 경우도 적지않습니다. 우리는 환자의 친척들에게 환자의 체험에 대해서 물을 수 있습니다. 친척들은 환자의 체험 중에서 외상적(外傷的)으로 작용하고 있는 것을 자주 분별할 수 있을 것입니다. 어쩌면 아주 어린 시절에 일어났기 때문에 환자 자신은 아무것도 모르는 체험마저도 그들은 보고할 수 있다고 생각합니다. 그래서 이 쌍방의 조작을 하나로 하면 병인(病因)에 관한 환자의 무지를 단시일내에, 더구나 적은 노력으로 제거할 수 있을 것입니다.

그렇습니다. 만일 그대로 된다면 다행한 일입니다! 우리는 여기서 처음에는 생각지도 못했던 경험을 했습니다. '안다'고 할 때도 언제나 같은 작용은 아닌 것입니다. 심리적으로 전혀 가치가 다른 여러 종류의 지식이 있습니다. 이전에 몰리에르$\left(\substack{1622\sim73,\ \text{프랑}\\ \text{스의 희극작가}}\right)$는 "같은 듯해도 각각 다르다"고 말했습니다. 의사의 지식은 환자의 지식과는 같지 않으며 동일한 효과를 나타낼 수 없습니다. 의사가 자기의 지식을 말해서 환자에게 전해도 그것은 아무런 효과를 나타내지 않습니다. 아니, 그렇게 말하는 것은 옳지 않을 것입니다. 그것에는 증상을 제거하는 효과는 없으

6) 악덕마저도 무지에 근거한다는 것은 소크라테스의 근본사상 중 하나다.

나 분석을 추진시키는 다른 효과는 있습니다. 항의를 표명하는 것은 자주 그 일을 증명하는 최초의 징후입니다. 환자는 이 경우에 자기가 이제까지 모르고 있던 어떤 일, 즉 자신의 증상의 의미를 알게 되는데 그러면서도 그 의미를 모르는 점에서는 이전과 변함이 없습니다. 그래서 우리는 무지라는 것도 한 종류가 아님을 경험하는 것입니다. 이 차이가 어디에 있는가를 나타내기 위해서는 우리의 심리학적인 지식을 어느 정도 심화(深化)시킬 필요가 있습니다. 그러나 증상은 증상의 의미를 알게 되자마자 소멸한다는 우리의 명제는 역시 어디까지나 옳습니다. 단, 이 경우의 '안다'는 특정한 목적을 가진 심적 작업에 의해서만 생기는, 환자의 마음속의 어떤 내적인 변화에 근거해야 한다는 것뿐입니다. 여기서 우리는 곧 증상형성의 '다이내믹스'라는 개념으로 총괄되는 모든 문제에 직면하게 되는 것입니다.

여러분! 여기서 나는 여러분에게 지금 하고 있는 이야기가 너무 애매모호하고 복잡하지 않느냐고 묻지 않을 수 없습니다. 내가 자주 앞에서 말한 것을 취소하거나, 제한하거나, 사고(思考)의 실을 끌어당기는가 하면 중단하여 여러분을 혼란케 하고 있지 않느냐는 질문입니다. 만일 그렇다면 그것은 참으로 유감스러운 일입니다.

그러나 나는 진리에 대한 성실성을 희생해서까지 단순화하려는 데는 강한 반감을 가지고 있습니다. 그리고 대상이 너무 다방면에 걸쳐 있고 서로 얽혀 있다는 인상을 여러분이 강하게 받는다 할지라도 나는 전혀 상관이 없습니다. 또한 내가 여러 가지 점에서 여러분이 우선 이용할 수 있는 한도 이상의 것을 이야기하고 있다고 해도 그것은 별로 손해가 되지 않는다고 생각하고 있습니다. 하지만 청강자나 독자 여러분이 자기 앞에 제공된 것을 머리 속에서 정리·단축·단순화하여 자기가 기억해 두고 싶은 것만을 발췌한다는 것을 나는 충분히 알고 있습니다. 많은 것을 이야기하면 그만큼 나중에 남는 것이 많다는 것은 어느 정도는 올바른 일일 것입니다.

내가 여러분에게 이야기한 것 중 본질적인 점, 즉 증상의 의미, 무의식적인 것 및 양자의 관계에 관한 점을 모든 부수적인 이야기는 빼고 여러분이 확실하게 이해했다고 생각해 주십시오. 여러분은 아마 다음과 같은 것도 알게 되었을 것입니다. 즉 우리의 이후의 노력은 두 가지 방향으로 향하게 된다는 것, 첫째로 어떠한 경과로 인간이 병들고 노이로제라는 생활태도를 갖게 되느냐 하는 임상상의 문제, 둘째로 노이로제의 모든 조건에서 병적 증상은 어떻게 발전해 가는가 하는 심적 다이내믹스의 문제로 향한다는 것입니다. 이 두 가지 문제도 역시 어디선가에서 반드시 합치하는 점이 있을 것입니다.

오늘도 역시 이 이상 더 말하지 않겠지만 아직 좀 시간이 남아 있으므로 우리의 이 두 가지 분석[7]에서 볼 수 있는 다른 특성에 여러분의 주의를 돌려주기를 바랍니다. 이 특성의 완전한 평가는 이역시 나중에 비로소 할 수 있는 것이지만, 요컨대 그것은 기억의 결손 또는 건망(健忘)입니다. 이미 말한 바와 같이 정신분석적 치료의 과제는 병인(病因)인 무의식적인 것을 의식적인 것으로 치환한다는 공식으로 요약할 수 있습니다. 그런데 이 공식이 환자의 기억 결손을 모두 메우고 그 건망을 제거하는 다른 공식으로 치환한다는 것을 알고 여러분은 틀림없이 놀랄 것입니다. 그것은 결국 같은 것으로 귀착하는 것입니다. 즉 노이로제 환자의 건망은 증상의 발생과 중대한 관계가 있는 것입니다.

그러나 우리의 최초의 분석을 예로 들어 고찰한다면 여러분은 건망을 이와 같이 평가하는 것은 옳지 않다고 생각할 것입니다. 그 첫번째 부인 환자는 자기의 강박 행위에 관련되는 장면을 망각하지 않았을 뿐만 아니라 오히려 생생하게 기억하고 있었습니다. 그리고 잊어버리고 있었던 다른 것은 이 증상의 발생에 관계되어 있지 않은 것입니다.

우리의 두번째 여성 환자, 즉 강박의식을 가졌던 딸의 경우도 이만큼 확실하지는 않지만 대체로 아주 비슷합니다. 그녀 또한 옛날에 행한 것을 한 것이며, 부모의 침실과 자기 침실 사이의 문을 열어두도록 고집한 사실과 어머니를 어머니의 자리에서 쫓아냈다는 사실을 잊지 않고 있었습니다. 주저하면서도 그녀는 그 일을 아주 명확하게 상기하고 있었습니다.

여기서 이상하게 생각되는 것은 첫번째 예의 부인 환자가 그 강박 행위를 헤아릴 수 없이 되풀이했으면서도 이 행위와 신혼 첫날밤 이후의 체험을 단 한 번도 유사하다고 생각지 못했다는 것과 강박 행위의 동기를 조사하기 위해서 그녀에게 직접 물었을 때마저도 이 회상은 나타나지 않았다는 것입니다. 마찬가지로 의식만이 아니라 그 유인(誘因)까지도 밤마다 반복된 동일한 상황에 관계를 가지고 있는 이 처녀 환자의 경우에도 적합합니다. 쌍방의 경우에도 본래의 건망, 즉 기억의 탈락은 아니지만 재생, 즉 기억을 떠오르게 하는 어떤 연관이 중절되어 있

---

7) 270쪽 및 272쪽의 두 예 분석을 참조.

는 것입니다.

강박 노이로제로서는 이와 같은 기억의 장해도 충분하지만 히스테리의 경우에
는 다릅니다. 히스테리라는 노이로제에 있어서는 대부분의 경우 아주 대규모의
건망이 그 특색으로 되어 있습니다. 보통 하나하나의 히스테리성 증상을 분석해
보면 일련의 생활 인상에 부딪치지만 이 생활 인상이 재생될 때 그 인상은 이제
까지 완전히 망각하고 있던 것이라고 분명히 말해도 좋을 것입니다. 이 일련의
생활 인상은 한편으로는 아주 어린 시절에까지 소급되므로 히스테리성 건망은 우
리 정상적인 사람의 눈으로는 심적 생활의 단서를 은폐하고 있는 유치형(幼稚型)
건망에 직접 이어지는 것으로 인정됩니다. 또한 다른 한편으로는 환자의 최근의
체험마저도 망각되는 경우가 있으며, 특히 갑자기 병이 나거나 악화되거나 하는
유인이 건망 때문에 완전히 일소되지는 않았어도 부분적으로는 인멸되어 있다는
것을 알고 우리는 놀라는 것입니다. 이와 같이 새로운 기억의 전체상(像)에서 필
요한 세부(細部)가 소실되었거나 잘못된 기억에 의해서 그 부분이 대치되거나 하
는 일은 흔히 있을 수 있는 일입니다. 뿐만 아니라 분석이 끝나기 직전에 간신히
그토록 오랫동안 억눌려서 연관에 현저하게 틈을 열어두고 있던 생생한 체험이
어느 정도 기억에 떠오르는 일도 보통 흔히 있는 일입니다.

회상능력이 이와 같이 침해되는 것은 이미 설명한 바와 같이 히스테리의 특징
입니다. 실제 히스테리 경우에는 기억 속에 흔적을 남길 수 없는 상태(히스테리
발작)가 증상으로서 나타납니다. 그런데 강박 노이로제의 경우는 그렇지 않다고
하면 여러분은 아마 이것으로 이러한 건망은 히스테리성 변화의 심리적 특징이
며, 노이로제 일반에 공통되는 특징은 아니라고 결론지을지도 모릅니다. 그러나
이 차이가 갖는 의의도 다음과 같은 고찰을 해보면 한정되는 것 같습니다.

우리는 증상의 '의미'로서 두 종류를 총괄했습니다. 즉 그것은 증상의 원천과
목적 내지 이유이며, 다시 말해서 증상이 나타난 원천인 인상과 체험이 그 하나
이며, 증상이 그것에 도움을 주고 있는 의도가 또 다른 하나입니다. 즉 증상의
원천은 외부로부터 온 인상으로 귀결되는 것이며 그 인상은 당연히 이전에는 의
식되어 있었으나 그 이후 망각 때문에 무의식적이 된 것일 겁니다. 그런데 증상
의 목적, 즉 그 의향 쪽은 항상 마음속의 과정이며 아마 처음에는 의식되어 있던
것인지도 모르지만 증상의 원천과 같이 결코 의식적인 것이 아니며, 전부터 무의
식적인 것이었습니다. 그러므로 히스테리 경우에 그러하듯이 건망이 증상의 원

천, 즉 증상을 지탱하고 있는 체험도 침범하느냐 하는 점은 그다지 중요하지 않습니다. 증상의 목적, 즉 최초부터 무의식적이었는지도 모르는 의향이야말로 증상이 무의식적인 것에 의존하고 있는 근거입니다. 더욱이 그것은 강박 노이로제 경우에도 히스테리 경우에 못지 않은 확실한 근거인 것입니다.

이와 같이 심적 생활에 있어서의 무의식적인 것을 강조함으로써 정신분석에 대한 비판이라는 악령(惡靈)들을 불러일으키는 결과가 되어버렸습니다. 이와 같은 일을 기묘하다고 생각하지 말기 바랍니다. 또한 우리에 대한 반론이 무의식적인 것은 이해하기 힘들기 때문이라든지 무의식적인 것을 실증하는 경험이 상대적으로 부족하기 때문이라고 생각하지 마십시오. 나는 이러한 반론은 보다 깊은 곳에서 나왔다고 생각합니다. 인류는 시간의 흐름 속에서 과학 때문에 두 번씩이나 그 소박한 자애심에 큰 모욕을 당해야 했던 것입니다. 첫번째는 우주의 중심이 지구가 아니며, 지구는 거의 상상할 수 없을 정도로 큰 우주계의 극히 작은 일부분에 지나지 않는다는 것을 인류가 알았을 때입니다. 이미 알렉산드리아[8] 철학이 이와 비슷한 사실을 말하고 있지만, 그것은 우리들에게 코페르니쿠스[9]의 이름과 결부되어 있는 것입니다. 두번째는 생물학의 연구가 인류가 자칭하는 창조에 있어서의 특권을 무(無)로 돌리고, 인류는 동물계에서 진화한 것이며 그 동물적 본성은 지울 수 없다는 것을 가르쳤을 때입니다. 이 가치의 역전은 현대에 있어서 다윈과 A. R. 월리스[10]와 그 선인들의 영향하에 동시대 사람들의 맹렬한 저항을 받으면서 오늘날에 이르러 성취된 것입니다.

그런데 인간의 과대망상증은 세번째의, 그리고 가장 뼈아픈 모욕을 오늘의 심리학적 연구에 의해서 받게 된 것입니다. 자아(自我)는 자기 자신의 집주인은 결코 될 수 없으며, 자신의 심정생활 속에서 무의식으로 일어나고 있는 일에 대해서도 여전히 아주 조금밖에 정보를 얻고 있지 않다는 것을 이 심리학적 연구는 증명해 보이려 하고 있는 것입니다. 인간의 반성을 촉구하는 경고 역시 우리들

---

8) 기원전 332년 알렉산더 대왕이 건설한 도시라고 한다. 고대 이집트의 제2의 도시이며 고대로부터 중세에 걸쳐 동방문화의 중심지였다.

9) 1473~1543. 폴란드의 천문학자. 천동설을 반대하고 지동설을 제창하여 근세의 과학적 세계관을 확립했다. 저서에 《천체(天體)의 회전에 관하여》가 있다.

10) 1823~1913. 영국의 박물학자·사회사상가. 생물생태학 및 지리학에 공헌하고 동물분포학상 유명한 '월리스선(Wallace線)'을 제창하였다. 1858년 자연 도태에 의한 생물 진화론을 다윈의 진화학설과 함께 린네 학회(Linné學會) 총회에서 발표하였다.

정신분석가가 최초로 더욱이 유일한 경고자로서 제기한 것은 아닙니다. 그러나 이 경고를 가장 강력히 주장하고 한 사람 한 사람의 가슴 가까이 울리게 하는 경험자료에 의해서 입증하는 것은 우리에게 주어진 사명인 것같이 여겨집니다. 그 때문에 우리의 학문에 대한 총반격이 일어나고 일체의 아카데믹한 정중함을 내던지고 공평한 논리에서 완전히 벗어난 반대론이 일어난 것입니다. 또한 우리는 이 세계의 평화를 다른 방법으로 어지럽게 하지 않을 수 없게 되었으나 그 점에 대해서는 곧 말하게 될 것입니다.

제19강 저항과 억압

여러분! 노이로제에 대하여 더욱 깊이 이해하기 위해서 우리는 새로운 경험을 쌓을 필요가 있는데 그중 두 가지를 여기서 이야기하기로 하겠습니다. 두 가지 모두 아주 주목할 만한 경험으로 그 당시는 대단히 놀라운 것이었습니다. 물론 여러분은 작년에 이야기한 것을 토대로 이 두 가지 경험을 받아들일 준비가 되어 있을 것입니다.

첫째로 우리가 환자의 병을 치료하여 그 증상으로부터 환자를 해방시키려고 하면 환자는 격렬하고 집요하게 저항하고 그것을 치료의 전기간중에 계속하는 것입니다. 이것은 아주 기이하고 묘한 사실이므로 아마 믿기지 않을 것입니다. 그러므로 환자의 주위 사람들에게는 이 일에 대해서 아무 말도 하지 않는 것이 좋습니다. 왜냐하면 그 사람들은 이러한 말을 듣게 되면 예외없이 그것을 우리의 치료가 오래 걸리거나 또는 실패한 것을 변명하려는 구실로밖에 받아들이지 않기 때문입니다. 환자 역시 이 저항을 저항으로 인식하지 않고 모든 저항현상을 만들어냅니다. 그러므로 만일 우리가 환자를 납득시켜서 그것이 저항이라는 것을 알려주고 이 견해를 고려할 수 있다면 그것은 하나의 큰 성공이라고 말할 수 있습니다.

자, 생각해 보십시오. 증상에 그토록 시달리고 더구나 주위 사람들까지도 괴롭

히고 있는 환자, 증상에서 해방되기 위해서 시간과 돈과 심로(心勞)와 자기극복
이라는 그토록 많은 희생을 참고 견디려는 환자가 낫고 싶지 않아서 구원자에 대
해 반항하는 것입니다. 이 같은 일은 참으로 납득이 가지 않는 일이 아닙니까!
하지만 이것은 사실입니다. 만일 누군가 그런 터무니없는 일이 어디 있느냐고 비
난한다면 우리는 이렇게 대답할 수 있습니다. "이와 같은 일은 많다. 참을 수 없
는 치통을 호소하며 치과의사를 찾은 사람이 의사가 충치를 빼려고 집게를 들이
대면 으레 의사의 팔을 붙들지 않느냐"고.

　환자가 보이는 저항은 아주 다양하고 극히 미묘해서 그것이 저항이라고 인식하
기 어려운 일도 흔히 있으며 그 나타내는 방식을 여러 가지로 변화시킵니다. 의
사에 따라서 그것을 믿지 않고 어디까지나 경계를 늦추지 않는 일이 중요합니다.
　우리는 정신분석에 의한 치료에 있어서도 꿈의 해석 이후 여러분도 잘 아는 기
법을 응용할 것입니다. 우리는 환자에게 깊이 생각하지 않고 조용히 자기관찰의
상태에 몸을 두도록 지시하고, 그때 대체로 내적 지각(知覺)에 저촉되는 한도의
것, 즉 감정·사고(思考)·회상을 모두 떠오르는 그대로의 순서로 보고케 합니
다. 그때 우리는 환자에게, 예를 들면 그것을 입 밖에 내는 것이 아주 '불쾌'하다
든지 혹은 너무 '무분별'하다고 여겨져도, 또한 너무 '시시한' 일이어서 여기에는
적절하지 않다고 여겨져도, 혹은 '어이없는' 일로 새삼스럽게 여기서 말할 필요가
없다고 여겨져도 어쨌든 떠오르는 연상을 취사선택시키려는 어떠한 동기에 굴복
해서는 안 된다고 분명히 경고하는 것입니다. 우리는 환자에게 언제나 의식의 표
면에 떠오르는 것만을 따르고, 자기가 찾아낸 것에는 어떠한 종류의 비판도 하지
않도록 엄명하면서, 치료의 성패, 특히 치료에 필요한 기간의 길고 짧음은 환자
가 이 분석의 기법상 기본원칙을 양심적으로 지키느냐 않느냐에 달려 있다는 것
을 타일러둡니다. 우리는 꿈의 해석 기법에 관해서 이제 들었던 근심이나 이의
(異議)가 일어나는 연상이야말로 항상 무의식적인 것을 발견하는 단서가 되는 자
료를 포함하고 있다는 것을 알고 있기 때문입니다.
　이 기법상의 기본원칙을 확립함으로써 우선 이 기본원칙에 저항이 집중됩니다.
환자는 기본원칙의 규정에서 벗어나려고 애를 씁니다. 환자는 어떤 때는 아무것
도 생각나지 않는다고 우겨대거나 또 어떤 때는 너무 많은 생각이 한꺼번에 떠올
라서 도무지 어떻게 말해야 좋을지 모른다고 주장하기도 합니다. 그런 경우 우리
는 환자가 어떤 때는 이러한, 또 어떤 때는 저러한 비판적인 반론에 굴복한 것을

알아차리고 화가 나고 놀라움을 느낍니다. 환자는 자신의 이야기를 장시간 중단함으로써 우리에게 그러한 의중을 나타냅니다. 그리고 곧 "사실은 연상을 입 밖에 낼 수가 없습니다. 부끄럽습니다"하고 고백합니다. 그리고 처음 약속을 어기고 부끄럽다는 동기를 인정하는 것입니다. 자기 이외의 다른 사람에 관한 것이므로 보고에서 뺐다고 변명하는 경우도 있습니다. 혹은 자기가 지금 생각한 것은 사실 그다지 중요하지 않고 어리석으며 지나치게 터무니없는 것이어서 설마 선생도 이런 것을 깊이 생각해 보라고 말하지 않을 것이라고 말합니다. 이와 같이 잇따라 말을 이리저리 바꾸며 그 한정이 없으나, 이것에 대해서는 모든 것을 말한다는 것은 문자 그대로 모든 것을 털어놓고 말한다는 뜻이라고 잘 설명해 주어야 합니다.

우리가 만났던 환자 중 치료의 손길이 미치는 것을 막기 위해서 어떤 영역을 자기만 아는 것으로 간직하려 하지 않았던 환자는 거의 없습니다. 아무리 보아도 최고 지식층으로 보이는 어떤 환자는 여러 주일 동안 연애관계를 숨기고 있었습니다. 그것은 신성한 원칙을 어긴 것이 되므로 그 해명을 요구하자, 그는 그러한 연애 이야기는 극히 사사로운 일이라고 믿고 있었다고 변명하는 것이었습니다. 물론 분석요법은 이와 같은 비호권(庇護權)을 인정하지 않습니다. 예를 들면 빈과 같은 도시에서 호에 마르크트($_{의\ 광장}^{빈\ 중심부}$)와 같은 광장이나 성(聖)스데반 교회($_{후기\ 고딕건축의\ 대표작}^{빈\ 시의\ 수호\ 대성당}$)에 대해서 이곳에서는 사람을 체포해서는 안 된다는 예외를 인정한다면 어떤 특정한 범인을 잡기는 힘들 것입니다. 범인은 이 비호받는 장소 이외의 곳으로 갈 리가 없기 때문입니다.

나는 그전에 객관적으로 보아 그 능력을 높이 평가받고 존경받던 어떤 남자에게 이와 같은 예외권(例外權)을 인정할 결심을 한 적이 있습니다. 그 이유는 이 사람은 특정한 사실에 대해서 말해선 안 된다는 복무상의 선서를 했기 때문입니다. 그는 물론 이 효과에 만족했지만 나는 만족하지 못했습니다. 나는 이런 조건 밑에서는 두 번 다시 분석하지 않겠다고 작정했습니다.

강박 노이로제 환자는 지나친 양심과 의혹을 이 기법상의 원칙으로 돌림으로써 이 원칙을 교묘하게 거의 쓸모없이 만들어버립니다. 불안 히스테리 환자는 때로는 요구받는 것과는 동떨어진, 분석에는 조금도 도움이 되지 않는 연상을 이야기함으로써 이 원칙의 부조리함을 논증하려고 하는 경우도 있습니다.

그러나 나는 여러분에게 이러한 기법상의 곤란한 점을 처리하는 초보적인 기법을 가르칠 생각은 없습니다. 요컨대 굳은 결의와 인내로써 환자로 하여금 저항을 이기고 기법상의 기본원칙에 어느 정도 복종케 하는 일은 최후에는 가능합니다. 그렇게 하면 저항은 어떤 다른 영역으로 옮겨가게 됩니다. 그것은 지적(知的) 저항으로 나타나며, 논증에 도전하고, 정상이지만 정신분석을 알지 못하는 사람의 사고가 분석상의 여러 설에 대해서 느끼는 곤란한 점이나 진실이 아닌 점을 들추어냅니다. 그런 경우에 나는 각 환자로부터 과학적 문헌 속에서 우리를 둘러싸고 합창처럼 울려퍼지는 모든 비판과 항의를 듣게 됩니다. 그러므로 우리에게 쏟아진 외부의 비판에는 하나도 새로운 것이 없습니다. 그것이야말로 컵 속의 폭풍입니다. 그러나 환자는 이야기를 아는 듯이 보여집니다. 그들은 적극적으로 우리가 자기들을 교육하고 계몽하고 논파(論破)해서 보다 많은 교양을 쌓도록 문헌을 가르칠 생각이 나게 합니다. 그들은 정신분석이 자기를 개인적으로 괴롭히지 않는다는 조건이 받아들여지면 기꺼이 정신분석의 신봉자가 될 생각을 하고 있는 것입니다. 그러나 우리는 이 지식욕을 역시 저항으로 인정하고 우리의 특수한 과제에서 벗어난 것으로 간주하면서 이것을 거절합니다.

강박 노이로제 환자는 저항에 대해서 어떤 특수한 술책을 쓰지 않는다고 생각해서는 안 됩니다. 환자는 자주 분석을 순조롭게 진행시키므로 분석에 의해서 병례(病例)의 수수께끼는 더욱더 명백해지는데, 그럼에도 불구하고 결국은 이 해명에 따라서 실제로는 어떠한 개선, 즉 증상의 경쾌함도 나타나지 않는 점에 놀라게 됩니다. 그런 경우, 저항은 강박 노이로제의 의혹 속에 틀어박혀서 이런 자세를 취하고 우리에 대해서 효과적인 반항을 하는 것입니다. 이것에 의해서 환자는 대략 다음과 같은 말을 하고자 하는 것입니다. "과연 그것은 모두 참으로 훌륭하며 재미있다. 나도 이제부터라도 기꺼이 그것을 계속하려고 한다. 만일 그것이 진실이라면 나의 병도 퍽 좋아질 것이다. 그러나 나는 조금도 그것을 진실이라고 생각지 않는다. 내가 그것을 진실이라고 생각지 않는 한, 그것은 나의 병과는 아무런 관계가 없는 것이다." 그렇기 때문에 오랜 시일이 걸린 후에 이렇게 서먹서먹한 태도에 접하는 것입니다. 그래서 드디어 결전이 시작됩니다.

지적 저항이 반드시 가장 악질적인 저항이라고 말하는 것은 아닙니다. 우리는 언제나 그것을 타파하고 있습니다. 그런데 환자는 역시 분석요법을 받으면서 저항력을 재정비하는 수단을 터득하고 있습니다. 그리고 이 저항을 극복하는 것은 어려운 기법 중 하나입니다.

환자는 상기하는 대신 이른바 '감정전이(感情轉移)'[1]라는 수단에 의해서 의사와 치료에 대한 저항에 이용하는 태도나 감정의 움직임을 실생활 속에서 끄집어 내어 반복합니다. 환자가 남성인 경우에는 그는 이 자료를 보통 자기와 아버지와의 관계에서 가져옵니다. 그리고 아버지의 위치에 의사를 세웁니다. 그렇게 함으로써 그는 인격과 판단의 독립을 얻으려는 노력, 아버지와의 대립, 혹은 아버지를 이기는 것을 그 첫째 목표로 삼는 야심, 그리고 감사라는 무거운 짐을 이 삶에서 두 번씩이나 자기에게 짊어지게 하는 불만에서 저항을 만들어내는 것입니다. 그래서 환자의 의도는 마치 의사를 실수하게 하고 의사에게 그 무력함을 통감시켜 의사에 대하여 승리를 얻으려는 데 있으며, 이러한 환자의 의도가 병에 결말을 지으려고 하는 보다 나은 의도로 완전히 대치되어 있는 듯한 인상을 우리는 여기저기서 받는 것입니다.

여성들은 상냥하며 에로틱한 감정을 의사에게 전이하여 그것을 저항의 목적을 위해 참으로 교묘하게 이용하는 수단을 알고 있습니다. 의사에 대한 이와 같은 마음의 기울임이 어느 정도에 이르면 현실의 치료상황에 대한 모든 관심이나 치료를 받을 때 약속했던 의무는 모두 사라져버립니다. 그리고 위로하면서 부득이 의사가 제의를 거절하면 반드시 질투를 일으키고 몹시 분개하며 따라서 의사와의 개인적인 화음이 깨지고, 그리하여 분석의 가장 강한 추진력을 없애버리는 데 도움이 될 뿐입니다.

이 종류의 저항을 일방적으로 비난해서는 안 됩니다. 이들 저항은 환자의 과거 생활의 아주 중요한 자료를 많이 안고 있으며 그것을 어떻게든지 납득이 가도록 재현함으로써 기법에 숙달되어 있고 이것을 올바른 방향으로 돌릴 줄 알고 있으면 그것들은 분석의 최량의 발판이 되는 것입니다. 단, 이 자료가 우선 항상 저항에 도움을 주고 있고, 치료에 대해서 적의를 돌리고 있는 것은 주목해야 합니다. 그것은 노리고 있는 변화를 막기 위해서 동원된 자아 성격의 모든 특성, 즉 자아의 모든 태도라고도 말할 수 있습니다. 그때 이들 성격의 모든 특성이 노이

---

1) 부모에 대한 감정이 어떠한 유사점을 가진 사람에게 옮겨놓여지듯이 A에 대하여 품은 감정을 A와는 전혀 관계 없는 B에게로 옮겨놓는 현상을 '감정전이'라고 한다. 그것에 대해서 본디 어떤 일정한 대상에 향하여 있어 그때는 보통의 태도나 감정이던 것이 다른 대상에 대한 태도나 감정으로 일반화되어 가는 매커니즘을 '치환(置換)'이라 한다. 가령 애인에 대한 감정이 소지품으로 치환되고 귀중화되는 것과 같다.

로제의 여러 조건과의 연관 속에서, 또한 노이로제의 모든 요구에 대한 반응 속에서 어떻게 형성되었는가를 알고, 보통때는 전혀 나타나지 않는, 또한 이 정도의 규모로는 나타나지 않는, 즉 바꾸어 말하면 잠재적이라고 칭할 수 있는 이 성격의 모든 특성이 인정되는 셈입니다.

여러분은 또한 우리가 이러한 저항의 출현을 분석의 영향력이 위협하는, 마치 예상외의 위험이라고 보는 듯한 인상을 받으면 안 됩니다. 아니, 우리는 이러한 저항이 반드시 나타날 것을 알고 있는 것입니다. 만일 우리가 저항을 충분히 명백하게 일어나게 할 수 없고, 환자에게 해명해 줄 수 없을 때는 우리는 그저 불만을 느낄 뿐입니다. 오히려 결국 이러한 저항을 극복하는 것이 분석의 본질적인 작업이며 그것만이 우리가 환자에 대해서 무엇인가를 할 수 있다는 것을 보증해 주는 작업부분임을 우리는 이해하는 것입니다.

또한 이것에 덧붙여서 환자는 치료중에 일어나는 일체의 우발사건, 즉 주의를 딴 데로 돌리게 하는 모든 외부의 사건이나 분석에 적의를 가진 환자 주위 사람들의 갖가지 말, 또 어떤 우연한 질환이나 혹은 노이로제와 병발(並發)하는 기질적(氣質的) 질환 등의 치료를 방해하기 위해서 모두 이용하는 것, 그뿐만 아니라 더욱이 환자 자신의 상태가 좋아진 것마저도 자신의 노력을 포기하는 동기로 이용한다는 것을 첨가해서 생각한다면 여러분은 저항의 형식과 수단에 대해서 아직 완전하지는 않지만 대체로 이미지를 얻는 셈이 될 것입니다. 정신분석은 이와 같은 저항을 언제나 극복하려고 노력하면서 행해지고 있습니다. 나는 이 점에 대해서 아주 상세하게 논했습니다만, 그것은 노이로제 환자가 증상을 제거하는 데 대해서 나타내는 저항에 대해서 우리가 얻은 경험이 노이로제에 관한 우리의 다이내믹한 견해의 기초가 된 것을 전해야 하기 때문입니다.

브로이어와 나는 원래 최면술(催眠術)을 수단으로 하여 정신요법을 했었습니다. 브로이어의 최초의 부인 환자는 처음부터 끝까지 최면술을 건 상태에서 치료를 받았습니다. 처음에는 나도 그 점에서 브로이어의 방법을 따랐습니다. 솔직히 말해서 그 당시의 일은 분석요법보다 쉬웠고 훨씬 쾌적했으며 치료도 단시간에 행해졌습니다. 그러나 그 효과는 불확실했고 게다가 지속되지 못했습니다. 그래서 나는 마침내 최면술을 그만두었습니다. 그러고 나서 이러한 질환의 역학(力學)을 통찰하는 데 있어 최면술을 쓰는 한 불가능하다는 것을 알았습니다. 최면상태는 다름 아닌 이 저항의 존재를 의사가 인지(認知)하지 못하게 하는 것이었습니다. 최면상태는 저항을 밀어내고 정신분석 작업을 할 수 있도록 어떤 영역을 열어서, 저항을 이 영역의 경계에서 가로막기 때문에 저항은 이 경계를 뚫고 들어올 수 없는 것입니다. 마치 강박 노이로제 때의 의혹이 그러한 것과 마찬가지입니다. 그러므로 본래의 정신분석은 최면술의 힘을 빌리는 것을 단념함과 동시에 시작되었다 해도 과언이 아닙니다.

그러나 저항을 확인하는 것이 이처럼 중요하다면 우리는 너무나 손쉽게 저항을 가정하고 있지 않은지 신중히 의심해 볼 필요가 있을 것입니다. 아마도 실제로 다른 이유 때문에 연상할 수 없는 노이로제의 증례도 있을 것이며, 또한 우리의 모든 전제에 대한 반증도 사실 내용적으로 평가해 볼 필요가 있을 것입니다. 우리는 피분석자의 지적 비판을 저항으로서 가볍게 처리해 버린다면 오류를 범하게 됩니다. 참으로 그렇습니다. 그러나 여러분, 우리는 그렇게 경솔하게 환자의 지적 비판을 저항이라고 판단을 내린 것은 아닙니다. 우리는 이러한 비판적인 환자의 경우 언제나 저항이 나타날 때와 소멸한 다음에 관찰하는 기회를 갖도록 했던 것입니다. 저항의 강도(强度)는 치료의 경과중에 끊임없이 변합니다. 새로운 테마에 가까울수록 항상 저항은 높고 그 테마를 처리할 때 가장 강하며 그 테마가 해결되면 저항도 누그러집니다. 그러므로 기법상 특별히 서두르지 않는 한 우리는 결코 환자가 힘껏 보여주는 저항과 관계되는 일은 없습니다. 그래서 우리는 같은 환자가 분석 경과중에 여러 차례 비판적인 태도를 버리는가 하면 다시 집어올리는 것을 확신할 수 있었습니다.

우리가 무의식적인 자료 중에서 새롭게, 더욱이 환자에게 특히 고통스러운 어떤 부분을 의식에 떠오르게 하려면 환자는 몹시 비판적이 됩니다. 환자는 그 이전에는 많은 것을 이해하고 받아들였는데 이제 그처럼 말하게 되면 그들 수확은 씻은 듯이 없어지는 것입니다. 환자는 어떠한 희생을 무릅쓰고라도 반항하기 위해서 발버둥이치고 격정에 끌려서 정신박약자 같은 모습이 되어버리는 경우가 있습니다. 그를 도와서 이 새로운 저항을 잘 극복시킬 수 있으면 그 인간은 다시 그 통찰력과 이해력을 회복합니다. 즉 그의 비판은 그것 자체로서 존경할 만한 자주적인 능력이 아니라 감정적 태도의 하인이며, 자신의 저항에 의해서 지휘를 받는 대로 되어 있습니다. 자기에게 어떤 불리한 일이 있으면 그는 아주 민감하게 그것에 대해 자기방어를 하므로 자못 비판적인 것같이 보이기도 합니다. 그런데 이에 반해서 만일 어떤 일이 자기에게 유리하면 이번에는 아주 경솔하게 허점을 보이기도 합니다. 아마 우리는 누구나 다 이와 대동소이할 것입니다. 피분석자의 지성이 이와 같이 분명히 감정에 좌우되는 것을 나타내는 것은 우리가 그를 분석중에 몹시 궁지로 몰아넣었기 때문입니다.

그런데 환자의 증상을 제거하고 심적 과정을 정상적으로 경과하도록 해주는 데 대해서 환자가 아주 완강히 저항한다는 이 관찰을 우리는 어떻게 생각하면 좋을까요. 우리는 여기에서 상태의 변화에 반항하는 강한 힘을 감지할 수 있었다고 느끼고 있습니다. 그것은 이전에 강제로 이 상태를 만들어낸 것과 같은 것에 틀림없습니다. 우리가 지금 증상을 해소할 때의 경험에서 재구성할 수 있는 것이 증상을 형성할 때도 일어났음에 틀림없습니다. 우리는 이미 브로이어의 관찰에서 증상이 존재하는 것은 그 전제로서 어떠한 심적 과정이 정상적인 방법으로 완료되지 않았기 때문에 증상으로서 의식에 떠오른 것임을 알고 있습니다. 증상은 거기서 멈춰버린 어떤 것의 대리인 것입니다. 이렇게 되면 우리는 추정된 힘의 작용을 어느 장소로 옮겨놓아야 한다는 것을 알게 된 것입니다.

문제의 심적 과정이 의식에까지 뻗어오르는 데는 격심한 반항이 일어났을 것입니다. 그 때문에 그 과정은 무의식적 상태 그대로 멈춘 것입니다. 그것은 무의식적이기 때문에 증상을 형성하는 힘을 가지고 있는 것입니다. 이와 같은 반항이 분석에 의한 치료중에는 무의식적인 것을 의식적인 것으로 바꾸려는 노력에 대해서도 역시 반항하는 것입니다. 이것을 우리는 반항으로서 감득(感得)하는 것입니다. 저항을 통해서 우리에게 보이는 병인(病因)이 되는 과정에 '억압'이란 이름을 붙이기도 합니다.

그런데 우리는 이 억압의 과정에 대해서 더욱 확실한 관념을 가져야 합니다. 그것은 증상형성의 전제조건이기도 하지만 또한 우리가 이와 유사한 것밖에는 알지 못하는 그 어떤 것이기도 합니다. 어떤 충동, 즉 하나의 행위로 바꾸어지려고 하는 의향을 가진 어떤 심적 과정을 견본으로 삼아보면 우리는 그 충동이 물리칠 수 있는 것을 알고 있으며, 그것을 우리는 거부라든가 비난이라고 부르고 있습니다. 그 충동이 그때 자유롭게 사용할 수 있는 에너지는 빼앗기고 그 충동은 무력하게 되어버리지만 그러나 기억에는 그대로 계속 존재할 수 있습니다. 이 충동을 물리치느냐 않느냐의 결정을 내리는 전과정은 자아의 동의하에 행해집니다. 그런데 만일 이 충동이 억압에 굴복해 버렸다고 상상한다면 그것은 전혀 예상외의 일입니다. 만일 그렇다면 충동은 그 에너지를 보존하고 있는 것이 되며, 그 충동에 대한 기억 등은 남아 있지 않게 될 것입니다. 또한 억압의 과정은 자아가 알아차리지 못하는 곳에서 행해지는 것이 됩니다. 따라서 이러한 비교에 의해서는 억압의 본질은 분명해지지 않습니다.

억압이라는 개념에 보다 명백한 표현을 제공하기 위해서 어떤 이론적인 관념만이 도움이 되는지를 설명하려고 합니다. 그러기 위해서는 무엇보다도 먼저 '무의식적'이란 말의 순수한 기술적(記術的)인 의미로부터 체계적인 의미로 나아가는 것이 필요합니다. 그것은 즉 어떤 심적 과정의 의식성 또는 무의식성이라는 그 심적 과정의 하나인 속성(屬性)에 불과하며 반드시 하나의 뜻으로 파악할 수 있는 명확한 속성은 아니라고 단언하는 점입니다. 이와 같은 어떤 과정이 무의식 상태로 머물렀을 경우에, 의식으로부터 이와 같이 차단되어 있었다고 하는 것은 그 과정이 감수하는 운명의 한 표시에 지나지 않는 것이며, 운명 그 자체는 아닌 것입니다. 이 운명을 구체적으로 알기 쉽게 설명하기 위해서 우리는 모든 심적 과정은 —— 나중에 설명하는 하나의 예외를 인정해야 하지만 —— 최초에는 무의식적 단계 혹은 위상(位相)에 있고, 이 단계에서 다음에 처음으로 의식적 단계로 이행(移行)하는 것이라고 가정하기로 합니다. 예를 들면 사진의 영상이 처음에는 음화(陰畫)였다가 이어서 인화지에 밀착하여 양화(陽畫)가 되는 것과 같습니다. 그렇다고 해서 모든 음화는 반드시 양화가 되어야 한다는 법이 없듯이 무의식의 심적 과정은 반드시 의식적인 과정으로 변할 필요는 없습니다. 우리로서는 하나하나의 심적 과정은 처음에는 무의식이라는 심적 조직체계에 속해 있으며 사정에 따라 의식이라는 심적 조직체계 속으로 옮겨가기로 한다고 표현하는 것이 유리합니다.

이러한 체계에 대해서 극히 대범하게 생각하는 것이 우리에게는 가장 유리합니다. 즉 그것을 공간적으로 생각하는 것입니다. 우리는 무의식의 조직체계를 하나의 큰 대기실에 비유하고 그 속에서 많은 심적 움직임이 개개의 인간처럼 바쁘게 움직이고 있다고 생각하는 것입니다. 이 대기실에는 다시 제2의, 그것보다는 좁은 살롱이라고 말할 수 있는 방이 이어져 있고 거기에는 의식도 자리잡고 있는 것입니다. 그런데 두 방의 문턱에는 하나하나의 심적 움직임을 감시하고 검열하는 파수꾼이 있어서 자기 마음에 들지 않는 행동을 하는 자는 살롱으로 들어오지 못하게 합니다. 여러분도 곧 아는 바와 같이 이 파수꾼이 저마다 마음의 문턱에서 재빨리 쫓아보내거나, 그렇지 않으면 일단 살롱으로 들어온 후에 내쫓는 것은 별다른 차이가 없습니다. 그것은 파수꾼의 경계 정도의 문제이며 빨리 알아차려서 식별하느냐 하는 문제에 지나지 않습니다.

그런데 이 비유를 머리 속에 잘 넣어두면 우리의 술어를 더욱 만들어갈 수 있게 됩니다. 무의식이라는 대기실 안에 있는 여러 마음의 움직임은 다른 방에 있는 의식의 눈에는 띄지 않습니다. 이들 마음의 움직임은 당분간은 무의식 상태로 머무를 수밖에 없습니다. 설사 그것들이 이미 문턱 가까이까지 밀어닥쳐도 파수꾼에게 내쫓기는 경우에도 의식화된 만큼의 자격은 없는 것입니다. 우리는 그것을 '억압당했다'고 칭합니다. 그러나 파수꾼이 이 문턱을 넘어 들어오는 것을 허락한 마음의 움직임일지라도 반드시 의식적이 되었다고 말할 수는 없습니다. 의식의 눈을 감쪽같이 자기 쪽으로 돌리게 한 경우에만 그들은 의식적이 될 수 있습니다. 그러므로 우리가 이 제2의 방을 '전(前)의식적' 체계라고 칭하는 것은 타당하다고 할 수 있을 것입니다. 이 경우에 의식적이 된다는 것은 순수하게 계속 기술적인 의미를 갖습니다. 그러나 개개의 마음의 움직임에 있어서는 억압이라는 운명은 파수꾼에 가로막혀서 무의식 체계에서 전의식 체계로 들어가는 것을 허락받지 못한다는 것입니다. 우리가 분석치료에 의해서 억압을 해제하려고 시도할 때 저항이라는 형태로 서로 알게 되는 것이 바로 이 파수꾼입니다.

그런데 나는 물론 여러분이 이러한 사고방식이 공상적이며 조잡할지라도 과학적 기술(記述)로서는 도저히 허용되지 않는다고 말하는 것은 알고 있습니다. 그것이 조잡하다는 것은 알고 있습니다. 아니, 오히려 우리는 이것이 옳지 않다는 것도 알고 있습니다. 만일 우리가 아주 틀리지 않았다면 우리는 이러한 사고방식 대신 보다 나은 것을 준비하고 있습니다. 그러나 역시 그것을 여러분이 공상적으로 보게 될지는 나로서는 알지 못합니다. 우선 그것은 전기회로 속을 헤엄치는 앙페르[2]의 소인(小人)의 표상(表象)과 같은 보조관념이지만 관찰한 것을 이해하는 데 도움이 되는 한도에 있어서 경멸할 것은 아닙니다. 두 방과 그 경계의 문턱에 있는 파수꾼, 그리고 그 옆의 살롱 구석에 있는 구경꾼인 의식이라는 이 조잡한 가정에 의해서도 어쨌든 실정에 아주 접근할 수 있는 것을 나는 여러 분에게 보증하고 싶습니다.

---

2) 1775~1836. 프랑스의 물리학자. 그는 소인(小人)이 전기회로를 헤엄쳐서 지나가는 것으로 전기를 상정하고, 전류와 자장(磁場)과의 관계에 대해서 '앙페르의 법칙'을 세웠다. 지금은 소인 대신에 나사의 나아가는 방향으로 나타내는 편이 많다.

또한 '무의식적'·'전의식적'·'의식적'이라는 우리의 명칭은 '하(下)'의식적·'부(副)'의식적·'내(內)'의식적 등이라고 하는, 이제까지 제안되거나 사용되어 왔던 다른 명칭보다도 사람에게 편견을 훨씬 적게 갖게 하고 아주 시인하기 쉽다는 것을 여러분이 아무쪼록 승인해 주기를 바랍니다.

그러므로 만일 여러분이 노이로제 증상을 설명하기 위해서 내가 여기서 가정한 것과 같은 심적 장치의 이러한 구조는 일반적으로 널리 적합한 것이므로 정상적인 기능도 설명해 줄 것이라고 말해 준다면 그것은 나에게는 한층 의미깊은 것이 될 것입니다. 물론 여러분의 이 생각은 틀린 것이 아닙니다. 우리는 이제 이 추론을 더듬어볼 수 없지만, 그러나 병적인 사정을 연구함으로써 정상적인 심적 현상이라는 철저히 은폐되어 있는 것을 해명하는 전망이 선다면 증상형성의 심리학에 대한 우리의 관심은 상당히 높아지지 않을 수 없을 것입니다.

그건 그렇다 하고 여러분은 무의식 및 전의식의 두 가지 체계, 이 양체계의 관계 및 의식에 대한 양체계의 관계에 대해서 우리가 주장했던 것이 무엇을 기초로 하고 있는지 모르겠습니까. 무의식과 전의식과의 사이에 서 있는 파수꾼은 사실은 현재몽(縣在夢)이 형성될 때 당한 그 '검열'에 지나지 않습니다. 우리가 꿈의 자극자가 그 속에 있다고 인정하고 있었던 백주의 흔적은 전의식적 자료였으며, 이 전의식적 자료가 밤이 되어 수면상태로 놓여질 때 억압되어 있던 무의식적인 원망의 활동의 영향을 받고 그들 원망의 활동과 공동으로 그 활동이 가지고 있는 에너지에 의해서 잠재몽(潛在夢)을 형성할 수 있었던 것입니다. 무의식 체계의 지배하에서 이 자료에는 어떤 가공 —— 응축과 치환 —— 이 가해진 것입니다. 정상적인 체계에서는 그러한 가공을 모르거나 혹은 예외적으로 허용할 뿐입니다. 작용 방법의 이 차이는 우리에게는 양체계의 특성을 나타내는 것이 된 것입니다. 전의식에 부수되어 있는 의식과의 관계는 우리에게는 단지 두 가지 체계 중 어느 것에 소속되어 있는가를 가리키는 표징일 뿐이었습니다.

꿈은 이제 결코 병적인 현상이 아닙니다. 꿈은 수면상태의 조건에 따라서 모든 건강한 사람에게 나타나는 것입니다. 심적 장치의 구조에 관한 앞의 가정은 우리에게 꿈의 형성과 노이로제 증상의 현상을 이해할 수 있게 하지만, 동시에 정상적인 심정(心情)생활에 대해서도 고려되어야 한다는 반대할 수 없는 요구를 제시합니다.

일단 이 정도로 해두고 이번에는 억압에 관해서 이야기하겠습니다. 그러나 억압은 증상형성의 전제조건에 지나지 않습니다. 우리는 병상(病狀)이 억압에 의해서 저지된 것의 대리물임을 알고 있습니다. 그러나 억압에서 이 대리형성의 이해에 도달하기까지는 아직도 까마득하다는 것을 알 수 있습니다. 이 문제의 다른 측면에 있어서는 억압의 확인과 관련하여 다음과 같은 의문이 생깁니다. 즉 어떠한 종류의 심적 욕구가 억압에 굴복하는가, 어떤 힘, 어떠한 동기에 의해서 억압은 완수되는가 하는 의문입니다. 이것에 대해서 종래는 단 하나의 답변밖에 주어지지 않았습니다.

저항에 대해서 검토할 때 저항은 자아의 힘에서, 즉 우리가 잘 알고 있는 잠재적 성격의 모든 특성에 나와 있는 것을 이야기하겠습니다. 즉 억압을 만들어낸 것은, 혹은 적어도 억압에 관여한 것은 이러한 모든 힘인 것입니다. 그 이상의 것은 우리에게는 아직도 알려져 있지 않습니다.

여기서 더욱이 우리에게 도움을 주는 것은 내가 말한 제2의 경험입니다. 우리는 정신분석에서 일반적으로 노이로제 증상의 의도를 이루는 것을 선택할 수 있습니다. 그나마 여러분에게는 조금도 신기한 것은 아닐 것입니다. 나는 그것에 대해서는 노이로제의 두 증례[3]에 관련해서 이미 여러분에게 제시한 바가 있습니다. 그러나 두 증례는 무엇을 의미하는 것일까요. 여러분은 2백 번, 아니 헤아릴 수 없을 정도로 몇 번이고 보여달라고 요구할 권리가 있습니다. 그러나 대답은 단 하나, 나로서는 그렇게 할 수 없다는 것뿐입니다. 그래서 그 대신 여기서도 역시 자기 자신의 경험, 혹은 이 점에서는 모든 정신분석 의사의 일치된 증언에 근거하여 신념을 가져야 합니다.

여러분은 우리가 그 증상을 파고들면서 검토한 앞의 두 증례의 경우에는 정신분석이 우리에게 이들 환자들의 성생활이라는 심층부의 것을 털어놓은 것을 기억하고 있을 것입니다. 첫번째의 증례에서 우리는 그 밖에 검토된 증상의 의도 또는 의향을 확실히 인식했던 것입니다. 아마도 두번째 증례에서는 이러한 의도 내지 의향은 나중에 언급하게 될 어떤 계기에 의해서 어느 정도 은폐되어 있었습니다.

그런데 우리가 이 두 가지 실례에 대해서 살펴본 것과 동일한 것을 우리가 분석하는 한, 다른 증례가 모두 보여줄 것입니다. 우리는 분석할 때마다 환자의 성적(性的) 체험과 원망에 도달하게 될 것이며, 또한 언제나 그들의 증상이 같은 의

---

3) 270쪽 및 272쪽 참조.

도에 봉사하고 있는 것을 확인할 것은 틀림없습니다. 그 의도란 것이 성적 원망의 충족임을 우리는 알게 됩니다. 증상은 환자의 성적 만족에 봉사하고 있으며 실생활에 있어서는 그들에게 결여되어 있는 성적 만족의 대리물인 것입니다.

첫번째 예의 부인 환자의 강박 행위를 상기해 주십시오. 이 부인은 사랑하는 남편과 별거중이었는데, 남편의 성적 결함과 허약 때문에 남편과 생활을 함께 하지 못했던 것입니다. 그녀는 남편에 대해서 정절(貞節)을 지켜야 했기 때문에 남편 이외의 다른 남자를 구할 수는 없었습니다. 그녀의 강박증상은 그녀에게 절실하게 원하고 있는 것을 주고 있는 것입니다. 그녀는 남편의 능력을 높이고 남편의 허약함을, 무엇보다도 남편의 성교 불능증을 부인하고 수정하고 있습니다. 이 증상은 꿈과 마찬가지로 근본에 있어서는 원망 충족입니다. 더욱이 꿈에서는 언제나 그런 것은 아니지만 그녀의 증상의 경우에는 에로틱한 원망의 충족인 것입니다.

우리의 두번째 예인 여성 환자 경우에는 그녀의 취면의식이 부모의 성교를 방해하고 혹은 그 성교에서 새 자녀가 태어나는 것을 막으려는 것은 여러분도 추정할 수 있었을 것입니다. 또 아마 그것이 근본에 있어서 자기 자신을 어머니의 위치에 두려는 노력이라는 것도 알았을 것입니다. 즉 이역시 성적 만족에 대한 장해의 제거이며 자기 자신의 성적 원망의 충족인 것입니다. 여기서 시사하는 문제의 복잡성에 대해서는 곧 언급하게 될 것입니다.

여러분! 나는 이들 주장의 보편성에 관해서 나중에 할애하게 될 것은 미리 막아두고자 하므로 여러분에게 다음과 같은 점에 주의하기를 부탁합니다. 그것은 내가 여기서 억압과 증상의 형성과 증상의 해석에 관해서 말하고 있는 것은 모두 불안 히스테리, 전환 히스테리[4] 및 강박 노이로제라는 세 가지 형의 노이로제에 입각하여 얻어진 것이며, 우선 이 세 가지 형에만 해당된다는 점입니다. 우리가 '감정전이 노이로제'[5]라는 하나의 그룹으로 정리하는 것이 습관화 되어 있는 이 세 가지 질환은 정신분석에 의한 요법이 활동할 수 있는 영역도 한정하고 있습니다.

---

4) 심적 갈등이 신체적인 증상, 예를 들면 운동마비나 지각(知覺)장해 등으로서 표현되는 전환증상을 나타내는 노이로제.
5) 의사와 환자 사이에 감정전이가 일어날 수 있는 노이로제. 전환 히스테리, 강박 노이로제, 포비아 등이 그 주된 것.

그 밖의 여러 가지 노이로제는 정신분석에 의해서 이 정도까지 충분히 연구되어 있지 않습니다. 어떤 그룹의 노이로제에 있어서는 치료의 효과가 오르지 않는 점이 정신분석이 중요하지 않은 이유였습니다. 또한 정신분석이 아직도 미숙한 학문이며, 준비 때문에 많은 노력과 시간이 필요하며, 또 그동안에는 아직 정신분석이 단 한 사람의 관찰에 의지하고 있었던 것을 잊지 마십시오. 그럼에도 불구하고 우리는 도처에서 감정전이 노이로제 이외의 노이로제 질환도 철저히 이해하려는 것입니다.

우리의 가정과 그 결과가 이 새로운 자료에 적용되어 어느 정도까지 확대되었는가를 멀지 않아 보게 된다는 것을 믿으며, 이렇게 연구를 속행한 결과 모순을 초래하지 않고 더 한층 고차원적인 통일을 이룩하는 결과가 된 것을 보여주려 하고 있습니다.

그러므로 지금 여기서 말한 세 가지 감정전이 노이로제에만 해당된다 해도, 우선 하나의 새로운 보고를 하고 증상의 중요성을 높이고자 합니다. 이환(罹患)의 모든 유인을 비교·검토해 보면 다음과 같은 공식으로 정리할 수 있는 하나의 결론이 나옵니다. 즉 이러한 사람들은 현실이 그들에게 성적 원망의 만족을 허용하지 않을 경우 어떤 행위의 '좌절 체험' 때문에 병이 든다는 것입니다. 얼마나 훌륭하게 이 쌍방의 결과가 일치하는가는 여러분이 인정하는 바와 같습니다. 증상은 이때야말로 실생활에서는 얻을 수 없는 것에 대한 보상적인 만족으로 해석할 수 있습니다.

물론 노이로제 증상은 성(性)의 보상적인 만족이라는 명제에는 아직도 모든 이론(異論)이 가능합니다. 오늘은 그중 두 가지를 좀더 논해 보고자 합니다.

여러분이 스스로 많은 노이로제 환자를 정신분석에 의해서 진단해 보면 아마 머리를 저으면서 나에게 이렇게 보고할 것입니다. 즉 "일련의 증례에서 이 명제는 전혀 해당되지 않는다. 그러한 증례에서 증상에는 오히려 정반대로 성적 만족을 배제하는, 혹은 방임하는 의도가 포함되어 있는 것같이 보인다"고. 나도 여러분의 해석이 옳다는 점에 이론을 제기하지 않을 것입니다. 정신분석의 사태는 우리가 바라는 것보다는 약간 복잡한 것이 상례입니다. 만일 사태가 아주 단순하다면 그것을 밝히는 데 아마 정신분석을 필요로 하지 않았을 것입니다.

실제 우리의 두번째 증례인 여성 환자에 있어서의 취면의식의 두세 가지 특성에도 이미 성적인 만족에 대해서 적의를 가지고 있는 듯한 이 금욕적 성격이 인정됩니다. 예를 들면 시계를 치우는 것은 밤중의 음핵발기를 피한다는 마술적인 의미를 지니고 있습니다. 또한 꽃병이 떨어져 깨지지 않도록 조심하는 것은 처녀성을 지키는 것과 같다고 할 수 있습니다. 내가 분석할 수 있었던 침대에서의 의식을 가진 다른 여러 가지 예의 경우에는 이 소극적인 성격은 그것보다 훨씬 현저했습니다. 그 의식은 처음부터 끝까지 성적인 기억과 유혹에서 몸을 지키기 위한 방어책으로 성립되어 있었습니다. 그러나 우리는 이미 몇 차례나 정신분석에서의 반대는 모순을 뜻하지 않는다고 하는 것을 경험해 왔습니다. 우리는 이 주장을 확대해서 증상은 성적 만족을 의도하든지 아니면 성적 만족의 방어를 의도하든지 그 어느 쪽이라고 말할 수 있습니다. 게다가 대체로 히스테리의 경우에는 적극적인 원망 충족이라는 성격이, 또한 강박 노이로제의 경우에는 소극적·금욕적인 성격이 우세하다고 말할 수 있을 것입니다.

증상은 성적 만족에도, 그 반대의 목적에도 봉사할 수 있다면 이 양면성 또는 양극성(兩極性)은 증상의 매커니즘 속에서 우리가 아직 논급(論及)할 수 없었던 어느 부분에 하나의 훌륭한 논거(論據)를 부여하게 됩니다. 즉 증상은 우리가 다음에 말하는 바와 같이 상반하는 두 지향(志向)의 간섭에서 생기는 타협의 성과이며, 그 타협의 성립에 협력한 억압자와 피억압자 양자를 동시에 대표하고 있는 것입니다. 그 경우에 그것은 어느 한쪽을 보다 많이 대표하게 되고 한쪽의 영향이 완전히 탈락하는 경우는 극히 드문 일입니다. 히스테리의 경우에는 대개 두 가지 의도가 동일한 증상 속에서 충돌하고 있습니다. 강박 노이로제의 경우에는 두 개가 서로 떨어져 있는 경우가 흔히 있습니다. 이때 증상은 시간적으로 둘로 나누어지고 서로 상쇄하여 전후로 나타나는 두 가지의 동작으로 성립됩니다.

두번째 의문점은 이 정도로 쉽게 처리되지 않을 것입니다. 여러분이 꽤 많은 증상해석을 개관한다면 우선 여러분은 틀림없이 성의 보상적 만족이란 개념이 이 경우에는 그 극한까지 확대되어 있다고 판단할 것입니다. 여러분은 이들 증상은 아무런 현실적인 만족도 주지 않는 것, 즉 이 증상은 자주 어떤 성적 콤플렉스에 의해서 어떤 관능을 활발하게 하거나 또 어떤 상상을 해보는 것에 불과하다는 것을 강조하지 않을 수 없을 것입니다. 게다가 또한 그 성적 만족에도 어리석고 특히 성적 만족이라고 할 만한 가치도 없는 성질을 보이고 있으며, 자위 행위와 유사한 혹은 우리가 이미 아이들에게까지 금해서 그 습관을 버리게 한 그 추잡스러운 악습을 상기시킨 것도 여러분은 반드시 강조할 것입니다. 게다가 여러분은 더욱이 잔인하거나, 소름끼치는 일이거나, 혹은 부자연스럽다고 명명하고 싶은 욕정의 만족으로서 기술(記述)해야 할 것을 성적 만족이라고 퍼뜨리려는 것에 기이한 생각을 보일 것입니다.

여러분! 이 마지막 점에 관해서는 우리가 인간의 성생활에 근본적인 검토를 하여 무엇이 성적이라고 불리는 데 알맞은가를 확인할 때까지 의견을 일치할 수 없으리라고 생각합니다.

제20강 인간의 성생활

여러분! '성적(性的)인 것'을 어떻게 이해해야 할 것인가는 의문의 여지가 없다고 생각합니다. 우선 무엇보다도 성적인 것이란 외설적인 것, 입에 담기를 꺼리는 것입니다. 이런 이야기를 들었습니다. 이전에 어떤 유명한 정신과 의사의 제자들이 히스테리 증상은 성적인 것을 매우 자주 나타낸다는 것을 선생에게 설득하려고 노력한 적이 있었습니다. 그러한 목적으로 그들은 선생과 함께 한 여자 히스테리 환자의 침대로 갔습니다. 이 환자의 발작은 분명히 분만과정을 흉내냈습니다. 그런데 그 선생은 "그래, 하지만 분만은 전혀 성적인 것이 아니야" 하고 거절했다는 것입니다. 분명히 그렇습니다. 분만은 아무리 보아도 외설적인 것은 아닙니다.

이와 같은 엄숙한 사항에 관해서 내가 농담을 한다고 여러분이 못마땅해 하는 것도 알고 있습니다. 그러나 이것은 단순한 농담이 아닙니다. 진지하게 생각해 볼 때 '성적'이라는 개념을 이루고 있는 것이 무엇인가 하는 것은 쉽게 말할 수 없습니다. 양성(兩性)의 차이에 관련된 모든 것이라고 말하는 것이 아마도 그것에 알맞은 유일한 것이라고 할 수 있겠지만, 그렇다면 여러분은 너무 싱겁고 지나치게 포괄적인 이야기라고 생각할 것입니다. 여러분이 성생활이란 사실을 중심에 두고 생각한다면 아마도 쾌감을 얻는 것을 생각하여 이성의 육체에 특히, 성기부분에 관심을 모으는 일체의 일, 궁극적으로는 성기를 결합시켜서 성교의 수행을 목적으로 삼는 일이 즉 성적인 것이라고 여러분은 말할 것입니다. 그러나 그 경우에 여러분은 성적인 것, 즉 외설적인 것이라고 하는 방정식에서 그다지 떨어져 있지 않으며 분만은 사실상 성적인 것에는 속하지 않게 됩니다. 그런데 여러분이 생식기능을 성의 핵심으로 생각한다면 생식은 목적으로 삼고 있지 않지만, 그러나 분명히 성적인 것에 틀림없는 많은 것, 즉 자위 행위나 키스마저도 성적인 것에서 제외해 버리는 위험을 범하게 됩니다. 그러나 정의를 내리려면 언제나 곤란해지는 것은 우리가 처음부터 예상했던 것입니다. 이제 이 성의 경우만은 보다 멋진 정의를 내려보자는 생각은 포기하기로 합시다. 우리는 '성적'이란 개념이 발달하는 동안에 질베러(Silberer)의 적절한 표현을 따르면 '경계선 긋는 방법의 엇갈림'이란 결과를 낳게 하는 일이 생긴 것 같은 느낌이 듭니다. 우리로서도 대개의 선(線)에서는 인간이 성적이라고 부르는 것에 대해서 짐작이 가지 않는 것은 아니기 때문입니다.

양성 대비(對比), 쾌감 감수(感受), 생식기능 및 외설에서 은폐되어야 할 것이라는 성격을 고려해 구성되는 어떤 것이 성적인 것이다라고 하는 것으로 일상생활의 필요성은 충족될 것입니다. 그러나 학문상 그것만으로는 부족합니다. 왜냐하면 우리는 오로지 헌신적인 자기극복에 의해서 비로소 이루어졌다고 할 수 있는 면밀한 연구결과, 어느 일단의 사람들이 일반적인 경향과는 다른 아주 기이한 '성생활'을 하고 있다는 사실을 알았기 때문입니다. 이들 '성적 도착자(性的倒錯者)' 중에는 말하자면 성별을 그 생활방식에서 삭제해 버리고 있습니다. 다만 자기와 동성인 자만이 그들의 성적 원망을 불러일으키는 것입니다. 이성(異性), 특히 이성의 성기는 그들에게는 결코 성적 대상이 되지 않을 뿐더러 극단적인 경우에는 혐오의 대상이 되기도 합니다. 그러므로 그들은 당연히 생식에 관계되는 것을 모두 포기했다고 말하지 않을 수 없습니다. 우리는 이러한 사람들을 동성 연애자 또는 성적 도착자라고 부릅니다. 그들은 하나의 운명적인 이상성(異常性)을 별도로 하면 기타 다른 점에서는 —— 반드시 항상 그렇다는 것은 아니지만 —— 우선 나무랄 데 없이 교양 있고 도덕적으로도 훌륭한 남녀인 것입니다. 그들은 학문상의 대변자의 입을 빌려서 자신들은 인류의 특수한 변종(變種)이며 다른 남녀 양성과 같은 권리를 가진 '제3의 성(性)'이라고 자칭하고 있습니다. 우리는 아마 나중에 그들의 주장을 비판적으로 음미해 볼 기회가 있을 것입니다. 물론 그들은 자기들 스스로 기꺼이 주장하듯이 인류의 '선민(選民)'이 아니라, 성적인 면에 있어서의 별종인 사람들과 적어도 마찬가지로 열등하며 무능한 사람들도 포함하고 있는 것입니다.

이들 도착자는 적어도 그 성적 대상에 대해서 정상인들이 정상적인 성적 대상에 대해서 행하는 것과 거의 같은 태도로 그 성적 대상을 대하려고 합니다. 그런데 이들 도착자들로부터 이어지는 이상자(異常者)의 긴 계열을 더듬어보면 그들의 성적 활동은 이성적인 인간에게 바람직하다고 생각되는 것에서 점점 멀어져가게 되어 있습니다.

그들의 다양성과 기묘한 점은 브뤼겔(P. Brueghel : $^{1564년경\sim1638년경.}_{플랑드르의\ 화가}$)이 성(聖)앙투안의 유혹[1]이란 제목으로 그린 괴상한 괴물이나 플로베르($^{1821\sim80,\ 프랑스의\ 소설가,}_{(성앙투안의\ 유혹)은\ 1874년\ 작품}$)가 묘사한 저 경건한 속죄자($^{성앙투안을}_{가리킴}$)의 옆을 긴 행렬을 지어 지나가는 실종된 신(神)들과 신자들에 비교할 수밖에 없을 것입니다. 그들이 북적거림으로써 우리의 두뇌가 혼란되지 않기 위해서는 이것에 어떤 질서를 부여할 필요가 있습니다. 우리는 그들을 동성 연애자의 경우와 같이 성의 대상이 바뀐 사람과 그 밖의 사람으로 구별합니다. 후자에는 무엇보다도 먼저 성의 목표가 바뀐 사람이 해당됩니다.

첫번째 그룹에는 남녀의 성기의 교합을 단념하고 상대방의 성기 대신 신체의 다른 부분 또는 신체 영역을 써서 성행위를 하는 사람들이 속합니다. 이 경우 그들은 대리 기관(器官)이 성기로서 불충분한 것은 개의치 않고, 또한 혐오감을 전혀 느끼지 못합니다(질(膣) 대신 입이나 항문을 이용하는 것입니다).

두번째 그룹에 속하는 사람들은 확실히 아직 성기에 집착하고 있지만, 그러나 그것은 성기의 기능 때문이 아니라 다른 기능, 즉 해부학적 근거가 있기 때문이라든가, 우연히 그 위치가 인접해 있다는 유인(誘因)이 그 일부를 이루고 있는 기능 때문입니다. 이들은 아이들을 교육할 때는 버릇없는 것으로 생각되어 처리되어 있던 배설기능이 완전히 성적 관심을 강하게 끌어당길 수 있는 점이 인정되기도 합니다.

그다음으로는 성기를 (쾌감을 얻는) 대상으로서 완전히 포기해 버린 사람들인데, 그들은 성기 대신 신체의 일부, 즉 여자의 유방이나 발 또는 땋은 머리를 욕

---

1) 251년경~356년경. 이집트 태생의 성직자. 그리스도교 수도주의의 아버지로 불리고 있다. 악마(관능)의 유혹과 싸우는 그의 모습은 많은 화가에 의해서 그려지고 있다.

구 대상의 위치에까지 놓고 있습니다. 더욱이 어떤 사람들에게는 신체의 다른 부분도 아무런 의미가 없고, 구두나 속옷과 같은 몸에 지닌 것이 모든 원망을 만족시켜 주는 것입니다. 즉 페티시즘[2]의 사람들입니다. 또한 그 밖에 분명히 대상을 구하기는 하지만 그 대상에 대해서 기이한, 혹은 소름끼치는 아주 특이한 요구를 하거나 또 방어력이 없는 시체를 대상으로 하거나 향락을 즐기기 위해서 범죄적 폭력마저 가해야만 하는 사람들도 있습니다. 이러한 추악하고 기괴한 이야기는 이것으로도 충분하겠지요.

그 밖의 그룹의 첫째는 정상적인 성행위의 방법으로서는 도입적(導入的) · 준비적인 행위에 지나지 않는 것을 성적 원망의 목표로 하는 성적 도착자입니다. 즉 그들은 이성을 물끄러미 바라보거나 만지거나 혹은 이성이 타인에게는 보이지 않는 행위를 엿보기를 갈망하는 사람들입니다. 또한 자신의 신체의 감추어야 할 어느 부분을 노출시켜서 상대방인 이성도 자기처럼 보여줄 것이라고 막연히 기대하는 사람들입니다.

다음에는 이해할 수 없는 사디스트[3]들이 있습니다. 이러한 사람의 애욕에는 자신이 그 대상에게 고통과 고뇌를 준다는 것 이외의 목적이 없고, 그것에도 암시하는 정도로 굴욕을 주는 것부터 육체를 심하게 학대하는 일까지 여러 가지가 있습니다. 이것을 보충이나 하듯이 그 반대인 매저키스트(Masochist)[4]가 있습니다. 그들의 유일한 쾌감은 사랑하는 대상으로부터 모든 굴욕과 고뇌를 상징적 및 현실적 형식으로 받고 그것을 참고 견디는 데 있습니다. 또한 이와 같은 이상한 여러 조건이 하나로 얽혀져 있는 사람도 있습니다.

그리고 마지막으로 이러한 그룹에는 두 가지가 있는데, 즉 그 성적 만족을 현실 속에서 구하는 사람과 단지 머리 속에서 상상하는 것만으로 만족하고 결코 현실의 대상을 필요로 하지 않으며 공상에 의해서 그것을 대신하는 사람이 있음을

---

2) 성적 도착의 일종. 이성(異性)의 신체의 일부나 몸에 입는 것 또는 몸에 지닌 것 따위에 비정상적인 집착을 나타내며 그것으로 말미암아 성적 만족을 얻는 일.

3) 사디슴의 경향이 있는 사람. 이성을 때리고 물고 하는 등 학대함으로써 자기의 성욕을 만족시키는 것을 이름. 사디슴은 흔히 남자에게 있고 매저키즘은 여성에 있음. 성 도착의 작품을 쓴 프랑스의 귀족작가인 사드(Sade)의 이름을 따랐다.

4) 매저키즘의 경향이 있는 사람. 이성(異性)한테서 여러 방법으로 학대를 받음으로써 성적 쾌감을 얻는 일종의 이상 성욕. 오스트리아의 소설가 자허 마조흐가 처음으로 이러한 인물을 그려낸 데서 붙은 이름. 때로는 이러한 학대로 말미암아 죽음에 이르기까지 한다.

알게 됩니다.

이와 같은 어리석기 짝이 없고 기괴하며 소름끼치는 일이 사실상 이들의 성적 활동에 지나지 않는다는 것은 조금도 의심할 여지가 없습니다. 그들 자신이 그것을 그와 같이 해석하고 대상(代償)관계를 감지하는 데 머물지 않고 우리로서도 역시 이 종류의 행동은 정상적인 성적 만족이 우리의 생활 가운데 행해지고 있는 것과 같은 역할을 그들의 생활에서 행해지고 있다는 것, 그 때문에 그들은 정상적인 사람의 경우와 동일한 희생, 아니 자주 크나큰 희생을 하고 있는 것을 인정해야 합니다. 이러한 이상한 성행위의 어디가 정상적인 것에 의존하고 어디가 정상적인 것에서 떨어져 있는가 하는 것은 대략적으로 또는 세부적으로 추구해 볼 수 있습니다. 또한 성적 활동에 따르는 외설성이란 성격이 여기서도 다시 발견되는 것도 여러분은 간과할 수 없을 것입니다. 이 외설성이란 성격은 많은 경우 파렴치한 경우에까지 높여지고 있습니다.

그런데 여러분, 이러한 이상한 종류의 성적 만족에 대하여 우리는 어떠한 태도를 취해야 할까요. 우리가 분격해서 개인적인 혐오감을 표명하고 이러한 병적인 성욕 등은 자신은 전혀 모른다는 식으로 버티어보았자 아무런 도움이 되지 않다는 것은 명백한 일입니다. 우리는 그와 같은 것을 문제삼지는 않습니다. 결국 이것도 다른 현상영역과 같이 하나의 현상영역입니다. 그것은 진기한 것에 불과한 것 같은 거부적인 핑계는 그것 자체가 쉽게 거부되어 버릴 것입니다. 오히려 반대로 그것은 실제로 보여주는 것이며 널리 퍼지는 현상적(現象的)인 것입니다. 하지만 그것들은 우리를 향해서 모두 성본능의 혼란이며 일탈(逸脫) 행위이므로 그런 것에 의해서 성생활에 대한 우리의 견해를 혼란시킬 필요는 없다고 말하는 사람이 있다면 진지하게 대답하는 것이 필요합니다. 우리가 만일 이러한 병적 형태의 성애(性愛)를 이해하지 않고 그것을 정상적인 성생활과 관련시키지 않는다면 우리는 정상적인 성애마저도 마찬가지로 이해하지 못하는 것이 됩니다. 요컨대 앞에서 설명한 것과 같은 성적 도착의 가능성과 이른바 정상적인 성애에 대한 성적 도착의 관련에 대하여 충분히 이론적으로 설명하는 것은 거부할 수 없는 과제인 것입니다.

그러기 위해서는 한 가지 통찰과 두 가지 새로운 경험이 우리를 도와줄 것입니다. 이 통찰은 우리가 이반 블로흐(Ivan Blech)[5]의 힘을 입고 있는 것입니다.

---

5) 1872~1923. 독일의 피부과 의사. 근대적 성 과학 건설자의 한 사람으로 추대되고 있다.

그것은 성적 목표의 이와 같은 일탈이나 성적 대상 관계의 이와 같은 이완은 예로부터 우리가 알고 있는 모든 시대에 걸쳐 볼 수 있으며, 극히 원시적인 민족이나 가장 발달한 민족에도 마찬가지로 나타나 있으며 때로는 일반적으로 용인되어 널리 행해지고 있었다는 것을 입증함으로써 이들 모든 도착을 '변질 징후(徵候)'라고 해석하는 견해를 수정하는 것입니다. 두 가지 경험이라는 것은 노이로제 환자를 정신분석에 의해서 진단했을 때 한 것입니다. 그것은 성적 도착에 관한 우리의 견해에 가장 결정적인 영향을 줍니다.

　우리는 노이로제 증상은 대상(代償)에 의한 성의 만족이라고 말했습니다. 그리고 증상의 분석에 의해서 이 명제를 확증하는 데 적지않은 곤란이 있을 것이라고 여러분에게 암시했었습니다. 즉 명제는 우리가 '성적 만족'이라는 것 속에 이른바 도착적인 성적 요구의 만족도 동시에 포함시킬 때 비로소 정당화되는 것입니다. 왜냐하면 우리는 증상을 이와 같이 해석하지 않을 수 없기 때문입니다. 동성 연애자 또는 성적 도착자가 자신을 예외시하려는 요구는 어떠한 노이로제 환자에도 동성애적인 충동을 지적할 수 있는 것과 다수의 증상이 이 잠재성(潛在性)의 성적 도착을 나타내고 있는 것을 안다면 곧 무너져버립니다. 자기 자신을 동성 연애자라고 부르는 사람들은 바로 단지 의식적인 현재성(顯在性)의 성적 도착자임에 지나지 않고, 그 수효도 잠재성 동성 연애자에 비하면 거의 문제가 되지 않습니다. 그런데 우리는 동성에서 대상을 골라내는 것을 오히려 연애생활의 일반적인 한 가지로 간주하지 않을 수 없으므로 더욱더 그것에 특히 높은 의의를 인정하게 되는 것입니다. 분명히 현재성 동성애와 정상적 행동의 구별이 그것에 의해서 없어지는 것은 아닙니다. 또한 이 구별의 실제적 의의에도 변함이 없습니다. 그러나 그 이론적 가치는 현저하게 감소되어 있습니다. 우리는 벌써 감정전이 노이로제에 포함할 수 없는 어떤 특정한 질환, 즉 파라노이아〔偏執病)[6]에 대해 우리는 더구나 그것은 너무 강한 동성애적인 충동을 막으려는 시도에서 출발한다고 가정해 보는 것입니다. 아마 여러분은 우리가 취급한 부인 환자의 한 사람(270쪽 참조)이 그 강박 행위에 있어서 남성의 역할, 즉 자신과 헤어진 남편의 역할을 하고 있는 것을 아직 기억하고 있을 것입니다. 이와 같은 남자 역할을 하는 증상이 생기는 것은 노이로제 부인들 사이에서는 극히 보편적인 것입니다. 이것은 그 자

---

6) 그 망상(妄想)은 특이한 체계를 가지며 그 나름대로 논리적 정합성(整合性)을 나타낸다. 이 망상을 주요 징후로 하는 정신병으로 정동(精動)·의지면(意志面)의 장애가 적음.

체로서는 동성애에 포함할 수 없으나 동성애의 모든 전제와는 밀접한 관계가 있습니다.

여러분은 아마 알고 있으리라 생각하지만 히스테리성 노이로제에 있어서는 그 증상을 모든 기관(器官) 계통에 나타낼 수 있으며, 그것에 의해서 모든 기능에 장해를 초래하는 수가 있습니다. 정신분석이 가르치는 바로는 그때는 성기를 다른 기관으로 대신하려는 도착적이라고 불리는 모든 충동이 나타납니다. 그 기관은 그때 성기의 대리 역할을 하는 것입니다. 우리는 바로 이 히스테리의 증상 연구를 통해서 신체기관은 그 본래의 역할로서의 기능 이외에 성적 —— 성감적(性感的) —— 인 의의가 인정되며, 그들 기관에 성감적인 기관으로서의 의의를 너무 강하게 요구하면 본래의 기능적인 과제를 수행하는 데 방해를 받는다는 견해에 도달한 것입니다.

히스테리 증상으로서 우리는 언뜻 보아 성애에는 아무런 관계가 없는 것 같은 여러 가지 기관에서의 무수한 감각 및 신경지배에 봉착하지만 그들은 그 본성이 도착적인 성충동이 만족인 것을 우리에게 보여주는 것입니다. 이 경우에는 다른 기관이 성기의 의의를 빼앗아버리고 있는 셈입니다. 또한 우리는 그 경우에 다름 아닌 영양섭취나 배설기관이 자주 성적 흥분을 감당할 수 있다는 것도 알게 됩니다. 이렇게 보면 그것은 성적 도착이 우리에게 보여준 것과 같으며 다만 성적 도착인 경우에는 쉽게 명백히 간파할 수 있으나 히스테리의 경우에는 우선 증상해석이라는 우회로를 거쳐야 하며, 그다음에는 문제의 도착적인 성충동을 그 개개인의 의식으로 돌리지 않고 무의식으로 옮겨보아야 한다는 것뿐입니다.

강박 노이로제의 경우에 나타나는 많은 증상상(像) 중에서 가장 중대한 것은 아주 강렬한 사디슴적인 성충동, 즉 그 목표가 도착되어 있는 성충동에 휘말려 야기되는 것임을 알 수 있습니다. 더욱이 그러한 증상은 강박 노이로제의 구조에 대응하는 것이지만 주로 이들 원망의 방위역할을 하든지 아니면 만족과 방위간의 투쟁을 표현하고 있는 것입니다. 그러나 또한 만족 그 자체는 그때도 결코 충분하지 않은 것은 아닙니다. 그것은 우회로 해서 환자의 행동 가운데서 실현되고 기꺼이 그 환자 자신에 거역하고 환자를 자기 가책자로 만드는 것입니다. 노이로제의 다른 형식의 것, 즉 천착형(穿鑿型)은 보통 같으면 준비적인 것으로서 정상적인 성적 만족으로 향하는 도정(道程)에 들어가야 할 모든 동작, 즉 보고 싶다거나 만지고 싶다는 것과 탐색하는 것 등의 동작의 과도한 성욕화에 대응하는 것입니다. 접촉 공포[7]와 세척강박과의 큰 의의는 이것에 의해서 명백해집니다. 강박 행위 중에서도 예상외로 큰 영역이 가면을 쓴 자위 행위의 반복이나 변형에 지나지 않는 것입니다. 자위 행위는 잘 아는 바와 같이 천편일률적인 행위이지만 각종 다양한 형식의 성적 공상을 동반하고 있습니다.

여러분에게 성적 도착과 노이로제 관계가 더욱 밀접한 것임을 밝히는 것은 나로서는 그다지 힘든 일은 아니지만 우리의 의도로서는 이제까지 설명한 것만으로도 충분하다고 생각합니다. 그러나 우리는 증상의 의미에 관한 이 설명을 듣고 인간의 도착적 경향이 빈번하게 보이는 것과 그것이 강한 것임을 과대평가하지 않도록 주의해야만 합니다. 여러분이 들은 바와 같이 우리는 정상적인 성적 만족이 거부되면 노이로제에 빠지게 되는 것입니다. 그런데 이것이 현실적으로 거부되면 욕구는 성욕을 흥분시키기 위한 이상한 수단에 몸을 내맡기게 됩니다. 그러한 것이 왜 일어나는가 하는 것은 앞으로 통찰할 기회가 있을 것입니다.

어쨌든 이와 같은 '측지성(側枝性)' 역류정체(逆流停滯)[8] 때문에 도착적 욕구가 정상적인 성적 만족에 대항하는 현실적 장해가 조금도 없었던 경우에 생길 것이라기보다도 틀림없이 강하게 나타나리라는 점은 이해할 수 있을 것입니다. 더욱이 이와 유사한 영향은 현재성(顯在性) 도착에서도 인정됩니다. 현재성 도착은 성본능의 정상적인 만족에 있어서 일시적인 사정이나 영속적인 사회적 제도 때문에 지나치게 큰 곤란이 생길 때 유발되거나 활성화되는 경우가 흔히 있습니다. 그 밖의 경우 도착의 경향은 물론 이와 같은 뒷받침이 되는 조건과는 조금도 관계없이 일어나기도 합니다. 그것은 이른바 그 개인으로서는 정상적인 성생활인 것입니다.

아마 여러분은 현재 우리가 마치 정상적인 성애와 도착적인 성애와의 관계를 명백히 했다기보다는 오히려 혼란시킨 것이 아니냐는 인상을 받았는지도 모릅니다. 그러나 여러분은 다음과 같은 점을 깊이 생각하기 바랍니다. 그것은 정상적인 성적 만족이 현실적으로 곤란하거나 불가능한 일이 평소에는 그러한 경향이

---

7) 강박성을 가진 불결 공포, 또는 세균 감염 공포 때문에 도어의 손잡이나 전차의 손잡이 등을 잡지 못하는 등의 증상을 나타낸다. 이 공포에서 벗어나기 위해 끊임없이 손을 다시 씻는 등의 행동을 강박적으로 반복하는 것이 세척강박이며 강박 행위의 하나가 된다.

8) 혈액은 혈관의 일부가 폐쇄되거나 좁아졌을 때 그 부분의 앞뒤를 연결하는 가는 혈관의 측지(側枝)를 통해서 순환하는데 이 작은 측지부분의 혈액순환의 역류나 정체를 뜻한다.

없던 사람에게 도착적인 경향이 일어나는 것이 옳다고 한다면 도착을 환영하는 그 무엇이 이러한 사람들 사이에 있다는 것이 용인되어야만 합니다. 아니 그 무엇은 틀림없이 잠재적인 형태로 존재한다는 점입니다.

그런데 이렇게 우리는 여러분에게 이미 말한 두번째 새로운 사실에 도달합니다. 즉 정신분석 연구는 아무래도 소아(小兒)의 성생활을 고려해야만 한다는 것입니다. 더욱이 그것은 증상을 분석해 보면 그때의 회상과 연상은 항상 어린 시절의 극히 초기에까지 소급한다는 사실에 따른 것입니다. 그 경우 우리가 추론한 것은 아이에 대한 직접적인 관찰에 의해서 하나하나 확증되었습니다. 따라서 다음에 알게 된 것은, 모든 도착 경향은 어린 시절에 그 뿌리를 내리고 있다는 것, 아이는 도착적 경향이 되는 모든 소질을 지니고 있으며 그들의 미성숙함에 따른 범위내에서 그 소질을 행위로 나타내는 것 등입니다. 간단히 말하자면 도착적 성애란 개개의 욕구로 분해된 유아 성욕이 확대된 것에 지나지 않는다는 것을 알게 된 것입니다.

이제 여러분도 틀림없이 이제까지와는 다른 눈으로 성적 도착을 바라보고 더 이상 인간의 성생활과의 관련을 잘못 보는 일은 없을 것이라고 생각합니다. 그러나 그 대가로서 놀람과 감정상 심한 고통스러운 위화감을 맛보지 않을 수 없을 것입니다. 여러분은 틀림없이 아이가 성생활이라고 불러도 무방한 것을 지니고 있다는 사실, 우리의 관찰의 정당성, 나중에 성적 도착이라는 선고가 내려지는 것과의 친근성을 아이의 행동 가운데서 볼 수 있다는 주장, 그러한 일체에 대해서 우선 첫째로 이의를 제기하고자 하는 기분이 되어 있으리라고 생각합니다.

그래서 여러분에게 내가 먼저 여러분의 항의의 동기를 명백히 하고 이어서 우리의 관찰결과의 개략에 대해서 이야기할 수 있도록 허락해 주기 바랍니다. 아이는 성생활——성적 흥분, 성적 욕구 및 일종의 성적 만족감——을 가지고 있지 않으며, 그것들은 12세와 14세 사이에 갑자기 눈을 뜨게 된다는 설——모든 관찰은 제쳐놓고라도——은 아이는 성기를 갖지 않고 태어난다, 성기는 사춘기가 되어서 비로소 생긴다는 설과 마찬가지로 생물학적으로 도저히 있을 수 없습니다, 아니 어리석기 짝없다고 말해도 무방할 것입니다. 이 시기에 아이에 있어서 눈을 뜨는 것은 생식기능입니다. 생식기능은 이미 존재하고 있는 신체적·정신적 자료를 자기의 목적을 위해서 이용합니다. 여러분은 성애와 생식을 혼동하는 잘못을 범하고 성애·성적 도착 및 노이로제를 이해하는 길을 스스로 가로막고 있

는 것입니다. 이 잘못은 그러나 편향성(偏向性)을 가진 것입니다. 이것은 주목해
야 할 것으로 그 근원은 여러분 자신이 이전에는 아이였으며 아이로서 교육의 감
화를 강하게 받은 점에 있습니다. 즉 사회는 성 욕동이 생식의 격렬한 충동으로
서 갑자기 나타나면 그것을 속박하고 제약하고 사회의 명령과 마찬가지인 개인의
의지에 복종시키는 것을 자기의 가장 중대한 교육상의 임무로서 들지 않을 수 없
는 것입니다. 그러므로 사회는 아이가 지적으로 성숙해서 어떤 단계에 도달할 때
까지 성의 욕동의 충분한 발달을 연장시켜 두는 데 관심을 갖습니다. 왜냐하면
성 욕동이 완전히 밖으로 나타나버리면 교육의 가능성도 사실 실제적으로는 종말
을 고하기 때문입니다. 만일 그렇게 하지 않으면 이 욕동은 모든 제방을 무너뜨
리고 애써 이루어놓은 문화를 떼밀어 흘러 내려가게 할 것입니다. 성욕에 속박을
가한다는 과제는 결코 쉬운 일이 아닙니다. 어떤 때는 속박하려다가 크게 실패하
거나 또 어떤 때는 속박에 성공하기도 합니다. 인간사회를 움직이는 동기는 궁극
적으로 경제적인 것입니다. 사회는 그 성원이 일을 하지 않고도 유지해 갈 수 있
는 충분한 먹을 것을 가지고 있지 않기 때문에 그 성원의 수를 제한하고 그 에너
지를 성적 활동에서 노동으로 돌려야만 합니다. 태고부터 현재에 이르기까지 계
속되는 영원한 생활고의 이유이기도 합니다.

  아마도 교육의 입장에 있는 사람들은 경험에 의해서 새로운 세대의 성적 의지
를 다루기 쉽게 하는 과제는 아주 어린 시기에 감화를 주고 사춘기의 폭풍을 기
다릴 것 없이 그 준비단계인 소아기의 성생활에 일찍 손을 써서 간섭해 가는 경
우에만 해결할 수 있는 것임을 틀림없이 알았을 것입니다. 이러한 의도에서 거의
모든 아이의 성활동은 금지되고 싫어하도록 되어 있습니다. 아이의 생활을 성이
없는 것으로 만들어낸다는 이상의 목표가 세워지고 시간이 흐름에 따라 드디어
아이의 생활은 사실상 성이 없는 것으로 굳게 믿게 되고 학문마저도 그것을 학설
로서 널리 알리게 된 것입니다. 자신의 신념이나 의도와 모순된 처지에 빠지지
않도록 사람은 아이의 성활동——이것은 결코 하찮은 것이 아닙니다——을 간
과하거나 그것에 학문상 다른 해석을 붙여서 만족하고 있는 것입니다. 아이는 순
수하고 천진스러운 것이 되고 그렇지 않은 점을 기술(記述)하는 사람은 인류의
우아하고 신성한 감정을 해치는 비열하고 발칙한 자로서 규탄받게 되는 것입니다.

  그런데 아이들은 이러한 편의주의에 구애받지 않고 있는 그대로 그 동물적 권
리를 주장하고 자신들이 이제부터 처음으로 순결에의 길로 나아가야 되는 점을

거듭 증명하고 있습니다. 그렇다고 해서 아이의 성욕을 부정하는 사람들이 교육의 방법을 늦추지 않고 자기가 부정하는 문제가 밖으로 드러나는 것을 '아이의 버릇없는 짓'이란 이름 아래 지극히 엄하게 추궁하고 있는 것은 우스꽝스러운 일입니다. 이론적으로는 흥미있는 일이지만, 성욕이 없는 소아기라는 선입견에 가장 심한 모순을 나타내는 시기, 즉 5, 6세까지의 유아기는 대개의 경우 건망(健忘)이란 베일에 감추어져 있으며 분석적 연구에 의해서 점차 그 베일이 철저하게 벗겨지는 것입니다. 그러나 이미 앞에서 본 바와 같이 약간의 꿈은 이 베일을 통과해서 형성된 것입니다.

그런데 아이의 성생활 중에서 가장 분명하게 인정되는 것을 들어보기로 하겠습니다. 그래서 편의상 '리비도'라는 개념을 소개하기로 하겠습니다. 리비도란 '굶주림'과 유사한 것으로 본능을 드러내는 힘에 대해서 명명한 것입니다. 굶주림의 경우에는 섭식(攝食)본능이지만 리비도의 경우는 성의 욕동입니다. 성적 흥분과 그 만족이라는 다른 개념에 대해서는 별다른 설명이 필요하지 않습니다. 유아의 성활동에는 해석을 하지 않으면 알 수 없는 점이 가장 많은 것은 여러분도 쉽게 알 수 있을 것이며 어쩌면 아마 이 점을 이론(異論)으로 내세우기 위한 단서로 이용될 것입니다. 이들 해석은 증상의 근원을 추구해 가는 분석적 검토에 근거해서 행해지는 것입니다.

유아의 경우에는 성의 최초의 욕동은 생존에 있어서 중요한 다른 기능에 의존해서 나타납니다. 유아의 주요한 관심은 아는 바와 같이 영양섭취로 돌려지고 있습니다. 유아가 젖에 만족하여 자고 있을 때 참으로 행복에 찬 표정을 짓고 있는데 그 표정이야말로 나중에 성의 오르가슴 때 되풀이되는 표정에 지나지 않는 것입니다. 이 점만 가지고 어떤 추론을 하는 것은 그 근거가 매우 불충분할 것입니다. 그러나 우리는 유아가 특히 새로 영양을 취할 필요가 없는데 영양을 취할 때의 동작을 반복하는 것을 관찰합니다. 요컨대 이 경우의 유아는 기아(饑餓)라는 자발충동에 의해서 움직여지고 있는 것은 아닙니다. 우리는 유아가 젖을 빨거나 혹은 가지고 논다는 등으로 말하고 있으나, 유아는 이러한 종류의 동작을 하면서 이역시 아주 행복한 표정으로 잠이 듭니다. 이것은 '빤다'는 동작 그 자체가 이미 그에게 만족을 가져다준다는 것을 가르치고 있습니다. 잘 아는 바와 같이 곧 유아는 젖을 빨지 않고는 잠들지 않게 됩니다. 이 행동이 성적인 성질을 지니는 것은 부다페스트의 늙은 소아과 의사인 린드너(Lindner) 박사가 처음으로 주장했습니다. 그다지 이론적인 입장을 취하지 않으려는 아이의 양육자들도 젖을 빠는 것에 대해서 이와 비슷한 판단을 내리고 있는 것같이 여겨집니다. 그들은 그것이 쾌락만을 추구한다는 점을 의심하지 않고 그것을 아이의 나쁜 버릇으로 간주하고 아이가 스스로 그것을 그만두려고 하지 않을 때는 따끔하게 해서라도 억지로 그만두게 하는 것입니다.

즉 우리는 유아로서는 쾌감의 획득 이외의 의도를 갖지 않은 행위를 하는 것임을 알게 됩니다. 유아가 이 쾌감을 처음 체험하는 것은 영양을 섭취할 때지만 이윽고 그 쾌감을 이 조건에서 떼어내는 것을 깨닫는 것이라고 우리는 믿고 있습니다. 이 쾌감의 획득은 입과 입술 부위의 흥분에 연관시켜서 생각할 수밖에 없으므로 이 신체부분을 우리는 '성감대(性感帶)'[9]라고 하며 젖을 빠는 행위에 의해서 자각하게 된 쾌감을 '성적' 쾌감이라 합니다. 이 명명이 맞는가에 대해서는 보다 더 의논할 필요가 있을 것입니다.

만일 유아가 자신의 생각을 말로 표현할 수 있다면 틀림없이 어머니의 젖을 빠는 동작은 살아 있는 가장 중대한 일이라고 인정할 것입니다. 유아의 이러한 생각 자체는 그렇게 잘못된 것이 아닙니다. 왜냐하면 그는 이 동작에 의해서 인생의 2대 욕구를 동시에 만족시키고 있기 때문입니다. 우리는 이 경우에 정신분석에·의해서 이 동작이 전인생을 통해 얼마나 많은 심적 의의를 보유하고 있는지 알고 놀라지 않을 수 없을 것입니다. 어머니의 젖을 빠는 것은 성생활의 출발점이며 후년의 모든 성적 만족의 유례 없는 본보기가 되고, 부족을 느낄 때는 공상 속에서 자주 이 본보기로 돌아가는 것입니다. 젖을 빠는 행위에는 성 욕동의 최초의 대상으로서의 어머니의 유방이라는 것이 포함되어 있습니다. 이 최초의 대상이 후년의 모든 대상 발견에 있어서 얼마나 중대한 의의를 갖는가, 또한 성애란 극히 떨어져 있다고 보는 심적 영역에 있어서도 이 최초의 대상이 전화(轉化)되거나 보상(補償)되면서 얼마나 근본적인 영향을 나타내고 있는가를 여러분이 알게끔 이야기한다는 것은 나로서는 도저히 할 수가 없습니다.

그런데 유아는 곧 이 최초의 대상을 빠는 행위로 삼는 대신 자기 자신의 신체 일부분으로 대체하게 됩니다. 아이는 혀로 자신의 엄지손가락을 빱니다. 그렇게 함으로써 외부의 동의를 얻을 필요 없이 쾌감을 얻게 될 뿐만 아니라, 게다가

---

9) 그 부분을 자극함으로써 성적인 감각을 유발 또는 조장할 수 있는 신체의 부분. 리비도가 생산되는 부분으로도 여겨지고 있다.

제2의 신체부분의 흥분을 끌어넣어 쾌감을 강화하도록 하는 것입니다. 이러한 성감대의 효과는 반드시 같지는 않습니다. 그러므로 린드너가 보고한 대로 유아는 자신의 신체 이곳저곳을 찾아서 특히 흥분하기 쉬운 부분으로서 자기 성기를 발견하고 따라서 손가락을 빠는 데서 자위 행위로의 길을 발견했다고 하면 이것은 하나의 중대한 체험이 되는 셈입니다.

빠는 행위의 가치를 인정함으로써 우리는 유아의 성애에 있어서 두 가지 결정적인 특성을 잘 알게 되는 것입니다. 유아의 성욕은 유기체의 큰 욕구 만족에 의존하여 나타나고 '자기애적으로' 행동합니다. 다시 말하면 그 대상을 자기 신체에서 구하고 그것을 찾아내는 것입니다. 영양을 섭취할 때 가장 잘 나타나는 것은 부분적이지만 배설작용 때도 되풀이됩니다. 유아는 배뇨와 배변 때 쾌감을 느끼며 곧 성감적 점막(粘膜) 부위를 그것에 따라서 흥분시키고 가능한 한 큰 쾌감을 느끼도록 그 행위를 조정하려고 노력한다고 우리는 결론짓고 있습니다. 이 점에 관해서는 루 안드레아스(Lou Andreas)[10]가 자세히 논하고 있으나 우선 최초로 외계(外界)가 쾌감의 추구에 적의를 띤 저지력으로 유아에게 거역하고 유아로 하여금 나중에 따르게 될 외계 및 내적 싸움에 대해서 희미하지만 예감케 하는 것입니다. 그는 배설물을 자기가 좋아하는 곳으로 내보내는 것을 허용하지 않고 다른 사람이 정한 때에 내보내지 않으면 안 됩니다. 이러한 쾌감의 원천을 유아에게 포기시키기 위해서 배설기능에 관계되는 모든 것은 추잡하며 비밀로 해야 한다는 것을 가르치는 것입니다. 여기서 비로소 유아는 쾌감을 사회적 품위와 바꾸지 않으면 안 됩니다.

유아와 배설물 자체와의 관계는 처음부터 이와는 전혀 다른 것입니다. 그는 자신의 배설물에 대해서 조금도 혐오감을 갖지 않고 그것을 자신의 신체 일부분으로 평가하고 쉽게 그것에서 떨어지지 않고 자기가 특히 소중히 생각하는 사람들을 특별히 대우하기 위해 그것을 최초의 '선물'로 쓰는 것입니다. 교육에 의해서 유아를 이러한 경향에서 멀어지게 하는 계획이 성공한 다음에도 그는 역시 계속해서 배설물을 '선물'이며 '돈'이라고 계속 평가하고 있습니다. 한편 유아는 자신의 배설 행위를 특별한 자랑으로 여기고 있는 듯합니다.

나는 여러분이 훨씬 전부터 나의 이야기를 가로막고 싶고, 그리고 다음과 같이

---

10) 루 안드레아스 살로메(1861~1937)는 독일의 여류작가이며 정신분석자. 니체, 릴케의 친구였으나 그 후 프로이트의 친구가 되고 두 사람의 편지 왕래는 24년간이나 계속되었다.

외치고 싶어하는 것을 잘 알고 있습니다. "그러한 해괴망측한 이야기는 그것만으로도 충분하다! 배설 행위가 성적 쾌감을 만족시키는 원천이며 유아마저 이미 이용하고 있다니! 배설물은 귀중한 것이며 항문이 성기의 일종이라는 것인가! 그와 같은 것은 우리들은 믿지 않는다. 하지만 왜 소아과 의사나 교육자가 정신 분석과 그 결론을 배격하는지 그 이유를 이것으로 알았다"고 말하고 싶을 것입니다.

여러분! 그러나 그렇지 않습니다. 여러분은 단 한 가지, 내가 유아의 성생활의 여러 가지 사실을 성적 도착의 사실과 관련시켜 이야기하고자 하는 것을 잊었습니다. 즉 동성 연애자와 이성 연애자를 불문하고 항문이 많은 성인의 성교에 있어서 실제로 질(膣) 역할을 하고 있다는 사실을 여러분은 왜 모른다는 것입니까. 그리고 배변 때의 쾌감을 일생 동안 계속 지니고 있으며 그 감각은 결코 하찮은 것이 아니라고 기재하고 있는 사람이 많다는 것을 여러분은 왜 모른다는 것입니까.

배변 행위에 대한 흥미와 타인이 배변하는 것을 보고 쾌감을 얻는 즐거움에 관해서 말하면, 아이가 2, 3세 되어 그것에 대해서 보고할 수 있게 되면 여러분은 아이 자신의 입에서 그 증거를 듣게 될 것입니다. 물론 아이들을 미리 계획적으로 대답을 기피하게 해서는 안 됩니다. 왜냐하면 그들은 그런 일에 대해서는 입을 다물고 있어야 한다는 것을 곧 알아차리기 때문입니다. 나는 여러분이 믿든 안 믿든 기타의 사항에 대해서는 분석 결과와 직접 아이를 관찰한 결과를 보도록 권하는 바입니다. 그리고 이와 같은 것들이 모두 그렇게는 보이지 않는다든가, 내가 말한 것과는 다르게 보인다고 하면 그것은 오히려 하나의 행위라고 분명히 말할 수 있습니다.

나는 또한 아이의 성적 활동과 성적 도착과의 근연(近緣) 관계가 여러분에게 아주 기묘하게 보였다고 해도 반대할 생각은 조금도 없습니다. 그것은 본래 자명한 일입니다. 일반적으로 아이에게 성생활이 있다고 하면 그것은 당연히 도착적인 성질의 것일 것입니다. 왜냐하면 아이에게는 아주 근소한 기분을 제외하고는 성욕을 생식기능으로 삼게 하는 것은 아직 없기 때문입니다. 한편 생식이라는 목표를 포기해 버리는 것은 모든 도착에 공통된 성격입니다. 성적 활동이 생식이라는 목표를 단념하고 그것과는 관계없이 쾌감만을 목표로 삼고 추구하는 경우에 우리는 바로 그 활동을 도착적이라고 부르는 것입니다. 그러므로 성생활의 발달에 있어서의 단절과 전회점(轉回點)이란 성생활이 생식이라는 의도에 종속된 곳에 있는 것을 여러분도 알게 될 것입니다. 이 전회 이전에 일어나는 일체의 것은 전회를 면하고 오직 쾌감을 얻기 위해서만 봉사하는 모든 것과 마찬가지로 '도착'이라고 하는, 결코 명예롭지 않은 이름이 붙여진 채 추방되는 것입니다.

그러므로 내가 유아의 성애에 대하여 계속 간략하게 기술하는 것을 허락하십시오. 내가 두 가지 기관계(器官系)에 대해서 보고한 것은 다른 기관계를 참조하여 보충할 수 있을 것입니다. 아이의 성생활은 바로 일련(一連)의 부분욕동 활동밖에 없습니다. 즉 서로 관계없이 일부분은 자기 신체에 의해서, 일부분은 이미 외계의 대상에 의해서 쾌감을 얻으려고 애쓰고 있는 욕동입니다. 이들 모든 기관 중에 성기는 아주 일찍부터 두드러지게 나타납니다. 이 세상에는 타인의 성기나 그 밖의 대상의 도움을 빌리지 않고 자기 성기만으로 그 쾌감을 얻기 위해 유아 자위 행위에서 사춘기의 부득이한 자위 행위에 이르기까지 끊임없이 계속하고 더구나 사춘기를 지나 언제까지나 오랫동안 계속하는 사람도 있습니다. 그건 그렇다 하더라도 자위 행위라는 테마는 그렇게 간단히 해결되지는 않을 것입니다. 그것은 여러 방면으로 고찰해야 할 자료인 것입니다.

나는 이 테마를 보다 더 간략하게 이야기할 수 있지만 좀더 아이의 '성적 탐구'에 대해서 이야기해야 합니다. 그것은 아이의 성애에 있어서 극히 특징적인 것이며 노이로제 증상 연구에 있어서도 매우 중요하고 의의가 깊은 것입니다.

아이의 성적 탐구는 매우 빠르고 때로는 3세 이전에 시작되는 경우 적지않습니다. 아이에 있어서 성별은 아무런 의미가 없기 때문에 아이의 성적 탐구에 있어서도 성별은 아무 관계가 없습니다. 왜냐하면 아이, 적어도 사내아이 경우 남녀 모두 똑같이 남성의 성기를 가지고 있다고 믿고 있기 때문입니다. 사내아이는 곧 어린 누이동생이나 여자 친구 아이의 질을 발견하면 맨 처음에는 자기가 눈으로 본 것을 부인하려고 합니다. 왜냐하면 자기와 똑같은 인간에게 자기로서 그토록 소중한 부분이 결여되어 있다고는 도저히 상상하지 못하기 때문입니다. 만일 나중에 자기도 저렇게 될지도 모른다는 두려움을 갖게 됩니다. 더욱이 어린 시절에 페니스를 너무 심하게 가지고 논다고 해서 위협하면 그 작용은 나중에도 나타나는 것입니다. 거세 콤플렉스가 형성되면 아이가 건강해도 그 성격형성에 영향을 주고 그가 병이 들 때는 그 노이로제로, 그리고 그가 분석치료를 받고 있을 때라면 그 저항에 크게 관여하게 됩니다.

어린 여자아이 경우에는 남의 눈에 띌 만한 큰 페니스가 없기 때문에 자기는 아주 불리한 입장에 있다고 굳게 마음먹고 사내아이의 그것을 부러워합니다. 그리고 본질적으로 이 동기에서 남자가 되고 싶다는 원망이 나오게 되는 것입니다. 이 원망은 나중에 불행히도 여자의 역할을 다하지 못함으로써 나타나는 노이로제일 때 다시 문제로 대두됩니다. 그것은 고사하고 여자아이의 클리토리스(음핵)는 어린 시절에도 모든 점에서 페니스의 역할을 하고 있습니다. 그것은 특수한 과민성을 가지고 있어서 여자아이는 여기서 자기애(自己愛)의 만족을 얻으려고 하는 것입니다. 어린 여자아이가 어른이 되기 위해서는 클리토리스가 그 과민성을 적당한 시기에 더욱 완전히 질의 입구부분에 양도하는 것이 극히 중요한 일이 됩니다. 부인의 이른바 성적 불감증의 모든 증례에서 볼 수 있듯이 클리토리스가 그 과민성을 뿌리깊게 계속 보존하고 있는 것을 알 수 있습니다.

아이의 성적 관심이 어디에 있느냐 하면 맨 처음에는 갓난아기가 어디서 왔느냐는 문제입니다. 즉 테베(고대 그리스의 보이오티아의 도시)의 스핑크스[11]의 수수께끼 근저에 있는 문제로 향하고 있습니다. 그리고 많은 경우 이 질문에는 새로 갓난아기가 태어나면이라는 이기적인 걱정에 의해서 눈을 뜨게 됩니다. 아이에게는 황새가 갓난아기를 데리고 온다는 대답이 준비되어 있으나 이 대답은 우리가 알고 있는 것보다 훨씬 자주 아이들의 불신을 사는 것입니다. 어른이 진실을 속였다는 느낌은 아이의 고독한 기분을 강하게 하고 그 독립심을 발달시키는 데 크게 이바지하고 있습니다. 그러나 아이는 이 과제를 자기만의 힘으로는 해결하지 못합니다. 성적 소질의 발달이 불충분하다는 것 때문에 아이의 인식능력에는 일정한 테두리가 형성되는 것입니다.

아이는 처음에 어른이 어떤 특별한 영양섭취에 의해서 갓난아기가 생긴다는 가설을 세웁니다. 여성만이 아이를 낳을 수 있다는 것도 알지 못합니다. 나중에 여성만이 아이를 낳는다는 것을 알게 되고, 갓난아기의 출현을 식사와 관련짓는 것을 그만두지만 동화에는 이 설(說)이 보존되어 있습니다. 점차 자라면서 아이는 곧 갓난아기가 태어나는 데 아버지가 어떤 역할을 하는 것이 틀림없다는 것을 알

---

11) 상반신은 여자의 모습에 하반신은 날개가 돋친 사자의 형상을 한 그리스 신화의 괴마. 테베 시 부근의 바위에 자리잡고 행인에게 "아침에 네 발, 낮에는 두 발, 저녁에는 세 발인 것이 무엇이냐"란 수수께끼를 던져 이를 풀지 못한 자는 죽였으나, 영웅 오이디푸스가 "그것은 인간이다"라고 답하여 풀자 바다에 몸을 던져 죽었다 함.

아차리지만 그러나 어떠한 역할을 하는지는 추측하지 못합니다. 우연히 성교 행위를 목격해도 아이는 이 행위를 붙잡아 깔아눕히려고 한다거나 마주 붙잡고 싸운다는 식으로 해석하며 성교를 사디슴적으로 오해합니다. 그러나 아이는 이 동작을 아기가 태어나는 것과 관련시키지 않습니다. 그러므로 침대나 어머니의 속옷에서 핏자국을 발견하면 그것을 아버지 때문에 어머니가 상처입은 증거라고 생각하는 것입니다. 더욱이 좀더 나이를 먹게 되면 아이는 남자의 페니스가 아기가 태어나는 데 깊은 관계가 있는 것 같다는 것을 느끼게 됩니다. 그러나 이 신체부분이 배뇨작용 이외의 작용을 한다고는 믿지 않습니다.

최초부터 어떤 아이에게나 일치하는 것은 갓난아기의 출산은 장(腸)을 통해서 나오는 것임에 틀림없다고 생각합니다. 즉 배설물과 같이 나오는 것이라는 생각입니다. 항문에 대한 관심이 일체 없어지고 난 다음에 겨우 이 이론은 포기되고 배꼽이 열린다거나 좌우의 유방 사이가 분만 장소라는 가설이 대신하게 됩니다. 이리하여 호기심이 많은 아이는 성적 사실에 대해서 점점 정확한 지식에 접근해 가든지 혹은 무지 때문에 갈피를 못 잡고 성적 사실을 알지 못한 채 그냥 지나쳐 버리든지 하여 곧 사춘기 전기(前期)에 도달합니다. 많은 경우 이 사춘기 전기 무렵에는 사람을 우롱하는 듯한 불완전한 설명을 듣게 되는데 이 설명이 외상적(外傷的) 작용을 나타내는 것도 그리 드물지 않습니다.

여러분, 여러분은 아마 "노이로제가 성적인 원인을 갖는다는 명제 및 노이로제 증상이 지닌 성적 의미에 대한 명제를 고집하려는 의도에서 정신분석에서는 성적이라는 개념이 엄청나게 확대되어 있다"는 이야기를 들은 적이 있을 것입니다. 그런데 이 확대가 부당한 것인지의 여부는 여러분 자신이 판단할 수 있게 되리라 생각합니다. 우리는 다만 성애의 개념을 도착자의 성생활 및 아이의 성생활을 포괄할 수 있는 정도까지 확대한 것에 지나지 않습니다. 다시 말하면 우리는 성생활의 개념에 정당한 범위를 회복해 준 것뿐입니다. 정신분석 이외에서 성애로 불려지는 것은 생식에 도움이 되고 정상으로 인정되고 있는 한정된 성생활만을 가리키는 데 지나지 않습니다.

제 21 강 리비도의 발달과 성애의 조직

여러분! 성애(性愛)에 대한 우리들의 견해에 있어서 도착(倒錯)이 어떠한 의의(意義)를 갖는가에 대해, 나는 여러분에게 충분히 납득하도록 설명하지 못했지 않았나 하는 인상을 받고 있습니다. 그래서 나는 가능한 한 그것을 수정·보충하고자 합니다.

물론 도착이라는 것만으로 성애라는 개념이 부득이 변경하게 되고 그것이 그처럼 격한 반론을 일으킨 것은 아닙니다. 유아 성애의 연구는 그 이상으로 성(性)이라는 개념의 변경을 촉진시켰고 도착과 유아 성애에 관한 결과의 일치가 바로 우리에게 있어 결정적인 것이었습니다. 그러나 유아 성애의 발현은 유아기 후반기에는 뚜렷이 나타나지만 유아기 전반기로 거슬러 올라가보면 분명하지 않습니다. 발달의 역사와 분석적 연관에 주의를 기울이지 않는 사람은 이를 성적인 것으로 성격짓는 데 반대하고 그 대신 어떤 미분화적 성격을 인정할 것입니다.

잊지 않도록 부탁하고 싶은 것은, 우리들은 오늘날 어느 과정이 성적인 본성을 갖는다고 했을 때 일반적으로 승인된 목적을 갖고 있지 않다는 것입니다. 생식기능에 속해 있다는 목표가 어쨌든 있기는 하지만 이런 정의는 너무 편협된 것으로 거부하지 않을 수 없습니다. W. 플리이스[1]가 제창한 23일과 28일 주기성이라는

1) 1858~1928. 이비인후과 의사. 1887년부터 1902년에 걸쳐 프로이트의 시기를 존스는 플

생물학적 기준도 상당히 논쟁의 여지가 있습니다. 성적 과정의 화학적 특이성도 추측할 수 있지만 앞으로의 발전을 기다리는 단계에 불과합니다.[2] 반면에 성인의 성적 도착은 구체적으로 파악할 수 있는 명료한 것입니다. 일반적으로 승인되고 있는 그 명칭이 이미 보여주듯이 그것은 의심할 것도 없이 성애입니다. 그것은 변질징후라든가 혹은 다른 말로 불리기도 하지만 성생활의 현상이 아니라고 주장하는 용기있는 사람은 아직 한 명도 없습니다.

다만 그것만으로도 우리는 성(性)과 생식은 반드시 일치하는 것은 아니라고 주장할 수 있습니다. 성적 도착이 생식이라는 목표를 부정하는 것은 공공연한 사실이기 때문입니다.

여기에 조금 흥미를 끄는 하나의 병행적인 현상이 있습니다. 대부분의 사람들에게 있어서 '의식적'이라는 것은 '심적'이라는 것과 같은데 우리는 '심적'이라는 개념을 넓히려고 한 나머지 의식적이 아닌 심적인 것을 승인하게 되었습니다. 이와 아주 비슷하게 다른 사람들은 '성적'인 것과 '생식기능에 속한' —— 또는 여러분이 더 간단하게 말해서 '성기적(性器的)' —— 것을 동일하다고 주장하지만, 우리는 '성기적'이 아닌, 즉 생식과는 아무런 관계가 없는 '성적'인 것을 인정하지 않을 수 없습니다. 이는 단지 형식적 유사에 불과하지만 더 깊은 논거가 없는 것도 아닙니다.

그러나 성적 도착의 존재가 이 문제에 관해 압도적인 의미를 갖는 강력한 논증이라면 왜 이 논증이 이미 오래전에 그 효과를 거두고 이 문제를 해결해 버리지 않았을까요. 나는 그 이유를 분명하게 말할 수가 없습니다. 다만 나로서는 그 이유는 성적 도착이 특별한 경계를 받고 있고 그것이 이론상에도 미쳐 그 학문적인 평가를 방해하고 있기 때문이라고 생각됩니다. 마치 성적 도착이 꺼림칙할 뿐만

리이스기(期)라고 부르고 있다. 정신분석학 초기, 특히 브로이어와의 결별 이후는 플리이스의 지지와 칭찬과 동감이 프로이트의 사상 전개에 있어서 정신적 지주였기 때문이다. 그는 월경이라는 주기성(週期性) 현상에서 생명활동의 주기성 사상을 전개했다. 아마 월경주기에서 생각해 냈을 28과 23의 두 수를 모든 주기성 문제를 푸는 열쇠로 삼는 등 수에 관한 신비적 사상의 소유자였던 것으로도 보인다. 그는 인간에 있어서의 양성적(兩性的) 성격 문제에 대해서도 설명하고 있다. 그러나 그와 프로이트의 경우도 끝내 서로 반감을 품고 헤어지지 않을 수 없었다.

2) 성적 과정이 체내의 생식선(生殖腺)에 생기는 물질로서 오늘날의 성호르몬과 같은 것이라고 말할 수 있을 것이다. 성호르몬의 상세한 분류는 극히 새로운 생화학의 성과이며 여기서 논해지고 있는 것 같은 것은 아니다.

아니라 기괴하고 위험한 것이라는 것을 누구도 잊지 못하도록 말입니다. 또 성적 도착이 매혹적인 것으로서 그것을 향락하는 자에 대한 은밀한 질투심을 마음속에 억제하고 있는 듯이 말입니다.

예를 들어 유명한 탄호이저[3]의 파로디에서 벌을 내리는 영주는 다음과 같이 질투심을 고백하고 있습니다.

비너스의 산[4]에서 그는 명예와 의무를 잊어버렸도다!

—— 우리들 중에 단 한 사람도 이와 같은 일이 일어나지 않는 것은 이상한 일이로구나.

실제로 도착자는 오히려 얻기 힘든 기쁨 때문에 극심한 곤란을 겪고 있는 가련한 사람들입니다.

대상과 목적이 보통과는 완전히 다른 데도 도착적인 활동을 알지 못하고 성적 활동으로 만드는 것은 이 경우도 도착적인 만족을 얻는 행동이 역시 대개는 완전한 오르가슴과 사정(射精)으로 끝나기 때문입니다. 물론 이것은 도착자가 성인이라는 결과에 지나지 않습니다. 소아의 경우에 오르가슴과 사정은 아직 충분하게 할 수 없으므로 그것에 가까운 정도의 것으로 대리되지만 이것은 아직 확실하게 성적이라고 인정할 수는 없습니다.

나는 성적 도착의 평가를 완벽하게 하기 위해 어떤 것을 좀더 첨가하려 합니다. 성적 도착이 아무리 악평을 받고 있고 또 그것이 정상적인 성적 행동과 날카롭게 대립되어 있지만 조금만 관찰해 보면 정상인의 성생활에도 여러 가지 도착적인 특색이 있고 그것이 없는 경우는 드물다는 것을 알 수 있습니다. 키스도 이미 도착적 행위라고 말할 수 있습니다. 왜냐하면 키스는 남녀가 성기 대신 입이라는 성감대를 합치는 것이기 때문입니다. 하지만 누구도 키스를 도착적이라고 비난하지 않습니다. 뿐만 아니라 무대에서 그것은 성행위를 어슴푸레 암시하는 것으로 허용되고 있습니다. 그러나 키스야말로 자칫 완전한 도착이 될 수 있습니다. 즉 그것은 사정과 오르가슴으로 바로 이어지는 강렬한 결과가 되는 경우인데

---

3) 1200년경~70년경. 13세기 독일의 서정시인. 그 전설화된 편력 이후에 독일문학에 수없이 취급되고 특히 바그너의 오페라는 유명하다. 그는 비너스 산에 들어가 관능의 포로가 되었으나 곧 로마를 순례하고 교황에게 그 일을 참회한다. 그러나 교황이 이를 들어주지 않자 다시 비너스 산으로 돌아가 나타나지 않았다고 한다.

4) 비너스가 살았다고 전해지는 중부 독일에 위치한 산을 가리킨다. 여기서는 여성의 음부(陰阜)를 가리킨다.

이는 결코 드물게 일어나는 것은 아닙니다. 이를테면 상대방을 만지거나 또는 바라보는 것은 어떤 사람에게는 성적 희열을 얻는 필수조건이 되는 반면에, 어떤 사람은 성적 흥분이 절정에 이르렀을 때 꼬집거나 물어뜯으며, 또한 어떤 연인들은 그 대상을 성기가 아닌 신체 일부분에 의해서도 야기되는 등 이와 유사한 일은 얼마든지 들 수 있습니다. 이와 같은 몇 가지 특질을 가진 사람들을 정상인 대열에서 밀어내어 도착자 대열에 끼워넣는다는 것은 무의미한 일입니다. 도착의 본질적인 점은 성적 목표를 넘어서거나 성기를 다른 것으로 대리하는 것에 있는 것이 아닙니다. 더구나 반드시 대상이 다양하게 변하는 것에 있는 것이 아니라 다른 모든 것을 제외하고 이러한 이상행위만을 하여 생식작용에 도움이 되는 성적 동작을 배제하는 데 있습니다. 그런 일이 더욱더 명확하게 인정되고 있습니다.

도착적인 행위가 준비 또는 강화의 수단으로서 정상적인 성행위를 일으키게 되면 그것은 이미 도착이 아닙니다. 물론 정상적인 성애와 도착적인 성애의 차이는 이런 종류의 사실 등에 의해 현저하게 좁혀집니다. 정상적인 성애가 그전부터 존립했던 것에서 생긴다는 것은 자연스러운 결과입니다. 그 경우 이 자료의 약간의 특징을 불필요한 것으로 배제하고 그 밖의 여러 특징은 종합하여 하나의 새로운 목표, 즉 생식이라는 목표에 종속하게 됩니다.

이상과 같이 해명된 여러 전제를 가지고 성적 도착에 대해 우리가 정통한 점을 응용하면서 새롭게 유아 성애의 연구에 들어가기 전에 여러분은 양자 사이의 한 가지 중대한 차이에 주목해야겠습니다. 도착적 성애는 대단히 집중적인 것이 보통입니다. 모든 행동은 어떤 —— 대개의 경우 유일한 —— 목표를 향해 서로 웅성거립니다. 즉 하나의 부분욕동이 우세하며 그 욕동만이 증명할 수 있는 유일한 욕동이든지 아니면 다른 부분욕동을 모두 자기 의도에 종속케 하든지 하고 있습니다. 이 점에 있어서는 도착적인 성애와 정상적인 성애 사이에는 지배적인 부분욕동이, 즉 성애의 목표가 다를 뿐 그 이외에는 어떠한 차이점도 없습니다. 다시 말하면 도착의 경우에도 정상적인 경우에도 어떠한 경우에도 잘 조직된 전제정치와 같은 것입니다. 다만 한편에서는 어떤 가문이, 다른 한편에서는 다른 가문이 지배권을 빼앗고 있는 것뿐입니다.

이와 반대로 유아의 성애에는 대체로 이와 같은 집중성과 조직화가 없습니다. 각각의 부분욕동은 같은 권리를 가지고 각자 독자적인 쾌감 획득의 길을 쫓게 됩니다. 집중성의 유무는 도착적 성애 및 정상적 성애의 양자가 모두 유아적 성애에서 생겼다는 사실과 물론 훌륭하게 부합되고 있습니다. 덧붙여 말하면 유아적 성애의 유사성을 훨씬 많이 가지고 있는 도착적인 성애의 예도 있는데, 그것이 유사하다는 것은 다수의 부분욕동이 서로 독립해서 각각의 목적을 발전, 아니 더 적절하게 말하면 계속할 수 있다는 의미에서입니다. 이런 경우에는 도착이라기보다 성생활의 유치성이라고 말하는 것이 옳을 것입니다.

이와 같은 예비지식을 가졌으므로 우리는 꼭 해야 할 하나의 제안에 관한 논구(論究)에 지금 착수해도 될 것입니다. 사람들은 우리에게 이렇게 말할 것입니다. "당신은 왜 당신 자신의 증언에 의해서도 막연한 어린 시절의 현상으로 나중에 성적인 것이 된다는 그 현상을 그대로 성애라고 주장하려고 완고하게 고집하는가. 오히려 생리학적인 기술로 만족하고 이미 유아도 젖을 빨거나 배설물을 몸속에 모아두는 일 같은 '기관쾌감'을 추구하는 것을 나타내는 활동을 관찰할 수 있다라고 당신은 단순하게 말하지 않는가. 그렇게 하면 당신은 어린이에게 성생활이 있다라는, 모든 사람의 감정을 해치는 제안을 피할 수 있었을 것이다"라고. 정말 그렇습니다. 여러분 나는 기관쾌감을 조금도 부인하지 않습니다. 나는 성적 결합의 최고 쾌감마저 성기의 활동에 따른 기관쾌감에 불과하다는 것을 알고 있습니다. 그러나 원래는 미분화된 기관쾌감이 그 발달의 후기에 여지없이 나타난 성적 성격을 띠게 되는 것은 언제인가 그 시기를 당신은 말할 수 있겠습니까? 우리는 성애보다 '기관쾌감'에 대해 더욱 많이 알고 있을까요. 여러분은 "성적 성질은 성기가 그 구실을 하게 될 때 나타나며, 이때 성적이라는 것과 생식적이라는 것이 합치한다" 하고 대답할 것입니다. 여러분은 성기의 합체는 다른 방법에 의한다 해도 대개의 도착이 지향하는 것은 역시 성기의 오르가슴을 얻는 데 있다라는 것을 나에게 지적하면서 도착에 대한 반론마저 거부할 것입니다. 도착이라는 것이 있기 때문에 성(性)을 생식과 관계지을 수 없으므로 성적 특질로서 이 관계를 무시해 버리고 그 대신 성기활동이라는 것을 앞에 내세우면 여러분의 입장은 훨씬 편하게 될 것입니다. 그러나 그렇게 되면 우리의 의견은 그렇게 심한 차이가 없다고 하겠습니다. 즉 단순히 성기와 다른 여러 기관과의 대립이 될 뿐입니다.

하지만 정상적인 키스나 화류계의 도착적인 습관이나 히스테리 증상에 있어서와 마찬가지로 쾌감을 얻는 데 다른 여러 기관을 이용하여 성기를 대리할 수 있는 여러 가지 경험이 여러분을 가르치고 있다는 사실을 어떻게 하겠습니까. 히스테리라는 노이로제에 있어서 자극현상과 감각 및 신경지배, 성기와 떨어질 수 없는 발기와 같은 현상까지도 거리가 먼 신체 일부분으로 옮겨진다는(예를 들어 위쪽으로 옮겨져 머리나 얼굴에 이런 식으로) 것은 극히 일반적인 것입니다. 이렇게 성적 특질로서 아무것도 고집할 수 없다는 것이 논증되면 여러분도 필시 나를 따라 '성적'이라는 명칭을 기관쾌감을 추구하는 유아의 활동으로까지 넓혀서 사용할 결심을 하게 될 것입니다.

그러면 해명을 위해 내게 두 가지 것을 고찰하도록 허락하십시오.

알다시피 우리는 유아기에 볼 수 있는 의아하고 막연한 쾌감활동을 성적이라고 부르는데 그것은 우리가 분석을 통해서 증상으로부터 명백한 성적 재료를 거친 다음 유아기의 이 활동에 도달하기 때문입니다. 그렇다고 해서 반드시 그 자체가 성적이라고는 할 수 없습니다. 그러나 이와 비슷한 경우를 생각해 봅시다. 사과나무와 잠두(누에콩), 이 두 쌍자엽 식물의 성장을 그 씨에서부터 관찰할 수 있는 수단을 우리는 갖고 있지 않다고 합시다. 그러나 성장한 각 식물에서 두 떡잎을 가진 최초의 씨눈에까지 소급해 가며 그 성장을 관찰하는 일은 두 경우 가능할 것입니다. 이 두 종류의 떡잎은 외관상으로는 차이가 없는 같은 종류로 보입니다. 그렇다고 해서 이 둘은 실제로 같은 종류이며 사과나무와 잠두와의 차이는 이들 식물이 자란 후에라야 그 차이가 나타난다고 가정할 수 있을까요. 오히려 떡잎 때의 관찰에서는 차이를 발견할 수 없지만 이 차이는 이미 씨눈 속에 있다고 믿는 쪽이 생물학적으로 보다 옳은 견해일 겁니다. 우리가 유아의 활동에 따른 쾌감을 성적 쾌감이라고 부르는 것도 이와 같은 이유에서입니다. 모든 기관쾌감을 성적 쾌감이라고 불러야 할지 아니면 성적 기관쾌감과 아울러 이러한 이름을 붙이는 데 어울리지 않는 다른 쾌감이 존재하는지 어떤지 나는 여기서 논할 수가 없습니다. 나는 기관쾌감과 그 제조건에 대해서는 거의 아무것도 모릅니다. 분석은 일반적으로 역행적인 성격을 갖는 것이기 때문에 최후에 막연한 제계기에 부딪힌다 해도 놀라지 않을 겁니다.

한 가지 더 말할 것이 있습니다. 비록 여러분이 유아의 활동을 성적인 것으로 인정해서는 안 된다고 나를 설득했다 해도 여러분이 주장하려는 것, 즉 어린이의 성적 순결이라는 점에 대해서는 아는 바가 거의 없을 것입니다. 왜냐하면 어린이에게도 3세 이후에는 이미 성생활이 있다는 것은 의심할 나위가 없기 때문입니다. 이 무렵이면 성기에는 이미 흥분이 나타나며 아마 일반적인 일이지만 유아성 오나니슴, 즉 성기에 의한 만족스러운 한 시기가 옵니다. 이제는 성생활의 심적 내지 사회적인 발현이 보이지 않는다고 개탄할 필요는 없습니다. 대상 선택, 특정인에 대해 애정이 담긴 태도를 갖는 것, 그뿐만 아니라 남녀 어느 한쪽에 대한 치우침, 질투 등은 공평한 관찰에 의해 정신분석이 확립된 시기 이전에 이미 자주적으로 확인된 것이며, 그것을 보려고만 한다면 모든 관찰자에 의해 입증될 수 있는 것입니다.

여러분은 자신들은 애정이 일찍 싹트는 것을 의심한 것은 아니며 다만 이 애정이 '성적'인 성격을 띠고 있다는 점을 의심했다고 이의를 제기할 겁니다. 어린이는 분명히 3세에서 8세 사이에 이미 이 성적 성격을 감추는 것을 배우는데, 만일 여러분이 주의해서 관찰해 보면 이 애정과 동반한 '관능적'인 의도를 나타내는 충분한 증거를 언제든지 모을 수 있으며 이 시절의 성적 목표는 앞에서 몇 가지 예를 든 것과 같은 시기의 성적 호기심과 극히 밀접한 관련이 있습니다. 이러한 몇 개 목표의 도착적 성격은 물론 어린이의 체질이 성숙되지 않고, 성교라는 행위의 목표를 아직 발견하지 않았다는 데 기인하는 것입니다.

대략 6세에서 8세에 이르러 성애의 발달은 멈추고 후퇴를 보이게 되는데 이것은 교육에 있어서 잠복기라는 이름에 해당하는 것입니다. 잠복기는 결여될 때도 있고, 잠복기라 해도 성적 활동과 성적 관심이 전면적으로 중단되는 것은 아닙니다. 잠복기가 시작된 이전의 체험이나 심적 욕동은 대개의 경우 이미 논급했던 유아성 건망, 즉 우리의 최초의 유년기를 은폐하여 그것을 우리로부터 멀리하고 있는 저 망각 때문에 잊혀지는 것입니다. 정신분석에서는 잊혀진 생애의 이 한 시기를 회상케 하는 과제가 항상 주어지고 있습니다. 그리고 이 시기에 성생활이 시작된 것이 이 망각의 동기가 되었다는 것, 즉 망각은 억압의 결과였다는 것을 추측하지 않을 수 없습니다.

어린이의 성생활은 3세 이후로는 성인의 성생활과 많은 점에서 일치하고 있습니다. 성인의 성생활과의 차이는 우리가 이미 알고 있듯이 어린이의 성생활에서는 성기를 으뜸으로 하는 분명한 성적 체제가 결여되어 있다는 것과 도착 성격을 틀림없이 나타내고 있다는 것, 그리고 당연한 일이지만 그 욕구도 전체로서 꽤 약하다는 데 있습니다. 그러나 성애의 발달——아니 오히려 리비도의 발달이라고 부르고 싶은데——에서 이론적으로 가장 흥미 있는 단계는 이 시기 이전에 있습니다. 리비도의 발달은 매우 급속히 경과하므로 직접관찰에 의해 그 어수선한 형태를 명확히 파악하는 것은 아마 불가능할 것입니다. 정신분석에 의해 노이로제를 철저하게 연구하여 비로소 리비도 발달의 훨씬 전의 단계를 알아내는 일이 가능하게 되었습니다. 그것은 물론 이론적인 것에 지나지 않습니다. 그러나 정신분석을 실제로 해보면 여러분은 그것이 필연적이며 가치있는 이론이란 것을 알게 될 것입니다. 우리가 정상적인 대상에 대해서 지나쳐버리게 되는 여러 일들이 병적 상태에서는 어떻게 해서 발견되는가에 대해선 곧 이해하게 될 것입니다.

이리하여 이제 우리는 잠복기 이전의 유아기의 최초에 준비되고, 사춘기 이후로도 계속 그 체제가 유지되는 성기 우위성이 이루어지기 전의 어린이의 성생활이 어떻게 형성되는가를 말할 수 있게 되었습니다. 이 성기 우위의 시기 전기에는 어떤 완만한 성적 체제가 있으며 그것을 우리는 '전성기적(前性器的)' 체제라고 불러야 할 것 같습니다. 그러나 이 단계에서 강조하고픈 건 성기적인 부분욕동이 아니라 '사디슴적' 및 '항문기적(肛門期的)'인 부분욕동입니다. '남성적'·'여성적'이라는 대립은 이 경우에는 어떠한 역할도 할 수 없습니다. 그 대신 할 수 있는 것은 '능동적'과 '수동적'이라는 대립입니다. 이 대립은 성적 대극성(對極性)의 선구자라고 할 수 있습니다. 남녀라는 양극성은 후에 이 대극성과 접합되는 것입니다. 성기기(性器期)의 단계에서 고찰해 보면 이 시기의 활동으로 우리에게 남성적으로 생각되는 것은 지배욕동(支配欲動)의 표현임이 증명되지만, 이 욕동은 자칫하면 잔혹한 것이 되기 쉽습니다. 수동적 목표를 가진 욕구는 이 시기에는 대단히 중대한 의의를 갖는 항문이라는 성감대와 관련을 맺고 있습니다. 보고 싶다는 욕동과 알고 싶다는 욕동은 강렬하게 활동하는데 성기는 성생활에 있어서 실제로는 다만 배뇨기관 역할에 불과합니다. 이 단계의 부분욕동에는 대상이 없는 것은 아니지만, 이들 대상은 반드시 모여서 하나의 대상이 되는 것은 아닙니다.

사디슴적인 항문기 체제는 성기 우위 단계의 바로 전단계입니다. 좀더 깊이 파고들어 연구해 보면 이 단계의 체제 중 어느 것이 후의 최종적인 형태 속에 보존되는가, 또 어떠한 길을 통해서 이 단계의 부분욕동이 새로운 성기기 체제 속에 좋든 싫든간에 들어가게 되는지를 알게 됩니다.

리비도 발달의 사디슴적인 항문기 이전에 훨씬 더 원시적인 체제상의 단계가 있음을 볼 수 있는데 이 단계에서는 성감대로서의 입이 주요역할을 하고 있습니다. 여러분은 무엇을 빠는 성적인 활동이 이 단계에 속한다는 것을 알 수 있을 것이며, 고대 이집트인이 이것을 잘 분별하고 있는 것에 무척 경탄할 것입니다. 그들은 예술에서 어린이도 호루스 신[5]도 손가락을 입에 넣고 있는 모양을 묘사함으로써 특징지었던 것입니다. 아브라함[6]은 최근에 처음으로 이 원시적인 구순기 (口脣期) 단계가 어떤 흔적을 후년의 성생활에 남기는지에 대해서 몇 가지 보고하고 있습니다.

여러분! 살펴본 바 성적 체제에 관한 앞의 보고는 사실 여러분을 계발했다기보다 오히려 부담을 준 것이 아닌가 생각됩니다. 어쩌면 내가 또다시 지나치게 세부적으로 파고들었는지도 모르겠습니다. 그러나 기다려주십시오. 여러분이 들은 사실들은 훗날에 이용함으로써 여러분에게 있어 귀중한 것이 될 것입니다. 현재는 다만 성생활——우리가 말하는 리비도 기능——은 완성된 것으로 나타나는 것이 아니며, 또 언제나 유사한 모습으로 성장해 나가는 것도 아니며, 서로 유사하다고는 할 수 없지만 잇따라 나타나는 일련의 단계를 통과하여 성장해 가는, 즉 유충이 자라서 나비가 되는 것과 마찬가지로 몇 번이고 되풀이되는 발달이라는 인상을 단단히 기억해 두기 바랍니다.

발달의 전환점은 모든 성적인 부분욕동이 성기 우위하에 종속할 때며 따라서 성애가 생식기능에 복종할 때입니다. 그 이전은 말하자면 지리멸렬한 성생활이며, 개개의 부분욕동이 각기 기관쾌감을 추구하여 독립적으로 활동하는 시기입니다. 이 무정부상태는 '전성기적' 체제가 시작됨으로써 완화됩니다. 우선 사디슴적 항문기입니다. 이 단계 이전이 구순기로 아마 가장 원시적인 단계라 할 수 있을 것입니다.

그 밖에도 아직 알려지지 않은 여러 과정이 있으며, 그로 인해 체제상의 어느 단계에서 바로 위의 단계로 옮겨가는 것입니다. 이처럼 리비도가 길고 그리고 여러 단계의 발달로 나아가는 것이 노이로제를 이해하는 데 어떠한 의의를 갖는가에 관해서는 다음에 배우기로 하겠습니다.

5) 이집트의 베후데트 시의 신(神). 연장인 호루스 신은 사람 형상에 매의 머리를 하고 있으나 아기 호루스 신은 왕자의 풍모인 많은 머리를 귀 위로 늘어뜨리고 손가락을 빨고 있는 어린이로 표현된다. 이집트에서는 왕의 체내에 깃들인 왕의 보호자로 섬기고 각지에서 숭배하고 있다.

6) 1877~1925. 정신분석학자. 리비도의 발달, 우울의 매커니즘의 정신분석적 해명 등에 의해서 초기 정신분석학에 큰 공헌을 했다.

오늘은 계속해서 리비도 발달의 다른 한 측면, 즉 성적 부분욕동과 대상과의 관계를 추구해 보기로 합시다. 우리는 이 발달을 대충 살펴보기로만 하고 이 발달단계의 꽤 후기에 나타나는 결과에 대해 더 긴 시간을 들여 살펴보기로 하겠습니다.

성 욕동의 성분의 어느 정도는 처음부터 하나의 대상에 고집하게 됩니다. 예를 들어 지배욕동(사디슴)·당시증(瞠視症) 및 호기심 등이 그것입니다. 다른 부분욕동에서 신체의 특정한 성감대에 한층 분명히 연결되어 있는 것은 다만 맨 처음 동안에만, 즉 아직 성적이 아닌 모든 기능에 의존해 있을 동안에만 대상을 갖는 데 불과하며, 이들 기능에서 떨어져나가면 그 대상을 포기해 버립니다. 예를 들어 성 욕동의 구순적인 성분의 최초의 대상은 유아의 섭식욕(攝食欲)을 만족시켜 주는 어머니의 젖입니다. 빠는 동작에 있어서 젖을 빨 때 동시에 만족되는 에로틱한 성분은 독립하여 유방이라는 외계의 대상을 포기하고 이것을 자기 자신의 신체부분으로 대치하는 것입니다. 구순적 욕동은 '자기애적'이 됩니다. 항문성감 이외의 에로틱한 욕동이 처음부터 그랬듯이 말입니다.

그 후의 발달은 —— 극히 간략하게 표현하면 —— 두 가지 목표를 갖고 있습니다. 그 하나는 자기애를 버리고 자기 신체에서 찾아낸 대상을 포기함으로써 다시 외계의 대상과 이를 대치하는 것입니다. 또 다른 하나는 개개의 욕동의 여러 대상을 결합시켜서 유일한 대상으로 바꾸어놓는 것입니다. 물론 이 일은 그 대상이 다시 자신의 신체와 비슷한 하나의 신체 전체일 경우에만 이루어질 수 있습니다. 또한 이 일은 다수의 자기애적 욕동의 움직임이 쓸모없는 것으로서 버리기 전에는 이루어질 수 없는 것입니다.

대상을 발견하는 이 과정은 다소 착잡하며 아직 객관적으로 서술된 것은 없습니다. 우리의 의도를 분명히하고 싶은 것은 잠복기 이전의 유아기에 있어서의 과정이 어느 정도 완결됐을 때 거기에서 선택된 대상은 구순기의 쾌감욕동이 다른 기능에의 의존에 의해 얻어진 최초의 대상과 거의 동일한 것이 분명해진다는 것입니다. 그것은 어머니의 유방은 아니지만 역시 어머니인 것입니다. 우리는 어머니를 최초의 '사랑의' 대상이라고 부릅니다. 즉 우리가 사랑이라는 말을 쓸 때는 성적 욕구의 심적 측면을 강조하고 그 근저에 있는 신체적 또는 '관능적'인 욕동의 요구를 억제하며 또한 잠시라도 잊고 싶을 때입니다. 어머니가 사랑의 대상이 될 때쯤에는 어린이에게 이미 억압이라는 심적 작용이 시작된 것입니다. 이 억압이 어린이에게 그 성적 목표의 일부분에 대한 지식을 알지 못하게 하고 있는 것입니다.

그런데 어머니를 이처럼 사랑의 대상으로 선택하는 것은 '에디푸스 콤플렉스'와 관련이 있습니다. 이 '에디푸스 콤플렉스'는 노이로제의 정신분석에 의한 해명에 있어서 큰 의의를 갖게 되었으며, 또한 정신분석에 대한 반대에도 동일한 중요성을 갖게 되었던 것입니다.

이번 전쟁중(제1차 대전중)에 일어났던 한 작은 사건을 들어보십시오. 한 젊은 정신분석 신봉자가 독일군 전선부대(前線部隊)의 배속 군의관으로 폴란드에서 근무하고 있었는데 가끔 환자에게 의외의 치료효과를 거둠으로써 동료들의 주의를 끌게 되었습니다. 그 이유를 질문받자 그는 정신분석적 방법을 써서 진료에 임하고 있다고 고백하면서 동료들에게 그 지식을 나누어주기로 했습니다. 그래서 매일 밤 군단의 군의와 동료와 상관들이 모여서 정신분석의 '비밀스러운 내용'을 경청하게 되었습니다.

한동안은 잘 되어나갔습니다만 그가 에디푸스 콤플렉스에 관한 이야기를 끝내자 한 상관이 일어나 "나는 그런 것은 믿지 않는다. 조국을 위해 싸우고 있는 용감한 전사이며 한 가정의 가장인 우리에게 그런 이야기를 한다는 것은 강연자의 야비함을 드러낸 것이다" 하고 말하고는 강연을 중단케 했습니다. 그래서 모든 것은 끝났습니다. 그 분석의는 다른 전선으로 옮겨졌습니다. 그러나 나는 독일이 승리하기[7] 위해서 만일 이와 같은 학문의 '통제'를 필요로 한다면 그건 결코 바람직스럽지 못하다고 생각됩니다. 이와 같은 통제하에선 독일의 학문은 발전할 수 없습니다.

이제 여러분은 이 대단한 에디푸스 콤플렉스란 어떠한 것인지 알고 싶은 호기심에 사로잡혀 있을 것입니다. 그러나 이 에디푸스라는 이름이 이미 여러분에게 말해 주고 있습니다. 그리스 신화에 나오는 오이디푸스 왕에 대해서 여러분은 벌써 알고 있을 겁니다. 이 왕은 아버지를 죽이고 자기 어머니와 결혼하게 되리라는 신탁(神託)을 겁내어 이를 피하려고 갖은 노력을 다했습니다. 그러나 자신도 모르는 사이에 두 가지 죄를 범했음을 알자 그 벌로서 스스로 두 눈을 도려냈던 것입니다.

---

7) 이 강의는 1917년에 있었고, 1918년에 제1차 세계대전이 끝났으므로 독일의 패배는 알지 못했다.

여러분 중에도 소포클레스[8])가 이것을 소재로 하여 쓴 비극을 읽고 깊은 감동을 받은 사람이 많으리라 생각됩니다. 이 아티카(중부 그리스의 동남부의 반도)의 시인 소포클레스의 작품은 오이디푸스 왕의 먼 옛날의 소행이 교묘하게 파헤쳐짐으로써 새로운 전조가 계기가 되어 행해진 심문에 의해 점점 드러나도록 묘사하고 있습니다. 이러한 것은 정신분석의 진행 방법과 어떤 유사점이 있습니다. 대화 가운데 오이디푸스의 어머니며 아내인 이오카스테가 심문의 속행에 반대하는 곳이 나옵니다. 그녀는 많은 사람들이 어머니와 성교하는 꿈을 꾸는데 꿈 따위는 중시할 것이 못 된다고 주장합니다. 우리는 꿈의 가치를 가볍게 보지 않습니다. 적어도 최소한 대부분의 인간에게 일어나는 정형적(定型的)인 꿈은 중요시합니다. 그리고 이오카스테에 의해 언급되고 있는 꿈이 이 신화의 충격적이며 무서운 내용과 밀접한 관련이 있다는 것을 의심하지 않습니다.

소포클레스의 비극이 관객들 사이에 분격적인 반감을 일으키지 않은 것이 오히려 놀라울 뿐입니다. 저 소박한 군의관의 경우와 비슷한 반응을 나타냈다 해도 전자보다 훨씬 정당하다고 말할 수 있을 텐데요. 왜냐하면 이 비극은 결국 비도덕적인 희곡이며, 인간의 도덕적인 책임을 무시하고 신의 힘이 범죄를 명하는 것이며, 자기 자신을 범죄에서 지키려는 인간의 도덕적인 욕구는 무력하다는 것을 보여주고 있기 때문입니다.

이 신화의 소재는 신들과 운명에게 죄를 돌리고 탄핵하는 것을 의도하고 있다고 생각할 수 있습니다. 신들과 불화했던 비판적인 에우리피데스[9])에 의해 다루어졌다면 이 희곡은 아마도 그와 같은 탄핵이 되었을 것입니다. 그러나 믿음이 깊은 소포클레스로서는 그러한 취급 방법은 논외(論外)입니다. 설혹 신들의 의지가 범죄를 명한다 해도 그 뜻에 복종하는 것이 최고의 도덕이라는 믿음이 깊은 궤변이 이런 곤란한 문제를 벗어나게 하고 있습니다. 나는 이와 같은 도덕이 희곡의 장점이라고 생각하지는 않지만 그 효과에 있어서는 어떻든 상관없습니다. 관객은 이 도덕에 반응하는 것이 아니라 신화에 숨겨진 의미와 내용에 반응하는 것입니

---

8) B.C. 96년경~406. 고대 그리스의 삼대 비극시인의 한 사람. 그에게 있어 신은 절대적이며 인간은 무력한 존재였다. 그의 작품으로는 〈오이디푸스 왕〉, 〈콜로누스의 에디푸스〉 등이 있으며, 여기서 프로이트가 예로 들고 있는 것은 전자다.

9) B.C. 485년경~406년경. 그리스의 비극시인. 그는 소포클레스와는 달리 신에 대해서 비판적이었다.

다. 그들은 마치 자기분석을 행하여 에디푸스 콤플렉스를 자신의 마음속에 인식하고 신들의 의지나 신탁을 자기 자신 속에 있는 무의식적인 것의 고상화된 가면이라 하여 정체를 폭로당하는 것처럼 느끼고 있습니다. 또한 아버지를 죽이고 어머니를 아내로 삼고 싶다는 원망(願望)을 상기하며 그것에 스스로 놀라지 않을 수 없다고 느끼는 것입니다.

그들은 또 시인의 소리가 자기들을 향하여 "그대의 책임을 거부하고 그대가 이러한 범죄적 의도에 어떻게 반대해서라도 자신의 무죄를 단언해 보았자 허사다. 그대에게는 어쨌든 죄가 있다. 그대는 그러한 의도를 근절시킬 수 없었고 지금도 그 의도는 역시 무의식중에 그대 마음속에 존립하고 있기 때문이다"하고 말하려 하는 것처럼 해석합니다. 이 말 속에는 심리학적 진리가 포함되어 있습니다. 인간은 비록 자기의 사악한 충동을 무의식 속으로 억압해 버리고 그러한 충동에 대해 자신은 책임이 없다고 말하고 싶어도 역시 이 책임을 자기로서는 이유를 알 수 없는 죄책감으로 마음속에 느끼지 않을 수 없는 것입니다.

에디푸스 콤플렉스를 노이로제 환자가 종종 고통을 받게 되는 죄책의식[10]의 가장 중요한 원천으로 보아도 무리는 아닐 것입니다. 그뿐만이 아닙니다. 1913년에 (토템과 터부)[11]라는 이름으로 출판된 인류의 종교와 도덕의 원시형태에 관한 연구에서 나는 아마 인류 전체로서는 그 종교 및 도덕의 궁극적 원천인 죄책의식을 인류 역사의 시초에 에디푸스 콤플렉스에 의해 몸에 익혔을 것이라고 추측했습니다.

나는 이 점에 대해서 좀더 이야기하고 싶지만 이 테마에 손을 대기 시작하면 끝이 없으므로 그만두기로 하고 개인의 심리학으로 주의를 돌리기로 하겠습니다.

요컨대 잠복기 이전의 대상 선택 시기에 있어서의 어린이를 직접 관찰했을 경우에는 에디푸스 콤플렉스에 대해서 무엇이 발견될 것 같습니까? 쉽게 볼 수 있는 것은, 사내아이가 어머니를 독점하려 하고 아버지를 방해물로 여기고 아버지

---

10) 죄가 있다고 느끼는 정신적 부채의식. 강박 노이로제의 밑바닥에는 항상 심한 죄책의식이 있다. 서구 그리스도교에 있어서의 근원적인 죄의식과 이 정신분석적인 에디푸스 콤플렉스에 근거한 것과의 관계를 프로이트는 예상하고 있는 것 같다. 그는 종교를 집단적 강박 노이로제라고까지 말하고 있다.

11) 1912~13년의 저서. 종교의 기원을 정신분석적으로 취급한 이 책은 비난의 반향(反響)을 불러일으켰다. 이 책의 방법론과 소설(所說)에 대해서는 최근의 문화인류학적 입장에서 많은 난점이 지적되고 있다.

가 어머니에게 애정을 표시할 때는 불쾌하게 생각하고 아버지가 여행을 떠나거나 집에 없으면 만족감을 나타내는 것입니다. 또한 어머니에게 자주 이와 같은 감정을 직접 말로 표현하여 "어머니와 결혼하겠다"고 약속하는 일도 있습니다. 이런 것을 에디푸스의 행위와 비교한다는 것은 당치도 않다고 말할지 모르나 그것은 사실로서 충분하며 사물의 시초로 보면 동일한 것입니다. 그러나 그 어린이가 동시에 다른 상황에서는 아버지에게 애정을 쏟기도 하므로 이 관찰은 희미해져 버리고 마는 일이 종종 있습니다. 이와 같이 서로 대립된 감정상태, 더 적절하게 말한다면 '앰비버런스'(상반되는 감정이 동시에 존재하는 일)는 성인의 경우에는 갈등상태에 빠지는데 어린이의 경우에는 오랫동안 서로 전혀 아무 일도 없이 동시에 존재하며 그것은 마치 훗날 무의식의 세계에서 양자가 언제나 서로 이웃하며 존재하는 것처럼 말입니다.

　또한 사람들은 어린 사내아이의 행동은 자기 주장적인 동기에서 나오는 것이므로 성애적인 콤플렉스를 일부러 생각해서 내세울 필요는 없지 않느냐고 이론(異論)을 제기할지도 모릅니다. 어머니는 어린이의 모든 욕구를 보살펴주므로 아이들은 어머니가 다른 사람을 돌보아주지 못하도록 하려 합니다. 실제가 그렇습니다. 그러나 이 상황에서도 유사한 여러 상황의 경우처럼 자기중심적 관심은 성애적인 욕구가 결부되는 실마리를 제공하는 데 불과합니다. 어린이가 어머니에 대해 공공연히 성적 호기심을 나타내고 밤에는 어머니 곁에서 같이 자기를 요구하며 어머니가 화장실에 갈 때도 따라가겠다고 고집을 부리고 또는―― 어머니들이 자주 자신의 경험에서 확인하고는 웃으면서 말하듯이―― 어머니를 유혹하려는 일마저 있습니다. 그러므로 어머니에 대한 이 결부의 본성이 성애적이라는 것은 의심할 바가 없습니다.

　또한 우리들이 잊어서는 안 될 것은 어머니는 딸도 똑같이 돌보아주지만 아들의 경우와 똑같은 효과를 얻지 못한다는 것입니다. 또 아버지가 어머니와 경쟁해서 자주 아들을 돌봐주지만 아버지는 어머니처럼 중요한 존재가 될 수 없는 것입니다.

　요컨대 자녀가 이성(異性)의 부모를 좋아한다는 사실은 어떤 비판으로도 부인할 수 없습니다. 사내아이가 한쪽 부모의 시중보다도 오히려 양쪽 부모의 시중을 기뻐할 것 같은데 그렇지 않다면 자기중심적 관점에서 생각하는 한 어리석은 짓이라고밖에 할 수 없습니다.

여러분이 알다시피 나는 아들과 부모와의 관계를 얘기했습니다. 어린 딸의 경우에도 필요한 변경을 더하면 사태는 완전히 같은 것이 됩니다. 아버지에 대한 부드러운 애정, 어머니를 거추장스럽게 생각하고 그 자리를 자기가 점령하려는 욕구 및 여성이 사용하는 수단을 이미 갖춘 알랑거리는 태도는 바로 어린 딸을 귀여운 모습으로 보여주는데, 이 모습이야말로 이 어린이의 배후에 있는 상황과 후에 일어날 중요한 여러 결과를 우리들로 하여금 잊어버리게 하고 있습니다. 더 부언해 둘 것은 부모 자신이 성적 견인력(牽引力)에 이끌리거나 자녀가 여럿일 때는 아주 분명하게 아버지는 딸에게 어머니는 아들에게 특별히 애정을 쏟음으로써 어린이의 에디푸스 콤플렉스를 각성시키는 데 자주 결정적인 영향을 미치는 일이 있다고 합니다. 그러나 어린이의 에디푸스 콤플렉스의 자발적인 성질은 이 요인에 의해서도 심각하게 동요되지는 않습니다.

에디푸스 콤플렉스는 동생을 보게 되면 더욱 확대되어 가족 콤플렉스[12]가 됩니다. 그리하여 가족 콤플렉스가 동기가 되어 자기중심적 관심이 상처를 받게 되기 때문에 새로 태어난 동생에게 증오감으로 대하며 주저하지 않고 배척하려 듭니다. 또한 아이들은 오히려 이와 같은 증오감을 부모 콤플렉스($\binom{부모와 \ 자식의 \ 콤}{플렉스를 \ 말함}$)에서 생기는 증오감보다 훨씬 빨리 말로 나타내는 것이 보통입니다. 이와 같은 원망이 이루어져서 어린 동생이 죽게 되면 이 사망사건은 본인의 기억에 언제까지나 달라붙어 있는 것은 아니지만, 그러나 그것이 본인에게 얼마나 중대한 체험이었는가는 후에 분석해 보면 알 수 있습니다.

어린 동생이 태어나자 다음 자리로 밀려나고 잠시 동안 어머니로부터 거의 눈총받게 된 어린이는 배척받은 느낌에서 도저히 어머니를 용서할 수 없는 것입니다. 어른의 경우라면 매우 분노할 만한 그런 감정이 어린이에게 생겨 언제까지나 부모에게 서먹서먹함을 느끼게 되는 원인이 되는 것입니다. 성적 탐구심과 이에 따르는 필연적인 결과가 어린이의 이 생활경험과 결부되는 것이 보통이라는 것은 이미 이야기한 바와 같습니다. 이러한 동생이 성장함에 따라 그들에 대한 태도에는 매우 중요한 변화가 일어나며, 사내아이의 경우에는 누이동생을 부실한 어머니의 대리로서 사랑의 대상으로 선택하는 일이 있습니다. 어린 누이동생의 사랑

---

12) 엘렉트라 콤플렉스 또는 에디푸스 콤플렉스가 부모와 자식간의 콤플렉스라면 가족 콤플렉스는 동포까지도 포함한 부모와 자식간의 복잡한 가족 전체적 콤플렉스라는 뜻으로 쓰이고 있다.

을 얻고자 하는 형들 사이에는 이미 아이들 방에서까지 적의가 담긴 경쟁이라는 후년의 생활에 커다란 의의를 갖는 상황이 벌어지는 것입니다. 어린 여자아이는 이제는 옛날처럼 다정하게 자신을 대하지 않는 아버지 대리로 오빠를 택하거나 아버지와의 사이에 얻기를 바랐으나 얻지 못한 갓난아기의 대리로서 여동생을 택하기도 합니다.

여러분이 아이들을 직접 관찰하여 분석의 영향을 받지 않은 아이들 기억에서 분명히 생각해 낸 것을 고찰해 보면, 앞에서 말한 것 이외에도 그와 비슷한 사실들이 많이 밝혀질 것입니다.

여러분이 그것에서 내리는 결론은 여러 가지가 있습니다만 그중에서도 형제 가운데 몇째인가 하는 것이 그 아이의 먼 미래의 생애형성에 있어서 중요한 요인이 되며 이 요인은 전기(傳記)를 쓸 때는 항상 고려되어야 한다는 결론을 얻었을 것입니다.

그러나 이보다 더 중요한 것은 이와 같이 어려움 없이 해명되는 것을 눈앞에 놓고 여러분은 학문이 근친상간의 금지를 설명할 때의 이론을 생각해 내고 아마도 웃지 않을 수 없을 것이라는 것입니다. 거기서는 실로 많은 이론이 안출되었습니다. 어릴 때부터 함께 생활해 왔기 때문에 가족의 이성에게는 성적 욕구를 느끼지 않게 되었다든지 생물학적으로 근친상간을 회피하려는 경향이 있으며, 그것이 근친상간에 대한 선천적 혐오감으로서 심적 면에 표현되고 있다든지 하는 것입니다. 그러나 이러한 이론은 만일 근친상간에 대해 신뢰할 만한 자연적인 장벽이 존재한다면 일부러 법률이나 관습이라는 형식으로 그렇게 엄중하게 금지할 필요는 없다는 것을 완전히 잊고 있는 것 같습니다. 오히려 진리는 그 반대에 있습니다. 인간의 최초의 대상선택은 근친상간적인 것이며 남성의 경우에는 어머니 및 자매에 향하는 것이 보통인데, 언제까지나 계속 활동하는 유아형의 경향을 현실의 것으로 하지 않기 때문에 극히 엄중한 금지가 필요하게 된 것입니다. 오늘날 아직 생존하고 있는 원시인이나 미개인 사이에서는 근친상간의 금지는 우리들 사이보다 훨씬 엄중한 것입니다. 최근에 T. 라이크[13]는 그 뛰어난 업적에서, 미개인의 성년식은 다시 태어나는 것을 표현하는데 그것에는 아들과 그 어머니와의 근친상간적 결부를 단절하고 아버지와 화해를 이룬다는 의미를 볼 수 있다고 했

---

13) 프로이트의 초기 제자의 한 사람. 의사가 아닌 분석학자로서 오늘날의 문화인류학 연구를 하고 있다.

습니다.

신화는 여러분에게 인류에 의해서 이처럼 몹시 싫어하고 있는 듯이 보이는 근친상간이 신들 사이에서는 주저없이 허용되고 있는 것을 가르치고 있습니다. 여러분은 고대 역사에서 자매와의 근친상간적 결혼이 지배자에게는 신성한 규칙이었다는 것(고대 이집트 왕 파라오나 페루의 왕족 잉카의 경우처럼)을 알게 됩니다. 이것은 그 당시에 일반인에게는 허용되지 않았던 하나의 특권이었습니다.

어머니와의 근친상간은 오이디푸스의 하나의 범죄이며, 아버지를 죽인 것은 또 하나의 범죄입니다. 다시 말하면 이것들은 또 인류 최초의 사회적·종교적 제도인 토테미즘이 엄하게 금하고 있는 2대 죄악입니다.

그러면 여기서 우리는 어린이의 직접관찰에서 노이로제로 고민하는 성인들의 분석적 연구로 돌립시다. 정신분석은 에디푸스 콤플렉스의 지식을 이해하기 위해서 어떤 기여를 하고 있을까요. 그것은 간단하게 말할 수 있습니다. 분석은 신화 가운데 그대로 나타나고 있습니다. 즉 이들 노이로제 환자 한 사람 한 사람 모두 오이디푸스이거나 또는 이 콤플렉스에 대한 반응에서 햄릿[14]이 되었음을 보여줍니다. 물론 에디푸스 콤플렉스의 정신분석에 의한 묘사는 유아기의 스케치를 확대한 것이며 조대(粗大)하게 한 것입니다. 아버지에 대한 증오, 아버지가 죽었으면 하는 원망은 이미 두려운 암시 정도에 머물지 않고, 어머니에 대한 다정함도 그녀를 아내로 삼겠다는 목표를 공공연히 고백하고 있습니다.

이와 같이 극단적이고 격한 감정의 움직임이 과연 저 순진한 소아기에도 있다고 믿어도 될까요. 혹은 분석 때 새로운 요인이 혼입되어 우리가 기만당한 걸까요. 이와 같은 요인의 혼입을 발견해 내기란 그다지 힘들지 않습니다. 어떤 인간이 과거에 대해 보고하는 경우에는 설혹 그 사람이 역사가라 할지라도 언제나 저도 모르는 사이에 현재에서, 또는 과거와 현재와의 사이의 시대에서 어떤 요인을 과거로 대치하고 참된 과거의 모습을 다른 것으로 해버릴 수 있다는 것을 고려할 필요가 있습니다.

노이로제 환자의 경우에는 이 대치하는 것이 전혀 고의적이 아니라고 말할 수 있을는지 의심스러울 때가 있습니다. 우리는 이 대치하는 동기에 대해서는 나중에 논하기로 하고 먼 과거로의 '후퇴공상'[15]이라는 사실을 정당하게 인정해야 할

14) 양자택일을 재촉받는 인물로의 햄릿과 같은 입장에 처하는 일.
15) 과거의 기억 속에 그 후의 시기 또는 현존 시기의 사건을 공상적으로 짜넣어가는 현상.

때가 있을 것입니다. 우리는 또 아버지에 대한 증오가 그 후 시기나 관계 등에서
생기는 많은 동기 때문에 강화되어 있는 것이나 성적 원망이 아이에게는 아직 서
투른 형식을 취해서 어머니에게 쏟아지고 있다는 것도 쉽게 발견할 수 있습니다.
그러나 우리는 에디푸스 콤플렉스의 전체를 후퇴공상이라 생각하고 이후의 시기
에 관련지어 설명하려 한다면 그것은 헛수고가 되고 말 것입니다. 유아기의 중요
한 부분과 다소의 부속된 것들이 그대로 존속한다는 사실은 어린이에의 직접관찰
이 증명하는 바입니다.

  그런데 분석에 의해서 입증된 형식에서의 에디푸스 콤플렉스의 배후라고 하는
우리가 만났던 임상적 사실은 대단히 중요한 실제상의 의의를 갖습니다. 우리는
비로소 성 욕동이 강력하게 자기 주장을 하는 사춘기 시기에 지난날 가족 안에
있는 근친상간적인 대상이 다시 취급되어 새롭게 리비도가 배비(配備)된 것을 알
수 있습니다. 유아기에 있어서의 대상선택은 사춘기에 있어서의 대상선택의 약한
전주곡에 불과한 것이긴 했지만 방향을 제시하는 것만은 분명했습니다.

  그런데 사춘기에는 대단히 강한 감정적 과정이 에디푸스 콤플렉스의 방향을 취
하든가, 아니면 에디푸스 콤플렉스에 대한 반동의 방향을 취하며 일어납니다. 그
러나 이러한 과정의 전제가 되는 것이 의식하기에는 견딜 수 없는 것이 되기 때
문에 그 대부분은 의식에서 멀어지지 않을 수 없게 되는 것입니다. 이 시기부터
개개의 인간은 부모로부터 떨어져서 독립이라는 커다란 과제에 정신(挺身)하지
않으면 안 됩니다. 이 과제를 해결한 후에 비로소 사람은 유아기를 마치고 사회
공동체의 일원이 되는 것입니다. 이 과제에 있어서 자식은 리비도에 의한 자신의
원망을 어머니로부터 떨어져 누군가 현실의 부모 형제 이외의 사랑의 대상을 선
택하도록 그쪽으로 돌립니다. 그리고 아버지와 대항상태에 있을 때는 아버지와
화해하고, 만일 유아기의 반항의 반동으로 아버지에게 복종하고 있었다면 그 아
버지의 위압으로부터 탈출하게 됩니다. 이러한 과제는 모든 사람에게 주어지는데
그 해결이 이상적인 방법으로, 즉 심리적·사회적으로 올바른 모습으로 수행되는
경우가 극히 드물다는 것은 주목할 만한 사실입니다.

  그러나 노이로제 환자는 일반적으로 이 해결에 성공하지 못합니다. 아들은 평
생 아버지의 권위에 예속되어 있으므로 자신의 리비도를 타인인 어떤 성(性) 대
상으로 전이시키지 못합니다. 이 관계를 바꾸어보면 같은 관계가 딸의 운명에도
해당됩니다. 이 의미에서 에디푸스 콤플렉스가 노이로제의 핵심으로서 인정되는

것은 당연한 일입니다.

여러분! 여러분은 에디푸스 콤플렉스와 관련이 있는, 실제적·이론적으로 중대한 의미가 있는 많은 사정을 어쩌면 그렇게 간단히 처리해 버리느냐고 말할 것입니다. 나는 에디푸스 콤플렉스의 여러 가지 변종에는 파고들지 않았으며, 뒤집는 형이 있다 해도 언급하지 않았으니까요.

이 콤플렉스의 비교적 먼 여러 관계에 대해서 나는 다만 그것이 문예작품을 더욱 강하게 규정짓는다는 것을 알았다는 것을 암시해 줄 뿐입니다. 오토 랑크는 그 공헌한 바 많았던 한 책에서 모든 시대의 극작가들이 주제를 주로 에디푸스 콤플렉스와 근친상간 콤플렉스 및 그 변종이나 위장물 등에서 땄음을 증명했습니다. 그리고 에디푸스 콤플렉스에 포함된 범죄성을 띤 두 원망은 정신분석이 행해진 시대보다 훨씬 이전에는 자유로운 욕구생활의 정확한 표현으로 인정되었다는 것도 말해야겠습니다. 백과전서가(百科全書家 : Encyclopédistes)인 디드로[16]의 작품 《라모의 조카》 중에 유명한 대화가 있습니다. 그것은 다름 아닌 괴테가 독일어로 번역한 것입니다. 거기에는 다음과 같은 주목할 만한 문장이 있습니다. "만일 미개인의 어린이가 언제까지나 그대로 방임되어 모든 우매성을 계속 지닌 이 이성이 결핍된 어린이의 마음에 30세 사나이의 열정을 결합시킨다면 아버지의 목을 비틀고라도 어머니와 함께 자게 될지도 모른다."

그러나 나는 또 한 가지를 무시할 수 없습니다. 오이디푸스의 어머니이며 아내인 여인이 우리에게 꿈을 상기시킨 것을 헛되이 해서는 안 됩니다. 우리가 행한 꿈의 분석 결과에서는 꿈을 형성하는 원망은 매우 자주 도착적이며 근친상간적이어서 자신이 사랑하는 가장 가까운 사람에게 의외의 적대심을 나타날 때도 있었습니다.[17] 여러분은 그것을 아직 기억하고 있겠죠? 우리는 그때 이 사악한 욕동이 무엇에서 유래하는가를 해명하지 않았습니다. 지금은 여러분 스스로 그것을 말할 수 있을 것입니다. 그것은 극히 빠른 유아기에 속해 있어서 의식생활에서는 오래전에 폐기된 리비도가 보관되어 대상배비된 것입니다. 그리고 그것은 밤에는 아직 존재하고 있어서 어떤 의미에선 작용하는 능력이 있다는 것을 알 수 있습니다.

그러나 노이로제 환자뿐만 아니라 모든 인간이 이와 같은 도착적·근친상간적

---

16) 1713~84. 프랑스 계몽기의 철학자. 소설 《라모의 조카》는 1761~62년의 작품.

17) 270쪽 참조.

이며 살인광적인 꿈을 꾸므로 우리는 오늘날 정상인일지라도 역시 도착과 에디푸스 콤플렉스의 대상배비 시기를 경유하는 발달의 길을 걸어온 것이며, 그 길은 정상적인 발달의 길로서 노이로제 환자의 꿈을 분석해 보면 건강한 자의 경우에도 나타나는 것을 다만 확대 과장해서 나타낸 것뿐이라고 결론지어도 됩니다. 그리고 바로 이 점이야말로 우리들이 꿈의 연구를 노이로제 증상 연구보다 선행하게 된 동기 중 하나입니다.

제22강 발달 및 퇴행이라는 관점·병인론(病因論)

여러분! 우리는 리비도의 기능이 멀리 길을 돌아 발달하고 결국은 정상이라는 방법으로 생식에 공헌할 수 있다는 데까지 이야기했습니다. 이제 나는 여러분에게 이 사실이 노이로제의 원인으로서 어떠한 의의를 가지고 있는가를 설명하고자 합니다.

이와 같은 리비도 기능의 발달에는 두 종류의 위험, 즉 첫번째 '제지'의 위험, 두번째 '퇴행'의 위험이 따른다고 우리는 가정합니다. 그리고 이것은 일반 병리학의 이론과도 일치한다고 믿고 있습니다. 즉 생물학적 과정에는 이변을 일으키는 일반 경향이 있기 때문에 앞에서 행한 모든 준비단계가 똑같이 잘 경과되어 완전히 극복된다고는 할 수 없습니다. 기능의 어떤 부분은 끊임없이 조기단계에서 억제되고 발달의 전체상(像) 중에 어느 정도 발달의 제지가 혼입되게 됩니다.

이와 같은 과정과 유사한 것을 다른 영역에서 찾아봅시다. 인류 역사 초기에 흔히 볼 수 있었던 것이지만 어떤 민족 전체가 새로운 거주지를 찾아 현재의 거주지를 떠나게 될 때 물론 민족 전체가 한 사람도 빠지지 않고 새로운 땅으로 간다고 할 수는 없습니다. 다른 손실은 고사하고 대부분의 이주자들은 앞으로 전진해 가지만 그중 소수의 무리는 중도에서 전진을 멈추고 그곳에 정착해 버리는 일이 얼마든지 있었을 것입니다. 또는 가까운 비유를 찾아보면 잘 알다시피 고등동물에 있어서 태생 초기에는 복강내의 심부(深部)에 위치한 남성 생식선($^{곤}_{환}$)이 태아로서 자궁내에 있는 동안의 어느 시기에 움직이기 시작하여 골반 끝부분 피하에 도달하게 됩니다. 이런 움직임이 행해진 결과 약간의 남자에게는 한 쌍의 생식선의 한쪽이 골반 속에 머물게 되거나, 본래는 둘 다 움직이는 동안에 통과해 버려야 하는데 서혜관(鼠蹊管)내 한쪽에 언제까지나 머물러 있거나 또는 정상 상태에서는 생식선의 전위(轉位)가 끝나버리면 유착되어 버려야 할 서혜관이 그대로 열려 있게 되는 수가 있습니다. 나는 젊은 대학생 시절 최초의 학문적 연구를 폰 브뤼케 선생[1] 지도 아래서 했는데, 그때 내가 연구한 것은 아직도 매우 원시적인 형태를 보전하고 있는 작은 물고기의 척수후근(脊髓後根)의 신경세포의 기원이라는 문제였습니다. 나는 후근의 신경섬유는 척수 회백질(灰白質) 뒤쪽에 있는 커다란 세포에서 나온 것을 발견했는데, 이것은 다른 척수동물에서는 이미 찾아볼 수 없었습니다. 그런데 얼마 후에 이와 같은 신경세포가 회백질 밖으로 퍼져 있어 후근의 이른바 척수신경절(節)까지 미치고 있는 것을 발견했습니다. 이것으로 나는 이들 신경절군의 세포는 척수에서 신경근 영역까지 움직여왔다고 추측할 수 있었습니다. 발생학(發生學)도 이를 증명해 주고 있습니다. 다만 이 작은 물고기의 경우에는 움직여왔던 통로 전체가 일부 남겨놓은 세포에서 분명히 알 수 있게 되었습니다.

더 깊이 들어가보면 이러한 비유의 약점을 발견하는 것은 여러분에게 어려운 일이 아닐 것입니다. 그러므로 우리가 솔직하게 말하고 싶은 것은 성욕의 어느 부분은 최후의 목표에 도달하고 있는데, 다른 어느 부분은 발달의 비교적 초기관계에 그대로 남겨진 것이 어떤 성욕에 있어서도 가능하다는 것입니다. 이 경우 여러분은 우리가 이와 같은 성욕의 어느 것이든 생명이 시작한 이래 계속 존속되어 내려온 것이라고 생각하고 있으며, 다만 우리가 소위 인위적으로 구분하여 그것을 함께 전후하여 계속되는 다른 추진운동이라는 형태에서 생각하는 데 불과하다는 것을 인식할 것입니다. 이와 같은 사고방식은 다시 적극적으로 해명할 필요가 있지 않느냐는 인상을 여러분은 당연히 가질 것입니다. 그러나 해명을 시도하

---

1) 1849~91. 빈 대학 의학부의 교수이며 생리학자. 헬름홀츠, 뒤 부아 레이몽, 그리고 C. 루드비히 등과 함께 '생기설(生氣說)'을 배제하고 생체활동을 물리학적·화학적 원리에 의해서 설명하려고 했다. 프로이트는 브뤼케를 아버지를 대하듯이 두려움과 경애하는 마음으로 평생 받들었던 것 같다.

면 이야기가 너무 빗나가게 됩니다. 그러나 부분욕동이 초기단계에 정체하는 것이 '고착(즉 욕동의 고착)'이라고 불러야 한다는 것만은 여기서 확인해 둡시다.

이와 같은 단계적인 발달의 두번째 위험성은 앞서 발달된 부분도 때로는 후퇴운동을 일으켜 이들 조기단계 중 하나로 되돌아갈 염려가 있다는 점입니다. 그것을 우리는 '퇴행'이라고 이름붙이고 있습니다. 욕구가 이와 같은 퇴행현상을 일으키게 되는 것은 욕구의 기능을 발휘하는 것, 즉 욕구가 만족을 얻게 되는 목표에 도달하는 것이 후의 단계 혹은 보다 높은 발달단계의 형식에 있어서 강한 외적 장해에 부딪치는 경우입니다. 우리는 고착과 퇴행은 서로 무관하지 않다고 가정해 보고 싶습니다. 발달과정에서 고착이 강하면 강할수록 기능은 그만큼 급속히 전고착지까지 퇴행하려는 수단에 의해 외적 곤란을 피하려 합니다. 요컨대 일단 완성된 기능도 그 충족을 방해하는 외적 장해에 대해 저항력이 없다는 것을 알게 됩니다. 생각해 보십시오. 이동하는 어느 민족이 유력한 대부대를 중간의 숙영지에 남겨두었다고 합시다. 그 경우 선발대가 격퇴되거나 보다 강력한 적과 부닥쳤을 때 전숙영지(前宿營地)까지 철수하려는 생각은 그들로서는 당연한 일입니다. 동시에 이동하는 중에 남겨놓고 온 인원수가 많으면 많을수록 패배의 위험도 빨리 올 것입니다.

노이로제를 이해하기 위해서는 고착과 퇴행의 이 관계에서 눈을 떼지 않는 것이 중요합니다. 그렇게 하면 여러분은 우리가 곧 다룰 노이로제의 원인이 무엇인가라는 문제, 즉 노이로제의 병인론(病因論)의 문제에 대해 분명한 단서를 얻게 될 것입니다.

우선 퇴행의 문제에 대해 좀더 생각해 볼까 합니다. 여러분은 리비도 기능의 발달에 대해 알게 된 것을 기초로 하여 퇴행에는 두 종류가 있다는 것을 예상해도 좋을 것입니다. 즉 리비도를 배비(配備)했던 최초의 대상——이것은 알다시피 근친상간적인 성질을 가지고 있는데——으로의 퇴행과 성애의 체제 전체가 조기의 여러 단계로 되돌아가는 퇴행의 두 길입니다. 양자는 모두 감정전이 노이로제의 경우에 일어나며 그 매커니즘 속에서 큰 역할을 다하고 있습니다. 특히 최초의 근친상간적인 리비도 대상의 퇴행은 노이로제 환자 사이에서는 오히려 진절머리가 날 정도로 반드시 볼 수 있는 특징입니다.

다른 그룹의 노이로제, 즉 나르시시즘[2]적 노이로제[3]를 생각해 보면 리비도의

2) 자기애. 자신의 자아에 대해 리비도가 배비되어 있는 상태라고 할 수 있을 것이다. 제26

퇴행에 대해 더욱 많이 이야기할 수 있지만 우리로서는 현재 전혀 의도하고 있지 않습니다. 이 질환은 이제까지 언급하지 않았던 리비도 기능의 다른 발달과정을 해명함으로써 새로운 종류의 퇴행을 보여줍니다.

그러나 지금은 무엇보다도 먼저 '퇴행'과 '억압'을 혼동하지 않도록 주의해서 여러분이 이 두 과정의 관계를 분명히하는 데 협조해야 할 것입니다. 여러분도 기억하고 있겠지만 억압이란 의식에 떠오르는 자격을 갖는 어떤 행위, 요컨대 전의식(前意識)의 체계에 소속되어 있는 행위를 무의식적으로 하는, 즉 무의식 체계 속으로 되돌려보내는 과정입니다. 우리는 무의식의 심적 행위 일반이 바로 인접해 있는 전의식계 속으로 들어가지 못하고 문턱에서 검열관에 의해 되돌아가게 한 것도 똑같이 억압이라고 부르고 있습니다. 그러므로 억압이라는 개념은 성애(性愛)와는 아무런 관계가 없습니다. 이 점을 주의하십시오. 억압이라는 개념은 순수하게 심리학적 과정을 말하는 것이므로 '국소적' 과정이라 하면 특징이 좀더 분명해지는 심리과정입니다. 국소적이라는 의미는 그것이 심적 공간이라는 가정에 관련한다는 것입니다. 어쩌면 이런 조잡한 보조개념을 사용하는 것을 그만둔다면 그 과정은 개개의 심적 계통에서 성립되고 있는 심적 장치의 구조에 관련된다고 하겠습니다.

이상과 같이 비교해 본 결과 우리가 '퇴행'이라는 말을 이제껏 일반적인 의미로 쓴 것이 아니라 아주 특수한 의미로 써왔던 것을 처음으로 알게 된 것입니다. 여러분이 이 말에 그 일반적 의미, 즉 보다 높은 발달단계에서 낮은 단계로 되돌아간다는 의미를 부여하면 억압도 역시 퇴행 속에 들어가는 것이 됩니다. 왜냐하면 억압도 심적 행위의 발달에 있어서 보다 조기의 보다 낮은 단계로 되돌아가는 것이다라고 말할 수 있기 때문입니다. 다만 다른 점은 억압의 경우에는 후퇴의 방향이 문제가 아니라는 것입니다. 왜냐하면 어떤 심적 행위가 무의식이라는 낮은 단계에 고정될 경우 우리는 다이내믹한 의미에서 억압이라고 부르고 있기 때문입니다. 억압은 요컨대 국소적인 다이내믹한 개념이며, 퇴행은 순수하게 기술적인

강 리비도론과 나르시시즘을 참조.

3) 나르시시즘적 노이로제에 대해서 프로이트는 정신분열증(조발성 치매), 조울병(躁鬱病) 등과 같이 이른바 내인성(內因性) 정신병으로 생각하고 있다. 이 형(型)의 노이로제에서는 의사와 환자 사이에 바람직한 양해가 가능한 대인관계가 맺어지지 않고는 정신분석 요법은 곤란하다는 것이다.

개념입니다.

그러나 우리가 이제껏 퇴행이라고 명명하여 고착과 관련지어 온 것은 전적으로 리비도가 발달과정의 조기의 숙영지로 되돌아가는 것, 즉 억압과는 전혀 본질적으로 달리하는 것, 억압과는 전혀 관계가 없다는 것을 가르치고 있었던 것입니다. 그러므로 우리는 리비도의 퇴행을 순수하게 심적 과정이라고 말할 수 없으며 심적 장치 속 어느 곳에 그것을 두어야 할지도 모릅니다. 그것은 심적 활동에 강력한 영향을 끼치지만 이런 경우에는 기질적(器質的)인 인자(因子)가 가장 뚜렷하게 드러나는 것입니다.

여러분! 이 같은 논구(論究)는 아무래도 따분할 수밖에 없습니다. 그래서 좀더 강렬하고 감동적인 논구를 위해 임상적인 실례를 들어보기로 하겠습니다.

알다시피 히스테리와 강박 노이로제는 감정전이 노이로제의 대표적인 것입니다. 그런데 히스테리 경우에는 물론 최근의 근친상간적인 성적 대상으로의 리비도 퇴행은 존재하며 전혀 예외없이 생기지만 성애의 체제상 초기단계로의 퇴행은 없다고 해도 좋을 것입니다. 그 대신 히스테리의 매커니즘으로서 주역은 억압입니다. 만일 히스테리에 대해 우리가 이제껏 확인했던 지식을 이론적으로 구성해서 완벽한 것으로 하도록 허락한다면 나는 그 사태를 다음과 같이 기술할 수 있을 것입니다. 즉 성기의 우위 아래 여러 가지 부분욕동의 통일이 이루어지고 있는데 그 결과는 의식과 결부된 전의식적 체계의 저항에 조우한다는 것입니다. 즉 성기 우위 체제는 무의식에 적합하지만 그렇다고 전의식에도 똑같이 적합하다고는 할 수 없습니다. 이처럼 전의식 쪽에서 거부되기 때문에 성기가 주된 위치를 차지하는 이전의 상태와 어떤 유사성을 가진 모습을 나타내게 됩니다. 그러나 닮았다 해도 그것은 전혀 다른 것입니다.

리비도의 두 퇴행현상 중 성적 체제상의 초기단계로의 퇴행 쪽이 훨씬 두드러지게 마련입니다. 이와 같은 퇴행은 히스테리의 경우에는 없습니다. 더구나 노이로제에 대한 우리의 견해는 전체에 있어 시간적으로 앞섰던 히스테리 연구의 영향을 아주 강하게 받고 있어서 리비도 퇴행의 의의는 억압의 의의보다 훨씬 후에야 우리에게 분명해졌던 것입니다. 히스테리 및 강박 노이로제 외에 또 한 가지 나르시시즘적 노이로제를 깊이 생각해 보면 이 리비도 퇴행의 의의는 더욱 확대되어 지금과는 다른 가치가 부여될 것을 각오해야 할 것입니다.

이와 반대로 강박 노이로제의 경우에는 사디슴=항문성감적 체제라는 전단계로의 리비도 퇴행이 가장 눈에 두드러지며, 그것이 증상발현에 있어서 결정적인 사실입니다. 이 경우에 사랑의 충동은 사디슴적 충동의 가면을 쓸 수밖에 없습니다. "당신을 죽이고 싶다"라는 강박관념은 만일 그것을 어떤 종류의, 그러나 우연이 아닌 불가피한 부가물에서 해방시켜 주면 "나는 당신의 사랑을 받고 싶다"라는 의미가 되는 것입니다. 동시에 대상에 대한 퇴행이 일어나고 그 결과 그 충동은 가장 가깝고 가장 사랑하는 사람들에게 향하게 됩니다. 그때 이 강박관념이 환자에게 일어난 경악과 또한 동시에 환자의 의식적 지각에 받아들여진 이상한 느낌은 여러분도 상상할 수 있을 것입니다.

그런데 억압도 또한 이러한 노이로제의 매커니즘에 크게 관여하고 있지만 이 점의 분석은 현재 우리의 이러한 간단한 입문에서는 물론 자세히 말할 수가 없습니다. 억압이 없는 리비도 퇴행은 결코 노이로제를 초래하지 않으며 오히려 성적 도착으로 끝나게 됩니다. 이것으로 여러분은 억압이 노이로제에 있어 가장 분명한 특유의 것이며, 노이로제의 성격을 나타내는 과정에 있어서 가장 훌륭하다는 것을 알게 될 것입니다. 그러나 언젠가는 성적 도착의 매커니즘에 관해 우리가 알고 있는 것을 여러분에게 소개할 기회가 있겠지만 그때는 성적 도착의 매커니즘의 경우에도 사람들이 생각하는 만큼 그리 간단하게는 아무 일도 일어나지 않는다는 것을 알게 될 것입니다.

여러분! 만일 여러분이 노이로제의 원인을 탐구하는 준비로서 리비도의 고착 및 퇴행에 동의한다면 방금 열거했던 이 두 가지에 관한 논술은 곧 납득하게 될 것이라고 나는 생각합니다. 나는 이 일에 대하여 여러분에게 우선 단 한 가지만 보고했습니다. 즉 인간은 그 리비도를 만족하게 하는 가능성을 빼앗기게 되면, 즉 나의 표현에 의하면 '거부(拒否)'[4]당하게 되면 그 때문에 노이로제가 된다는 것입니다. 그리고 그 증상은 말할 것도 없이 거부당한 만족의 대리라는 것입니다. 물론 그것은 리비도 만족의 거부가 언제나 거부당한 당사자를 반드시 노이로제로 만든다는 의미는 아닙니다. 다만 노이로제의 증례를 검토해 보면 그 모든 경우에 거부라는 인자가 입증된다라는 뜻에서 그렇습니다. 요컨대 이 명제는 역(逆)이 반드시 진(眞)이라 할 수 없습니다. 여러분도 아마 앞의 주장이 노이로제 병인의 비밀을 남김없이 파헤친 것이 아니라 바로 단 하나의 중대한 필요불가결의 조건을 역설한 것에 불과하다는 것을 이해했을 것입니다.

---

4) 프러스트레이션(frustration : 욕구불만)에 가까운 개념이라고 해도 무방할 것이다.

이 명제를 계속 논의하기 위해서는 거부의 본성 또는 거부당한 것의 특성에서 문제를 찾아야 할 것인가는 아직 모르겠습니다. 하여튼 거부가 전면적이며 나아가 절대적이라는 것은 극히 드뭅니다. 병인(病因)으로서 힘을 발휘하기 위해서는 대개 그 인물만이 갈망하고, 그 사람만이 그러한 능력을 가지고 있는 것 같은 만족 방법이 거부되는 것이어야만 합니다.

일반적으로 리비도의 만족을 갖지 못한 것을 참고, 그 때문에 병에 걸리지 않고 지낼 수 있는 길은 상당히 많습니다. 첫째 우리는 이와 같은 만족의 결핍을 해롭지 않게 받아들일 줄 아는 사람들을 알고 있습니다. 그 경우 그 사람들은 행복하지 않으며 만족을 얻기 위해 고민하지만 병에 걸리지는 않습니다. 다음에 우리가 고려해야 할 것은 성적 욕동의 활동은 —— 이렇게 말해도 된다면 —— 매우 '가소적(可塑的)'임을 생각해야 할 것입니다. 그것들의 욕동은 어느 한쪽이 다른 쪽을 대리해 줄 수 있고, 그 대리를 맡은 욕동의 강도는 앞의 욕동의 강도를 그대로 떠맡을 수 있습니다. 한쪽의 만족이 현실에 의해 거부될 때는 다른 쪽을 만족케 함으로써 완전히 보상할 수 있습니다. 그것들의 상호관계는 물이 가득 차서 서로 통하는 수로망과 같은 것인데, 게다가 이것들은 성기 우위 아래 따르고 있는데도 불구하고 그러한 상태에 있는 것입니다. 그동안의 사정은 그리 간단하게 하나의 관념으로 결말지을 수 있는 것은 아닙니다.

더욱이 성애의 여러 부분욕동은 그것들의 부분욕동에서 조직되는 성의 욕동과 마찬가지로 그 대상을 바꾸는 커다란 능력, 즉 어떤 대상을 다른 어떤 대상, 그것보다 쉽게 손에 넣을 수 있는 대상과 교환한다는 커다란 능력을 나타냅니다. 이 치환의 가능성과 자진해서 대용물을 받아들일 준비체제가 갖추어져 있다는 것은 거부가 갖는 병인적인 작용에 대해 매우 저지적으로 작용하는 것입니다. 만족의 결여에서 오는 질병 발생을 방어해 주는 이러한 과정 중 어떤 것은 특수한 문화적 의의를 획득하고 있습니다. 그 과정이란 성애의 욕구가 부분쾌감이나 생식쾌감에 향해진 목표를 포기하고 발생적으로는 그 포기한 목표와 연관되어 있지만 그 자신 이미 성적이라 불리는 것이 아니라 오히려 사회적이라 불리는 다른 목표를 취한다는 것입니다. 우리는 이 과정을 '승화 작용'이라고 부르고 있습니다. 이 경우 그 근저에 있어서는 자기 추구적인 성적 목표보다 사회적 목표를 높은 것으로 하는 일반적 평가를 따르고 있는 것입니다. 그것은 어쨌든 승화 작용이란 성애의 욕구가 성적이 아닌 다른 욕구에 도움을 청하는 하나의 특수한 예에 지나지 않습니다. 우리는 다른 것과 관련지으면서 다시 한 번 승화 작용에 대해 이야기 할까 합니다.

그런데 여러분은 만족할 수 없는 부자유는 그것을 참아낼 수 있는 모든 수단에 의해 무의미한 것이 되어버렸다는 인상을 받을 것입니다. 그러나 그것은 그렇지 않으며 여전히 병인으로서의 힘을 보유하고 있습니다. 대항수단이라는 것은 일반적으로 충분한 것은 아닙니다. 즉 인간이 보통 가질 수 있는 만족을 얻지 못한 리비도의 양에는 한계가 있습니다. 리비도의 가소성(可塑性), 즉 자재하는 가동성도 결코 모든 사람에게 완전히 유지되어 있는 것은 아닙니다. 승화의 능력도 많은 사람들에게는 다만 조금 정도밖에 주어지지 않았다는 것은 제쳐놓고라도 언제나 리비도의 몇 분의 1을 해결하는 데 불과합니다. 이들 여러 가지 한계 중에서 가장 중요한 것은 리비도 가동성의 한계라는 것이 분명합니다. 왜냐하면 이 한계가 있기 때문에 개인의 만족이 아주 소수의 목표와 대상 획득에 의존하게 되기 때문입니다. 어쨌든 리비도의 불완전한 발달은 성적 체제상에서도 대상 발견상에서도 초기단계로의 아주 엄청나며 사정에 따라서는 거듭 리비도의 고착을 뒤에 남기는 것이 되며, 그 결과 대개는 현실에 만족을 얻을 수 없게 됩니다. 그 일을 상기해 준다면 여러분은 리비도의 고착 속에 거부 또는 좌절 체험과 더불어 질병의 원인이 되는 제2의 유력한 인자를 확인할 것입니다. 여러분은 이를 도식화(圖式化)해서 간결하게 다음과 같이 말할 수 있습니다. 즉 리비도의 고착은 노이로제 원인의 소인적·내부적인 인자를 대표하고, 거부는 그 우연적·외부적 인자를 대표하는 것이라고.

이 기회에 여러분은 쓸데없는 논쟁에 휩쓸리지 않도록 주의해 주기 바랍니다. 학문적인 일의 세계에서는 진리의 일부분을 꺼내어 그것을 전체 진리로 바꾸고 그 일부분의 진리를 가지고 보다 열등한 진리에 있어서 어떤 그 밖의 부분을 공격하기가 일쑤입니다. 이렇게 해서 이미 정신분석운동도 몇 가지 방향으로 분열되었습니다. 그 어떤 것은 자기 주장적인 욕동만을 인정하고 성욕을 부인하고, 다른 것은 현실생활상의 과제의 영향에만 가치를 두어 개인의 과거가 주는 영향 이외의 것을 놓쳐버리는 따위입니다. 그런데 여기에도 이에 유사한 대립과 논쟁이 생길 꼬투리가 있습니다. 즉 노이로제는 '외인(外因)'에 의한 병인가, 아니면 '내인(內因)'에 의한 것인가 혹은 어떤 종류의 체질에서 오는 불가피한 결과인가, 그렇지 않으면 어떤 유해한(외상적) 생활 인상의 소산이 혹은 특히 리비도의 고착(및 그 밖의 성적 소질)에 의해 야기되는 것인가, 아니면 거부의 압력에 의해 생기는 것인가라는 문제입니다. 이러한 딜레마는 나 역시 여러분에게 제시하려고 생각만 하면 제시할 수 있는 다른 딜레마, 즉 아기는 아버지의 생식행위에 의해 만들어지는가, 아니면 어머니의 수태에 의해 만들어지는가 하는 따위와 같은 하찮은 것보다 더 어리석은 일입니다. 여러분은 당연히 양쪽 조건이 모두 불가결한 것이라고 대답할 것입니다. 노이로제의 원인에 대해서도 사정이 똑같다고 할 수는 없지만 매우 유사하긴 합니다.

노이로제의 원인을 고찰해 보면 노이로제 증례는 한 계열을 이루고 있어 이 계열내의 두 가지 요인 —— 성적 소질과 체험 혹은 리비도 고착과 거부라고 해도 좋을 것입니다 —— 은 한쪽이 감소하면 다른 한쪽은 증대하는 관계로 되어 있습니다. 이 계열의 한쪽 끝에는 여러분이 이 사람은 리비도 발달이 매우 특이하므로 비록 어떠한 체험을 했다 해도, 또 매우 주의깊게 생활하고 있다 해도 어차피 병에 걸렸을 것이라고 확신을 가지고 말할 수 있는 극단적인 증례가 위치해 있습니다. 그리고 다른 한쪽 끝에는 반대로 만일 이 사람들이 인생에 있어서 이러이러한 상태에 처하지 않았다면 아마 병에 걸리지 않았을 거라고 판단해야 하는 증례가 위치해 있습니다. 이 계열내의 여러 증례에 있어서 소인(素因)이 될 만한 성적 소질 다소와 유해한 생활상의 필요조건의 다소는 일치하고 있습니다. 만일 그들이 이와 같은 체험을 갖지 않았다면 그들의 성적 소질도 노이로제를 야기시키지 않았을 것이며, 만일 리비도 상태가 이와 달랐다면 이러한 체험이 그들에게 외상적(外傷的)으로 작용하지 않았을 것입니다. 이 계열의 증례에 대해서 나는 소인이 되는 요인 쪽에 보다 많은 의의를 인정할 수 있지만 그러나 이 일도 여러분이 어디까지를 노이로제의 영역으로서 한계짓느냐에 달려 있습니다.

여러분! 나는 여러분에게 이와 같은 계열을 '상보적 계열(相補的系列)'이라고 부를 것을 제안합니다. 그리고 이외에도 이런 종류의 계열을 세우는 단서를 찾아낼 때를 위해 준비해 둡시다.

리비도가 특정방향과 대상을 고집하는 집요함, 소위 리비도의 '점착성(粘着性)'은 개인에 따라 변화하는 독립적 인자(因子)로 생각됩니다. 그 인자의 의존관계는 우리에게는 전혀 알려지지 않고 있지만 노이로제의 병인으로서의 인자의 의의를 우리는 이제 결코 다시는 과소평가하지 않을 것입니다. 그러나 또 우리는 이 관계의 밀접함에 대해서도 과대평가해서는 안 됩니다. 바로 리비도의 이와 같은

'점착성'은 —— 어떤 이유에서인지 몰라도 —— 많은 조건하에서는 정상인으로 보이지만 어떤 의미에서는 노이로제 환자와는 전혀 다른 사람들, 즉 성적 도착자에게는 결정적인 요인으로 나타납니다.

매우 이른 시기, 즉 정신분석이 행해지기 이전부터 이미 성적 도착자들의 병력(病歷)에는 욕동이 이상한 방향을 취하고 있거나 이상한 대상 선택을 하고 있는 인상이 발견되어 성적 도착자의 리비도는 평생 이 인상에 고착되어 있었다라는 것은 잘 알려져 있었습니다(비네). 무엇이 이 인상에 리비도를 이처럼 강하게 끄는 능력을 주었느냐에 대해서는 분명히 말할 수 없는 일이 자주 있습니다. 나는 여러분에게 이런 종류의 증례에서 내가 관찰한 것을 이야기하려 합니다. 현재로서는 여성의 성기도, 그 밖의 모든 자극도 아무런 의미가 없는 사나이가 있었습니다. 다만 구두를 신고 있는 어떤 형의 발만이 그를 항거할 수 없는 성적 흥분 상태로 모는 것이었습니다. 이 사나이는 자신의 리비도가 고착하는 데 결정적이었던 6세 때의 체험을 기억해 냈습니다. 그는 영어 레슨을 받고 있던 여자 가정교사와 낮은 의자에 나란히 앉아 있었습니다. 물처럼 푸른 눈동자와 천장을 향한 코, 그리고 마르고 못생긴 노처녀인 이 가정교사는 이날 발을 다쳐서 빌로도 실내화를 신은 채 발을 쿠션 위에 길게 뻗고 있었습니다. 그래도 그녀의 다리는 예의바르게 옷으로 가려져 있었습니다. 그때 그가 본 이 가정교사의 힘줄이 길게 뻗친 가느다란 다리가 그의 유일한 성적 대상으로 작용하게 된 것입니다. 그것은 그가 사춘기가 되어 두려워하면서 정상적인 성적 행위를 시도했던 후의 일이었습니다. 이런 형태의 발에 그 영어 가정교사의 유형을 상기시켜 주는 다른 특징이 합치게 되면 이 사나이는 저항 없이 열중해 버리고 맙니다. 그러나 이 사나이는 리비도의 이와 같은 고착에 의해 노이로제 환자가 아닌 성적 도착자, 우리의 용어로 말하면 발의 페티시스트가 된 것입니다. 즉 리비도 과도의 고착, 더구나 지나친 고착은 노이로제의 원인으로서 불가결하지만 그 작용범위는 노이로제의 영역 외에도 미치고 있습니다. 이 조건도 앞에서 말했던 거부라는 조건과 마찬가지로 이것만으로는 결정적인 것이 될 수 없습니다.

그러므로 노이로제의 원인이 되는 것은 무엇이냐는 문제는 복잡할 것 같습니다. 사실 정신분석에 의해 검토해 보면 우리는 한 가지 새로운 요인을 알게 됩니다. 그것은 우리가 병인으로 나열한 것 중에는 고려되지 않았던 것으로 이제까지 건강했는데 갑자기 노이로제에 걸려 교란당하는 그런 증례에서 가장 잘 인식되는 것입니다. 이러한 사람에게는 보통 원망의 움직임에 대한 반항의 표시 혹은 ——
우리가 익숙해진 용어를 사용하면 —— 심적 '갈등'의 표시가 발견됩니다. 인격의
일부분이 어떤 원망의 편이 되어 있는데 다른 어떤 일부분이 이에 반항하여 그것
을 방어하는 것입니다. 이와 같은 갈등이 없을 때는 노이로제 또한 없습니다. 그
런데 그것은 새삼스럽게 특별한 것으로 보일지도 모릅니다. 알다시피 우리의 심
적 활동은 우리가 결단을 내리지 않으면 안 될 갈등에 의해 끊임없이 지배되고
있습니다. 때문에 이와 같은 갈등이 병인이 되기 위해서는 특수한 여러 조건이
충족되어야 할 것입니다. 우리는 이들 여러 조건이란 무엇인가, 어떠한 심적 에
너지에서 이런 병인이 되는 갈등이 일어나는가, 그 갈등은 병인이 된 다른 여러
인자와 어떤 관계를 갖고 있는가 하는 점을 문제삼아야 할 것입니다.

　나는 이런 문제에 대해 도식적(圖式的)인 간략한 형태일망정 만족할 만한 대답
을 원합니다. 갈등은 욕구거부에 의해 생기는 것입니다. 왜냐하면 만족을 얻지
못한 리비도는 여기서 다른 대상과 방법을 찾을 수밖에 없기 때문입니다. 갈등의
조건이 되는 것은 이 다른 대상과 방법이 인격의 어느 부분에 있어서 마음에 들
지 않은 결과 거부권이 발동되고 그 때문에 새로운 만족의 방법이 당장 불가능하
게 된다는 것입니다. 여기서부터 증상형성으로의 길은 더 앞으로 나아가게 되는
데 그 길을 찾는 일은 나중으로 미룹시다. 거부당한 리비도의 욕구는 어떤 우회
로를 지나서 역시 자기 생각을 관철합니다. 물론 그때도 어떤 종류의 왜곡을 받
고 완화됨으로써 항의가 일어나는 것을 고려하지 않을 수 없습니다. 이 우회로가
증상형성의 길이며 증상이란 거부라는 사실에 의해 불가피한 새로운 만족, 즉 대
상만족(代償滿足)인 것입니다.

　심적 갈등의 의의는 다른 표현을 함으로써 정당하게 평가할 수 있습니다. 즉
'외적(外的)'인 거부가 병인으로서 작용하기 위해서는 '내적(內的)'인 거부가 가해
져야 한다는 것입니다. 이때 외적 거부와 내적 거부는 물론 다른 대상과 방법에
관계하게 됩니다. 외적 거부는 만족의 한쪽 가능성을 빼앗으려 하고, 내적 거부
는 다른 한쪽의 가능성을 내쫓으려 합니다. 그래서 갈등이 일어나는 것입니다.
나는 이와 같은 서술 방법이 좋다고 생각하는데 그것은 이러한 방법이 숨은 내포
를 갖고 있기 때문입니다. 즉 아마 인류 발달의 원초시대에는 내적 방해는 현실
의 외적 장해에서 생겼으리라는 것을 이런 서술이 암암리에 보여주고 있기 때문
입니다.

그러나 리비도의 욕구에 대해 항의하는 에너지, 즉 병인이 되는 갈등에 있어서의 한쪽의 실력자는 무엇일까요. 극히 일반적으로 말하면 그것은 성적이 아닌 욕동의 힘입니다. 우리는 그것을 총괄해서 '자아욕동(自我欲動)'[5]이라고 합니다. 감정전이 노이로제의 정신분석에서는 그것을 더 이상 분석할 기회가 주어지지 않습니다.

우리는 고작 분석에 대해 행해진 저항에 의해 그 지식을 얻는 데 불과합니다. 병인의 갈등은 그러니까 자아욕동과 성(性)의 욕동 사이의 갈등입니다. 일련의 증례에서는 모두 순수하게 성적인 여러 가지 욕구 사이의 갈등처럼 보이지만 그러나 그것도 결국은 마찬가지입니다. 왜냐하면 두 성적 욕구가 갈등상태에 있다고 할 때 언제나 그 한쪽은 소위 자아에 충실한 것이며 다른 쪽은 자아를 방지하는 것을 요구하는 것이기 때문입니다. 그러므로 이것도 자아와 성욕 사이의 갈등이라는 데 변함이 없습니다.

여러분! 정신분석이 어떤 심적 사건을 성의 욕동에 의한 것이라고 주장할 때마다 세상 사람들은 언제나 분격하여 인간은 단지 성욕만으로 이루어진 것이 아니다, 심적 활동에는 성적인 것 이외의 욕동이나 관심도 존재한다, 우리는 '모든 것'을 성욕에서 이끌어내는 짓을 해서는 안 된다 등등을 말하면서 정신분석을 공격했던 것입니다. 그런데 반대자와 어떤 한 가지라도 의견일치를 본다는 것은 지극히 유쾌한 일입니다. 정신분석은 성적이 아닌 욕동도 존재한다는 것을 잊지 않고 있습니다. 그리고 정신분석은 성의 욕동을 자아욕동과 엄격히 구별함으로써 세워지게 된 것입니다. 노이로제는 성욕에서 생기는 것이 아니고 자아와 성욕 사이에 일어나는 갈등에 그 근원이 있다는 것을 모든 반론에 항거하여 주장하는 것입니다. 따라서 정신분석은 병이나 실생활에 있어서 성의 욕동이 완수하는 역할을 추구하지만 자아욕동의 존재 또는 의의를 부정하려는 동기는 전혀 없는 것입니다.

다만 감정전이 노이로제에 의해 가장 빠르게 성 욕동을 통찰할 수 있게 되었다는 것과 다른 사람이 문제삼지 않았던 것을 연구하는 것이 정신분석의 책무였기 때문에 맨 처음으로 성 욕동의 연구에 종사한 것이 정신분석의 운명이 된 것뿐입니다.

---

5) 자기를 보전하고 그 안전을 목표로 하는 욕동을 가정하여 이렇게 명명했다. 그 후 프로이트는 이것을 에로스 욕동 속에 포함시켰다.

그러므로 정신분석이 인격 가운데 성적이 아닌 부분을 조금도 고려하지 않았다는 비난은 당치 않습니다. 바로 자아와 성애를 분리함으로써 비로소 우리는 자아의 욕동 또한 화려하게 발달해 왔다는 것, 이 발달은 리비도의 발달과 전혀 관계가 없는 것이 아니며 리비도의 발달에 반작용을 미치지 않은 것도 아니라는 것을 인식할 수 있는 것입니다. 물론 우리가 자아의 발달에 대해 알고 있는 것은 리비도 발달의 경우보다 훨씬 불충분한 것입니다. 왜냐하면 나르시시즘적 노이로제의 연구가 이루어짐으로써 자아의 구조에 대한 통찰이 얻어지게 되기 때문입니다. 하지만 이미 페렌치[6]가 행한 자아의 발달단계를 이론적으로 구성하려는 한 가지 주목할 만한 시도가 있으며 자아의 발달을 평가할 거점을 최소한 두 곳은 손에 넣고 있습니다. 왜냐하면 어떤 인간의 리비도적인 관심은 처음부터 그 사람의 자기보존의 관심과 대립되어 있다라고는 나는 생각하지 않습니다. 오히려 자아는 어느 단계에 있어서나 그때의 자신의 성적 체제와 조화되게 하고 이를 자신에게 맞추려고 노력합니다.

리비도 발달에 있어서의 각 단계의 교대는 미리 정해진 프로그램에 따르고 있는 것 같습니다. 그러나 이 경과가 자아측으로부터 영향을 받아서 자아와 리비도와의 사이에 어떤 종류의 병행관계, 즉 양자의 발달단계의 일정한 대응관계가 똑같이 예견된다는 것뿐만 아니라 이 대응이 교란되면 병인적 요인마저 생길 수 있다는 것도 부인할 수 없습니다.

그런데 우리에게 있어 보다 중대한 관점은 리비도가 그 발달의 어느 곳에서 강한 고착을 남기게 될 때 자아는 어떠한 태도를 취하는가라는 것입니다. 자아는 그 고착을 용인할 때도 있습니다. 그 경우 그 정도에 따라 도착적 혹은 유치적(幼稚的)이 됩니다. 그러나 또 자아는 리비도의 이 고착을 거부하는 태도를 취할 때도 있습니다. 그 경우에 자아는 리비도가 '고착'한 그곳에서 '억압'을 가합니다.

이렇게 해서 우리는 노이로제의 병인이 되는 제3의 인자, 즉 '갈등 경향'은 리비도의 발달에 의해 좌우되는 것과 완전히 동일하게 자아의 발달에 의해서도 좌우되고 있다는 지식을 얻게 됩니다. 이리하여 노이로제의 원인이 되는 것에 대한 우리의 통찰은 완성된 것입니다. 먼저 첫째로 가장 일반적인 조건으로서 거부,

---

6) 헝가리에 있어서 지도자적인 정신분석학자. 프로이트와의 사제관계는 가장 오래 지속되었으나 결국은 의견 차이로 헤어져야만 했다. 자아의 현실감 발달의 업적은 높이 평가되고 있다.

둘째로 일정한 방향을 향하여 리비도를 몰아내는 리비도의 고착, 셋째로 이 같은 리비도의 충동을 거부하는 자아의 발달에서 생기는 갈등 경향입니다. 그러니까 내가 이야기를 진행해 가는 동안 아마 여러분이 느꼈을 정도로 사태가 매우 혼란스럽고 이해하기 힘든 것은 아닙니다. 그러나 물론 이것으로 모든 것이 정리된 것은 아닙니다. 우리는 여전히 어떤 새로운 것을 첨가하고 동시에 이미 잘 알려진 것도 더욱 분석해야 합니다.

자아의 발달이 갈등형성으로, 따라서 또다시 노이로제의 원인을 유발하는 데 미치는 영향을 실증하기 위해 한 예를 들기도 하겠습니다. 물론 창작이기는 하지만 어떤 점에 있어서는 현실로 나타날 가능성이 있는 것입니다. 나는 네스트로이$\left(\begin{smallmatrix}\text{헤벨의 희곡}\langle\text{유디트}\rangle\\\text{에 등장하는 인물}\end{smallmatrix}\right)$의 희극에 따라 〈1층과 2층에서〉라는 제목을 붙이겠습니다.

1층에는 문지기가 살고 2층에는 부자며 품위있는 집주인이 살고 있습니다. 양쪽에 다 어린 아이들이 있는데 집주인의 딸과 하층계급인 문지기의 딸이 자유롭게 놀도록 허락했다고 가정해 봅시다. 그때 아이들의 놀이가 흔히 성적 색채를 띠게 되고, 그들은 '아빠와 엄마 놀이'를 하게 되며 숨어서 비밀스러운 곳을 서로 보게 되고 성기를 서로 자극하기도 할 것입니다. 문지기 딸은 5, 6세이지만 어른들의 성생활에 대해 관찰할 기회가 많아 이 놀이에서 유혹자의 역할을 하게 될 것입니다. 이러한 체험은 그러한 놀이가 계속되지 않는다 해도 양쪽 아이들에게 어떤 성욕을 일으키기에 충분하며 그 욕정은 그 후에도 여러 해에 걸쳐 오나니슴이라는 형태로 남게 될 것입니다. 여기까지는 양자에게 공통되지만 최후 결과는 이 양쪽 아이들에게 아주 다르게 나타날 것입니다.

문지기 딸은 대략 초경을 시작할 때까지 오나니슴을 계속하다가 그 후에 별 곤란 없이 그것이 멈추고 2, 3년 후에는 애인이 생겨 결혼하고 아이를 갖게 될 것입니다. 그리고 이러저러한 인생행로를 거쳐서 어쩌면 인기 예술가가 되거나 귀족의 부인이 될지도 모릅니다. 아니, 그녀의 운명은 그처럼 훌륭한 것이 아닐지 몰라도 어쨌든 어린 시절 성적 행동에 의한 해를 받지 않고 노이로제에도 걸리지 않고 충실한 인생을 보낼 것입니다.

그런데 집주인 딸은 어린 시절부터 이미 자신은 무엇인가 나쁜 일을 저질렀다는 막연한 기분에 휩싸여 있다가 얼마 안 가서 심한 마음의 갈등을 겪은 후 겨우 오나니슴에 의한 만족을 포기할 것입니다. 그러나 그녀는 오나니슴에 의한 만족을 포기했음에도 불구하고 무엇인가 묵직한 기분을 가슴속에 계속 갖게 될 것입니다. 그녀는 나이가 들면서 인간의 성생활에 대해 이야기를 들어 어느 정도 알게 되면 웬지 알 수 없는 혐오감을 갖게 되고, 그것을 극복하지 못해 언제까지나 아무것도 모른다고 할 것입니다. 아마 그녀는 그때 역시 새롭게 일어나는 자위행위에 대한 충동을 받게 되지만 그것을 호소하지 못하는 것입니다. 그 후 한 남자의 아내가 될 나이가 됐을 때 노이로제가 돌발하여 그 때문에 그녀는 결혼과 인생의 희망을 빼앗기고 맙니다. 그러나 정신분석에 의해서 이 노이로제를 통찰하는 데 성공하면 이 품위있고 지적이며, 이상주의적인 처녀는 성의 욕동을 완전히 억압해 버리고 있다는 것을 알게 됩니다. 이 성의 욕동은 —— 그녀에게는 의식되지 않은 채 —— 어린 시절 친구와의 그 하찮은 경험에 결부되어 있음을 알게 될 것입니다.

두 사람 다 같은 체험을 가지고 있음에도 불구하고 이 두 소녀의 운명이 차이가 나는 것은 한 소녀의 자아는 다른 소녀에게서는 볼 수 없는 발달을 경험하고 있는 데 기인하고 있습니다. 성행위는 문지기 딸에게는 그 후에도 어린 시절의 경우와 마찬가지로 자연스러운 것이며 주저할 필요가 없는 것으로 받아들여졌습니다. 집주인 딸은 교육의 감화(感化)를 받아 교육의 요청을 받아들인 것입니다. 그녀의 자아는 교육에 의한 고무격려(鼓舞激勵)에 따라 여자는 순결해야 하며 성적인 것을 느껴서는 안 된다는 성적 활동과는 조화되지 않는 이상을 형성했습니다. 그녀의 지적 교양은 여인으로서의 역할에 대한 관심을 비천한 것으로 생각하게 했던 것입니다. 그녀의 자아의 이와 같은 한층 높은 도덕적 · 지적 발달 때문에 그녀는 성애의 여러 요구와의 갈등에 빠졌던 것입니다.

나는 오늘은 자아발달에 있어서의 두번째 점에 대해 더욱 자세하게 생각해 보려고 합니다. 그 이유는 어떤 종류의 더 넓은 전망을 갖기 위해서이며, 이것이야말로 우리가 스스로 자아욕동과 성 욕동 사이에 꼭 그렇다는 것은 아니지만 분명히 구분짓는 정당성을 입증하는 데 적합하기 때문이기도 합니다.

자아의 발달과 리비도의 발달을 평가할 때 우리는 이제까지 그 가치가 인정되지 않았던 하나의 관점을 미리 이야기해 두어야 하겠습니다. 이 양자는 근본에 있어서 인류 전체가 원시시대로부터 오랜 세월을 거쳐 현재까지 온 발달의 유산이며, 단축된 형태로서의 그 반복이라는 것입니다. 리비도의 발달에는 이 '계통발생적'인 유래가 분명하다고 나는 생각합니다. 어떤 종류의 동물들은 생식기와 입이 밀접한 관련이 있고 또 다른 종류의 동물들은 생식기와 배설기관이 분리되

364 제 3 부 노이로제 총론

어 있지 않으며 더구나 다른 종속은 생식기가 운동기관과 결부되어 있다고 생각
해 보십시오. 이와 같은 일에 대해서는 W. 뵐셰의 훌륭한 저서[7]에 흥미있게 기
술되어 있습니다. 즉 동물 사이에서는 소위 모든 도착이 응결해서 하나의 성적
체제로 되어 있는 것을 보게 됩니다. 다만 이 계통 발생적인 관점은 인간의 경우
에는 일부분 희미해졌습니다.

그것은 근본에 있어서는 유전된 것도 그 개체발달이라는 점에서 보면 새로이
획득되는 것이라는 사정에 의한 것입니다. 이것은 아마도 그 옛날 새로운 획득을
강요한 사태와 동일한 사태가 아직도 존속해 있어서 그것이 각 개체에 작용하기
때문일 것입니다. 옛날 이 사태는 창조적인 작용을 했지만 지금은 유전된 것을
끌어내는 작용을 하고 있다고 나는 말하고 싶습니다.

게다가 지금 개략을 말했던 이 각 개인에 있어서의 발달과정은 외부로부터의
새로운 영향에 의해 방해되고 변경되는 일도 의심할 수 없는 사실입니다. 그러나
인류에 대해 이와 같은 발달을 강요해 왔고, 오늘날도 여전히 같은 방향으로 그
압력을 지속하고 있는 힘을 우리는 알고 있습니다. 그것은 이역시 현실의 거부입
니다. 만일 이에 정당한 그럴 듯한 이름을 붙인다면 생의 '필요', 즉 그리스어의
아낭케[8]입니다. 이것은 엄격한 교육자이며 우리를 여러 가지로 변화시켰습니다.
노이로제 환자란 이 교육의 엄격함이 나쁜 결과를 초래한 아이들과 같은 것입니
다. 그것은 모든 교육에 있어서 생길 수 있는 위험입니다. 다만 '생의 필요'를 발
달의 추진력으로서 평가한다 해도 우리는 '내적 발달의 경향' —— 이런 것이 증명
될 것이라 하여 —— 이 갖는 의의를 가볍게 볼 필요는 없습니다.

그런데 성의 욕동과 자기보존의 욕동이 현실의 필요성에 대하여 똑같은 방법으
로 처신하지 않는다는 사실은 크게 주목할 만합니다. 자기보존의 욕동과 그에 관
련있는 모든 것은 비교적 교육하기 쉽습니다. 자기보존의 욕동은 일찍부터 생의
필요에 따라 현실의 지시에 적응하면서 발달하는 것을 배웁니다. 이것은 생각해
보면 당연한 일입니다. 자기보존의 욕동은 자기가 필요로 하는 대상을 다른 방법
으로는 손에 넣을 수 없으며, 그러한 대상이 없으면 개체는 멸망할 수밖에 없습

---

7) 《자연의 연애생활, 연애의 진화사》를 말함. 이 책은 당시의 베스트 셀러였다.

8) 그리스어로는 필연, 폭력, 강제 등의 뜻을 포함하고 있는데 운명의 뜻으로 쓰여지기도 한
  다. 그리스 신화에서는 운명의 '필연성'을 의인화하여 여신으로 되어 있다. 운명의 여신 아
  도라스티아는 그 딸이다.

니다.

성의 욕동은 이보다 교육하기가 어렵습니다. 성의 욕동은 처음에는 대상의 결핍을 모르기 때문입니다. 성의 욕동은 신체의 다른, 이를테면 신체의 다른 기능에 기생하는 것 같은 모습으로 자기 몸을 대상으로 하여 자기애적으로 만족하기 때문에 현실적으로 필요하다는 교육상의 영향은 우선 봉해진 형태로 되어 있습니다. 더욱이 성본능은 자의적이고 다른 영향을 받아들이지 않는 성격을 갖고 있으며 이것을 우리는 '무사려(無思慮)'라고 부르는데, 대부분의 인간의 경우 어떤 점에서 전생애를 통하여 성의 욕동은 이 성격을 지속하게 됩니다. 그리고 젊은 사람을 교육할 가능성은 그 성적 욕구가 결정적인 강도로 눈뜨게 되면 끝나는 것이 보통입니다. 교육자들은 그 일을 알고 있고 그에 따라 행동하지만 아마 그들은 정신분석의 여러 성과에 움직이게 되어 교육상의 주된 역점을 유아기(乳兒期)에 시작되는 유아 전기(幼兒前期)로 옮기게 될 것입니다. 4세부터 5세에 이미 작은 인간이 형성되는 일이 자주 있으며, 그 후는 다만 그 속에 잠재해 있는 것을 서서히 나타내는 것에 불과합니다.

두 욕동군(群) 사이에 있는, 지금 지적한 것과 같은 구별의 의의를 충분히 평가하기 위해 우리는 앞으로 되돌아가 '경제적'이라고 부를 만한 한 고찰을 소개해야만 하겠습니다. 이로 인해 우리는 정신분석 중에서도 가장 중대한, 그러나 아깝게도 동시에 가장 불분명한 영역에 발을 들여놓게 된 것입니다. 우리는 우리의 '심적 장치'의 작용에 어떤 주요한 의도가 인식될 것인가 아닌가라는 문제를 내세워 우선 대체로 그 의도는 쾌감획득에 있다라고 대답해 둡니다. 우리의 심적 활동은 될 수 있는 한 불쾌감을 피하고 쾌감을 추구하는 데 향해지는, 즉 자동적으로 '쾌감원칙'[9]에 의해 규제되는 것 같습니다. 그런데 우리는 쾌·불쾌의 성립조건이 되어 있는 이 세상의 모든 것을 알아보려고 하지만 다름 아닌 그 점에 대한 지식이 우리에게 결핍되어 있습니다. 다만 쾌는 '어떤 형태로' '심적 장치' 속에서 지배적인 자극의 양이 감소, 저하 또는 소멸과 결부되어 있으며, 불쾌는 자극의 양이 높아지는 것과 결부되어 있다는 것만은 주장해도 될 것 같습니다. 인간에 있어 도달할 수 있는 가장 강한 쾌감, 즉 성행위를 하고 있을 때의 쾌감을 검토해 보면 이 점에 관해서는 의문의 여지가 거의 없습니다. 이와 같은 쾌감을 얻는 과정에서는 심적 흥분 또는 에너지 양의 운명이 문제이기 때문에 우리로서는 이

---

9) 쾌(快)·불쾌 원칙이라고도 한다. 쾌를 추구하고 불쾌감을 피하는 개체의 적응원칙.

런 종류의 고찰을 경제적 견지에서의 고찰이라고 칭하고 있습니다.

우리는 '심적 장치'의 과제와 일을 쾌감획득을 강조하는 것과 다른 방법으로, 그것도 보다 일반적으로 기술할 수 있습니다. 즉 '심적 장치'는 안팎에서 자극의 양, 즉 흥분의 양을 제압하고 처리한다는 목적에 봉사한다고 말할 수 있습니다. 성의 욕동은 그 발달의 처음에도 마지막에도 쾌감획득을 위해 활동하고 있는 것이 분명합니다. 성의 욕동은 이 근원적인 기능을 변함없이 유지하고 있습니다. 다른 욕동, 즉 자아의 욕동 역시 처음에는 똑같은 것을 얻으려고 애쓰지만 필요성이라는 교육자의 영향 아래 곧 쾌감원칙을 어떤 변용에 의해 치환되는 것을 배웁니다. 자아욕동에 있어서는 불쾌감을 피한다는 과제는 쾌감획득이라는 과제와 같은 가치를 갖습니다. 자아는 직접적인 만족을 단념하거나 쾌감획득을 미루거나 불쾌감의 일부를 견디거나 일정한 쾌감 원천을 모두 포기해야만 된다는 것을 깨닫게 됩니다. 이렇게 교육받은 자아는 '분별있는' 것이며 이미 쾌감원칙에는 지배되지 않고 '현실원칙'[10]에 따르게 됩니다. 이 현실원칙도 결국은 쾌감을 얻으려는 것이지만 현실을 고려함으로써 보증된 쾌감인 것입니다. 이 쾌감은 연기하거나 참거나 단념하는 것이지만.

쾌감원칙에서 현실원칙으로의 이행은 자아발달에 있어서 가장 중시해야 할 진보의 하나입니다. 우리는 이미 성의 욕동이 자아발달에 있어서의 이 이행의 도정을 뒤늦게, 더구나 저항하면서 경과하는 것을 알고 있습니다. 그리고 인간의 성애가 외적 현실에 대해 이처럼 느슨한 관계로 만족하는 일이 인간에게 어떠한 결과를 가져오는가는 후에 이야기하겠습니다. 결론으로 이 점에 관하여 한마디 더 하겠습니다. 인간의 자아가 리비도와 똑같이 그 발달사를 가지고 있다면 '자아의 퇴행'이라는 현상도 또한 존재한다고 말해도 여러분은 놀라지 않겠지요. 그리고 여러분은 자아가 이전의 발달단계로 되돌아가는 것이 노이로제라는 병에 어떠한 역할을 하는가를 알기 원할 것입니다.

---

10) 쾌·불쾌 원칙에 대응적으로 고려되는, 외계의 현실적인 요청에 주목하는 자아의 적응원리. 일반적으로 S는 쾌감원칙에, 자아는 현실원칙에 따른다고 여겨지고 있다.

제 23 강 증상형성의 경로

여러분! 문외한들은 병의 본체를 이루고 있는 것은 증상이라고 생각하고, 그들 증상이 해소되는 것이 치유라고 생각하고 있습니다. 그러나 의사는 증상과 병을 구별하는 것을 중히 여기고, 증상이 제거되었다 해서 병이 나은 것은 아니라고 말합니다. 그러나 증상이 제거된 뒤에 남은, 분명히 병이라고 말할 수 있는 부분은 새로이 증상을 형성하는 능력에 불과합니다. 그러므로 우리가 목하 문외한의 입장에서 증상의 근거를 분명히하는 것은 병을 이해하는 것과 같은 의미를 갖는다고 보고 싶습니다.

증상이란——물론 이 경우 문제가 되는 것은 심적(또는 심리적) 증상과 심적인 병에 걸려 있는 것인데——생활 전체에 있어 유해하거나, 적어도 도움이 되지 않는 행위이며, 종종 환자로부터 지겹다고 호소받고 환자에 있어서는 불쾌감 또는 고뇌를 수반하는 것입니다. 증상의 주된 해독은 증상 그 자체가 요구하는 심정적 소비와, 나아가 증상을 이겨내는 필요한 심정적 소비입니다. 이 양쪽 소비 때문에 병상(病狀)의 형성이 심해지면 환자에게 남는 에너지는 극도로 결핍되고, 따라서 또한 온갖 중대한 생활과제를 위해서 활동해야 할 여력을 환자로부터 빼앗아버리는 결과가 될 수 있습니다. 이런 결과가 되느냐 안 되느냐는 주로 이렇게 해서 요구되는 에너지 양의 여하에 달려 있으므로 '병들어 있다'라는 것은 본질적으로 실용적인 개념이라는 것을 여러분도 쉽게 인식할 것입니다. 그러나 이론적인 입장에 서서 이 양을 도외시하면, 우리는 모두 병들어 있다, 즉 노이로제에 걸려 있다, 왜냐하면 증상형성의 제조건은 정상인에게 있어서도 지적될 수 있기 때문이라고 쉽게 말할 수 있습니다.

노이로제의 제증상은 어떤 새로운 종류의 리비도의 만족을 둘러싸고 일어나는 갈등의 결과라는 것을 우리는 이미 알고 있습니다. 서로 대립하고 있는 두 힘은 증상 속에서 다시 하나가 되고 소위 증상형성이라는 타협을 통해 화해합니다. 그러므로 증상은 또한 그만한 저항력을 갖고 있는 것입니다. 즉 증상은 양쪽 지지를 받고 있습니다. 갈등을 이루고 있는 한쪽은 현실에 의해 거부되고 만족을 얻을 수 없는 리비도이므로 자기를 만족시킬 방도를 달리 찾아야 한다는 것도 우리는 알고 있습니다. 그 리비도 쪽에서는 거부된 대상 대신 그것과 다른 대상이면 어느 것이든 좋다고 하는데 현실이 여전히 이 소원을 받아주지 않는다면, 리비도는 결국 하는수없이 퇴행의 길을 택하고 이미 거쳐온 체제 속의 어느 단계로 되돌아가든가, 이전에 포기했던 대상 중 하나를 통해 만족을 얻으려고 애쓰게 될 것입니다. 리비도는 그 발달을 맞이하여 이들 각 곳에 남겨놓았던 고착에 이끌려 퇴행의 길을 취합니다.

그런데 도착으로 가는 길과 노이로제로 가는 길은 분명히 구별됩니다. 이들 퇴행이 자아의 반항을 유발하지 않으면 노이로제에는 걸리지 않고, 리비도는 설혹 이미 정상이 아니라 해도 어떤 현실적인 만족에 도달합니다. 그러나 단지 의식을 마음대로 할 수 있을 뿐 아니라 운동성 신경 지배로의 통로, 따라서 또한 심적 욕구의 실현으로의 통로도 마음대로 할 수 있는 자아가 이들 퇴행에 동의하지 않았을 경우에는 갈등이 생깁니다. 리비도는 진로가 차단된 상태와 같으므로 어디로든 출구를 찾고, 쾌감원칙의 요구에 따라 자신에게 배비(配備)된 에너지의 배출구를 찾으려 하지 않을 수 없습니다. 리비도는 자아로부터 달아나야 합니다. 그런데 이와 같은 도피를 리비도에게 허용하는 것은, 리비도가 현재 퇴행하고 있는 발달의 옛 도상에 있어서의 고착이며, 그들 고착은 자아가 이전에 억압을 통해 방어하려 했던 것입니다. 리비도는 역류하면서 이들 억압된 장소를 점거함으로써 자아 및 그 제법칙에서 멀어지는데, 이때 동시에 또한 이 자아의 영향 아래 얻게 된 모든 교육까지도 포기하게 됩니다.

리비도는 만족을 얻을 수 있을 것 같으면 그러한 한 유순하고 다루기 쉽습니다. 외적 거부와 내적 거부라는 이중 압박을 받으면 리비도는 유순한 면을 상실하고 지금보다 좋았던 이전 시대를 생각하게 됩니다. 이것이 리비도의 근본적으로 변치 않는 성격입니다. 지금 리비도가 그 에너지를 배비하려고 운반해 가는 제표상(諸表象)은 무의식 체계에 소속되어 있는 것으로 그 체계내에서 가능한 제과정, 특히 응축과 치환을 겪지 않을 수 없습니다. 이렇게 해서 꿈의 형성의 경우와 똑같은 관계가 만들어집니다. 무의식적인 것 속에서 만들어지고 무의식적인 원망(願望) 공상의 충족인 본래의 꿈에 검열활동을 행해 화해에 이른 후 전의식적 활동의 일부가 타협의 산물로서의 현재몽의 형성을 허락하듯이, 무의식 체계 중의 리비도를 대표하는 것도 전의식적 자아의 권력을 고려에 넣어야 합니다. 자아 속에서 리비도의 대표에 대해 일어난 반항은 '역배비(逆配備)'[1]로서 리비도를 따르고, 리비도로 하여금 동시에 그 반항 자신의 표현일 수도 있는 그러한 표현을 선택하지 않을 수 없게 합니다.

   그러한 이유에서 증상은 무의식적인 리비도의 원망 충족의, 여러 모로 왜곡을 겪은 파생물로서 생깁니다. 즉 증상은 서로 완전히 모순되는 두 가지 의미를 지닌 이의성(二義性)을 교묘하게 선택합니다.

   그러나 이 마지막 점에 대해서만은 '꿈의 형성'과 '증상의 형성' 사이에서 한 가지 차이가 인정됩니다. 왜냐하면 꿈의 형성에서의 전의식적인 의도는 다만 수면을 보호하고 수면을 방해하는 것은 무엇이든 의식에 떠오르지 못하게 하는 데 불과하며, 무의식적 원망의 욕구에 대해 "안 돼, 들어가!" 하고 날카롭게 소리지르는 일은 없기 때문입니다. 그것은 잠자는 자가 처한 상황이 그다지 위험하지 않은 관계로 비교적 관용스럽게 대해도 되는 것입니다. 현실로의 출구는 다만 수면상태에 의해서만 차단되고 있습니다.

   이처럼 갈등이라는 조건하에서 리비도가 회피할 수 있는 것은 고착이라는 것이 있기 때문입니다. 이들 고착이라는 리비도의 퇴행적 배비는 억압을 우회시키고 리비도를 다른 곳으로 돌린다 —— 또는 다른 것으로 만족시킨다 —— 는 것인데, 이 경우에는 타협의 제조건이 지켜져야 합니다. 무의식과 옛 고착을 거쳐서 리비도는 드디어 현실적인 만족에 도달하는데, 물론 이 만족은 극히 제한되고 거의 그렇다고 인정하기 어렵습니다. 이 최후의 결말과 관련해서 두 가지 의견을 덧붙

---

1) 의식화되는 것의 바람직하지 못한 욕구나 관념은 억압에 의해서 의식하로 쫓겨나는데 이 것들이 의식화되는 것을 막기 위해서 배비되는 에너지.

여보겠습니다. 첫째로 이때 한쪽에는 리비도와 무의식이, 다른 쪽에는 자아의식과 현실이 결코 처음부터 조합되어 있는 것은 아니지만 어떻게든 긴밀히 결합되어 있음을 주의해 달라는 것입니다. 그리고 둘째로는 여기에서 말한 것과 다음에 계속해서 말할 것은 모두 히스테리성 노이로제의 경우의 증상형성에만 관계되어 있다는 점을 유념해 달라는 것입니다.

그런데 리비도는 억압의 돌파구를 만드는 데 필요한 고착을 어디에서 발견할까요. 그것은 유아 성애(幼兒性愛)의 활동과 체험에서, 즉 소아기에 버린 부분욕동과 포기해 버린 대상에서 발견합니다. 즉 리비도는 이들로 다시 돌아가는 것입니다. 이 소아기에는 두 가지 의의가 있습니다. 첫째는 이 시기에 어린이가 선천적 소질로서 갖고 태어난 욕동의 방향이 최초로 나타난다는 점이고, 둘째는 외적 영향, 즉 우연한 체험에 의해 어린이의 다른 욕동이 처음으로 눈을 뜨고 활동하기 시작한다는 점입니다. 이렇게 두 가지로 나누어보는 것이 의심할 나위 없이 옳다고 나는 믿고 있습니다. 선천적 소질이 발현한다는 데 대해서는 비판할 여지도 없습니다만, 그러나 분석 경험에 의하면 우리는 어린 시절의 전혀 우연적인 체험이 리비도의 고착을 뒤에 남길 수 있다고 가정하지 않을 수 없습니다. 나는 또한 이 점에 이론적 난점이 있다고도 생각지 않습니다. 체질적 소질은 분명히 옛 조상이 체험한 것의 유물이고, 그것들도 예전에는 획득된 것입니다. 이러한 획득이 없으면 유전이란 있을 수 없습니다. 그리고 유전된 이와 같은 획득 성질이 우리의 고찰대상이 된 당세대에서 갑자기 끝나버리리라고 생각됩니까. 흔히 있는 일이지만 조상의 체험이나 자기의 성숙이 갖는 의의에 비해 유아기 체험의 의의를 대수롭지 않은 것처럼 무시해서는 안 됩니다. 오히려 반대로 특수한 평가를 받아야 합니다.

유아기의 체험은 아직 그 발달이 미완성된 시기에 일어나는 만큼 더욱 중대한 결과를 가져옵니다. 바로 이런 사정 때문에 이런 종류의 체험은 외상적으로 작용하는 데 적합한 것입니다. 루(Roux)[2]나 그 밖의 사람들의 발육 매커니즘에 관한 연구는 세포분열 중의 배자(胚子)를 침으로 찌르면 그 결과 중대한 발육장해가 일어나는 것을 보여주고 있습니다. 똑같은 상해라도 유충 또는 성숙된 동물의 경우에는 아무런 해를 끼치지 못합니다.

그러므로 우리가 노이로제의 원인을 나타내는 방정식 속에 체질적인 인자의 대

---

2) 1850~1924. 독일의 해부학자. 발생 매커니즘의 제창자이다.

표자로서 도입한 성인의 리비도 고착은 이제 우리에게 다시 두 가지 요인, 즉 유전적인 소질과 소아기의 초기에 획득된 소질로 분해됩니다. 우리는 도식(圖式)이란 반드시 학습자의 동감을 받는다는 것을 알고 있으므로 이들 관계를 하나의 도식으로 총괄해 보겠습니다.

노이로제의 원인＝리비도 고착에 의한 소인(素因)＋우발적 체험(외상적 체험)

성적 체질   유아 체험
(조상의 체험)

여러 가지 부분욕동 가운데 어떤 소질이 그 자신 단독으로, 또는 다른 부분본능과 결합해서 특별히 강하게 갖추어져 있음에 따라 유전적인 성적 체질도 또한 대단히 여러 가지 소질을 나타냅니다. 어린 시절의 체험이라는 인자와 함께 성적 체질은 또다시 '상보적 계열(相補的系列)'을 형성하고 있습니다. 이것은 우리가 비로소 잘 알게 된 성인의 소인과 우연적 체험 사이에서 볼 수 있는 계열관계와 아주 비슷합니다. 성인에서도 소아에서와 같이 극단적인 증례(症例)와 동일한 대표관계를 볼 수 있습니다. 이런 경우 리비도 퇴행으로서 가장 뚜렷한 것, 즉 성애 체제의 보다 초기단계로의 퇴행은 유전적 체질이라는 요인에 의해 많이 제약되고 있지 않은가 하는 의문을 누구나 일단 품기 쉽습니다. 그러나 이 의문에 대한 대답은 상당수의 노이로제의 이환(罹患) 형식을 고려할 수 있을 때까지 연기하는 것이 좋을 것 같습니다.

그런데 분석적 검토를 해보면 노이로제 환자의 리비도는 그 유아기의 성적 체험에 속박되어 있음을 알 수 있는데, 이 사실을 잠깐 다루어보기로 하겠습니다. 이런 사실을 고려하면 유아기의 성적 체험이 인간생활과 이환에 대해 매우 큰 의미를 갖고 있는 것 같습니다. 유아기의 성적 체험의 이러한 의미는 치료작업이 문제가 되는 한 언제까지나 감소되는 일이 없습니다. 그러나 이 치료라는 과제를 옆으로 제쳐두면 생활을 너무나 일면적으로 노이로제적 상황에 비추어보는 오류에 빠질 위험성이 있음을 쉽게 알 수 있습니다. 리비도는 그 후에 차지한 지위에서 쫓겨났기 때문에 퇴행적으로 유아기의 체험으로 되돌아갔다는 사정을 유아기 체험의 의미를 생각할 때 빼놓고 생각해야 합니다. 그러나 반대면에서 볼 때 리비도 체험은 유아기에는 전혀 의미를 갖지 않고 퇴행적으로 되었을 때 비로소 의미를 갖게 되었다고 추론하는 것이 가장 타당한 사고방식입니다. 이와 같은 양자택일에 대해 이미 에디푸스 콤플렉스를 논할 때 우리의 태도를 정해 놓았던 것[3]을 상기해 주십시오.

결정을 내리기가 이번에도 어려울 것 같지 않습니다. 유아기 체험의 리비도 배비(配備) ── 즉 병인적 의의 ── 는 리비도의 퇴행에 의해 크게 강화되어 있다는 생각은 의심할 여지 없이 올바른 것이지만, 만일 그 생각만이 유일한 결정적 생각이라고 한다면 그것은 잘못된 것입니다. 그 밖에 다른 사고방식이 있다는 것을 인정해야 합니다.

첫째로 관찰에 의하면 유아기 체험은 그 자체로서 의의를 갖고 있으며, 이미 그것이 소아기에 증명되고 있음은 의심할 여지가 없습니다. 현재 소아(小兒) 노이로제[4]라는 것이 있고, 이런 경우 이환은 외상적 체험의 직접 결과로서 그에 뒤이어 일어나는 관계상 시간적인 후퇴라는 요인은 필연적으로 낮아지거나 또는 아주 탈락되고 있습니다. 이 소아 노이로제 연구는 성인 노이로제에 대한 많은 위험한 오해를 방지해 주고 있습니다. 그것은 마치 어린이의 꿈이 성인의 꿈을 이해하는 열쇠를 우리에게 준 것과 같습니다. 그런데 소아 노이로제는 사람들이 생각하고 있는 것보다 대단히 많습니다. 간과되는 일이 종종 있고, 불량하다든가 버릇이 없어서 그렇다고 판정되고 또 아이들의 교육을 맡고 있는 사람들에 의해 억제당하지만, 나중에 되돌이켜보면 언제나 쉽게 그것 때문임을 알 수 있습니다. 그것은 대개의 경우 '불안 히스테리'의 형식으로 나타납니다. 불안 히스테리라고 불리는 것에 대해서는 조금 뒤에 다른 기회에 말하겠습니다. 자라서 노이로제가 돌발했을 때 그것을 분석해 보면 통상 다만 베일을 통해 보듯이 분명치 않고 암시적으로 형성되어 있기는 하지만 저 소아기의 질환이 직접적으로 계속된 것이라는 것이 드러납니다.

그러나 앞에서도 말했듯이 이 소아성 노이로제가 중단되는 일 없이 지속되어 일생 동안 병이 되는 수도 있습니다. 우리가 어린이 자신과 직접 접촉해서 ── 현실적으로 병에 걸린 상태에서 ── 분석할 수 있었던 것은 소아 노이로제의 겨우 두세 개 실례뿐이었습니다. 어른이 되어 발병한 사람을 진찰해 보고 그 사람이 소아 노이로제였다는 것을 나중에야 통찰할 수 있었던 경우가 어쩔 수 없이 더

---

3) 346쪽 참조.

4) 아이에게서 볼 수 있는 노이로제. 프로이트가 말하는 심적 장치 또는 인격의 미성숙 때문에 그 증상은 성인의 경우보다 이해하기 쉬운 경우가 많다.

많았지만, 그때에는 어떤 종류의 정정을 가하고 상당히 신중히 행하지 않으면 안 되었습니다.

둘째로 리비도를 소아기에 끌어당기게 하는 것은 아무것도 존재하지 않는데도 리비도가 이와 같이 정해 놓고 이 시기에 퇴행하는 것은 불가해하다고 말하지 않을 수 없습니다. 발달과정의 어느 특정 위치에 가정하는 고착이 내용을 쓰는 것은 우리가 고착을 리비도 에너지의 일정량이 그곳에 붙잡혀 있을 경우라고 할 때뿐입니다.

마지막으로 나는 이 경우 어린 시절의 체험과 후년의 체험의 강도와 병인으로서의 의미 사이에는 이전에 우리가 연구했던 계열의 경우와 유사한 상보적(相補的) 관계가 있다는 것을 여러분에게 환기시키려 합니다. 원인의 모든 중심(重心)이 소아기의 성적 체험에 걸려 있는 증례가 있습니다. 이와 같은 증례에서 이 인상은 확실히 외상적 작용을 나타내며, 다른 사람들과 같은 정도의 성적 체질과 그 미숙함에서 생기는 것 이외는 어떠한 지주(支柱)도 필요로 하지 않습니다. 또한 그 밖에도 악센트의 모든 것이 후년의 갈등에 놓이며 분석에 의해 소아기의 인상이 강조되어도 그것은 다만 퇴행 때문에 생기는 것처럼 보이는 증례도 있습니다. 즉 '발달의 제지'와 '퇴행'은 양극이며 이 양극 사이에서 이 양쪽 요인이 같은 정도로 작용하고 있는 것입니다.

이들 관계는 소아의 성적 발달에 일찍부터 간섭하여 노이로제의 방지를 기도하는 교육학에 있어서는 어떤 종류의 흥미가 있습니다. 주로 어린이의 성적 체험에 주의를 기울이는 한 어린이의 성적 발달을 지연시켜 어린이가 그러한 체험을 하지 않도록 배려해 주는 것으로 노이로제를 예방하는 데 만전을 기했다고 생각하게 됩니다. 그러나 우리가 알고 있듯이 노이로제의 원인이 되는 조건은 매우 복잡한 것으로 단 하나의 인자를 고려하는 것만으로는 일반적인 문제를 좌우할 수 없습니다.

소아기를 엄격하게 보호한다 해도 그것은 체질적 인자에 대해서는 무력한 것이므로 아무런 가치가 없습니다. 게다가 그것은 교육자가 상상하는 이상으로 실행이 어려우며, 경시할 수 없는 새로운 두 가지 위험을 반드시 수반하게 마련입니다. 그 하나는 지나치게 주도면밀할 경우, 즉 결과는 해로운 과도한 성적 억압이 나타나기 쉬운 위험입니다. 또 하나는 사춘기에 당연히 찾아오는 성적 요구의 습격에 대해 저항력을 갖지 않은 채 어린이를 인생으로 들여보내는 데 따르는 위험입니다. 따라서 어린 시절에 어느 정도 예방을 하면 효과가 있는지, 현실에 대한 태도를 바꾸게 하는 것이 노이로제를 방지하기 위한 보다 훌륭한 공격점을 약속하는 것인지는 참으로 의심스러운 일입니다.

다시 증상에 대하여 생각해 보기로 합시다. 증상은 요컨대 거부당한 만족을, 리비도를 보다 이전의 시기로 퇴행시킴으로써 대상(代償)하는 것이며, 그것에는 대상선택 또는 체제의 보다 조기 발달단계로 되돌아가는 일이 불가분 결부되어 있습니다. 노이로제 환자는 그 과거의 어느 시기에 고착되어 있다는 것을 앞에서 말했는데 그 시기란 그의 리비도의 만족이 얻어지지 않았다고 한탄할 필요가 없던 시기, 즉 그가 행복했던 과거의 어느 시기였다는 것을 이제 우리는 알게 된 것입니다. 그는 자신의 생활사(生活史)에서 이러한 시절이 보일 때까지 찾습니다. 기억 속에 있는, 혹은 후년의 자극으로 상상해 낼 수 있는 유아(乳兒)시절까지 거슬러 올라가야 할 때도 있습니다.

증상은 어떤 형태로든지 유아기(幼兒期)의 처음 만족을 반복하는 것이며, 그 만족은 갈등에서 생기는 검열에 의해 왜곡되고 보통은 고뇌의 감각으로 변화되며 이환의 유인에서 생기는 제요소와 뒤엉켜 있습니다. 증상이 만족을 가져오는 방법은 그 자체가 이미 많은 다른 모양을 가지고 있습니다. 우리는 이 만족을 당사자는 알지 못하며 이른바 만족을 오히려 고통으로 느껴서 호소해 오는 것은 도외시합니다. 만족이 고통으로 바뀌는 이 변화는 증상을 형성하는 압력이 된 심적 갈등의 일부인 것입니다. 전에는 개체에 있어서 만족이었던 것도 현재는 그 개체의 저항이나 혐오를 느끼게 됩니다.

우리는 이러한 감각의 변화에 대해서 그다지 눈에 띄지 않지만 시사하는 바가 많은 한 범례를 알고 있습니다. 탐욕스럽게 어머니의 젖을 빨던 그 아이도 몇 년 후에는 모유를 빠는 데 강한 불쾌감을 나타내고, 교육의 힘으로 그것을 억제할 수 없게 됩니다. 이 불쾌감은 모유 또는 그 대용음료가 얇은 막으로 덮여 있으면 혐오감까지 높아집니다. 이 얇은 막이 전에는 그렇게도 좋아하고 열망했던 어머니 젖가슴을 회상케 하는 것이라는 점은 아마 부정할 수 없습니다. 여기에는 물론 이유(離乳)라는 외상적으로 작용하는 체험이 개재하고 있습니다.

증상을 우리에게 이상하게 생각게 하고 리비도의 만족을 얻는 수단으로서는 불가해한 것으로 생각게 한 것에는 또 다른 어떤 것이 있습니다. 증상은 우리가 정상적인 방법으로 언제나 만족을 기대할 만한 것을 모두 꼭 우리에게 상기시켜 주지는 않습니다. 증상은 대부분의 경우 대상에서 눈을 돌리며, 나아가서는 외적인 현실과의 관계를 포기합니다. 우리는 이 일을 현실원칙에서 쾌감원칙으로 되돌아 간 결과라고 해석하고 있습니다. 그러나 이 일은 동시에 또한 성 욕동에 최초의 만족을 제공한 일종의 확대된 자기애로의 복귀입니다. 증상은 외계를 변화시키는 대신 신체의 변화를 가져옵니다. 요컨대 외적 동작 대신에 내적 동작을 가져온다 는, 즉 행위 대신에 적응을 가지고 한다는 것인데 이역시 계통 발생적으로 보면 극히 뜻깊은 퇴행현상에 대응하는 것입니다. 우리는 증상형성에 관한 분석적인 검토에서 언젠가는 알게 되는 새로운 사실과 관련지을 때 비로소 이 일을 이해하 게 될 것입니다.

더욱이 우리가 여기서 생각해 낸 것은 증상형성의 경우 꿈의 형성의 경우와 마 찬가지로 무의식 과정, 즉 응축과 치환이 다 같이 작용하고 있다는 것입니다. 증 상은 꿈과 마찬가지로 어떤 것을 충족된 것으로 표현하고 있으며 그것은 유아적 (幼兒的)인 만족 양식에 의한 만족이긴 하지만 이 만족은 극도의 응축에 의해 단 하나의 감각 또는 신경지배에 밀어넣어져 극단적인 치환에 의해 리비도적 콤플렉 스 전체 속의 한 작은 부분에 국한되는 일이 종종 있습니다. 증상 중에 예기했던 대로의 더구나 언제나 확인된 리비도의 만족을 인정하는 것이 종종 곤란하다 해 도 이 일은 별로 이상할 것이 없습니다.

나는 앞에서 우리가 알아두어야 할 새로운 사실이 있다고 말한 적이 있습니다. 그 새로운 사실은 실로 의외의 일이라 혼란을 느끼게 될 것입니다. 알다시피 우 리는 분석에 의해 증상에서 리비도가 그것에 고착된 증상을 형성하는 유아기 체 험의 지식을 얻게 되는데 이때에 의외의 일이라는 것은 이 유아기의 어떤 광경이 실은 반드시 진실이 아니라는 점입니다. 그러기는커녕 오히려 진실이 아닌 경우 가 많으며, 어떤 경우에는 역사적 사실과는 정반대되는 경우도 있습니다. 여러분 은 이 소견만큼 이 같은 결과를 가져온 정신분석의 신용을 떨어뜨린 것은 없다, 혹은 분석과 노이로제를 이해하는 토대가 된 환자의 진술의 신용을 떨어뜨리는 데 부적당한 것은 없다고 생각할 것입니다.

그런데 그외에 더욱 사람들을 매우 혼란케 하는 것이 있습니다. 만일 분석에 의해 밝혀진 유아시절의 체험이 언제나 반드시 현실적인 것이라 한다면 우리는 안전한 지반 위에서 움직이고 있다는 느낌이 들 것입니다. 그러나 이러한 체험이 언제나 허위이며 환자의 조작이며 공상이라는 것이 드러나면 우리는 이 위태로운

지반을 버리고 다른 안전한 지반으로 탈출해야 할 것입니다. 그러나 그 어느 쪽
도 아닌 분석에 의해 구성 또는 상기된 체험은 어느때는 분명한 허위이지만, 어
느때는 확실한 사실이며 대개의 경우 사태의 진상은 진위혼효(眞僞混淆)입니다.
요컨대 증상은 어느때는 실제로 일어났던 체험의 표현이며, 그 체험이 리비도의
고착에 영향을 끼친다고 보아도 좋으나, 또 어떤 때는 환자의 공상의 표현으로써
병인으로서의 역할을 다하는 데는 전혀 적합하지 않습니다. 이번 일에 통과하는
것은 어려운 일이지만 그 점에 있어서 최초의 단서를 우리는 어떤 비슷한 발견에
서 찾을 것입니다. 이 비슷한 발견이란 인간이 예로부터 모든 분석을 시작한 이
전부터 의식에 가졌던 흐트러진 소아기의 기억은 이 경우와 마찬가지로 종종 허
위이든가 아니면 적어도 진실 속에 허위를 많이 포함하고 있다는 발견입니다. 유
아시절의 기억이 정확하지 않다는 것을 증명하는 것은 그리 어려운 일이 아닙니
다. 적어도 우리는 이 예기치 않은 환멸이 분석의 책임이 아니라 여하튼 환자 책
임이라 생각하고 자기 자신을 위로할 수 있습니다.

　조금 생각해 보면 이 사태에 대해 우리를 이처럼 혼란케 한 것이 무엇인가를
쉽게 알게 됩니다. 그것은 현실을 경시하고 현실과 공상과의 구별을 무시하는 것
입니다. 우리가 환자의 허구적인 이야기에 진지하게 귀를 기울였다는 것은 우리
가 모욕을 당하려고 자청한 것과 같습니다. 우리에게 있어서 현실과 허구는 하늘
과 땅 차이며, 우리에게 있어 현실은 전혀 다른 평가를 받고 있습니다. 어쨌든
환자도 정상적인 사고에서는 이와 동일한 입장을 취하고 있습니다. 환자가 증상
의 배후에 있으면서 소아기의 체험을 본딴 원망(願望) 상황으로 인도하는 재료를
제공해 줄 때는 그것이 현실인가, 아니면 공상인가를 우리는 물론 의심하게 됩니
다. 후에 어떤 종류의 표적에 의하여 결정을 내릴 수 있게 되며 우리는 그것을
환자에게 알려주어야 된다는 과제에 직면하게 됩니다. 그러나 그 경우 어려움이
뒤따릅니다.

　환자에게 모든 민족이 전설을 꾸밈으로써 잊혀진 원시시대를 은폐했듯이 이제
당신은 당신의 어린 시절의 역사를 은폐하는 공상을 출현시키려 하고 있다고 맨
먼저 알렸다고 합시다. 그러자 바람직스러운 일은 아니지만 테마를 계속 추구하
려는 환자의 관심이 갑자기 식어버리는 것을 알게 됩니다. 환자도 또한 현실을
알려고 하며, 모든 '공상의 산물'을 경멸하고 있는 것입니다. 그러나 작업의 이
부분이 처리될 때까지 우리는 환자의 어린 시절의 현실에 있었던 사건의 탐구에

전념하고 있다는 것을 환자가 믿게 되면 나중에 환자가 우리의 실수를 비난하고 우리가 언뜻 보기에 경솔하게 믿었다고 보이는 태도를 냉소하게 되는 위험을 범하게 됩니다. 공상과 현실을 같은 위치에 놓고 분명히해야 할 소아기의 체험이 공상인지 현실인지는 우선 생각지 않고 나가기로 하자고 제안해도 환자가 그것을 이해하는 데는 오랜 시간이 걸립니다. 그러나 이렇게 하는 것이 분명히 이들 심적 산물에 대한 유일한 올바른 태도입니다. 이들 심적 산물도 일종의 현실성을 갖고 있습니다. 환자가 이와 같은 공상을 만들어냈다는 것은 어디까지나 하나의 사실이며, 이 사실은 환자의 노이로제에 있어서 환자가 이 공상의 내용을 실제로 체험한 경우에도 이에 못지않은 중요한 의미를 갖습니다. 이러한 공상은 ‘물적’ 현실성과는 반대로 ‘심적’ 현실성을 갖습니다. 그리고 ‘노이로제의 세계에서는 심적 현실성이 결정적인 것이다’라는 것은 차차 이해하게 될 것입니다.

노이로제 환자의 젊은 시절의 생활사 중에서 끊임없이 일어나는 것으로 거의 예외없이 나타나게 마련인 사건 중 특별한 중요성을 가진 것이 두세 가지 있는데, 나는 이것들을 다른 것보다 우선적으로 생각할 가치가 있다고 믿습니다. 이런 사건의 본보기로 내가 다루고 싶은 것은, 부모의 성교 장면 목격과 어른에 의한 유혹과 거세한다는 위협입니다. 이들 사건에는 결코 물적인 현실성이 없다고 가정하는 것은 큰 잘못이라 해도 좋을 것입니다. 반대로 나이 많은 주위 사람들을 조사해 보면 이러한 물적 현실성이 불평없이 입증됩니다.

이를테면 사내아이가 그런 짓을 사람들 앞에서 하면 안 되는 줄 모르고 자신의 페니스를 만지작거리며 장난하는 것을 보고 부모나 보호자가 “고추를 잘라버리겠다” 또는 “그런 나쁜 짓을 하면 손을 잘라버리겠다”는 식으로 위협하는 일은 조금도 드문 일이 아닙니다. 왜 그렇게 말하느냐고 물으면 부모는 이런 방법이 적절하지 않느냐고 말합니다. 이런 위협을 받은 경험을 똑똑히 기억하고 있는 사람도 적지않습니다. 특히 좀 나이를 먹어서 이런 위협을 받은 경우에는 더욱더 그렇습니다. 어머니 또는 다른 여성이 이렇게 위협했을 때 그것을 아버지나 의사에 핑계삼는 것이 보통입니다. 프랑크푸르트의 소아과 의사 호프만[5]은 다름 아닌 소아기의 성적 콤플렉스에 대한 조예가 깊은 면에서 세상의 신망을 모은 사람인데, 이 사람의 유명한 《슈트루벨 피터》(더부룩한 머리의 피터라는 뜻의 그림 동화책)를 읽어보면 손가락을 계속 빠는 것에 대한 벌로 엄지손가락을 자른다는 기술에서 거세 어휘가 조금 완화

5) 1809~94. 독일의 소아과 의사. 동화 작가로서도 유명했다.

되어 있는 것을 볼 수 있습니다.

그러나 거세하겠다는 위협이 노이로제 환자의 분석에서 발견되는 만큼 빈번하게 있을 것 같지 않습니다. 아이들은 사람들로부터 자기애적인 만족이 금해졌다는 것을 알고, 더구나 여자의 성기를 발견했을 때 받았던 인상의 영향도 있어서 이와 같은 위협을 공상 속에서 구성한다고 이해하고 우리는 만족하고 있는 것입니다.

마찬가지로 어린 자녀의 경우 그만한 이해력과 기억력이 있다고 믿을 수 없다고 해도 하층계급 이외의 가정에서도 부모나 그 밖의 어른들의 성행위를 목격하는 일은 결코 있을 수 없는 일은 아닙니다. 그리고 어린이가 '나중에야' 이 인상의 의미를 이해하고 그에 반응하게 되는 것도 부인할 수 없습니다. 그러나 이 성교가 다만 관찰되었다고 보는 것은 곤란한 만큼 세부적으로 기술되는 때라든가, 혹은 많이 볼 수 있는 것으로서 배후에서의 성교, 즉 동물형의 성교를 하고 있다고 듣게 될 때는 이 공상이 동물(개)의 교미의 관찰에 기인하며, 사춘기 어린이의 호기심이 충족되지 않아 그 공상의 동기가 되었다는 것은 의심할 수 없습니다.

이런 종류의 공상의 가장 극단적인 예는 아직 태어나지 않은 어머니의 태내에 있을 때 부모의 성교를 보았다는 공상입니다. 그중에서도 특히 흥미가 있는 것은 유혹을 받았다는 공상입니다. 그것은 공상이 아니라 현실의 회상인 때가 자주 있으니 말입니다. 그러나 다행스럽게도 이 공상은 분석결과에 의하면 최초에 그렇게 생각했던 것처럼 자주 현실로 일어난 것은 아닙니다. 연장자 또는 동년배의 아이에게 유혹당한 쪽이 어른에게 유혹당한 경우보다 언제나 많고, 자신의 어린 시절의 이야기에서 이런 종류의 사건을 이야기하는 소녀들 사이에서는 정해 놓은 것처럼 아버지가 유혹자로 등장하게 됩니다. 그러나 이와 같이 아버지에게 죄를 돌리려는 공상적 성격도 또 죄를 아버지에게 뒤집어씌우려는 동기도 함께 의심의 여지가 없습니다. 실제로는 아무런 유혹도 없었는데, 유혹당했다는 공상으로 그 성적 활동의 자기애적 시기를 은폐하는 것이 아이들의 통례입니다. 어린이는 이처럼 열망했던 대상을 극히 어린 시절까지 거슬러 올라가 공상함으로써 오나니슴에 대한 수치심에서 벗어납니다.

그것은 그렇다 하고 가장 가까운 남성에 의해 어린이가 성적으로 유혹을 받았다는 것은 어디까지나 공상적인 사건이라고만 생각해서는 안 됩니다. 대부분의 분석의는 이와 같은 관계가 현실에 있으며, 더구나 이론(異論)의 여지가 없을 정도로 확인되었던 증례로서 취급한 일이 있습니다. 다만 그 경우에는 유아 후기에 있을 만한 일이 유아 전기에 온 것뿐입니다.

 이 같은 소아기의 사건은 어쨌든 필연적으로 요구되고 있으며, 노이로제의 부동(不動)의 구성분자로 되어 있다는 인상을 받지 않을 수 없습니다. 이들 사건이 현실 속에 포함되어 있으면 그것으로 끝납니다. 현실에 그것이 없을 때는 그들 사건은 시사적인 사건으로 구성되고 공상에 의해 보충됩니다. 결과는 같습니다. 우리는 오늘날까지 소아기의 사건에 공상이 커다란 비중을 차지하는 경우와, 현실이 커다란 비중을 차지하는 경우 그 결과에 어떤 차이가 생기느냐라는 것을 증명하는 데는 성공하지 못했습니다. 바로 여기에는 자주 언급된 상보적 관계의 하나가 있다고 말할 수밖에 없지만 물론 그것은 우리가 배워서 알게 된 모든 것 중에서도 가장 기괴한 것입니다. 이러한 공상에 대한 욕구와 그 재료는 어디에서 얻게 될까요? 그 원천이 욕동에 있다는 것은 틀림없지만 그러나 언제나 똑같은 공상이 똑같은 내용으로 형성되는 점은 설명할 필요가 있을 것입니다.

 나는 여기에 하나의 답을 준비하고 있습니다. 물론 그 답이 여러분에게는 대담한 것으로 보일 것이라는 것은 알고 있습니다. 나는 이 공상과 다른 약간의 공상을 '근원적 공상'이라고 명명하려고 합니다. 그리고 이 근원적 공상은 계통 발생의 소산이라고 나는 여기고 있습니다. 개체는 자기 자신의 체험이 지나치게 발육부전 그대로일 경우에는 자기 자신의 체험을 넘어 근원적 공상에 의해 원시시대의 체험 속으로 들어가버립니다. 오늘날 분석할 때 공상으로서 우리에게 이야기하는 것들, 즉 어린이의 유혹, 부모의 성교를 보고 성적 욕정이 타오른 경우, 거세한다는 위협——혹은 오히려 거세 그 자체——등은 모두 인류의 원시시대에는 현실이었다는 것, 그리고 공상에 잠기는 어린이는 자기 자신의 진실의 빈틈을 선사시대에는 진실이었다는 것으로 간단하게 메운다는 것도 우리에게는 있을 법한 것으로 생각됩니다. 우리는 노이로제의 심리학이 인간의 발달사에 있어서 고대 유물을 다른 모든 원천보다 많이 우리를 위해 보존해 둔 것이 아닌가 하고 거듭 의심케 하고 있습니다.

 여러분! 마지막에 논했던 이 사항에서 우리는 반드시 '공상'이라고 말할 수 있는 이 정신활동의 발생과 의의를 깊고 자세하게 생각해 보지 않으면 안 되겠습니다.

아는 바와 같이 공상은 심정생활 속에서 어떤 위치를 차지하는가는 분명해지지 않았지만 일반적으로 높이 평가하는 것입니다. 나는 그것에 관해 여러분에게 다음과 같이 말할 수 있습니다. 아는 바와 같이 인간의 자아는 외계의 필요성의 작용을 받아 서서히 현실을 존중하고 현실원칙에 따르도록 교육받지만 이때 쾌감을 추구하는 욕구의 여러 대상이나 목표를 일시적으로 또는 영원히 포기할 수밖에 없습니다. 이는 성적 욕구에 대해서만은 아닙니다. 그러나 쾌감을 포기하는 것은 인간에게는 언제나 어려운 것입니다. 인간은 어떤 대상이 되는 것을 얻지 않고는 쾌감을 포기하지 않습니다. 그래서 인간은 이들 포기한 모든 쾌감의 원천과 폐기한 쾌감감수 방법을 존속케 하는 어떤 심적 활동을 유보한 것입니다. 즉 이 존속 형식은 현실의 요구와 우리가 현실성의 음미라고 부르는 것으로부터 벗어나고 있는 것입니다. 어떠한 욕구도 곧 충족된 표상의 형식을 취합니다. 공상에 의한 원망 충족에 시간을 소비하게 되면 그것이 현실이 아니라는 것은 확실히 알고 있어도 어떤 만족을 동반한다는 것은 틀림없습니다. 즉 공상활동 속에서 인간은 외적 강제로부터의 자유, 현실로는 이미 단념한 저 자유를 향수해 가는 것입니다.

이리하여 인간은 쾌감동물인가 하고 생각하면 이번에는 또 지적 존재가 되기도 합니다. 인간은 현실에서 쟁취할 수 있는 약간의 만족으로는 부족합니다. 폰타네 $\left(\begin{smallmatrix} 1819 \sim 98, \ 독일의 \\ 소설가 \cdot 시인 \end{smallmatrix}\right)$ 는 "일반적으로 보조구성이 없으면 잘되지 않는다" 하고 말했습니다. 공상이라는 마음의 나라를 창조하는 일은 마치 농업·교통 및 공업상의 요구가 대지 본래의 모습을 분간할 수 없을 정도로 급속히 변화하게 할 위험이 있는 장소에 '보호림'이나 '자연보호 공원'을 설치하는 것과 똑같습니다. 자연보호 공원은 다른 곳에서는 아깝게도 필요성 이전에 희생이 되어버린 옛 상태를 보존하고 있습니다. 그곳에서는 소용없는 것, 또한 해로운 것까지도 포함해서 만물이 마음껏 무성하게 성장하고 있습니다. 공상이라는 마음의 나라도 현실원칙에서 떨어져나간 이와 같은 보호림입니다.

공상의 산물에서 가장 잘 알려진 것은 우리가 이미 알고 있는 이른바 '각성몽 (覺醒夢)'[6]입니다. 즉 그것은 야심적 원망(願望), 과대망상적 원망, 에로틱한 원망의 관념적 만족으로, 이 원망은 현실이 겸손하게 더욱 인내심을 갖도록 경고하면 할수록 더욱더 허황지는 성질을 가지고 있습니다. 공상의 행복의 본질, 즉 현실의 동의가 없어도 쾌감이 획득되는 상태의 복귀가 각성몽 속에 오인할 여지

---

6) 102쪽 참조.

없이 나타나고 있습니다. 우리가 알고 있듯이 각성몽은 밤의 꿈의 핵심이며 본보기인 것입니다. 결국 밤의 꿈은 밤이 되어 욕동의 작용이 자유롭게 되었기 때문에 사용할 수 있게 된 각성몽임이 틀림없습니다. 물론 밤의 꿈은 야간형식의 심적 활동에 의해 왜곡되어 있기는 합니다. 우리는 이미 각성몽도 또한 반드시 의식적인 것은 아니며, 무의식적인 각성몽도 존재한다는 것을 익히 알고 있습니다. 즉, 이와 같은 무의식적인 각성몽은 밤의 꿈의 원천임과 동시에 노이로제의 원천입니다.

증상형성에 대한 공상의 의의는 다음 보고에 의해 분명해질 것입니다. 우리는 거부(좌절체험)가 생겼을 경우 리비도는 퇴행해서 자신이 전에 비워두었던 장소를 점거한다고 말했는데 그러나 그 장소에는 어느 정도 양의 리비도가 정착한 그대로 있었습니다. 우리는 이 말을 취소하거나 수정하지는 않겠지만 그러나 어떤 중간항(中間項)을 삽입하지 않으면 안 됩니다. 요컨대 어떻게 해서 리비도는 이들 고착부위로 되돌아갈 길을 찾을까요. 그런데 리비도의 대상과 방향은 모두 포기되었다 해도 반드시 모든 의미에서 포기된 것은 아닙니다. 대상이나 방향 혹은 그들의 파생물은 어느 정도의 강도를 유지하면서 공상표상 속에 남아 있는 것입니다. 그러므로 리비도가 공상으로 물러나기만 하면 공상에서는 억압된 모든 고착에 이르는 길을 자유롭게 찾아낼 수 있습니다. 이들 공상은 어느 정도까지 인내하고 있었습니다. 공상과 자아와의 대립이 비록 아무리 첨예하다 해도 어떤 조건이 지켜지고 있는 한 양자 사이에 갈등이 생기는 일은 없었습니다. 어떤 조건이란 '양적(量的)'인 성질의 것인데 그것이 이제야말로 리비도가 공상으로 역류함으로써 방해를 받게 되는 것입니다.

이 보급 때문에 공상의 에너지 배비(配備)는 높아지고 공상의 요구는 많아져서 현실화 방향으로의 격한 충동이 일어납니다. 그러나 이 때문에 공상과 자아 사이에 갈등이 일어나는 것은 피할 수 없습니다. 공상은 이전에 전의식적이었든 의식적이었든 관계없이 이제 자아측으로부터의 억압에 굴복하여 무의식측으로의 인력(引力)에 몸을 맡겨버리고 있습니다. 이리하여 리비도는 이제 무의식적인 공상에서 무의식 속에 있는 자기의 근원까지, 즉 스스로 자신의 고착부위까지 되돌아가는 것입니다.

리비도가 공상으로 되돌아가는 것은 증상형성에 이르는 중간단계의 하나로서 그것은 아마 어떤 특별한 명칭을 붙일 만한 것입니다. C. G. 융은 아주 적절하게

'내향성(內向性)'이라는 명칭을 만들어놓았지만 그러나 그는 그 명칭을 적절치 못한 다른 의미로도 사용하였던 것입니다. 우리는 어디까지나 내향성은 리비도에 현실적인 만족의 가능성을 회피시키고 이제까지 무해한 것으로 보아왔던 공상에 지나친 리비도 배비를 하는 것을 나타내는 것으로 한정해서 이해하려고 합니다.

내향적인 사람은 아직 노이로제 환자는 아니지만 그러나 어떤 불안정한 상황하에 있는 것입니다. 그러므로 정체하고 있는 리비도가 다른 돌파구를 찾지 못할 경우에는 조금이라도 힘의 균형이 깨져도 곧 증상을 나타내는 것입니다. 이와 반대로 노이로제적인 만족의 비현실적인 성격과, 공상과 현실과의 차이의 무시는 이미 내향성 단계에 머무르게 됨으로써 규정되는 것입니다.

이제 알았겠지만 나는 마지막 논의에서 하나의 새로운 인자를 병인론(病因論)의 연쇄구성 속에 삽입시켰습니다. 즉 문제가 되는 에너지의 양, 이를테면 그 크기의 문제가 그것입니다. 우리는 오늘 이후 이 인자를 모든 부분에서 고려하지 않으면 안 될 것입니다. 병인이 되는 제조건을 순수하게 질적인 면에서 분석하는 것만으로는 불충분합니다. 다시 말하면 이러한 심적 여러 과정을 단지 '다이내믹'으로 파악하는 것으로는 불충분하며 거기에는 더욱 '경제적'인 관점을 필요로 합니다. 두 가지 욕구 사이의 갈등은 설혹 내용적인 제조건이 훨씬 이전부터 존재해 있다 해도 배비가 어떤 강도에 도달하지 못하면 일어나지 않는다고 말하지 않을 수 없습니다. 똑같은 방법으로 체질적 인자가 병인적 의의를 갖느냐 갖지 않느냐는 어느 부분욕동이 다른 부분욕동보다 얼마만큼 많이 소질 속에 주어져 있느냐에 달려 있습니다. 모든 인간의 소질은 질적으로는 똑같은 것이지만, 양적인 관계는 다르다고 할 수 있습니다.

노이로제 질환에 대한 저항력에 있어서 양적 요인이 갖는 의미는 결코 적지않습니다. 가장 중요한 것은 한 사람이, 사용하지 않았던 리비도 중 '얼마 가량'을 이것도 저것도 아닌 상태 그대로 유지할 수 있는가, 그리고 자신이 갖는 리비도 중의 '얼마 가량의 부분'을 성적인 것에서 떼어놓고 승화의 목표로 향하게 할 수 있는가라는 것입니다. 질적으로는 불쾌감을 피하고 쾌감을 추구하는 노력으로서 기술할 수 있는 심적 활동의 궁극적 목표는 경제적인 관점에서 보면 심적 장치 속에서 작용하는 흥분량(자극량)을 극복하고, 불쾌를 낳게 하는 그 흥분량의 정체를 억제하는 것을 과제로 하고 있다고 말할 수 있습니다.

자, 내가 여러분에게 노이로제의 증상형성에 대하여 말하고자 한 것은 이상입니다. 그러나 물론 나는 다음 일을 다시 한 번 강조해야 하겠습니다. 그것은 이제까지 이야기한 것은 모두 히스테리의 증상형성에 관련된 것뿐이라는 것입니다. 이미 강박 노이로제의 경우에서 —— 원칙적인 것은 유지되어 있다 해도 —— 이와 다른 점이 많이 발견됩니다. 히스테리의 경우에 이야기했던 저 욕동의 요구에 대한 역배비는 강박 노이로제의 경우에는 더욱 밀고 나가 소위 '반동형성'[7]에 의해 임상에 있어서의 병상(病像)을 지배하고 있습니다. 바로 이와 같은 치우침, 그리고 더 광범위한 치우침을 우리는 다른 노이로제에서도 발견하고 있습니다. 이들 노이로제의 경우에는 증상형성의 메커니즘에 관한 검토는 아직 어떠한 점에 있어서도 되어 있지 않습니다.

그러나 여러분과 헤어지기 전에 나는 좀더 일반의 관심을 끄는 가치있는 공상생활의 한 측면에 주의를 촉구하고 싶습니다. 즉 공상에서 현실로 되돌아가는 길이 존재한다는 것입니다. 바로 그것이 예술입니다. 예술가는 처음부터 당장이라도 노이로제가 될 내향성 소질을 갖고 있습니다. 예술가는 너무 강하다고 할 수 있는 욕동의 요구에 사로잡혀 명예·권력·부·명성 및 부인의 사랑을 차지하기를 바라는데 그들에게는 그러한 것들을 만족시킬 수단을 갖고 있지 않습니다. 따라서 예술가는 만족을 얻지 못하는 다른 사람들 경우와 마찬가지로 현실을 버리고 그 관심의 전부를 리비도까지도 공상생활이라는 노이로제로의 입구가 될 수도 있는 원망형성에 전이하게 됩니다. 노이로제가 예술가의 발달의 완성된 모습이 되지 않기 위해서는 아마 여러 가지 것이 힘을 합하고 있을 것입니다. 예술가들이 노이로제 때문에 자기 재능을 부분적으로 제지당하여 괴로워하는 경우가 얼마나 많은가는 세상에 잘 알려진 사실입니다. 아마 그들의 본질은 승화로의 능력이 강하고, 갈등에 결착짓는 억압에는 어느 정도 약한 점이 있는 것입니다.

그러나 현실로의 귀로를 예술가는 다음과 같은 방법으로 찾아냅니다. 물론 예술가만이 공상생활을 하는 유일한 인간은 아닙니다. 공상이라는 중간지역은 일반적인 인간의 합의에 의해 시인되고 있으며, 부족을 느끼는 자는 누구나 그곳에서 부드러움과 위안을 기대합니다. 그러나 예술가가 아닌 사람은 공상의 우물에서 쾌감을 획득하는 데 대단한 제약을 받습니다. 가차없는 엄한 억압 때문에 그들은

---

7) 억압된 잠재의식 속에 아직도 계속 존속하는 유치, 반사회적인 경향이 그 반동으로서 역(逆)사회화된 태도 또는 관심으로 실현되는 일. 강한 성적 관심이 격심한 성(性)에의 멸시로 나타나는 따위의 현상.

부득이 간신히 의식되는 희미한 각성몽으로 만족합니다. 그 사람이 진짜 예술가라면 그 이상의 것을 자유로이 구사합니다. 그는 우선 가장 먼저 각성몽에 손을 대어 다른 사람의 반감을 사는 너무 개인적인 것은 없애고, 다른 사람과 함께 즐길 수 있는 것을 터득합니다. 그는 또 각성몽을 완화하여 금단의 우물에서 나온 것을 쉽게 알아차릴 수 없도록 하기도 합니다. 게다가 그는 또 어느 특정한 소재를 자신이 그리는 공상의 표상과 그대로의 모습을 짓도록 조형하는 불가사의한 능력을 지니고 있습니다. 더구나 그 경우 예술가는 자신의 무의식적 공상을 이와 같이 표현하는 데 과대한 쾌감을 얻는 결과로서 억압은 적어도 일시적으로는 이 표현에 압도되어 포기되어 버립니다. 만일 이들 모든 일이 잘되면 예술가는 다른 인간이 무의식이라는 접근하기 어려운 쾌감의 우물에서 온화함과 위안을 퍼올릴 수 있으며, 타인으로부터의 감사와 찬탄을 얻게 되며, 처음에는 자기 공상 속에서만이 손에 넣었던 것, 즉 명성·권력 및 부인의 사랑을 예술가는 이처럼 자신의 공상을 통해 실제로 획득하게 되는 것입니다.

제24강 일반적인 신경질

여러분! 우리는 지난번 강의에서 대단히 어려운 일을 끝마쳤으므로 이제 그 문제를 떠나서 여러분의 문제를 다루어봅시다.

요컨대 나는 여러분이 불만을 가지고 있는 것을 알고 있기 때문입니다. 여러분은 '정신분석학 입문'이라는 것을 좀 다르게 받아들인 것은 아닌지요. 여러분은 이론이 아닌 생생한 증례를 듣고 싶어합니다.

내가 지난번 〈1층과 2층에서〉[1]라는 이야기를 했을 때 노이로제의 원인에 대해서 다소 알았지만 다만 그것이 꾸민 이야기가 아닌 현실관찰이었으면 좋았을 텐데라고 여러분은 말했습니다.

또한 내가 맨 처음에 두 가지 증상[2] —— 이것도 꾸민 이야기라고 생각하지 마십오 —— 의 이야기를 하고 그러한 증상의 제거 및 증상과 환자 생활과의 관계를 전개했을 때 여러분은 증상의 '의미'는 잘 알았다, 계속 그런 방법으로 이야기했으면 좋겠다 하고 바랐습니다.

그런데 나는 그렇게 하지 않고 이해하기 어렵게 장황하고 더구나 미완성 이론만 내세우고 거기에다 자주 새로운 것을 덧붙였던 것입니다. 그리고 아직 여러분

---

1) 362쪽 참조.
2) 269 및 272쪽 참조.

에게 소개하지 않은 여러 개념도 사용했고 기술적인 묘사에서 다이내믹한 견해로
옮기고 더욱 다이내믹한 견해에서 소위 '경제적'인 견해에까지 들어가고 말았습니
다. 그때 많은 학술용어를 사용했는데 그것이 같은 것을 의미하는데도 다만 어조
가 좋다는 이유만으로 번갈아 사용한 경우도 있어 여러분이 이해하는 데 어렵게
만 했습니다. 예를 들어 쾌감원칙과 현실원칙이라든가 계통 발생적으로 획득했다
는 것과 같은 매우 광범위한 관점을 여러분 앞에 떠오르게 하고 그리고 여러분을
어떤 것 속으로 안내하는 대신 여러분의 기대와는 더욱 먼 것을 대충 말한 것입
니다.

노이로제론 입문이라고 하면서 왜 나는 신경질³)처럼 여러분도 알고 있고 또 옛
날부터 여러분의 관심을 불러일으킨 것부터 시작하지 않았을까요. 왜 신경질 환
자의 독특한 본성, 대인관계와 외부의 영향에 대한 그들의 불가해한 반응, 그 과
민성, 변덕 및 무능함부터 시작하지 않았을까요. 왜 여러분을 보다 단순한 일상
적인 형식의 이해에서, 한걸음 한걸음 신경질의 수수께끼와 같은 극단적인 모든
현상으로 안내하지 않았을까요.

그렇습니다. 여러분 나는 결코 여러분에게 잘못이 있다고 하는 것은 아닙니다.
나는 나 자신의 화술에 대해서는 자신이 없기 때문에 그 미비한 점의 어느 것에
도 특이한 매력이 있다고 퍼뜨릴 생각은 없습니다. 나 자신 다른 방법으로 하는
것이 여러분에게 더 좋을 것이라고도 생각했으며 또 사실 그렇게 하려고 했었습
니다. 그러나 인간은 아주 당연한 의도를 가졌다 해도 반드시 그것을 언제나 실
행할 수 있다고는 할 수 없습니다. 소재 그 자체에도 그 때문에 최초의 의도를
딴 곳으로 돌리지 않으면 안 되는 것이 포함될 때가 자주 있습니다. 잘 알려진
자료정리 같은 따위의 아무것도 아닌 일이라도 꼭 저자의 뜻대로 되지 않고 자료
자체의 취향대로 결과가 되기 쉽습니다.

왜 좀더 다른 결과가 되지 않고 그런 결과가 되었나 하고 나중에야 자문할 수
밖에 없습니다.

그 이유 중 하나는 아마 '정신분석학 입문'이라는 표제가 노이로제를 취급하는
이 장에 어울리지 않는다는 것입니다. 정신분석에의 입문은 착오 행위와 꿈의

---

3) 이 책에서는 신경쇠약, 노이로제 등으로 세밀하게 구별하지 않은 뜻으로 쓰여지고 있다.
   일반적으로 신경질이란 성격적으로 심신의 작용에 과민하고 섬약하여 그 때문에 오히려 심
   신의 정상적인 작용을 손상시키는 장해를 가리킨다.

연구가 부여한 것으로 노이로제론은 정신분석 그 자체입니다. 나는 노이로제론의 내용을 이토록 짧은 시간내에 알게 하기 위해서는 이처럼 집중적인 형식에 의하지 않는 이외의 방법으로는 할 수 없었다고 생각합니다. 문제는 증상의 의의와 의미, 증상을 형성하는 외적 및 내적 조건과 매커니즘을 상호관련지으면서 여러분에게 소개하는 것입니다. 나는 그렇게 해보려고 시도했습니다. 그것은 오늘날 정신분석이 가르쳐야 하는 거의 핵심입니다. 그때 특히 할말이 많았던 것은 리비도와 그 발달에 대해서였습니다. 자아의 발달에 대해서도 약간은 이야기했다고 생각됩니다. 우리 기법의 전제, 즉 무의식과 억압(저항)이라는 커다란 관점에 대해서도 여러분은 이미 입문을 통하여 일단은 예비지식을 갖추었습니다. 여러분은 다음 강의에서 정신분석의 작업이 어떤 장소에서 유기적인 관련을 맺는가를 알게 될 것입니다.

나는 우리의 탐구가 모두 신경성 질환의 단 하나의 그룹, 즉 소위 감정전이 노이로제의 연구에서 유래한 것에 지나지 않음을 여러분에게 미리 숨기지는 않았습니다. 더구나 증상형성의 매커니즘을 나는 다만 히스테리성 노이로제에서만 추구했던 것입니다. 여러분은 아무런 확실한 지식을 얻지 못하고, 자세한 것은 무엇하나 기억할 수 없을지도 모르겠습니다. 그래도 여러분은 정신분석이란 어떠한 방법을 사용하며 어떠한 문제를 다루며 어떠한 성과를 거두는가라는 점에 대해서는 납득했으리라 믿습니다.

노이로제에 대해서 이야기할 때 신경질 환자의 행동, 즉 신경질적인 사람이 노이로제에 걸려 얼마나 괴로워하고, 노이로제로부터 어떻게 몸을 지키며, 노이로제에 대하여 어떻게 대비하고 있는가에 대해서부터 이야기를 시작해 주면 좋겠는데 하고 여러분은 생각했을 것입니다. 그러한 것은 틀림없이 더욱 흥미있고 또 알아서 보람있는 소재이며 특별히 다루기가 아주 힘든 것도 아닙니다. 그러나 그것부터 시작하려면 사실 고려해야 할 점이 없는 것도 아닙니다. 그러한 것부터 시작하면 무의식적인 것을 발견할 수 없고 더욱이 리비도가 갖는 커다란 의의를 빠뜨리게 되며, 모든 것을 신경질 환자의 자아가 어떻게 생각하느냐에 따라서 판정해 버릴 위험을 초래하기 쉽습니다.

이 자아가 신용할 만한 공평한 심판관이 아니라는 것은 분명합니다. 자아는 실로 무의식적인 것을 부인하며 그것을 억압해 버린 힘입니다. 어떻게 자아가 이 무의식적인 것을 올바르게 취급할 수 있다고 믿을 수 있겠습니까?

이 억압된 것 중에는 가장 먼저 내쫓긴 성애의 요구가 있습니다. 이러한 요구의 범위와 의의가 자아의 견해로부터는 결코 알아낼 수 없는 것만은 분명합니다. 따라서 억압이라는 관점이 우리에게 보이기 시작했던 그 순간부터 우리도 서로 싸우는 두 당파의 한쪽뿐만 아니라 승리자 쪽도 이 투쟁의 심판석에 앉혀서는 안 된다고 경계해 왔습니다.

우리는 자아의 진술이 우리를 현혹시킬 것에 대해 대비하고 있습니다. 만일 자아가 말하는 것을 믿게 되면 자아는 모든 점에서 능동적이며 자아 자신이 그 증상을 탐내고 증상을 만든 것이 됩니다. 자아가 제법 수동적인 것에 참아왔으며, 그리고 그때 그 수동성을 스스로 숨기고 속이려 했던 것을 우리는 알고 있습니다. 물론 자아는 이 시도를 언제나 굳이 감행하는 것은 아닙니다. 강박 노이로제 증상의 경우 자아는 자기와는 관계가 없는 것이 대항해 오기 때문에 그것을 고생하면서 방어하는 데 지나지 않는다고 고백할 수밖에 없습니다.

이 경고에 의해서도 자아의 속임수를 믿는 것을 중지하지 못한 사람은 무사태평해서 정신분석이 무의식, 성애 및 자아의 수동성을 강조하기 위하여 쏟은 모든 저항으로부터 벗어나고 있습니다. 이러한 사람은 앨프렛 아들러[4]처럼 '신경질적인 성격'은 노이로제의 결과가 아니라 원인이라고 주장할 수도 있습니다. 하지만 이와 같은 사람은 증상형성의 자세한 항목 중 단 한 개도, 개개의 꿈도 설명할 수 없습니다.

정신분석에 의해 발견된 제요인을 처음부터 무시해 버리지 말고 신경질이나 증상형성에 있어서 자아가 관여하고 있는 것을 공정하게 평가할 수 없을까 하고 여러분은 물을 것입니다. 그것은 틀림없이 가능하고 언젠가는 실현될 것입니다. 그러나 그것부터 시작하는 것은 정신분석의 연구방향이 아니라는 것이 나의 대답입니다. 언제 이 문제가 정신분석의 문제가 될 것인가는 예견할 수 있습니다. 이제까지 우리가 연구해 왔던 노이로제의 경우보다 훨씬 강하게 자아가 관여하고 있는 노이로제가 있습니다. 우리는 그것을 '나르시시즘적' 노이로제라고 부르고 있습니다. 이 질환을 분석적으로 취급해 보면, 자아가 노이로제의 이환에 관여하고 있는 것을 공평하고 적확하게 판정할 수 있게 될 것입니다.

---

4) 1870~1937. 오스트리아의 정신의학자. 처음에 프로이트의 지도 아래 정신분석학 연구를 했으나 곧 떨어져나가 열등감과 그 보상, 권력의지를 핵심으로 하는 개인심리학이라 자칭하는 학설을 주장했다.

그러나 노이로제에 대한 자아 관계의 하나는 대단히 강하게 눈에 띄기 때문에 처음부터 고려할 수 있었습니다. 이 관계는 어떤 경우에도 반드시 있다고 생각되는데 가장 뚜렷한 경우는 우리에게 아직 알려지지 않은 병적 상태, 즉 '외상성(外傷性) 노이로제'의 경우입니다. 그러므로 여러분은 이런 식으로 이해해 주어야겠습니다. 즉 여러 가지 유형의 노이로제의 원인과 매커니즘 속에는 언제나 동일한 제요인이 활동하고 있는데, 다만 어떤 경우에는 이들 요인 중 하나가, 또 어떤 경우에는 다른 요인이 증상을 형성하는 데 주요한 의의를 가질 뿐이라는 것입니다. 그것은 마치 극단의 단원과 같아서 각자가 각기 주인공·충신·악인 역 등을 맡고 있지만 자신을 위한 후원흥행일 때는 각기 다른 각본을 택하게 될 것입니다. 그러므로 증상으로 바뀐 공상은 히스테리의 경우처럼 분명하게 나타나는 일은 없습니다. 자아의 역배비 또는 반동형성은 강박 노이로제의 경우 병상(病像)을 압도적으로 지배하고 있습니다. 우리가 꿈에 대해 '2차적 가공'이라고 부른 것은 파라노이아[偏執病]에 있어서는 망상으로서 상위에 있습니다.

그런 이유로 외상성 노이로제, 특히 전쟁 공포 때문에 생긴 외상성 노이로제의 경우는 틀림없이 보호와 이득을 구하는 자기 추구적인 자아의 동기가 여지없이 우리에게 닥쳐옵니다. 물론 이 자아의 동기만으로는 병을 일으키지 못하지만 병을 일으키는 데 동의하여 일단 병이 생기면 그 병이 지속되도록 돕는 것입니다. 이 동기는 발병의 계기가 된 위험으로부터 자아를 지키려 하고, 그 위험이 반복될 염려가 없다든가 또는 위험의 보상을 얻은 뒤가 아니면 치유를 허락하지 않습니다.

그런데 자아는 다른 모든 경우에도 노이로제의 발생 및 지속에 관해 동일한 관심을 나타냅니다. 이미 말했듯이 증상이 자아에 의해 유지되는 것은 억압된 자아의 경향에 만족을 주는 한 측면을 증상이 갖고 있기 때문입니다. 게다가 증상형성에 의한 갈등해결은 가장 편리하고 쾌감원칙에도 가장 바람직한 도피구입니다. 이 도피구에 의해 자아는 의심할 것 없이 고통스러운 심적인 일대 작업에서 벗어나게 됩니다. 뿐만 아니라 의사마저도 그 갈등의 귀결로서 노이로제가 되는 것은 극히 해롭지 않은, 사회적으로도 참을 수 있는 해결법이라고 고백하는 경우가 있습니다. 그러므로 의사까지도 자신이 극복하려고 애쓰는 병을 편드는 수가 있다 해도 여러분은 놀라지 마십시오. 인생의 모든 상황에 대해 스스로를 건강 광신자로서의 역할에 규정해 버리는 것은 의사답지 못합니다. 이 세상에서 비참한 것은

390 제3부 노이로제 총론

노이로제만이 '아니고', 그 밖에도 제거할 수 없는 현실적인 고뇌가 있다는 것, 때로는 인간은 그 건강을 부득이 희생하지 않으면 안 되는 경우도 있다는 것을 의사는 잘 알고 있습니다. 또 한 개인의 이와 같은 희생에 의해 자주 끝없는 불행으로부터 다른 많은 사람들이 구원받는 경험도 갖게 됩니다. 때문에 노이로제 환자는 갈등이 일어날 때마다 '질병으로의 도피'를 작정한다라는 것이 이루어진다면 그 도피에는 충분히 정당성이 있다고 인정해야 할 경우가 많을 것이며, 이런 사태를 인식한 의사는 묵묵히 위로하며 물러설 것입니다.

그러나 논의를 더 진전시키기 위하여 이러한 예외적인 것은 문제삼지 않기로 합시다. 노이로제로 도피함으로써 자아에는 어떤 종류의 심적인 '질병이득'[5]이 주어진다는 것을 우리는 일반적인 상태에서 인식하고 있습니다. 어떤 생활상태에 있어서 이 질병이득에 현실적으로 많든 적든 높이 평가되는 확실한 외적 이익이 가해질 때도 있습니다. 가장 흔히 볼 수 있는 이런 종류의 증례를 고찰해 봅시다. 남편으로부터 난폭한 대우와 보살핌을 받지 못하고 혹사당한 부인이 노이로제에 걸릴 소질이 있는 경우, 또는 남모르게 좋아하는 남성을 만들어놓고 스스로 위안을 삼기에는 너무나 겁쟁이라든가 또는 너무 정숙한 경우, 그리고 모든 외적 장해를 배제하고 남편과 헤어질 정도로 강하지도 못하며 자립하거나 더 나은 남편을 만날 수 있는 가능성도 없는데다가 그녀가 성적 희열 때문에 계속 이 잔혹한 남편에게 집착할 경우에는 거의 틀림없이 노이로제에 도피를 하게 마련입니다. 그녀의 병은 이제 강한 남편에 대해 싸우는 무기가 됩니다. 그녀는 이 무기를 자신을 지키기 위해서도 쓸 수 있으며 복수하기 위해서도 쓸 수 있습니다. 그녀는 아마 자신의 결혼생활에 대해 호소하는 것은 허용되지 않았지만 자신의 병증에 대해서 호소하는 것은 허용될 것입니다. 즉 그녀는 의사로부터 구제받게 되며 평소에는 자기를 돌보지 않는 남편에게 자신을 위로하게 하고, 자신을 위해 돈을 쓰게 하고 자신이 집을 떠나 결혼생활의 억압으로부터 자유로운 시간을 갖게 하는 것을 허용하지 않을 수 없게 합니다. 이와 같은 외적 혹은 우연적인 질병이득은 참으로 막대한 것이며 현실에서 그 대상을 얻기 힘든 경우 여러분은 여러분의 요법에 의해 노이로제에 영향을 주는 가능성을 크게 예측해서는 안 될 것

---

5) 예를 들면 병을 이유로 하여 적응하기 곤란한 현실로부터의 도피가 허용되는 것과 같이 병으로 인하여 얻어진 눈앞의 이득을 가리킨다. 현실적으로 비(非)적응 행동이라는 결과가 된다.

입니다.

내가 이제까지 질병이득에 대해 말한 것은 자아 자신이 노이로제를 원하여 이것을 만들어낸다는 자신이 부정했던 견해를 완전히 옹호하는 것이 아니냐고 여러분은 나를 비난할지도 모릅니다. 자, 부디 진정하십시오, 여러분. 그것은 자아는 노이로제를 어떤 식으로도 방지할 수 없어서 그것으로 만족한 것이며, 어쨌든 노이로제로부터 무엇을 손에 넣을 수 있다면 자아는 가장 좋은 것을 손에 넣을 수 있다는 것을 의미하는 데 불과합니다. 그것은 일의 한 측면에 지나지 않습니다. 물론 바람직스러운 한 측면이긴 합니다. 노이로제가 이익을 갖는 한 자아는 반드시 노이로제에 동의할 것이지만 노이로제가 가져오는 것은 이익만은 아닙니다. 자아는 노이로제와 관계를 맺은 탓으로 손실을 가져왔다는 것이 곧 분명하게 됩니다.

자아는 갈등의 완화를 손에 넣지만 너무 비싼 희생을 치르고 있는 것입니다. 증상에 따르는 고통은 아마도 갈등의 고뇌와 등가(等價)의 대상이겠지만 불쾌감만 덤으로 얻어오게 됩니다. 자아는 증상에 따르는 이 불쾌감에서 벗어나고 싶지만 질병이득을 포기하고 싶지는 않습니다. 그러나 그것은 불가능한 상담입니다. 그때에는 자아는 자신이 생각한 대로 끊임없이 능동적이 아니라는 것도 판명됩니다. 이 일은 우리도 잘 기억해 두기로 합시다.

여러분, 만일 여러분이 의사로서 노이로제 환자와 상담하게 되면, 자신의 병 상태에 대해 더욱 강하게 한탄하고 호소하는 사람일수록 이쪽의 구조작업을 매우 쾌히 받아들이고 저항을 가장 적게 나타낼 것이라는 기대를 곧 포기하게 될 것입니다. 사실은 오히려 그 반대입니다. 그러나 여러분은 질병이득의 이익이 되는 것은 모두 억압저항을 강화하고 치료상의 곤란을 증대케 한다는 것은 쉽게 알게 될 것입니다. 말하자면 증상과 함께 생긴 질병이득의 부분에 우리는 후에 생기는 다른 이득도 부가해야 합니다. 병이라는 심적 체제가 장기간 존속하면 그것은 결국 독립된 활기 찬 행동을 하게 됩니다. 그것은 자기 보존의 욕동과 같은 것을 표시하고 이 체제와 심정생활의 다른 제성분, 근본에 있어서는 이 심적 체제에 적의를 갖는 다른 성분과의 사이에서도 일종의 가조약이 만들어지게 됩니다. 그리고 그 심적 체제가 유리하며 이용할 만한 것이 재차 알려지게 되는 기회, 즉 그 존속을 새로 강화하는 소위 '2차적 기능'을 획득하는 기회가 생긴다는 것은 거의 틀림없습니다.

병리학 영역에서 실례를 드는 대신에 일상생활에서 현저한 한 예를 들어 설명하겠습니다. 자신의 생활비를 벌고 있는 어느 유능한 노동자가 작업중에 사고를 당하여 불구자가 되었다고 합시다. 이제는 노동일은 할 수 없습니다. 그러나 결국 그는 약간의 상해연금을 받으면서 자신의 불구를 이용해서 구걸하는 것을 익히게 되었다고 합시다. 그의 새로운 생활은 보잘것없지만 그것은 옛 생활을 파괴한 바로 그 상해에 의존하고 있는 것입니다. 만일 여러분이 그의 불구를 고쳐준다면 당장 그의 생활 밑천을 빼앗는 것이 됩니다. 왜냐하면 그가 이전의 노동을 다시 회복할 수 있을지가 의문이기 때문입니다. 노이로제의 경우에는 병의 이와 같은 '2차적' 질병이득으로서 1차적 질병이득에 부가할 수 있습니다.

그러나 질병이득이 갖는 실제상의 의의를 경시하지 않도록 또 이론적인 점에서는 질병이득을 과대평가하지 않도록 일반적으로 나는 말하고 싶습니다. 전에 승인된 저 예외는 제외하고라도 질병이득은 오베를렌더(Ohberländer)[6]가 《프리겐더 블레터》에서 도해로 보여준 '동물의 지혜'라는 예를 생각게 합니다. 한 아라비아인이 낙타를 타고 절벽 깊숙한 오솔길을 지나고 있습니다. 커브길에서 그는 갑자기 사자 한 마리가 다가오는 것을 보았습니다. 사자는 덤빌 듯한 태세였습니다. 달아날 길은 없습니다. 한쪽은 병풍 같은 절벽, 다른 한쪽은 깊은 골짜기. 되돌아갈 수도 없고 도망칠 수도 없습니다. 그는 어찌할 줄 몰랐습니다. 그러나 낙타는 그렇지 않았습니다. 낙타는 주인을 태우고 단숨에 깊은 골짜기로 뛰어들었습니다. 사자는 멀거니 바라보고만 있었다는 것입니다.

노이로제라는 구조수단도 환자에게 이 이상의 좋은 결과를 가져오지 못하는 것이 보통입니다. 그 이유는 증상형성에 의한 갈등해결은 어찌 되었든 자동적인 과정이며 생활요구에는 적절히 응하지 못한다는 것을 알고 있다는 것과 이 과정에서 인간은 자기의 최선 최고의 힘을 이용하는 것을 체념하고 있기 때문인지도 모릅니다. 만일 선택할 수 있다면 우리는 오히려 운명과 정정당당하게 싸워서 쓰러지는 쪽을 택해야 할 것입니다.

여러분! 그러나 나는 또 여러분에게 왜 노이로제론에 대해 말할 때 일반적인 신경질에서 출발하지 않았는가 그 동기에 대해서 설명할 의무가 있다고 생각합니다. 아마 여러분은 내가 그렇게 하지 않은 것은 노이로제에 성적 원인이 있다는

---

6) 1845~1923. 《프리겐더 블레터》 지(誌)의 전속 풍자화가로서 유머가 넘치는 만화로 유명했다.

것을 증명하는 데는 상당히 어려운 곤란이 있다고 생각해서라고 여기고 있을 것입니다. 그러나 그것은 잘못된 생각입니다. 감정전이 노이로제에서는 이 통찰에 이르기 위해 먼저 증상해석을 철저하게 해야 되는 것입니다. 이른바 '현실 노이로제[7]'의 흔한 형식에서는 성생활이 병인적 의의를 갖는 것은 관찰과 합치하는 커다란 사실입니다. 20년 훨씬 전에 나는 이 사실에 부딪혔습니다. 그것은 신경질 환자를 진찰할 때 왜 그들의 성적 활동을 고려하지 않는가라는 의문을 품었을 때의 일입니다.

나는 당시 이 일을 검토한 탓으로 환자들간에 인심을 잃었지만 짧은 기간의 노력으로 곧 정상적인 성생활에는 노이로제는 없다 —— 내가 생각하고 있었던 것은 현실 노이로제인데 —— 라는 명제를 내세울 수 있었습니다. 확실히 이 설은 너무나 경솔하게 인간의 개인차를 무시하고 있고, 또 '정상'이라는 판단에 늘 붙어다니는 애매함을 나타내고는 있지만 한 지침으로 오늘날에도 여전히 그 가치를 보전하고 있습니다.

당시 나는 신경질의 특정한 여러 형식의 것과 특별한 성적 장해와의 사이에 특수한 관계를 세우게 되었던 것입니다. 만일 비슷한 환자를 재료로 자유롭게 쓸 수 있다면 나는 오늘도 똑같은 관찰을 되풀이할 것이라고 믿어 의심치 않습니다. 어떤 종류의 불완전한 성적 만족, 즉 오나니슴으로 만족을 얻고 있던 사나이가 어느 특정한 형의 현실 노이로제에 걸렸다는 것, 그리고 이 사나이가 오나니슴을 그만두고 똑같이 불안전한 다른 성생활법에 따르게 되면 이런 형의 노이로제는 즉시 다른 노이로제에 자리를 물려주었다는 예를 나는 여러 번 경험했습니다. 그래서 나는 환자의 증상 변화에서 환자의 성생활의 양식의 변천을 추측할 수 있을 정도였습니다. 나는 당시 나의 추측을 끝까지 밀고 나가 마침내 환자들의 불성실을 극복하고 그들이 사실을 확인하기까지에 이르렀습니다. 이때 그들이 나만큼 열심히 그들의 성생활에 대해 묻지 않는 다른 의사에게 가는 것을 좋아했던 것도 사실입니다.

그 당시 나는 이환의 원인이 반드시 성생활에서만 오는 것이 아니라는 것을 알았습니다. 정말 직접 성적인 상처로 인하여 병에 걸린 환자도 있었지만 재산을 잃었다든가 소모성 기질적(器質的) 질환에 걸려서 그렇게 된 환자도 있었습니다.

----

7) 신체적 영향, 곧 성기능(性機能)의 금압(禁壓)이나 남용에 의한 신진대사의 장애가 주요한 원인이 되어 증상이 발생하는 불안 노이로제·신경쇠약·히포콘드리 등의 총칭.

이와 같은 다양성에 대해서는 후에 자아와 리비도 사이에 추정되는 상호관계를
우리가 분명히 통찰하게 됐을 때 설명이 가능할 것입니다. 그리고 이 통찰이 깊
어질수록 설명은 더욱더 만족할 만한 것이 됩니다. 어떤 사람이 노이로제가 되는
것은 그 사람의 자아가 리비도를 어떠한 방법으로 처리하는 능력을 잃었을 때 뿐
입니다. 자아가 강하면 강할수록 자아로서는 이 과제를 해결하는 것은 쉬운 일입
니다. 자아가 어떠한 이유로 약해지면 그것은 리비도의 요구가 과대하게 높아진
것과 같은 작용을 미치게 됩니다. 즉 노이로제가 되는 것입니다.

나아가 자아와 리비도 사이에는 보다 밀접한 다른 관계가 있지만 이 관계는 아
직 우리의 시야에 들어오지 않았습니다. 그래서 여기서는 그 설명을 하지 않기로
하겠습니다. 우리에게 있어서 중요하고 계발적인 것은 어떤 경우에도 또 어떤 경
로로 그 질환에 걸렸다 해도 노이로제의 증상은 리비도에 의해 에너지를 부여하
고 있으며 따라서 리비도가 이상적(異常的)으로 사용되고 있는 증거라는 것입니
다.

그러나 나는 여러분에게 현실 노이로제 증상과 심인(心因) 노이로제[8] 증상 사
이에 있는 결정적인 차이에 주의를 촉구해야겠습니다. 심인 노이로제 중 첫째 그
룹, 즉 감정전이 노이로제는 우리가 이때까지 강의의 대상으로 해왔던 것입니다.
전자의 경우도 후자의 경우도 증상은 모두 리비도에서 비롯되고 있습니다. 즉 리
비도의 이상적 사용이며 대상적인 만족입니다.

그러나 현실 노이로제의 여러 증상, 즉 머리가 무거운 느낌, 아픈 느낌, 어떤
기관의 흥분상태, 어떤 기능의 감퇴나 억제에는 어떤 '의미', 즉 정신적 의의도
없습니다. 이들 증상은 가령 히스테리 증상도 그렇지만 다만 주로 육체에 나타날
뿐만 아니라 그 자신이 완전히 육체적인 과정이며 이 육체적 과정의 성립에 있어
서는 우리가 배워서 알고 있는 복잡한 심적 매커니즘이 모두 누락되어 있습니다.
즉 이들 육체적 과정이야말로 사실 우리가 오랜 세월 심인(心因) 노이로제의 증
상이라고 생각해 온 것입니다.

그러나 그때 이들 증상은 우리가 심적인 것 속에서 작용하는 힘이라는 것을 알
게 된 리비도의 사용과 어떻게 대응할 수 있을까요? 여러분, 그것은 매우 단순
한 것입니다. 부디 나의 정신분석에 향해진 최초의 비난 한 가지를 상기해 주십

---

8) 사이코(프시코) 노이로제. 일반적으로는 정신신경증으로 불린다. 현실 노이로제와 대비
(對比)된다.

시오. 당시 사람들은, 정신분석은 노이로제라는 현상에 대해 순수하게 심리학적인 이론에 역점을 두고 있으나 그건 전혀 희망이 없다, 왜냐하면 심리학적 이론은 결코 질병을 설명할 수 없기 때문이다 하고 말했던 것입니다. 사람들은 성적 기능이 다만 신체적인 것이 아닌 것과 같이, 순수한 심적인 것도 아닌 것을 망각하기 쉽습니다. 성적 기능은 신체적 활동에도 심적 활동에도 영향을 줍니다. 심인 노이로제의 증상이 그 심적 작용의 장해의 결과라는 것을 알게 되면 현실 노이로제에서 성적 장해의 직접적인 신체적 결과를 발견한다 해도 우리는 놀랄 필요는 없습니다.

현실 노이로제가 이러한 성적 장해의 직접적인 신체적 결과라는 것을 이해하는 데 임상의학의 소견이 많은 연구자로부터 주목받게 된 어떤 귀중한 지시가 주어집니다. 현실 노이로제는 그 증상의 세부에서 보나 또 동시에 모든 기관계통 및 모든 기능에 미치는 영향의 특이성에서 보나 이물질의 독소의 만성적인 영향 및 그 급격한 금단(禁斷)에서 생기는 병태상(病態像), 즉 중독과 금단증세에 분명한 유사성을 나타내고 있습니다. 이 두 그룹의 질환은 바제도병[9]의 경우처럼 어떤 독물 —— 이물질로서 체내로 들어온 것이 아니라 신체 자신의 내부에서 신진대사에 의해 발생하는 어떤 독물 —— 의 작용에 관련지어 생각할 수 있는 이와 같은 상태를 매개로서 볼 때 한층 밀접한 관련이 느껴집니다. 우리는 이러한 비교로서 이 노이로제를 성적 신진대사 장해의 결과로 보지 않을 수 없다고 생각합니다. 다만 노이로제가 이러한 성적 독물이 당사자의 처리능력을 넘어 과다(過多)로 인해 일어난 것인가, 내적 사태 아니 심적 사태마저 이러한 독물의 올바른 사용을 방해하기 때문에 일어난 것인가는 차치하고라도 말입니다. 옛날부터 대중은 성적 요구의 본질에 관해 이와 같은 가정을 신봉해 왔습니다. 그들은 사랑을 '도취'라고 부르고 미약(媚藥)에 의해 연정이 생긴다고 하지만 이렇게 생각함으로써 그들은 작용의 동인(動因)을 소위 외계로 옮기고 있는 셈입니다. 우리에게 이러한 일은 성감대 문제를 상기하고 또 성적 흥분은 극히 여러 기관에 일어날 수 있다는 주장을 상기케 하는 기연(機緣)을 주는 것 같습니다. 덧붙여서 '성적 신진대사' 또는 '성의 화학 작용'이라는 말은 우리에게는 아무런 내용이 없는 빈말 같은 것

---

9) 갑상선(甲狀腺)의 기능항진(機能亢進)으로 인한 갑상선 호르몬의 과다(過多)로 일어나는 병. 안구돌출·심계항진·갑상선 팽대·다한증(多汗症) 등을 일으키며 특유한 불안증을 나타낸다. 독일의 내과의사인 K.A. 폰 바제도(1799~1854)의 이름에서 유래했다.

입니다.

우리는 그것에 대해서 아는 바가 전혀 없으며, '남성적'이니 '여성적'이니 하는 두 가지 성적 물질을 가정하는 쪽이 좋을지, 아니면 리비도의 자극 작용의 모든 것을 담당하는 것으로 볼 수 있는 '하나의' 성적 독소를 생각하는 것만으로 좋을지 그것마저 정하지 못하고 있습니다. 우리가 만든 정신분석학설의 체계는 실제로 하나의 상부구조이며 언젠가 그 아래 기질적(器質的)인 토대가 닦아져야 할 것이지만 그 토대에 관해서 우리는 아무것도 모르고 있습니다.

정신분석의 학문으로서의 특징은 그것이 취급하는 소재에 있는 것이 아니고 그것이 사용하는 기법에 있습니다. 정신분석학은 노이로제론에 적용되는 것과 마찬가지로 문화사, 종교학 및 신화학에도 그 본질을 손상하지 않고 적용할 수 있습니다. 정신분석학은 심적 생활에서 무의식 발견이라는 것 외에는 아무것도 의도하지 않고 바로 그 일을 해냈습니다. 직접 독물성 상해에 의해 그 증상이 생긴다고 생각되는 현실 노이로제의 여러 문제는 정신분석에 대해 아무런 공격점을 제시하지 않으며, 또 정신분석은 현실 노이로제의 여러 문제의 해명은 조금밖에 밝히지 못했고 그 과제의 구명(究明)은 생물학적·의학적 연구에 맡기지 않을 수 없습니다.

이제야 여러분은 내가 왜 내 재료를 다른 방법으로 정리하지 않으려 했는가를 한층 이해했을 것입니다. 만일 내가 여러분에게 '노이로제론 입문'을 이야기하기로 약속했다면 현실 노이로제라는 단순한 형식에서부터 리비도의 장해에 따른 복잡한 심적 질환으로 들어가는 것이 틀림없이 정당한 방법이었을 것입니다. 그리고 나는 최초의 현실 노이로제에서는 우리가 여러 면에서 경험한 것과 혹은 알고 있다고 믿고 있는 것을 정리해서 이야기했어야 했을 것입니다. 또 다음 심인 노이로제에서는 이러한 병상을 해명하기 위해 가장 중요한 기법상의 보조수단으로서 정신분석에 이야기가 미치게 되었을 것입니다. 그러나 나는 '정신분석 입문'을 의도했으며 또 그와 같은 제목을 내걸었던 것입니다. 여러분이 노이로제에 대해 어떤 종류의 지식을 얻는 것보다도 정신분석에 대해 어떤 관념을 가져주는 것만이 내게 보다 중요한 일이었습니다. 그러므로 나로서는 정신분석에 있어서는 그리 도움이 되지 않는 현실 노이로제를 전면에 내놓을 수 없었던 것입니다. 나는 여러분이 보다 유익한 선택을 했다고 믿고 있습니다. 왜냐하면 정신분석학의 전제는 심원하고 그 관련된 것 또한 광대하므로 정신분석이야말로 모든 교양인의 관심 속에 한 부분을 차지할 만큼 가치가 있기 때문입니다. 그러나 노이로제론은 다른 모든 이론과 마찬가지로 의학의 한 장(章)에 지나지 않습니다.

그러나 우리가 틀림없이 현실 노이로제에 대해서도 약간의 관심을 나타낼 것이라고 여러분이 기대하는 것은 무리가 아닙니다. 현실 노이로제가 심인 노이로제와 임상적으로 밀접한 관련을 갖고 있는 것만으로도 벌써 우리의 관심을 끌게 합니다. 여기서 우리가 현실 노이로제를 '신경쇠약(노이라스테니아)'[10] '불안 노이로제'[11] 및 '심기증(心氣症 : 히포콘드리)'[12]이라는 순수한 세 가지 형으로 구별하고 있음을 말해 두겠습니다. 이 분류에도 반대가 없었던 것은 아닙니다. 물론 이러한 명칭은 모두 현재 사용되고 있지만 어느 것이나 그 내용은 규정되어 있지 않으며 정설이 없습니다. 의사들 중에는 노이로제적인 여러 현상이 뒤섞여 있는 세계에서는, 어떤 구별을 짓는 것이나 또 임상적인 질환단위, 즉 개별의 병을 특징짓는 것에 반대하고, 현실 노이로제와 심인 노이로제를 나누는 것마저 인정하지 않는 사람들이 있습니다.

그러나 나는 이와 같은 사람은 너무 극단적으로 치닫기 쉬우며 진보적인 길을 택하지 않았다고 생각됩니다. 앞에서 말했던 노이로제의 여러 형은 때로는 순수한 형으로 나타날 때도 있지만 서로 뒤섞여서 심인 노이로제의 증상과 혼합되어 있을 때가 많습니다. 그러나 우리는 이 같은 혼합현상이 있다 해서 앞에서 기술한 것과 같은 분류를 포기할 필요는 없습니다.

광물학에서의 광석학과 암석학의 구별을 생각해 보십시오. 광석은 개체로 기술되어 있습니다. 그것은 분명히 광석이 자주 결정되어 그 주위의 것에서 판연하게 구별된 모습으로 나온다는 사정에 의한 것입니다. 암석은 여러 가지 광석의 혼합

10) 기분적으로 초조하고 피로하기 쉬운 두 가지 점(자극성 섬약(纖弱)이라고도 한다)을 주된 징후로 하는 노이로제적 상태. 1869년 미국의 G. M. 비어드에 의해서 제창되고 곧 세계를 풍미한 병명이 되었다. 프로이트의 시대에는 하나의 독립된 노이로제로 간주하는 경향이 있었으나 현재는 여러 가지 경우에 생기는 일종의 병적 반응으로 여겨지고 있다.
11) 프로이트에 있어서는 정상적인 성행위가 행해질 때 일어나는 일종의 불안을 핵심으로 하는 노이로제이다. 심인(心因)의 유무에 의해서 불안 히스테리와 구별되지만, 이 불안은 부동성(浮動性)이며 기대불안의 성격을 갖는다. 오늘날에는 불안 노이로제와 불안 히스테리는 반드시 프로이트적으로 구별되어 있지 않다.
12) 신경증의 한 임상형(臨床型). 건강에 대한 자신(自信)의 결여·상실로 시작되어, 건강하면서도 병이 있는 것같이 생각하여 괴로워하는 병적 상태. 신경질의 기초로 여겨지고 있다. 여기서는 신체기능에 대한 위구(危懼)를 주증상으로 하는 노이로제를 의미한다.

된 것으로 이루어져 있습니다. 그러나 이 혼합은 우연적이 아닌 것은 분명하며 그 생성시의 조건의 결과로서 함께 된 것입니다. 노이로제론에서 암석학에 닮은 것을 만들기에는 아직 그 발전과정을 우리는 너무 이해하지 못하고 있습니다. 그러나 우리가 우선은 커다란 덩어리 중에서 식별할 수 있는 것, 즉 광석에 비교할 수 있는 것으로서의 임상적 개체를 분리한다고 하면 우리가 하고 있는 것은 올바른 것이라 하겠습니다.

현실 노이로제와 심인 노이로제의 증상 사이의 주목할 만한 관계는 심인 노이로제에서의 증상형성에 관한 우리의 지식에 하나의 중대한 기여를 합니다. 즉 현실 노이로제의 증상은 심인 노이로제 증상의 중핵이며 전단계라는 것이 자주 있다는 것입니다. 이 같은 관계는 신경쇠약과 전환 히스테리라고 불리는 감정전이 노이로제와의 사이에, 또 동시에 히포콘드리와 나중에 파라프레니아(조발성 치매〔早發性痴呆〕 및 파라노이아)[13]를 이야기하게 될 병의 유형 사이에 가장 확실하게 관찰됩니다. 그 예로서 히스테리성 두통 또는 요통의 예를 들어봅시다. 분석 결과 이 통증은 압축과 치환에 의한 다수의 리비도적 공상 또는 회상에 대한 대상적 만족이라는 것을 알 수 있습니다. 그러나 이 동통은 일찍이 현실에도 있었던 것입니다. 그때는 직접적으로 성적 독소에 의한 증상, 리비도적 흥분의 신체적 표현이었습니다. 우리는 결코 모든 히스테리성 증상이 이와 같은 중핵을 포함하고 있다고 주장할 생각은 없습니다. 그러나 그와 같은 예가 특히 많다는 것과 리비도적 흥분이 신체에 모든 —— 정상 또는 병적인 —— 영향을 미치는 것은 오히려 히스테리의 증상형성에서 큰 역할을 한다는 것은 끝까지 변하지 않습니다. 이러한 영향은 그 경우 진주조개가 진주모(眞珠母) 물질의 외피로 싼 저 모래알 같은 역할을 합니다. 이와 같은 방법으로 성행위에 따른 성적 흥분의 일시적 증후는 증상을 형성하는 데 가장 알맞고 가장 적당한 재료로서 심인 노이로제에 의해 이용됩니다.

이와 유사한 어떤 과정이 진단에 있어서나 치료에 있어서 특수한 관심을 끕니다. 증상이 심한 노이로제에 걸리지 않았다 해도 어쨌든 노이로제에 걸리기 쉬운

---

13) 조발성 치매(정신분열증)와 파라노이아를 합쳐서 프로이트는 파라프레니아라 부르고 있다. 정통적인 정신병학에서 파라프레니아는 이 양자의 중간에 있는 것(크레펠린)이며, 아주 특이한 논리적인 구조를 가진 망상을 주로 하면서도 자아장해와 환각 등을 나타내지 않는 정신병 일종으로 간주되고 있다.

사람들 사이에서는 병적인 신체변화——예를 들어 염증 또는 외상에 의한——
가 증상형성의 활동을 자극하여 현실로 그곳에 주어진 증상을, 표현수단을 내것
으로 노리고 있던 저 모든 무의식적 공상의 대표자로 성급하게 만들어버리는 것
은 조금도 드문 일이 아닙니다. 이런 경우 의사는 어떤 때는 이 치료법, 또 어떤
때는 저 치료법을 사용하여 귀찮은 노이로제라는 부산물에는 개의치 않고 기질적
병변(器質的病變)이라는 기초를 제거하려고 한다든가, 또는 이따금 생긴 노이로
제를 정복하려고 그곳에 있는 기질적인 유인에 주의하지 않는다든가 그 어느 쪽
일 것입니다. 그 결과 어떤 때는 이 방법이, 또 어떤 때는 다른 방법이 옳다거나
옳지 않다고 할 것입니다. 이와 같은 혼합증 경우에는 일반적인 법칙을 만든다는
것은 거의 불가능합니다.

제25강 불 안

여러분! 지난번 강의에서 일반적인 신경질에 대해 이야기한 것을 여러분은 틀림없이 내 보고 중에서 가장 불완전하며 가장 불충분한 것으로 생각할 것입니다. 그것은 나도 알고 있지만 그 강의에서 불안문제에 대해 조금도 언급하지 않았던 것이 여러분에게 이상한 느낌을 주게 되지 않았나 하는 생각이 듭니다. 불안은 대부분의 신경질 환자가 호소하는 것으로 그들 자신의 가장 무서운 고민이며, 실제 그들 사이에서는 극히 심한 강도에 달하고, 따라서 정말로 어이없는 처치를 생각하는 일도 자주 있습니다. 그러나 적어도 나는 불안문제를 간단하게 끝내려고 했던 것은 아닙니다. 오히려 나는 신경질 환자의 불안문제에 특별히 초점을 맞추어 그것을 여러분 앞에서 자세하게 논구해 보려고 했던 것입니다.

불안 그 자체를 여러분에게 소개할 필요는 물론 없겠지요. 우리는 누구나 다 이 감각, 더 정확하게 말하면 이 감정상태를 언젠가 한번은 경험했을 것입니다. 그러나 우리는 다름 아닌 신경질 환자만이 왜 다른 사람보다 더욱 유난히 그만큼 많은, 더구나 그토록 강한 불안을 안게 되는가라는 것을 충분히 그리고 진지하게 문제삼지 않았던 것 같습니다. 아마도 세상 사람들은 그것을 자명한 것으로 생각했을 것입니다. 현재 '신경질적'이라는 것과 '불안하다'는 말은 마치 동일한 것을 의미하는 듯 구별없이 사용되고 있습니다. 그러나 그렇게 하는 데 정당한 이유는 없습니다. 다른 점에서는 조금도 신경질적이 아닌데 불안해 하는 사람이 있고, 신경질로 많은 증상에 괴로움을 당하고 있으면서 그 증상에는 불안의 경향이 보이지 않는 사람도 있습니다.

그런 일은 어찌 되었건 불안문제는 모든 종류의 극히 중대한 제문제가 그곳에서 결합되는 절점(節點)[1]이라는 것은 분명합니다. 즉 불안문제란 그것을 해결하면 우리의 심적 생활 전체 위에 풍요로운 빛을 뿌릴 것이 틀림없다고 생각되는 수수께끼라는 것입니다. 나는 이 점에 대해서 충분한 해결을 여러분에게 보여줄 수 있다고 주장하지는 않습니다. 그러나 여러분은 정신분석학에서는 이 테마도 학교 의학과는 전혀 다른 방법으로 취급할 것이라고 기대할 것입니다. 학교 의학에서는 무엇보다 먼저 어떠한 해부학적 경로에 의해 불안상태가 생기느냐라는 점에 관심이 주어지고 있는 것 같습니다. 즉 이것은 연수(延髓)가 자극받은 상태에 있다고 합니다. 환자는 미주(迷走)신경 노이로제[2]에 걸려 있다고 배우게 됩니다. 연수는 아주 중요하고 훌륭한 대상(對象)입니다. 몇 해 전에 그 얼마나 많은 시간과 노력을 이 연수의 연구에 바쳤는가를 나는 지금도 생생히 기억할 수 있습니다. 그러나 지금 불안 심리학적인 이해를 문제로 삼을 때 불안의 흥분이 달리는 신경경로의 지식만큼 나에게 있어 관심갖지 않을 수 없는 것은 없다고 하겠습니다.

불안에 대해서는 당분간 신경질 일반에 대해 언급하지 않아도 다루어 나갈 수 있습니다. 내가 이 불안을 '노이로제적' 불안에 대비하는 의미에서 '현실' 불안이라 부른다면 여러분은 어려움 없이 내 말을 이해할 것입니다. 현실 불안은 우리에게는 이론에 맞는 이해하기 쉬운 것으로 생각됩니다. 우리가 말하고 싶은 것은 현실 불안은 어떤 외계로부터의 위험, 다시 말하면 예기하고 예견한 상해를 느낄

---

1) 렌즈계(系)의 주점(主點)·초점과 함께 늘어서는 중요한 요점의 하나. 이 점을 통과하는 광선은 렌즈계에서 굴절하거나 방향을 바꾸지 않고 통과한다.
2) 미주(迷走)신경은 연수에서 나오는 열번째의 뇌신경을 말한다. 옛날에는 폐위(肺胃)신경으로 불렸던 점으로 미루어 알 수 있듯이 내장에 널리 분지(分枝)·분포되어 각 기능의 조정에 관계하고 있다. 교감(交感)신경과 길항(拮抗)적인 작용을 나타내는 경우가 많다. 이 신경의 기능항진(亢進), 또는 교감신경의 항진, 보다 정확히 말해서 양자의 기능적 조화가 깨질 때는 여러 기관(器官)의 변조를 초래한다. 이것을 미주신경 기능에 착안하여 미주신경 노이로제, 또는 자율신경 노이로제로 부른 적이 있다. 오늘날에는 이 말은 거의 쓰고 있지 않다.

때의 반응이며 도피반사와 결부되어 있는 것입니다. 그러므로 현실 불안은 자기 보존 욕동의 표현이라 보아도 상관없습니다. 어떤 기회에, 즉 어떤 대상 앞에서 어떠한 상황에 처할 때 불안이 출현하느냐라는 문제는 물론 대부분은 우리들 지식 정도와 외계에 대한 우리의 권력감 여하에 따를 것입니다. 우리에게도 잘 알려져 있지만 야만인은 대포를 무서워하고 일식이 일어날 때는 불안에 휩싸이지만, 대포라는 도구를 사용하고 일식의 현상을 예언할 수 있는 백인은 이런 조건 아래 있어서도 불안을 느끼지 않는 것은 지극히 당연하다 하겠습니다. 그리고 지식이 너무 많으면 바로 불안을 조장하는 것이 되는데 그것은 그 지식 때문에 위험을 조기에 느끼게 되기 때문입니다. 그러므로 미개인은 숲속에서 맹수의 발자국을 발견하게 되면 놀라는데 이것은 발자국이 맹수가 근방에 있다는 것을 가르쳐주는 것이며, 그것을 알지 못하는 자에게는 아무런 의미가 없는 것입니다. 노련한 뱃사공이 하늘에 떠 있는 한 조각 구름을 보고 놀라는 것은 손님에게는 아무렇지도 않게 생각되는 그 구름이 뱃사공에게는 태풍의 접근을 알리기 때문입니다.

더욱 잘 생각해 보면 현실 불안이 합리적이며 목적에 꼭 맞는 것이라는 판단에는 근본적인 수정이 필요할 것입니다. 즉 위험이 닥쳤을 때 취하는 목적에 맞는 유일한 행동은 자기 자신의 힘을 그 위협의 크기와 비교하여 냉정히 평가하고 그러고 나서 도주하든가 방어하든가 아니면 적극적으로 공격하든가 그중 어느 쪽이 좋은 결과를 가져올 가망이 큰가를 결정하는 데 있을 것입니다. 그러나 이 연관에는 불안이 차지할 장소는 없습니다. 불안이 있든 없든 일어날 사태는 똑같이 일어날 것이나 오히려 불안이 생기지 않는 쪽이 아마 더 잘 될 것입니다. 불안이 도를 넘어 강해지면 목적에 크게 어긋난다는 것도 알고 있습니다. 불안이 모든 동작을, 때로는 도주의 동작마저 마비시킨다는 것은 여러분도 잘 알고 있을 것입니다. 위험에 대한 반응은 불안한 감정과 방어의 동작이 혼합된 것으로 구성되어 있습니다. 놀란 동물은 불안에 떨며 도망치지만 목적에 맞는 점은 '도망치는 것'이며 '불안에 떠는 것'은 아닙니다.

그러므로 불안의 발생은 결코 목적에 적합한 것은 아니라고 주장하고 싶어집니다. 불안의 상황을 좀더 주의깊게 분해하면 아마도 한층 뛰어난 통찰을 얻는 데 도움이 될 것입니다. 불안의 첫째 점은 위험에 대응하는 준비라는 것입니다. 그것은 감각적인 주의력의 앙양과 운동성 긴장의 앙양으로 나타납니다. 이와 같이 예기하여 준비해 둘 것은 문제없이 유익한 것으로 인정됩니다. 아니 이 준비가 결여되어 있으면 그 때문에 중대한 결과를 초래하게 될 것입니다. 이 준비에서는 한쪽에서는 운동성 행동, 즉 당장은 도주, 이보다 높은 단계의 것으로는 활동적인 방어가 생기고, 다른 한편으로는 우리가 불안상태로서 느끼는 것이 생기게 됩니다. 불안의 발생이 단순한 발단, 신호 정도로 한정되면 될수록 불안이라는 준비태세로부터 행동으로의 전환은 지장없이 행해지게 되고, 전체의 경과도 그만큼 목적에 따르게 됩니다. 그러므로 불안에서 생기는 준비는 우리가 불안이라 부르는 것의 목적에 적절한 면이며, 불안의 전개는 목적에 적절치 못한 것으로 나는 생각됩니다.

불안·공포·경악이라는 말이 같은 의미로 쓰이고 있는가, 분명히 다른 의미를 갖는가라는 질문에는 자세히 따지고 들어가지 않기로 하겠습니다. 다만 불안은 상태에 관계하는 대상을 도외시하고 있지만, 공포는 틀림없이 주의를 향하고 있다고 생각됩니다. 이에 반하여 경악은 어떤 특별한 의미를 갖고 있는 것 같습니다. 즉 불안이 낳은 준비상태에서는 받아들일 수 없는 위험한 결과를 강조하는 것입니다. 그렇다면 인간은 불안에 의해 경악을 예방하고 있다고 말할 수 있습니다.

'불안'이라는 말을 쓸 때 따라다니는 어떤 애매성과 부정확함은 여러분도 빠뜨리는 일은 없었겠지요. 대개 우리는 불안이라는 말을 '불안의 발생'을 인지함으로써 빠지는 주관적인 상태라는 의미로 해석하고 있으며, 이 상태를 감정이라고 부르고 있습니다. 그러나 다이내믹한 의미에서 감정이란 무엇일까요. 어쨌든 대단히 많은 것의 복합체입니다. 감정은 첫째로 일정한 운동성 신경지배 또는 발산을 포함하며, 둘째로 어떤 감각 그것도 두 종류의 감각, 즉 일어난 운동 행위의 지각(知覺)과 감정에 기본음(基本音)을 부여하고 있다고 하는 직접적인 쾌감 및 불쾌감을 포함하고 있습니다. 그러나 나는 이와 같이 예기한 것만으로는 감정의 본질이 적절하게 표현되었다고는 생각하지 않습니다. 몇 감정의 경우 보다 깊이 파고 들어가보면 앞에서 말한 불안이라는 복합체를 결집케 하는 핵심은 어떤 특정한 깊은 의미를 가진 체험의 반복이라는 것이 인식되는 것 같습니다. 이 체험은 대단히 보편적인 성격을 가진 극히 빠른 어느 시기의 인상, 즉 개체의 전사(前史)에 속한 것이 아니고 종족의 전사를 거슬러 올라가 찾아볼 수 있는 인상일 것입니다. 내가 말하고 싶은 점을 이해할 수 있게 하기 위해서 이 감정상태는 히스테리 발작이 어떤 회상(回想)의 침전의 어떤 것과 동일한 구조를 갖고 있다고 말해도 좋습니다. 즉 히스테리 발작은 새로 형성된 개체적인 감정에 대비되고, 정상적인 감정은 상속권을 갖게 된 일반 히스테리에 대비됩니다.

내가 여기서 감정에 대해 이야기했던 것을 정상심리학에서 승인된 설로 받아들이지 마십시오. 오히려 반대로 이들 견해는 정신분석이라는 토양 위에서 성장하고 다만 그곳에서만 뿌리를 내리고 있는 생각인 것입니다. 여러분이 심리학에서 감정에 대해 배울 것, 이를테면 제임스 랑게설[3]은 우리 정신분석자에 있어서는 오히려 불가해하며 논할 가치도 없는 것입니다. 그러나 우리는 감정에 대한 우리의 지식이 지극히 확실한 것이라고는 생각지 않습니다. 우리의 지식은 이 애매한 영역에서 어떻게 예측하느냐 하는 최초의 시도입니다.

그런데 앞으로 좀더 계속해 보십시다. 불안한 감정의 경우 우리는 그것이 어떤 조기 인상을 반복의 형태로 다시 마음에 떠오르게 하는가를 알고 있다고 믿습니다. 그것은 '출산 행위'라고 우리는 말하는 것입니다. 출산 행위 때는 불쾌감, 분만의 흥분 및 신체감각 등의 집약화가 행해지는데, 이것이 생명의 위험이 생기는 원형이 되고 그 이후 불안상태로서 우리에 의해 되풀이됩니다. 혈액의 신선화(내호흡)[4] 중단에 의한 이상 자극의 증대가 출산시의 불안체험의 원인이었던 것입니다. 즉 최초의 불안은 독소에 의한 불안이었습니다. 불안(Angst)이라는 명칭 —— 라틴어의 angustiae는 좁다는 뜻이지만 —— 은 숨이 가쁘다고 하는, 출산시에 현실로 보는 상황의 결과로서 현존하는 특징을 강조하는 것입니다. 그리고 그것이 오늘날에 있어서는 감정 속에서 거의 정해지듯 재현되고 있습니다. 우리는 또한 저 최초의 불안상태가 모체로부터 떨어지는 것에서 생긴다는 것도 관계있는 것으로 인정하는 것입니다. 최초의 불안상태를 되풀이하는 소질은 한없는 세대의 계열을 통해 유기체로 깊이 심어진 결과 한 사람 한 사람 개인은 비록 전설상

---

3) 제임스 랑게 서설란드설(說)이라고도 한다. 미국의 심리학자 W. 제임스(1842~1910)와 독일의 C. 랑게(1834~1900)가 거의 동시에 발표한 정서(情緖)의 본질에 대한 설. 이 설은 자극→정서→신체변화가 아니라 자극→신체변화→정서의 순으로 간주된 것. 즉 슬프기 때문에 울고 무서워서 떠는 것이 아니라 울기 때문에 슬퍼지고 떨기 때문에 무서워진다는 말초 기원설이다. 현재는 전면적인 신뢰를 얻은 설이라고는 할 수 없으나 일부의 진실은 파악되고 있다고 말할 수 있을 것이다.

4) 호흡의 결과로 체액과 조직세포 사이의 가스 교환을 말한다. 체액이 없는 식물이나 하등 동물에는 이 구별이 없음.

의 맥다프[5]처럼 '어머니의 배를 가르고 꺼낸' 인간, 즉 출산 행위 그 자체를 경험하지 않은 인간이라 해도 불안감정을 피할 수 없다는 것을 우리는 물론 확신하고 있습니다. 포유동물 이외의 동물의 경우 불안상태의 원형이 된 것이 무엇인가라는 것은 우리는 말할 수 없습니다. 따라서 우리는 또한 이들 동물에 있어서 어떤 감각의 복합체가 우리의 불안에 상당하는 것인가도 모릅니다.

아마 여러분은 출산 행위가 불안감정의 원천이며 원형이라는 것을 어떻게 해서 생각하게 되었는가 묻고 싶은 관심을 갖고 있을 것입니다. 그것에는 사변(思辨) 등 대부분 관여하지 않았습니다. 나는 오히려 민중의 소박한 생각에서 그것을 착상하게 되었습니다.

훨씬 이전 우리 젊은 의사들이 식당에서 점심을 같이 먹을 때의 일입니다. 산부인과의 한 조수가 최근 조산원 시험 때 있었던 재미있는 이야기를 들려주었습니다. "분만 때 태변(胎便 : 배내똥. 태아의 배설물)이 양수 속에 있는 것은 무엇을 의미하느냐라는 질문에 어떤 수험자가 그자리에서 태아가 불안을 느끼고 있다고 대답했다. 그녀는 웃음거리가 되어 낙제했다"라는 것이었습니다. 그러나 나는 마음속으로 그녀의 편을 들었습니다.

그리고 민중의 한 사람인 이 가엾은 여성이 주저하지 않고 말했던 이 사고방식이야말로 어떤 중대한 것을 분명히한 것이라고 깨닫게 되었던 것입니다.

그러면 노이로제의 불안에 이야기를 옮기기로 하고 신경질 환자의 경우 이 불안은 어떤 새로운 현상형태나 사정을 나타낼까요. 그 점에 대해서는 말할 것이 많이 있습니다.

첫째, 일반적인 불안, 이른바 자유로이 떠다니는 불안이 있습니다. 이런 불안은 적당한 것이면 어떠한 표상내용에도 결부되어 판단에 영향을 주고, 어떤 종류의 예상을 선출하고 모든 기회를 포착하여 자기를 정당화하려고 합니다. 우리는 이 상태를 '예기 불안' 또는 '불안한 예기'라고 부르고 있습니다. 이런 종류의 불안에 젖은 사람들은 모든 가능성에서 가장 무서운 가능성을 예견합니다. 우연한 것도 모두 불행의 전조로 해석하고, 불확실한 것은 모두 나쁜 의미로 받아들입니다. 이와 같이 불행을 예기하는 경향은 일반적으로 병과는 상관없는 많은 사람들 중에서도 찾아볼 수 있는 성격입니다. 이런 사람들은 걱정꾼이라든가 페시미스트

---

5) 셰익스피어의 작품 (맥베스)에 나오는 스코틀랜드의 귀족. 이 독백은 제5막 제8장에 나온다.

라고 비난받습니다. 그러나 유달리 남의 눈에 띌 정도의 예기 불안은 현실 노이
로제의 하나인 내가 '불안 신경증'이라고 이름붙인 노이로제 질환에 속합니다.

두번째 형식의 불안은 방금 말했던 형식과는 반대로 오히려 심적으로 제한이
있고, 어떤 종류의 대상 또는 상황에 결부되어 있습니다. 그것은 매우 다양하고
특이한 '포비아(공포증)'[6]의 불안입니다. 미국의 유명한 심리학자 스탠리 홀[7]은
최근 고심 끝에 이 다수의 포비아의 모든 것에 눈부시게 빛나는 그리스어의 이름
을 붙였습니다. 그것은 이집트의 10가지 재액을 세는 것처럼 들렸는데 다만 다른
점은 그 수가 열을 넘고 있다는 것입니다. 즉 암흑·옥외의 공기·광장·고양
이·거미·벌레·뱀·생쥐·황천(荒天)·날카로운 뾰족한 것·피·닫힌 방·혼
잡·고독·다리를 건너는 일·바다 여행·기차 여행 등등이 그것입니다.

첫걸음에 이들 잡다한 것에 대해 방향을 정하려 하니 즉시 마음에 떠오른 것은
이것을 세 그룹으로 구별하는 일입니다. 이들 포비아의 대상이나 상황 속에는 우
리 정상인에게도 기분이 이상해지는 것, 위험이 없지 않은 것도 적지않이 있습니
다. 이들에 대한 포비아는 그 강도라는 점에서는 극히 극단적이지만 우리에게 있
어 어쨌든 불가해한 것만은 아닌 것 같습니다. 우리도 대개 뱀을 보면 혐오감을
일으킵니다. 뱀 포비아는 인간이 갖는 일반적 포비아라고 할 수 있을 것입니다.
찰스 다윈은 자신을 향해 돌진해 오는 뱀을 보았을 때 두꺼운 유리판으로 인하여
자신의 몸은 괜찮은 줄 알면서도 불안감을 갖지 않을 수 없었다고 인상깊게 기술
하고 있습니다.[8]

두번째 그룹에서 우리는 다음과 같은 여러 예를 들겠습니다. 즉 위험과의 관계
는 역시 존재하고는 있지만 그러나 일반적으로 이 위험은 경시되고 있으며, 그것
을 맨 먼저 생각지 않는 습관이 되어 있는 경우입니다. 이에 속하는 것은 대부분
상황 포비아[9]입니다. 우리는 기차 여행은 집에 있을 때보다 재난을 당할 기

6) 정상인도 납득할 수 있는 대상 혹은 상황이 이해하기 힘들 정도의 심한 공포(예를 들면
   뱀 공포, 높은 곳의 공포)를 불러일으키기도 하지만 때로는 그 공포가 발생하는 근거가 전
   혀 없고, 정상인으로서는 이해할 수 없는 공포(예를 들면 도로 공포, 폐실[閉室] 공포)인
   경우도 있다.
7) 제임스의 제자이며 미국 심리학 창시자의 한 사람. 존스 홉킨스 대학 교수. 프로이트를
   미국에 처음 초대한 사람으로 정신분석의 신대륙 보급에 공헌했다.
8) 《인간 및 동물의 표정》 제1장 참조.
9) 기차를 탄다, 높은 곳에 있다, 문이 닫힌 실내에 있다는 등, 정상인에게는 특별히 현저한

회, 즉 열차가 충돌할 위험성이 많다는 것을 알고 있으며, 배의 경우는 침몰할 경우가 있으며 침몰하면 익사하는 것이 일반적이라는 것도 알고 있습니다. 그러나 우리는 이러한 위험이나 불안을 느끼지 않고 기차나 기선으로 여행을 하고 있습니다. 또 자신이 지나갈 때 다리가 끊어지면 물속에 빠진다는 것은 부정할 수 없는 일이지만 그런 일은 여간해서 일어나는 일이 아니므로 위험한 일이라고는 전혀 생각하지 않는 것입니다. 혼자 있는 것도 위험성이 있습니다. 사실 우리는 어떤 경우에는 혼자 있기를 꺼립니다. 그러나 어떠한 조건에서도 혼자는 잠시도 있지 못하는 정도는 아닙니다. 비슷한 일은 혼잡, 닫혀진 방이나 황천 등에도 해당됩니다.

다만 노이로제 환자에게 볼 수 있는 이러한 종류의 포비아가 우리에게 이상한 생각을 일으키게 되는 것은 일반적으로 말하면 그 내용이 아니라 오히려 그 이상한 강도입니다.

포비아에 수반되는 불안은 그야말로 반박할 여지가 없는 것입니다! 게다가 어떤 경우에는 우리마저 불안을 느끼는 일이 있는 사물이나 상황에 대해서 노이로제 환자는 똑같이 불안이라고 부르면서 조금도 불안해 하지 않는 것이 아니냐라는 인상을 받는 적이 적지않습니다.

또 세번째 그룹의 포비아가 남아 있는데 그것은 우리의 이해력으로는 전혀 따라갈 수 없습니다. 매우 힘이 센 청년이 고향의 익숙한 길이나 광장을 불안 때문에 지나갈 수 없다든가, 건강하고 훌륭하게 성장한 부인이 고양이가 옷자락에 재롱을 부리고 생쥐가 방안을 지나갔다고 기절하는 불안에 빠진 경우에는 우리는 어떻게 그것이 위험과 결부되었다고 생각하면 좋을까요. 이러한 위험과의 결부는 포비아 환자에게는 이 경우에도 분명히 존재하고 있습니다. 이 세번째 그룹에 속하는 동물 포비아는 인간이 보통 지니고 있는 혐오감이 높아진 것은 아닙니다. 그 반대의 경우를 보여주는 좋은 예로서 고양이만 보면 불러서 애무하지 않고는 그냥 지나칠 수 없는 사람이 많으며, 또 여성들이 무척 무서워하는 쥐는 동시에 최고의 애칭이 되기 때문입니다. 애인으로부터 귀여운 쥐라고 불리면 기분 좋아하는 소녀가 많이 있는데, 그 소녀들이 같은 이름의 귀여운 작은 동물을 보면 놀라서 비명을 지릅니다.

불안을 느끼게 하지 않는 특정한 상황하에 있을 때 야기되는 공포. 그 상황을 예기해도 공포가 일어나는 수 있다.

길거리나 광장에서 불안을 느낀다는 남성에 대해서는 어린이 같은 행동을 취한 다는 단 하나의 설명이 마음에 떠오릅니다. 어린이는 이와 같은 상황은 위험하므 로 피하도록 교육에 의하여 직접 배우게 됩니다.

우리의 광장 포비아[10] 환자도 누군가가 따라가면 그 장소를 지나갈 때는 실제 로 불안을 느끼지 않습니다.

여기에 기술했던 두 형식의 불안, 즉 자유롭게 떠다니는 예기 불안과 포비아에 따르는 불안은 서로 관계가 없습니다. 한쪽의 불안이 다른 한쪽 불안보다 높은 단계의 것이라는 것은 아니며, 예외적으로 양쪽이 동시에 나타나는 일이 있어도 그것은 소위 우연인 것입니다. 가장 강한 일반적 불안은 포비아에만 나타나는 것 은 아닙니다. 광장 포비아 때문에 생활 전체를 제한당한 사람들도 페시미즘으로 채색된 예기 불안으로부터는 완전히 자유로워질 수 있습니다. 포비아 중의 상당 한 것, 이를테면 광장 불안이나 철도 불안 등에서는 어른이 된 후에 비로소 나타 나며, 암흑・뇌우・동물 등에 대한 불안은 최초부터 존재한다고 생각됩니다. 전 자와 같은 종류의 포비아는 중대한 병으로서의 의의를 갖지만, 후자는 오히려 기 벽(奇癖) 또는 변덕처럼 보입니다. 이 후자의 불안 중 어느 것을 나타내는 사람 은 일반적으로 다른 면에 있어서도 그와 닮은 불안이 있다고 추측해도 틀림없습 니다. 부언해 둘 것은 우리들은 이러한 포비아를 합쳐서 '불안 히스테리'로 간주 한다는 것, 즉 널리 알려진 전환 히스테리에 매우 가까운 질환으로 본다는 것입 니다.

노이로제적 불안의 세번째 형식에서 우리는 불안과 다가오는 위험과의 연관을 완전히 놓쳐버린 수수께끼 앞에 서게 됩니다. 이 불안은 이를테면 히스테리의 경 우에 히스테리성 증상에 수반되어 나타나기도 하고, 또는 우리가 어떤 감동의 표 출은 예기한다 해도 설마 불안감정 등은 대부분 예기치 않은 흥분의 임의적 조 건하에 나타나고, 또 모든 조건과는 완전히 분리되어 우리에게도 환자에게도 다 같이 이해할 수 없는 자유로운 불안 발작으로 나타나기도 합니다. 이 경우에는 위험 또는 과장하면 위험에까지 고조될 수 있는 계기는 전혀 문제가 되지 않습니 다. 그래서 이들의 자연발생적인 발작에 있어서는 우리가 불안상태라고 부르는 복잡한 것은 분열이 가능하다는 것을 알 수 있습니다. 발작 전체는 강하게 완성

---

10) 특정한 장소에 나오는 일, 또는 그 장소로 향함으로써 일어나는 노이로제적 공포. 상황 포비아의 하나.

된 개개의 증상, 즉 대표적인 것은 떨림, 현기증, 심계항진(心悸亢進), 호흡곤란 등이며 우리가 불안을 아는 실마리로 하는 일반 감정이 그때 결여되어 있거나 또는 명료하지 않을 때가 있습니다. 그러나 이 상태는 우리가 '불안등가(不安等價)'[11]로 부르는 것으로, 모든 임상적 및 병인론적 관계에서 보아 불안과 같은 위치에 놓일 수 있는 것입니다.

그런데 여기에 두 가지 문제가 일어납니다. 즉 하나는 위험이 아무런 역할도 하지 않는, 또는 매우 사소한 역할만 연출하는 노이로제적 불안과 시종일관 위험에 대한 반응으로 어떤 현실 불안을 관련지을 수 있을까라는 문제이며, 또 하나는 노이로제의 불안은 어떻게 이해하면 좋을까라는 문제입니다. 그러나 우리는 먼저 불안이 있을 때는 그에 대해 불안을 느끼는 어떤 대상이 존재하고 있음에 틀림없다는 기대를 굳게 갖기로 합시다.

그런데 많은 단서가 임상적 관찰에서 생기므로 노이로제적 불안을 이해하기 위해 그 의미를 논구하려 합니다.

a. 예기 불안, 혹은 일반적 불안상태는 성생활에 있어서의 특정한 과정, 즉 내식으로 말하면 리비도의 어떤 종류의 사용법과 긴밀한 의존관계가 있는 것을 확인하는 것은 어렵지 않습니다. 이런 종류로 가장 단순하며 가장 시사하는 바가 많은 예는 소위 헛된 흥분에 드러나 있는 사람들, 바꾸어 말하면 격한 성적 흥분이 마음껏 배출구를 갖지 못하고 만족할 만한 종결에 이르지 못한 사람들에게 생깁니다. 그러므로 이를테면 약혼기간중의 남자나 남편이 정력부족이라든가, 임신에 대한 조심 때문에 성행위를 단축하거나 불완전한 방법으로 행하는 사람의 부인의 경우에 생깁니다.

이와 같은 사정에서는 리비도의 흥분은 소실되고 그 대신 예기 불안이 형태를 취하거나 또는 발작이나 발작등가증(發作等價症)이 되어 불안이 나타납니다. 조심 때문에 성교를 중단하는 것은 그것이 성적 섭생으로 행해지면 남성, 특히 부인의 경우 불안 노이로제의 원인이 되는 것이 보통입니다. 그러므로 이러한 증례의 경우 의사가 실제로 진료할 때 가장 먼저 이 병의 원인을 찾도록 권하는 것입니다. 그리고 잘못된 성적 습관이 교정되면 불안 노이로제도 사라지는 것을 얼마

---

11) 불안의 감정에는 동계(動悸)·냉감증·산동(散瞳) 및 안면의 창백, 소름 등의 교감(交感)신경 기능의 항진을 연상케 하는 신체적 표출(表出)을 동반하지만 이것은 불안의 감정이 의식되지 않고 신체적 표출만이 앞에 나와 있는 것.

든지 경험하는 것입니다.

내가 아는 바로는 성의 억제와 불안상태 사이에 관련이 있다는 사실에 대해서는 정신분석학에 친밀감을 갖지 않는 의사라도 이제 이의를 제기하지는 않습니다. 그러나 그것은 처음부터 불안감을 안기 쉬운 경향을 갖고 있어서 그 때문에 성적인 것도 억제하는 사람들이라는 견해에서 앞에서 기술한 관계를 역으로 생각하는 시도가 되지 않을 것도 없다고 생각합니다. 이와 같은 견해가 틀린 것임을 분명히해 주는 것은 여성의 태도입니다. 여성의 성적 활동은 본질적으로 수동적이며, 바꾸어 말하면 남성의 취급 방법에 의해 규정되기 때문입니다. 여자가 정열적이며 성교를 좋아하고, 만족을 느낄 수 있는 능력이 크면 클수록 여성은 남성의 임포텐츠나 중단 성교에 대해서는 더욱더 확실하게 불안증상이라는 반응을 보이는 것입니다. 그러나 이와 같은 불만스러운 대우는 불감증 여성 또는 리비도가 적은 여성의 경우에는 훨씬 작은 역할만 연출합니다.

의사들이 지금 열심히 권하고 있는 금욕은 불안상태의 발생에 대해 같은 의의를 가질 때가 있지만 그것은 물론 만족의 돌파구를 거부당한 리비도가 그에 상응해서 강해지고 게다가 그 대부분이 승화(昇華) 작용으로는 해결되지 않는 경우입니다. 실로 병이라는 결과를 가져오느냐 않느냐를 결정하는 것은 언제나 양적(量的) 인자입니다. 병이 아니라 성격형성을 생각할 때도 성적 제한은 어떤 종류의 불안상태나 의혹감과 함께 나타나는데, 한편 대담하고 진취적이며 용감하고 적극적인 심적 경향에는 성적 요구에 대한 자유분방함이 따른다는 것도 쉽게 알 수 있습니다. 이런 관계가 여러 문화적인 영향에 의해 어떻게 변하고 복잡하게 되더라도 평균적 인간에게는 불안이 성적 제한과 관계가 있다는 것에는 변함이 없습니다.

나는 여러분에게 리비도와 불안 사이에는 앞에서 말한 것과 같은 발생상의 관계가 있다는 주장을 증명하는 관찰을 아직 전부 내놓지 못했습니다. 이를테면 그 하나에는 여전히 인생의 어느 시기가 불안성 질환에 미치는 영향이 있다는 것입니다. 예를 들어 사춘기나 월경폐쇄기의 영향입니다. 이는 리비도의 생산활동이 현저히 증대하기 때문이라고 생각해도 좋을 것입니다. 또 대부분 흥분상태 때에도 리비도와 불안과의 혼합이나 리비도가 불안에 의해 대상되는 것을 직접 관찰할 수 있습니다. 이와 같은 사실의 모든 것에서 이중의 인상을 받습니다. 첫째 그것은 정상적으로 사용하는 것을 저지당한 리비도의 울적이라는 것이며, 둘째 그때 문제는 어디까지나 신체적인 과정이라는 것입니다. 어떻게 리비도에서 불안이 발생하느냐는 현재로서는 불분명합니다. 다만 리비도가 없어지고 그 대신 불안이 관찰된다는 것뿐입니다.

b. 두번째 단서를 우리는 심인 노이로제, 특히 히스테리의 분석에서 얻습니다. 이미 말했듯이 히스테리에서 불안은 자주 증상과 함께 나타나는데 발작 혹은 지속상태로서 발현하는 증상에 구속되지 않는 불안도 역시 나타납니다. 환자들은 무엇이 불안한가를 말할 수 없으며, 분명히 2차적 가공에 의해 죽음·광기·뇌졸증의 발작 같은 가까이 있는 포비아와 결부짓는 것입니다.

불안이라든가 불안을 수반하는 증상을 낳게 한 상황을 분석해 보면 우리는 어떤 정상적인 심적 경과가 일어나지 않고 불안 현상이 그 대상이 되었는가를 알아맞출 수 있는 것이 보통입니다. 다르게 표현하면 우리는 무의식적 과정을 마치 그 과정이 억압을 경험하지 않고 저지당하지 않은 그대로 의식에 연속한 것처럼 구성할 수 있습니다. 이 과정에는 또 어떤 특정한 감정이 수반되었겠지만, 이제 우리는 놀랍게도 정상적 경과에 따르는 이 감정이 억압되면 그 감정 자신의 질이 어떤 것인가와는 관계없이 어떤 경우에도 불안에 의해 대치되는 것을 알게 됩니다. 그러므로 우리가 히스테리성 불안상태를 눈앞에 둘 때 그 무의식적인 상관물은 이와 유사한 성격을 가진 흥분, 즉 불안·수치·당황이라는 마음의 움직임일 때도 있고, 노여움이나 분노 같은 적극적 리비도의 흥분 또는 적의에 가득 찬 공격적 흥분일 때도 있습니다. 즉 불안은 널리 통용되는 화폐이며 만일 감정의 움직임에 소속되는 표상내용이 억압당하게 되면 모든 감정의 움직임이 불안과 교환되거나 혹은 교환될 수 있습니다.

c. 우리가 세번째 경험하는 것은, 주목할 만한 방법으로 불안에서 벗어난 것처럼 보이는 강박 행위를 나타내는 환자들의 경우입니다. 우리가 그들의 강박 행위, 즉 세척(洗滌)이나 의식 행위를 억제하려고 시도하거나 또는 그들 자신 무리하게 강박증상의 하나를 중지하려고 하면 그들은 무서운 불안에 휩싸여 그 강박 행위를 하지 않고는 배겨나지 못하는 것입니다. 그래서 우리는 강박 행위에 의해 불안이 숨겨지고, 강박 행위는 불안으로부터 피하기 위해 행해진 데 지나지 않다는 것을 알게 됩니다. 그러므로 강박 노이로제의 경우에는 강박증상이 없으면 생겼을 불안이 증상형성에 의해 대상되고 있는 것입니다.

히스테리의 경우를 생각해 보면 우리는 이 노이로제에도 어떤 유사관계, 즉 억압과정의 귀결로서 순수한 불안 발생인지, 증상형성을 동반한 불안인지, 보다 잘 완성되어 불안을 동반하지 않는 증상형성인지 그 어느 것을 발견하게 됩니다. 그러므로 일반적으로 증상이라는 것은 보통 불가피한 불안 발생을 피하기 위해 형성된 것에 불과하다고 말해도 추상적 의미에서 틀린 것은 아니라고 여겨집니다. 이 견해로는 불안은 노이로제 문제에 대한 우리 관심의 소위 중심에 밀려나오게 됩니다.

불안 노이로제의 관찰에서 우리는 리비도의 정상적 사용법에서 벗어남으로써 불안이 생기는데, 그 벗어난다는 것은 신체적 과정을 지반으로 일어난다고 추론했던 것입니다. 히스테리 및 강박 노이로제의 분석에서는 이와 동일한 결과를 가져오는 동일한 리비도 편향은 마음의 법정이 거부했던 결과도 된다는 것이 덧붙여지게 됩니다. 요컨대 노이로제적 불안의 성립에 관해서 우리가 알고 있는 것은 그것뿐이며 아직도 꽤 막연한 것 같습니다. 그러나 나로서는 아직 더 이상 앞으로 나아갈 길은 알지 못합니다. 우리가 자기 자신의 제2의 과제로 한 것, 즉 이상하게 사용된 리비도에 지나지 않는 노이로제적 불안과 위험에 대한 반응인 현실적 불안과 관련짓는 것은 더 한층 해결이 곤란할 것 같습니다. 이 양자는 근본적으로 전혀 상이한 것이라고 생각할지 모르지만, 그럼에도 불구하고 우리는 현실적 불안과 노이로제적 불안을 서로 감각적으로 구별하는 수단을 갖지 못하고 있는 형편입니다.

현실적 불안과 노이로제적 불안 사이에 구하고 있던 연락(連絡)은 우리가 자주 주장했던 자아와 리비도와의 대립을 전제로 하면 결국은 찾을 수 있습니다. 우리가 알고 있듯이 불안 발생은 위험에 대한 자아반응이며 도주 개시를 알리는 신호입니다. 그러므로 노이로제적 불안의 경우에 자아는 자신의 리비도 요구에 도주를 계획하고, 이 내적 위험을 마치 무슨 외적 위험인 것처럼 취급하고 있다는 생각이 자연히 떠오르게 됩니다. 그렇게 되면 불안이 나타난 곳에는 그에 대해 불안을 느끼는 어떤 대상도 또 존재하고 있다는 기대에 가득 차게 됩니다. 그러나 이 비교는 더욱 앞서 나갈 수 있습니다. 외적 위험에서 도주하려는 시도는 유지되어 적절한 방어방책을 세움으로써 교체되듯이 노이로제적 불안의 발생도 또한 불안의 구속을 가능케 하는 증상형성에 길을 양보하는 것입니다.

이해하는 데 곤란한 점은 이제 다른 데 있습니다. 어쨌든 자아가 자기 리비도에서 도주하는 것을 의미하는 불안이 이 리비도 자체에서 생겼으리라는 것입니다. 이 점은 아무래도 애매하고 동시에 어떤 사람의 리비도는 결국 그 사람 것이며, 외부의 사물인 것처럼 그 사람과 대립되는 것이 아니라는 것을 잊지 말라는 경고도 포함되고 있습니다. 불안이 발생함에 있어서 어떤 심적 에너지가 어떤 심적 조직으로부터 발생하고 소비되는가라는 불안 발생의 국소론적인 다이내믹스는 우리에게는 아직 분명치 않습니다. 따라서 나는 이 질문에도 확답을 할 수 없습니다. 그러나 우리의 사색을 돕기 위해 다른 두 가지 실마리를 좇아서 다시 직접 관찰과 분석에 의한 탐구를 이용하는 것을 소홀히 할 생각은 없습니다. 우리는 어린이의 불안 발생과 포비아에 결부되어 있는 노이로제적 불안의 유래로 향하기로 합시다.

어린이의 불안감은 자주 있는 일로서 그것이 노이로제적 불안인가 현실 불안인가를 구별하는 일은 꽤 어려운 것 같습니다. 그건 고사하고 이 구별을 해보아도 어린이의 행동을 보면 그 가치가 의심되는 바입니다. 왜냐하면 한편으로 우리는 어린이가 낯선 사람이나 새로운 상황 그리고 새로운 대상 모든 것에 불안을 느끼는 것을 이상하게 생각하지 않고 이 반응을 어린이의 약함과 무지로 가볍게 설명했다고 생각합니다. 즉 우리는 어린이에게는 현실 불안을 가질 경향이 강하다고 보며 어린이는 이 불안감을 유산으로서 가지고 태어났고 그 일을 전적으로 목적에 적합하다고 보는 것입니다. 어린이는 이 점에 있어서 원시인이나 오늘날의 미개인의 태도를 되풀이하는 것에 불과하다고 봅니다. 그들 원시인이나 미개인은 무지하고 무력하기 때문에 모든 신기한 것에 대해, 또는 오늘날 우리에게는 이미 아무런 불안도 불러일으키지 않는 눈에 익은 많은 사물에 대해 불안을 안게 됩니다. 그러므로 만일 어린이의 포비아가 적어도 그 일부는 우리가 인류발달의 저 원시시대에 있었다고 믿는 포비아와 같은 것이라면 그것은 완전히 우리의 기대와 일치하는 것입니다.

다른 한편 우리는 모든 어린이가 반드시 같은 정도로 불안을 느낀다고 여기지는 않는다는 것, 또 가능한 모든 대상과 상황에 대해 특수한 기죽음을 나타내는 어린이에 한하여 후에 노이로제가 된다는 것도 빠뜨릴 수 없습니다. 그러므로 노이로제의 소인(素因)은 명백하게 현실 불안을 갖기 쉬운 경향에 의해서도 살필 수 있습니다. 즉 불안상태가 1차적 징후로서 나타나는 것입니다. 그리고 어린이도 또한 후에는 그 어린이가 성장하여 어른이 되어도 모든 것에 대해 불안을 느끼기 때문에 자기 리비도의 고조에 대해서도 불안을 느낀다는 결론에 도달하게 됩니다. 이렇게 되면 불안이 리비도에서 생긴다는 것은 부정됩니다. 현실 불안의 조건을 검토해 보면 자신의 약함과 미덥지 못함―― 아들러의 술어로 말하면 열 등―― 의 의식은 그것이 소아기에서 성인기까지 넘어가며, 또 노이로제의 궁극 적 원인이 되는 견해에 이르게 됩니다.

이것은 대단히 단순하며 매력적으로 들리기 때문에 주의해서 볼 필요가 있습니 다. 그 여하에 따라서 신경질의 문제를 보는 관점이 물론 바뀌어집니다. 열등감 ―― 나아가서는 불안의 조건과 증상의 형성―― 의 존속은 확실한 것같이 보이 는데 그렇게 되면 우리가 건강상태라고 인정하고 있는 것이 나타난다면 오히려 그것은 예외이며 설명을 요하게 됩니다.

그러나 어린이들의 불안감을 신중히 관찰했을 때 무엇이 확인될까요. 어린이는 무엇보다 먼저 미지의 사람에 대해 불안을 느낍니다. 상황은 거기에 사람이 포함 됨으로써 비로소 의미를 갖게 되며, 일반적으로 사물은 나중에 가서 겨우 문제가 됩니다. 어린이가 미지의 사람들을 무서워하는 것은 특별히 그 사람들에게 나쁜 의도가 있다고 여기거나 자신의 약함과 그들의 강함을 비교해서가 아닙니다. 즉 그들을 자신의 실존이나 안전이나 고통이 없는 상태에서의 위험이라고 인정해서 가 아닙니다. 이와 같이 사람을 믿지 않고 세계를 지배하는 공격성 욕동에 겁을 먹고 있는 어린이는 없는 것입니다. 실로 불행한 이론의 조작에 불과합니다. 오 히려 어린이는 신뢰하고 사랑하는 사람―― 결국은 어머니―― 을 볼 수 있다고 생각하는데 그렇지 않은 미지의 사람을 보게 되면 겁을 먹게 됩니다. 불안으로 치환되는 것은 어린이의 실망과 동경입니다. 즉 사용하지 못한 리비도가 그때는 이미 부동상태(浮動狀態) 그대로 있지 못하고 불안으로 발산됩니다. 그러므로 어 린이의 불안으로서 전형적인 이 상황하에 있어도 출산이라는 행위 중 최초의 불 안상태의 조건, 즉 모체로부터의 분리가 반복되고 있다는 것은 거의 우연이 아닙 니다.

어린이의 최초의 상황 포비아는 어둠 속에 있다는 것과 혼자 있다는 것입니다. 전자는 자주 생애를 통하여 존속하지만, 양자의 공통점은 사랑하는 보호자, 즉 어머니 모습이 보이지 않는다는 것입니다. 나는 컴컴한 방안에서 불안해 하는 어 린이가 "아주머니 말 좀 해줘요. 무서워요"하고 옆방에 대고 부르는 것을 들은 적이 있습니다. "말해도 소용없잖니. 아주머니 얼굴을 볼 수 없는데"하자 어린 이는 이렇게 대답합니다. "누군가가 이야기해 주면 훨씬 밝아지는걸." 즉 어둠 속에서 안고 있는 동경은 변형되어 어둠 속에 대한 불안이 됩니다. 노이로제적 불안은 2차적인 것으로 현실 불안의 특수형에 지나지 않는다는 것은 결코 아닙니다. 오히려 우리는 어린이의 경우 사용되지 않는 리비도에서 생기는 본질적 특징에 있어서 노이로제적 불안과 공통된 어떤 것이 현실 불안이라는 모습으로 나타난 것을 보고 있는 것입니다.

참다운 현실 불안을 어린이는 그리 많이 가지고 태어난 것 같지는 않습니다. 후에 포비아의 조건이 될 수 있는 모든 상황, 이를테면 높은 곳, 개천 위에 걸린 좁은 다리 위, 달리는 기차나 기선 안에서 어린이는 조금도 불안을 나타내지 않습니다. 더구나 아이들이 아무것도 모르면 모를수록 그렇습니다. 만일 생명을 지키는 이와 같은 불안을 나타내는 본능이 보다 더 많이 상속되었다고 하면 매우 바람직스러운 일일 것입니다. 만일 그렇게 되면 어린이가 잇따라 위험에 놓이게 되는 것을 방지하기 위해 감시하는 과제는 크게 쉬워질 것입니다. 그러나 실제 어린이는 자신의 힘을 처음에는 과대평가해서 불안을 느끼지 않고 행동하게 됩니다. 그러나 이것은 위험을 모르기 때문입니다. 그래서 물에 빠질 위험이 있는 곳을 뛰어다니고, 창가를 기어오르고, 뾰족한 물건이나 불장난을 합니다. 간단하게 말하면 매우 위험하여 감독하는 사람이 걱정스러워 볼 수 없는 행동을 닥치는대로 하는 것입니다. 마지막에는 어린이에게 현실 불안이 싹트게 되는데 그것은 전적으로 교육의 결과입니다. 왜냐하면 아이들에게 교훈이 되는 경험을 허용하고 있지 않기 때문입니다.

그런데 만일 이 불안에 대한 교육을 더 넓게 받아들여 어른이 경고하지 않았던 위험을 스스로 발견하는 어린이가 있다면 이와 같은 어린이는 체질적으로 매우 많은 양의 리비도의 요구를 가지고 태어났던가 혹은 조기에 충분한 리비도의 만족을 부여받아 응석을 부린 것이라는 설명을 할 수 있습니다. 이들 어린이 중에 후에 노이로제가 되는 자가 있어도 별로 이상할 것은 없습니다. 노이로제 발생에 가장 안성마춤인 것은 리비도의 심한 울적을 꽤 장기간에 걸쳐 인내하는 힘이 없다는 것을 우리가 알고 있기 때문입니다. 이 경우에도 체질적 요인이 그 권리를 행사하고 있으며, 그 권리에 대해 우리는 결코 이론(異論)을 내세우려 하지 않는다는 것은 여러분도 알았을 것입니다. 우리가 그것에 항변하는 것은 다만, 누군가가 이 체질적 인자만을 인정하고 다른 모든 인자를 등한시하여 관찰과 분석의 일치된 결과에서 체질적 인자를 운운하는 것이 어울리지 않는 경우나 혹은 체질적 인자가 극히 희미한 의미밖에 갖지 못한 경우에도 그것을 가지고 들어올 때뿐입니다.

어린이의 불안상태에 관한 관찰에서 총괄적인 의견을 내봅시다. 그것은 유아의 불안은 현실 불안과 관계가 적고 오히려 어른의 노이로제적 불안에 가까운 관계가 있다는 것입니다. 어린이의 불안은 노이로제적 불안과 똑같이 사용되지 않는 리비도에서 생기며 잃어버린 사랑의 대상을 어떤 외적 대상 또는 상황으로써 대리하고 있는 것입니다.

그런데 여러분은 '포비아'의 분석은 이제 더 이상 많은 새로운 것을 가르쳐줄 것이 없다는 것을 들으면 좋아할 것입니다. 포비아의 경우에도 어린이 불안의 경우와 동일한 일이 일어납니다. 평상시 사용되지 않는 리비도는 외관상의 현실 불안으로 변하고 그 결과 사소한 외적 위험이 리비도의 요구를 대표하기 위해 설정됩니다. 이 일치에는 아무것도 미심쩍은 점이 없습니다. 왜냐하면 어린이의 포비아는 우리가 '불안 히스테리'에 포함하는 후년의 포비아의 원형일 뿐 아니라 그것의 직접 전제조건이며 서곡이기 때문입니다. 히스테리성 포비아는 그 근거를 더 듬어보면 결국 소아성 불안에까지 거슬러 올라가게 되고 설사 내용이 달라서 다른 이름을 붙여야 한다 해도 역시 소아성 불안의 계속입니다.

두 가지 질환의 구별은 매커니즘 속에 있습니다. 어른의 경우에는 리비도가 불안으로 변하기 위해서는 리비도가 동경으로서 현재 사용할 수 없게 되었다는 것만으로는 불충분합니다. 어른의 경우에는 이와 같은 리비도를 부동상태 그대로 유지하거나, 다른 방면에 이용하는 것을 오랜 옛날에 습득하고 있기 때문입니다. 그러나 리비도가 억압을 받은 어떤 심적인 욕구에 소속되면 의식과 무의식의 구별이 아직 존재하지 않는 어린이의 경우와 아주 닮은 관계가 회복됩니다. 그리고 유아성 포비아로의 퇴행에 의해 소위 통로가 열리고 이 통로를 지나감으로써 리비도가 불안으로 쉽게 전환할 수 있게 됩니다.

여러분도 기억하겠지만 우리는 억압에 대해 많은 것을 다루면서 언제나 억압된 관념의 운명만을 추구했습니다. 물론 이쪽이 인식하거나 서술하기 쉬웠기 때문입니다. 억압된 관념에 부수되었던 감정이 어떻게 되든 우리는 언제나 돌이켜보지 않고 그대로 두었습니다. 그리고 지금 처음으로 그 감정이 지금까지 정상적인 경과를 취할 때 어떤 성질을 나타냈다 해도 어쨌든 불안으로 변환되는 일이 당면한 운명이라는 것을 알게 됩니다. 그러나 이 감정의 변화 쪽이 억압과정으로는 훨씬 중대한 부분입니다. 우리는 무의식적 감정의 존재를 무의식적 관념과 같은 의미에서는 주장할 수 없으므로 이 점에 대해서는 그렇게 경솔하게 언급할 수 없습니다. 관념이란 그것이 의식적인 것이냐 무의식적인 것이냐라는 구별을 제외하면 시종 동일합니다. 우리는 무의식적 관념에 대응하는 것을 나타낼 수 있습니다. 그러나 감정이라는 것은 관념과는 전혀 다른 판단을 내려야 하는 발산과정입니다. 무의식적인 것 중에서 감정에 대응하는 것에 대해서는 심적 과정에 관한 우리의 여러 전제를 철저하게 성찰하고 분명히하기 전에는 언급할 수 없습니다. 그런 일을 여기서 기도한다는 것은 생각지도 못할 일입니다. 그러나 불안 발생은 무의식 체계에 밀접하게 결부되어 있다는 지금 우리가 받은 인상을 크게 존중해야겠습니다.

불안으로의 전환, 더욱 적절하게 말하면 불안 형식으로의 발산은 억압된 리비도에 곧바로 오는 운명이라고 나는 말했습니다. 그러나 여기에 덧붙여서 이것은 유일한 운명도 아니고, 또 궁극적인 운명도 아니라고 말해야겠습니다. 노이로제 환자는 이 불안 발생을 구속하려고 노력하는 과정이 진행되고 있으며 이 일은 또한 여러 길을 통하여 성공합니다. 예를 들어 포비아의 경우에는 노이로제적 과정의 두 단계를 확실히 구별할 수 있습니다. 제1단계는 억압과 어떤 외적 위험에 결부된 불안의 형태에 리비도를 이행케 하는 배려를 합니다. 제2단계는 외적인 것처럼 취급된 이 위험과의 접촉을 피하게 하는 모든 신중함과 보전 체제를 만드는 것입니다. 억압은 위험하다고 느낀 리비도에 대한 자아의 도주 시도에 대응하고 있습니다. 포비아는 외적(外敵) 위험을 방어하는 요새(要塞)에 비교할 수 있습니다. 이 외적 위험을 지금은 두려움을 받은 리비도가 대표하고 있습니다. 포비아에 있어서 방어체제의 약점은 물론 외부에 대해서는 강화되어 있는 성새(城塞)도 내부로부터의 공격에는 무방비라는 점입니다. 리비도 위험을 외계로 투영하는 것은 결코 충분히 성공하지 못합니다. 따라서 다른 노이로제 환자에게는 불안 발생의 가능성에 대한 다른 방어체제가 사용됩니다. 그것은 노이로제 심리학의 흥미진진한 한 장(章)인데 불행히도 그것에 손을 대려면 본제(本題)에서 많이 벗어나게 되고 그전에 좀더 기본적인 전문지식을 전제로서 가지고 있어야 합니다. 나는 다만 한 가지 부언해 두고 싶습니다. 자아가 억압 때 사용하며 또한 그 억압을 영속케 하기 위해 자아가 끊임없이 유지되어야 할 '역배비(逆配備)'에 대해서는 이미 말했습니다. 이 역배비에는 억압 다음에 오는 불안 발생에 대해 여러 가지 형식으로 방어한다는 과제가 주어지고 있습니다.

포비아로 다시 돌아와 생각해 봅시다. 나는 이제 이렇게 말해도 될 것입니다. 즉 포비아에 관해서 다만 그 내용만을 설명하려고 이것저것의 대상, 또는 임의상황이 포비아의 대상이 되는 것은 어떤 이유인가라는 것 이외에 아무런 흥미도 느끼지 않는다고 하면 그것이 얼마나 불충분한가를 여러분은 깨닫게 되겠지라고 말입니다. 포비아의 내용은 현재몽(顯在夢)의 외견이 꿈에 대해 갖는 것과 거의 같은 정도의 의의를 포비아에 대해 갖는 것입니다. 포비아의 이들 내용 중에는 스탠리 홀이 강조했듯이 계통 발생적인 유전에 의해 불안의 대상이 되는 데 적합한 것이 적지않이 발견된다는 것은 승인할 수 있습니다. 그러나 그것에는 당연히 몇 가지 제한이 따르게 됩니다. 뿐만 아니라 이들의 불안을 자아내는 사물 중 대부분이 위험과 결합할 수 있는 것은 다만 상징관계에 지나지 않는다는 것은 이와 일치하는 사실입니다.

그리하여 우리는 불안 문제가 노이로제 심리학의 여러 문제에서 바로 중심적이라고 할 만한 위치를 차지하는 것을 확신했습니다. 우리는 불안 발생이 리비도의 운명 및 무의식의 체계와 결부되었다는 것에서 강한 인상을 받았습니다. 다만 한 가지만은 그것과 결부되어 있지 않고 이것만은 우리 견해의 결함이라고 느낀 점이 있습니다. 현실 불안은 자아의 자기보존 욕동의 발현이라고 인정하지 않을 수 없다는 이론(異論)을 반박할 여지가 없는 하나의 사실이 바로 그것입니다.

제26강 리비도론과 나르시시즘

여러분! 나는 몇 번인가 자아욕동과 성의 욕동을 나누는 것에 대해서 이야기했습니다. 그리고 얼마 전에도 그것을 되풀이했습니다. 먼저 억압을 검토한 결과 양자가 대등한 관계에서 나타나는 일은 없으며, 성의 욕동은 형식상 자아욕동에 복종하고 부득이 퇴행이라는 우회로를 통해서 만족을 구하지만 이때도 성의 욕동은 자신이 결국 정복당하지는 않는다는 점에서 패배에 대한 보상을 찾는다는 것을 알았습니다. 다음에는 양자가 필요성이라는 교육자[1]에 대해서 처음부터 서로 다른 관계를 갖기 때문에 양자는 같은 발달 경과를 취하지 않고 현실원칙에 대해서도 동일한 관계에 들어가지 않는다는 것을 배웠던 것입니다. 그리고 마지막으로 우리는 성의 욕동이 자아의 욕동보다 훨씬 밀착된 유대에 의해 불안이라는 감정상태와 결부되었다는 것을 인식했으리라 믿습니다. 그러나 이 결론은 아직 어떤 중대한 점에 대해 여전히 불비한 점이 있는 것 같아 보입니다. 그래서 우리는 이 점을 강화하기 위해 다음과 같은 주목할 만한 사실을 인용해 보려 합니다. 그것은 만족을 얻지 못한 리비도가 불안으로 전화하는 것은 이미 언급했던 대로 가장 자주 관찰되고 사람들이 가장 잘 아는 현상으로 기아와 갈증이라는 두 개의 가장 기본적인 자기보존 욕동의 불만족이 결코 불안으로는 바뀌지 않는다는 사실

---

1) 363쪽 참조.

입니다.

우리가 자아의 욕동과 성의 욕동을 나누는 것에 충분한 정당성이 있다는 것은 결코 흔들리지 않습니다. 그것은 개체의 특이한 활동으로서의 성애의 존재라는 것에서 분명해진 것입니다. 다만 문제는 우리가 이와 같은 구분에 어떠한 의의를 부여하고 있으며, 또 이러한 구분을 어느 정도 유효하다고 보느냐입니다. 그러나 거기에 대한 대답을 성의 욕동이 그것과 대립하고 있는 다른 여러 욕동과 신체적·정신적 현상으로서 어느 정도까지 다르며, 또 그 차이점에서 생기는 결과가 어떤 의의를 갖느냐를 분명히한다면 저절로 나올 것입니다. 어쨌든 이 두 욕동군의 본질적인 차이는 충분하게 파악할 수 없으므로 그러한 주장을 할 수 있는 동기는 물론 우리에게는 조금도 없습니다.

우리에게 있어서 이 양자는 개체의 에너지원에 대한 명칭상에서만 서로 대립하는 것이며, 양자가 근본에 있어서는 하나인가 아니면 본질적으로 별개의 것인가, 만일 하나라면 양자는 언제 분리되었느냐라는 논의는 개념을 단서로서 진행할 수 없습니다.

우리는 개념의 배후에 있는 생물학적 사실을 의지해야 합니다. 그러나 이러한 사실에 관해 현재까지 우리가 알고 있는 것은 아주 조금밖에 없습니다. 그러나 설혹 우리 자신이 더 많이 알고 있다고 해도 그것은 우리의 정신분석적인 과제에 있어서는 다룰 필요는 없을 겁니다.

그러므로 융의 범례에 따라 모든 욕동이 근원적으로는 하나라는 것을 강조하고 모든 것에 나타나는 에너지를 '리비도'라고 기술한다 해도 우리에게 이로울 것이 거의 없다는 것은 분명합니다.

성적 기능은 아무리 잔재주를 부려봤자 심적 생활에서 제거할 수 없으므로 융이 말했다 해도 성적 리비도와 비성적 리비도라는 말을 쓰지 않을 수 없습니다. 그러나 리비도라는 이름은 우리가 이제까지 그렇게 해왔듯이 성생활의 원동력이 되기 위해 보류해 두는 것이 옳습니다.

그러므로 성의 욕동과 자기보존의 욕동을 의심할 여지 없이 정당하게 분리하는 것은, 어느 정도까지 진행할 수 있느냐라는 문제는 정신분석에 있어서는 그렇게 중대한 문제는 아니라고 생각합니다. 정신분석에서는 그 문제를 논할 자격이 없습니다. 생물학에서는 물론 그것이 중대한 의미를 갖는 것을 나타내는 단서가 여러 가지 나올 것입니다. 실로 성애(性愛)는 개체를 넘어서 개체를 종속에 결부시키는 생명체의 유일한 기능이기 때문입니다. 이 기능을 영위하는 것은 개체의 성 이외의 영위와 마찬가지로 항상 개체에 이익을 약속하지는 않습니다. 오히려 이상한 고도의 쾌감을 주는 대신 그 생명을 위협하고 자주 그것을 상실케 하는 위험에 개체를 빠뜨리게 하는 것은 틀림없는 사실입니다. 그러므로 개체의 생명의 일부를 자손을 위한 소인으로 보존해 두기 위해서는 다른 어떠한 신진대사의 과정과도 다른 전혀 별종인 신진대사가 필요하게 될 것입니다. 그리고 결국은 자기 자신을 첫째 요건으로 보고 자기의 성애를 다른 여러 욕동과 똑같이 자기 만족을 얻기 위한 수단으로 보는 개체 등은 생물학적 견지에서 보면 여러 세대를 두고 계속되는 계열의 내부에 그저 에피소드와 같은 것이며, 불멸의 성질을 갖는다고 가상된 생식질(生殖質)의 단명한 부속물이며, 말하자면 자신이 죽은 후까지도 남는 세습재산의 임시 소유자와 같은 것에 불과합니다.

그런데 노이로제를 정신분석학적으로 해명하는 데는 그다지 광범위한 관점은 필요하지 않습니다. 성의 욕동과 자아욕동을 나누어 추구해 봄으로써 우리는 감정전이 노이로제라는 한 무리의 증병(症病)을 이해하는 열쇠를 손에 넣을 수 있었습니다. 우리는 이런 종류의 노이로제를 성의 욕동이 자기보존의 욕동과 싸우게 되는 혹은 생물학적으로 말하면 ─── 부정확한 표현이긴 하지만 ─── 독립의 개체로서의 자아라는 하나의 지위가 세대계열의 한 부분으로서의 자아라는 또 하나의 지위와 항쟁하는 기본적 상황으로 환원할 수 있습니다. 이와 같은 분열은 아마 인간에게만 있을 것입니다. 따라서 대략적으로 말하면 노이로제는 동물보다 나은 인간의 특권인지도 모릅니다. 인간의 리비도가 극도로 강하게 발달한 것과 아마 그 때문에 인간의 심적 생활이 풍부한 분절(分節)을 갖게 될 수 있었던 것이 이와 같은 갈등이 발생하는 조건을 만들었던 것 같습니다. 이 일이 또한 동물과의 공통성을 넘어서서 인류가 커다란 진보를 다한 조건이라는 것은 틀림없으므로 인간이 노이로제가 된다는 것은 인간의 다른 천부적인 능력의 반대 방면에 불과하다고도 할 수 있습니다. 그러나 또 이것은 우리를 당면한 문제에서 벗어나게 하는 사변(思辨)에 불과한 것이기도 합니다.

이제까지는 자아욕동과 성의 욕동은 그 표현에 따라 구별될 수 있다는 것이 우리 연구의 전제였습니다. 감정전이 노이로제에서 이 일은 특히 힘들이지 않고 성공했습니다. 우리는 자아가 그 성적 욕구의 대상에 향했던 에너지 배비를 '리비도'라 이름짓고, 자기보존의 욕동에서 분출되는 다른 모든 에너지 배비를 '관심'

이라고 이름지었습니다.

그리고 리비도의 배비, 변화 및 그 최후의 운명을 추구해 보고 심적인 여러 힘의 활동에 관한 최초의 통찰을 얻을 수 있었습니다. 감정전이 노이로제는 이 점에 대해 매우 적합한 재료를 우리에게 제공했습니다. 그러나 자아, 여러 조직에서 이룩된 자아의 구성, 그들 조직의 구조와 기능상태는 아직 불분명한 것으로서 다른 노이로제적인 장해를 분석함으로써 비로소 그에 대한 통찰을 갖게 되리라고 상상했던 것입니다.

우리는 일찍부터 정신분석 견해를 이들 다른 종류의 질환에도 넓혀왔습니다. 이미 1908년 아브라함은 나와 의견 교환을 한 후에 '대상으로의 리비도 배비가 행해지지 않는 것'이 (정신병의 하나인) 조발성 치매의 주요 징후라는 명제를 발표했습니다(《히스테리와 조발성 치매와의 성애 심리적 차이》). 그런데 그 경우 대상에서 벗어난 치매 환자의 리비도는 어떻게 될까라는 의문이 일어났던 것입니다. 아브라함은 주저하지 않고 그 리비도는 자아를 향해 되돌아온다고 하고 '이 반사적인 방향전환'이 조발성 치매의 '과대망상의 원천이다'라고 대답했던 것입니다. 과대망상은 연애생활의 경우에 종종 볼 수 있는 대상의 성애적 과대평가에 비할 수 있는 것입니다. 그래서 비로소 우리는 정신병의 한 특징을 정상적인 연애생활과 관련지움으로써 이해할 수 있게 되었습니다.

나는 아브라함의 이 최초의 견해가 정신분석 속에 받아들여져서 정신병에 대한 우리 태도의 기초가 되었다는 것을 말해 둡니다. 그러므로 우리는 대상에 부속되어 있는 리비도, 즉 이들 대상에 의해 만족을 얻으려 하는 욕구의 표현인 리비도가 이 대상을 버리고 자아 자신을 이에 대치하는 일이 있다는 생각에 서서히 따르게 되어 이 생각을 점차 논리적으로 일관성 있게 만들어갔던 것입니다. 리비도의 이와 같은 처분법에 주어진 명칭 '나르시시즘'을 우리는 네케[2]에 의해 기술된 도착에서 빌려왔습니다.

이 도착에서는 성인이 된 개인이 보통 자기 이외의 성적 대상에 쏟는 애정의 모두를 통틀어 자기의 신체에 주는 것입니다.

그때 리비도가 대상 대신 이와 같이 자신의 육체 및 자기 자신에 고착되는 것

---

2) 나르시시즘이란 말을 최초로 쓴 사람으로서 《나르시시즘 입문》, 《성에 관한 세 가지 논문》 등에 인용되어 있으나 그 후에 이 말은 H. 에리스가 최초에 쓴 말이라고 프로이트는 스스로 정정하고 있다.

은 결코 예외적인 현상이 아니며 드문 사건도 아니라는 것은 곧 알게 됩니다. 오히려 이 나르시시즘이야말로 일반적이며 동시에 근원적인 상태입니다. 그리고 비로소 대상애(對象愛)가 형성되는 것입니다. 그러나 그렇게 되었다고 해서 물론 나르시시즘은 소멸할 필요는 없다는 쪽이 오히려 진짜인 것 같습니다. 대부분 성의 욕동은 처음에는 자기 신체에 의해, 우리의 용어로 말하면 '자기애적으로' 충족되며, 그리고 이 자기애의 능력이 현실원칙에 따르게 하는 교육에서 성애발달이 늦어지는 근거가 되는 것을 대상 리비도[3]의 발달사에서 우리는 상기할 수 있는 것입니다. 요컨대 자기애는 리비도 처분의 나르시시즘적 단계에서 나타나는 성적 활동입니다.

요약해 보기 위해 우리는 자아 리비도[4]와 대상 리비도의 관계를 마음에 그려보았는데, 나는 동물학에서 한 가지 비유를 들어 그것을 여러분이 잘 알 수 있도록 설명할 수 있습니다. 미분화된 원형질의 한 조각으로밖에 볼 수 없는 가장 단순한 생물(아메바)을 생각해 보십시오. 그것들 생물은 위족(僞足)이라는 돌기(突起)를 돌출시켜 그 속에다 자신의 신체물질을 흘려넣습니다. 그러나 그들은 또한 이들 돌기를 다시 퇴각시켜서 둥근 하나의 조각으로 되돌아갈 수도 있습니다. 그런데 우리는 돌기를 돌출하는 것을 리비도를 대상에 내보내는 것으로 비유하는데, 한편 리비도 양의 대부분은 자아 속에 잔류할 수 있습니다. 우리는 정상적인 사태하에 있으면 자아 리비도는 장해받지 않고 대상 리비도로 변환되고 대상 리비도는 다시 자아 속에 영입된다고 가정합니다.

이상과 같은 사고방식에 의해 이제 우리는 많은 심적 상태를 설명할 수 있습니다. 혹은 좀더 조심스러운 표현을 써보면, 연애를 한다든가 기질적 질환 때의 심적 태도나 수면중 심적 태도처럼 우리의 정상적인 생활 중의 하나인 여러 상태를 리비도론의 단어로 기술할 수 있습니다.

우리는 수면상태는 외계로부터 도피하고 마음의 준비를 수면원망에 맞추는 데서 비롯된 것이라는 가정을 세웠습니다. 밤중의 심적 활동으로서 꿈속에 나타나

---

3) 리비도가 자기 이외의 외계의 대상에 배비(配備)된 상태에 있을 때 대상 리비도라고 한다. 이것은 자아에 배비되어 있을 때의 자아 리비도와 대비되어 있다. 대상 리비도 및 자아 리비도는 각각 대상으로의 리비도 배비, 자아로의 리비도 배비와 같은 뜻으로 생각해도 무방하다.

4) 대상으로의 리비도 배비가 쇠퇴해지고 자아 속에 리비도가 틀어박혀 있을 때의 명칭. 나르시시즘과는 밀접한 관계가 있다.

는 것은 수면원망에 봉사할 뿐 아니라 전적으로 자기중심적인 동기에 지배되고
있음을 알았습니다. 우리는 이제 리비도론의 의미에서 수면이란 리비도적이든 에
고이스틱한 것이든간에 모든 대상 배비가 포기되어 자아 속으로 물러난 상태라고
설명할 수 있습니다. 이 일에 의해서 수면에 의한 피로회복과 피로 일반의 본성
에 새로운 빛이 투여되지 않을까요? 이렇게 생각하면 잠자는 자가 밤마다 우리
에게 재현해 보여주는 자궁내 생활의·편안하게 틀어박힌 모습은 정신적 측면에서
보아도 완전한 것이 되는 것입니다. 수면자에게는 리비도 배분의 원시상태, 즉
완전한 나르시시즘이 회복됩니다. 그곳에서는 리비도와 자아의 관심은 아직 하나
로 된 채 자기 자신에게 만족하고 있는 자아 속에 아직 분리할 수 없는 상태로
있습니다.

좋은 기회이므로 여기서 두 가지 관찰을 이야기해 두겠습니다. 하나는 나르시
시즘과 에고이즘을 개념상 어떻게 구별하는가라는 것입니다. 나는 나르시시즘은
에고이즘에 리비도를 보충한 것이라고 생각합니다. 에고이즘이라고 할 때는 개체
의 이익만을 생각하지만 나르시시즘이라고 할 때는 개체의 리비도적인 만족까지
도 고려에 넣은 것입니다. 실제상의 동기에서 양자는 완전히 별도로 추구할 수
있습니다. 대상에 의한 리비도의 만족이 자아 욕구의 하나인 이상 사람은 전적으
로 자기중심적이면서도 강한 리비도의 대상 배비를 그대로 유지할 수 있습니다.
그 경우 에고이즘은 대상을 추구하는 욕구가 자아에는 아무런 손해도 끼치지 않
도록 주의할 것입니다. 사람은 실로 에고이스틱하면서도 동시에 극도로 나르시시
즘적이기도 합니다. 말하자면 대상 욕구가 대단히 부족할 때가 있습니다. 그리고
이것은 또다시 직접적인 성적 만족에서, 혹은 성적 욕구에 유래하는 더욱 고등적
인 경향, 즉 우리가 '사랑'이라고 부르는 '관능적인 것'에 대립시키는 관례로 되어
있는 저 경향에서 일어납니다. 에고이즘은 이러한 모든 관계에 있어서도 자명하
며 항상적(恒常的)인 데 비해 나르시시즘은 변화하기 쉬운 요소입니다. 에고이즘
의 반대, 즉 '이타주의(利他主義)'는 개념상으로는 리비도의 대상 배비와 같은 것
은 아닙니다. 그것은 성적 만족을 추구하지 않는 점에서 리비도의 대상 배비와
구별됩니다. 그러나 완전한 연모상태에서는 이타주의와 리비도의 대상 배비는 일
치합니다. 성적 대상은 일반적으로 자아가 갖는 나르시시즘의 일부를 자기 쪽으로
끌어당깁니다. 이것이 소위 대상의 '성애적 과대평가'로서 사람의 주의를 끄는 것
입니다. 게다가 에고이즘이 거듭 성적 대상에게 이타적으로 인도되면 성적 대상

은 매우 강력한 것이 됩니다. 말하자면 성적 대상은 자아를 완전히 삼켜버린 것
이 됩니다.

생각건대 과학적인 공상이라는 것은 결국 무미건조한 것이므로 그 이야기 뒤에
내가 나르시시즘과 연모와의 경제적 대립을 시적(詩的)으로 표현한 것을 보여주
면 여러분은 틀림없이 기분이 가라앉았을 것입니다. 나는 그것을 괴테의 《서동시편
(西東詩篇)》에서 인용하겠습니다.

줄라이카의 서(書)

민중도 노예도 지배자도
언제나 이렇게 고백합니다,
사람의 자식으로서 사는 더없는 행복은
다만 자기답게 사는 것.

만일 자기 자신을 잃지 않으면
아무리 어려운 생활방식도 참을 수 있겠지요,
본래의 인간성을 지키기만 하면
모든 것을 잃어도 후회는 없다고.

하템

그것도 좋을 것입니다, 그 생각도.
그러나 나의 길은 그와 다릅니다.
모든 이 세상의 행복은
다만 줄라이카에만 모여 있습니다.
그 사람이 아낌없이 내게 자신을 바칠 때
나는 나에게 귀중한 자기가 되고,
그 사람이 나에게서 등을 돌리면
순식간에 나는 텅 비게 될 것입니다.

그러면 하템이란 남자도 끝장입니다.

그러나 나는 제비를 다시 뽑는,

황급히 몸을 바꾸어

그 사람이 애무하는 행운아가 되겠습니다.

두번째로 말해 두고 싶은 것은 꿈의 이론을 보완하는 것입니다. 억압된 무의식이 자아에서 어느 정도의 독립을 획득했던 결과로서 설사 자아에 의존하는 대상 배비가 수면에 편리하게 모두 정지되었다 해도 무의식이 수면원망에는 복종하지 않고 그 배비를 계속한다고 가정하지 않으면 꿈의 성립을 설명할 수 없습니다. 이 가정에 의해 비로소 무의식이 밤에 검열의 중단이나 저하를 이용할 수 있는 것이나 '백주의 흔적'을 내것으로 하고 이를 소재로 해서 금지된 '꿈의 원망'을 형성하는 것을 이해할 수 있습니다.

한편 백주의 흔적이 수면원망이 명령한 리비도의 철수에 저항할 수 있는 것도 일부는 이 억압된 무의식의 기존의 결합관계 덕분인지도 모릅니다. 그러면 우리는 이 다이내믹한 의미에서 중요한 특징을 꿈의 형성에 대한 우리의 견해에 늦었지만 삽입해 둡시다.

기질성(器質性) 질환, 아픔을 동반하는 자극, 기관의 염증은 결과로서 분명히 리비도를 그 대상에서 떼어놓게 되는 상태를 낳습니다. 철거된 리비도는 자아 속에서 다시 신체의 질환부위로의 배비 강화에 사용됩니다. 뿐만 아니라 굳이 말한다면 이들 조건하에서는 리비도의 대상으로부터의 철거는 자기중심적 관심이 외계에서 전향되는 것보다 훨씬 현저합니다. 여기서 히포콘드리를 이해하는 하나의 길이 열리는 것 같습니다. 히포콘드리에서는 우리에게는 병으로 인정되지 않는데 어떤 기관이 병인 것처럼 자아를 붙잡아버립니다.

그러나 나는 히포콘드리의 이야기를 계속하고, 대상 리비도는 자아 속에 되돌아온다고 가정함으로써 우리에게 이해 혹은 서술할 수 있게 되는 그 밖의 여러 상황을 고구(考究)하려는 유혹에는 반대합니다. 그것은 목하 여러분 귀에 도달하고 있는——나는 알고 있습니다만——두 가지 이론(異論)에 당면해야 하기 때문입니다. 첫째, 왜 내가 수면이나 병이나 이와 유사한 상황에 있어서 리비도와 관심, 성의 욕동과 자아의 욕동을 끝까지 구별하려 하는가, 자유롭게 이동할 수 있어 어느때는 대상에 또 어느때는 자아에 배비되어 어떤 욕동에도 도움이 되는 유일한 통일적인 에너지를 가정하면 여러 관찰이 완전히 설명될 수 있지 않느냐 하는 점에 대답해 주었으면 하고 여러분은 생각하고 있을 것입니다. 둘째, 만일 대상 리비도의 자아 리비도로의 전화(轉化), 혹은 더 일반적으로 말하면 자아 에너지로의 이와 같은 전화가 정신의 다이내믹스에서는 매일 밤 되풀이되는 정상적인 과정이라 한다면 리비도가 대상에서 떠나는 것을 병적 상태의 원천으로 취급하는 것은 어째서냐고 말할 것입니다.

그것에 대해서는 이렇게 반론하겠습니다. 여러분의 첫번째 이론(異論)은 당연한 것으로 생각됩니다. 만일 우리가 수면·질병·연모상태를 고찰했다고 하면 그것만으로는 결코 자아 리비도를 대상 리비도와 구별하거나 리비도와 관심을 구별하지는 못했을 것입니다. 그러나 이런 반문을 했을 때 여러분은 우리의 출발점이 된 연구를 무시하는 것이 됩니다. 우리는 그 연구의 빛에 비추어 당면한 문제인 심적 상황을 고찰하고 있는 것입니다. 리비도와 관심을 구별하는, 즉 성의 욕동과 자기보존 욕동의 구별은 감정전이 노이로제가 생기는 원인인 갈등에 대한 통찰 결과로서 반드시 우리가 할 수밖에 없었던 것입니다. 그 이후 우리는 두 번 다시 그것을 버릴 수 없었던 것입니다. 대상 리비도가 자아 리비도로 변환할 수 있다는 가정, 즉 자아 리비도를 고려에 넣어야 한다는 가정은 소위 나르시시즘적 노이로제, 이를테면 조발성 치매의 수수께끼를 해명할 수 있고, 조발성 치매를 히스테리 및 강박증과 비교하여 그 유사점과 상이점을 설명할 수 있는 유일한 가정이라고 생각되는 것입니다.

그런데 우리가 다른 곳에서 부정할 수 없는 확실한 것이라 인정하는 것을 질병·수면 및 연모에 적용해 봅시다. 우리는 이와 같은 적용을 계속해 보고 어디까지 할 수 있는가를 지켜보면 됩니다. 우리의 분석 경험에서 직접적으로 침전하지 않은 유일한 주장은, 리비도가 대상에 향하든 혹은 자신의 자아에 향하든 리비도라는 데는 변함이 없으며, 절대로 자기중심적인 관심에는 전화 내지 또는 그 반대로 자기중심적인 관심이 리비도로 전화하는 경우도 없다는 것입니다. 이 주장은 그러나 이미 비판적으로 평가한 성의 욕동과 자아욕동의 구분과 같은 의의를 갖는 것입니다. 우리는 이 구분론을 이것이 실패로 돌아갈 때까지는 발견법적 동기[5]로서 고집할 생각입니다.

---

5) 인식의 한계를 정하고 대상을 구성하는 원리를 발견하는 방법적 동기. 예를 들어 합목적성(合目的性) 등의 생각에서 오는 동기.

여러분의 두번째 이의도 또한 당연히 생길 수 있는 의문이지만 그러나 잘못된 방향을 보고 있습니다. 대상 리비도가 자아로 철수하는 것이 금세 병의 원인이 되는 것은 아닙니다. 실제로 우리가 수면에 들어가기 전에는 항상 그것이 거행되다가도 잠이 깨면 다시 원상태로 되돌아가는 것을 보고 있는 것입니다. 원형질 동물은 그 위족(僞足)을 오므렸다가 다음 기회에 또 그것을 뻗습니다. 그러나 어떤 일정한 아주 힘이 센 과정이 리비도를 대상에서 무리하게 철거시킬 때는 전혀 다른 사태가 됩니다. 그때 나르시시즘적으로 된 리비도는 대상으로 되돌아가는 길을 찾지 못합니다. 리비도의 가동성이 이처럼 장해를 받는 것이 틀림없이 병을 일으키는 원인이 됩니다. 나르시시즘적 리비도는 어느 정도 이상의 울적에는 견딜 수 없는 것 같습니다. 그리고 대상 배비의 현상이 일어나게 된 것은 바로 이때문입니다. 자아는 리비도가 울적하여 병이 되지 않도록 리비도를 내보내야 된다고 생각할 수 있습니다.

만일 조발성 치매를 더욱 깊이 연구하는 것이 우리의 계획이라면 나는 여러분에게 리비도를 대상에서 분리하고, 대상으로 되돌아가는 길을 차단하는 저 과정은 억압과정과 밀접한 관계가 있으며 억압과정의 한 측면인 것을 제시할 것입니다. 그러나 무엇보다 이 과정의 제조건은 —— 우리가 아는 한 —— 억압의 제조건과 거의 동일함을 알게 될 때 여러분은 기지(既知)의 지반 위에 서 있는 것을 느낄 것입니다. 갈등은 동일한 갈등으로 보이고, 같은 여러 힘 사이에서 일어난 것처럼 보입니다. 그 결말이, 이를테면 히스테리 경우와는 매우 다르다 해도 그 이유는 다만 소인(素因)의 차이에 불과합니다. 이들 환자의 경우에 리비도의 발달은 그 약점이 되어 있는 부분을 다른 단계에 가지고 있습니다. 여러분도 기억하고 있겠지만 갑자기 증상을 형성하는 결정적인 고착은 다른 부위에, 아마도 조발성 치매가 궁극적으로 되돌아갈 원시적 나르시시즘의 단계에 있는 것입니다.

우리가 모든 나르시시즘적 노이로제에 대해서 리비도 고착의 장소가 히스테리 또는 강박 노이로제의 경우보다 훨씬 조기단계로 가정됨은 정말로 주목할 만한 것입니다. 그러나 이미 아시다시피 우리가 감정전이 노이로제의 연구에서 획득했던 제개념은 실지상으로는 훨씬 어려운 나르시시즘적 노이로제의 경우에도 방향을 아는 데 크게 도움이 됩니다. 공통점은 넓은 영역에 걸쳐 있습니다. 근본에 있어서 그것은 동일한 현상영역입니다. 그러나 동시에 이미 정신의학의 대상이 되어버린 이 질환의 해명도 감정전이 노이로제의 분석적 지식을 갖지 않고서는 얼마나 설명하기 어려운가를 여러분도 상상할 수 있을 것입니다.

조발성 치매의 증상은 대단히 변화가 많지만 그것은 리비도를 대상에서 무리하게 분리시키고 그것을 나르시시즘적 리비도로서 자아 속에 축적하는 데서 생기는 제증상만으로 규정되어 있는 것은 아닙니다. 어떤 넓은 장소를 차지하고 있는 것은 오히려 다른 모든 현상, 다시 말하면 다시 대상에 도달하려는 리비도의 노력에 환원되는 제현상, 즉 회복 또는 치유의 노력에 해당되는 제현상입니다. 이들 증상은 매우 기묘하고 소란스러운 것입니다. 그것은 히스테리의 증상 혹은 드물게는 강박 노이로제의 증상과 아주 비슷하지만, 그러나 그럼에도 불구하고 모든 점에서 판이하게 다르기도 합니다. 조발성 치매의 경우 리비도는 다시 대상으로 되돌아가려고 노력하는, 즉 대상의 표상을 얻으려고 노력하는 동안에 실제로 대상에 대해 무엇인가를 얻게 되지만 다만 그것은 대상의 그림자에 지나지 않습니다. 나는 그것을 대상에 소속하는 언어관념이라고 생각합니다. 나는 여기서는 그 이상 더 말하지 않겠지만 그러나 대상으로 되돌아가려는 리비도의 태도는 의식적 표상과 무의식적 표상의 구별을 실제로 결정하는 것은 무엇인가에 대해 통찰을 얻을 수 있게 했다고 생각합니다.

이제야 나는 정신분석적 연구의 다음 진보를 기대하는 영역에 여러분을 이끌고 왔습니다. 우리가 자아 리비도라는 개념을 감히 취급한 후로 우리는 나르시시즘적 노이로제를 연구할 수 있게 되었습니다. 그러자 이러한 질환을 다이내믹하게 해명함과 동시에 이 자아의 이해에 의해 심적 생활의 지식을 완전히 한다는 과제가 생겼습니다. 우리가 찾고 있는 자아심리학은 우리의 자기 인지의 자료에서가 아니고 리비도의 경우처럼 자아의 장해와 붕괴의 분석에 기초를 둔 것이어야만 합니다. 만일 더 위대한 이 작업이 성취될 때는 감정전이 노이로제의 연구에서 우리가 알게 된 리비도의 운명에 대한 종래의 지식도 보잘것없는 것이 될 것입니다.

그러나 이 작업에서는 우리도 거기까지 진행하지는 못했습니다. 나르시시즘적 노이로제는, 감정전이 노이로제의 경우에 우리에게 도움이 되었던 기법으로는 거의 단서를 얻을 수 없습니다. 그 이유에 대해서는 곧 알게 될 것입니다. 나르시시즘적 노이로제의 경우는 언제나 그렇지만 조금 전진하면 어떤 장벽에 부딪쳐 정지하라는 명령을 받게 됩니다. 아시다시피 감정전이 노이로제의 경우에도 우리는 이와 같은 저항의 장벽에 부딪쳤지만 우리는 그것을 하나하나 제거할 수 있었습니다. 나르시시즘적 노이로제의 경우에 저항은 극복할 수 없습니다. 우리는 기껏 높은 벽에 호기심의 눈을 던지면서 벽 저쪽에서는 무슨 일이 일어나고 있는가 살필 뿐입니다. 그러므로 우리의 기법상의 방법론은 다른 것으로 대체되어야 할 것입니다. 그러나 이러한 대체가 될지 안 될지는 아직 모릅니다. 물론 이들 환자의 경우에도 우리에게 재료가 없는 것은 아닙니다. 환자들은 우리의 질문에 대한 대답은 아니지만 여러 가지로 자기를 말해 줍니다. 우리는 우선 감정전이 노이로제의 제증상에 대해 얻은 이해를 빌려 그것들의 표명을 해석할 수밖에 없습니다. 양자의 일치는 이들 병을 만족하게 문제삼아 나갈 수 있는 충분한 보증을 주는 것 같습니다. 그러나 이 기법이 어느 범위까지 미칠지는 아직 미정입니다.

이 밖에도 우리의 전진을 방해하는 곤란이 있습니다. 나르시시즘적 질환과 그에 관련된 정신병은 감정전이 노이로제에 대한 분석적 연구에 의해 훈련된 관찰자들에 의해서만 그 수수께끼가 풀립니다. 그러나 우리나라의 정신과 의사들은 정신분석학을 연구하지 않고 또한 우리 정신분석 의사들은 정신병의 증례를 거의 보지 않고 있습니다. 예비적 학문으로서의 정신분석학 훈련을 거친 정신과 의사들이 육성되어야 할 것입니다. 이런 시도는 현재 미국에서 시작되고 있으며, 대단히 많은 지도자적 정신과 의사들이 정신분석학을 학생들에게 강의하고 있습니다. 또 시설을 갖추고 있는 사람들과 정신병원 원장들은 정신분석의 이론적 견지에서 환자들을 관찰하려고 노력하고 있습니다. 그것은 어쨌든 우리는 이 점에 있어서 나르시시즘의 장벽을 넘어 안쪽에 눈을 던지는 데 성공한 적이 몇 번 있었습니다. 나는 여러분에게 우리가 발견한 것을 조금 보고할까 합니다.

계통적 만성 정신이상인 파라노이아라는 질병형식은 오늘날 정신의학 분류상의 시도에서 그 위치가 언제나 동요합니다. 더구나 그것과 조발성 치매와의 친근성에는 의심할 수 없습니다. 나는 일찍이 파라노이아와 조발성 치매를 '파라프레니아'라는 명칭으로 총괄할 것을 제안한 적이 있습니다. 파라노이아의 제형식을 내용 중심으로 나누어보면 과대망상·추적망상·연애망상(색정망상)·질투망상 등이 있습니다. 이것을 설명하는 시도는 정신의학에서는 기대할 수 없습니다.

이런 종류의 시도의 실례로서 어떤 증상을 지적인 합리화에 의해 어떤 다른 증상으로부터 유도하려는 시도에 대하여 이야기할까 합니다. 물론 진부하고, 반드시 충분한 가치가 있는 것은 아닙니다. 그것에 의하면 원래의 성격적 경향에서 자신은 추적당하고 있다고 믿는 환자는 이 피추적감에서 자신은 역시 매우 중요한 인물임에 틀림없다는 추론을 내리게 되고 그로부터 과대망상이 생긴다는 것입니다. 우리의 분석적 견해에 의하면 과대망상은 리비도의 대상 배비가 철거됨으로써 자아가 확대되는 직접적인 결과입니다. 즉 유아 초기의 근원적 나르시시즘으로의 복귀로서의 2차적 나르시시즘인 것입니다.

그러나 추적망상의 몇 가지 증례에서 우리는 어떤 종류의 흔적을 밝혀내는 기회를 준 두세 가지를 관찰했습니다. 첫째, 우리의 주의를 끄는 것은 압도적인 다수의 증례에서 추적자와 피추적자는 동성이라는 것이었습니다. 그렇기 때문에 특별히 어려움 없이 설명할 수 있습니다. 그러나 충분히 연구할 수 있었던 약간의 증례에서는 환자가 정상적이었을 때 가장 사랑했던 동성 인물이, 환자가 발병한 이후 추적자로 변해 있는 것이 분명해졌습니다. 그리고 그 후에 망상이 더 발전되어 이 사랑하는 사람이 누구에게도 잘 알려진 친근성에 따라 다른 어떤 인물로 치환되는 경과를 취하며, 이를테면 아버지가 교사나 연장자로 대치됩니다. 이러한 경험이 더욱 더해 가는 데서 우리는 추적망상 파라노이아는 개체가 과도하게 강해진 동성애적인 욕구에 저항하기 위한 형식일 거라고 추론했습니다,

애정이 증오로 전화하는 것은 아는 바와 같이 사랑받고 미움받는 대상의 생명에 있어서 중대한 위협이 되는 수가 있는데, 이때의 전화는 억압과정의 일반적인 결과인 리비도의 흥분이 불안으로 전화되는 것과 대응하는 것입니다. 예컨대 이 점에 관해서 내가 관찰한 최근의 사례를 말하겠습니다.

어느 젊은 의사가 그 고향에서 추방당하게 되었습니다. 그것은 그가 이제까지 아주 친한 친구인 그 지방 대학교수의 아들의 생명을 위협했기 때문입니다. 이 옛친구는 정말로 악마와 같은 생각과 귀신 같은 권력을 갖고 있다고 젊은 의사는 생각했던 것입니다. 요 몇 년 동안 자기 가족을 덮친 모든 불행, 가족 및 사회의 모든 재난은 모두 이 친구 때문이라고 했습니다. 그러나 망상은 그것만으로는 끝나지 않았습니다. 이 나쁜 친구와 그의 부친인 대학교수는 전쟁까지 일으키려고 러시아 군대를 국토에 진입시켰다고 했습니다. 이와 같은 남자는 몇 번이고 처형에 처해도 좋다, 이 악인이 죽기만 하면 모든 재난은 종식된다고 이 젊은 의사 환자는 확신했던 것입니다. 그래도 이 악인에 대한 환자의 옛정은 더욱 강해져 한번은 이 적을 가까운 거리에서 사살할 기회가 있었는데도 손이 저려서 움직이지 못할 정도였습니다.

내가 이 환자와 잠깐 이야기를 나누었을 때 두 사람의 우정은 먼 김나지움(독일의 9년제 고등학교) 시절로 거슬러 올라가는 것을 알 수 있었습니다. 적어도 한 번은 두 사람의 관계가 우정이라는 한계를 넘어섰던 일이 있었던 것입니다. 우연히 하룻 밤 같이 자게 된 것이 계기가 되어 두 사람은 완전한 성교를 하게 되었던 것입니다. 이 환자는 자기 나이와 비슷한, 자신이 좋아하는 성격의 여성과 어떤 감정관 계를 가져도 좋았을 텐데 그와 같은 일은 한 번도 없었습니다. 그는 전에 아름답 고 품위있는 처녀와 약혼한 적이 있었는데 이 처녀는 그가 도무지 애정을 표시하 지 않는다는 이유로 이 약혼을 파기해 버렸습니다.

몇 년 후에 환자는 처음으로 어떤 여인을 만족하게 할 수 있었는데 그 순간에 그의 병이 돌발했던 것입니다. 이 여성이 기쁨에 넘쳐 정신없이 그를 껴안았을 때 그는 갑자기 머리를 칼로 긋는 듯한 이상한 통증을 느꼈습니다. 그 후에 그는 그때의 감각을 마치 해부할 때 뇌를 꺼내어 절개당하는 그런 기분이었다고 직접 해석했습니다. 그리고 예의 친구가 병리해부학자였기 때문에 그는 자기를 유혹하 기 위해 이 여성을 보낸 것이라고 단정하게 되었던 것입니다. 그 이후 자신은 일 찍이 이 친구의 음모 때문에 여러 가지 박해의 희생이 되었다고 생각하게 되었던 것입니다.

그런데 박해자가 피박해자와 동성이 아닌 경우, 따라서 동성애적 리비도의 방 위라는 우리의 설명과 모순된 증례의 경우에는 어떻게 될까요. 나는 얼마 전에 이와 같은 한 증례를 검토할 기회를 가졌던 적이 있습니다. 그리고 그 외견상의 모순에서 어떤 확증을 잡을 수 있었습니다. 어떤 나이 어린 처녀에게 두 번만 깊 은 사이가 되는 밀회를 인정한 남성이 있었는데 처녀는 그 남성에게 추적당하고 있다고 생각했습니다. 사실 이 처녀는 어머니의 대용물로 인정한 한 여인에 대하 여 망상을 가지고 있었습니다. 두번째 밀회 후 비로소 그녀는 한걸음 나아가 같 은 망상을 그 부인에게서 떼어 앞의 남성에게 대치했던 것입니다. 그러므로 추적 자가 동성이라는 조건은 원래 이 증례에서도 채워졌던 것입니다. 변호사나 의사 에게 호소했을 때 그녀는 자기 망상의 이 전단계를 말하지 않았기 때문에 우리의 파라노이아 이해에 모순되는 외견을 야기했던 것입니다.

동성애적인 대상의 선택은 원래 이성애적(異性愛的)인 대상의 선택보다 나르시 시즘에 가깝습니다. 강한 동성애적인 감정의 움직임이 거부될 경우 바람직하지 못할수록 나르시시즘으로의 복귀는 매우 용이하게 됩니다. 우리가 아는 한 연애 생활의 기초에 대해 여러분에게 이야기할 기회는 거의 없었는데 지금도 역시 그 기회를 잡을 수 없습니다. 나는 다만 대상 선택, 즉 나르시시즘 단계 뒤에 오는 리비도 발달에서의 진전은 서로 다른 두 가지 형에 따라 일어난다는 것만은 강조해 두고 싶습니다. 즉 자신의 자아 대신에 이 자아에 가능한 한 닮은 것이 나타나는 '나르시시즘형'에 따를 것인가, 다른 생활욕구를 만족케 함으로써 귀중하게 된 인물이 리비도에 의해서도 대상에 선택된 '의존형'에 따를 것인가 그 어느 것이 됩니다. 대상 선택의 나르시시즘형으로의 강한 리비도 고착을 우리는 현재적(顯在的)인 동성애로의 소인에 포함하고 있습니다.

여러분은 기억하고 있으리라 생각하지만 이 학기 첫 강의 때 나는 여러분에게 어떤 부인에게서 보았던 질투망상의 증례[6]에 대해서 이야기했었습니다. 그리고 이 강의도 이제 마지막에 가까워졌으므로 여러분은 우리가 망상을 정신분석적으로 어떻게 설명하느냐에 대해서 알고 싶을 것입니다. 그러나 내가 그것에 대해서 이야기할 수 있는 것은 여러분의 기대와는 훨씬 먼 것입니다. 망상이 논리적 증명과 현실 경험에 의해 파악하기 힘든 것은 강박관념의 경우와 마찬가지이지만 이것은 망상 또는 강박관념에 의해 대리되고 억제된 무의식과의 관계에서 설명할 수 있는 것입니다. 망상과 강박관념의 차별은 양쪽의 질환이 생기는 장소와 다이내믹스의 차이에 그 근거가 있습니다.

아주 여러 가지 임상형식이 기술되어 있는 멜랑콜리[7]의 경우에도 파라노이아의 경우와 마찬가지로 우리는 이 질병의 내적 구조를 들여다볼 수 있게 되었습니다. 그리고 이 멜랑콜리 환자들을 심하게 괴롭히고 있는 자책은 본래는 타인, 즉 그들이 잃어버린 성적 대상 또는 그 사람의 죄책 때문에 환자한테는 가치가 없어진 성적 대상에 향해진 것을 확인했습니다. 그곳에서 우리는 멜랑콜리 환자는 틀림없이 그 리비도를 대상에서 거두어들였지만 '나르시시즘적 동일시(同一視)[8]'라고 불러야 할 하나의 과정에 의해 그 대상은 자아 그 자체 속에 세워졌다고, 말하자면 자아에 투영되었다고 추론할 수 있었던 것입니다.

---

6) 256쪽 참조.

7) 우울증·울병.

8) 동일시(同一視)란 어떤 개체가 다른 사람의 정신적인 태도, 감정 및 행동을 마치 자기 것인 것처럼 느끼고 행동하며 감득(感得)하는 것을 뜻한다. 이것은 무의식적으로 행해진다. 나르시시즘적 동일시는 자아 속에 대상이 집어넣어짐으로써 생기는 것.

나는 여기에서 다만 비유적으로 기술할 뿐 국소론적인 또는 다이내믹한 관점에서 질서있는 기술을 보여주지는 못합니다. 그러나 자기의 자아는 마치 포기된 대상처럼 취급되고 그 대상을 향하려던 모든 공격과 복수의 표명을 받게 됩니다. 멜랑콜리 환자가 자살을 하려는 경향 또한 환자의 노여움이 자기가 사랑하고 미워하는 대상에 대한 경우와 똑같이 자신의 자아에 타격을 주는 것이라고 생각하면 이해하기 쉽습니다. 멜랑콜리의 경우에도 다른 나르시시즘적 질환의 경우와 똑같이 브로이어 이후 우리가 '앰비버런스'라고 불러온 감정생활의 특징이 나타나 있습니다. 이 말은 같은 인물에 대한 정반대의 감정, 즉 애정과 동시에 적의의 감정방향을 의미하고 있습니다. 나는 이 강의를 진행하는 동안에 감정의 앰비버런스에 대해 유감이지만 여러분에게 더 이상 이야기할 수 없었습니다.

나르시시즘적 동일시 외에 훨씬 이전부터 우리가 잘 알고 있는 히스테리성 동일시(同一視)[9]가 있습니다. 나는 이 둘의 차이를 분명해진 약간의 규정에 의해 여러분에게 설명할 수 있다고 생각됩니다. 멜랑콜리의 주기적 또는 순환성(循環性)의 여러 유형에 대해서는 여러분도 흥미깊게 들을 것입니다. 즉 사정이 허락하여 잘 되어간다면 —— 나는 두 번 경험한 적이 있습니다만 —— 병적 상태에 빠지지 않는 중간시기에 분석치료를 함으로써 전과 같은 기분, 또는 반대의 기분 상태로 돌아가는 것을 예방할 수 있습니다. 그때 멜랑콜리나 조병(躁病)도 다른 여러 가지 노이로제의 전제와 전적으로 같은 것을 전제로 하는 갈등해결의 특수한 방법의 하나라는 것을 알 수 있습니다. 이 영역에 있어서 정신분석학이 알아야 할 것이 또 얼마나 많은가를 상상할 수 있을 것입니다.

나는 또 여러분에게 우리가 나르시시즘적 질환을 분석함으로써 우리 자아 구성에 대해, 또 몇 가지 담당부국에서 이룩한 그 구조에 대해 지식을 얻을 것이라고 말했습니다. 그리고 어느 곳에서는 그것에 손을 댔던 것입니다. 주찰망상(注察妄想)[10]의 분석에서 우리는 자아 속에는 실제로 어떤 한 법정이 존재하고, 자아의 다른 성분에 대해 그것이 부단히 감시하고 비판하고 비교하면서 경계하고 있다고 추론했습니다. 즉 우리는 환자가 자신의 일거수 일투족이 탐색되고 감시받으며 자신의 생각이 일일이 통보되고 비판되고 있다고 호소한다면 그 환자 또한 충분

---

9) 나르시시즘적 동일시가 섭취에 의한 동일시인 것에 대해 이 히스테리성 동일시는 내던지는 것에 의한 동일시다.

10) 감시당하고 있다고 믿는 망상.

히 평가되지 않았던 어떤 진실을 우리에게 빠뜨린 것으로 생각합니다. 환자가 잘못 생각하고 있는 것은 다만 이 불쾌한 힘을 자기와는 무관한 것으로 외계에 옮기고 있는 점뿐입니다. 환자는 하나의 법정이 자신의 자아를 단속하고 있어서 이것이 자신의 현실의 자아와 그 모든 활동을 환자가 그 발달의 경과 속에서 창조한 '이상아(理想我)'를 기준하여 판정하고 있다고 느끼고 있는 것입니다. 그러므로 우리는 이와 같이 이상아를 창조한 것은 제1차 유아성 나르시시즘에 따라 행해진 것인데, 그 이후 아주 많은 장해와 침해를 입은 자기만족을 회복하려는 의도의 결과였다고 생각합니다. 자기를 감시하는 이 법정을 우리는 자아의 검열자, 즉 양심이라고 보는 것입니다. 이 법정이야말로 밤에는 꿈을 검열하며 용납할 수 없는 원심의 움직임에 대해 억압을 가합니다. 이 법정이 주찰망상의 경우 붕괴하면 그 법정이 부모, 교육자 및 사회적 환경의 영향에 유래하고 그리고 이들 모범이 되는 사람들 중의 개개인과 자신과의 동일시에 유래한 것을 우리에게 폭로합니다.

이상은 정신분석을 나르시시즘적 질환에 적용하여 얻어진 성과의 일부입니다. 이 성과는 아직 너무나도 미흡합니다. 그곳에는 하나의 새로운 영역에 정통했을 때 비로소 획득되는 저 날카로움이 보이지 않는 경우도 자주 있습니다. 우리가 이들 성과를 얻은 것은 모두 자아 리비도 또는 나르시시즘적 리비도라는 개념을 이용한 덕분이며, 우리는 이 개념의 도움을 받아 감정전이 노이로제의 경우에 확증된 해석을 나르시시즘적 노이로제로 확대할 수 있습니다. 그러나 여러분은 다음과 같이 질문할 것입니다. 즉 나르시시즘 질환과 정신이상에 의한 장해의 모든 것을 리비도론으로 설명할 수 있을 것인가, 또 심적 생활의 리비도적 인자를 언제나 질병발생의 원인으로 보고 절대로 자기보존 욕동의 기능의 변화에 질병 원인의 일부를 귀착시키지 않아도 될 것인가라고 말입니다.

그런데 여러분, 이것을 결정하는 것이 절박한 문제라고는 생각되지 않고, 게다가 무엇보다도 판정을 내리기에는 아직 이르지 않았습니다. 우리로서는 그 결정을 학문연구의 발전에 맡길 수밖에 없습니다. 만일 병인적인 작용을 하는 능력이 실제로 리비도성 욕동의 특권이라는 것이 분명해지고, 그 결과 리비도론이 가장 단순한 현실 노이로제로부터 개인의 가장 무거운 정신병적 소원(疎遠)에 이르기까지의 전전선(全戰線)에 걸쳐 승리를 축하할 수 있다 해도 나는 이상하게 여기지 않습니다. 왜냐하면 우리는 세계의 현실, 즉 아낭케[11]에 종속되는 데 반항하는 것이 리비도의 성격적 특색이라는 것을 알고 있기 때문입니다. 그러나 자아의 욕동이 리비도로부터 병인적인 자극을 받아 2차적으로 질질 끌려 기능장해를 일으키지 않을 수 없다는 것은 충분히 있을 수 있다고 생각합니다. 게다가 또 무거운 정신병 경우에는 자아의 욕동 자체가 1차적으로 현혹되었다는 인식에 직면한다 해도 그것으로 우리의 연구방향이 실패했다고 볼 수는 없습니다. 그것은 미래가 결정지어 줄 것입니다.

다시 잠깐 불안의 문제로 돌아가서 우리가 그대로 남겨두었던 마지막 애매한 점을 분명히하기로 합시다. 우리는 위험에 직면했을 때의 현실 불안은 자기보존 욕동의 표현이라는 것은 논쟁할 여지가 없는 사실인데도 불구하고 다른 경우에는 충분히 인정되는 불안과 리비도와의 관계에 적합하지 않다고 말했습니다. 그러나 만일 불안감정이 에고이스틱한 자아욕동이 아닌 자아 리비도에 의해 지출된 것이라고 한다면 어떻게 하겠습니까. 어쨌든 불안상태는 목적에 적합하지 않은 것이며 이 비합목적성(非合目的性)은 불안상태가 한층 강해지면 명백해집니다. 그때 불안상태는 도피이든 방위이든 다만 그것만이 목적에 적합한 자기보존에 도움이 되는 행위를 방해합니다. 때문에 현실 불안의 감정적 부분을 자아 리비도로 돌리고 그때의 행위를 자기보존 욕동으로 돌린다면 우리는 모든 이론적인 난점을 제거한 것이 됩니다.

그것은 그렇다 하고 여러분은 불안을 느끼기 '때문에' 도피한다고 진심으로 믿는 것은 아니겠지요. 그렇습니다. 우리가 불안을 느끼고 '그리고' 도주하는 것은 모두 위험의 지각에 의해 야기되는 공통충동에 의해서입니다. 생명의 위험을 극복하고 살아온 사람들은, 자신은 조금도 불안을 느끼지 않았다, 다만 행동만 했을 뿐이다, 이를테면 총을 맹수에게 겨누었을 뿐이다라고 말하지요. 그리고 그것은 분명히 가장 목적에 적합한 것이었던 것입니다.

11) 364쪽 참조.

제27강 감정전이(感情轉移)

여러분! 우리의 강의도 이제 마지막에 가까워지고 있습니다. 따라서 여러분들 사이에 어떤 종류의 예상이 일어나고 있을 것입니다. 그러나 그 예상에 여러분은 미혹당하지 않기를 바랍니다. 즉 여러분은 자신들이 도대체 정신분석이 가능하느냐는 것은 치료라는 것을 기초로 삼고 있는데 그 점에 대해서는 한마디 언급도 없고, 또한 정신분석적 소재(素材)의 장점과 단점을 전혀 소개하지도 않은 채, 결국 이 강의는 끝나버리는 것으로 생각하고 있을 것입니다. 그래서 나도 이 치료라는 테마에 대해서 설명하지 않을 수 없습니다. 이 테마에 접함으로써 여러분은 그 관찰에서 하나의 새로운 사실을 알게 될 것이며, 만일 이 사실을 알지 못하면 우리가 검토해 온 질병의 이해는 전혀 불완전한 것이 되어버리기 때문입니다.

치료의 목적을 위해서 어떻게 분석을 하면 좋은가 하는 기법의 지도를 여러분이 기대하고 있지 않다는 점은 나도 잘 알고 있습니다. 여러분은 다만 일반적으로 어떤 길을 찾아서 정신분석 요법이 행해지고 있는가, 이 치료는 대체로 어떤 일을 하고 있는가를 알고자 할 따름이겠지요. 그것을 직접 알고자 하는 것은 논쟁할 여지도 없는 여러분의 권리입니다. 그러나 나는 여러분에게 그것에 대하여 말하고 싶지 않습니다. 오히려 어디까지나 여러분 스스로 그것을 살펴서 알게 되도록 주장할 뿐입니다.

깊이 생각해 보십시오. 여러분은 이병(罹病)의 조건에 대한 모든 본질적인 것 및 병에 걸린 사람에게 영향을 미쳤던 모든 인자(因子)에 정통해 있습니다. 그러면 어디에 치료가 영향을 나타낼 여지가 있겠습니까.

우선 첫째로 유전적 소인(素因)이 있습니다. 우리는 그 점에 대해서는 그다지 언급하지 않았지만, 그것은 이 소인의 문제가 분석 이외의 쪽으로부터 끈질기게 강조되어 있으며, 우리로서는 그것에 대해서는 특별히 새롭게 할말이 없기 때문입니다. 그러나 우리가 그것을 경시하고 있다고는 생각하지 마십시오. 다름 아닌 치료에 종사하는 의사로서 우리는 이 유전적 소인의 위력은 충분히 인정하고 있습니다. 그러나 어쨌든 이 소인을 바꾸려고 해도 우리로서는 어찌할 도리가 없습니다. 그것은 우리로서는 하나의 소질이며, 우리의 노력에 어떤 한계를 주고 있는 것입니다.

다음으로는 우리가 분석할 때 맨 먼저 취급하는 습관이 되어버린 조기의 유아 체험의 영향입니다. 그것은 과거에 속하는 것입니다. 우리는 그것이 일어나지 않았을 때의 모습으로 돌아갈 수는 없습니다.

그다음에는 또한 우리가 '현실적 거부'로서 총괄하고 있는 일체의 것, 예를 들면 사랑의 결여 때문에 생기는 인생의 불행, 빈곤, 가정의 분쟁, 배우자 선택의 실패, 바람직하지 못한 사회적 사정 및 도덕적 요청이 너무 엄해서 개인을 압박하는 일 등이 있습니다. 물론 거기에는 아주 효과 있는 치료를 하기 위한 방법도 있을지 모릅니다. 그러나 그것은 빈의 민간전승에 있는, 황제 요제프가 행한 것 같은 치료[1]임에 틀림없을 것입니다. 그것은 권력자의 자비에 의한 간섭이며, 이와 같은 권력자의 의지 앞에 사람들은 굴복하고 모든 장해는 소실되어 버립니다. 그러나 설사 이러한 자비 행위를 수단으로서 우리의 요법 속에 채택할 수 있다고 해도 그때의 우리 자신은 도대체 어떤 자라고 할 수 있을까요. 자신도 가난하고 사회적으로도 무력하여 부득이 의사로서 일하여 생계를 유지하고, 자신의 노력을 빈곤자를 위해 바칠 수 없는 처지에 있는 것이 우리입니다. 다른 의사들이라면 다른 치료법으로 빈곤자를 치료할 수 있지만, 우리의 요법은 그렇게 하기에는

---

1) 신성 로마제국 황제 요제프 2세(174~90)는 상공업의 진흥을 도모하고 더욱이 사회정책으로서 학교·병원 등의 공공시설을 만들었다. 프로이트가 말하는 치료란 이 환경조건의 개선을 기도하는 정책을 가리키는 것이리라.

시간이 너무 걸리고 지루하기 그지없는 것입니다.

그러나 아마 여러분은 앞에서 말한 요인 중 하나를 붙들고 거기에 우리의 영향력을 공략할 거점을 발견했다고 생각할 것입니다. 사회가 요청하는 도덕적 구속이 환자에게 부가된 부자유한 상태에 있다면, 치료는 환자에 대해서 그것들의 구속을 넘어서 사회가 존중은 하지만 거의 준수하지 않는 이상의 실현을 단념하고 만족과 회복을 구하는 용기를 주거나, 혹은 직접적인 지시를 줄 수 있기 때문입니다. 즉 우리는 성적으로 충분히 인생을 '즐기는' 것으로 건강하게 된다는 것입니다. 그러나 이 경우는 정신분석에 의한 치료는 일반적 도덕에 도움이 되지 않는다는 비난이 쏟아집니다. 즉 분석치료가 개인에게 주는 것은 공공(公共)에서 빼앗은 것이라는 것이 됩니다.

그러나 여러분! 도대체 누가 여러분에게 이러한 그릇된 것을 가르쳤는지요. 성적으로 충분히 인생을 즐기도록 하는 조언 등은 분석요법에 있어서는 터무니없는 말입니다. 이미 우리 자신이 환자에게는 리비도 욕동과 성적 억압과의 사이와 관능을 구하는 경향과 금욕적 경향과의 사이에는 집요한 갈등이 있다고 말한 것만으로도 그것은 문제되지 않습니다. 두 방향 중 한쪽을 강화하여 다른 쪽을 이기게 하는 것으로는 이 갈등은 해소되지 않습니다. 현재 우리는 신경질적인 사람에게는 금욕이 우위에 있는 것을 알고 있기 때문입니다. 그렇기 때문에 억압된 성적 지향(志向)이 출구를 찾아서 증상을 만들어낸 것입니다. 만일 여기서 우리가 반대로 관능이 승리를 얻도록 하면 배제된 성적 억압은 증상으로 바뀌어지지 않을 수 없게 될 것입니다. 어느 쪽으로 결정되어도 그래가지고서는 내적 갈등이 끝나지 않고, 항상 한쪽은 만족하지 못한 채 있습니다.

갈등이 불안정하게 동요하고 있기 때문에 의사가 한쪽에 가담한다고 하는 계기가 결정을 내릴 수 있는 경우는 극히 드뭅니다. 더욱이 이 경우에는 원래 분석치료는 필요하지 않습니다. 의사가 이와 같은 영향을 미칠 수 있는 환자라면 의사가 없어도 동일한 길을 찾을 수 있었음에 틀림없습니다. 아는 바와 같이 금욕하고 있는 젊은 남자가 법에 어긋나는 성교를 결심하거나, 또는 만족하지 못하는 아내가 남편 이외의 남성에게 그 보상을 구하려 할 때 그러한 사람들은 일반적으로 의사 또는 분석의사의 허가를 기다리는 일이 전혀 없기 때문입니다.

이런 사정의 경우 일반적으로 노이로제 환자의 병인적(病因的) 갈등은 그것과 동일한 심리적인 지반 위에 서 있는 심적 모든 욕동의 정상적인 갈등과 혼동해서는 안 된다는 하나의 본질적인 점이 간과되고 있습니다. 그것은 전(前)의식과 의식의 단계까지 유지해 온 힘과 무의식의 단계에 머무른 힘과의 항쟁인 것입니다. 그러므로 이 갈등은 결말이 나지 않습니다. 서로 다투고 있는 것은 저 유명한 백곰과 고래의 싸움과 같은 것으로, 서로 만나는 기회가 없습니다. 양자가 같은 싸움판 위에서 만나야만 비로소 참된 결말이 나는 것입니다. 이 만남이 가능하게 되는 것이 치료의 유일한 과제라고 나는 생각합니다.

또한 만일 여러분이 생활상의 모든 문제에 대한 충고와 지도가 분석에 의한 영향력의 불가결한 부분이라고 생각하고 있다면 그것은 여러분이 잘못 들은 것이라고 나는 보증할 수 있습니다. 반대로 우리는 이와 같은 고문 역할을 가능하면 사절하고 있으며, 오히려 환자가 자주적으로 결정하는 것을 바라고 있습니다. 이러한 생각에서 우리는 직업 선택, 경제상의 계획, 결혼 또는 이혼 등, 생활상 중요한 모든 문제의 결정을 치료기간중에는 덮어두었다가 치료가 끝난 후에 행하도록 환자에게 요구하고 있습니다. 그다음에는 자신들이 상상했던 것과는 모든 것이 다르다고 정직하게 인정해 주기 바라는 것입니다. 다만 나이가 아주 어리거나, 전혀 의지할 곳이 없는 어떤 종류의 사람들 경우에는 우리로서도 이 의식적으로 지키고 있는 제한을 철저하게 지킬 수는 없습니다. 이러한 사람들의 경우에 우리는 의사의 일과 교육자의 일을 결부시켜야만 합니다. 그 경우에 우리는 책임을 충분히 의식하고 필요한 신중성을 잃지 않도록 행동하고 있습니다.

그러나 분석치료를 받는 신경증 환자는 마음껏 향락하도록 인도하고 있다는 비난에 대해서 내가 열심히 변명하는 것을 보고 우리가 사회의 도의 때문에 환자에게 활동하고 있다고 생각하면 곤란합니다. 그러한 일은 우리에게는 적어도 같은 정도로 인연이 먼 일입니다. 우리는 물론 개혁자가 아니라 관찰자입니다. 그러나 비판적인 눈으로 관찰하지 않을 수 없기 때문에 인습적인 성도덕 편을 들어 성생활의 모든 문제에 대해서 사회가 실제적으로 처리하려는 그 방법을 높이 평가할 수 없다고 느끼는 것입니다. 우리는 사회가 도덕이라고 부르는 것에는 그것에 상응하는 이상의 희생을 감수하고 있으며, 사회의 그 방법은 진실에 기초한 것도, 현명함을 나타내는 것도 아님을 그 사회에 대해서 솔직하게 지적해 보일 수 있습니다. 이 비판을 환자들에게 함께 물어봐도 상관없습니다. 우리는 그들의 성적 문제에 대해서도 다른 모든 문제와 같이 편견 없이 생각하도록 훈련시키고 있으므로 그들이 치료를 완료한 후에 자주적이 되고, 자신의 판단에 의해서 완전한

성적 향락과 절대적 금욕과의 중간에서 각자의 태도를 취한다면 우리는 그 결과
가 어떻게 되든지 양심에 가책을 느낄 것이 없습니다. 자기 자신에 대해서 충실
한 것을 교육받아 효과를 올린 사람은 비록 그 사람의 도덕의 척도가 그 사회에
통용하고 있는 척도와 어느 정도 다르다고 해도 부도덕이란 위험에서는 영원히
지켜지고 있다고 우리는 생각합니다. 그것은 그렇다 하고 금욕이 노이로제에 미
치는 영향이라는 문제의 의의를 과대평가하지 않도록 합시다. 욕구의 좌절이라는
병인적(病因的) 상황과 그것에 잇따라 일어나는 리비도의 울적(鬱積)이 그다지
애쓰지 않고 얻어지는 종류의 성교로 결말이 나는 예는 극히 드뭅니다.

그러므로 성애의 향락을 인정하는 것으로 여러분은 정신분석의 치료효과를 설
명할 수는 없습니다. 그것과는 다른 점에서 문제를 찾아주십시오. 내가 여러분의
이 억측을 부인하고 있는 동안에 여러분은 나의 말에 의해서 올바른 힌트를 얻었
으리라고 생각합니다. 우리가 이용하고 있는 수단은 바로 무의식을 의식으로 치
환하는 것, 즉 무의식을 의식으로 번역하는 일임에 틀림없습니다. 바로 그것입니
다. 우리는 무의식적인 것을 의식적인 것으로 옮김으로써 억압을 해소하고 증상
형성을 위한 조건을 제거하고, 병인이 되는 갈등을 어떻게 틀림없이 해결할 수
있는 정상적인 갈등으로 바꾸는 것입니다. 우리가 환자의 마음속에 야기시키는
것은 이 심적 변화 하나뿐이며, 이 변화가 미치는 범위내에서만 우리의 원조의
작용이 열매를 맺습니다. 억압 또는 그것과 유사한 심적 과정을 해소할 수 없는
곳에서는 우리의 요법은 아무런 성과도 얻지 못합니다.

우리는 우리가 노력하고 있는 목표를 여러 가지 공식으로 표현할 수 있습니다.
즉 무의식의 의식화, 억압의 해소, 건망(健忘) 때문인 기억 결손의 충전(充塡)
등입니다. 그러나 이것들은 모두 끝나는 점은 동일합니다. 그러나 아마 여러분은
이러한 숨김없이 털어놓는 이야기만으로는 만족하지 않을 것입니다. 여러분은 신
경증 환자가 건강하게 된다는 것을 이와는 약간 다른 것처럼 상상하고 있으며,
환자는 정신분석이라는 고생이 많은 작업을 받은 다음에는 딴사람이 되는 것으로
생각하고 있을 것입니다. 그런데 환자의 마음속에는 무의식적인 것이 이전에 비
해서 어느 정도 적어지고, 의식적인 것이 약간 많아지는 것이 그 결과의 전부라
는 것입니다.

그런데 여러분은 이와 같은 마음속의 변화의 의의를 아마 과소평가하고 있을
것입니다. 회복한 신경증 환자는 실제로 사람이 달라집니다. 그러나 근본에 있어

서는 물론 여전히 동일한 사람입니다. 즉 그는 조건이 가장 좋은 기회에 될 수 있는 인간이 된 것입니다. 그러나 이 일은 참으로 대단한 일입니다. 만일 여러분이 심정(心情)생활에 있어서, 이 언뜻 보아 하찮은 변화를 성취하기 위해서 도대체 어느 정도의 일을 해야만 하는가, 그리고 어느 정도의 노력을 필요로 하는가를 묻는다면 심적(心的) 수준의 이 같은 차이의 의의를 여러분도 아마 믿게 될 것입니다.

이야기가 좀 빗나가지만 나는 여러분에게 원인요법(原因療法)이라 불리는 것을 아는지 묻고 싶습니다. 즉 병의 증상만을 공격의 목표로 삼는 것이 아니라, 병의 원인을 제거하려는 처치를 말합니다. 그런데 우리의 정신분석적인 요법은 원인요법일까요, 그렇지 않은 것일까요. 그 대답은 간단하지 않습니다. 그러나 이와 같은 설문이 무가치하다는 것을 확신하는 계기가 될 것입니다. 분석요법이 증상의 제거를 비근한 과제로 삼지 않는 한 그것은 원인요법인 것처럼 보입니다. 그러나 다른 점에서는 그것은 원인요법이 아니라고 여러분은 말해도 좋습니다. 즉 우리는 인과(因果)의 연관을 추구하여 이미 억압을 지나온 욕구의 소질·체질에 있어서의 그 소질의 상대적인 강도(强度) 및 그 발달과정에 있어서의 편차(偏差)에까지 미쳤던 것입니다. 그런데 만일 여러분이 이 심적 기구에 간섭하여 그 순간순간에 존재하는 리비도의 양(量)을 증가 혹은 감소시키거나 한쪽의 욕동을 희생하여 다른 쪽의 욕동을 강화하는 것이 혹은 화학적 방법에 의해서 가능할지도 모른다고 가정한다면, 그것은 본래의 의미에서 원인요법이라고 말하게 되는 것입니다. 그리고 우리의 분석은 이 원인요법을 위해서 불가결한 재인식이라는 예비작업을 했다고 말할 수 있을 것입니다. 리비도의 과정에 이와 같은 영향을 미치는 것에 대해서는 아는 바와 같이 지금은 문제삼지 않으려고 합니다. 우리는 정신분석이라는 정신요법에 의해서 인과관계의 계열 중에서 다른 부분을 공격하고 있는 것입니다. 다른 부분이라 할지라도 우리에게 명백히 알려져 있는 현상의 근원을 공격하고 있는 것은 아닙니다. 그러나 그럼에도 불구하고 증상에서는 멀리 떨어져 있는 부분, 즉 아주 주목해야 할 사정으로 우리가 가까이 갈 수 있게 된 부분을 공격하고 있는 것입니다.

그렇다면 우리 환자의 경우, 무의식을 의식으로 대치하기 위해서 우리는 어떤 일을 해야 할까요. 전에는 그것을 극히 간단한 일로 생각하고 다만 이 무의식적인 것을 추측하여 그것을 환자에게 말해 주기만 하면 된다고 우리는 생각했습니다. 그러나 우리는 이미 그것이 근시안적인 잘못이었음을 알게 되었습니다. 무의식적인 것에 관한 우리의 지식과 환자의 지식은 동일한 가치를 지닌 것이 아닙니다. 우리가 환자에게 우리의 지식을 전했다고 할지라도 환자는 그것을 무의식적인 것으로 '대치(代置)'한 것이 아니라, 그것과 '병렬(竝列)하는' 것으로 받아들여 사태는 거의 변화하지 않습니다. 우리는 오히려 이 무의식적인 것을 '국부적(局部的)'으로 생각하고, 환자의 기억 속에서 무의식적인 것이 억압에 의해서 성립된 그 한정된 부분에서 그것을 탐구하지 않으면 안 됩니다. 이 억압이 제거되면 의식적인 것에 의하여 무의식적인 것으로 대치하는 것은 거침없이 만들어집니다. 그런데 어떻게 이와 같은 억압을 해소하면 좋을까요. 우리의 과제는 여기서 두번째의 단계로 들어갑니다. 맨 처음에는 억압을 찾아내는 일이며, 다음에는 이 억압을 지탱하고 있는 저항을 제거하는 일입니다.

우리는 어떻게 저항을 제거하는 것일까요. 그것은 같은 방법입니다. 즉 그 저항을 추측하고 그것을 환자에게 말해 줌으로써 제거하는 것입니다. 저항은 또한 어떤 억압에서, 요컨대 우리가 제거하려고 노력하는 그 억압에서 혹은 보다 먼저 일어난 억압에서 생기기 때문입니다. 즉 저항은 기피해야 할 욕정을 억압하기 위해서 행해지는 역배비(逆配備)에 의해서 야기되는 것입니다. 요컨대 우리는 맨 처음에 하고 싶었던 것과 동일한 것을 이제 하는 셈입니다. 즉 해석하고 추측하고 그것을 알려주는 것입니다. 다만 이번에는 적절한 장소에서 하는 것입니다. 역배비, 즉 저항은 무의식에 속하지 않고 우리의 협력자로서 어떤 자아에 속하는 것이며, 게다가 저항이 의식적일 리가 없는 경우에도 역시 그렇습니다.

우리는 이 경우 '무의식적'이란 말에는 이중의 의미가 있으며, 그 하나는 현상으로서의 의미, 또 하나는 조직체로서의 의미임을 알고 있습니다. 이것은 아주 까다로우며 애매한 것같이 여겨집니다. 그러나 이것은 역시 앞에서 말한 것의 반복에 불과한 것은 아닐까요. 우리는 일찍 그 준비를 해왔습니다. ──우리가 우리의 해석에 의해서 자아에 이 저항을 인식하도록 한 것은 이것에 의해서 저항이 해소되고 역배비가 철회될 수 있으리라고 기대했기 때문입니다. 이와 같은 경우 우리는 도대체 무엇을 원동력으로 일을 하는 것일까요. 첫째, 건강하게 되려는 환자의 욕구입니다. 이것이 환자를 움직여서 우리와의 공동작업에 복종하도록 만드는 것입니다. 둘째 환자 지성의 도움입니다. 우리는 이것을 우리의 해석에 의해서 지원합니다. 만일 우리가 환자의 지성에 적당한 예기(豫期)관념을 주게 되면, 이 지성이 저항을 인식하고 억압되어 있는 것에 대응하는 번역을 찾아내는 일이 더욱 수월한 것은 의심할 바가 없습니다. 내가 여러분에게 "하늘을 보십시오. 경기구가 보이지요" 하고 말하면, 내가 단지 무엇이 보이는지 하늘을 보십시오라고 재촉했을 때보다 여러분은 훨씬 쉽게 그 경기구를 발견할 것입니다. 처음으로 현미경을 들여다보는 학생도 교사로부터 무엇을 봐야 하는지 지시를 받습니다. 그렇지 않으면 봐야 할 것이 거기에 있어도 그 학생에게는 전혀 보이지 않는 것입니다.

그런데 사실에 대해서 보아봅시다. 우리의 전제는 신경성 질환의 대다수의 형(型)인 것, 즉 히스테리나 불안상태나 강박 노이로제에 합당합니다. 이와 같이 억압을 찾아내고 저항을 폭로하고 억압된 것을 시사함으로써 저항을 극복하고 억압을 제거하고 무의식적인 것을 의식적인 것으로 전화(轉化)하는 과제를 푸는 일이 실제로 가능합니다. 그때 우리는 모든 저항을 극복하려고 환자의 심정 속에서 얼마나 격렬한 싸움이 전개되는가에 대해서 아주 뚜렷한 인상을 얻는 것입니다. 이 싸움은 역배비를 유지하려는 동기와 그것을 포기하려는 동기가 같은 심리적 지반 위에서 행하는 정상적인 마음의 싸움입니다. 전자는 전에 억압을 성취한 낡은 동기이며, 후자 속에는 새로운 동기가 있어서 그것이 아마 우리가 생각하는 의미로서의 갈등에 결말을 내게 될 것입니다.

우리는 낡은 억압의 갈등을 다시 소생시켜서 이전에 한번 처리된 과정을 수정하는 데 성공한 것입니다. 새로운 재료로서 우리는 첫째로 이전의 결정이 질병으로 이끌었다는 충고와, 다른 결정은 회복으로의 길을 열어줄 것이라는 약속을 첨가하고, 둘째로 저 최초로 거절한 순간부터 일체의 사정이 대대적으로 변화한 것을 첨가합니다. 이전에 자아는 약하고 유치했으며, 리비도의 요구를 위험시하여 추방하는 데 필요한 이유가 아마 있었을 것입니다. 지금의 자아는 강하게 되고, 경험도 쌓고, 게다가 의사라는 조력자를 자기편으로 삼고 있습니다. 그래서 우리는 다시 소생한 갈등이 억압이라는 결과보다 더욱 좋은 결과를 이끌 것이라고 기대해도 상관없습니다. 그리고 앞에서 설명한 바와 같이 히스테리, 불안 노이로제 및 강박 노이로제의 경우에 결과는 우리가 원리적으로는 옳다는 것을 가리키고 있습니다.

그러나 사정은 같은데도 불구하고 우리의 치료 방법이 결코 성공하지 못하는 다른 유형(類型)의 질병도 있습니다. 그것들 역시 자아와 리비도의 사이에 어떤 근원적인 갈등이 있어서 이것이 억압을 초래합니다 —— 비록 이 억압의 성격을 국부적으로는 다르다고 규정할 수 있다 할지라도 말입니다 ——. 이 경우에도 환자의 생애에 있어서 여러 가지 억압이 일어난 부분을 찾아낼 수 있습니다. 우리는 같은 조작을 적용하고 미리 같은 약속을 하고, 예기관념을 전함으로써 먼저와 같은 도움을 주는 것입니다. 이 경우도 역시 현재와 그 억압이 일어났을 때의 시차는, 갈등을 당시와는 다른 결과로 이끄는 데 유리하게 작용합니다. 그러나 저항을 해소하거나 억압을 제거할 수는 없습니다. 파라노이아나 멜랑콜리나 조발성 치매의 환자는 일반적으로 감응(感應)을 나타내지 않고, 정신분석 요법에 대해서는 불사신(不死身)입니다. 왜 이렇게 될까요? 환자에게 지성이 결여되어 있기 때문이 아닙니다. 이들 환자의 경우에도 어느 정도의 지적 능력은 물론 필요합니다. 예를 들면 아주 예리하게 여러 가지 사태를 결합시켜 하나의 망상을 만들어 가는 파라노이아 환자에는 지적 능력이 결여되어 있지 않은 것은 확실합니다. 지능 이외의 원동력에 대해서도 결여되어 있다고 볼 수는 없습니다. 예를 들면 멜랑콜리 환자는, 자신은 병들었고 그 때문에 몹시 괴로워하고 있다는 파라노이아 환자에게는 없는 의식을 강하게 지니고 있습니다. 그러나 그렇다고 해서 파라노이아 환자보다도 그들에게 정신분석 요법이 잘 통한다고는 할 수 없습니다. 우리는 여기서 우리로서는 이해할 수 없는 사실 앞에 서 있게 되는 것입니다. 이 사실은 또한 다른 노이로제의 경우에 가능한 성과의 모든 조건을 과연 우리가 참으로 이해하고 있는가를 의심하라고 명령합니다.

히스테리와 강박 노이로제 환자에 대해서만 일하고 있으면 우리는 곧 전혀 생각지도 않았던 두번째의 사실에 부딪치게 됩니다. 즉 이들 환자가 우리에 대해서 아주 특별한 행위를 보여주는 것을 잠시 후에 알아차리게 됩니다. 우리로서는 치료할 때 고려되는 원동력은 모두 설명되어 있고, 우리와 환자 사이의 상황도 완전히 합법적으로 정리되어 있으므로 그 상황은 산수문제와 같이 곧 간파할 수 있다고 믿고 있었던 것입니다. 그런데 그 경우 아무래도 이 계산 때 고려되지 않았던 무엇인가가 숨어 들어와 있는 것처럼 생각됩니다. 이 뜻밖의 새로운 것도 그 자신 여러 모습을 하고 있습니다. 그래서 나는 우선 그 현상 형태 속에 비교적 잘 나타나고, 또한 비교적 이해하기 쉬운 것을 설명해 보려고 합니다.

요컨대 우리는 괴로운 갈등에서 오로지 도망갈 길을 찾고 있는 환자가 의사라는 인물에 대해서 어떤 특수한 관심을 보이는 것을 알게 됩니다. 대체로 의사와 관련되는 것은 모두 환자로서 자기 자신의 문제보다 중대하고, 자신이 병을 앓고 있다는 것마저도 잊어버리지 않았나 할 정도로 여겨집니다. 그러므로 환자와의 교제는 잠시 동안은 아주 쾌적한 것이 됩니다. 환자는 아주 공손하며 모든 기회를 포착해서 감사의 마음을 나타내려고 노력하고, 우리가 아마 그 환자로부터 얻으리라고는 생각지도 못했던 본성의 상냥함과 장점을 나타내줍니다. 그러므로 의사도 그런 경우에는 환자에게 호의를 갖게 되고, 자신이 우연하게도 특별히 훌륭한 한 인물을 도울 수 있게 된 것을 다행스럽게 생각하기도 합니다. 만일 의사가 때마침 환자의 가족과 이야기할 기회가 있으면 환자 쪽에서도 역시 기뻐한다는 것을 듣고서 만족합니다. 환자는 가정에서도 끊임없이 그 의사를 칭찬하고, 항상 의사의 새로운 장점을 찾아내 칭찬합니다. 가족들은 "그는 선생님에게 반했어요. 선생님의 말이라면 맹목적으로 신뢰합니다. 선생님이 말하는 것이라면 어떠한 것이라도 하느님 말씀처럼 듣는답니다" 하고 이야기합니다. 이와 같이 이구동성으로 말하는 사람들 중에서도 가끔 가장 날카로운 사람의 경우에는 "그는 늘 선생님 이야기 이외에는 아무것도 화제로 삼으려 하지 않으며 언제나 입 밖에 내는 것은 오로지 선생님 이야기뿐입니다. 이제는 딱 질색입니다" 하고 말하기도 합니다.

우리로서는 의사는 겸허한 것이 바람직합니다. 환자가 의사의 인격을 이처럼 높이 평가하는 것은 의사가 환자에게 준 희망 때문이며, 치료가 가져온 계시가 예상외로 환자의 마음을 가볍게 하고 그 지적 시계가 넓어졌기 때문이라고 생각됩니다. 이와 같은 조건하에서 정신분석은 눈부시게 진전하고, 환자는 우리가 그에게 시사하는 것을 잘 이해하고 치료를 위해서 필요한 과제에 몰두합니다. 또한 분석의 재료가 되는 회상이나 연상도 환자의 마음속에서 끝없이 솟아나오는 것입니다. 환자의 해석이 확실하고 적절한 것에도 의사는 놀라게 됩니다. 그리고 환자가 외부 세계의 건강한 사람들 사이에서는 틀림없이 아주 격렬한 반대를 야기시킬 심리적인 새로운 사실을 자진해서 받아들인다는 것을 추구하여 의사는 만족감을 갖는 것입니다. 분석작업을 하는 동안에 이러한 바람직한 의사소통이 가능하면 그것에 대응해서 병상(病狀)도 어느 방면에서 보든지 틀림없이 객관적으로 좋아져갑니다.

그러나 언제나 이러한 날씨 좋은 날만 있는 것은 아닙니다. 때로는 흐린 날도 있습니다. 치료에는 곤란한 점이 생기기도 합니다. 환자는 더 이상 아무런 연상이 떠오르지 않는다고 주장합니다. 의사는 환자의 관심이 벌써 분석으로 향해 있지 않고, 떠오른 것은 어떠한 것이라고 입 밖에 내서 말하고, 저지하려는 비판적인 기분에 지면 안 된다는 지시를 환자가 가볍게 무시하고 있는 인상을 뚜렷하게 받습니다. 환자는 치료를 받지 않는 사람처럼 행동하고, 마치 의사와 약속 등은 하지 않은 것 같은 모습을 보입니다. 그러나 그는 분명히 자기 마음속에만 간직해 두려고 생각하는 데 마음을 빼앗기고 있습니다. 이것은 치료에 있어서는 위험한 상황입니다. 의사가 심한 저항에 직면한 것은 틀림없습니다. 그러나 도대체 어떤 일이 일어날까요.

만일 이 상황을 다시 분명히할 수 있다면 이 장해의 원인은 환자가 강한 애정의 기분을 의사에게 전이(轉移)한 점에 있는 것을 알 수 있습니다. 그러나 환자의 감정이 이렇게 된 점에 대해서는 의사의 행동에도 치료중에 생긴 관계에도 책임은 없습니다. 이 애정이 어떤 형태로 표현되고, 어떤 목표를 노리고 있는가 하는 것은 물론 양쪽 당사자간의 인간관계에 의해서 변합니다. 젊은 처녀와 비교적 젊은 의사의 경우라면 정상적인 연애라는 인상을 받습니다. 단둘이 있는 경우가 많고, 마음의 비밀을 고백할 수 있는 남성, 더욱이 한 단계 높은 입장의 원조자라는 유리한 위치에서 자신을 상대하는 남성에게 젊은 처녀가 열을 올리는 것은 당연하다고 여길 것입니다. 그리고 그 때문에 노이로제 환자인 처녀에게 오히려 사람을 사랑하는 능력에 장해가 있는 것을 예기하는 것을 간과해 버리는 것입니다.

그러나 의사와 환자의 인간적인 관계가 지금 가정해 본 예와 동떨어진 것이라면 어느 정도 그것에 관계없이 또다시 같은 감정관계가 양자 사이에 만들어지는 것을 발견하고 우리는 더욱더 의심스러운 생각을 강하게 갖는 것입니다. 불행한 결혼생활을 하는 젊은 아내가 아직 독신인 주치의에게 진지한 열정을 안고 있는 것처럼 보이거나, 그 의사의 것이 되고 싶어서 이혼을 결심하거나, 또한 만일 결혼하는 데 사회적인 장해가 있을 경우 의사와의 사이에 내밀한 관계를 맺는 데 아무런 거리낌을 나타내지 않는 일도 있을 수 있는 일입니다. 그런데 이런 사정하에서 그러한 유부녀나 처녀 쪽에서 치료문제에 관해서 어떤 아주 특정한 태도가 표명되는 일을 듣고 놀라는 것입니다. 즉 "자신들은 오직 연애에 의해서만 건강하게 될 수 있다고 항상 느끼고 있었다. 그러므로 치료를 시작할 때부터 의사와의 교제에 의해서 이제까지의 생활에서는 주어지지 않았던 것이 반드시 최후에는 주어지게 된다고 기대하고 있다. 오직 이 희망이 있었기 때문에 자신들은 치

료 때의 여러 고통을 참고 견디며 고백에 따르는 모든 곤란을 극복한 것이다" 하
고 그녀들은 말합니다. 우리는 자기 자신을 위해서 이렇게 부언해 두고자 합니
다. 그렇기 때문에 그녀들은 일반적으로 대부분 믿을 수 없는 일도 모두 그토록
쉽게 이해한 것이라고. 그러나 이러한 고백은 우리에게 의외의 느낌을 주고 이것
에 의해서 우리의 눈어림은 완전히 빗나가버립니다. 혹시 우리는 우리의 계산서
에서 어떤 중요한 항목을 빠뜨리고 있지는 않은가요.

사실 경험을 쌓으면 쌓을수록 우리 일의 과학성에는 수치스러운 이러한 정정하
는 일을 거역할 수 없게 됩니다. 분석치료는 어떤 우연한 장해, 바꾸어 말하면
치료의 의도중에는 아니고 치료 때문에 생긴 것도 아닌 장해에 부딪쳤다고 믿을
수도 있을 것입니다. 그러나 증상이 바뀌어져도 그때마다 이와 같이 의사에 대해
서 환자가 애정적으로 결부된다는 사실이 언제나 반복됩니다. 극히 나쁜 조건하
에서도, 아니 오히려 그로테스크한 불균형의 경우에도, 예를 들면 나이 든 부인
의 경우에도, 수염이 하얀 남성에 대해서도 일어납니다. 확실히 어떠한 유혹도
존재하지 않는다고 판단되는 경우에도 재삼재사 그러한 사실이 나타나는 것입니
다. 이렇게 되면 우리도 역시 우연한 장해라는 생각은 버리고, 병 그 자체의 본
질과 가장 깊숙하다 해도 관련된 어떤 현상이라고 인정하지 않을 수 없습니다.

요컨대 본의 아니게 승인되는 이 새로운 사실을 우리는 '감정전이(感情轉移)'라
고 부릅니다. 치료상황중에는 이와 같은 감정의 발생을 정당화할 수 있다고는 믿
어지지 않기 때문에 의사라는 인물에 감정이 전이(轉移)된 것이라고 생각하는 것
입니다. 오히려 우리는 이러한 감정의 준비상태 전체가 어떤 다른 곳에 유래하는
것이며, 환자의 마음속에서 준비되어 있었던 것이 분석적 치료를 받는 것을 기회
로 의사라는 인물로 전이된다고 추측하는 것입니다. 감정전이는 어느 쪽이냐 하
면 열렬한 사랑의 요구로서 나타나거나 온화한 형태로 나타나기도 합니다. 젊은
처녀와 나이 든 의사 사이에서는 애인이 되고 싶다는 원망 대신에 처녀로서 특별
히 귀염을 받고 싶다는 원망이 나타나는 일도 있으며, 리비도적 욕구가 부드러워
져 끊을 수는 없지만 정신적인 우정이라는 제안이 되는 수도 있습니다. 대부분
부인은 이 감정전이를 승화시키고, 그것이 일종의 존재자격을 얻도록 형태를 바
꾸는 방식을 알고 있습니다. 한편으로는 이것을 삶 그대로 원시적인, 게다가 많
은 경우 실행할 수 없는 형태로 나타내지 않을 수 없는 부인도 있습니다. 그러나
근본에 있어서 그것들은 언제나 같은 것이며, 같은 원천에서 나온다는 것은 오인

할 여지 없이 명백합니다.

우리는 감정전이라는 새로운 사실을 어디에 고정시킬 것인가 하는 문제를 생각하기 전에 그것을 완전히 기술(記述)해 두려고 합니다. 그러면 도대체 남자 환자인 경우에는 어떻게 될 것인가. 남자 환자인 경우에는 성별이나 성적인 인력 등이라는 성가신 것의 개입으로부터는 벗어날 수 있다고 생각할 것입니다. 그런데 이 경우도 여성 환자의 경우와 그다지 다르지 않다고 대답하지 않을 수 없습니다. 여성 환자와 마찬가지로 의사와 결부되고, 의사의 여러 가지 성격을 과대평가하고, 의사에 대한 관심에 몰두하고, 평소에 의사의 측근자들 모두에 대해 마찬가지로 질투를 나타냅니다.

남성과 남성 사이에서는 이러한 욕동 성분이 별도로 사용되기 때문에 현재성(顯在性) 동성애가 그 그림자를 희미하게 하는 데 비례하여 승화된 감정전이의 모든 형식이 자주 볼 수 있게 되며, 직접적인 성적 요구는 그것에 비례하여 희박하게 됩니다. 또한 의사는 남성 환자에서는 여성의 경우보다도 빈번히 언뜻 보기에 이제까지 기술된 모든 것과는 모순되는 것같이 여겨지는 감정전이의 현상형식, 요컨대 적대적, 즉 '음성(陰性)'의 감정전이를 관찰하는 것입니다.

우선 첫째로 감정전이는 치료의 시초부터 환자에게 일어나며 잠시 동안은 그것이 치료작업의 가장 강력한 원동력이 되는 점을 밝혀두고자 합니다. 감정전이가 의사와 환자가 공동으로 영위하고 있는 분석을 위해서 유효하게 작용하고 있는 한 그것은 조금도 감지(感知)되지 않고, 또한 걱정할 필요도 없습니다. 그런데 곧 감정전이가 저항으로 바뀌어지는 경우에는 이것에 주의하지 않을 수 없습니다. 그리고 이 두 가지의 다른 정반대의 조건하에서는 감정전이가 치료에 대한 관계를 바꾼 것을 인식하지 않을 수 없습니다. 즉 그 첫째 조건이란 애정 경향으로서의 감정전이가 강하게 되어 그것이 성적 욕구에 유래한 것임이 명확히 나타나게 되고, 자기에 대한 내적 반항을 불러일으키는 경우입니다. 그 두번째 조건이란 감정전이가 애정적 감정의 움직임이 아니라 적대적 감정의 움직임으로 되는 경우입니다.

적대적 감정은 애정의 감정보다도 뒤늦게, 더구나 그 그늘에 숨어서 나타나는 것이 보통입니다. 양자가 동시에 존립하고 있다고 하는 것은 우리의 타인에 대한 친밀한 관계의 대부분을 지배하고 있는 감정의 양립 상극성(兩立相剋性)을 훌륭하게 반영하고 있습니다. 적대적 감정은 애정의 감정과 같이 하나의 감정적 결합을 뜻합니다. 이것은 반항이 물론 정반대인 징후를 지니고 있으나 복종과 동일한 의존관계를 의미하는 것과 같습니다. 의사에 대한 적대적 감정도 역시 '감정전이' 라고 칭할 만한 것은 우리로서는 의심할 여지가 없습니다. 치료의 상황은 적대적 감정이 발생하는 데 충분한 유인(誘因)을 결코 주지 않기 때문입니다. 음성의 감정전이라는 필연적인 견해는 양성의, 즉 애정적인 감정전이의 가치를 판단하는 점에 있어서 우리가 잘못되어 있지 않다는 것을 우리에게 확신시키는 것입니다.

감정전이는 어디서 생기는가, 그것은 어떠한 곤란을 우리에게 야기시키는가, 이 곤란을 우리는 어떻게 극복하는가, 그리고 결국은 거기에서 어떠한 이익을 가져오는가 하는 문제는 분석의 기법에 관하여 지도할 때 상세히 논할 것이므로 오늘은 다만 간단히 언급하는 데 그치려고 합니다. 감정전이에서 생기는 환자의 요구에 우리들 의사가 따른다는 것은 있을 수 없는 일이지만 그들 요구를 불친절하게 취급하거나 더욱이 분개하여 무정하게 거절한다는 것은 상식에 벗어나는 일입니다. 우리는 환자에 대해서 당신의 감정은 현재상황에서 생긴 것도, 의사의 인격에 적용시키는 것도 아니며, 당신의 마음속에서 지난날에 일어났던 일의 반복에 지나지 않는다고 하는 것을 가르쳐주고 이러한 감정전이를 극복하는 것입니다. 이렇게 해서 우리는 환자에게 그 반복된 것을 어떻게 해서든지 상기하도록 합니다. 그렇게 하면 애정적·적대적을 불문하고 어쨌든 치료에 있어서 지극히 강한 위협을 의미하는 것처럼 보였던 감정전이가 치료에 있어서 가장 좋은 도구가 되고, 이 도구의 도움에 의해서 심정(心情)생활의 굳게 닫혀 있던 문이 열리게 되는 것입니다.

이 뜻밖의 현상 출현에 여러분이 느끼는 기이한 생각을 없애기 위해 여기서 약간의 부언을 해두고자 합니다. 우리가 분석을 맡은 환자의 질병이 단지 그것만으로 완결된, 움직임이 멈추어버린 것이 아니라 하나의 생물처럼 성장을 계속하고 발전을 거듭하는 것임을 우리는 결코 잊어서는 안 됩니다. 치료가 시작되었다고 해서 이 발전이 정지되는 것은 아닙니다. 그러나 치료가 환자의 마음을 사로잡기 시작하면 질병이 새로 만들어내는 것은 모두 단 한 곳에, 즉 의사와의 관계 속에 집중됩니다. 그러므로 감정전이를 나무에 비유하면 목질부(木質部)와 인피부(靭皮部) 중간에 조직이 새로 생겨 나무줄기가 커가는 근원이 되는 형성층(形成層)과 같은 것입니다. 감정전이가 이 같은 의의를 갖기에 이르러 비로소 환자의 회상에 관련된 일은 현저하게 존재가 희미해집니다. 그렇게 되면 우리의 상대방은 이제는 환자 이전의 병이 아니라 그것을 대신하여 새롭게 만들어지고, 다시 만들어진 노이로제라고 해도 틀린 것은 아닙니다.

우리는 오래된 질환의 이 신판(新版)을 처음부터 추구해 온 것입니다. 그것이 발생하고 발전하는 상태를 본 뒤 이 노이로제의 상태에는 특히 잘 통달해 있는 셈입니다. 왜냐하면 우리 자신이 대상으로서 그 중심에 서 있기 때문입니다. 환자의 증상은 모든 것이 그 원초의 의의를 버리고 감정전이에 대한 관계 속에서 성립하는 하나의 새로운 의미를 갖추게 됩니다. 혹은 이러한 개변(改變)에 성공한 증상만이 존속하게 됩니다. 그러나 이 새로운 인위적인 노이로제를 극복하는 것은 치료의 목표인 본래의 병을 제거하는 일이며, 우리의 치료상의 과제를 해결하는 일입니다. 의사와의 관계가 정상적이 되고 억압되어 있는 욕동 충동의 작용을 받지 않게 된 인간은 의사가 환자에게서 떠나가버린 그때도 자기 자신의 생활을 정상적으로 계속하는 것입니다.

히스테리, 불안 히스테리 및 강박 노이로제의 경우에는 감정전이가 치료에 있어서 바로 중심적인 의의를 갖기 때문에 이것들이 '감정전이 노이로제'로서 총괄되는 것은 바람직한 일입니다. 정신분석 작업을 하고, 감정전이라는 사실에 대해서 충분한 인상을 얻은 사람은 이들 노이로제의 증상이 되어 나타나는 억압된 충동이 어떤 종류의 것인가를 의심하는 것은 더 이상 할 수 없습니다. 또한 그것이 리비도성(性)의 것이라는 것을 더욱 강력히 증명하는 것을 구하는 일도 할 수 없습니다. 증상이 리비도의 대상적(代償的) 만족으로서의 의의를 갖는 점에 관한 우리의 확신은, 감정전이를 고려에 넣는 일에 의해서 비로소 결정적으로 확고해졌다 해도 무방합니다.

그런데 우리는 치료과정에 관한 우리 이전의 다이내믹한 견해를 개선하고 이것을 새로운 통찰과 조화시키기 위한 충분한 근거를 갖게 되는 것입니다. 환자가, 우리가 분석하는 중에 환자에게 폭로해 보였던 저항을 동반하고 있는 정상적인 갈등을 싸워 이겨야 한다면 환자에게는 우리가 희망하고 있는 것처럼 치료를 가져온다는 의미에서의 결단에 영향을 미치는 강력한 원동력이 필요하게 됩니다. 그렇지 않으면 환자는 이전의 결말을 반복할 생각이 들고, 모처럼 의식에 떠오른 것을 다시금 억압 속으로 미끄러져 들어가게 해버릴지도 모릅니다. 이 싸움에서 결단을 내는 것은 환자의 지적인 통찰이 아니라 —— 지적인 통찰은 이와 같은 작업을 할 만한 힘도 없으며 자유도 없습니다 —— 단 하나 환자의 의사에 대한 관계뿐입니다. 환자의 감정전이는 그것이 양성(陽性)의 징후를 가진 것에 한에서 의사에게 권위의 옷을 입혀 의사의 보고나 견해에 대한 신뢰로 변화합니다. 이와 같은 감정전이가 없든가, 혹은 그것이 음성인 것이면 환자는 의사나 의사의 논증에 귀를 기울이지 않을 것입니다. 이 경우에 신뢰는 그 자신의 성립사(成立史)를 반복하여 보이고 있는 것입니다. 신뢰란 사랑에서 나오는 것이며, 처음에는 논증 등은 필요하지 않았습니다. 그 후에 비로소 신뢰가 논증에 양보하여 자기가 사랑하는 사람으로부터 논증이 제출되었을 때 그들 논증을 고려하여 음미하기에 이른 것입니다. 만일 이와 같은 뒷받침이 없었다면 논증은 효력을 갖지 못했을 것이며, 상호간에 그 사람의 인생에 있어서 결코 효과를 갖지 못합니다. 즉 인간이란 일반적으로 대상에 리비도를 배비(配備)하는 능력이 얼마만큼 있는가에 따라 지적 측면으로부터 접근할 수 있는 것입니다. 이리하여 우리는 나르시시즘의 정도에 의해서는 최상의 분석적 기법으로서도 인간을 감화시킬 수 있는 능력에 한계가 있다는 것을 인정하고 그것을 걱정하지 않으면 안 될 충분한 이유를 갖는 것입니다.

리비도를 여러 인물을 대상으로 배비할 수 있는 능력은 모든 정상적인 인간에 있다고 할 수 있습니다. 앞에서 기술한 노이로제 환자들의 감정전이의 경향은 이 일반적인 성질이 이상하게 높여진 것에 지나지 않습니다. 그러나 이와 같이 널리 존재하는 중요한 인간의 특성이 이제까지 전혀 알려지지 않고 이용되지 않았다고 하면 그것은 매우 기묘한 일일 것입니다. 사실 그것은 알려졌고 이용되어 왔던 것입니다. 베른하임은 틀림없는 형안(炯眼)을 가지고 모든 인간은 어떤 형태로든지 암시를 받을 수 있는, 즉 '암시에 걸린다'고 하는 명제를 기초로 최면현상에 관한 학설을 구축했습니다. 베른하임이 말한 피(被)암시성이란 감정전이의 경향에 지나지 않습니다. 다만 약간 너무 좁게 해석한 결과 음성 감정전이가 들어갈 여지가 없었던 것뿐입니다. 그러나 베른하임은 도대체 암시란 무엇인가, 또한 그것은 어떻게 성립되는가 하는 점에 대해서는 아무것도 설명하지 못했습니다. 그로서는 암시는 기본적 사실이며, 그 사실의 유래에 대해서는 아무것도 지시할 수 없었던 것입니다. 그는 '피암시성'이 성애(性愛), 즉 리비도 활동에 의존하는 것임을 인식하지 못하고 있었습니다. 그리고 우리가 정신분석의 기법에 있어서 최면술을 포기한 것은 암시를 감정전이라는 형태로 재발견하는 데 지나지 않았던 것을 인정하지 않을 수 없습니다.

그러나 지금은 나의 이야기를 중단하고 여러분의 이야기를 듣기로 하겠습니다. 이의(異議)를 제기하고 싶은 생각이 여러분들 사이에 크게 팽창되어 있고, 게다가 발언의 기회를 주지 않으면 여러분들에게는 다른 사람의 이야기를 들을 힘이 없어지지 않겠느냐는 점을 알았기 때문입니다. "그러면 당신은 결국 최면술사와 같이 암시의 힘을 빌려 일하는 것이라고 고백한 셈이다. 사실은 우리도 오래전부터 그렇게 상상하고 있었다. 그러나 효과있는 것이 오직 암시뿐이라고 한다면 무엇 때문에 과거를 회상하는 우회로를 걷거나 무의식적인 것을 폭로하고 여러 가지의 왜곡을 해석하고 번역을 고치고 노력(勞力)과 시간과 금전을 엄청나게 낭비하는 것인가. 왜 당신은 다른 사람들, 즉 정식 최면술사가 하듯이 증상에 대해서 직접 암시를 걸지 않는가. 또한 더욱이 그와 같은 우회로를 거치는 동안에 직접 암시의 경우에는 숨겨진 채로 알지 못했던 많은 뜻깊은 심리학적인 발견을 했다는 등의 변명을 당신이 하고자 한다면 도대체 누가 그들 발견의 확실성을 보증할 것인가, 이러한 발견 역시 일종의 암시에서, 요컨대 의도하지 않았던 암시에서 온 것이 아닌가. 도대체 당신은 환자에 대해서 당신이 그렇게 되기를 바라고 당신이 옳다고 여겨지는 것을 이 영역에 있어서도 환자에게 강요할 수는 없는가" 하고 여러분은 말하고 싶을 것입니다.

여러분이 내게 항의한 점은 매우 흥미 있는 일이며, 대답하지 않을 수 없습니다. 그러나 오늘은 더 이상 시간이 없습니다. 그러므로 다음번에 답변하기로 하겠습니다. 오늘은 시작한 이야기를 결말지어야 하겠습니다. 나는 감정전이의 사실의 도움을 얻어 왜 우리의 치료의 노력이 나르시시즘적 노이로제의 경우에는 성공하지 못하는가 그 이유를 여러분에게 설명할 것을 약속했던 것입니다.

이 점은 간단한 말로 설명할 수 있습니다. 여러분도 얼마나 간단하게 이 수수께끼가 풀리는가, 그리고 모든 일이 과연 일치하는가를 알게 될 것입니다. 관찰에서 인식할 수 있는 것은 나르시시즘적 노이로제에 걸린 사람들에게는 감정전이의 능력이 없거나 있어도 불충분한 잔재에 지나지 않는다는 것입니다. 그들은 의사를 거부하지만 그것은 그들이 적의를 갖고 있기 때문이 아니라 무관심하기 때문입니다. 그러므로 그들은 역시 의사로부터 아무런 감화도 받지 못했습니다. 의사는 환자를 냉담하게 대하고 아무런 인상도 주지 않습니다. 그러므로 나르시시즘적 노이로제 이외의 환자 경우에는 잘되었던 치유의 매커니즘, 즉 병인적(病因的) 갈등의 복원(復原)과 억압저항의 극복은 그들의 경우에는 일어나지 않습니다. 그들은 여전히 그대로입니다. 그들은 이미 여러 차례 혼자 힘으로 일어서려고 시도하고 있으며, 그들의 시도도 병적인 결과를 초래했을 뿐입니다. 우리는 그것을 어떻게 바꿀 수가 없습니다.

이들 환자에 대한 임상상의 인상을 기초로 하여 우리는 그들에 있어서는 대상으로의 배비가 폐기되고 대상 리비도가 자아 리비도로 변한 것이 틀림없다고 주장했던 것입니다. 이 특성 때문에 우리는 이 종류의 환자를 첫째 그룹의 노이로제 환자(히스테리 • 불안 노이로제 • 강박 노이로제)와 구별한 것입니다. 그런데 치료를 시도하고 있을 때의 그들의 행동은 이 추측을 보증하고 있습니다. 그들은 아무런 감정전이도 나타내지 않습니다. 그러므로 또한 우리의 노력도 아무런 쓸모가 없게 된 것입니다. 요컨대 우리의 방법으로는 그들을 치유할 수 없는 것입니다.

제28강 정신분석 요법

여러분! 오늘의 화제가 무엇인지 여러분은 잘 알고 있을 것입니다. 우리의 치료의 영향이 본질적으로는 감정전이에, 즉 암시에 근거를 두고 있는 것을 인정한다고 하면, 왜 정신분석 요법 때 직접 암시를 이용하지 않는가 하고 여러분은 내게 질문했던 것입니다. 그리고 그 질문과 관련해서 암시가 그와 같이 우세함에도 불구하고 역시 우리의 심리적인 발견의 객관성을 보증할 수 있겠는가 하는 의혹을 보였던 것입니다.

직접 암시란 두말 할 나위 없이 증상의 현상에 대해 향해지는 암시며, 여러분의 권위와 질병의 동기와의 싸움입니다. 여러분이 암시를 할 때 이들 동기는 고려하지 않고 다만 환자에 대해서 증상이라는 형태로 동기를 표명하는 것을 누르려고 요구하는 데 지나지 않습니다.

이 경우에 환자를 최면상태에 두느냐 두지 않느냐 하는 것은 결코 원리상의 구별이 되는 것은 아닙니다. 베른하임은 여기서도 그 타고난 예리함으로 암시는 최면술의 모든 현상에 있어서의 본질적인 점이지만 최면상태 그 자체가 이미 암시의 결과이며 피(被)암시적 상태라고 주장했습니다. 그리고 그는 암시를 각성시(覺醒時)에만 즐겨 했는데 그 작용은 최면상태에 있어서의 암시와 같은 것이었습니다.

그런데 여러분은 이 문제에 대해서 우선 무엇을 묻고 싶은 건가요. 경험이 명백히 말하는 것인가요, 그렇지 않으면 이론적인 고찰인가요.

전자부터 시작하기로 합시다. 나는 베른하임의 문하생이었습니다. 나는 베른하임을 1889년에 낭시로 찾아갔으며, 암시에 관한 베른하임의 저서[1]를 독일어로 번역하기도 했습니다. 수년 동안 나는 최면요법을 하고 우선 최초에는 이것과 금지의 암시[2]를 병용하고, 그 후에는 최면요법과 브로이어식 심문에 의한 환자의 의중을 탐색하는 방법[3]을 병용했습니다. 그러므로 나로서는 최면요법 또는 암시요법의 결과에 대해서는 충분한 경험을 가지고 이야기한다고 해도 상관없을 것입니다.

옛날 의사의 말에 따르면 이상적인 요법이란 효과가 빠르고 그 결과를 신뢰할 수 있고 또한 환자에게 불쾌감을 주지 않아야 된다는 것입니다. 베른하임의 방법은 확실히 그중 두 가지의 요구를 충족시키는 것이었습니다. 베른하임의 방법은 분석적 방법보다도 아주 빠르고, 즉 문제가 되지 않을 정도로 재빨리 수행할 수 있었으며, 환자에게 고통이나 불쾌감도 주지 않았던 것입니다. 의사로서는 어느 경우에도 같은 방법으로, 즉 같은 방식으로 각종 증상이 없어지게 하는 것뿐이며, 증상의 의미나 의의도 파악하지 못한 그대로이므로 오랜 시간 동안에 그것은 단조로운 것이 되어버립니다. 그것은 직인(職人)의 일로 과학적인 활동이 아니라 마법이나 주술(呪術)이나 요술 등을 연상시키는 것이었습니다. 그러나 그와 같은 일은 환자의 이익에 비하면 문제도 되지 않았던 것입니다. 그러나 제3의 결과에 신뢰를 둘 수 있느냐 하는 점은 결여되어 있었습니다. 베른하임의 방법은 어느 면으로 보나 신뢰할 수 없는 것이었습니다. 이 방법은 어떤 환자에게는 적용할 수 있으나 어떤 환자에게는 적용할 수 없습니다. 어떤 환자에게는 큰 성공을 했으나 어떤 환자에게는 전혀 성공하지 못했습니다. 더욱이 그것이 왜 그렇게 되는가 하는 이유는 알지 못했던 것입니다.

이 방법에서 화가 난 것은 이러한 일시적인 점보다도 성과가 오래가지 않는 점

---

1) 《암시와 그 치료작용》(1888년) 및 《암시의 연구》(1892년)를 가리킨다.
2) 노이로제 증상을 나타내는 환자에 대해서 최면상태에 있어서 증상의 상실 또는 어떤 종류의 행동을 직접적으로 금지하는 암시를 주는 방법.
3) 브로이어는 환자에게 증상 발생시의 상황을 최면상태에 있어서 자유롭게 말하게 하든가 혹은 질문하는 방법에 의해서 증상의 상실을 꾀했다.

입니다. 잠시 후에 환자에게 물어보면 옛 병이 도진다든가, 옛 병은 나았는데 새로운 병에 걸렸다고 말하는 것이었습니다. 의사는 다시 최면술을 시행할 수 있었습니다. 그러나 이러한 사실을 앞에 두고 경험을 쌓은 사람들 쪽에서 여러 차례 최면을 거듭 반복함으로써 환자의 자주성을 잃게 하고 마약처럼 이 요법에 친하게 해서는 안 된다는 경고를 했던 것입니다. 완전히 생각한 대로 성공하는 수도 가끔 있으며, 약간의 수고로 충분히 지속적인 성과를 얻을 수 있는 것도 인정합니다. 그러나 왜 이와 같은 유리한 결과가 되었는가 하는 조건은 여전히 알지 못했습니다.

이러한 경험이 한 번 있었습니다. 나는 단시간의 최면요법에 의해서 어느 부인의 무거운 증상을 완전히 제거해 줄 수 있었는데 우연한 일로 그 환자가 나를 싫어하게 된 이후 다시 옛 증상으로 되돌아간 것입니다. 그래서 그 환자와 화해가 이루어진 후에 다시 이번에는 그 증상을 그전보다도 훨씬 철저하게 소멸시킬 수 있었습니다. 그러나 환자가 다시 나로부터 멀어지게 되자 역시 그것은 재발하는 것이었습니다.

또 어떤 때는 이런 경험도 한 적이 있습니다. 내가 몇 번인가 신경성 증상을 최면술에 의해서 치료하고 있는 어떤 여성 환자였는데 어떤 특별히 집요한 발작을 한참 치료하는 중에 갑자기 나의 목에 팔을 휘감아온 것입니다. 이러한 사실을 앞에 두고 원하든 원하지 않든간에 자신의 암시의 권위의 본질과 유래는 무엇인가라는 문제를 생각하지 않을 수 없게 되었습니다.

경험담은 이 정도로 해두겠습니다. 이들 경험은 직접적 암시를 단념했다고 해서 어떤 중요한 것을 포기한 것은 아님을 우리는 알게 됩니다. 이것에 관련해서 약간 고찰해 보기로 합시다. 최면요법의 실시는 의사에 있어서나 환자에 있어서나 극히 적은 작업량을 부과한 것에 지나지 않습니다. 이 요법은 지금도 역시 많은 의사가 신봉하고 있는 노이로제 평가에 훌륭하게 일치하고 있습니다. 의사는 신경증 환자에게 "아무 데도 나쁜 곳은 없습니다. 다만 신경성입니다. 그러므로 당신의 고통은 한두 마디의 말로 몇 분 사이에 없앨 수 있습니다" 하고 말합니다. 그런데 적당한 장치라는 외적 도움을 빌리지 않고 직접 자신이 손을 대서 그저 약간의 힘으로 큰 짐을 움직일 수 있다는 것은 우리의 에너지론(論)의 생각에 모순됩니다.

사정이 이러한 비교를 허용하는 한, 이 같은 재주는 노이로제의 경우에는 성공하지 못하는 것을 경험으로도 역시 알 수 있습니다. 그러나 나는 이 논법(論法)에도 난점이 없지 않다는 것을 알고 있습니다. '환기(喚起)'⁴⁾라는 현상도 있으니 말입니다.

정신분석에서 얻어진 인식의 빛에 비추어보아 우리는 최면술의 암시와 정신분석의 암시와의 차이를 다음과 같이 기술할 수 있습니다. 즉 최면요법은 심정(心情)생활에 있어서 어떤 것을 은폐하고 겉모양을 꾸미려 하는 것이며, 분석요법은 그것을 불식하고 제거하려는 것입니다. 전자의 방법은 미용술과 같은 것이며, 후자의 방법은 외과요법과 같은 것입니다. 전자는 증상을 금지하기 위해서 암시를 이용하고 억압을 강화하지만, 증상을 형성하게 된 과정에 대해서는 일체 원형대로 방치해 둡니다. 분석요법은 보다 깊이 나아가 그 근원에 다가가서 증상을 일으킨 갈등에 손을 대고 그 갈등의 결과를 변경하기 위해서 암시를 이용하는 것입니다.

최면요법에서는 환자를 아무것도 하지 않는 그대로, 무변화 그대로 둡니다. 그러므로 모든 새로운 유인(誘因)이 있으면 앞에서처럼 무저항에 이환(罹患)되는 것입니다. 정신분석에 의한 요법에서는 의사에게나 환자에게나 까다로운 작업이 주어집니다. 이 작업은 내적 저항을 제거하기 위해 사용됩니다. 이들 내적 저항을 극복함으로써 환자의 심정생활은 영속적으로 변화되어 지금까지보다도 높은 발달단계로 높여져 다시 이환하는 가능성에서 없어져버립니다. 이 극복이라는 작업은 분석요법의 본질적인 작업입니다. 환자는 어디까지나 그것을 실행해야 합니다. 의사는 '교육'이라는 의미로 작용하는 암시의 도움을 얻어 환자에게 그것이 가능하도록 합니다. 그러므로 정신분석 요법은 일종의 '재교육'이라고 말한 것은 옳았던 것입니다.

암시를 치료에 사용하는 우리의 방법은 최면요법에만 할 수 있는 방법과 어떻게 다른가 하는 점을 여러분에게 이제 분명히할 수 있다고 나는 믿습니다. 여러분도 역시 암시는 감정전이로 돌아가는 것이라고 보면 분석요법에서는 그 효과의 한계를 계산할 수 있는데, 최면요법에서는 그때그때에 효과가 아주 변덕스러운 점이 눈에 띄는 이유를 이해할 수 있을 것입니다. 최면술을 응용할 때 우리는 환자의 감정전이의 능력상태에 의존하고 있습니다. 더욱이 감정전이 능력 그 자체

---

4) 일반적으로는 감정이나 행동 등이 어떤 조작에 의해서 반응적으로 심하게 야기되는 것을 말하지만, 여기서는 최면 암시에 의해서 심한 감정과 행동이 야기되는 수가 있다.

에 영향을 줄 수는 없습니다. 최면상태에 들어가 있는 환자의 감정전이는 음성일지도 모르며, 혹은 상호간의 경우가 그러하듯이 양립 상극적(兩立相剋的)인 것인지도 모릅니다. 그들은 특수한 태도를 취하고 감정전이가 일어나지 않도록 하고 있었는지도 모릅니다. 우리는 이것에 대해서는 아무것도 알지 못합니다.

정신분석에서 우리는 감정전이 그 자체에 손을 가합니다. 감정전이에 반대하는 것을 해소시키는 것입니다. 우리가 활용하려는 도구를 정비하는 셈입니다. 이렇게 해서 암시의 힘을 완전히 다른 목적에 이용할 수 있게 됩니다. 즉 우리는 암시의 힘을 손안에 넣는 것입니다. 환자는 다만 자기가 좋아하는 대로 암시되는 것이 아니라, 환자가 암시의 영향을 받아들이는 한 우리는 그 암시를 우리의 생각대로 이끄는 것입니다.

그런데 여러분은 "우리가 정신분석의 원동력을 감정전이라고 부르건 암시라고 부르건 그것은 어느 쪽이 되었든간에 환자에게 영향을 준다는 것이 우리의 소견(所見)의 객관적 확실성을 의심케 하는 위험은 역시 있다"고 말할 것입니다. 치료에 도움되는 것이 연구상에는 마이너스가 된다는 것입니다. 이것이 정신분석에 대해서 가장 자주 제기되는 이론(異論)입니다. 이 이론은 정당하지 않지만 이해할 수 없다고 해서 이것을 무시할 수는 없습니다. 그러나 만일 그것이 정당하다면 정신분석은 실제로는 교묘하게 가장한, 특히 효과가 있는 암시요법의 일종에 불과하며, 우리는 생활의 감화와 심리적 다이내믹스와 무의식에 관한 정신분석의 주장을 모두 어렵게 생각하지 않아도 되는 셈입니다. 정신분석을 반대하는 사람도 역시 그렇게 생각합니다. 특히 성적 체험 그 자체는 없다고 해도 성적 체험의 의의에 관련되는 것은 모두 우리가 자기 자신의 타락된 상상 속에서 이와 같이 추측한 다음에 환자들에게 '믿게 한' 것이라는 것입니다.

이런 비방을 반박하기 위해서는 이론의 도움을 빌리는 것보다는 경험을 내세워 한층 쉽게 반박할 수 있습니다. 자신이 정신분석을 실시해 본 적이 있는 사람은 이러한 방법으로 환자에게 암시를 준다는 것은 불가능하다는 것을 여러 차례 확인할 수 있었을 것입니다. 물론 환자를 어떤 종류의 이론의 신봉자로 만들어버리고, 의사로서도 범하기 쉬운 오류에 빠지게 하는 것은 결코 어려운 일은 아닙니다. 그때에 환자는 딴사람 같은, 제자와 같은 태도를 취합니다. 그러나 이것은 환자의 지성에만 영향을 준 것이었으며, 환자의 병에는 영향을 미치지 않은 것입니다.

어쨌든 환자의 갈등의 해결과 저항의 극복이란 환자의 심중의 현실과 일치하는 예기(豫期) 관념을 환자에게 주었을 때만 성공하는 것입니다. 대체로 의사의 추측에서 적당하지 않은 것은 분석의 경과중에 도태되어 버리므로 취소시켜서 보다 정당한 것으로 대치해야 합니다. 신중한 기법에 의해서 의사는 일시적인 암시를 위한 효과가 생기는 것을 방지해야만 합니다. 그러나 이렇게 되어도 걱정할 필요는 없습니다. 왜냐하면 의사는 최초의 효과로는 만족하지 않기 때문입니다. 증례의 불분명한 점이 해명되지 않거나 기억의 결손이 보충되지 않거나 억압의 단서가 발견되지 않는 한 분석은 끝났다고 볼 수 없기 때문입니다. 너무 일찍 생긴 효과는 분석작업을 촉진시키는 것이 아니라 오히려 그 장해로 간주되고 이러한 효과를 가져온 근원이 되는 감정전이를 끊임없이 해소시킴으로써 이들 효과를 다시 파괴해 버리는 것입니다. 요컨대 분석적 치료를 순수한 암시요법과 구별하고 분석에 의한 효과를 암시에 의한 효과가 아닌가 하는 의심으로부터 해방시키는 것은 이제까지 한 설명의 특색입니다. 다른 어떠한 암시적 요법에서도 감정전이는 신중히 다루어지고 손을 대지 않은 그대로 둡니다. 분석적 치료에 있어서는 감정전이 그 자체가 치료의 대상이 되므로 그 현상형태는 어느 것이나 분해되어 버립니다. 분석요법이 끝날 때 감정전이 그 자체는 제거되어야 합니다. 그러므로 끝난 다음에 효과가 나타나거나 혹은 그때까지 효과가 계속되고 있으면 그것은 암시에 근거하는 것이 아니라 암시의 도움을 받아서 행해지는 내적 저항의 극복 결과에 의한 것이며, 환자의 심중에 달성된 내적 변화에 의한 것입니다.

우리가 치료중에 끊임없이 음성[敵意的]의 감정전이로 변하는 것의 어떤 저항에 대해서 싸워야만 하는 것은 개개의 암시의 성립을 아마 방해하는 것입니다. 그러므로 우리는 다른 경우 같으면 암시의 소산으로 의심해야 할 분석의 개개의 성과의 대부분이 이론(異論)할 여지가 없는 다른 측면에서 보증되는 것을 증거로서 내놓는 것을 게을리해서는 안 될 것입니다. 이 경우에 우리 쪽의 증인이 되는 것은 조발성 치매 환자와 파라노이아 환자입니다. 그들도 물론 암시에 의한 영향이 있다고 의심할 수 없는 사람들입니다. 이들 환자가 자신의 의식에까지 올라가 있는 상징의 번역과 공상에 대해서 우리에게 이야기하는 것은 우리가 감정전이 노이로제 환자들의 무의식에 대해서 검토한 결과와 완전히 합치되어 있으며, 따라서 자주 의심을 받았던 우리의 해석의 객관적인 정당성을 입증해 주고 있는 것입니다. 나는 여러분이 이러한 점에 대해서 분석을 믿는다 해도 잘못된 길로 들어가는 일은 없다고 믿습니다.

우리는 이제 치료의 매커니즘에 대해 이야기한 것을 리비도론(論)의 공식 속에 넣어서 완벽하게 하고자 합니다. 노이로제 환자는 즐거움을 맛보는 것도 작업을 하는 것도 불가능한데, 즐거움을 맛볼 수 없는 것은 그 리비도가 어떠한 현실적 대상으로도 향해져 있지 않기 때문이며, 작업을 할 수 없는 것은 리비도를 억제한 채로 유지하고 그 폭주를 막기 위해서 기타의 에너지를 아주 많이 소비해야하기 때문입니다. 노이로제 환자는 자아(自我)와 리비도 사이의 갈등이 종결되고 자아가 다시 리비도를 뜻대로 사용할 수 있게 되면 건강하게 될 것입니다. 그러므로 치료의 과제는 자아로부터 떨어져 있는 그 시점의 속박에서 리비도를 해빙시키고, 그 리비도를 다시 자아가 활용할 수 있도록 해주는 데 있습니다.

그런데 노이로제 환자의 리비도는 어디에 숨어 있는 걸까요. 그것을 찾아내는 것은 쉬운 일입니다. 리비도는 그 시점에서 단 하나의 가능한 대상(代償)만족을 부여해 주는 증상에 결부되어 있습니다. 그러므로 증상을 극복하고 이것을 해소해야만 합니다. 이것이야말로 바로 환자가 우리에게 구하고 있는 것입니다. 증상을 해소시키기 위해서는 증상이 발생한 곳까지 거슬러 올라가서 증상을 일으킨 갈등을 소생시키고, 그 당시에는 자유롭게 쓸 수 없었던 이 욕동의 힘을 빌려서 갈등을 다른 결말로 가져가는 것이 필요합니다. 이와 같은 억압과정의 정정이 억압을 초래하기에 이른 모든 과정의 기억의 흔적에 의해서 행해지는 것은 그 일부분에 지나지 않습니다. 이 작업의 결정적인 부분은 환자의 의사에 대한 관계, 즉 '감정전이' 속에서 옛날의 갈등의 신판(新版)을 만들어냄으로써 이루어지는 것입니다. 환자는 이 갈등 속에서 그 옛날에 행동했던 것처럼 행동하지만 의사 쪽에서는 환자의 자유로운 모든 심적(心的) 에너지를 동원하여 이전의 경우와는 다른 결단을 하도록 해나갑니다. 즉 감정전이는 서로 싸우는 모든 힘이 거기서 반드시 만나는 싸움터가 되는 셈입니다.

모든 리비도도, 리비도에 대한 모든 반항도 의사에 대한 하나의 관계 속에 집중됩니다. 그때 증상에서 리비도가 상실되어 버리는 것은 피할 수 없습니다. 환자의 본래의 병 대신에 감정전이라는 인공적으로 만들어진 병, 즉 감정전이성(性) 질환이 나타나고, 여러 종류의 비현실적인 리비도의 대상 대신에 의사라는 이것 역시 공상적인 대상이 나타나는 것입니다. 그러나 이 대상을 에워싼 새로운 싸움은 의사의 암시의 도움으로 최고의 심적 단계까지 높여지고 정상적인 심리적 갈등으로서의 경과를 밟는 것입니다. 새로운 억압을 피함으로써 자아와 리비도 사이의 소원한 관계는 종결하게 되고 그 인물의 심적 통일은 다시 회복됩니다. 리비도는 의사라는 일시적인 대상에서 다시 멀어지지만 이전의 대상인 증상으로 되돌아가지 못하고 자아의 지배에 따르게 되는 것입니다. 이 치료 속에서 극복되는 힘은 한편으로는 리비도가 어떤 방향으로 향하려고 하는 것을 싫어하는 자아의 혐오이며 억압의 경향으로서 나타납니다. 또한 다른 한편으로는 일단 배비된 대상에서 떠나기를 싫어하는 리비도의 끈질김 또는 점착성(粘着性)입니다.

그러므로 치료의 작업은 두 단계로 나누어집니다. 제1단계에서 리비도는 모두 증상에서 감정전이 속으로 밀어넣어지고 그곳에 집결됩니다. 제2단계에서는 이 새로운 대상을 에워싼 싸움이 수행되어, 리비도는 그 대상으로부터 떨어져 자유롭게 됩니다. 좋은 결과를 가져오기 위한 결정적인 변화는 이 소생된 갈등에 있어서 억압을 배제하는 것이므로 그 결과 리비도는 무의식으로 도망침으로써 다시 자아에서 멀어질 수가 없습니다. 이 억압의 배제가 가능한 것은 의사의 암시의 영향에 의해서 자아의 변화가 성취되기 때문입니다. 무의식적인 것을 의식적인 것으로 치환(置換)하는 해석의 작용에 의해서 무의식을 희생시키고 자아는 확대됩니다. 자아는 계몽되어 리비도에 대해서 유화적(宥和的)이 되며 리비도에 어떠한 만족을 용인하게 합니다. 그리하여 자아도 리비도의 일부를 승화에 의해서 처리할 수 있는 가능성 때문에 리비도에 대해 망설이는 기분은 감소합니다.

치료를 할 때 모든 과정이 이 이상적인 기술(記述)에 잘 맞으면 맞을수록 정신분석 요법의 효과는 커집니다. 또한 이러한 효과를 방해하는 것은 리비도에는 가동성(可動性)이 결여되어 있기 때문에 어쩐지 그 대상에서 떨어지고 싶어하지 않는 점과 대상에의 감정전이를 어느 한계 이상으로는 증대시키지 않는 나르시시즘의 완고함에 있습니다. 감정전이를 통해서 리비도의 일부분을 우리 곁으로 끌어당기고 자아의 지배를 벗어난 리비도의 전체를 파악하는 것이라 한다면 아마도 우리는 이 치료과정의 다이내믹스에 더 한층 빛을 던지게 될 것입니다.

또한 치료중 및 치료에 의해서 회복된 리비도의 배분(配分)으로 생각해서 병중의 리비도의 배분법을 추측해서는 안 된다는 경고도 정당한 것은 아닙니다. 설사 우리가 아버지에 대한 감정을 의사에게 돌린 강한 부(父)감정전이를 만들어내고, 더욱이 이것을 해소함으로써 다행히 그 증례를 처리할 수 있었다 해도, 그 환자가 이전에는 그 리비도를 마찬가지로 무의식적으로 아버지에게 고정시키고 있었기 때문에 병들었다고 추정하는 것은 잘못인지도 모릅니다. 아버지로의 감정 전이는 우리가 리비도를 자기 것으로 삼으려고 싸우는 싸움터에 지나지 않습니다. 환자의 리비도는 다른 여러 장소에서 그곳으로 돌려집니다. 이 싸움터라 해서 반드시 적의 중요한 성채의 하나라고 한정할 필요는 없습니다. 적의 수도의 방위라고 해서 특별히 성문 앞에서 행해지는 것은 아닙니다. 감정전이가 다시 해소된 다음에 드디어 병 중의 리비도의 배분비율을 관념 속에서 재구성할 수가 있는 것입니다.

리비도론의 입장에서 우리는 꿈에 관해서도 역시 최후의 말을 할 수 있습니다. 노이로제 환자의 꿈은 그들의 실수 행위 및 자유연상과 마찬가지로 증상의 의미를 추측하고 리비도의 처분 방법을 명백히 하는 데 도움이 됩니다. 그 꿈은 원망 충족이라는 형태로 어떠한 원망의 움직임이 억압을 당한 것인가, 자아에서 떨어져나간 리비도는 어떤 대상에 정착한 것인가를 우리에게 가르쳐줍니다. 그러므로 꿈의 해석은 정신분석에 의한 치료에 있어서 하나의 커다란 역할을 하며 장기간에 걸쳐서 치료의 작업 속에서 가장 중대한 수단인 경우가 많습니다. 우리가 이미 알고 있는 바와 같이 수면상태는 그 자체가 이미 억압이 어느 정도 후퇴하고 있는 상태입니다. 중압이 되어 있는 억압의 압력이 경감되므로 억압되어 있던 욕동은 꿈속에서는 낮 동안에 증상이 되어 나타나는 것보다 훨씬 명료하게 나타나게 됩니다. 그러므로 꿈의 연구는 자아에서 떼어놓은 리비도가 소속하고 있는, 억압된 무의식에 관한 지식을 얻는 데 가장 유리한 좋은 길이 되기도 합니다.

그러나 노이로제 환자들의 꿈은 본질적인 점에서는 정상적인 사람들의 꿈과 전혀 다르지 않습니다. 노이로제 환자의 꿈은 아마 후자의 것에서는 결코 구별할 수 없을 겁니다. 정상적인 사람들의 꿈에는 통용되지 않는 방법으로 노이로제 환자의 꿈을 설명한다는 것은 불합리하다고 말할 수 있습니다. 그러므로 노이로제와 건강의 구별은 다만 낮 동안에만 통용하는 데 불과하며 꿈의 생활 속에서는 통용되지 않는다고 말해야 합니다. 우리는 노이로제 환자의 꿈과 증상의 관련의 귀결로서 생기는 일련의 가정을 건강인에게 옮겨보지 않을 수 없습니다. 우리는 건강인의 심적 생활 속에도 증상형성과 꿈의 형성만이라도 가능하게 하는 요인이 있는 것을 부정할 수 없고, 또한 다음과 같은 추론(推論)을 내리지 않을 수 없습니다. 즉 건강인도 역시 억압을 했으며, 그 억압을 유지하기 위해서 어느 정도의 소비를 하고 있다는 것, 그리고 건강인의 무의식 체계는 억압되어 있는데 여전히 에너지가 배비되어 있는 욕동을 숨기고 있다는 것, 나아가 '건강인의 리비도의 일부분은 그의 자아의 뜻대로는 되지 않는다'라는 것입니다. 요컨대 건강인도 역시 잠재적으로는 노이로제 환자라는 것입니다. 단, 건강인이 형성할 수 있는 유일한 증상은 꿈뿐인 것처럼 생각됩니다. 건강인의 각성시의 생활을 보다 날카롭게 음미해 보면 언뜻 건강한 생활 속에도——그 건강이라는 외견에 반해서—— 실제로는 중요하지 않은 하찮은 것 같은 증상형성이 무수히 혼재(混在)해 있는 것을 확실히 발견합니다.

그러므로 건강이라고 할 수 있는 범위에 머무르는 신경질과 노이로제의 구별은 실용적인 점에만 국한되고 있습니다. 즉 그 때문에 그 사람에게 충분히 즐기거나 일을 하게 하는 능력이 아직도 남아 있느냐 하는 결과에 따라서 정해지는 것입니다. 그 구별은 아마도 자유로운 에너지 양(量)과 억압에 의해 속박된 에너지 양과의 상대적 관계로 환원되는 것일 것입니다. 양의 문제, 질의 문제는 아닙니다. 여기서 새삼스럽게 말할 필요는 없겠지만 이 통찰이야말로 노이로제가 체질에 기초를 두고 있음에도 불구하고 원칙적으로는 나을 수 있다는 확신에 이론적인 근거를 주는 것입니다.

건강인의 꿈과 노이로제 환자의 꿈의 동일성(同一性)이라는 사실에서 건강이란 특성에 대해서 이상의 것만 추론해도 될 것입니다. 그러나 꿈 그 자체에 대해서는 더욱 넓게, 다음과 같은 결론이 계속해서 생기는 것입니다. 즉 꿈을 노이로제의 증상과 관련지어 해석해서는 안 된다는 것, 사상을 태고적인 표현형식으로 번역하는 것으로 꿈의 본질 전체가 다해진다고 믿어서는 안 된다는 것, 꿈은 우리에게 리비도의 있는 그대로의 처분 방법과 대상으로의 배비상태를 나타내고 있다는 가정을 세우지 않을 수 없다는 것이 바로 그것입니다.

그런데 우리의 이야기도 마지막에 접어들었습니다. 나는 정신분석 요법에 관한 이 장(章)에서도 다만 이론적인 면뿐이며, 치료를 시도하는 데 필요한 조건이나 치료에 의해서 달성되는 효과에 대해서는 아무것도 이야기하지 않았으므로 아마 여러분은 실망했을 것입니다. 그러나 나는 다음 두 가지에 대해서는 이야기하지 않으려 합니다. 치료의 조건에 대해서 이야기하지 않은 것은 나로서는 정신분석을 실시하는 데 실용적인 안내를 여러분에게 해둘 생각이 없었기 때문이며, 이 강의를 시작할 때 사정이 유리하게 되는 경우에 우리는 내과적인 치료분야에서 볼 수 있는 가장 훌륭한 효과에 못지않은 치료효과를 거둘 수 있다는 점을 역설

했었습니다. 그러나 그것에 다시 다른 처치로는 결코 같은 효과를 얻지 못했으리라는 것을 첨가해도 좋을지 모릅니다. 이것 이상 큰 것을 말하면, 최근에 정신분석을 경멸하는 소리가 커졌기 때문에 내가 과대 선전을 해서 이를 굴복시키려 한다는 등의 혐의를 받을지도 모릅니다.

공개석상에서마저도 의사 '동료'로부터 협박적인 언사가 거듭되고 있는데, 그것은 분석의 실패나 유해(有害)하다는 실례를 모아 이 치료법이 무가치하다는 것을 알려서 고민하는 세상의 눈을 뜨게 하려는 것이었습니다. 그러나 이와 같은 실례를 수집하는 그 방법이 악의에 찬 밀고적인 성격인 것은 별도로 하더라도 분석치료상의 유효성에 대하여 올바른 판단을 가능하게 하는 데 결코 적당한 것은 아닙니다. 아는 바와 같이 분석요법은 성립된 지 아직 얼마되지 않습니다. 그 기법이 확립될 때까지는 긴 시간이 필요합니다. 더욱이 이 일은 분석 작업을 하면서 하나하나 경험을 쌓아감으로써 가능한 것입니다. 지도하는 데도 여러 가지 곤란이 있으므로 정신분석에 첫발을 내디딘 의사는 다른 전문의 경우보다도 자기 자신이 수업을 계속할 수 있는 능력이 있는지의 여부가 문제됩니다. 그 처음 몇 년 동안의 성과에 의해서는 결코 분석요법의 치료능력은 판정할 수 없습니다.

분석 초기에는 치료의 시도가 대부분 실패로 돌아갔지만 이것은 원래 이 처치법에 적합하지 않은 것이며, 오늘날에 있어서는 우리가 미리 그 적응증(適應症)을 정해 두고 그것에서 제외되어 있는 증례에도 정신분석을 했기 때문입니다. 그러나 이들 적응증이라 해도 역시 시행(試行)에 의해서만 확인되었던 것은 아닙니다. 당시는 분명히 그것이라고 알 수 있는 파라노이아나 조발성 치매에는 정신분석은 손이 닿지 않는다는 것마저도 처음이어서 알지 못했던 것입니다. 그러므로 이 방법을 모든 질환에 시도해 보는 것은 역시 정당한 일이었던 것입니다. 그러나 저 처음 몇 년 동안의 실패도 대개는 의사의 책임이거나 혹은 부적당한 대상을 골랐기 때문에 일어난 것이 아니라 오히려 외적인 모든 조건이 불리했기 때문에 생긴 것이었습니다.

우리는 다만 내적 저항, 즉 필연적인 것으로 극복할 수 있는 환자의 내적 저항을 논한 데 지나지 않습니다. 환자의 경우나 환경에 의해서 분석에 가해지는 외적 저항은 이론적인 흥미는 적지만 실제로는 지대한 중요성을 지닌 것입니다. 정신분석에 의한 치료는 외과수술과 마찬가지로 성공을 가져오는 데 있어서 가장 유리한 준비를 갖추고 나서 시작해야 합니다. 외과의사가 수술할 때 어떠한 예비

수단을 강구하느냐 하는 것은 아는 바와 같습니다. 적절한 수술실, 충분한 광선, 조수, 가족들을 수술실 밖에서 기다리도록 하는 것 등이 바로 그것입니다. 그런데 만일 수술이 가족 전원의 입회하에 진행되고, 수술에 대해서 참견하거나 메스를 댈 때마다 큰소리로 외치거나 하면 그들 수술의 대부분이 어떠한 결과를 가져오겠는가 생각해 보십시오. 정신분석에 의한 치료를 할 때도 가족이 입회하는 것은 오히려 위험합니다. 더욱이 예방할 수 없는 위험이기도 합니다.

필연적인 것으로 인정하는 환자의 내적 저항에 대해서는 준비할 수 있지만 이 외적 저항은 어떻게 방어해야 할까요. 환자의 친척들은 아무리 계몽해 봐도 어떻게 할 수 없습니다. 그들을 움직여서 이 분석치료 전체에서 몸을 떼게 할 수는 없으며, 그들은 결코 공동으로 일을 추진시켜서는 안 됩니다. 왜냐하면 만일 그렇게 되면 환자의 신뢰를 잃는 위험을 범하게 됩니다. 환자는 자기가 신뢰하는 사람이 역시 자기편을 들어줄 것을 요구합니다. 그것은 어쨌든 당연한 요구라고 할 수 있을 것입니다.

적어도 가족 중에서 서로 사이가 소원해지는 일이 흔히 일어난다는 것을 알고 있는 사람이라면, 분석의사로서도 환자의 근친자가 이따금 환자가 건강하게 되는 것보다 오히려 현재 상태로 있어 주었으면 하는 것을 알아차렸다 해서 놀랄 일은 아닙니다. 노이로제가 가족 구성원 사이의 갈등과 관련이 있는 것은 자주 있는 일로, 그 경우에 건강한 사람은 자기 이익과 환자의 회복 중 어느 쪽을 선택해야 하느냐 하는 문제가 생기면 주저하지 않고 자기 이익을 택하는 것입니다. 예를 들면 남편이 자신의 지난날 잘못된 죄악이 당연히 노출될 것으로 추측되는 아내의 정신분석에 의한 치료를 보지 않으려 하는 것은 이상한 일이 아닌 것입니다. 우리도 역시 그것을 이상하다고 생각하지 않습니다. 그러나 병든 아내의 저항에 다시 남편의 저항이 첨가되었기 때문에 우리의 노고가 성공하지 못한 채 일찍이 중지되었다 해도 우리는 그 때문에 비난받는 일은 없을 것입니다. 우리는 바로 현재 놓여져 있는 사정 아래서 시행하기 힘든 일을 계획했기 때문입니다.

나는 많은 증례(症例)를 이야기하는 대신에, 내가 의사로서의 고려를 했기 때문에 괴로운 역할을 걸머지게 된 한 증례만을 이야기하려고 생각합니다.

오래전의 이야기인데 나는 한 나이 어린 처녀에게 분석치료를 한 적이 있습니다. 이 소녀는 이미 오랫동안 불안 때문에 거리에 나가지 못하고 또한 집에 혼자 있을 수도 없었습니다. 환자는 점점 솔직하게 고백하기 시작했습니다. 즉 그녀의 병적인 공상은 어머니와 알고 지내는 어느 부유한 남성과의 정사를 우연히 목격했던 것으로부터 시작되었던 것입니다. 그런데 이 딸은 서투르게도, 아니 혹은 교활한지도 모르지만 어머니에 대한 태도를 바꾸는 방법으로 분석 시간에 말한 것을 어머니에게 암시해 버리고, 어머니 이외에는 자기가 혼자 있을 때의 불안을 막아줄 사람이 없다고 우기며 어머니가 외출하려면 불안에 사로잡혀서 문 앞에 서서 가로막는 것이었습니다. 이 어머니 자신도 전에는 아주 신경질적인 사람이었으나 수치요법을 하는 어느 요양소에서 몇 년 전에 회복되었습니다. 그리고 그녀는 그 요양소에서 그 남성과 알게 되어 이 남성과는 모든 방면에서 자기를 만족시켜 주는 관계를 맺게 되었다는 것을 부언해 두겠습니다. 소녀의 심한 요구에 망연해진 어머니는 '갑자기' 딸의 불안이 무엇을 의미하는가를 깨달았습니다. 딸은 자신을 포로로 삼아 애인과의 교제에 필요한 행동의 자유를 자기로부터 빼앗기 위해서 병든 것이라고 그녀는 생각하게 되었습니다. 어머니는 당장 결심을 하고 자신에게 해로운 치료를 중단시켰습니다. 소녀는 정신병원에 집어넣어졌습니다. 그리고 오랫동안 '정신분석의 불행한 희생자'로서 시설(示說) 교육의 재료가 된 것입니다.

이 치료의 결과가 나빴다 하여 오랫동안 악평이 나에게 따라다녔습니다. 나는 내가 의사로서 비밀을 엄수해야 할 의무가 있다고 믿고 있었으므로 계속 침묵하고 있었습니다. 그 후 상당한 시간이 지나서 그 병원을 찾았을 때 이 광장 포비아의 소녀를 만났다는 동료 의사로부터 그녀의 어머니와 그 부유한 애인과의 관계는 온 시내에 모르는 사람이 없고 아마 남편도 아버지도 이를 묵인하고 있는 것 같다고 들었습니다. 요컨대 치료는 이 '비밀'의 희생이 되고 만 것입니다.

전쟁 전 수년 동안은 많은 나라에서 환자들이 찾아왔기 때문에 나는 내가 태어난 빈에서 평판이 좋든 나쁘든 그런 것에는 구애받지 않고 해나갔습니다. 그래서 나는 나의 기본적인 생활관계에 대해서 남에 의존하고 있는 환자, 즉 독립할 수 없는 환자의 치료는 담당하지 않는다는 원칙에 따르고 있습니다. 그러나 이러한 일은 반드시 모든 정신분석자가 감행할 수 있는 것은 아닙니다. 아마 여러분은 가족을 경계하도록 내가 충고했다고 해서, 정신분석을 할 목적으로 환자를 그 가족으로부터 떼어놓아야 한다, 요컨대 이 요법은 정신병원의 환자에만 국한해야 한다고 추론하지는 않을까요. 그러나 나는 이 점에서는 여러분에게 동의할 수 없습니다. 환자들은 —— 심한 피폐상태에 있지 않는 한 —— 치료기간중에는 자신에

게 부과된 과제와 싸워야 하는 처지에 있는 것이 훨씬 유익한 점이 많습니다. 다
만 가족에게는 이 이익을 자신들의 행동에 의해서 상쇄해 버리지 않도록, 또한
결코 의사의 노력에 적의를 품고 반대하는 일이 없도록 해달라는 것뿐입니다. 그
러나 여러분은 우리가 감당할 수 없는 이들 요인을 그렇게 하게 하기 위해서 어
떻게 움직이려고 생각합니까. 물론 여러분은 또한 어떤 요법의 희망이란 것이 얼
마나 사회적 환경과 가족의 문화적 상태에 의해서 규정되어 있는가 하는 것도 추
측하고 있을 거라고 생각합니다.

설령, 정신분석 실패의 대부분이 이와 같은 방해적인 외적 요인에 의한 것이었
다고 변명할 수 있다 해도 앞에서 말한 것은 역시 요법으로서의 정신분석의 유효
성에 대해서 어두운 전망을 주는 것은 아닐까요! 정신분석을 찬성하는 사람들
은 그 경우에 성공한 예의 통계를 자기 자신의 손으로 만들어서 실패한 예를 수
집하는 방법 쪽으로 돌아가도록 우리에게 권했던 것입니다. 그러나 나는 이것에
도 동의하지 않았습니다. 통계란 동시에 열거한 하나하나의 자료의 동질성(同質
性)이 부족할 때는 무가치하다는 것을 나는 주장하고 있었지만, 사실 치료를 시
도한 노이로제 환자의 증례는 극히 다양하며 여러 가지 점에서 동질의 것은 아니
었던 것입니다. 더욱이 치료효과의 확실성에 대해서 판정하기에는 우리가 개관할
수 있었던 시일은 너무 짧고 다수의 증례에 대해서 보고하는 일은 전혀 할 수가
없었습니다. 이들 증례라는 것은 자기의 병도 자신이 받은 치료와 같이 비밀로
하고 있었던 사람들, 그리고 좋아진 것도 마찬가지로 감추고 있어야만 했던 사람
들의 것입니다. 그러나 통계적인 비교를 거부하고 싶은 가장 강한 이유는 인간은
병의 치료법이라고 말하게 되면 지극히 비합법적인 행동을 하므로 요법상의 혁신
이란 것은, 예를 들면 코호[5]가 결핵에 대해서 최초의 투베르쿨린을 공표했을 당
시와 같이 취한 듯한 열광으로 환영을 받든가, 그렇지 않으면 오늘날에도 역시
반대자는 있지만 사실은 복음을 가져다준 제너[6]의 종두와 같이 끝없는 불신을 맞
이하든가 그 어느 쪽일 것입니다.

정신분석에 대해서는 분명히 하나의 편견이 있습니다. 어려운 증례를 고쳐도

---

5) 1843~1910. 독일의 세균학자이며, 근대 세균학의 시조로 불려지고 있다. 결핵균, 콜레라
   균의 발견자다.
6) 1749~1823. 영국의 의사. 8세의 사내아이에게 종두의 최초의 예방접종을 하고, 종두법의
   올바름을 제시했으나 그 연구는 곧바로 공인되지 않았다.

그것은 아무런 증명이 되지 않는다, 환자는 마치 이 시기에 자연히 건강해졌는지도 모른다 하는 말을 한 적도 있습니다. 이미 울병과 조병(躁病)의 주기가 4회나 지난 한 부인 환자가 우울증이 지나가서 좋아지고 있는 시기에 나의 치료를 받고 3주일 후에 다시 조병상태가 시작됐을 때는 가족 전원, 게다가 조언을 요청받았던 훌륭한 대가들마저 이 새로운 발작은 그녀에게 시도했던 정신분석의 결과에 지나지 않는다고 굳게 믿어버린 것입니다. 편견에 대해서는 어찌할 도리가 없는 것입니다. 현재 여러분은 지금 전쟁을 하고 있는 여러 국민의 한쪽 그룹이 다른 그룹에 대해서 나타내는 여러 가지 편견에 대해서 그것을 다시 보고 있는 셈입니다. 가장 이성적인 길은 그 편견이 시간이 흐름에 따라 자연히 사라져가는 것을 조용히 기다리는 일입니다. 언젠가 같은 인간이 같은 사항에 대해서 이제까지와는 전혀 다른 사고방식을 갖게 될 것입니다. 왜 그들이 보다 일찍이 그렇게 생각하지 못했던가 하는 것은 언제까지나 풀리지 않는 비밀입니다.

어쩌면 분석요법에 대한 편견도 지금은 이미 감소되어 가고 있는지도 모릅니다. 정신분석학의 이론이 끊임없이 보급되고 여러 나라에서도 분석치료를 하고 있는 의사가 증가되고 있는 것은 그것을 보증하고 있는 것처럼 여겨집니다. 내가 일찍이 젊은 의사였을 때 최면술에 의한 암시요법에 대해서 의사들이 겪은 요란한 분격의 폭풍에 휘말린 적이 있는데 오늘날 이와 같은 분격이 정신분석에 대해 '냉정한 사람들'에게 향해지고 있는 것입니다. 그러나 최면술은 치료의 원동력으로서는 최초에 약속한 것을 지키지 않았습니다. 우리 정신분석 의사들은 최면술의 정당한 상속인으로 자칭해도 좋을 것이며, 또한 얼마나 많은 격려와 이론적 해명을 최면술에서 받고 있는가를 잊어서는 안 될 것입니다.

정신분석에 대한 중상(中傷)은 대체로 분석이 졸렬했거나 치료가 중도에서 갑자기 중지되었을 때 갈등이 강해진다는 일시적인 현상에 국한되어 있는 것입니다. 현재 여러분은 우리가 환자에게 어떠한 일을 하는가에 대해서 설명을 들었으므로 우리의 노력이 언제까지 환자에게 장해를 남기는가에 대해서도 스스로 판단을 내릴 수 있을 것입니다. 정신분석의 남용은 여러 방면에서 일어날 수 있는 일입니다. 더욱 이 감정전이는 비양심적인 의사의 수중에 두어지면 위험한 수단이 됩니다. 그러나 의사가 이용하는 방법과 수단에는 남용의 위험이 없는 것은 없습니다. 잘 들지 않는 메스는 치료에 도움이 되지 않는 것입니다.

그런데 여러분, 이것으로 나의 이야기는 끝났습니다. 여러분에게 이야기하는 강연으로서는 여러 가지 부족한 점도 많고 나 자신도 되돌아보면 마음이 몹시 무거워지는 것을 고백합니다. 하지만 이것은 결코 흔해빠진 상투적인 문구는 아닙니다. 특히 간단히 언급했던 테마에 대해서 나중에 다시 한 번 이야기하리라고 몇 번 약속했는데 그 약속을 지킬 기회를 놓쳐버린 것은 유감입니다. 내가 계획했던 것은 아직 완성되지 않은 발전도상에 있는 문제에 대해서 보고하는 일이었습니다. 그러므로 내가 간단하게 압축한 총괄 그 자체가 불완전한 보고가 되어버렸습니다. 결론을 이끌어내는 재료를 준비해 두면서도 나 자신 그 결론을 내리지 못한 부분도 약간 있습니다. 그러나 나로서는 원래 여러분에게 전문가가 되어달라고 요구할 수는 없었던 것입니다. 나는 다만 여러분을 계몽하고 여러분의 관심을 불러일으키고자 했을 뿐이었습니다.

□해 설

프로이트의 생애와 사상

이 《정신분석학 입문》은 지그문트 프로이트(1856~1939)의 저서 *Vorlesungen zur Einführung in die Psychoanalyse*(1917)를 번역한 것이다. 1915년부터 1916년에 걸친 겨울학기에 제1부와 제2부를 이루는 15장에 해당하는 부분을, 다시 1916년부터 1917년에 걸친 겨울학기에 제3부의 13장에 해당하는 부분을 프로이트가 빈 대학의 전(全)학부의 수강생들에게 행한 강의를 정리한 것이 바로 이 책이다.

수강생 중에는 의학부 이외의 사람들도 있는 것을 의식하고 있으며, 특히 1915년부터 1916년에 걸친 강의는 원고도 쓰지 않고 강의를 했다고 그 자신이 말하고 있는 점으로 보아서도 당연한 일이겠지만 의학 전문용어도 극히 적고 또한 청중을 지치게 하지 않고 이해를 돕기 위해 흥미있는 예를 많이 삽입하는 등의 배려를 하고 있다. 제3부의 노이로제 총론에 대해서는 겨울학기의 강의에 대비해서 여름 동안에 이를 구상하여 초안을 작성했다고 나중에 스스로 말하고 있다. 이때 프로이트는 이미 60세에 달하고 있으나 이른바 의학계에서 외면당하고 빈 대학에서도 정교수가 되지 못한 불우한 처지에 있었다. 유럽에서는 제1차 세계대전의 암운이 낮게 깔려 있던 시기였다. 이미 독일의 패전을 예측하고 있었다고 말하는 그가 어떠한 감회를 안고 이 강의를 진행시키고 있었는지도 흥미있는 문제라고 할 수 있을 것이다.

이 강의의 내용을 이루는 정신분석학이 이 시기까지 어떠한 전개를 보였는가에 대해서는 여러 가지 논저(論著)가 있다. 또한 프로이트 자신의 문제로서도 그 자신이 쓴 《자서전》(1925년)이나 《정신분석운동의 역사》(1914년)에, 나아가 스탠리 홀의 초청으로 미국 클라크 대학 창립 20주년 기념식전에서 행한 강연에 간결하게 나와 있으므로 그것들을 참조하기 바란다.

여기서는 처음으로 이 책을 읽는 독자를 위해서 간단히 쓰고, 인간의 심층심리 탐구의 학문이라는 특이한 정신분석학의 성격을 위해 창시자 프로이트의 내면사로서의 생활사는 그 이론형성에 깊은 영향을 주고 있다고 여겨지기 때문에 그 생활사는 이론의 이해를 돕고 그 이론은 또한 그의 생애에 있어서의 애증이 없는 인간관계의 수수께끼를 푸는 유력한 열쇠가 되는 점도 지적해 두고자 한다.

프로이트의 유년기까지

프로이트는 1856년 5월에 지금은 체코슬로바키아에 속하고 프리부르로 불리고 있는 그 당시의 프라이베르크에서 유태인의 아들로 태어났다. 아버지 야코브 프로이트는 41세, 어머니는 전처를 잃은 야코브의 두번째 아내가 된 아마리아이며 당시 21세였다. 그녀는 남편보다 20세 연하였는데 전처 소생의 아들 이마누엘보다도 젊고 차남 필리프와는 거의 같은 나이였다. 이마누엘은 이미 프로이트보다도 한 살 연상인 아들 요하네스가 있었다. 어렸을 때 이 두 사람은 함께 살면서 애증이 심하게 얽힌 상태에 있었다고 한다.

프로이트의 빼어난 전기를 쓴 E. 존스는 이 요하네스를 프로이트의 성격형성에 있어 부모 다음으로 커다란 영향을 끼친 인물이라고 지적하고, "세 살이 될 때까지 우리 두 사람은 헤어질 수가 없었다. 우리는 서로 사랑하고 서로 다투기도 했다. 이 어린 시절의 인간관계가 나중에 자신이 같은 또래들과의 사귐에 있어서 느끼는 모든 감정을 지배했다"고 하는 프로이트의 말을 인용하고 있다(《프로이트의 생애》에서).

이 프로이트의 '무의식에 뽑아낼 수 없는 뿌리를 내리고 있는 인물' 외에, 그에게는 '어머니의 사랑과 그 젖가슴을 다투는 경쟁자'인 형제가 잇따라 태어났다. 만 한 살도 못 되어 죽은 동생에 대해서는 어머니의 사랑을 다투던 경쟁자의 죽음에 기쁨의 감정을 맛보았다고 말하고 있다. 이와 같은 유아기의 가정환경이 프로이트의 성격형성을 크게 좌우했다고 프로이트가 믿고 있었던 것은 그의 이론

자체가 명확히 밝히고 있다고 해도 과언은 아닐 것이다.

또한 당시의 프라이베르크는 인구 5천 명 정도의 작은 도시였고, 거의 카톨릭 신자였다. 유태교도는 20퍼센트 정도였다고 하지만 멸시당하는 유태인으로서 프로이트 일가는 사회적인 면에서도 좋은 환경은 아니었던 것으로 여겨진다.

일가는 아버지의 사업 실패로 그가 세 살 때 프라이베르크를 떠나 라이프치히에서 잠시 머물렀다가 네 살 때 빈으로 이사했다. 그는 그때 이후로는 이 도시를 떠나지 않고 김나지움과 대학과 의사가 된 후의 생활도 모두 이곳에서 보냈으며, 1933년 나치스의 손을 피해 런던으로 망명할 때까지 그곳에 머물렀다. 빈이야말로 그의 고향이라고 말할 수 있는 것이다.

빈 대학 시절

1865년 아홉 살에 김나지움에 입학하고, 1873년에는 17세로 빈 대학에 입학했다. 의학에 대한 지망은 김나지움 시절에 괴테의 자연에 대한 문장에 큰 감동을 받았기 때문이라고 말하고 있다. 그러나 의학자라고는 하지만 임상의(臨床醫)가 되는 것이 아니라 오히려 '자연'의 하나로서의 인간 탐구에 대한 관심이었다고 여겨진다.

당시의 빈 대학은 진화론에 대한 압도적인 지지의 공기가 넘치는 활기 찬 시대였다. 그도 역시 진화론에는 강하게 마음이 끌렸다고 말하고 있다. 그가 가르침을 받은 사람들 중 심리학이나 철학에는 R. 헤르발트의 흐름을 따르는 R. 치머만과 F. 브렌타노 등이 있으며, 생물학자로는 멀리 영국에서 초청받은 진화론자 C. 크라우스 교수 등이 있었다. 이 크라우스 교수 밑에서 의학도에게 필수적인 것으로 요청되고 있는 많은 학점을 따내거나 학생시절에 그가 주재하는 임해(臨海) 실험소에 가서 소(小)논문을 쓰기도 했다. 진화론에 대한 그의 경도(傾倒)를 알 수 있다. 의학분야에는, 생리학에는 E. 브뤼케가 생기론(生氣論)에서 빠져나와 생명현상을 물리학이나 화학의 원리에 따라서 해명하려고 노력하고 있었고, 정신의학 강좌에는 국재론자(局在論者)인 F. 마이네르트와 같은 석학이 연구를 계속하고 있었다. 프로이트의 선배이며 어느 의미에서는 정신분석적 어프로치의 개척자라고 할 수 있는 J. 브로이어는 가정의(家庭醫)로서 임상의의 생활을 하면서 브뤼케의 교실에서 연구를 하고 있었으며 프로이트와의 운명적인 만남을 기다리고 있었던 것이다.

프로이트는 그의 《자서전》 속에서 이 빈 대학 시절을 회고하여 다음과 같이 쓰고 있다. 빈 대학 학생시절의 생활에서는 유태인이기 때문에 헤아릴 수 없을 만큼 많은 부당한 대우를 받았다. 학문상으로는 관심이 가는 대로 이리저리 편력도 해보았으나 자신의 재능이 좁고 특이하기 때문에 어디에서나 성공할 수 없었다. 괴테의 《파우스트》 중에서 메피스토펠레스가 말한 바와 같이 "학문에서 학문으로 방랑하고 다니는 것은 쓸데없는 짓이다. 사람은 자신이 배울 수 있는 것 외에는 배울 수 없다"는 말을 뼈저리게 느꼈던 것이다. 그러나 최후에는 에른스트 브뤼케의 생리학 교실에서 평화와 만족을 찾아내었다. 브뤼케 교수에 대해 프로이트는 일생 동안 그에 대해 경외심을 잃지 않았다.

1881년 의학부를 졸업하고 나서도 프로이트는 생리학 교실에 남아서 브뤼케 교수의 지도하에 신경생리학의 연구에 종사하고 있었는데, 경제적으로 풍부하지 못한 것을 안 브뤼케의 권유로 임상의가 될 결심을 하고 외과, 내과, 정신과 등을 돌면서 순차적으로 수련을 쌓고 연찬(研鑽)을 거듭하여 1885년에는 신경병학의 강사 자격을 획득할 수 있었다. 강사 자격 취득은 프로이트로서는 아카데믹한 세계에서의 활동의 첫 관문을 돌파한 것으로서 커다란 기쁨이 아닐 수 없었다. "참으로 멋진 장래가 펼쳐진 것이다" 하고 그는 이 소식을 장차 아내가 될 마르타 베르네스에게 편지로 알렸던 것이다.

이미 브뤼케 교수의 교실에 있었던 브로이어는 1880년부터 1882년에 걸쳐 초기 히스테리 연구에 알맞은 증례가 되고, 그 후 정신분석에 관한 강연에서는 신경증 연구의 보고(寶庫)라고까지 프로이트 자신이 말한 O. 안나의 치료에 손을 대고 있었으며, 프로이트 역시 그 경위에 대해 브로이어로부터 들을 기회가 있었을 테지만 신경병리학자로서의 그의 지향(志向)은 아직도 신경증으로 돌려지지 않았던 것 같다. 그러나 미래의 교수를 꿈꾸고 있었던 프로이트의 희망은 그 결실을 보지 못한 채 허사로 끝나버리고 그가 당시에는 아마 예상하지 못했던 이 브로이어의 사고(思考)의 계승자가 된 것이다.

같은 해에 프로이트는 브뤼케의 친절한 추거(推擧)에 의해 유학 장학금을 받아 유럽에서 그 명성을 떨치고 있던 샤르코에게 배우기 위해 샬페트리에르 병원에서 유학(遊學)했다. 샤르코의 지도하에 프로이트에게 가장 강한 인상을 준 것은 프로이트의 눈앞에서 실시된 최면술을 응용한 실험적인 히스테리 유발의 연구였다. "히스테리 현상은 현실적인 것이다. 히스테리는 여자에게도 있고 남자에게도 있다. 인위적으로 만들어진 히스테리 증상은 자생적인 히스테리 증상과 마찬가지였다. 내가 생각하는 바로는 히스테리의 운동마비나 지각(知覺)마비는(실제 신경지배의 상황에 대응하는 것이 아니라) 그 사람이 안고 있는 신체구조나 기능에 대한 초보자적인 이미지에 대응하는 것이다. 빈으로 돌아와서 이 점을 연구해 보겠다고 샤르코에게 말했으나 그는 별다른 관심을 보이지 않았다"고 그는 기록하고 있다. 각성시(覺醒時)의 의식에는 떠오르지 않는 다른 의식에 속하는 관념에 의해서 히스테리 증상이 나타나는 것은 아마 브로이어에 의해서 말해진 것을 듣고 있었을 터인데 이때까지는, 즉 권위자가 그에게 말할 때까지는 프로이트의 연구적 관심을 끌지 못했다고 말할 수 있었던 것이다.

어쨌든 파리 유학을 마치고 빛나는 미래를 꿈꾸며 귀국한 프로이트를 기다리고 있는 것은 뜻밖에도 이치에 닿지 않는 빈 학계의 거부반응이었다. 말하자면 학계에 외톨이가 된 그는 이른바 학계를 떠나서 브로이어와 공동으로 히스테리 연구에 전념하게 된 것이다.

담화요법에서 정신분석으로

브로이어가 O. 안나의 증례에서 배운 것은 꿈이나 환상 같은, 또한 최면상태에 가까운 이른바 '유(類)최면상태'에서의 의식시의 체험이나 상기(想起)된 관념군이 병의 원인이 되는 것이다. 그들 관념군과 그것에 따르는 감정과는 두 종류의 의식상태의 분리 때문에 관념연합을 통해서 정상의식에 의해서 수정되는 기회를 가질 수 없기 때문에 에너지 발산의 길을 잃고 병상(病狀)이 되어 그 돌파구를 찾아내는 것이다. 따라서 치료법으로서는 환자를 최면상태로 끌어들이고 병의 원인이 되어 있는 병상 발생시의 체험이나 관념을 그것에 따르는 감정을 깃들여 이야기를 시키는 것이라는 점에 있었다. 막힌 홈통을 뚫어서 물이 잘 흐르게 하듯이 에너지 발산의 길을 내는 카타르시스(통리[通利]요법)인 것이다. 브로이어와 공동연구를 하게 된 프로이트는 이 브로이어법에 의해서 히스테리 치료의 경험을 쌓았던 것이다.

그러나 경험을 쌓아감에 따라서 환자 중에는 좀처럼 최면상태가 되지 않는 환자도 있고, 또한 최면술을 쓰지 않고 회상을 강요함으로써 이야기를 시킬 수도 있었는데 그것에 의해서도 같은 효과를 얻을 수 있다는 발견에서 프로이트는 최면술을 버리게 된 것이다. 더욱이 이 회상에서는 최면상태에서의 체험의 회상과는 다르며, 어떤 것은 쉽게 의식에 떠오르지만 어떤 것은 아주 회상이 곤란한 점, 게다가 회상이 곤란한 것만큼 병의 원인으로서의 의미가 크고, 특히 성적인 색깔을 띤 것이 회상하기 힘들다는 등의 심적 역동도 명백해졌던 것이다. 각성의 식에 떠오르지 않는 것은 오히려 그것에 접근하는 것이 당사자에게는 불쾌하기 때문에 의식 밖으로 밀어내지고 자아의 방위 때문에 억압되어 있는 것이며, 그 회상에 대해서는 저항을 나타내는 기제(機制)가 있다는 것 등도 명백해지게 되었다. 여기서 카타르시스는 정신분석의 참된 의미으로서의 발족을 알리는 역동론적 (力動論的)인 것으로 변모했던 것이다. 1895년 브로이어와의 공저 《히스테리 연구》는 그동안의 전개를 나타내는 저작이라고 말할 수 있다.

더욱이 억압과 저항에 대항하여 의식화되지 않는 것을 밝히는 방법으로서 자유 연상법이 쓰여지게 되고 나서는 인간 심리의 밑바닥은 잇따라 프로이트의 연구 앞에 그 문을 열었다. 여러 차례 인용했던 1925년에 출간된 《자서전》 속에서 프로이트는 어떤 심리학이 정신분석학의 이름을 붙일 수 있기 위해서는 억압과 저항이란 심리기제 또는 방위기제, 인간의 심정에 있어서의 무의식의 존재와 그 중요성, 소아기의 체험이 성격형성과 신경증의 소인형성에 있어서 중대한 의미와 신경증 등의 병의 원인으로서의 성의 중요성을 인정하는 일이 필수조건이라는 것을 주장하고 있으나, 이것들에 관한 주요한 논문은 프로이트의 창조적인 활동이 가장 활발했던 1910년대 초기까지는 그 자신에 의해서 많이 공개되어 있었다. 프로이트 자신의 인상으로서는 1907년까지의 단독 연구를 계속하지 않을 수 없었던 때에 이미 끝났으며, 협동자나 제자들의 연구에도 그 후에는 중요한 것이 나타나게 되었다고 말하고 있으나 어쨌든 이 강의가 행해졌던 시기에는 정신분석학의 근본적 사상이며 심리학에 있어서 이제는 불후의 보배로서 인정하지 않으면 안될 정신분석학상의 모든 개념은 거의 확립되었다고 말할 수 있으며 후년에 첨가된 분석학상의 모든 설(說)의 맹아(萌芽)도 이미 그 속에 포함되어 있었다고 볼 수 있을 것이다.

이와 같이 살펴볼 때 그것들을 근거로 삼아서 프로이트가 정신분석학에 관해 종횡으로 이야기한 이 책의 내용이 정신분석학 연구에 있어서 갖는 의의가 얼마나 큰지는 두말 할 나위가 없다고 본다. 이 《정신분석학 입문》이 1917년에 출간된 것이라면 그때부터 벌써 반세기를 훨씬 넘어서고 있는 것이다. 그 긴 세월을 지나서도 여전히 심층심리학 일반, 정신병리학, 나아가 신경증의 이론으로 넓은

영역에 걸쳐서 아직도 싱싱한 현대적인 의의를 유지하고 있는 것은 참으로 놀랄
만하다고 할 수 있다. 참으로 고전의 이름에 걸맞다고 할 수 있을 것이다.

또한 이 책의 저본(底本)으로는 1940년의 이마고판(版) 전집 제11권을 사용했
음을 아울러 밝혀둔다.

□ 연 보

  1856년 5월 6일 오후, 당시 오스트리아 영토였던 모라바 지방 프라이베르크 슈로센가세가(街) 117번지에서 출생. 부모는 유태인으로 이복형이 둘, 동생이 둘, 누이동생이 다섯 있음.

  1859년(3세) 가족과 함께 잠시 라이프치히로 이주. 이때 기차 안에서 가스등의 불빛을 보고 공포증으로 생각되는 일종의 노이로제 증세를 보임.

  1860년(4세) 가족이 완전히 빈으로 이주. 이 이주는 그들의 유태인 조상들이 팔레스티나·로마·고론·리투아니아·갈리시·모라바로 전전하며 안식처를 찾던 그 방랑의 연속이라 볼 수 있음.

  1866년(10세) 김나지움에 진학. 재학중 다윈의 《진화론》을 읽고 깊은 감명을 받음. 이를 계기로 자연과학 연구에 뜻을 세움.

  1872년(16세) 부친 친구의 딸인 기젤라 양에게서 연정을 느꼈다고 전해지고 있으나 소년다운 풋사랑이었을 것으로 추정됨.

  1873년(17세) 빈 대학 의학부에 입학. 의학을 전공하게 된 동기는 김나지움 졸업 직전 괴테의 《자연에 대해서》를 다룬 카를 브뤼엘 교수의 강연을 들은 데서 비롯됨. 반유태 풍조가 대학내를 휩쓸어 깊은 소외감을 느낌.

  1876년(20세) 에른스트 브뤼케 교수의 생리학 연구실에 들어가 생리학을 연구하게 됨. 이 브뤼케 교수를 존경하여 사표로 삼음. 70년대말 요제프 브로이어와 알게 되어 정신분석학 탄생에 중요한 의의를 갖는 계기가 됨.

  1877년(21세) 장어의 생식선(生殖腺)에 대한 최초의 업적을 발표. 계속해서

칠성장어의 척수신경절 세포에 관한 연구결과를 보고하였는데, 종래의 일반론을 뒤엎는 획기적인 것임.

1878년(22세)　계속하여 칠성장어의 치어(稚魚)에 관한 신경절 및 척수의 연구결과를 학회에 발표.

1879년(23세)　1년 동안 군대에서 복무함. 〈신경계의 해부표본 제작 방법에 관한 노트〉를 발표.

1880년(24세)　존 스튜어트 밀에 관심을 갖게 되어 군복무중에 《부인해방론》, 《플라톤》 등을 번역함. 역문은 훌륭한 문장이었음. 12월 브로이어가 O. 안나를 치료하기 시작함.

1881년(25세)　성적은 우수했지만 관례보다 3년이나 늦게 의학 전반에 걸친 자격을 얻게 됨. 5월, 해부학 실지 수업의 조수로 취임.

1882년(26세)　유태인인 마르타 베르네스 양과 4월에 알게 되어 6월에 약혼, 해부학 연구실 생활을 그만두고 7월 31일부로 빈 종합병원에 근무하게 됨. 10월에 동(同)병원의 유급 연구생으로 채용됨. 브로이어로부터 O. 안나에 관한 증세를 듣고 큰 관심을 보임. 〈가재의 신경섬유와 신경세포의 구조에 대해서〉 및 〈신경계의 제반요인의 구조〉라는 연구결과를 발표.

1883년(27세)　마이네르트 교수의 정신의학 임상교실에 5개월간 근무하고 난 후, 비로소 정신의학에 관심을 갖게 됨. 2급 견습의사가 됨.

1884년(28세)　1월에 신경과로 옮겨 7월에 2계급 승진, 과장이 됨. 9월에 반츠베녀의 사랑을 확신하게 됨. 〈중추신경계의 섬유주로연구(纖維走路硏究)의 새로운 방법〉 및 그 영역문을 내게 됨. 브로이어의 현명한 충고를 좇아 개업의로서의 준비를 서두르는 한편 신경계통의 학자가 되려는 희망을 가지게 된다. 코카인의 마취작용에 대한 논문 〈코카인에 대해서〉를 발표함으로써 코카인의 모든 작용을 보고함.

1885년(29세)　9월, 빈 대학 의학부 신경병리학의 강사 자격을 얻다. 〈코카인의 작용에 관한 지식에 대해서〉, 〈감람체(橄欖體) 중간층의 지식을 위하여〉, 〈광범한 감각장해를 수반하는 근(筋) 아톨로파이아의 한 증례〉를 발표함. 가을에 파리로 유학. 파리에서는 샬페트리에르 신경과 병원에 들어가 샤르코 밑에서 히스테리에 관한 연구를 함.

1886년(30세)　파리에서 돌아와 4월 부활절 일요일 빈에서 개업. 9월 13일 많

480

은 파란을 겪고 반츠베이크 시청 청사에서 마르타와 결혼. 10월에는 의학회에서 파리 유학의 성과 보고인 〈남성 히스테리에서 볼 수 있는 고도의 무편(無片) 감각증의 관찰〉의 발표를 시도했으나 학계로부터 거부당하고, 마이네르트 교수와도 멀어져 아카데미 세계와는 인연을 끊으려고 결심함. 샤르코의 〈신경계 질환, 특히 히스테리에 관한 신강의〉를 독일어로 번역하고 서문과 역주를 붙여 발표.

1887년(31세) 장녀 마티르테 출생. 베를린의 내과·이비인후과 의사로서 수(數) 신비주의자였던 프리에스와 친교를 맺음. 12월에 전기요법을 버리고 최면 암시요법 등을 취급하기 시작함. 〈코카인 중독과 코카인 공포소견〉을 발표.

1888년(32세) 〈유아기에 있어서의 반맹증(半盲症)〉을 발표. 《암시와 그 치료 작용》의 독일어역을 간행.

1889년(33세) 리에보와 베른하임에 대한 최면요법의 실험을 거듭함. 도라라는 한 소녀를 치료하면서 꿈의 분석에 손을 대기 시작. 정신생활 면에서 꿈이 차지하는 역할에 대해 느끼는 바가 있어 꿈의 분석적 해설의 단서를 잡게 됨. 12월 장남 마르틴이 출생.

1891년(35세) 2월에 차남 올리버 출생. 1889년부터 비라레의 《의학 소백과사전》(2권)에 〈뇌〉·〈히스테리〉·〈소아마비〉의 각 항을 계속 집필. 오스카 리와 소아의 뇌성마비에 대해 공동연구를 하는 한편, 최초의 저서인 《실어증 소견 비판적 연구》를 출판하여 브로이어에게 바침. 리와의 공동연구 결과를 〈소아의 뇌성반측마비에 관한 임상적 연구〉로 청산.

1892년(36세) 4월에 차녀 소피 탄생. 베른하임의 《최면술·암시·정신요법의 신연구》를 독일어판으로 출간. 가을부터 폰 R. 엘리자베스 양에게 훗날 '자유연상법'의 제일보라고 할 수 있는 '집중' 기법을 쓰기 시작.

1893년(37세) 자신의 성 이론에 대한 협력자를 얻자 점차 거기에 몰두하는 한편 프리에스와 자주 서신왕래를 함. 〈소아의 야뇨증에서 자주 나타나는 한 병세에 대해서〉, 〈소아기의 뇌성양측마비의 지식을 위해서〉, 〈소아의 유전형식에 대해서〉 및 불어로 씌어진 〈유아의 뇌성마비〉(《신경학 평론》에 게재), 〈기질적 및 히스테리적 운동성 마비의 비교연구를 위한 약간의 고찰〉을 발표. 비로소 소아마비에 관한 지도적 학자로 간주됨. 브로이어와의 공동연구의 일부를 잠정적 보고 형식으로 〈히스테리 현상의 심적 매커니즘에 대해서〉라는 제목 아래 발표. 샤르코 사망. 9월에 〈샤르코〉를 쓰다. 4월에 셋째딸 안나(후에 프로이트의 뒤를 이어 정신분석학자가 됨) 출생.

1894년(38세)   노이로제의 원인으로서 성생활의 장해를 인정하려 들지 않는 브로이어와 의견대립을 일으켜 두 사람의 공동연구는 이해 여름을 기하여 종지부를 찍음. 이후 잠정적으로 거리가 생김. 정신병의 증상형성을 고찰한 〈방위에 의한 노이로제와 정신이상〉을 씀. 샤르코의 《외래임상강의》 제1권의 번역을 1892년부터 착수하고 있었는데 이해 완전 출판하게 됨.

1895년(39세)   두번째 코수술을 받음. 불어로 된 〈강박관념 및 포비아, 그 심적 매커니즘과 그 병인〉을 발표. 브로이어와의 공저 《히스테리의 연구(Studien über Hysterie)》를 발간하여 정신분석학의 기초라고 할 수 있는 견해를 처음으로 세상에 묻다. 7월에 꿈의 완전한 분석을 해냄. 이때부터 최면요법을 그만두고 자유연상의 기법을 채택. 이 방법의 고찰이 후일의 무의식 연구의 발단이 됨. 또한 〈불안 노이로제로서 분리하는 것의 정당성에 대해서〉 및 〈불안 노이로제 비판〉을 발표. 전자는 노이로제에 있어서의 성적 요소가 갖는 의의를 처음으로 지적한 것임. 이 밖에도 〈베른하르트 씨의 상지(上肢) 감각장해에 대해서〉를 발표.

1896년(40세)   4월 이탈리아 여행. 5월 빈 정신의학 신경학 협회에서 〈히스테리의 병인에 대해서〉라는 강연을 했으나 역시 냉담한 거부반응만 일으킴. 그 후 이 초고를 출판하는 한편, 정신병 분야에 처음으로 메스를 넣었다고 알려진 〈방위에 의한 노이로제와 정신이상 보설(補說)〉 및 불어로 된 〈노이로제의 유전과 병인〉을 《신경학 잡지》에 발표하고 노이로제의 병인을 유전에 두고 있는 프랑스식 견해를 반박함. 10월에 부친 사망. 이해 2월부터 위의 불어 논문과 독어 논문 가운데서 동시에 그것도 최초로 '정신분석'이라는 말을 썼다고 함.

1897년(41세)   정신적 노이로제 징조가 나타남. 7월 정신분석을 자신에게 적용시켜 시도함. 이 자기 분석은 꿈의 해석과 유아 성욕의 평가에 밀접한 관련성을 가잔다는 의미에서 중요한 것임. 〈유아의 뇌성마비〉라는 제목의 포괄적 논문 발표. '강사 지그문트 프로이트 1877년부터 1889년까지의 학문적 업적표'가 인쇄됨.

1898년(42세)   유아 성욕에 대한 최초의 발언을 포함한 〈노이로제 병인에 있어서의 성욕〉 및 〈건망증의 심적 매커니즘에 대해서〉를 발표. 또한 1892년부터 손을 댔던 〈최면술 치료의 한 증세 및 반대의지에 의한 히스테리 증세의 발생에 관한 소견〉이 완성됨.

1899년(43세) 〈피막 기억에 대하여〉를 발표.

1900년(44세) 1895년경부터 이론화를 시도했던 꿈의 본질은 숨은 원망의 충족 속에서 찾아볼 수 있다는 견해를 총결산하여 〈꿈의 해석(*Die Traumdeutung*)〉으로 출판했으나 의학계로부터 완전 묵살당함. 〈꿈에 대해서〉라는 제목으로 대학에서 강의를 함. 노이로제 발작의 모든 증세를 주기적 법칙으로 귀착시키려는 프리에스와의 방법 차이로 인하여 우정이 무너짐.

1901년(45세) 〈일상생활의 정신병리학〉을 잡지에 발표하여 착오 행위의 정신분석학적 의미를 해명함. 전해에 대학에서 행한 강의 〈꿈에 대해서〉를 인쇄함.

1902년(46세) 아들러, 카하네, 라이틀러, 슈테켈 등 4명의 동지와 '심리학 수요회'를 결성, 프리에스와 절교.

1904년(48세) 〈드라분석〉이라고 하는 프로이트의 정신분석법을 발표하는 한편 《일상생활의 정신병리학(*Zur Psychopathologie des Alltagslebens*)》을 단행본으로 출간. 해브로크 엘리스, 윌프레드 트로터 등에 의하여 프로이트의 신이론이 국제적으로 승인될 징조가 보임.

1905년(49세) 화제와 악평을 낳은 문제의 논문 〈성욕 이론에 관한 세 논문(*Drei Abhandlungen zur Sexualtheorie*)》(〈성의 이상〉·〈유아의 성욕〉·〈사춘기의 변형·총괄〉)과 《위트와 무의식과의 관계》를 출간. 그외 〈노이로제의 병인에 있어서의 성욕의 역할에 대한 비견(卑見)〉, 〈히스테리 분석 단상·심적 치료〉, 〈정신요법에 대해서〉 등을 발표함.

1906년(50세) 〈연상진단과 정신분석〉 및 〈1893년부터 1906년에 걸친 노이로제설 소론집 출판을 위한 서언〉을 씀. 4월에 C. G. 융과 정기적인 서신왕래를 시작함. 이 서신왕래는 결렬되기까지 7년 동안 계속됨.

1907년(51세) 2월 융과 첫 대면을 함. 〈소아의 성적 계몽에 대해서〉, 〈W. 옌젠의 그라디버에 있어서의 망상과 꿈〉, 〈강박동작과 종교관습〉을 발표.

1908년(52세) 2월 부다페스트에서 온 페렌치의 방문을 받음. 브로이어, 융, 자크스, 랑크, 페렌치, 존스 등 프로이트를 중심으로 하는 구미의 정신분석학자들이 부활제를 기하여 잘츠부르크에서 회동하여 존스의 발의로 '국제 정신분석학 협회' 제1차 대회를 성대히 개최함. 초대장에는 '프로이트 심리학을 위한 회합'이라고 적혀 있음. 프로이트는 〈증례〉라는 제목으로 강연을 함. 거의 반수가 분석 의사로서 대회의 정기적 개최와 기관지 《정신분석학·정신병리학 연보(*Jahrbuch für Psychopathologische und Psychoanalytische Forschungen)*)의 발간을 결정함. 발행인에는 프로이트와 브로이어, 편집은 융이 맡기로 함. 4월에 '심리학 수요회'를 '빈 정신분석학 협회'로 개칭. 〈문화적 성도덕과 근대의 신경질〉, 〈유아의 성 이론에 대해서〉, 〈히스테리 환상과 그 양극성과의 관계〉, 〈시인과 공상하는 것〉, 스캔들을 야기시킨 〈성격과 항문성감〉 및 〈빌헬름 테켈 저(著) 《신경성 불안상태와 그 치료》에의 서문〉을 발표함.

1909년(53세)   빈 대학 의학부 신경생리학 조교수가 됨. 9월 미국의 심리학자 스탠리 홀과 함께 미국으로 감. 매사추세츠 주의 클라크 대학에서 동대학 창립 20주년 기념 강연을 5회에 걸쳐 〈정신분석학 오강(五講)〉이라는 제목으로 행함. 동대학에서 명예 박사학위를 수여받음. 오스트레일리아에서도 도널드 프레인저를 중심으로 정신분석학 연구가 그룹이 발족됨. 〈노이로제 환자의 가족소설〉, 〈히스테리 발작 개설〉, 〈5세 남아의 포비아 분석〉, 〈강박 노이로제의 한 증세에 대한 소견〉 및 산도르 페렌치의 체코어(語) 저서에 대한 서문을 씀.

1910년(54세)   3월말. 정신분석학자의 제2차 대회가 뉘른베르크에서 개최되어 프로이트는 〈정신분석 요법의 장차의 가능성〉에 대해 연설함. '국제 정신분석학 협회'가 정식으로 발족된 것은 이 대회에서였으며, 프로이트가 초대 회장으로 융을 추천함. 빈측의 슈테켈과 아들러의 반대를 무릅쓰고 감행된 인선은 당초부터 문제점을 안고 있었음. 협회의 제2기관지로서 《정신분석학 중앙지(*Zentralblatt für Psychoanalyse*)》를 발간하고 반(反)스위스파인 아들러와 슈테켈이 편집을 담당함. '빈 정신분석학 협회'의 회장직을 아들러에게 양보함. 여름에 작곡가 구스타프 말러가 아내와의 불화로 인해 프로이트의 분석을 받게 됨. 《정신분석에 대해서》를 간행. 〈자살 논의를 위하여〉, 〈연애생활의 심리적 고찰〉의 제1편인 〈남성에 있어서의 대상 선택의 특수한 형에 대해서〉와 〈정신분석학적으로 본 심인성(心因性)의 시각장애〉, 〈야만적인 정신분석에 대해서〉, 〈레오나르도 다 빈치의 소아기의 회상〉, 〈시언어(始言語)의 반대 의미에 대해서〉를 발표.

1911년(55세)   정신분석학적 방향으로부터의 일탈(逸脫)을 제시해 온 융과 대립관계에 있었는데 개인적 우정은 간신히 지속됨. 9월 '국제 정신분석학 협회' 제3차 대회가 바이마르에서 개최됨. 프로이트는 토테미즘에 대해 언급한 논문을 발표했으나 그 밖에도 주목할 만한 연구발표가 행해짐. 프로이트가 협회를 탈퇴함. 아들러와도 견해차가 생겨 끝내 이 일파는 협회를 탈퇴하여 따로 '자유 정신분석학 협회'를 결성. 미국에서도 '정신분석학 협회' 발족. 〈노이로제 환자에게 병인이 되는 환상 누설의 제반 예〉, 〈심적 사상(事象)에 있어서의 두 가지 원리에 대한 요약〉, 〈자전적으로 기술된 파라노이아의 한 증세에 관한 정신분석학적 소견〉을 발표함.

1912년(56세) 1월에 '국제 정신분석학 협회'의 제3기관지로서 카를 슈피텔러의 소설 제목에서 따온 《이마고(Imago)》가 창간됨. 동지에 게재된 프로이트의 논문은 〈토템과 터부〉임. 11월 슈테켈이 협회를 탈퇴함. 〈연애생활의 심리적 고찰〉 제2편인 〈연애생활에서의 가장 일반적인 멸시에 대해서〉와 〈노이로제의 병형론(病型論)〉, 〈정신분석에 있어서의 꿈 해석의 취급〉, 〈감정전이의 다이내믹스에 대해서〉, 〈정신분석 치료에 임하는 의사에의 조언〉을 발표.

1913년(57세) 9월 뮌헨에서 '국제 정신분석학 협회' 제4차 대회 개최, 유럽의 정신분석학계 두 파로 분열됨. 프로이트를 중심으로 한 브리드, 프리스터, 라이크 등의 정통파와, 융, 아들러, 슈테켈 등은 각기 개별적으로 소수파를 이루어 대립함. 《토템과 터부》를 간행. 〈정신분석에 대한 관심〉, 〈어린이의 두 가지 거짓말〉, 〈정신분석학에 있어서 무의식의 개념에 관한 두세 가지 소견〉, 〈강박 노이로제의 소인(素因) 노이로제 선택의 문제에 부쳐〉, 〈치료학 입문〉, 〈꿈에 있어서의 동화 재료〉, 〈증명수단으로서의 꿈〉, 〈작은 상자 선택의 동기〉, 〈정신분석의 실천에서 얻은 경험과 실례〉, 〈산도르 페렌치 박사 탄생 50주기에 부쳐〉를 발표함.

1914년(58세) 8월에 제1차 세계대전 발발. 드레스덴에서 개최될 예정이던 '국제 정신분석학 협회' 제5차 대회 중지. 11월에 이복형 이마누엘이 철도사고로 급사. 《정신분석운동의 역사(Zur Geschichte der Psychoanalytischen Beweg Ung)》를 써서 아들러와 융을 격렬히 비난함. 〈정신분석 작업중의 오인(誤認)에 대해서〉, 〈회상·반복·철저동작〉, 〈내셔널리즘 입문〉 그리고 익명으로 쓴 〈미켈란젤로의 모세〉, 〈김나지움 학생의 심리에 대해서〉를 발표함.

1915년(59세) R. M. 릴케의 방문을 받음. 빈 대학에서 〈정신분석학 입문〉의 강의를 시작함. 프로이트 정신 이론의 중심이 되는 메타심리학에 관한 〈욕동(欲動)과 욕동의 운명〉, 〈무의식〉, 〈억제〉 등 3편의 논설 이외에도 〈정신분석의 이론과 모순되는 파라노이아의 한 증세에 대한 보고〉, 〈감정전이성의 사랑에 대한 소견〉, 〈전쟁과 죽음에 관한 시평〉, 〈무상(無常)〉, 〈정신분석 작업에서 본 몇 가지 성격형〉을 발표함.

1916년(60세)   2월에 유행성 감기를 앓아 전립선 장해(前立腺障害)로 고생함. 〈꿈의 학설에 대한 메타심리학적 보충〉, 〈비애와 멜랑콜리〉, 〈상징과 증세와의 몇 가지 관계〉, 〈조형적인 강박관념과 신화의 대차〉, 〈항문성감의 욕동의 대치〉를 발표함.

1917년(61세)   입술에 고통을 수반하는 종기가 나지만 암의 발견은 6년 후의 일임. 《정신분석학 입문》 출판, 〈정신분석의 한 가지 난점〉, 《시 진실》 중의 소아기의 회상〉을 발표함.

1918년(62세)   부다페스트의 헝가리 학사원 홀에서 제5차 '국제 정신분석학 협회' 총회가 개최되어 페렌치가 회장으로 취임. 〈유아형 노이로제의 병력에서〉, 〈처녀성의 터부〉(〈연애생활의 심리적 고찰〉의 제3편), 〈정신분석 요법의 길〉을 발표. 제1차 세계대전 종료.

1919년(63세)   3월 '영국 정신분석학 협회' 결성. 재기부로 국제 정신분석학 출판부가 빈에 설립됨. 빈 대학에서 의학부 정교수의 칭호를 받음. 〈'어린이는 얻어맞는다'의 성적 도착 발생의 지식에 부쳐〉, 〈기분이 좋지 않다는 것〉을 발표.

1920년(64세)   1월에 프로인트, 닷새 후에 차녀 소피 사망. 이때 큰 정신적 타격을 받음. 2월에 베를린에 정신분석 진료소 개설. 5월 '국제 정신분석학 협회' 전후(戰後) 제1차 대회가 중립국 네덜란드의 헤이그에서 개최됨. 〈쾌감원칙의 피안(Jenseits des Lustprinzips)〉, 〈여성 동성애의 한 증세의 심적 발생에 대하여〉, 〈4세 소아의 사상연상〉, 〈분석기법 전사(前史)〉, 〈안톤 폰 프로인트 박사〉를 발표.

1921년(65세)   프로이트의 학문적 업적이 비로소 일반학계에서 인정함. 12월 '네덜란드 정신신경의학회'의 명예회원으로 추천됨. 〈집단심리와 자아의 분석〉 발표.

1922년(66세)   6월에 딸 안나가 '빈 정신분석학 협회'의 회원이 됨. 9월 '국제 정신분석학 협회' 전후 제2차 대회가 베를린에서 개최됨. 10, 11월 두 차례에 걸쳐 우측 상악암(上顎癌) 수술을 받은 결과 발성 부자유와 청력 감퇴 등을 보였는데 이 고통은 죽을 때까지 계속되었다. 〈꿈과 텔레파시〉, 〈질투·파라노이아·동성애에 있어서의 두세 가지 노이로제적 매커니즘에 대해서〉, 〈한스 분석의 소년에 대한 각서〉를 발표.

1923년(67세)   로맹 롤랑과의 교류를 시작함. 출판사를 둘러싸고 존스와 랑크가 대립하여 급기야는 랑크가 프로이트에게 적의를 품게 됨. 〈쾌감원칙의 피안〉

486

의 속편인 〈자아와 에스(Das Ich und das Es)〉를 발표. 〈꿈의 해석의 이론과 실제에 대한 소견〉, 〈정신분석과 리비도설〉, 〈유아형의 성기체제〉, 〈17세기에 있어서의 귀신 노이로제〉, 〈요제프 포파린코이스와 꿈의 이론〉, 〈루이 로페스바레스 테로스이 디트레스에의 편지〉를 발표.

1924년(68세)   잘츠부르크에서 '협회'의 전후 제3차 회의 개최됨. 빈 시의회가 생일에 명예시민의 칭호를 보내옴. 로맹 롤랑이 츠바이크와 함께 방문함. 빈판 《프로이트 전집(Gesammelte Schriften)》의 초판이 발행됨. 〈노이로제와 정신이상〉, 〈노이로제와 정신이상에 있어서의 현실적 상실〉, 〈매저키즘의 경제적 과제〉, 〈오이디푸스 콤플렉스의 붕괴〉, 〈정신분석학 강요(綱要)(Kurzer Abriss der Psychoanalyse)〉, 〈르 디스크 벨지에의 헌사〉를 발표.

1925년(69세)   턱 부분의 작은 수술을 여러 차례 받음. 함부르크에서 개최된 전후 제4차 '국제 정신분석학 협회'에서 양성(兩性)의 해부학적 상위(相違)로 생기는 몇 가지 심적 결과를 3녀·안나가 대독함. 6월에 브로이어, 12월에 아브라함 사망함. 〈자서전〉을 비롯하여 〈정신분석에 대한 저항〉, 〈불안〉, 〈이상한 종이쪽지에 대한 메모〉, 〈요제프 브로이어〉를 발표.

1926년(70세)   2월 길에서 두 번이나 가벼운 협심증을 일으켜 약 1개월 동안 산장에서 요양. 70회 생일에는 아인슈타인, 로맹 롤랑으로부터 축전을 받음. 츠바이크는 축전문을 신문에 게재함. 《국제 정신분석학 잡지》 3호는 프로이트 탄생 70년 기념호로 출간. 당일 프로이트는 실제 은퇴를 발표함. 《압제·병상·불안(Hemmung·Symptom und Angst)》이 출판됨. 〈초보자 분석의 문제〉, 〈로맹 롤랑에게〉, 〈카를 아브라함〉을 발표.

1927년(71세)   〈환상의 미래(Die zukunft einer Ill usion)〉, 〈성욕 도착증〉을 발표.

1928년(72세)   턱 부위의 통증을 이기지 못해 6월 베를린의 저명한 구강 외과 의사인 슈레데르 교수의 내진을 부탁함. 〈도스토예프스키의 부친 살해범〉에서 《카라마조프의 형제》에 관해 언급함. 〈유머〉, 〈어느 종교적 체험〉을 발표.

1929년(73세)   토머스 만이 〈근대정신사에 있어서의 프로이트의 지위〉에서 프로이트 학설의 정신적 의의를 명백히 하고 이를 높이 평가함. 〈데카르트의 꿈에 관한 막심 르와르에게 보내는 편지〉를 발표.

1930년(74세)   윌슨 대통령의 정신분석학 연구 집필에 협력. 7월말 괴테상 수상이 결정됨. 9월 어머니 별세. 〈문화에 있어서의 불안(Das unbehagen in der Kultur)〉, 〈1930년도 괴테상〉(프랑크푸르트의 괴테 하우스에서의 수상연설문)을 발표.

　　1931년(75세)　　5월 드레스덴 국제 정신요법 의학의 제6차 대회에서 프로이트의 업적이 찬양됨. 〈리비도의 형(型)에 대해서〉, 〈여성의 성욕에 대해서〉를 발표.

　　1932년(76세)　　3월 토머스 만의 첫 방문을 받음. 다섯번째의 상악수술을 받음. 〈속 정신분석학 입문(Neue Folge der Vorlesungen zur Einführung in die Psychoanalyse)〉과 〈불의 획득을 위하여〉 발표.

　　1933년(77세)　　나치스 정권 수립으로 정신분석학 관계 서적의 전부가 소각당함. 융이 나치스의 어용학회인 '국제 정신요법학회'의 회장에 취임. 〈무엇을 위한 전쟁이냐〉, 〈산도르 페렌치〉를 발표.

　　1934년(78세)　　봄부터 턱부위의 병세가 악화됨. 8월, '협회'의 전후 제8차 대회가 스위스 뤼체른에서 개최됨. 〈정신분석〉을 발표.

　　1935년(79세)　　2월 프랑스의 저명한 고고학자 레비브륄의 내방을 받음. 5월 영국 왕립 의학회 명예회원으로 추대됨.

　　1936년(80세)　　80세 생일을 앞두고 토머스 만이 재차 빈을 방문. 〈프로이트와 미래〉라는 제목으로 축하 강연을 함. 영국 왕립협회 객원으로 추천됨. 9월에 생존한 네 자녀들에게 에워싸여 금혼식을 맞음. 〈자서전에의 1935년의 추가 보충〉, 〈토머스 만의 탄생 60주기를 축하하며〉를 발표.

　　1937년(81세)　　프로이트가 니체와 자기를 잇는 유대라고 생각해 온 여류 분석학자 루 안드레아스 살로메 사망. 나치스의 박해가 날로 가중됨. 〈종말 있는 분석과 종말 없는 분석〉, 〈모세라는 인물과 일신교〉, 〈분석에 있어서의 구조〉, 〈루 안드레아스 살로메〉를 발표.

　　1938년(82세)　　나치스의 오스트리아 침입으로 프로이트 일가도 게슈타포의 위협을 받음. 루스벨트 대통령의 도움으로 프로이트 부부와 삼녀 안나는 출국허가가 나와 런던으로 망명함. 그동안 오스트리아에 남은 늙은 네 누이동생은 모두 아우슈비츠의 이슬로 사라짐. 츠바이크가 노벨상 후보로 프로이트를 추천하려 했으나 본인이 사양함. 8월 전후 제9차 '협회'가 파리에서 개최되었는데, 이것을 마지막으로 제2차 세계대전이 발발하여 수년간 열리지 못하게 됨.

　　1939년(83세)　　암의 재악화로 수술불능을 자각함. 9월 21일 슐 박사에게 모르핀에 의한 안락사를 원함. 22일 슐 박사가 소량의 모르핀을 투여함. 이때부터 잠들기 시작하여 다음날인 23일 자정 직전에 서거함. 최후로 읽은 책은 발자크의 《겉껍질》이었다고 하며 《모세라는 인물과 일신교 —— 논문 3편》이 생전에 출판된 최후의 저서임. 《정신분석》 완성된 채 사후에 발표됨.

　1940년　　런던판 《프로이트 전집》 전 18 권 초판이 발간됨.

옮긴이 | 서석연

전남 여천 출생.
일본 오사카 외국어대학(독일어학부), 동 대학원 졸업.
문학박사. 전남대, 성균관대, 동국대, 부산 산업대 교수 역임.
경성대학교 명예교수. 일본 독문학회 특별회원 역임.
저서로는 〈괴테 어록·시집〉, 〈히틀러 어록〉 등이 있으며,
역서로는 〈나의 투쟁〉, 〈안네의 일기〉, 〈모모〉, 〈밤과 안개〉,
〈헤세 시집〉, 〈하이네 시집〉 외 다수가 있음.

정신분석학 입문

발행일 개정판 1쇄 발행 | 2017년 9월 15일
    개정판 7쇄 발행 | 2023년 8월 20일

지은이 | 지그문트 프로이트   **옮긴이** | 서석연
펴낸이 | 윤형두   **펴낸곳** | 종합출판 범우(주)
교 정 | 박은희   **인쇄처** | 태원인쇄

등록번호 | 제406-2004-000012호 (2004년 1월 6일)
    (10881) 경기도 파주시 광인사길 9-13 (문발동 525-2)
대표전화 | 031-955-6900   팩 스 | 031-955-6905
홈페이지 | www.bumwoosa.co.kr   이메일 | bumwoosa1966@naver.com

ISBN 978-89-6365-229-0 03180

* 책값은 뒤표지에 있습니다.
* 잘못된 책은 바꾸어드립니다.